# Einblicke

## 50 Jahre EKO Stahl

## Impressum

Die Deutsche Bibliothek - CIP-Einheitsaufnahme
Einblicke – 50 Jahre EKO Stahl: EKO Stahl GmbH (Hg.). –
1. Auflage. – Eisenhüttenstadt 2000.

ISBN 3-00-006224-6

Die Autoren des vorliegenden Buches unterlagen bei ihren Forschungen zur EKO-Geschichte allein der selbst gestellten Maßgabe des Strebens nach chronologischer Darstellung, historischer Wahrheit und authentischer Dokumentation. Von Seiten des Herausgebers wurde ihnen Unabhängigkeit zugesichert und am Ende verwirklicht.

Herausgeber:
EKO Stahl GmbH
Postfach 7252 · D-15872 Eisenhüttenstadt
Telefon (0 33 64) 3 70 · Telefax (0 33 64) 4 40 20

Idee, Konzept und Gesamtleitung:
artecom Veranstaltungs GmbH & Co. KG
Gebäude P 2 · Rudower Chaussee 3 · 12489 Berlin
Telefon (030) 67 04 46 00 · Telefax (030) 67 04 46 56

Projektleiter:
Lutz Schmidt

Autoren:
Teil I Herbert Nicolaus, Lutz Schmidt
Teil II, III Herbert Nicolaus; Teil IV, V Lutz Schmidt

Beiträge:
Tschingis Aitmatow, Günter Grass, Stefan Heym

Hellmut K. Albrecht, Jan C. Behrends, Rolf Fünning, Jean Gandois, Otto Gellert, Ottokar Hahn, Arno Hensel, Klaus-Peter Kahle, Walter Krüger, Gerhard Mackat, Gerd Neuhof, Lutz Niethammer, Bernd Pagel, Thomas Reichel, Manfred Stolpe

Juri Brězan, Helmut Preißler, Bernhard Seeger

Bildredaktion und Bildtexte:
Herbert Nicolaus, Lutz Schmidt

Gesamtgestaltung und grafische Realisierung:
Matthias Frach, Berlin

Umschlaggestaltung unter Verwendung
eines Fotos von Bernd Geller

Projektmitarbeit:
Sandra Kauschke, Erich Merkel, Margitta Rüdinger

Druck:
DBC Druckhaus Berlin Centrum
Bindung:
Buchbinderei Heinz Stein, Berlin

Auflage: 10.000

Printed in Germany
ISBN 3-00-006224-6
© EKO Stahl GmbH. Alle Rechte vorbehalten
Eisenhüttenstadt 2000

## Danksagung

Dieses Buch wurde in der kurzen Zeit von nur eineinhalb Jahren erstellt. Den genannten Autoren allein wäre eine solche Leistung unmöglich gewesen. Maßgeblichen Anteil am Zustandekommen des Buches hat die Geschäftsführung der EKO Stahl GmbH, die sich im Sommer 1998 für ein solches Projekt entschied. Ideelle Unterstützung erfuhr das Projekt von der Europäischen Kommission in Brüssel, von der Landesregierung Brandenburg, von der Bundesanstalt für vereinigungsbedingte Sonderaufgaben, vom Aufsichtsrat und vom Betriebsrat der EKO Stahl GmbH und nicht zuletzt von der IG Metall, Verwaltungsstelle Frankfurt/Oder. Zahlreiche EKO-Mitarbeiter und -Veteranen trugen mit ihren Erinnerungen, Erlebnissen und Geschichten sowie kulturhistorischen Zeugnissen zum Gelingen des Buches bei. Darüber hinaus meldeten sich viele Helfer, die in uneigennütziger und selbstloser Weise Zuarbeiten oder Beiträge für das Buch erstellten.

Unser aufrichtiger Dank gilt folgenden Personen: Albert, Heinz; Albrecht, Hellmut K.; Anderssohn, Horst; Arenbeck, Karlrolf; Balzer, Frank; Barcikowski, Rainer; Bartak, Adalbert; Baum, Gudrun; Bayer, Siegfried; Becker, Peter; Behrend, Reinhard; Beschoner, Klaus; Bodendorf, Erwin; Bräuer, Heinz; Braun, Günter; Breuer, Bernd-Dieter; Breuer, Horst; Buchwalder, Joachim; Černy, Jochen; Conrad, Werner; Daum, Ruth; Dellin, Hans; Demmrich, Herbert; Dittrich, Peter; Dönau, Klaus; Döring, Karl; Dreßler, Margit; Eiselt, Richard; Engel, Günter; Fehland, Ursula; Feister, Hans-Joachim; Feldner, Alfons; Feldt, Horst; Franke, Elisabeth; Franke, Erika; Franke, Heinz; Fritzsche, Helmut; Fromm, Günter; Gäbel, Sabine; Gärtner, Michael; Geller, Bernd; Gessler, Barbara; Gießler, Marko; Gossmann, Liselotte; Grabner, Hans; Gröbl, Helmuth; Groschek, Marina; Groß, Manfred; Groß, Konrad; Grünberg, Eberhard; Grundemann, Rudolf; Gunkel, Hans; Güttel, Klaus-Olof; Haack, Johannes; Haack, Sandra; Haase, Hermann; Hammer, Michael; Handschick, Elsbeth; Hänsel, Karsten; Heider, Manfred; Heiser, Achim; Henschel, Johanna; Hentschel, Bernd; Henze, Günter; Henze, Helmut; Herzog, Kathrin; Heyn, Wolfgang; Himstedt, Günter; Hlavacek, Norma; Hoffmann, Rainer; Hofmann, Günter; Hombogen, Wolfram; Hoppe, Eckhardt; Horn, Heinz; Hronik, Walter; Hübner, Christa; Hübner, Joachim; Hundt, Mario; Hutschenreuter, Walter; Ifland, Dorothee; Illgen, Ramona; Jahn, Horst; Janecki, Edmund; Julich, Harry; Kahle, Klaus-Peter; Kaiser, Manfred; Kauers, Brigitte; Kaufmann, Jürgen; Kaulitz, Ursula; Kauschke, Sandra; Keil, Erika; Kersten, Gerhard; Kinne, Helmut; Kleemann, Hans-Joachim; Klemann, Wolfgang; Knabe, Edeltraud; Kohlbacher, Günter; König, Renate; König, Reinhard; Körner, André; Kothe, Horst; Kraaß, Werner; Krähe, Kurt; Krämer, Hans; Krause, Horst; Krautz, Günter; Krempl, Gerhard; Krimmling, Günther; Krüger, Hans-Joachim; Krüger, Ingo; Kubitsch, Brigitte; Kulms, Hans; Kummich, Helmut; Kunzke, Ute; Kurtze, Herbert; Lehmann, Heinz; Leimer, Otto; Leupolt, Thomas; Leutert, Ellinor; Linke, Günter; Linke, Rosemarie; Löffler, Heinz; Maschik, Horst; Materne, Marlies; Mattner, Günter; Matysiack, Dieter; Mayer, Hans-Peter; Meck, Liselotte; Mehlhose, Stefan; Mehner, Angela; Melaun, Rubert F.; Menzel, Klaus; Merkel, Erich; Meyer, Albrecht; Michels, Egon; Mickisch, Cornelia; Mielenz, Silvia; Mienack, Ronald; Müller, Joachim; Müller, Viola; Müller, Karl-Heinz; Mund, Ingeburg; Nathow, Jürgen; Nekat, Thomas; Neumann, Hans-Peter; Nitschke, Alfred; Nitz, Ellen; Nolte, Wolfgang; Oberlein, Sabine; Otto, Norbert; Paasche, Günter; Pagel, Bernd; Peckholt, Reinhard; Penzenstadler-Hennig, Larissa; Peter, Hanna; Peukert, Friedrich; Pierotti, Christian; Plettig, Peter; Preuss, Ulrich; Prütz, Kristina; Quielitzsch, Sonja; Ramthun, Wolfgang; Rath, Harry; Rating, Stefan; Reddemann, Renate; Reichelt, Max; Reski, Günter; Röding, Konrad; Rohr, Anita; Rotter, Gunter; Rubarth, Heiner; Rüdinger, Günter; Rüdinger, Heiko; Rüdinger, Margitta; Rüdinger, Rudolf; Rudolph, Udo; Saupe, Hannelore; Schalm, Kurt; Scheer, Jutta; Scherzer, Albrecht; Schildmann, Hans-Dietrich; Schimke, Rosalia; Schmidt, Rudi; Schmidt, Hans-Ulrich; Schmiele, Marianne; Schneider, Reinhard; Schneider, Siegfried; Scholz, Frank; Schopplich, Ella; Schütrumpf, Jörn; Schulz, Doris; Schulz, Walter; Schulz, Werner; Schulze, Frank; Schulze, Heinz; Schweitzer, Gerhard; Selmert, Gunther; Sichting, Dieter; Slosarek, Günter; Sommerkorn, Ingeborg; Sommerkorn, Georg; Starun, Uwe; Steckel, Manfred; Steinadler, Werner; Stifter, Horst; Stiller, Hilmer; Talbiersky, Jutta; Tantow, Wolfgang; Tarnow, Bernd-Jürgen; Teetz, Klaus; Teichmann, Peter; Thau, Liane; Thieme, Hans; Thoms, Erhard; Tillmann, Michael; Tüngler, Stephan; Unfug, Werner; Urban, Gabriele; Viehrig, Vera; Voigt, Gabriele; Wachsmann, Holger; Wellhausen, Matthias; Werner, Bernd; Wierzcholski, Elke; Wiese, Erwin; Wimmer, Heinz; Wimmer, Horst; Wittig, Ursula; Wittig, Werner; Wunder, Hans; Wüsteneck, Eckard; Zehmann, Andreas; Zillmann, Waltraud; Zimmermann, Hans-Jürgen; Züllich, Torsten.

Zu guter Letzt danken wir den Mitarbeitern folgender Einrichtungen: Vertretung der Europäischen Kommission in der Bundesrepublik Deutschland, Berlin; Verbindungsbüro des Landes Brandenburg bei der Europäischen Union, Brüssel; Bundesarchiv Koblenz, Außenstellen Berlin und Dahlwitz-Hoppegarten; Deutsches Rundfunkarchiv Frankfurt/Main-Berlin; Brandenburgisches Landeshauptarchiv, Potsdam-Bornim; Bibliothek des Landtages Brandenburg; Geschichte-Club-VOEST, Linz; Institut für Regionalentwicklung und Strukturplanung Erkner; Stadtarchiv, Stadtbibliothek und Städtisches Museum Eisenhüttenstadt; Agentur MERLIN, Berlin.

# Inhaltsverzeichnis

Ottokar Hahn
**EKO Stahl – Vom Kombinat zum Konzernunternehmen** ——— 7

Manfred Stolpe
**Ein Symbol für Toleranz, Entschlossenheit und Solidarität** ——— 9

## Ein Industriestandort und seine Geschichte

Einführung ——— 12
Die Anfänge der Industrialisierung ——— 16
Auf dem Weg zu einem Chemiestandort –
Industriepläne des Dritten Reiches ——— 24
Industrieansiedlungen im Zweiten Weltkrieg ——— 27
Zwangsarbeit und Kriegswirtschaft ——— 29
Nachkriegsjahre: Besatzung, Demontage und Neuanfang ——— 32

## Ein Standort – zwei Werke

**Vom Potsdamer Abkommen zum Hüttenkombinat** ——— 42

**Planung und Aufbau des Eisenhüttenkombinates**
Standortsuche und Projektierung ——— 46
Der legendäre Axthieb ——— 54
Goldgräberfieber an der Oder ——— 57
Der Aufbau der Stahlgiganten ——— 59
Der »Kampf« um das Eisen ——— 63
Chefsache EKO ——— 67
Der verhinderte Schauprozess ——— 70

**Die Aufbaugeneration**
Menschen finden eine neue Heimat ——— 72
Frauen der ersten Stunde ——— 78
EKO als Jugendobjekt ——— 84
Die »alte« Intelligenz ——— 86

**Die Vollendung der Eisenhütte**
Die Kinderkrankheiten der Hochöfen ——— 88
Das Stalin-Werk ——— 92
Lohnpolitik und Normenfrage ——— 101

**Das Werk und seine Stadt**
Arbeitsbedingungen und Sozialleistungen ——— 104
Sport und Erholung ——— 107
Auf den »Höhen der Kultur« ——— 109
Wohnstadt – Stalinstadt – Eisenhüttenstadt ——— 114

**Zwischen Konsolidierung und Innovation**
Im Auf und Ab der Pläne ——— 120
Billiges Roheisen bei hoher Qualität ——— 128

**Das Kaltwalzwerk – ein neuer Riese an der Oder**
Neue Pläne für den Ausbau des Eisenhüttenkombinates ——— 135
Priorität für die zweite Verarbeitungsstufe ——— 136
Neue Arbeitskräfte und »soziale Exklusivität« ——— 142
Die Inbetriebnahme des Kaltwalzwerkes ——— 145
Der erneute Abbruch ——— 154

## Das EKO im Bandstahlkombinat – Erfolge und Rückschläge

**Kombinatsbildung und Kurskorrektur** ——— 158
Die Betriebe des Bandstahlkombinates Eisenhüttenstadt ——— 162

**Modernisierung und neue Anlagen**
Das EKO am Übergang zu den 70er Jahren ——— 164
Oberflächenveredlung für kalte Bleche ——— 167
Wissenschaftliche Forschungen
und technische Neuerungen ——— 170
Die neue Sinteranlage ——— 174

**Sozialer Wandel und betriebliche Initiativen**
Neuer Kurs in der Sozialpolitik ——— 175
Wettbewerb und Neuererwesen ——— 178
Arbeiten im EKO – Leben in Eisenhüttenstadt ——— 181

**Perspektiven der Veredlungsmetallurgie**
Generationswechsel ——— 184
Auf der Suche nach energiesparenden Technologien ——— 186
Galvanische Veredlung im Betriebsteil Porschdorf ——— 189
Der Eigenbau von Rationalisierungsmitteln ——— 190

**Stahl aus Eisenhüttenstadt**
Richtungsweisende Perspektiven ——— 191
Der Aufbau des Stahlwerkes ——— 195
»Erfahrungsträger« ——— 200
Der erste Stahl aus Eisenhüttenstadt ——— 203

**Zwischen Hoffnung und Stagnation**
Die Bildung neuer Werke ——— 206
Veränderungen im Roheisenwerk ——— 210
Qualität aus dem Kaltwalzwerk ——— 212
»Schlüsseltechnologien« im Einsatz ——— 215
Konsumgüter aus dem EKO ——— 216
Vergebliches Hoffen auf ein Warmwalzwerk ——— 218

Betriebssport, Volkskunst und Festspiele — 220

Das EKO im Jahre 1989 — 224

## Vom Kombinatsbetrieb zum Konzernunternehmen

**Vom RGW in die Europäische Gemeinschaft** — 238
Das EKO als Treuhandunternehmen — 243

**Die Privatisierung**
Das Sanierungskonzept — 250
Das Modernisierungskonzept — 259
Das Personalkonzept — 267
Die gescheiterte Privatisierung an Krupp — 275
Das EKO als EG-Beihilfefall — 281
Die missglückte Riva-Privatisierung — 296
Die Privatisierung an Cockerill Sambre — 306

## Aufbruch ins nächste Jahrtausend

**Von nun an ging's bergauf**
Produktion und Umweltschutz — 316
Die Errichtung des Hochofen 5A — 320
Der Bau des Warmwalzwerkes — 323
Die Fortsetzung der Modernisierung im Kaltwalzwerk — 325
Der Rekord im Stahlwerk — 327
Die neue Verzinkungsanlage — 329

**Kurzbilanz der Investitionen** — 334

**Investiert wurde nicht nur in Anlagen**
Aus- und Weiterbildung — 338
Ergebnisorientierte Teamarbeit — 343
Betriebliches Vorschlagswesen und Ideenmanagement — 346
Forschung und Entwicklung — 348

**Rückkehr zur Normalität** — 350

**Kompetenz für Osteuropa** — 357

**Neue Perspektiven** — 364

## Anhang

**Made for EKOnomy** — 374

**Produktionszahlen** — 375

**Werkleiter, Vorstände, Geschäftsführer** — 377

**Abkürzungsverzeichnis** — 378

**Literaturhinweise** — 380

**Anmerkungen** — 382

**Bildnachweis** — 390

**Personenregister** — 394

# EKO Stahl – vom Kombinat zum Konzernunternehmen

Das 50-jährige Jubiläum von EKO Stahl gibt Anlass zum Rückblick in die nicht alltägliche Unternehmensgeschichte, aber auch Anregung zum Ausblick in die Zukunft des nun im Westen Europas verankerten Konzernunternehmens.

Die Errichtung des Kombinats in Fürstenberg/Oder war der Schwerpunkt Nr. 1 im ersten Fünfjahrplan der DDR 1951/55. Als besondere Auszeichnung galt die Namensverleihung »Eisenhüttenkombinat J. W. Stalin« für das Werk und »Stalinstadt« für die parallel zum Werk entstehende neue Stadt am 7. Mai 1953. Das Kombinat hatte in den Anfangsjahren nicht nur seine hervorragende Bedeutung für die sich zunächst rasch entwickelnde DDR-Volkswirtschaft, sondern es war darüber hinaus ein wichtiger Bestandteil der osteuropäischen Integration. Mit sowjetischem Erz und polnischem Koks begann 1951 die Hochofenproduktion. 1968 nahm das in der UdSSR projektierte Kaltwalzwerk den Betrieb auf. Hochöfner und Walzwerker fanden den letzten Schliff zuvor in sowjetischen Kombinaten.

Der Schritt zum vollintegrierten Hüttenwerk gelang zu RGW-Zeiten nicht. Der Aufbau des Warmwalzwerkes wurde 1986 vom SED-Parteitag zwar beschlossen, doch 1987 abgebrochen. Das mit der Inbetriebnahme des Konverterstahlwerkes seit 1984 notwendige Brammenumwalzen in Westdeutschland und der Warmbandbezug aus der Sowjetunion mussten fortgesetzt werden. Erst nach der deutschen Wiedervereinigung konnte der für die Zukunft des EKO unerlässliche Bau des Warmwalzwerks nachgeholt werden. 1996/97 in Rekordzeit errichtet, nahm es im Juli 1997 in Gegenwart des Bundeskanzlers seinen Betrieb auf.

Vorausgegangen waren zähe Verhandlungen zwischen der Bundesregierung und der Europäischen Gemeinschaft. Die europäische Politik sollte vor dem Hintergrund der dramatischen Stahlkrise am Beginn der 90er Jahre auf den Abbau von Überkapazitäten im Walzbereich ausgerichtet werden. Die Neubaupläne des EKO passten damals nicht in die Landschaft. Nach dem unermüdlichen Einsatz des EKO-Managements, des Betriebsrates sowie der Treuhandanstalt im Zusammenwirken mit der Landes- und der Bundesregierung konnte – auf der Grundlage der Möglichkeiten des Abbaus von Warmwalzkapazitäten in den neuen Bundesländern und mit dem Hinweis auf die Privatisierung durch die italienische Riva-Gruppe – am Ende in Brüssel ein zustimmungsfähiges Gesamtkonzept vorgelegt werden. Im Dezember 1993 hatte der EG-Ministerrat dieses Konzept – nach einer Reihe von Einwänden – schließlich akzeptiert. Doch erst ein Jahr später – als das belgische Unternehmen Cockerill Sambre an die Stelle der italienischen Riva-Gruppe trat (die vom bereits unterschriebenen Privatisierungsvertrag überraschend zurückgetreten war) – konnte mit seiner Umsetzung begonnen werden.

Mit Fug und Recht kann rückblickend festgestellt werden, dass die EKO-Geschichte ohne den Einsatz von Politik und Management anders verlaufen wäre und dass das 50-jährige Jubiläum – wenn überhaupt – bei gedämpftem Trommelschlag stattgefunden hätte.

Heute ist das EKO in Westeuropa voll integriert, ohne die Beziehungen nach Osteuropa abgebrochen zu haben. Dies gibt ihm eine Vorreiterrolle in Europa. Seit dem Erwerb der Mehrheit an Cockerill Sambre durch die französische Stahlgruppe USINOR, also seit Anfang 1999, ist es ein wichtiger Konzernbestandteil von einem der größten Stahlhersteller der Welt. Gemeinsam erzeugen USINOR und Cockerill Sambre über 20 Mio. t Rohstahl pro Jahr. Das EKO übernimmt in diesem Verbund die Brückenfunktion nach Osteuropa. Seine Handelsbeziehungen setzen die traditionellen Verbindungen aus RGW-Zeiten nicht nur fort; diese wurden in den 90er Jahren sogar ausgebaut. EKO-Vertretungen bestehen gegenwärtig in zahlreichen Städten Russlands und Polens, aber auch in Tschechien. Damit stellt EKO Stahl für die USINOR-Gruppe ein Kompetenz-Zentrum dar, das eine besondere Führungs- und Koordinierungsverantwortung in Mittel- und Osteuropa erfüllt. Dies ist eine wesentliche Grundlage für eine weiterhin positive Entwicklung im zusammenwachsenden Europa.

EKO Stahl – das Herz einer Industrieregion, die vor dem Zweiten Weltkrieg noch nicht bestand – ist ein Modell für die Zusammenarbeit zwischen Ost und West in einem friedlich vereinten Europa. Die bevorstehende Erweiterung der Europäischen Union nach Mittel- und Osteuropa ist in der europäischen Geschichte einmalig. Auch wenn viele Gründe dafür sprechen, dass die Globalisierung der Wirtschaft zur Bündelung der Kräfte in Europa führen muss: Die politische Integration wird nur dann von Bestand sein, wenn sich in Gesamteuropa ein gemeinsamer Markt entwickelt. Dies verlangt von den Marktteilnehmern in Ost und West, sich dem Wettbewerb zu stellen und die Chancen des künftig mehr als 500 Millionen Menschen umfassenden gemeinsamen Wirtschaftsraumes, des größten industriellen Marktes der Welt, nach Kräften zu nutzen.

Im Erfahrungsaustausch zwischen Ost und West sind neue Technologien und Produktionsmethoden zu entwickeln, die den globalen Veränderungen in der Lebensweise der Menschen des 21. Jahrhunderts Rechnung tragen. Der Übergang zum neuen Jahrtausend wirkt sich auch auf die Art und Weise des Arbeitens im EKO aus, stellt an Management und Mitarbeiter höchste Anforderungen. Was bei der Gründung des Kombinats 1950 noch als kühne Vision galt, wie z.B. die Automatisierung und Informatisierung fast aller Arbeitsbereiche, ist bei EKO Stahl heute Produktionsalltag und wird sich im Zukunftskonzept des Konzernbetriebs der weltweit tätigen USINOR-Gruppe kontinuierlich weiterentwickeln.

Glückauf für EKO Stahl und die Industrieregion Eisenhüttenstadt in einer friedlichen Zukunft des vereinten Europa – dies ist mein Wunsch zum 50-jährigen Jubiläum des wahrhaft nicht alltäglichen Unternehmens.

Ottokar Hahn
Minister a. D.

Oskar Nerlinger,
Hochofengruppe,
1951.

# Ein Symbol für Toleranz, Entschlossenheit und Solidarität

»Hier in Fürstenberg wird sowjetisches Erz mit polnischer Kohle zu deutschem Friedensstahl geschmolzen. Hier in Fürstenberg entsteht eine neue Stadt, deren Bewohner in unserem modernsten Hüttenwerk vorbildliche Arbeit leisten und im Zusammenhang mit dem Werk und der Wohnstadt in Verbindung mit sozialen und kulturellen Einrichtungen die Möglichkeit haben werden, beispielhaft für die politische und kulturelle Gestaltung unseres künftigen gesellschaftlichen Lebens in ganz Deutschland zu sein.«

So hieß es 1952, zwei Jahre nachdem der Aufbau des Hüttenkombinates Ost vom Ministerrat der DDR genehmigt worden war, in einer Rede. Abgesehen von den ideologischen Ranken machen diese Sätze deutlich, was stets kennzeichnend war für Stadt und Werk: Eisenhüttenstadt – so der spätere Name – und das Werk gehören zusammen. Bis auf den heutigen Tag.

1990 wurde schnell klar, dass man ein Kombinat wie EKO mit seinen damals rund 11.000 Beschäftigten in diesem Umfang nicht halten konnte. Genauso klar war mir und der gesamten Landesregierung, welchen enormen Stellenwert das Unternehmen für das Leben innerhalb der Region besaß und besitzt. Ein völliger Kahlschlag hätte unabsehbare soziale Folgen gehabt. Das mussten wir verhindern.

Die europäische und die deutsche Stahlindustrie gehörten bereits damals nicht gerade zu den Boom-Branchen, schlitterten angesichts globaler Veränderungen von einer Krise in die andere. Und nun sollte noch ein Stahlstandort im Osten erhalten werden! Wer, außer uns, konnte an einer solchen Konkurrenz interessiert sein?!

Es stand also ein Kampf an mehreren Fronten bevor: Treuhand, Europäische Union und Bundesregierung. Riva, Cockerill Sambre und schließlich USINOR hießen die Verhandlungspartner.

Im Falle EKO trifft ein landläufiges Sprichwort den Nagel auf den Kopf: Was lange währt, wird endlich gut. Kein Zweifel, es hat lange gedauert und es gab ein nervenzehrendes Auf und Ab. Alle Beteiligten wissen das nur zu gut. Unermüdlicher Einsatz, eine riesige Portion Beharrlichkeit, gerade auch der Stahlwerker, große Zuversicht und der nie versiegende Glaube an das Machbare brachten schließlich den Erfolg.

Bei allen Härten dieses Prozesses habe ich eines gelernt: In schweren Krisen wäre zweierlei grundfalsch – übertriebener Optimismus und mutlose Verzagtheit. Nötig sind Entschlossenheit und Solidarität. Dafür ist Eisenhüttenstadt zum Symbol geworden!

Denn eines soll nie vergessen werden: Für viele Eisenhüttenstädter ist EKO leider nur noch die Erinnerung an den ehemaligen Arbeitsplatz. Das sitzt tief und tut weh, vor allem dann, wenn keine andere Aufgabe über den Verlust hinweghilft. Gerade in der Rückschau zeigt sich besonders deutlich, dass es eine der größten Leistungen zur Rettung von EKO war, dass Belegschaft, Betriebsrat und Gewerkschaften im Interesse der Wettbewerbsfähigkeit ihres EKO einen Personalabbau von einst 11.000 auf heute 3.000 Beschäftigte mitgetragen haben. Viele lebten in diesen Jahren praktische Solidarität mit den Kollegen vor. Davor ziehe ich meinen Hut. In diesem Zusammenhang will ich an das Engagement der Verantwortlichen vor Ort erinnern. Für andere stehen die Namen der beiden Vorstände Hans Joachim Krüger und Karl Döring.

Als Anfang Dezember 1994 aus Brüssel das Ja zur Privatisierung kam, ging ein Stoßseufzer durch das ganze Land. Der EU-Ministerrat akzeptierte das Sanierungskonzept des belgischen Stahlunternehmens Cockerill und damit konnten 910 Mio. DM für den subventionierten Aufbau neuer Produktionskapazitäten fließen. Die sind in den Folgejahren gut genutzt worden: 1997 im Sommer fand der offizielle Festakt zur Inbetriebnahme des Warmwalzwerkes statt. Zur Erneuerung und Komplettierung des vorhandenen Werkes gehörte ebenso der Bau eines Hochofens und der Kunststoffbeschichtungsanlage wie die Inbetriebnahme der zweiten Feuerverzinkungsanlage.

EKO hat die einstigen Probleme mit einer zu geringen Fertigungstiefe längst überwunden. Kurz vor Weihnachten 1998 stimmte das Präsidium des Verwaltungsrates der Bundesanstalt für vereinigungsbedingte Sonderaufgaben der Übertragung der bis dahin an EKO Stahl gehaltenen Anteile auf Cockerill zu. Damit wurde die Privatisierung des Unternehmens abgeschlossen. Die Anstrengungen der vergangenen Jahre, seit 1999 als Teil der französischen USINOR-Gruppe, zeugen davon, dass sich das Unternehmen auf die Zukunft vorbereitet hat.

Gleichzeitig mit seinem Bekenntnis zu Brandenburg als neuem Produktionsstandort setzte USINOR ein anderes Zeichen – es schloss sich der landesweiten Aktion für mehr Toleranz an. USINOR steht damit in einer Reihe mit anderen Unternehmen, mit Gewerkschaften, Kirchen, Institutionen und Verbänden, die offensiv gegen Fremdenfeindlichkeit und Gewalt auftreten. Nur gemeinsam werden wir in der Lage sein, ein gesellschaftliches Klima zu schaffen, dass es Ausländern, ob Asylsuchende oder Urlauber, erlaubt, frei und ohne Ängste hier zu leben.

Noch stärker als bisher wird EKO seinen Standortvorteil konsequent nutzen und ausbauen. Das Werk hat aufgrund seiner Lage die einmalige Chance, die großen Märkte in Osteuropa zu bedienen. Die bereits bestehende Zusammenarbeit mit der russischen und der polnischen Stahlindustrie kann neue Impulse vertragen, unter anderem auch durch die Schaffung der notwendigen Infrastruktur im deutsch-polnischen Grenzbereich.

EKO lebt, weil die Beteiligten, allen voran die Stahlwerker und die Stadt, aber auch das Land, der Bund und die Europäische Union, eine enorme Gemeinschaftsleistung vollbracht haben. Das soll möglichst die nächsten 50 Jahre so bleiben!

Manfred Stolpe
Ministerpräsident des Landes Brandenburg

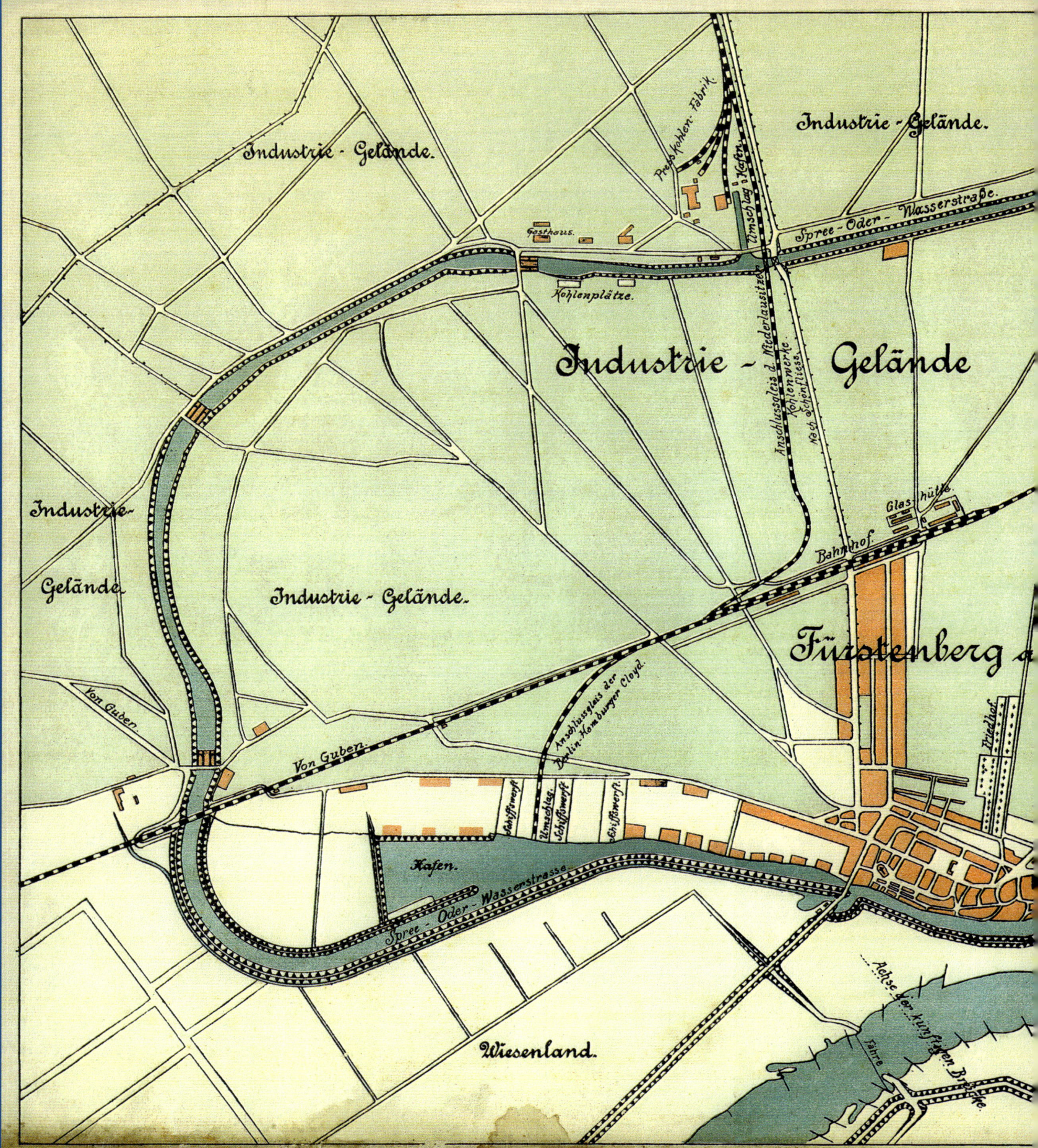

# Ein Industriestandort und seine Geschichte

Karte der Industriegelände
Fürstenberg/Oder, 1912

Aus der Geschichte

**2000 v. Chr.**
Im heutigen Simbabwe ist die Technik der Eisengewinnung in kleinen Öfen bekannt.

**1000 v. Chr.**
In Europa beginnt die Eisenzeit. Eisen wird zum vorwiegenden Rohmaterial für Werkzeuge und Waffen.

**4. Jh. v. Chr.**
Die Kelten entwickeln die Eisenverarbeitung weiter. Sie schmelzen Eisen in Schachtöfen.

**330 bis 380**
Im Tempelhof der Kuwat-ul-Islam-Moschee in Delhi (Indien) wird eine nichtrostende Eisensäule errichtet.

**8. Jh.**
In Nordosten Spaniens entsteht der erste Hochofen.

**9. Jh.**
In Böhmen, Sachsen, Thüringen, im Harz und am Niederrhein wird Eisen aus Erz in Rennöfen gewonnen.

**1495**
Leonardo da Vinci entwirft ein Blechwalzwerk für das Kaltwalzen von Zinnplatten.

**15. Jh.**
In Mitteleuropa setzt sich der Hochofen durch, mit dem es gelingt, flüssiges Roheisen als Gusseisen in Formen zu gießen.

**16. Jh.**
Walzwerke für Eisendraht, Münzmetall, Orgelpfeifenbleche u.a. entstehen überall in Europa.

**1670**
Im englischen Deptford wird das erste Reversierwalzwerk in Betrieb genommen.

**1705**
Das erste Quartogerüst wird errichtet.

**1711**
Der Engländer Thomas Newcomen konstruiert die erste einsatzfähige atmosphärische Dampfmaschine.

**1732**
In Finow bei Eberswalde entsteht neben einem Messingwerk das Hüttenwerk Eisenspalterei und Drahthammer.

**1735**
Der Brite Abraham Darby nimmt den ersten, ausschließlich mit Steinkohlekoks betriebenen Hochofen zur Roheisenerzeugung in Betrieb.

*Die Industrieproduktion ist zweifellos ein Werk des 20. Jahrhunderts. Kriege und Revolutionen zu Beginn und in der Mitte unseres Jahrhunderts, soziale Bewegungen, demokratische Errungenschaften und beständige Konkurrenz um die Märkte auf der einen Seite sowie totalitäre Regime von Großmächten auf der anderen, die an der militärtechnischen Stärke ihrer diktatorischen Systeme interessiert waren, haben den wissenschaftlichen Entdeckungen und der massierten Industrieproduktion eine beispiellose Priorität verliehen. All das hat auch die Entwicklung der Produktionsbeziehungen und die Politik der Staaten beeinflusst.*
Tschingis Aitmatow 1989 vor dem Club of Rome[1]

# Einführung

Die globale Industrialisierung führte seit Beginn des 19. Jahrhunderts zu grundlegenden Umwälzungen in allen Lebensbereichen der Gesellschaft. Dieser tiefgreifende Wandel ging von England aus und erfasste mit einer gewissen zeitlichen Verzögerung alle Länder Europas und schließlich weite Regionen der Welt. Mit ihm begann eine neue Epoche, das Zeitalter des Übergangs von der traditionellen Agrargemeinschaft zur modernen Industriegesellschaft, von der Handarbeit zur maschinellen Produktion. Anfänglich bediente sich die Industrie der Wasserkraft. Die Firma Krupp, später einer der Giganten der deutschen Stahlindustrie, wurde 1810 auf der grünen Wiese vor Essen gegründet; ein Fluss lieferte die benötigte Energie. Doch grundsätzlich war die industrielle Revolution des 19. Jahrhunderts eine Revolution auf der Grundlage von Kohle und Stahl. Sie löste ein rasantes Bevölkerungswachstum, das Entstehen neuer, aus dem kapitalistischen Produktionsprozess entspringender Klassengegensätze und einen grundlegenden Wandel traditioneller Wertesysteme aus. Es begann die Zeit neuer Ideen, innovativer Konzepte und ihrer konsequenten Umsetzung, eine Zeit der Gegensätze und Extreme, der konjunkturellen Aufschwünge und wirtschaftszerstörenden Krisen.

Die entscheidende technische Seite der industriellen Revolution war, neben den Umwälzungen im Transportwesen und der rasanten Entwicklung der technologischen Prozesse, das rasche Vordringen der Maschine – vor allem der Dampfmaschine. Sie befreite die aufkommende Industrie von der Bindung an die Wasserkraft und ermöglichte ihre rasche Konzentration und Ausdehnung. Durch die Umwandlung von Wärme in Arbeit mittels Maschinen wurde die Menschheit in die Lage versetzt, gewaltige neue Energiequellen auszubeuten. Verbunden damit war die Nutzbarmachung der Kohle zum Antrieb von Maschinen und als Lieferant von Wärmeenergie. Die Kohle verdrängte das Holz bzw. die Holzkohle aus allen chemisch-technologischen Prozessen und wurde so vor allem für die Metallurgie zur Triebfeder neuer Innovationen.

Mit der Erfindung des Kokshochofens und durch die Einführung des Bessemer-, des Thomas- und des Siemens-Martin-Verfahrens erhielt die Eisen- und Stahlindustrie einen enormen Aufschwung. Schmiedbares Eisen und Stahl ersetzten aufgrund ihrer guten Bearbeitungsmöglichkeiten, ihrer Festigkeit, Zähigkeit sowie ihrer chemischen Beständigkeit schnell in allen Bereichen die traditionellen Werkstoffe und eröffneten neue Möglichkeiten der Entwicklung. Die Eisen- und Stahlerzeugung wurde über Jahrzehnte hinweg nicht nur zum Indikator potenzieller militärischer Stärke, sondern auch zum Gradmesser der Entwicklung eines Landes.

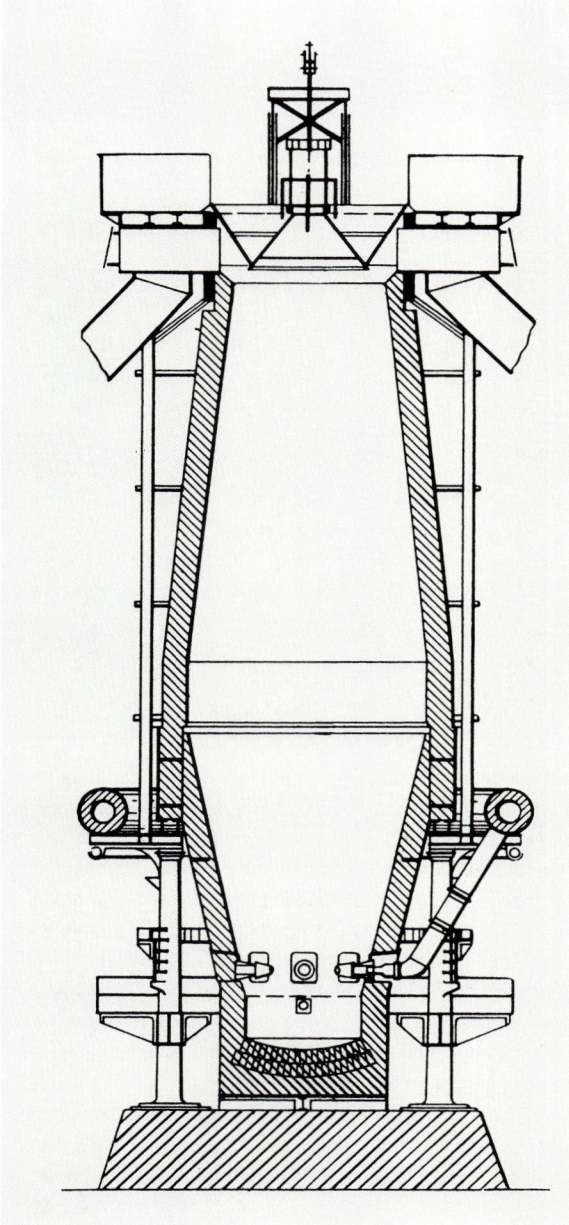

Erster Kokshochofen mit freistehendem Gestell, 1888.

### Eisen- und Stahlproduktion 1890 bis 1938
(in Mio. Tonnen; Roheisen 1890, danach Stahl)[2]

|               | 1890 | 1900 | 1910 | 1913 | 1920 | 1930 | 1938 |
|---------------|------|------|------|------|------|------|------|
| Deutschland   | 4,1  | 6,3  | 13,6 | 17,6 | 7,6  | 11,3 | 23,2 |
| Großbritannien| 8,0  | 5,0  | 6,5  | 7,7  | 9,2  | 7,4  | 10,5 |
| USA           | 9,3  | 10,3 | 26,5 | 31,8 | 42,3 | 41,3 | 28,8 |
| Russland      | 0,95 | 2,2  | 3,5  | 4,8  | 0,16 | 5,7  | 18,0 |
| Japan         | 0,02 | -    | 0,16 | 0,25 | 0,84 | 2,3  | 7,0  |
| Frankreich    | 1,9  | 1,5  | 3,4  | 4,6  | 2,7  | 9,4  | 6,1  |

Die Industrialisierung führte zu einer Verschiebung der globalen Machtverhältnisse. Während in der ersten Hälfte des 19. Jahrhunderts Großbritannien seine Machtposition ausbauen konnte und »ein praktisches Monopol in der dampfgetriebenen industriellen Produktion erreichte«, breitete sich im Laufe der zweiten Hälfte des Jahrhunderts die Industrialisierung auf andere Regionen aus. Es entstanden Industrienationen, »die sowohl die Ressourcen als auch die Organisationsstrukturen hatten, um diese neuen Produktionsmethoden und Technologien auszunutzen«[3]. Die Welt wurde durch die rasanten technologischen Veränderungen und die ungleichen Wachstumsraten zwar komplexer, aber auch instabiler. Ein weltweiter Kampf um Rohstoffe und Absatzmärkte setzte ein, der in zwei weltumspannenden Kriegen gipfelte. Operative Führungskunst und soldatische Tapferkeit hingen in immer stärkerem Maße vom Takt der Fließbänder in den Fabriken ab. Die Verflechtung zwischen wissenschaftlich-technischem Fortschritt und Rüstungsproduktion wurde immer enger.

Die bahnbrechenden Erfindungen der Spinnmaschine, der Dampfmaschine und des Kokshochofens in England waren auch an Deutschland nicht spurlos vorübergegangen. Die politische Zersplitterung des Landes wirkte jedoch lange als Hemmschuh der Industrialisierung. Kapitalmangel und schlechte Verkehrsverbindungen beschränkten die Märkte. Dies änderte sich mit der Entwicklung der Eisenbahn. Bereits 1860 verfügte Deutschland über ein vollständiges Schienennetz. Überall entstanden Fabriken, Massenproduktion ersetzte die handwerkliche Einzelanfertigung. Der rasche Ausbau des Eisenbahnnetzes und die beginnende Dampfschifffahrt veränderten das Verkehrswesen.

Damit verbunden war eine stürmische Entwicklung der Eisen- und Stahlindustrie. Zur Finanzierung der gigantischen industriellen Vorhaben wurden Kapitalgesellschaften gebildet, meist in Form von Aktiengesellschaften. Banken beschafften das notwendige Kapital. In Gebieten mit nutzbaren Rohstoffvorkommen entstanden Großindustrien. Winzige Dörfer und idyllische Kleinstädte wandelten sich innerhalb weniger Jahre zu Industriestandorten.

Die Kehrseite des wirtschaftlichen Aufschwungs waren soziale Missstände. Aus arbeitslos gewordenen Handwerksgesellen, besitzlosen Landarbeitern und verarmten Kleinbauern bildete sich eine Lohnarbeiterschaft. Massenhaft strömte sie in die Fabriken der Industriestädte. Die rasche Industrialisierung riss ganze Bevölkerungsschichten aus ihrem gewohnten Milieu, stürzte viele Menschen in Not und Armut. Die katastrophalen Lebensbedingungen erzeugten unter den besonders Betroffenen, den lohnabhängigen Arbeitern, den Zwang und die Fähigkeit zum Zusammen-

---

**1742**
Benjamin Huntsman gelingt durch Zusammenschmelzen von Gusseisen und Schmiedeeisen in Tontiegeln die Erzeugung eines hochwertigen Gussstahls.

**1763**
Der Russe Iwan I. Polsunow baut eine Dampfgebläsemaschine zur Winderzeugung in der Metallurgie.

**1784**
Der Engländer Henry Cort erfindet das Puddelverfahren zur Herstellung schmiedbaren Eisens.

**1793**
In Lippiztal errichtet Max Graf Egger das erste Eisenwalzwerk Mitteleuropas.

**1796**
In den Eisenwerken von Gleiwitz nimmt erstmals in Deutschland ein mit Wasserkraft betriebener Kokshochofen die Produktion auf.

**1812**
Bei Krupp in Essen wird Gussstahl großtechnisch produziert.

**1816**
Im Finower Hüttenwerk wird für den Antrieb der Walztechnik eine Dampfmaschine eingeführt.

**1820**
In den Rasselsteiner Eisenwerken bei Neuwitt führt Christian F. Remy das Blechwalzen ein.

**1828**
Im schottischen Clyde wird nach einem Verfahren von James Beaumont Neilson erstmalig die Zufuhr von erhitztem Wind für Hochöfen verwandt.

**1847**
Im erzgebirgischen Olbernhau entsteht ein Walzwerk.

**1853**
In Essen erfindet Alfred Krupp das Walzen von Eisenbahnrädern.

**1855**
Der Engländer Henry Bessemer entwickelt das Windfrischverfahren für die Erzeugung von Stahl aus flüssigem Roheisen.

**1857**
E. Cowper entwickelt einen steinernen Winderhitzer für Hochöfen.

**1864**
Das Siemens-Martin-Verfahren zur Erzeugung von Flussstahl wird erstmalig von Pierre Martin in einem von Friedrich und Wilhelm Siemens gebauten Regenerativflammofen angewandt.

**1868**
In Kapfenberg in der Steiermark wird der erste Siemens-Martin-Ofen Deutschlands errichtet.

**1878**
Die Briten Percy Gilchrist und Sidney Thomas entwickeln ein Windfrischverfahren zur Erzeugung von hochwertigem Stahl aus phosphorhaltigem Eisenerz.

**1879**
In den Rheinischen Stahlwerken in Meiderich wird erstmals in Deutschland Thomasstahl erblasen.

**1884**
Die Düsseldorfer Unternehmer Reinhard und Max Mannesmann entwickeln ein Schrägwalzverfahren zur Herstellung nahtloser Rohre.

**1898/1900**
Der Italiener Ernesto Stassano und der Franzose Paul Louis Héroult entwickeln unabhängig voneinander zwei für die Schmelzpraxis geeignete Konstruktionen von Lichtbogenöfen.

**1900**
Die amerikanischen Ingenieure Frederick Winslow Taylor und Manuel White stellen auf der Pariser Weltausstellung wolfram- und chromlegierte Schnellarbeitsstähle vor.

**1906**
In Deutschland kommt erstmalig das Elektrostahlverfahren in einem Elektro-Lichtbogenofen zur Anwendung.

**1908**
In Burg bei Magdeburg werden die »Berlin-Burger-Eisenwerke« mit einer Stahl- und Graugießerei sowie einer Kesselfabrik gegründet.

**1912**
Das deutsche Stahlunternehmen Krupp entwickelt nichtrostende, säure- und hitzebeständige Stahllegierungen.

**1913**
Der britische Metallurge Henry Brearley entdeckt, dass Stahl, der 12,8% Chrom und 0,24% Kohlenstoff enthält, nicht rostet.

**1913**
In Oranienburg bei Berlin wird ein Kaltwalzwerk für Federbandstahl in Betrieb genommen.

**1918**
In Finow werden die neuen Produktionsanlagen der »Hirsch Kupfer- und Messingwerke AG« in Betrieb genommen.

Eisenwalzwerk im 19. Jahrhundert, Gemälde von Adolph Menzel, 1875.

schluss. Arbeiterparteien und freie Gewerkschaften wurden die wichtigsten Instrumente des politischen und sozialen Kampfes der Arbeiterschaft.

In Deutschland hatte der industrielle Kapitalismus zwar mit Verspätung, dafür aber um so heftiger eingesetzt. Außerdem war der politische Rahmen für das neue Zeitalter hier nicht in einer bürgerlichen Revolution gezimmert worden, sondern durch die »Eisen und Blut«-Politik Bismarcks. Das von ihm gegründete Deutsche Reich war eine Voraussetzung für das industrielle Zeitalter in Deutschland. Der große Bedarf an Eisenwaren und Stahlwerkzeugen, an Drehstählen und Maschinenteilen, an Dampfschiffen und Lastkähnen, an Brücken, Schienen, Schwellen, Lokomotiven und Eisenbahnwagen brachte bald einen nachhaltigen Aufschwung der Schwerindustrie. Im Mai 1859 erhielt die Firma Krupp eine erste Bestellung des Kriegsministeriums über 300 Geschütze. Nach Preußen bestellten auch Belgien und Russland bei Krupp. Stahl- und Rüstungsproduktion waren seitdem eng verbunden.

Angesichts des rasanten wirtschaftlichen Aufstiegs und seiner wachsenden militärischen Stärke strebte das Wilhelminische Deutschland seit Ende des 19. Jahrhunderts zur Weltmacht. Am Vorabend des Ersten Weltkrieges war Deutschlands Anteil an der Industrieproduktion der Welt mit 14,8 Prozent höher als der Großbritanniens mit 13,6 Prozent. Kohle und Stahl wurden zu Lokomotiven der deutschen Wirtschaft. Betrug die Kohleproduktion 1871 in Deutschland 38 Mio. t, so war sie im Jahr 1913 bereits auf 279 Mio. t angewachsen. Auch auf dem Stahlsektor war der Zuwachs spektakulär, denn die Stahlerzeugung stieg von 1,5 Mio. t im Jahr 1880 auf 17,6 Mio. t im Jahr 1913. Sie lag damit höher als die Großbritanniens, Frankreichs und Russlands zusammengenommen. 1826 hatte die Firma Krupp ganze sieben Beschäftigte, 1846 waren es 122, 1866 stieg die Arbeiterzahl auf 8.000 und 1910 arbeiteten in dem Unternehmen etwa 70.000 Menschen. Ebenso dynamisch entwickelten sich die neuen Industrien des 20. Jahrhunderts – die elektrotechnische, optische und chemische Industrie.

Auch das Provinzstädtchen Fürstenberg an der Oder wurde von diesen Entwicklungen ergriffen. Das »Landbuch der Mark Brandenburg« aus dem Jahre 1856 beschrieb den Ort und seine Umgebung wie folgt: »Fürstenberg liegt auf dem linken Ufer der Oder hart am Strome und auf dessen erhöhtem Thalrande […] Die Feldmark besteht theils aus unfruchtbarem Sand-, theils aus ergiebigem Bruchboden. Der letztere macht jedoch nur 1/3 der ganzen Feldmark aus. Die Höhenfeldmark, mit Ausnahme eines an Flächeninhalt sehr geringen hügeligen Theils, Diehlower Höhen genannt, und einiger auf 4 verschiedenen Stellen liegenden Küchengärten, welche aus Moorboden bestehen, enthält nur Sand, der eine äußerst geringe Tragfähigkeit besitzt und als Ertrag meistentheils kaum die Aussaat gewährt. Ein großer Teil wird wegen gänzlicher Unergiebigkeit gar nicht bebaut.«[4] Jahrhundertelang hemmten diese natürlichen Gegebenheiten den wirtschaftlichen Aufschwung der um 1250 von deutschen »Kolonisten« gegründeten Stadt ebenso wie die Abhängigkeit Fürstenbergs vom Neuzeller Kloster. Bis zum Jahr 1817 befand sich die Stadt, von kurzen Unterbrechungen abgesehen, in klösterlichem Besitz. Die Zisterziensermönche brachten zwar den Weinanbau ins Odergebiet und beförderten die weitere Ansiedlung

Fürstenberg/Oder am Ende des 17. Jahrhunderts, Nachbildung eines Kupferstichs.

von Bauern, jedoch erwies sich die drückende Herrschaft des Klosters über die Stadt, vor allem ab dem Spätmittelalter, als nachteilig für die freie Entfaltung von Gewerbe und Handel.

Die Anfänge der Industrialisierung des Raumes um Fürstenberg lassen sich bis in die Mitte des 19. Jahrhunderts zurückverfolgen.[5] In den nachfolgenden über einhundert Jahren kam es hier zu einem beachtlichen wirtschaftlichen Aufschwung. Am Beginn dieser Periode durchlebte Fürstenberg/Oder zunächst das zeittypische Auf und Ab einer deutschen Provinzstadt zwischen der traditionellen ländlichen Idylle und dem sich ankündigenden industriellen Zeitalter. Bis 1914 erreichte die Industrialisierung Fürstenbergs einen ersten Höhepunkt. Die Ansiedlung verschiedener Wirtschaftszweige und der zunehmende Umschlag in den Hafenanlagen waren beredte Beispiele dieses Aufschwungs. Fürstenberg/Oder und vor allem auch Schönfließ entwickelten sich zu Industriestandorten.

Nach dem Ersten Weltkrieg kam es aufgrund der Wirtschaftskrisen zur Schließung zahlreicher Fabriken und zum Rückgang des Umschlagverkehrs auf der Oder. Bis zum Ende der 30er Jahre blieb die wirtschaftliche Entwicklung der Region hinter den Möglichkeiten und Perspektiven zurück, die sich vor dem Ersten Weltkrieg eröffnet hatten. Als Verkehrsknotenpunkt zwischen den deutschen Industriegebieten des Ostens und des Westens, mit Wasserstraßenverbindungen zu den großen Überseehäfen und einem gut ausgebauten Bahn- und Straßensystem besaß die Region um Fürstenberg an der Oder gegenüber anderen Gebieten Standortvorteile, die in der Zeit des Nationalsozialismus zu neuen Überlegungen führten.

Nach den Plänen zur Neuordnung der gesamten chemischen Industrie sollte Fürstenberg in naher Zukunft eine wichtige Funktion zur Belieferung der deutschen Industrie mit Rohstoffen und der industriellen Versorgung des »Lebensraumes im Osten« übernehmen. Die Region erlebte als Großbaustelle zwischen 1940 und 1944 einen rasanten wirtschaftlichen Aufschwung. Die Pläne für eine langfristige weit über den Zweiten Weltkrieg hinausgehende Industrialisierung waren bereits erarbeitet. Im Kaufvertrag zwischen der Degussa und der Stadt Fürstenberg/Oder von 1940 wurde deshalb festgelegt: »Ist am 01. 04. 1960 mehr als die Hälfte der Fläche der erworbenen Grundstücke noch nicht industriell ausgenutzt, so sind die dann industriell noch nicht ausgenutzten Teilgrundstücke auf Verlangen der Verkäuferin schulden- und lastenfrei auf Kosten der Käuferin an die Verkäuferin zurück aufzulassen gegen zinslose Rückzahlung des anteiligen Kaufpreises, der auf RM 0,30 je qm festgesetzt wird.«[6] Mit der Realisierung der Großprojekte Kraftwerk der Märkischen Elektrizitätswerke AG (MEW) und chemisches Zentralwerk der Degussa AG war Fürstenberg auf dem Weg zu einem bedeutenden Industriestandort in Mitteldeutschland.

Der Zweite Weltkrieg und die Nachkriegsordnung stoppten diese Vorhaben. Die Demontage- und Reparationspolitik der sowjetischen Besatzungsmacht zerstörte die gerade erst fertiggestellten, durch Kriegseinwirkungen kaum beschädigten Industrieanlagen. Aufgrund der durch die alliierten Siegermächte festgelegten Verschiebung der deutschen Ostgrenze geriet Fürstenberg an der Oder zudem in eine Randlage. Die wirtschaftlichen Beziehungen zwischen Schlesien und den Industriegebieten an Rhein und Ruhr waren zerstört. Die Schifffahrt auf der Oder und auf dem Oder-Spree-Kanal war fast bedeutungslos geworden. Der Standort verlor seine Rolle als Verkehrsknotenpunkt und damit scheinbar jede Perspektive. Erst fünf Jahre später sollte für Fürstenberg/Oder eine neue Zeit der industriellen Entwicklung beginnen.

Der Bau des Hüttenkombinates an der Oder und der ersten sozialistischen Stadt Deutschlands wurde das bedeutendste Projekt des ersten DDR-Fünfjahrplanes und diente der SED-Führung als anschaulicher Beweis für die angeblich erst unter den neuen gesellschaftlichen Verhältnissen mögliche Industrialisierung einer unterentwickelten Region. »Wir haben das Hüttenkombinat dorthin gebaut, wo weder Kohle noch Erz sind, sondern nur märkischer Sand und kleine märkische Kiefern«, verkündete DDR-Minister Fritz Selbmann und begründete damit den Mythos vom industriellen Ödland.[7] Die industrielle Vorgeschichte der Region um das märkische Provinzstädtchen Fürstenberg blieb lange unerforscht. Dabei entstanden das Eisenhüttenkombinat Ost (EKO) und Eisenhüttenstadt keineswegs im industriellen Niemandsland oder in einer geschichtslosen Gegend.

**1926**
In den USA wird die erste kontinuierliche Warmbreitbandstraße in Betrieb genommen.

**1929**
In der Sowjetunion beginnt der erste Fünfjahrplan. Schwerpunkt ist die Entwicklung der Schwerindustrie mit dem Bau des Eisenkombinats in Magnitogorsk.

**1935**
In der Sowjetunion und den USA werden Versuche zur industriellen Anwendung des Stranggießverfahrens durchgeführt.

**1937**
Im Rahmen des Vierjahresplanes des Dritten Reiches werden die »Reichswerke AG für Erzbergbau und Eisenhütten Hermann Göring« in Salzgitter-Watenstedt errichtet.

**1941**
In der Hütte Linz der »Reichswerke AG Hermann Göring« werden die ersten beiden Hochöfen angeblasen.

**1943**
Die Eisenwerke Oberdonau in Linz sind das größte Panzerwerk Deutschlands. Der deutsche Panzer »Tiger II « erlangt Serienreife.

**1945**
In Ostdeutschland wird fast die gesamte Eisen- und Stahlindustrie demontiert und als Reparationsleistung in die UdSSR überführt.

**1946**
In der Maxhütte bei Unterwellenborn wird der erste von vier in der sowjetischen Besatzungszone noch verbliebenen Hochöfen angeblasen.

**1947**
Nach der Inbetriebnahme des ersten Walzgerüstes der Federnfabrik Oranienburg wird der Betrieb in Volkseigentum überführt.

**1949**
Aufgrund des Ruhrstatuts entsteht eine internationale Kontrollbehörde, mit der Frankreich, Großbritannien, die USA und die Beneluxstaaten die Produktion an Kohle, Koks und Stahl im Ruhrgebiet überwachen.

**1949**
Nach der Demontage des Blechwalzwerkes nimmt in Burg eine neu gebaute Feinwalzstraße die Produktion auf.

# Die Anfänge
# der Industrialisierung

Fürstenberg/Oder am Übergang vom 19. zum 20. Jahrhundert.

Fürstenberg/Oder war um 1800 ein kleines, unbedeutendes Landstädtchen, dessen ökonomischer Stellenwert sich jahrhundertelang einzig auf das Kloster in Neuzelle beschränkt hatte. Der unfruchtbare Sandboden ließ nur in begrenztem Maße Ackerbau zu und die sumpfigen Oderauen wurden ständig vom Hochwasser gefährdet. So waren die Menschen frühzeitig gezwungen, nach anderen Erwerbsmöglichkeiten zu suchen wie Fischfang, Waldwirtschaft und Handwerk. Aufgrund der örtlichen Rohstoffbasis entwickelte sich hier zunächst das Schuhmacher- und Leinweberhandwerk sowie der Fischfang. Später waren es vor allem Fleischer, Bäcker und Bierbrauer, die das Wirtschaftsleben Fürstenbergs bestimmten. Davon profitierten auch die Stadtbürger, die sich auf den Handel mit Schuhwaren und Stoffen, aber auch mit Bier und Wein, ausrichteten.

Im 16. Jahrhundert gewann kurzzeitig die Eisengewinnung in der Region an Bedeutung. In den als »Eisensteinbrüche« bezeichneten Wiesen des Schlaubetals hatte man den so genannten Raseneisenstein, auch Sumpferz genannt, gefunden. Daraufhin errichtete im Jahre 1553 der Beeskower Kupferschmied Antonius Ott in der Nähe von Mixdorf an der Schlaube einen Eisenhammer, in dem die in so genannten Stücköfen gewonnenen Eisenluppen von der Schlacke befreit wurden. Jedoch erwiesen sich die Eisensteinvorkommen, die 30 cm unter dem Erdboden lagerten, als nicht besonders ergiebig, so dass der Eisenhammer bereits 1594 in einen Kupferhammer umgebaut wurde. Aber auch dessen Existenz blieb nur eine kurze Episode. Einzig die kleine Ansiedlung Kupferhammer erinnert noch heute an diese Zeit.

Entlang der Schlaube befanden sich im Mittelalter einige Mahl- und Schneidemühlen sowie Teerschwefelereien und Pechhütten, die jedoch aus wirtschaftlichen Erwägungen recht bald ihren Betrieb einstellen mussten. Ebenso erging es einer Papiermühle in Ziltendorf und der Pulvermühle am Großen Pohlitzer See. Erst mit der Angliederung der Niederlausitz an Preußen im Jahre 1815 und der in den folgenden Jahrzehnten einsetzenden industriellen Revolution, wurden neue Produktionsquellen erschlossen und die Fürstenberger Wirtschaft gelangte allmählich zu überregionaler Bedeutung.[8]

Seit Beginn des 19. Jahrhunderts hielten Industrialisierung und Mechanisierung auch in der Region Fürstenberg Einzug. Zunächst wurde die Verkehrsanbindung der Stadt durch die Aufnahme der Dampfschifffahrt auf der Oder (1840) sowie den Anschluss an das Grundnetz der Eisenbahn (1846) verbessert. Nachdem bereits 1842 die »Schienenbahn zwischen Berlin und Frankfurt« eingeweiht wurde, erhielt Fürstenberg/Oder mit dem Bau der Bahnstrecke von Frankfurt/Oder über Guben nach Breslau Verbindung zu den bedeutenden Industriezentren Deutschlands. Mit der Landstraße (1836 Poststraße) zwischen Guben, Neuzelle und Frankfurt/Oder bestand bereits seit dem Mittelalter eine wichtige Fernverbindung von Böhmen über Zittau und Görlitz an die Ostseeküste. Als man dann 1847 beim Brunnenbau im Stiftsforstrevier Schönfließ auf ein Braunkohleflöz stieß, war dies der Anstoß für den industriellen Aufstieg Fürstenbergs.

Im Jahre 1858 begann die Bergbaugesellschaft »Präsident« den planmäßigen Kohleabbau. Sechs Jahre später wurde in Fürstenberg, in der Nähe des Bahnhofs, die erste Glashütte in Betrieb genommen. Die Eisenbahn diente nun zum Antransport des benötigten Sandes von Hohenbocka und zur Auslieferung der gefertigten Glaswaren. Die Glasherstellung entwickelte sich in den folgenden Jahrzehnten neben der Schifffahrt zum wichtigsten Wirtschaftszweig der Region. Die Kohleförderung und ein reiches Arbeitskräfteangebot waren die Hauptgründe dafür, dass sich die Glasherstellung nach einigen krisenbedingten Rückschlägen in den folgenden Jahrzehnten sprunghaft entfaltete. Insbesondere nach 1880 erlangte die Fürstenberger Glasindustrie mit verändertem Produktionsprofil überregionale Bedeutung. Exportaufträge für Lampen- und Kristallglas kamen aus ganz Europa sowie den USA und Australien.

Während die Mehrzahl der alten Gewerke in der zweiten Hälfte des 19. Jahrhunderts der Konkurrenz der Industrie nicht mehr gewachsen waren, florierte das Korbmacherhandwerk und erlebte durch den Anbau der amerikanischen Korbweide in den sumpfigen Oderauen um 1904 einen

Foto links:
Korbmacher bei der Herstellung von Geschosskörben, Ende des 19. Jahrhunderts.

Foto rechts:
Fürstenberger Haus mit Korbwarengeschäft, Anfang des 20. Jahrhunderts.

Foto links:
Förderanlage der Braunkohlegrube »Präsident« bei Schönfließ, Ende des 19. Jahrhunderts.

Foto rechts:
Brikettfabrik in der Nähe des Bahnhofs Fürstenberg/Oder, Ende des 19. Jahrhunderts.

weiteren Aufschwung. Nach der Gründung einer Korbmacherinnung im Jahre 1858 stieg bis 1895 die Zahl der Korbmacher rasch von sechs auf siebzig an. Zunächst konzentrierte man sich vor allem auf die Herstellung von Gebrauchsgütern und Haushaltsgegenständen; während des Ersten Weltkrieges wurden Geschosskörbe gefertigt. Fürstenberg/Oder wurde zu einem der wichtigsten Zentren des Korbmacherhandwerkes in Deutschland, dessen Produkte auch im Ausland reichlichen Absatz fanden.

Bis zum Ende des Jahrhunderts entstanden in der Region Fürstenberg weitere Industriebetriebe. Zur Verarbeitung der Kohle wurde 1883 in der Nähe des Bahnhofs eine Brikettfabrik errichtet, die ab 1886 am Mielenzhafen produzierte. Ein Jahr später nahm eine Anilinfabrik die Produktion auf. Verbunden mit der zunehmenden Industrieansiedlung war auch ein verstärkter Zustrom von Arbeitern und Handwerkern in die Region. Von 1871 bis 1900 verdoppelte sich die Bevölkerung Fürstenbergs; auch in den angrenzenden

Abbildung oben:
Glasfabrik Fürstenberg/Oder,
Aufnahme um 1910.

Abbildung unten:
Tätosinwerke und Neuer Hafen
am Oder-Spree-Kanal,
Aufnahme um 1920.

Gemeinden kam es zu einem spürbaren Bevölkerungszuwachs. Gleichzeitig trat ein Wandel der sozialen Strukturen ein. Aus Bauern, Handwerkern und Häuslern wurden Schiffer, Bergleute und Fabrikarbeiter, aus einstigen Bauerndörfern entwickelten sich Industriegemeinden. Insbesondere in den Dörfern, die verkehrsgünstig zu den Industrieorten Fürstenberg und Finkenheerd entlang der Oderaue lagen, wie Wellmitz, Neuzelle, Vogelsang, Ziltendorf und Krebsjauche (Wiesenau), siedelten sich verstärkt Industriearbeiter an.

Der aufgrund der raschen Industrialisierung ausgelöste Umschichtungsprozess innerhalb der Bevölkerung verschärfte auch in Fürstenberg/Oder die sozialen Missstände. Konjunkturelle Schwankungen erzeugten Massenarbeitslosigkeit; Massenarmut bedrohte die Existenz ganzer Familien. Das vermehrte Angebot an Arbeitskräften drückte die Löhne und führte zur Ausnutzung von billiger Frauen- und Kinderarbeit, insbesondere in der Korbwaren- und Glasindustrie. Die Glashütte in Fürstenberg beschäftigte im Jahre 1875 achtjährige Kinder. Ein Fürstenberger Bauarbeiter erhielt um die Jahrhundertwende einen Stundenlohn von 36 Pfennig, während sein Gubener Kollege 41 Pfennig verdiente. Zur Bekämpfung dieser Missstände und Ungerechtigkeiten schlossen sich seit den siebziger Jahren des 19. Jahrhunderts auch in Fürstenberg/Oder Arbeiter zusammen. Bereits 1876 war es in der Glashütte zur Bildung einer Gewerkschaftsgruppe gekommen und 1902 entstand eine Ortsgruppe der SPD, die schon bei den Reichstagswahlen von 1912 die Mehrheit errang. Ende des 19. Jahrhunderts verstärkten sich die Aktivitäten der Arbeiterbewegung und es kam zu ersten Streikaktionen. Höhepunkt war der überregionale Schifferstreik von 1913, bei dem Boots- und Steuerleute, Maschinisten und Heizer um Lohnerhöhungen und eine Regelung der Nachtruhe kämpften.

Vor allem der Schifffahrt war es zu verdanken, dass aus dem unbekannten Provinzstädtchen Fürstenberg/Oder innerhalb kurzer Zeit ein bedeutender Verkehrsknotenpunkt und ein sich entwickelnder Industriestandort wurde. Bis zum Beginn des 19. Jahrhunderts ließ die kaum regulierte Oder nur wenig Schifffahrt zu. Die Fracht der wenigen Kähne bestand damals stromaufwärts vor allem aus Heringen und Salz, während für die Talfahrt zumeist Getreide und Wein, der damals noch auf den Seebergen bei Fürstenberg angebaut wurde, geladen war. Mitte des 19. Jahrhunderts begann man, durch die Errichtung von Dämmen und den Einbau von Buhnen, den bis dahin wilden Oderstrom zu bändigen. Immer mehr Fischer wurden in diesen Jahren zu Schiffern.

Mit der Einführung der Dampfschifffahrt auf der mittleren Oder wurden die jahrhundertealten Antriebsarten, wie Segeln, Treideln mit Menschen oder Tieren und Treiben mit dem Strom, durch Maschinenkraft ersetzt. Die Tendenz zu immer leistungsfähigeren Oderschiffen und das ständig wachsende Verkehrsaufkommen zwischen Schlesien und Berlin machten Ende des Jahrhunderts einen Ausbau des märkischen Wasserstraßennetzes notwendig. Mit dem Bau des Oder-Spree-Kanals von 1886 bis 1891 wurde eine leistungsfähige Hauptwasserstraße zwischen Elbe und Oder errichtet. Es begann die Blütezeit der Fürstenberger Binnenschifffahrt.

Maschinenbau- und Schiffsschmiede August Karge in Fürstenberg/Oder, Aufnahme um 1920.

Um die Jahrhundertwende hatte sich die Stadt zu einem zentralen Verkehrsknotenpunkt des östlichen Wasserstraßennetzes entwickelt. Die Oder und der neu entstandene Kanal wurden zunehmend als Transportweg für Steinkohle, Ziegelsteine, Kalkstein, Braunkohle, Roheisen, Zement, Getreide, Mehl, Zucker und Schüttgüter genutzt. Fürstenberg/Oder war ein wichtiger Umschlagplatz, der die schlesische Industrie mit dem Großraum Berlin, mit den industriellen Zentren an Ruhr und Rhein sowie mit dem Hamburger Überseehafen verband. Das ständig wachsende Verkehrsaufkommen machte immer neue Erweiterungsmaßnahmen an den Schifffahrtswegen und Hafenanlagen notwendig. Der Fürstenberger Hafen, der in den Jahren 1911 bis 1912 am westlichen Ufer der Spree-Oder-Wasserstraße errichtet wurde, war zur Aufnahme von 400 Schiffen geeignet. Er verfügte außerdem über riesige Speicherkapazitäten und Gleisanschluss. Ein besonderer Service war der Eilgutverkehr mittels moderner Dampfer nach Schlesien und zu den Nord- und Ostseehäfen.

Bereits Ende der 70er Jahre des 19. Jahrhunderts hatten sich die Fürstenberger Schiffer zu einer Schleppergenossenschaft zusammengeschlossen. Es war die erste Genossenschaft der Schiffer in Deutschland. Wenige Jahre später ging daraus die Märkische Dampfschleppschifffahrtsgesellschaft hervor. In den folgenden Jahren wurde Fürstenberg/Oder Sitz zahlreicher bedeutender Schifffahrtsunternehmungen wie der Dampfergenossenschaft Deutscher Strom- und Binnenschiffer, der Fürstenberger Dampferkompanie, der Schlesischen Dampferkompanie – Berliner Lloyd – AG, der Luise Schifffahrtsgesellschaft und diverser Einzelreeder. Sämtliche Oderreedereien hatten hier ihre Zentrale oder eine Niederlassung.

Die Schifffahrt beeinflusste den industriellen Aufschwung der Region. Insbesondere der Schiffsbau mit zahlreichen Werften, Seilereien, Ankerschmieden, Eisengießereien und Windenbauanstalten entwickelte sich rasch. Außerdem entstanden in jenen Jahren ein Tätosinwerk zur Herstellung von Kartoffelstärkemehl, eine Holzwollefabrik, Sägewerke und Dampfziegeleien. Mit dem Ersten Weltkrieg und seinen Folgen erlahmte die wirtschaftliche Entwicklung. Nachkriegsnot, Inflation und Wirtschaftskrise führten zur Schließung einer erst nach dem Kriege neu errichteten zweiten Glashütte und der Korbwarenfabrik, der Braunkohlengruben bei Schönfließ und Rießen, der Brikettfabrik, der Anilinfabrik sowie des Tätosinwerkes.

Fürstenberg/Oder blieb jedoch weiterhin ein wichtiger Verkehrsknotenpunkt und eine bedeutende Schifferstadt. 1933 lebten hier etwa 400 Schifferfamilien und viele Fürstenberger bestritten ihren Lebensunterhalt durch die Schifffahrt. In den 20er Jahren wurden die Verkehrs- und Hafenanlagen der Stadt beträchtlich erweitert. 1919 erfolgte die Einweihung der Oderbrücke. Neben dem »Alten Hafen«

entstand 1925 der so genannte Stadthafen. In diesem Umschlaghafen, mit Straßen- und Gleisanschluss zum Bahnhof, konnten bequem 8 bis 10 m breite Schiffe nebeneinander liegen, ohne den durchgehenden Schiffsverkehr zu behindern. Neben dem 400 m langen Hafeneinschnitt wurden Lagerspeicher, Getreidesilos, Krananlagen und Kohleplätze angelegt. Im November 1929 wurde die Zwillingsschachtschleuse für den Binnenschifffahrtsverkehr freigegeben. Das Bauwerk, eine ingenieurtechnische Höchstleistung seiner Zeit, war 130 m lang und 12 m breit. Die Fallhöhe betrug 12,88 m und eine Schleusung dauerte 30 Minuten.

Die Schleuse war so dimensioniert, dass sie 1.000-Tonnen-Schiffe aufnehmen konnte. Gleichzeitig wurde die Kanalmündung und die alte Kanalausfahrt verfüllt und als Winterhafen ausgebaut. An die Stelle der alten Kanalbrücke trat eine neue, größere Deichbrücke. Außerdem entstanden ein Nadelwehr, ein Schöpfwerk und ein Rückstaudeich. Das Gesamtprojekt war 1931 vollendet.

Mit diesen Erweiterungen konnte die Leistungsfähigkeit der Oderschifffahrt erheblich erhöht werden. Im Zeitraum von 1880 (0,15 Mio. t transportierter Güter) bis 1935 (6,5 Mio. t) stieg sie auf mehr als das Vierzigfache. »Über Fürstenberg/Oder liefen davon 1912 etwa 4,5 Mio. t (3,8 Mio. t Richtung Berlin und 0,7 Mio. t Richtung Breslau), die mit rund 40.200 Schiffen transportiert wurden«.[9] Dieser Umschlag wurde bis in die 30er Jahre hinein allerdings nicht wieder erreicht, obwohl sich die mittlere Tragfähigkeit eines Oderschiffes von 1913 bis 1935 von 350 auf 430 t erhöht hatte. Im »Führer auf deutschen Schifffahrtsstraßen« aus dem Jahre 1939 hieß es über die Schifffahrt auf der Oder: »Während talwärts als Hauptgüterarten von den Haupthäfen Cosel (Kozle), Oppeln (Opole), Breslau und Maltsch Steinkohle, Getreide, Zucker und Mühlenfabrikate nach den Hauptempfangsplätzen Berlin, Stettin und Hamburg zur Beförderung gelangen, kommen bergwärts von Stettin und in geringerem Umfang von Hamburg hauptsächlich ausländische Erze nach dem Hauptumschlagplatz Coselhafen, von Stettin auch Holz nach Maltsch und Coselhafen und künstliche Düngemittel nach Coselhafen und Breslau zur Verfrachtung.«[10]

Foto oben:
Luftaufnahme der Zwillingsschachtschleuse, die 1929 eingeweiht wurde.

Foto unten:
Baustelle Zwillingsschachtschleuse, Schleusenbrücke und Eisenbahnbrücke.

# Schlesische Dampfer-Compagnie – Berliner Lloyd

Bankkonto: Kreis- u. Stadtsparkasse Guben (Land)-Fürstenberg (Oder)
Postscheckkonto: Berlin Nummer 130 476

Aktien-Gesellschaft Hamburg
**Geschäftsstelle Fürstenberg (Oder)**

Telegramm-Adresse: Eildampfer Fürstenbergoder
Fernruf-Nummer 256 und 257

Schlesische Dampfer-Compagnie-Berliner Lloyd AG., Fürstenberg (Oder)

**Expreß- und Eilschiff-, Motor- und Schleppkahn-Verkehr**

Rechnung

Schiff:

Ladung:

10 Bl. á 3×50 Bl. 11. 44. C.

Eigene Kohlenb...erungs-Anlagen in Fürstenberg (Oder) und Neusalz (...r)

---

# DAMPFER-GENOSSENSCHAFT
## DEUTSCHER STROM- UND BINNENSCHIFFER
eingetragene Genossenschaft mit beschränkter Haftpflicht
### Gegründet 1889

Rudolf Mosse-Code

**Bank-Konten:**
Deutsche Bank und Disconto-Gesellschaft
Charlottenburg, Dep.-Kasse J
Dresdner Bank, Filiale Stettin
Dresdner Bank, Filiale Breslau
Niederlausitzer Bank
Filiale Frankfurt (Oder)
Postscheck-Konto: Berlin 17790

**DIREKTION:**
**Fürstenberg (Oder)**
Telegr.-Adr.: Dampfergenossenschaft
Telefon Nr. 207, 208 u. 309
Umschlaghafen (207)
Oder-Spree-Kanal-Schleppannahme
Telefon Nr. 166

Kohlenhändlerkarte Nr. 99 013

**GESCHÄFTSSTELLEN:**
**Berlin SW 19**
Friedrichsgracht 5-6
Telefon Nr. 521 582
Telegr.-Adr.: Dampfergenossenschaft
Berlin, Friedrichsgracht Nr. 5-6
Schlepp-Abteilung: Berlin C 2
An der Fischerbrücke Nr. 16
Telefon Nr. 521 583

**Breslau**
Messergasse Nr. 1
Für den Frachten-Verkehr
Telefon Nr. 53 641
Telegr.-Adresse: Transdege
Für den Schlepp-Verkehr
Schleppbüro
der Dampfer-Genossenschaft
Telefon Nr. 55 876

**Neusalz (Oder)**
Umschlaghafen
Telefon Nr. 551
Fracht- und Schleppverkehr
Umschlag, Spedition, Lagerung

**Stettin**
Neue Königstraße 4¹
Für den Frachten- und Schleppverkehr
nach Schlesien, Polen, Tschechoslowakei und Oesterreich:
Telefon Nr. 36 302 und 36 322

**Cosel-Hafen**
Betriebsstelle: Telefon Nr. 326
Telegr.-Adr.: Dampfergenossenschaft

**Maltsch-Hafen**
Geschäftsstelle: Telefon Nr. 170
Meldestelle: Richard Liebs
Telefon Nr. 11

**Kreuz-Hafen (Ostbahn)**
alleinige Hafenpächterin
Telefon Nr. 114

**Glogau**
Meldestelle
Hafen- und Lagerhaus-Verwaltung
Glogau 2, Schließfach 4, Telefon Nr. 1827

**Steinau (Oder)**
Meldestelle: Friedrich Schaefer
Telefon Nr. 268

**Hamburg 1**
Deichtorstraße Nr. 8, Ibsenhaus
Vertretung: Transport-Genossenschaft
e. G. m. b. H. Telefon Nr. 32 2466-68

**Küstrin-Oderablage**
Betriebsstelle
Telefon Nr. 694 Küstrin

Fürstenberg a. O. — Umschlag und Lagerplatz der Berliner Lloyd A.-G. am Oder-Spree-Kanal

Fürstenberg a. O. — Der neue Hafen

Maßgebend für sämtliche Offerten und Abschlüsse sind die jeweils gültigen Verfrachtungsbedingungen der Elbe- und Oderreedereien; bei Schleppgeschäften unsere den Verhältnissen auf den einzelnen Wasserstraßen angepaßten Schlußscheine, bzw. die Schlußscheine unserer angegliederten Schlepp-Kartell-Genossenschaften und -Vereine. — Erfüllungsort ist in allen Fällen Fürstenberg (Oder); maßgebend sind unsere Zahlungsbedingungen, die wir einzufordern bitten.

FB 24 38

---

Fürstenberg/Oder war in der ersten Hälfte des 20. Jahrhunderts ein Knotenpunkt der Schifffahrt und Sitz für bedeutende Reedereien.

# Vom Oderschiffer zum EKO-Brigadier

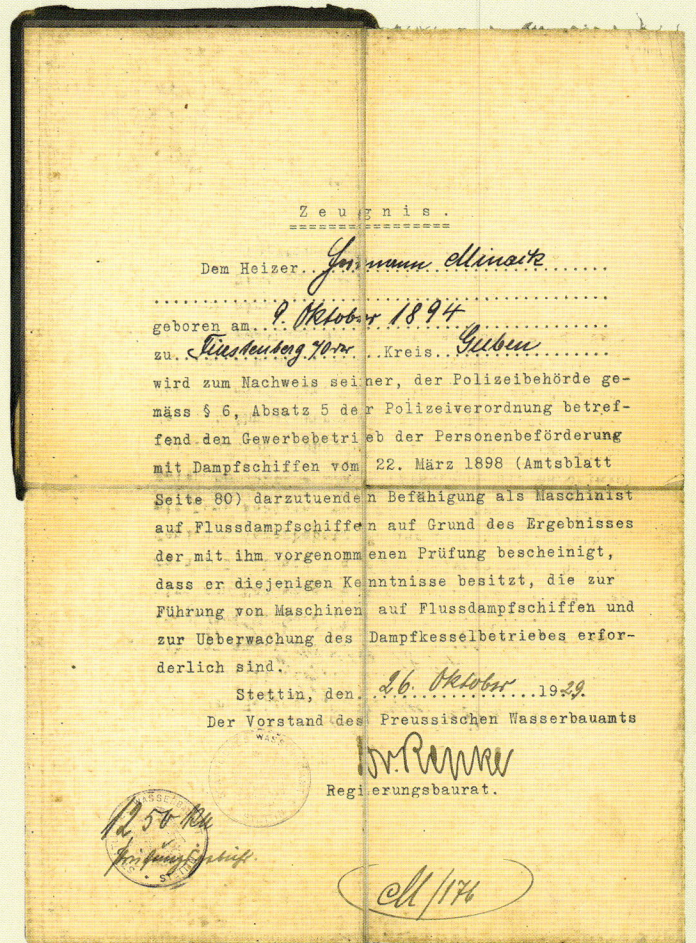

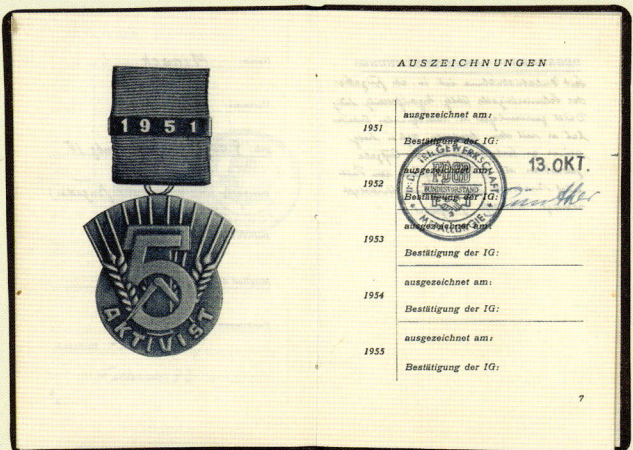

*Begründung für die Auszeichnung:*
*» … Durch Einsparung von Fett und Material hat er unser[er] Wirtschaft wichtige Rohstoffe zugeführt.«*

*Hermann Minack (2. von vorn) während einer Versammlung im EKO.*

Viele ehemalige Oderschiffer, die durch den Krieg ihren Dampfer, Kahn oder die Arbeit auf einem Schiff verloren hatten, fanden im EKO ein neues Betätigungsfeld und zählen zu denjenigen, die den Aufbau und die Entwicklung des Werkes mitbestimmten. Einer von ihnen ist der ehemalige Heizer und Maschinist auf Flussdampfschiffen, Hermann Minack, der seit 1951 im EKO arbeitete. Hier gehörte er zu den Aktivisten des ersten Fünfjahrplanes.

Ein anderer ehemaliger Oderschiffer ist der Kapitän Ewald Rüdinger. Er war von 1952 bis 1968 in der Betriebsabteilung Gas–Gebläse–Wasser und im Kraftwerk als Maschinist tätig. Ewald Rüdinger kam aus einer traditionellen Binnenschifferfamilie. Die Kindheit und Jugend verlebte er auf dem Kahn seiner Eltern. Später wurde er gemeinsam mit seinem Bruder Wilhelm Eigentümer zweier mittelgroßer Heckradschleppdampfer und ebenso wie sein Bruder Mitglied und Anteilsinhaber der Dampfer-Genossenschaft Deutscher Strom- und Binnenschiffer Fürstenberg. Sein Dampfschiff »Frieda« zog mit 350 PS Leistung bei einer Geschwindigkeit von 4,5 km/h acht bis zehn Kähne stromaufwärts. In 72 Stunden erreichte die »Frieda« mit ihrem Schleppzug Breslau. Das Schiff ging, nach einem zwischenzeitlichen Besitzerwechsel, 1945 als Reparationsleistung nach Polen.

Auch Werner Wittig begann seine Ausbildung auf dem Schleppkahn des Vaters. Sein Großvater hatte das Schiff um 1900 bauen lassen. Der Kahn wurde im Februar 1945 in Berlin-Spandau durch Bomben versenkt, 1946 gehoben und zur Reparatur auf die Schiffswerft nach Fürstenberg geschleppt. Die Kosten für die einjährige Generalreparatur waren für Vater Wittig zu hoch, so wechselte das Schiff in Volkseigentum über. Arthur Wittig blieb aber Kahnschiffsführer und sein Sohn Werner Bootsmann. Nachdem dieser sein Elbschiffer-Zeugnis abgelegt hatte, übernahm er Anfang der 50er Jahre den Kahn als Schiffsführer der Deutschen Schifffahrtsunion (DSU). 1957 wechselte Werner Wittig ins EKO. Er begann in der Zentralwerkstatt, es folgten Umschulungen zum Schlosser und Schweißer sowie eine Meisterausbildung. Von 1970 bis 1990 war Werner Wittig Meister-Brigadier im Bereich Fertigung und Montage/Werkstoffveredelung.

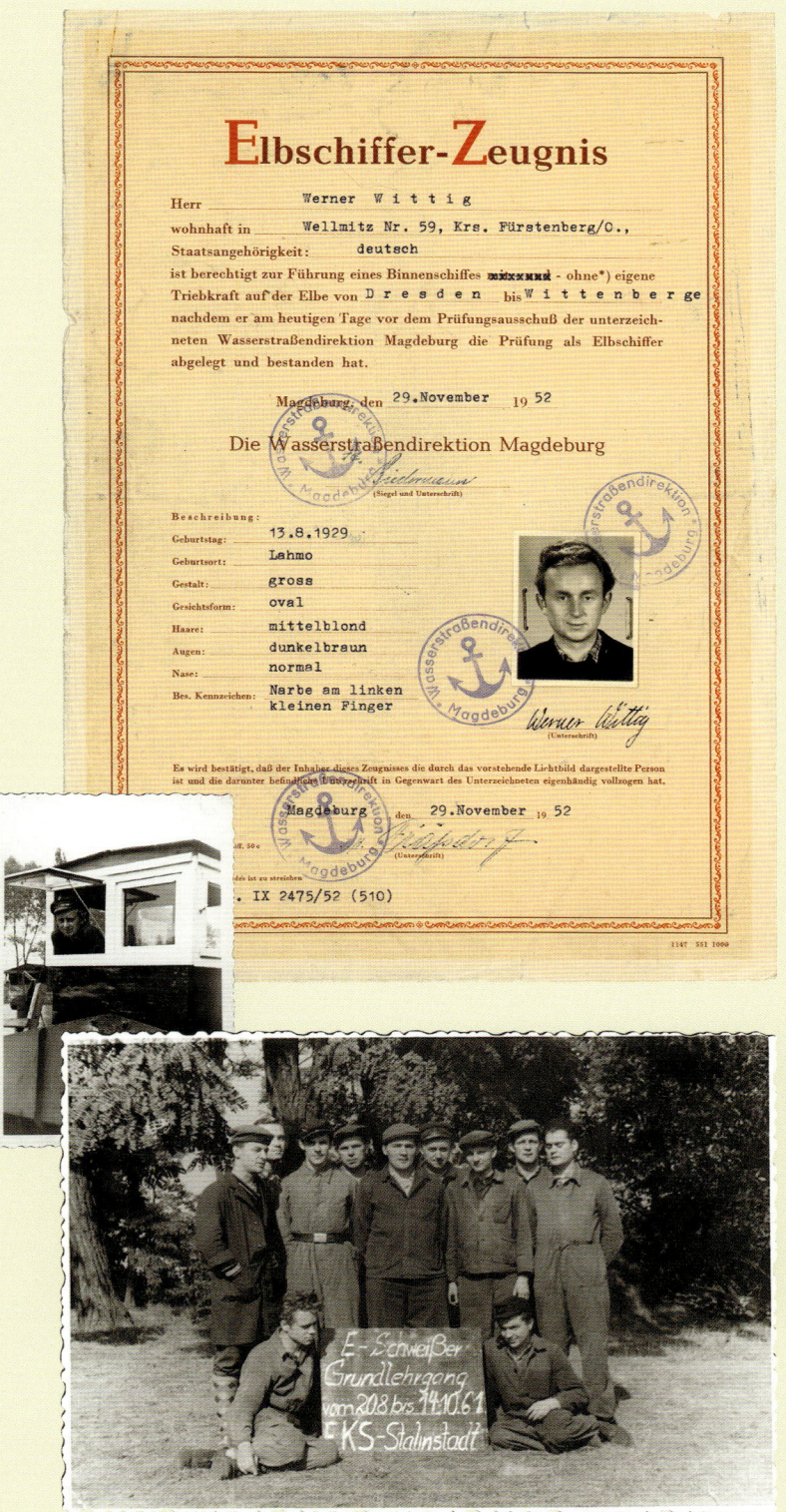

Ewald Rüdinger (4. von rechts)
auf einem Brigadefoto im EKO.

Werner Wittig während eines Lehrganges zum
E-Schweißer im EKS (stehend, 4. von rechts).

# Auf dem Weg zu einem Chemiestandort – Industriepläne des Dritten Reiches

Fürstenberg/Oder, 1. Mai 1933.

Nach der Machtergreifung durch die Nationalsozialisten 1933 erlebte Fürstenberg/Oder einen neuen Aufschwung. Bürgermeister Georg Mertsch zeichnete 1937 ein leuchtendes Zukunftsbild: »Während vor der Machtergreifung insbesondere Industrie, Handwerk, Handel und Gewerbe leider allzu oft den Besitzer wechselten, haben sich die wirtschaftlichen Verhältnisse nach der Machtübernahme [...] in den letzten fünf Jahren grundlegend geändert und gefestigt. Konkurse sind heute in gleichem Maße Seltenheiten wie sie seinerzeit zur Tagesordnung gehörten. Der verantwortungsbewusste Kaufmann und Unternehmer kann wieder auf lange Zeit disponieren und die Angst, das Geld im Unternehmen, auf der Bank oder auf der Sparkasse zu verlieren, gehört einer hässlichen Vergangenheit an.«[11]

Seit langem hatten sich die Stadtväter Fürstenbergs mit niedrigen Bodenpreisen um die Ansiedlung großräumiger Industrie bemüht. Bürgermeister Mertsch hatte nun das ehrgeizige Ziel, die Stadt und ihre Umgebung zu einem leistungsfähigen Industriestandort zu entwickeln. Auf höherer Ebene herrschte jedoch Unentschlossenheit, so dass diese Pläne vorerst scheiterten. Noch Ende 1937 beklagte sich Mertsch über die fehlende Unterstützung der zuständigen Stellen: »Seit der Übernahme meines jetzigen Amtes habe ich mich bemüht, das stadteigene Industriegelände nutzbringend zu verwerten. Jede größere Tagung habe ich benutzt, um Verbindungen anzuknüpfen. Ich habe den Herrn Landrat, den Herrn Regierungspräsidenten, das Landesarbeitsamt, die Landesplanungsgemeinschaft, den Gauwirtschaftsberater, den Gauamtsleiter für Kommunalpolitik, die verschiedensten Ämter des Wehrkreiskommandos III, die Reichsstelle für den Vierjahresplan und den Herrn Sachbearbeiter für den Vierjahresplan beim Regierungspräsidenten in Frankfurt/Oder mit genauen Unterlagen und Kartenmaterial versorgt und konnte trotz alledem kein weiteres Ergebnis erzielen, als dass mir versprochen wurde, ich solle um die Zukunft für Fürstenberg nicht bangen, da im Rahmen des Vierjahresplanes die Errichtung eines Bunawerkes vorgesehen sei. Einen zusagenden Bescheid habe ich aber bis heute nicht erhalten können. Die einzige schriftliche Mitteilung, die mir bisher überhaupt zuging, stammt von der NSDAP Gauamtsleitung für Kommunalpolitik.«[12]

Im Jahre 1936 hatte Adolf Hitler in einer geheimen Denkschrift gefordert, in vier Jahren die deutsche Armee einsatzfähig und die deutsche Wirtschaft kriegsfähig zu machen. Das wirtschaftliche Ziel des auf dem Parteitag der NSDAP im September 1936 ausgerufenen Vierjahresplanes war es, die deutsche Auslandsabhängigkeit bei strategisch wichtigen Roh- und Grundstoffen durch den raschen Aufbau einer Ersatzstoffproduktion zu vermindern. Schwerpunkt war vor allem die chemische Industrie und hier die Erzeugung von synthetischen Ersatzstoffen. Die restlose Kohleverflüssigung zur Treibstoffproduktion sowie die Herstellung von Synthesekautschuk (Buna) wurden als Hauptaufgaben zur Kriegsvorbereitung angesehen.

In diesem Zusammenhang erinnerte man sich bei der »Reichsstelle für Wirtschaftsausbau«, die vom Vorstandsmitglied der IG Farben AG, Carl Krauch, geleitet wurde, offensichtlich an die ständigen Interventionen des Fürstenberger Bürgermeisters, der immer wieder hervorgehoben hatte, »dass für Industrieverlagerungen und Industrieneuanlagen im Deutschen Osten wohl kaum ein anderes Gelände verkehrsmäßig günstiger aufgeschlossen und gelegen sei, als das der Stadt Fürstenberg (Oder).«[13]

Es reifte die Idee, aus Fürstenberg einen zentralen Chemiestandort zu entwickeln. Ab 1937 wurde die Errichtung verschiedener chemischer Werke der IG Farben AG, des damals marktbeherrschenden Syndikats der deutschen Großchemie, geplant: zunächst der Bau eines Bunawerkes und einer Agfa-Filmfabrik. Während die Planungen für die Filmfabrik bereits im Anfangsstadium »aus verschiedenen Gründen bis auf weiteres verschoben« wurden, verfolgte die IG Farben die Pläne für die Errichtung des Bunawerkes ab Anfang 1938 zielstrebig weiter.[14] Neben den Bunawerken in Schkopau und Hüls plante das Unternehmen eine dritte Produktionsstätte für synthetischen Kautschuk im Osten des Reiches. Mehrmals besuchten Vertreter des Konzerns Fürstenberg/Oder und informierten sich vor Ort über die Bedingungen. Verhandlungsführer von Seiten der IG Far-

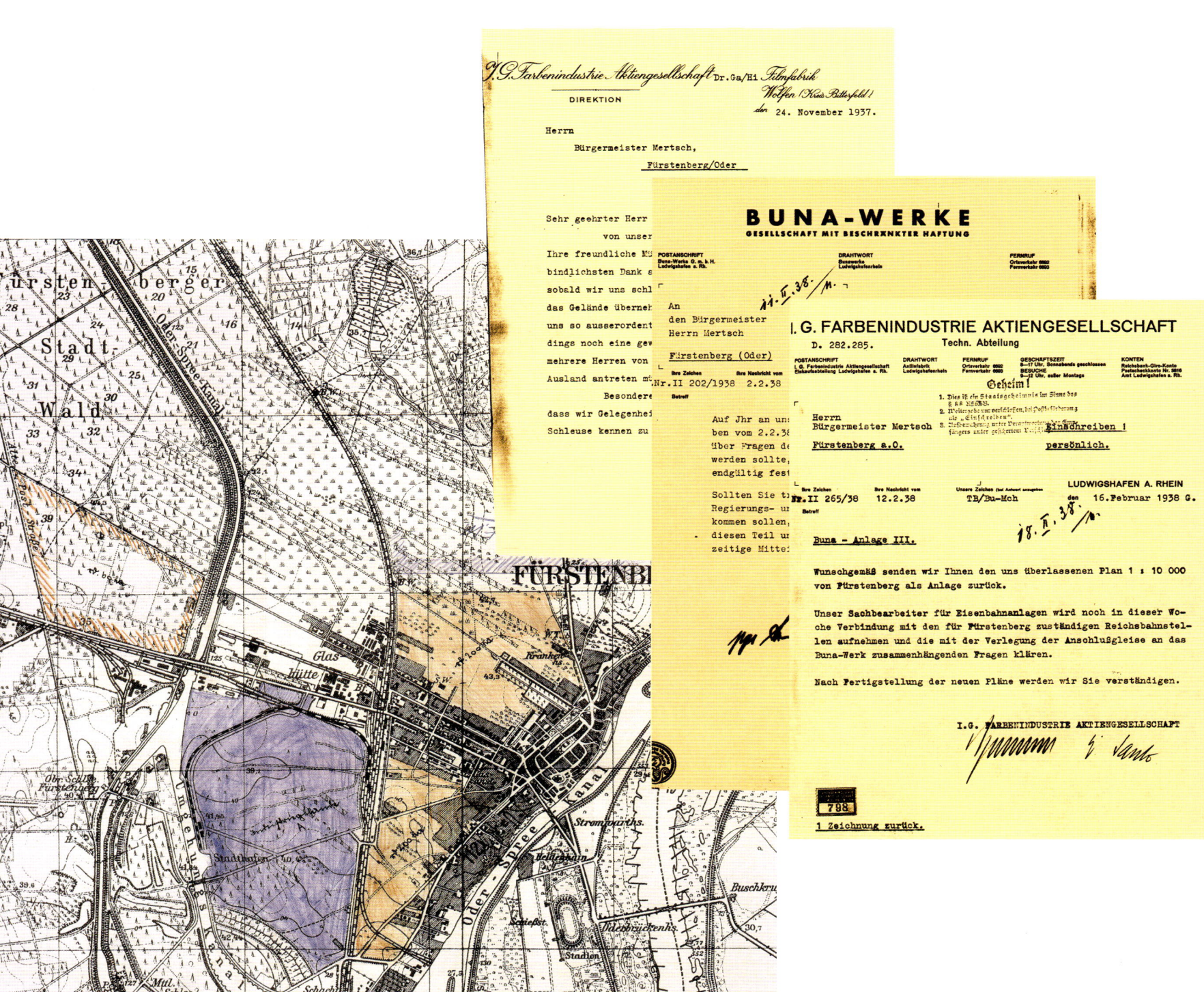

Die Industrieplanungen zu Fürstenberg/Oder sahen ab 1937 die Errichtung verschiedener chemischer Werke vor. Die Karte zeigt die damit verbundenen Pläne zur Stadterweiterung.

> DR. OTTO AMBROS
> MITGLIED DES VORSTANDES
> DER I.G. FARBENINDUSTRIE AKTIENGESELLSCHAFT
>
> LUDWIGSHAFEN A. RH., 24. Juli 1939
> Fernsprecher 6496
> Dr.A/Dr.D.
>
> 243
>
> 26.7.39
>
> Herrn
> Bürgermeister Mertsch
> F ü r s t e n b e r g /Oder
>
> Ob später der Plan eines Buna-Werkes Fürstenberg realisiert wird, kann ich heute auch nicht beurteilen, da seit dem Anschluß von Sudetendeutschland und besonders seit der politischen Bereinigung mit der Tschechei ein Buna-Projekt auf Basis der sudetendeutschen Kohle stark im Wettbewerb mit Fürstenberg steht. Ich möchte Ihnen daher empfehlen, da sich diese Planungsgedanken außerhalb meines Einflusses entwickeln, sich in dieser Frage wieder an die Reichsstelle für Wirtschaftsausbau zu wenden.
>
> Ich verbleibe     mit Heil Hitler!
>                   Ihr

Unmittelbar vor Ausbruch des Zweiten Weltkrieges entschied sich der IG Farben-Vorstand gegen ein Bunawerk in Fürstenberg/Oder.

ben war Vorstandsmitglied Otto Ambros, der auch als Sonderbeauftragter für Forschung und Entwicklung beim »Beauftragten für den Vierjahresplan«, Hermann Göring, fungierte.

Als Standort für das Bunawerk Fürstenberg/Oder wurde ein Gelände zwischen der Eisenbahnstrecke und dem Oder-Spree-Kanal in Richtung Vogelsang ins Auge gefasst. In den Projektierungsbüros des Konzerns begann die Ausarbeitung der Planungsunterlagen. Im Zusammenhang mit der Industrieansiedlung war auch der Bau von »Volkswohnungen«, Kleinsiedlungen und Eigenheimen für ca. 2.000 bis 3.000 Beschäftigte vorgesehen. Entsprechende Fördermittel hierfür waren durch den Regierungspräsidenten in Frankfurt/Oder bereits reserviert.

Der Bau des Bunawerkes in Fürstenberg scheiterte Mitte 1939 an der im Zuge der unmittelbaren Kriegsvorbereitung einsetzenden Wirtschaftskrise. Grund für das Scheitern war außerdem die mit dem Krieg sich abzeichnende Möglichkeit zur Ausdehnung des »großdeutschen Wirtschaftsraums« nach Osten. Die für den August 1938 geplante Grundsteinlegung kam nicht mehr zustande, obwohl die höchsten militärischen Stellen angeordnet hatten, »dass Fürstenberg selbst dann endgültig als Standort gewählt wird, wenn sich hierdurch die Bunafabrikation wesentlich verteuert (Frachtkosten für Kalk, Koks und Kohle aus Schlesien)«.[15] Am 24. Juli 1939 erhielt Bürgermeister Georg Mertsch von Otto Ambros eine höfliche, aber endgültige Absage, in der es hieß, »dass es zur Zeit unmöglich ist, ein neues Werk aufzubauen.« Diese Auffassung würde »auch noch in diesem und im nächsten Jahr vorherrschen«, so dass die IG Farben »leider keine Hoffnung erwecken kann, dass in Bälde ein Buna-Werk Fürstenberg zur Projektierung kommt«.[16]

Zwei Jahre später wurde unter Verantwortung von Otto Ambros in Auschwitz ein Bunawerk der IG Farben AG erbaut. Beim Aufbau und bei der Produktion dieses Werkes wurden über 370.000 KZ-Häftlinge und ausländische Zwangsarbeiter Opfer unmenschlicher Arbeits- und Lebensbedingungen.

Mit der verstärkten Orientierung auf einheimische Rohstoffe gelangte auch die Förderung von Braunkohle bei Vogelsang und Ziltendorf wieder auf die Tagesordnung. Im November 1936 schloss die Stadt Fürstenberg/Oder mit der MEW einen Kohleabbauvertrag ab. In den folgenden Jahren liefen die Vorarbeiten für den Bau einer Grube und eines Tagebaus an. Im Sommer 1942 begann der unterirdische Abbau von Braunkohle. Der Kohleförderung folgte 1941 die Errichtung eines Kraftwerkes unmittelbar an der Oder mit einer Jahresleistung von 360.000 Kilowatt. Die Versorgung mit Kohle sollte aus Oberschlesien und aus den Vorkommen der Region erfolgen. Die Gebäude des so genannten »Wernerwerkes« wurden bis Kriegsende nur teilweise fertiggestellt. Die Montage der Maschinen war fast vollendet. Mit dem Produktionsbeginn des Einheitskraftwerkes Vogelsang wäre die energiewirtschaftliche Basis für neue Industrieansiedlungen in und um Fürstenberg geschaffen worden.

# Industrieansiedlungen im Zweiten Weltkrieg

Im November 1939 wandte sich die Deutsche Gold- und Silber-Scheideanstalt aus Frankfurt am Main, kurz Degussa AG, mit einem Schreiben an die Fürstenberger Stadtverwaltung. Darin teilte Degussa-Direktor Ernst Baerwind mit, dass auf Anweisung des Wehrwirtschaftsstabes und der »Reichsstelle für Wirtschaftsausbau« kriegswichtige Produktionen seines Unternehmens an »Ausweichfabrikationsstätten in wehrwirtschaftlich günstiger Lage« umzusiedeln sind.[17] In Kenntnis der Kriegspläne des Dritten Reiches hatte der Degussa-Vorstand beschlossen, Produktionsstätten aus den Grenzgebieten abzuziehen und in Mitteldeutschland neu anzusiedeln. Die Wahl fiel dabei auf Fürstenberg/Oder. Dort kaufte das Unternehmen im April 1940 direkt am Oder-Spree-Kanal ein Areal von rund 1,1 Mio. m².

Das Grundstück, das bis dahin zu Speditions- und Lagerzwecken verwendet worden war, befand sich südwestlich von Fürstenberg/Oder zwischen dem Umgehungskanal und der Bahnlinie Frankfurt–Guben. Es verfügte über einen ausgebauten Industriehafen mit Bahnanschluss und lag in der unmittelbaren Nähe des Einheitskraftwerkes der MEW, die bereits ein »Entgegenkommen im Strompreis« zugesichert hatte.[18]

Der Konzern plante hier im Verlaufe von 25 Jahren – stufenweise – die Errichtung eines »idealen« chemischen Zentralwerkes, dass alle bisherigen Fabrikationen zusammenfassen sollte. Außerdem war die Degussa AG daran interessiert, nur »das Beste und Billigste zu haben, was es überhaupt derzeit gibt«, um so konkurrenzfähig zu bleiben.[19]

1940 begannen die Erschließungsarbeiten. Im Januar 1941 stimmte die »Reichsstelle für Wirtschaftsausbau« der Errichtung einer Lösungsmittelfabrik für Essigsäure, Essigsäureanhydrid, Aceton, Essigester und Butanol sowie einer Anlage zur Herstellung von Carbid zu.

Der Aufbau des Degussa-Werkes erfolgte unter strengster Geheimhaltung. Zwar gehörte das Werk Fürstenberg nicht zu den »Rüstungsbetrieben mit hoher Dringlichkeit«, im Rahmen der Pläne zur Neuordnung der gesamten deutschen chemischen Industrie war es jedoch ein strategisch wichtiges Projekt. Nicht von ungefähr stimmte die Wehrwirtschaftsführung der Errichtung des Werkes in Kriegszeiten zu und gewährleistete – mit geringfügigen Einschränkungen – dessen kontinuierlichen Aufbau. Lange war unklar, welche Fabrikationsstätten in Fürstenberg/Oder geplant waren und was hier bereits produziert wurde. Ein Umweltgutachten vom Juli 1940 schlüsselte die Produktpalette des neuen Werkes detailliert auf: »In der ersten Ausbaustufe soll einzig und allein Formaldehyd gewonnen werden. Im zweiten Ausbau kommen hinzu: Die Erzeugung von Calciumcarbid und von Natrium. Im Endausbau werden außerdem hergestellt: Acetylen, Natriumsuperoxyd, Natriumcyanid, Blausäure, Hexamethylentetramin, Acetaldehyd, Essigester, Aceton und Acetoncyanhydrin.«[20]

Bereits Ende 1941 sollte im so genannten »Werk F« mit der Herstellung von Natrium, Formaldehyd und Hexamethylentetramin[21] begonnen werden. Durch den Krieg gerieten die Aufbauarbeiten zeitweilig ins Stocken, da vor allem Material und Arbeitskräfte fehlten. »Der Mangel an Arbeitskräften machte sich in katastrophaler Weise bei allen Bauvorhaben geltend. Es sind weder die in Aussicht gestellten holländischen, italienischen noch russischen Arbeitskräfte gekommen«, klagte man im Spätsommer 1942.[22] Bereits wenige Wochen später war eine Lösung gefunden. Neben einem ständigen Pendelkommando aus dem Kriegsgefangenenlager M Stalag III B wurden nun auch jüdische KZ-Häftlinge eingesetzt.

Die Degussa plante ein chemisches Zentralwerk in Fürstenberg/Oder.

Degussa-Werk in
Fürstenberg/Oder, August 1944,
Luftaufnahme,
Innenansicht einer Chemieanlage
und Außenansicht.

Ab Ende 1943 lief die Produktion der ersten Formaldehydeinheit an.[23] Eine Carbidfabrik sowie Anlagen zur Entwicklung von Acetylengas aus Calciumcarbid und zur Herstellung von Hexamethylentetramin und Ammoniak wurden ebenfalls noch vor Kriegsende fertiggestellt. Die vorliegenden Unterlagen legen den Schluss nahe, dass lediglich die Formaldehydanlage bis Kriegsende in Betrieb ging. Die weiteren Fabrikationspläne wurden nicht mehr verwirklicht.

Insgesamt befanden sich auf dem Degussa-Gelände am Kriegsende etwa 45 Gebäude, davon war jedoch ein großer Teil noch im Rohbau.[24] Mit dem Werksbau entstanden an der heutigen Cottbusser Straße die ersten vier Wohnhäuser für die Belegschaft. Ein bereits vollständig ausgearbeitetes Siedlungskonzept wurde nicht mehr realisiert.

Neben der Degussa AG siedelten sich während der Kriegsjahre im Raum Fürstenberg weitere Industriebetriebe an. Die Zentralmolkerei Guben baute in Fürstenberg/Oder eine Filiale auf und die Luise-Schifffahrtsgesellschaft eröffnete eine neue Werft. Im Ergebnis der alliierten Luftangriffe auf Berlin kam es zudem zu Umsiedlungen von Rüstungs- und kriegswichtigen Betrieben. Verlagert wurden nach Fürstenberg/Oder z.B. die Argus Motorenwerke GmbH aus Berlin-Reinickendorf und die Rheinmetall-Borsig AG aus Berlin-Tegel. Letztere erwarb »1940 in Fürstenberg-Schönfliess ein dort bestehendes Werk der Degussa AG zwecks Herstellung von Flugzeugbordlafetten und automatischer Waffen als Zweigwerk des Werkes Guben. Das Werk firmierte unter dem Namen ›Oder Gerätebau AG‹.«[25] Das Fabrikgelände befand sich nördlich der Straße zwischen Fürstenberg und Schönfließ. Die Glashütte wurde zu einem so genannten Rohstoffrückgewinnungsbetrieb umfunktioniert, in dem abgeschossene Flugzeuge für die Aluminiumhütte in Finkenheerd demontiert wurden.

Seit 1940 wurde in Fürstenberg/Oder der so genannte Neue Hafen als Stichkanal zum Oder-Spree-Kanal gebaut. Er diente dem Oberkommando des Heeres als Umschlaghafen und hatte ein riesiges Natursteinlager. Hier wurden jene Granitblöcke gestapelt, die der »Architekt des Führers« und »Generalbauinspektor für die Reichshauptstadt«, Albert Speer, zur Neugestaltung Berlins benötigte. Diese etwa 20.000 m³ bearbeiteten Quader aus rotem, blauem und schwarzem Granit waren, aus Skandinavien kommend, für den Bau des Triumphbogens und der »Großen Halle« im Herzen der zukünftigen »Welthauptstadt Germania« vorgesehen und hier zwischengelagert. Nach dem Krieg fanden diese Steinquader ihren Platz im sowjetischen Ehrenmal in Berlin-Treptow. Weitere Granitplatten wurden für den U-Bahnhof Alexanderplatz in Berlin verwendet.

# Zwangsarbeit und Kriegswirtschaft

Der Aufbau der neuen Industrieanlagen in und um Fürstenberg erfolgte während der Kriegsjahre fast ausschließlich durch ausländische Zivil- und Zwangsarbeiter, Kriegsgefangene und KZ-Häftlinge. Die größte Gruppe bildeten dabei so genannte Ostarbeiter, Zwangsarbeiter aus den besetzten Gebieten der UdSSR und Polens. Sie waren in Lagern der Deutschen Arbeitsfront (DAF) untergebracht. Seit der Kriegswende 1941/42 wurden auch Juden, sowjetische Kriegsgefangene, KZ-Häftlinge und andere von der Nazidiktatur als rassisch und politisch missliebig eingestufte Personen in die Kriegsproduktion einbezogen.

Ein Großteil der ausländischen Arbeitskräfte in der Region kam aus dem Mannschafts-Stammlager für Kriegsgefangene, dem so genannten M Stalag III B. Es wurde im Dezember 1939 nach Fürstenberg/Oder verlagert und auf dem Gelände des späteren Hüttenzementwerkes Ost errichtet. Das Lager umfasste über 80 Baracken, davon waren die meisten Fachwerkbauten, die übrigen, besonders die Wohn- und Wirtschaftsbaracken der Wachmannschaften, Massivbaracken. Ursprünglich für 10.000 Kriegsgefangene konzipiert, beherbergte es mit Außenlagern in Spitzenzeiten schätzungsweise an die 50.000 Kriegsgefangene, die sowohl in den 1939/40 errichteten Baracken als auch in zusätzlich aufgestellten Zelten untergebracht waren. Eine Stärkemeldung vom Januar 1945, also bereits nach den ersten Evakuierungen, belegt eine Zahl von 7.679 Gefangenen. Nach den überlieferten Gefangenennummern durchliefen etwa 400.000 Kriegsgefangene dieses Lager.

Im M Stalag III B befanden sich Internierte aus den USA, Großbritannien, Frankreich, der Sowjetunion, Jugoslawien, Italien, Holland, Belgien, Polen und der ČSR. Die größten Gefangenengruppen waren Russen, Franzosen, Serben und Polen. Deren Lebensumstände (Arbeitszeit, Unterkunft, Entlohnung, Verpflegungsrationen, Strafsystem) wurden im wesentlichen von der Einstufung in die rassische Hierarchie der NS-Ideologie bestimmt. Während die »Westgefangenen« (Franzosen, Amerikaner, Briten, Holländer) einige Freizügigkeiten genossen, standen am unteren Ende der Rangordnung nach den Polen die sowjetischen Kriegsgefangenen, ab Sommer 1943 auch italienische Militärinternierte. Sie waren unmenschlichen Bedingungen ausgesetzt. Im besonders gesicherten »Russenlager« erhielten die Insassen eine separate Verpflegung aus Pferde- und Freibankfleisch sowie ein »Spezialbrot«. Ein russischer Überlebender berichtete später über seine Zeit im M Stalag III B: »Die Eindrücke über das Lager waren die schlechtesten: man ernährte uns schlecht, prügelte viel, wobei die Polizisten, die selbst Kriegsgefangene waren, mehr prügelten als die Deutschen (mit Ausnahme der Gestapoleute).«[26]

Bei nachlassender Leistungsfähigkeit oder Krankheit drohten Selektion und Liquidierung in den Konzentrationslagern Sachsenhausen und Groß Rosen.

Die tatsächliche Anzahl derer, die an Unterernährung, Krankheiten, katastrophalen hygienischen Zuständen sowie an Mord und Totschlag starben, ist bis heute unbekannt. Massengräber mit den Leichen von über 4.000 sowjetischen Kriegsgefangenen wurden auf dem späteren Baugelände der Erzaufbereitung und der Sinteranlage des EKO entdeckt. Sie fanden ihre letzte Ruhestätte am Platz des Gedenkens in Eisenhüttenstadt.

Foto oben:
Eingang zum Kriegsgefangenenlager M Stalag III B bei Fürstenberg/Oder.

Foto unten:
Lagerstraße und Baracken im M Stalag III B.

Aufnahmen aus dem
Kriegsgefangenenlager
M Stalag III B.

Von Anfang an versuchten sich die Kriegsgefangenen gegen die unmenschlichen Arbeits- und Lebensbedingungen im Lager zur Wehr zu setzen. Vielfältige Solidaritätsaktionen wurden organisiert, um besonders gefährdete Häftlinge zu unterstützen. Der deutsche Sanitätsobergefreite Alfred Jung beteiligte sich an diesen Hilfeleistungen im Lager Fürstenberg. Er wurde im Juli 1940 in die Heeressanitätsstaffel des M Stalag III B abkommandiert und versorgte dort vor allem russische Kriegsgefangene mit Medikamenten und Nahrungsmitteln. Als 1943 etwa 1.200 sowjetische Kriegsgefangene im Lager eintrafen, unterstützte er die Solidaritätsaktion der amerikanischen Internierten, die ihre Lebensmittelrationen zur Versorgung der ausgehungerten und entkräfteten Neuankömmlinge ins »Russenlager« schmuggelten. Jung war Kommunist und hatte Verbindung zur Widerstandsgruppe von Anton Saefkow in Berlin. Im Sommer 1944 zerschlug die Gestapo die Saefkow-Gruppe, Alfred Jung wurde verhaftet und am 4. Dezember 1944 in Brandenburg-Görden hingerichtet.

Neben dem M Stalag III B gab es im Raum Fürstenberg noch weitere Arbeitslager. So wurden zum Bau des MEW-Kraftwerkes in Vogelsang in den Jahren 1942 und 1943 vor allem polnische Juden eingesetzt. Sie waren in einer riesigen Baracke mit einer Grundfläche von 1.948 m², die in der Nähe des Kraftwerkes über dem Buchenwaldweg direkt im Wald stand, zusammengepfercht.[27] In einer Auflistung vom Juni 1943 wurden 286 jüdische Arbeitskräfte im MEW-Lager registriert, die überwiegend aus dem polnischen Litzmannstadt, dem heutigen Łódź, stammten.[28] Beim Aufbau des Degussa-Werkes waren ebenfalls jüdische Häftlinge tätig. Außerdem bestand ein Außenkommando des KZ Sachsenhausen auf dem Gelände der ehemaligen Glashütte, dem Flugzeug-Demontage-Werk, mit vorwiegend weiblichen Arbeitskräften zur »Rohstoffsammlung«. Im DAF-Gemeinschaftslager am Stadthafen Fürstenberg waren im Juni 1944 über 300 deutsche, französische, tschechische, polnische, flämische, litauische und sowjetische Zwangsarbeiter registriert. Auch in diesem Lager gab es eine gesonderte Küchenbaracke für Ostarbeiter und Polen. Außerdem wurden aus alliierten Kriegsgefangenen gebildete Außenkommandos in entferntere Gegenden geschickt, z.B. in die Rütgerswerke nach Erkner, in die Tuchfabrik nach Guben oder in die Försterei nach Kolpin.[29]

Der Einsatz der Zwangsarbeiter wurde im Arbeitsamt Guben registriert, denn kaum ein Betrieb oder Wirtschaftszweig kam mit zunehmendem Kriegsverlauf noch ohne diese Arbeitskräfte aus. Fürstenbergs Bürgermeister teilte deshalb am 20. Dezember 1944 dem Oberkommando des Heeres mit: »In der Stadt Fürstenberg/Oder sind ständig

350 Kriegsgefangene (Franzosen u. Serben) in Pendelkommandos, die als Hilfskräfte in Lebensmittelgeschäften, handwerklichen Betrieben und Industrieunternehmungen beschäftigt sind, eingesetzt, um so die zur Wehrmacht einberufenen deutschen Arbeiter einigermaßen zu ersetzen. […] Ein Ausfall dieser Arbeitskräfte würde […] die völlige Lahmlegung der gesamten Lebensmittelversorgung sowie des öffentlichen Lebens der Stadt bedeuten.«[30]

Als am 24. April 1945 Fürstenberg von der Roten Armee besetzt wurde, gab es hier keine Kriegsgefangenen und KZ-Häftlinge mehr. Sie waren bereits seit Ende 1944 nach Luckenwalde, später nach Stettin, abtransportiert worden.

Kriegsgefangene verschiedener Länder im M Stalag III B.

# Nachkriegsjahre: Besatzung, Demontage und Neuanfang

Foto oben:
Deichbrücke über den Oder-Spree-Kanal und Kirche Fürstenberg/Oder, Aufnahme um 1931.

Foto unten:
Zerstörte Brücke und ausgebrannte Kirche am Ende des Zweiten Weltkrieges.

Noch in den letzten Kriegstagen des Jahres 1945 war Fürstenberg/Oder zur Festung erklärt worden. Die Oderbrücke und die Brücke über den Oder-Spree-Kanal wurden gesprengt, alle Bewohner evakuiert. Am 6. Februar 1945 überschritten sowjetische Truppen der 33. Armee der I. Belorussischen Front zuerst bei Wiesenau die Oder und errichteten einen Brückenkopf unter Einschluss des Kraftwerkes Vogelsang. Nach schweren und verlustreichen Kämpfen gelang es ihnen jedoch erst am 17. April 1945 mit Hilfe der Dnepr-Flottille die Oder zu überqueren und am 24. April Fürstenberg und Neuzelle zu besetzen.

Mit dem Vormarsch der Roten Armee hatte seit 1944 ein mächtiger Flüchtlingsstrom eingesetzt. Die ersten Flüchtlinge kamen – nach der Erinnerung von Zeitzeugen – Anfang Februar 1945 bei Fürstenberg über die Oder. Nach der bedingungslosen Kapitulation der Deutschen Wehrmacht folgte ab Mai 1945 eine zweite Fluchtwelle. Insgesamt flohen seit der sowjetischen Sommeroffensive 1944 etwa fünf Millionen Menschen aus den ehemaligen ostdeutschen Siedlungsgebieten nach Westen. Viele von ihnen waren erst wenige Jahre vorher aus den bombengefährdeten industriellen Ballungszentren des Westens in Gebiete östlich von Oder und Neiße evakuiert worden.

Ab dem Sommer 1945 nahm der Flüchtlingsstrom durch Zwangsumsiedlungen und Vertreibungen, die nach den Vereinbarungen zwischen der UdSSR und Polen bzw. nach Artikel 13 des Potsdamer Abkommens vom August 1945 einsetzten, sprunghaft zu. In Potsdam hatten die Siegermächte die Oder-Neiße-Linie als Westgrenze Polens anerkannt und damit gleichzeitig die bereits in vollem Gang befindliche Vertreibung und Aussiedlung der Deutschen aus Ostmitteleuropa legalisiert. Im Ergebnis dessen setzte eine neuerliche Welle »regulärer« Zwangsumsiedlungen ein, die sich bis in die 50er Jahre erstreckte.

Millionen Menschen waren in jenen Jahren aus Ostpreußen, Hinterpommern, Schlesien, Böhmen und anderen Regionen kommend, unterwegs. Sie wollten zurück in ihre alte Heimat oder waren auf der Suche nach einem neuen Zuhause. Viele von ihnen ließen sich in der Nähe der polnischen Grenze nieder, wo sie – z.B. von den Diehloer Bergen aus – hinter der Oder ihre Heimatorte noch sehen konnten, in der Hoffnung, irgendwann dorthin zurückkehren zu können. Sie kamen dabei in einen Landstrich, der durch die Kriegshandlungen weit schwerer als andere Provinzen Deutschlands in Mitleidenschaft gezogen war. Städte wie Frankfurt/Oder oder Küstrin wurden zum Einfallstor für Hunderttausende. Dabei waren diese Orte »selbst zum überwiegenden Teil zerstört, ohne jegliche Lebensmittelvorräte, ohne Wasserversorgung, ohne ärztliche Hilfe, ohne Medikamente, ohne Unterkunft, ohne Transportmittel und ohne die genügende Zahl an Menschen, die Hilfe hätten leisten können.«[31] Auch Fürstenberg/Oder und seine Umgebung war von diesen Flüchtlingsströmen betroffen.

Bis Anfang 1948 lebten über zehn Millionen aus den Ostgebieten und dem Ausland vertriebene und geflohene Deutsche in den vier Besatzungszonen. Davon waren in der sowjetischen Besatzungszone (SBZ) annähernd 4,4 Millionen untergekommen, das waren über 40 Prozent aller Umsiedler. Allein im Land Brandenburg gab es annähernd 700.000 Flüchtlinge und Vertriebene. In manchen Ortschaften der Oderregion verdoppelte sich nach 1945 die Bevölkerung durch Tausende Flüchtlinge und Umsiedler. So gab es in Wellmitz 828, in Schönfließ 263 und in Möbiskruge 230 neue Mitbewohner. Bis Anfang der 50er Jahre registrierte man in Fürstenberg/Oder, Schönfließ und Vogelsang den Zuzug von rund 2.500 Umsiedlern.[32] Neben den Vertriebenen befanden sich seit Anfang 1945 auch Millionen Kriegsversehrte (Soldaten und Zivilpersonen) und – vor allem in den Jahren 1946 bis 1949 – Kriegsheimkehrer auf dem Weg in die Heimat. Die aus sowjetischer Kriegsgefangenschaft Entlassenen wurden zunächst in Heimkehrerlagern untergebracht. Hierzu gehörte das Heimkehrerlager Gronen-

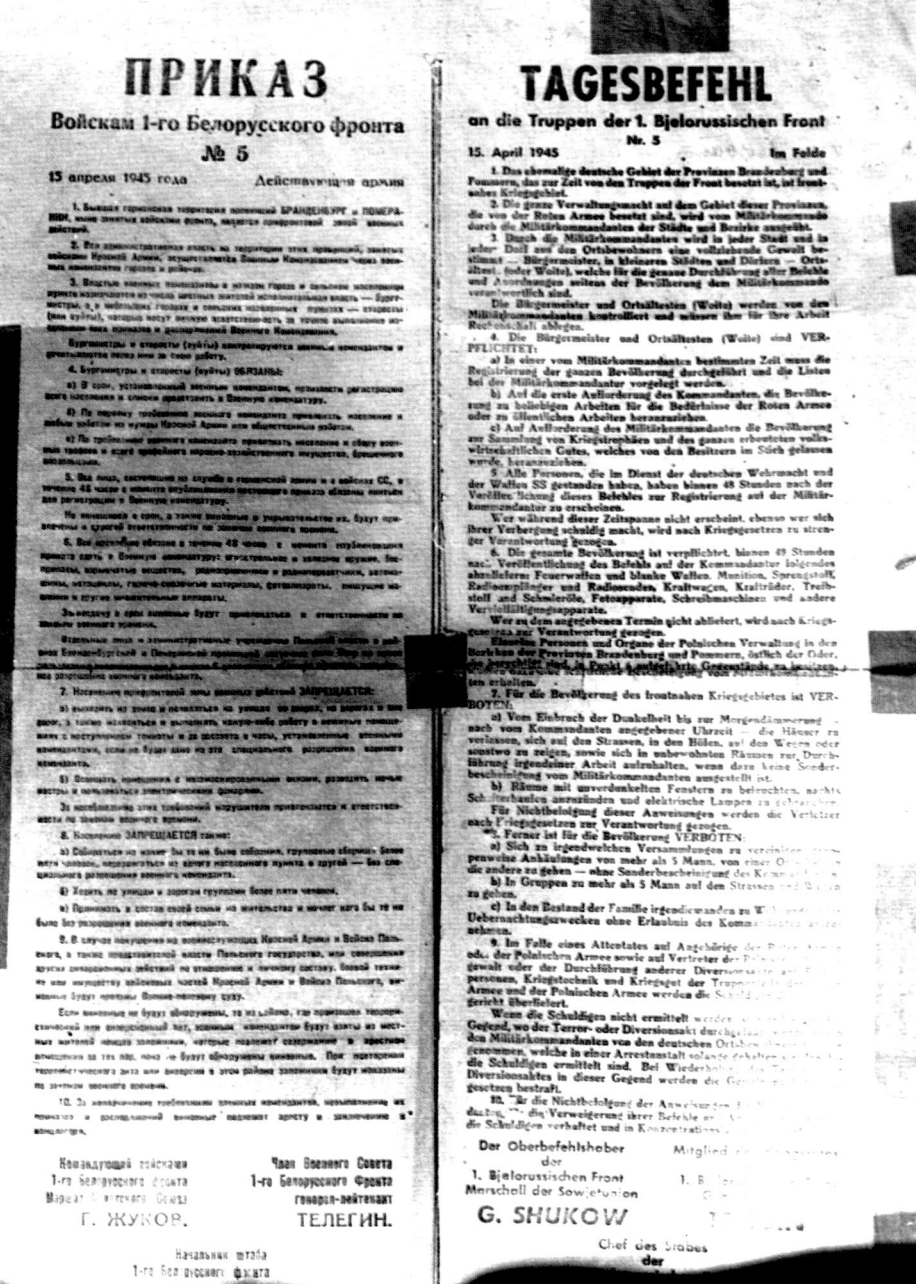

Tagesbefehl an die Truppen der 1. Bjelorussischen Front vom 15. April 1945.

»Tägliche Rundschau«,
1948.

# Die Heimkehr der Kriegsgefangenen

Tausende Herzen von Müttern, Frauen und Kindern schlagen in diesen Tagen und Wochen höher in der Erwartung, daß nun auch der Sohn, der Mann, der Vater aus der Kriegsgefangenschaft zurückkehrt und damit die quälende Ungewißheit der letzten Jahre endlich ein Ende findet. Niemand hätte angenommen, daß die mit so viel Freude überall begrüßte Ankündigung Otto Grotewohls auf dem ersten Frauenkongreß in Berlin, daß im Sommer 120 000 Kriegsgefangene aus der Sowjetunion zurückkehren würden, so schnell der Verwirklichung nahekommen werde. Nun aber, nach wenigen Wochen schon, ist das lang Ersehnte und heiß Erhoffte Wirklichkeit geworden: die ersten Transporte mit Tausenden von Kriegsgefangenen sind in der Heimat eingetroffen und zum Teil auch schon in ihre Heimatorte entlassen worden.

Männer aller Altersklassen und Angehörige aller vier Besatzungszonen Deutschlands kehren heim und in Frankfurt an der Oder betreten sie deutschen Boden. Hier erfolgt die eigentliche Entlassung — hier werden sie wieder zu freien Männern. Zwei Feststellungen erscheinen besonders bemerkenswert: der zufriedenstellende Gesundheitszustand der Heimkehrer und ihre zuversichtliche Stimmung sowie die gewissenhaften Vorbereitungen, welche die sowjetischen und deutschen Behörden für eine angemessene Rückführung getroffen haben. In einem der Roten Armee unterstehenden Lager ist alles so weit vorbereitet, daß die letzte ärztliche Untersuchung, eine Desinfektion und die Registrierung in einem Mindestmaß an Zeit durchgeführt werden können, und auch für den weiteren Rücktransport wird alles getan. Die deutschen Verwaltungsorgane und öffentlichen Organisationen nehmen sich ihrerseits liebevoll der Heimkehrer an.

So ist wiederum ein nationalsozialistisches Greuelmärchen entlarvt worden. Nun da neue Tausende, Zehntausende von Kriegsgefangenen zurückkehren, weiß jeder, daß die Kriegsgefangenen in der Sowjetunion genau so behandelt werden wie in jedem beliebigen anderen zivilisierten Land, das sich an die internationalen Konventionen hält und das Völkerrecht achtet.

*Mit frischem Grün geschmückt, fährt ein Zug mit den heimkehrenden Kriegsgefangenen über die Oderbrücke.* ♦ *Unten: Mädchen aus einer Frankfurter Schule richten die Baracken des Durchgangslagers Gronenfelde wohnlich ein*

*Der Berichterstatter der „Täglichen Rundschau" spricht mit den Kriegsgefangenen über ihre Erlebnisse.* ♦ *Unten: Vier von 120 000. Sie kommen aus dem Raum von Moskau und sind im Jahre 1945 in Gefangenschaft geraten: Hans Drews aus Danzig, Anton Bauer aus München, Paul Graber aus Berlin und Rudolf Gilge aus Chemnitz*

felde bei Frankfurt/Oder, dessen Baracken 1950 als erste Unterkünfte für die Arbeiter der EKO-Großbaustelle weiterverwendet wurden.

Der enorme Bevölkerungszuwachs und die Nachkriegsfolgen bewirkten in der Umgebung von Fürstenberg/Oder eine ungeheure Verschärfung der Wohnungs-, Versorgungs- und Arbeitsprobleme. Der Arbeitsmarkt war aufgrund der Kriegsfolgen überlastet. Hinzu kam, dass sich die Arbeitskräfte vor allem dort ansiedelten, wo keine entsprechenden Arbeitsplätze zur Verfügung standen. Die meisten Flüchtlinge, Umsiedler oder Heimkehrer ließen sich in ländlichen Gebieten nieder, weil sie hier auf eine bessere Versorgung hofften. Landwirte oder Unternehmer, die in den Umsiedler- und Heimkehrerlagern nach Arbeitskräften suchten, wurden außerdem verpflichtet, ganze Familien zu übernehmen. Doch weder diese Maßnahme noch die Landvergabe im Rahmen der Bodenreform an 234 Umsiedlerfamilien der Region reichten aus, um das Problem der Arbeitslosigkeit zu lösen. Das Amt für Umsiedler der Provinzialverwaltung stellte im Oktober 1946 fest: »Infolge des Zuzugs von 666.219 Menschen wird die Provinz Mark Brandenburg in höherem Maße industrialisiert werden müssen und jede Möglichkeit, die sich hierzu bietet, muss ausgewertet werden. Die Umsiedler, die zum größten Teil hochqualifizierte Fachkräfte aller Industriezweige unter sich haben, sind mit die Voraussetzung für die Schaffung einer leistungsfähigen Industrie, […] die der Provinz Mark Brandenburg wieder zu Wohlstand verhilft.«[33]

Dieser Forderung stand jedoch die rigorose Demontage- und Reparationspolitik der sowjetischen Besatzungsmacht entgegen, die auf der Grundlage der alliierten Beschlüsse auch die letzten noch vorhandenen Industrieanlagen zerstörte. Im April 1947 hatte das Brandenburger Wirtschaftsministerium Vorstellungen entwickelt, ehemalige militärische Anlagen durch einen entsprechenden Umbau friedlichen Zwecken zuzuführen. Für den Landkreis Guben kam bei der nachfolgenden Erhebung hierfür »lediglich das Degussa-Werk in Fürstenberg/Oder infrage.«[34] Gleichzeitig wurde darauf hingewiesen, dass der Provinzialregierung bereits Vorschläge »für den friedlichen Aufbau« vorlägen. Die Gemeindevertretung Fürstenberg hatte einen Teil der noch in gutem Zustand befindlichen Bauten des Degussa-Werkes als Autoreparaturwerkstatt, als Korbwarenflechterei für immerhin 600 Beschäftigte und als Tafelglasfabrik nutzen wollen.[35] Obwohl im April 1947 in der SMAD-Zentrale in Berlin-Karlshorst über diese Pläne verhandelt wurde, erfolgte im Juli des gleichen Jahres auf Befehl der sowjetischen Besatzungsbehörden die Sprengung sämtlicher Baulichkeiten des Degussa-Werkes.[36] Übrig blieben gesprengte Betonteile, Steine, Teile der Infrastruktur, darunter der Hafen, Betonstraßen, Feldbahnanlagen, einige Baracken und die ersten Bauten der Degussa-Wohnsiedlung. Auch die Maschinen und Ausrüstungen des ehemaligen Borsig-Werkes in Schönfließ wurden demontiert, ebenso die Anlagen der Braunkohlegrube und das Einheitskraftwerk. Die Glashütte produzierte zwar seit Ende 1945 wieder dringend benötigtes Fensterglas, der Aufbau einer auf dem Degussa-Gelände geplanten Ziehglashütte, für die bereits konkrete Angebote der Firma Siemens vorlagen, scheiterte jedoch an nicht mehr vorhandenen Baulichkeiten.

Die Fürstenberger Binnenschifffahrt, die Werftindustrie und das Schiffsbauhandwerk gingen nach 1945 in sowjetischen Besitz. Zu diesem Zwecke wurde im September 1946 die »Staatliche Sowjetische Dampfschifffahrts-AG auf der Oder« (SOAG) gegründet. Zu ihr gehörten neben den beiden Werften ein Trockendock mit Gießerei, eine Ankerschmiede und die noch verbliebenen Schiffe. Die SOAG war bis Ende der 40er Jahre mit über 700 Beschäftigten einer der größten Arbeitgeber in Fürstenberg/Oder.

Oderwerft Fürstenberg unter dem Sowjetstern am Beginn der 50er Jahre.

## Ihr Weg führte ins EKO:
## Flüchtlinge, Vertriebene, Kriegsheimkehrer

### Geflüchtet – Erika Franke[37]

*1935 wurde ich in Breitenwerder/Netzebruch, Kreis Landsberg/Warthe, geboren. Die Kindheit verlebte ich auf dem Hof meiner Eltern. 1945 bekamen wir den Befehl zur Evakuierung. Wie viele andere Flüchtlinge auch machten wir uns zu Fuß, mit dem, was wir tragen konnten, auf den Weg: Haus, Hof und was dazugehört, mussten wir zurücklassen. Wir zogen bis Wellmitz. Hier fanden meine Eltern, meine Schwester und ich bei einem Bauern Unterkunft. Wir wohnten von nun an zu viert in 1½ Zimmern; mein Vater und meine Mutter arbeiteten beim Bauern für das tägliche Brot.*

*Bereits in dieser Zeit war abzusehen, dass eine Rückkehr in unsere Heimat nicht möglich sein wird. Breitenwerder kam unter polnische Verwaltung; die Kreisstadt Landsberg hieß bald darauf Gorzow. So verlebte ich das Ende meiner Kindheit in den Nachkriegsjahren als Flüchtling und Vertriebene – unweit meiner einstigen Heimat, denn von den Bergen aus konnten wir bei gutem Wetter bis nach Polen schauen. Diese Jahre waren schwer. Es fehlte an elementaren Voraussetzungen zum Leben: vor allem an Arbeit, Wohnraum, Nahrung, Kleidung und an Heizmaterial. Unter den damaligen Umständen war es auch nicht außergewöhnlich, dass ich 1950 mit 15 Jahren keine Lehrstelle fand. Am Ende hatte ich trotzdem Glück: Ich bekam eine Anstellung – ohne Ausbildung – als Tiefbauarbeiterin bei der Bau-Union Ost in Fürstenberg/Oder.*

*Ich war nicht das einzige junge Mädchen, das damals für monatlich 180 Mark auf der EKO-Baustelle schwere Arbeiten ausführte: Bäume fällte, Feldloren belud, Straßen baute. Die Werkstraße bis hin zur Hochofenstraße habe ich mitgebaut. 1952 wurde ich ins EKO übernommen, an der Technischen Betriebsschule zur Stenotypistin ausgebildet und anschließend in der Personalabteilung als Schreibkraft eingestellt. 1954 wechselte ich als Sekretärin in die Betriebszeitung, in der ich dann bis 1990 alle anfallenden Arbeiten übernahm. 1961 zog ich von Wellmitz nach Eisenhüttenstadt.*

Fotos aus der Kinderzeit in Breitenwerder.

Erika Franke in der Redaktion der EKO-Betriebszeitung.

## Ausgewiesen –
## Alfred Nitschke [38]

*1928 wurde ich in der Mark Brandenburg in Schönrode – vorher hieß es Dobersaul –, Kreis Crossen/Oder, geboren. Bis März 1945 habe ich hier meine Kindheit und Jugend verbracht. Mein Vater arbeitete als Holzfäller, meine Mutter zeitweise im Forstbetrieb und in der Landwirtschaft. Wir waren nicht reich, besaßen aber ein eigenes Grundstück mit Haus, Hof, Garten, Stall, Scheune, Schuppen, Waschküche und ca. 3 ha Pachtland. Als Kind musste ich bei der Viehversorgung und in der Landwirtschaft helfen. Nach dem Volksschulabschluss 1942 arbeitete ich bis zum Eintreffen der Roten Armee als Holzfäller im Forstamt.*

*Am 29. Januar 1945 besetzte die Rote Armee Schönrode. Von nun an begann für mich eine sehr schmerzliche Geschichte, denn ich verlor in der Nachkriegszeit meinen Vater und meine Mutter. Zunächst wurde ich von Sowjetsoldaten mit anderen Arbeitsfähigen zur Viehbetreuung verpflichtet. Im Februar 1945 holten diese Soldaten meinen Vater ab und brachten ihn in ein Arbeitslager im Raum Moskau, in dem er im Oktober 1945 verstarb. Zweimal gelang es mir – nach rechtzeitigen Hinweisen eines wolgadeutschen Dolmetschers – selbst der Verschleppung zu entgehen. Meine Mutter fand ich im März 1945 im dichten Wald bei Schönrode – im Schnee – wieder, wo mehrere deutsche Familien campierten. Von Sowjetsoldaten aufgespürt, mussten wir erneut landwirtschaftliche Arbeiten verrichten. Von April bis Juni 1945 trieben wir etwa 1.100 Rinder zum Schlachthof bis nach Liegnitz (Schlesien). Nach der Rückkehr musste ich bei einer polnischen Familie landwirtschaftliche Arbeiten verrichten. Meine Mutter verstarb im Oktober 1945 an Typhus.*

*Am 2. November 1946 wurde ich nach Deutschland in die sowjetische Besatzungszone ausgewiesen; kurze Zeit war ich dann in Leipzig im Quarantänelager. Danach fand ich Unterkunft bei einer Tante in Biegen, damals Kreis Lebus. Alles, was ich seinerzeit besaß, war ein Umsiedlerpaß, ein leerer Rucksack und die Kleidung, die ich trug. Im März 1953 kam ich ins EKO. Hier arbeitete ich zunächst als Transportarbeiter; im April wechselte ich zur Betriebsfeuerwehr. Als »Anwärter« verdiente ich hier zunächst knapp 300 Mark. Durch ein Fernstudium 1973/74 wurde ich Ingenieur des Brandschutzwesens. Bis zum Ausscheiden 1985 aus dem Berufsleben blieb ich im EKO.*

Das Elternhaus in Dobersaul, Aufnahme um 1930.

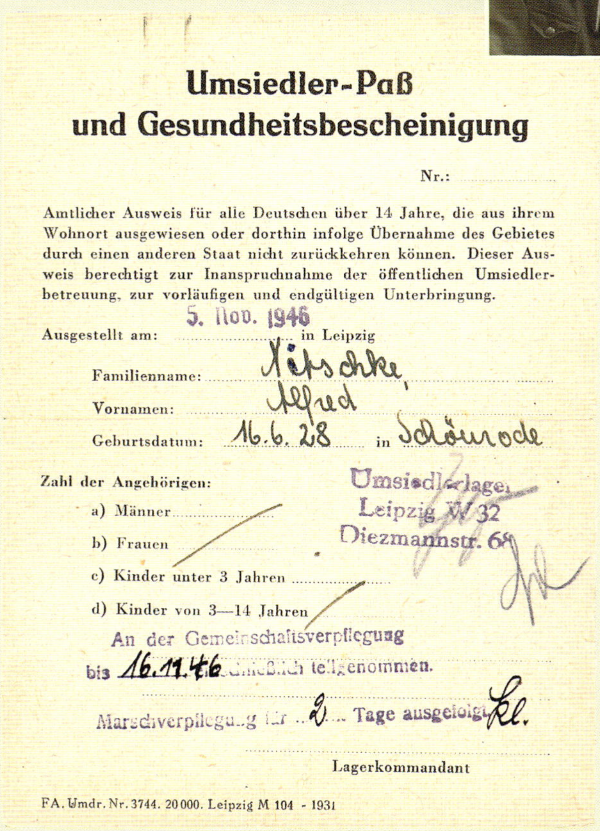

Alfred Nitschke (mit Teller) bei der Feuerwehr des EKO.

## Heimgekehrt – Erich Merkel [39]

*1927 wurde ich in dem kleinen ostbrandenburgischen Ort Koppen, Kreis Züllichau-Schwiebus (heute Polen), geboren. In den Kriegsjahren erlernte ich in Küstrin-Kietz den Beruf eines Wagenbauers. Als fast 17-Jähriger wurde ich 1944 zur Kriegsmarine einberufen und bald darauf nach Triest in Italien verlegt. Am 2. 5. 1945 nahmen mich jugoslawische Partisanen gefangen. Während der Kriegsgefangenschaft in Jugoslawien lernte ich auf einem Arbeitskommando unter unseren Bewachern einen Mann kennen, der im M Stalag III B in Fürstenberg in deutscher Gefangenschaft war. Sein Name war Franjo Balic. Er kannte Not und Leiden in der Gefangenschaft und war mir wie ein guter Freund. Briefkontakt hatte ich mit ihm bis zu seinem Tod im Jahre 1986. 1949 kehrte ich aus der Kriegsgefangenschaft heim.*

*Ende 1950 hörte ich vom Aufbau des EKO bei Fürstenberg. Ich wohnte damals im Oderbruch und suchte Arbeit. Eines Tages entschloss ich mich, mit einem geborgten Fahrrad die 50 km zur Baustelle nach Fürstenberg zu fahren und nach Arbeit zu fragen. Da ich gelernter Stellmacher bzw. Wagenbauer war, wollte ich als Zimmermann oder Einschaler dort arbeiten. Ich fragte mich durch das riesige Baustellengelände bis zum Personalbüro durch und bekam dort die Antwort: »Zimmerleute brauchen wir, aber es gibt keine Unterkunft«. – Unverrichteter Dinge fuhr ich wieder heim.*

*Später qualifizierte ich mich auf dem Gebiet des Archivwesens. 1973 zog ich nach Eisenhüttenstadt. 1979 suchte das EKO einen Archivar. Ich bewarb mich, wurde eingestellt und arbeitete hier bis 1990. Und so kam ich am Ende doch noch ins EKO.*

Erich Merkel im EKO-Archiv.

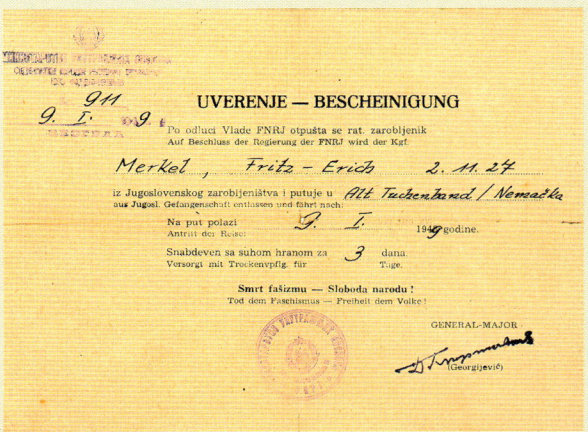

Während der Kriegsgefangenschaft in Jugoslawien.

Stefan Heym

## DAS WUNDER AN DER WARNOW [40]

Man schreibt den 1. Mai 1945. Über dem Fischerdorf Warnemünde – da, wo die trägen Wasser der Warnow in die Ostsee fließen – liegt die Luft bleischwer. Am Horizont grollt Artillerie. Der Krieg, der von Deutschland ausging, ist ins Herz Deutschlands zurückgekehrt.

Etwas oberhalb der Mündung der Warnow befindet sich ein flaches Feld, darauf die zerbombten Ruinen der Arado-Flugzeugwerke und die geborstenen und zerbeulten Brennstofftanks der Kriegsmarine, und weiter nordöstlich, direkt am Wasser, drei oder vier schäbige kleine Gebäude – die Krögersche Boots- und Yachtwerft. So unauffällig die kleine Werft auch aussieht, haben die Besitzer doch einen hübschen Teil vom Segen des Krieges abbekommen. Hier waren die Sturmboote der Nazimarine entstanden – jene wespenartigen Schiffchen, die, ausgerüstet mit einem Torpedo und bemannt von Selbstmordkandidaten, nahe an den Feind heran und ihm ihre tödliche Ladung in die Kessel jagen sollten.

Im Gegensatz zu den Mannschaften der Sturmboote verspüren die Eigentümer der Werft, die Brüder Hans und Karl Kröger, keinerlei Lust, sich selbst in die Luft zu sprengen. Sie hatten vielmehr ihre Flucht gründlich vorbereitet. Schiffe besaßen sie ja, die lagen am Kai. Die wertvollsten Maschinen waren bereits Wochen vorher versteckt oder verschoben worden, und nun nahmen die beiden Krögers auch aus den verbleibenden Maschinen die wichtigsten Teile heraus und verstauten sie auf dem Fluchtboot.

Plötzlich eine Staubwolke. Aus der Wolke heraus schälen sich schwarz-blinkende Luxuslimousinen, stoppen. Und aus den Limousinen steigen die Herren, die den Gebrüdern Kröger so gut zu verdienen gaben – Standartenführer der SS, hohe Beamte der Regierung, leitende Männer der Nazipartei. Auch sie sind auf der Flucht: Warnemünde, der letzte noch nicht besetzte deutsche Hafen ist das letzte noch offene Loch, durch das sie sich herausschlängeln können. Ein kurzes Gespräch mit den Krögers. Ja, es ist Platz auf den eilig fertiggemachten Yachten und Schnellbooten.

Die Krögers rufen zwei ältere Arbeiter heran, Wilhelm Brüggemann heißt der eine, Benno Hinz der andere. Ihnen wird ein Zettel in die Hand gedrückt, »Vollmacht« steht darauf.

Und einer der Krögers sagt: »Bewacht uns unser Eigentum gut! Und paßt auf die Gefangenen auf, die Franzosen und Ukrainer, die hier gearbeitet haben, damit das Gesindel nicht klaut! Wenn die Schießerei vorbei ist, kommen wir wieder!«

Die beiden Arbeiter sagen nichts.

Am 1. Mai 1945, um zwei Uhr nachmittags, läuft die kleine Flottille aus. Der Donner der Artillerie ist merklich näher gerückt. Zurück bleiben etwa ein Dutzend Arbeiter – Schiffsbauer von Beruf –, in ihren Händen eine von ihren Kapitalisten unterzeichnete Vollmacht.

Sie wußten damals noch nicht, daß sie in ihren Händen viel mehr hielten als dieses lächerliche Blatt Papier: nämlich die Macht.

Man schreibt das Jahr 1954.

Die kleinen Häuschen der ehemaligen Krögerschen Werft stehen noch da; man sieht sie kaum; sie wirken zwerghaft im Vergleich zu den Bauten des Sozialismus, die inzwischen errichtet wurden – im Vergleich zu der neuen Schiffsbauhalle, der größten und modernsten Europas, zu der Kabelkrananlage, zwei dreibeinigen Giganten, die in 65 Meter Höhe mit schweren Stahlkabeln Tauziehen zu spielen scheinen; zu den Ausrüstungshallen, den neuen Kais, dem Verwaltungsgebäude der Poliklinik, den Speisehallen, Helligen, Heizhäusern. Und das alles wächst noch, wächst unwiderstehlich, ist zum Teil erst halbfertig, steht erst im Fundament – zu den Tausenden von Schiffsbauarbeitern, die Tag und Nacht, in drei Schichten, auf der sozialistischen Werft arbeiten, gesellen sich Bau- und Konstruktionsarbeiter aus der ganzen Deutschen Demokratischen Republik.

Der Name Kröger ist längst vergessen. Über dem Torbogen am Eingang zum Werftgelände steht ein anderer, andersartiger Name: VEB Warnow-Werft. Und die drei Buchstaben VEB bedeuten »Volkseigener Betrieb«. Sie bedeuten, daß dies alles allen gehört, dem Volk gehört, den Arbeitern gehört, die hier schweißen und hämmern, hobeln und zimmern, die bauen, aufbauen, Neues schaffen, Neues, Gutes, Großartiges. Hier, sichtbar allen, erhebt sich auf dem ehemaligen Trümmerfeld die Schöpfung der Arbeiterhände, die neben dem Hammer nun endlich auch die Macht gepackt haben.

Aber was zwischen den beiden Daten lag – jenem 1. Mai 1945, und heute!

Die Jahre des Hungers und der Verwirrung, die Jahre des Tastens und Versuchens, der Irrwege und provisorischen Lösungen, die Jahre der verbissenen Arbeit am Kleinen und Kleinsten, die Jahre, da die Arbeiter zunächst nichts hatten als den Drang: irgendwo müssen wir irgend etwas arbeiten.

Denn das Erbe, das sie antraten, war grauenhaft; und der neue Staat, der geführt und geleitet haben könnte, entstand nicht über Nacht; auch das Führen und Leiten mußte gelernt werden, und zunächst war nur Wirrwarr und Zerstörung.

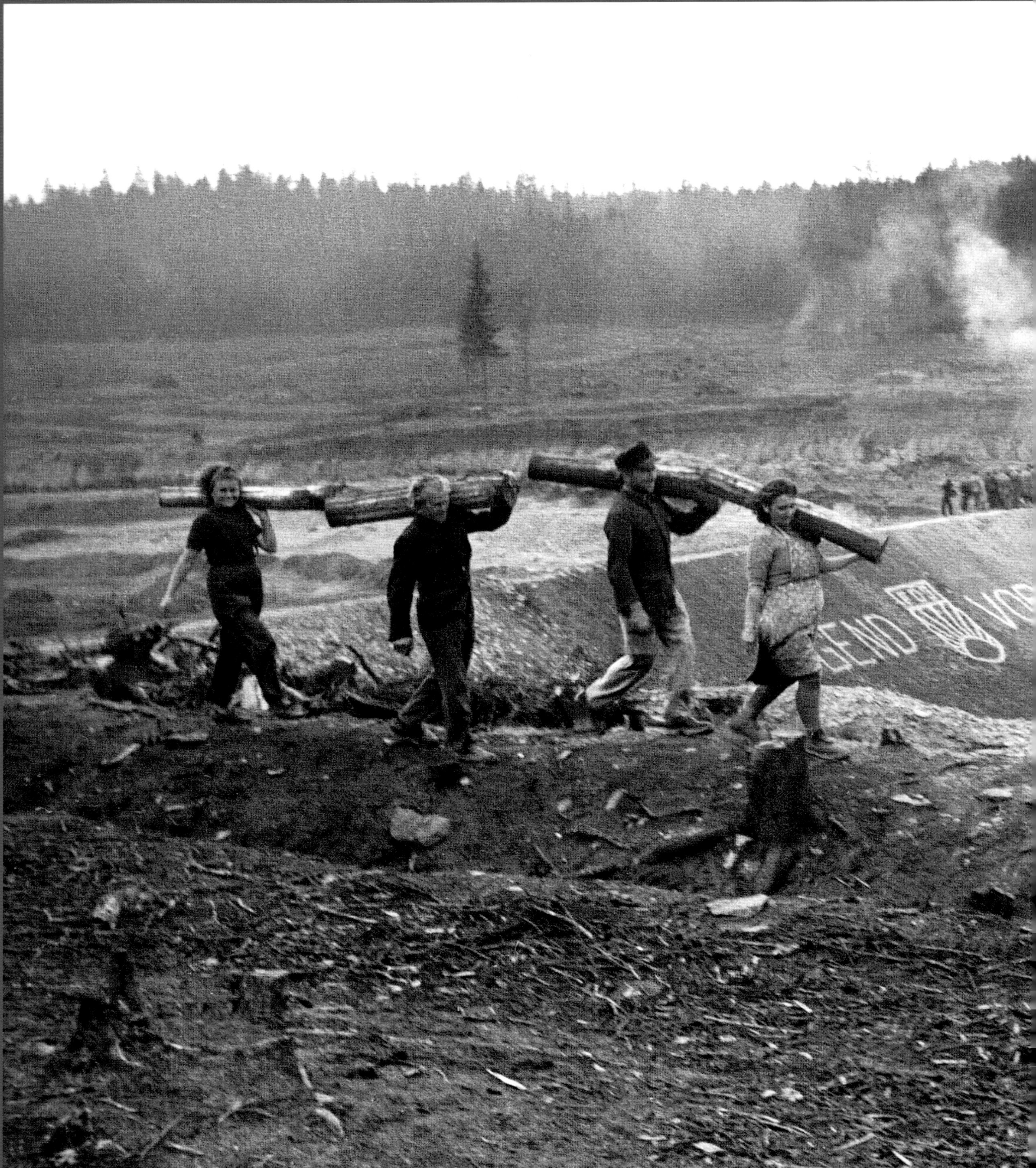

# Ein Standort – zwei Werke

Aus der Geschichte

**17. 7. bis 2. 8. 1945**
Auf der Konferenz von Potsdam vereinbaren die Siegermächte des Zweiten Weltkrieges die Aufteilung Deutschlands.

**6. und 9. 8. 1945**
Der Abwurf der ersten USA-Atombomben auf die japanischen Städte Hiroshima und Nagasaki fordert über 140.000 Menschenleben.

**5. 3. 1946**
Winston Churchill prägt in einer Rede den Begriff vom »eisernen Vorhang«.

**30. 6. 1946**
Nach einem Volksentscheid in Sachsen beginnt in der Sowjetischen Besatzungszone (SBZ) die »Überführung der Betriebe von Kriegs- und Naziverbrechern in das Eigentum des Volkes«.

**15. 1. 1947**
Die Sowjetische Militäradministration (SMAD) gibt das Ende der Demontagen in Deutschland bekannt.

**12. 3. 1947**
Präsident Truman proklamiert als neue Linie der US-Außenpolitik den Kampf gegen »totalitäre Regime« durch wirtschaftliche und finanzielle Hilfe für alle »freien Völker«.

**September 1947**
Mit der Gründung des Kommunistischen Informationsbüros (Kominform) wird die Zwei-Lager-Theorie zur offiziellen Politik der kommunistischen Parteien Osteuropas.

**9. 3. 1948**
In der SBZ übernimmt die Deutsche Wirtschaftskommission (DWK) die zentrale Leitung der Wirtschaft.

**18. 6. 1948 – 12. 5. 1949**
Die Sowjetunion reagiert mit der Berliner Blockade auf die separate Währungsreform der Westzonen.

**April bis Juni 1949**
Unter der Losung »Aus Stahl wird Brot« führen die Stahlwerker den ersten großen Wettbewerb in der SBZ.

**Sommer 1949**
Die UdSSR zündet ihre erste Atombombe.

**7. 10. 1949**
Gründung der Deutschen Demokratischen Republik.

**25. 6. 1950 bis 27. 7. 1953**
Der Kalte Krieg findet seinen ersten heißen Schauplatz in Korea.

**6. 7. 1950**
Das »Görlitzer Abkommen« zwischen der DDR und Polen legt die Oder-Neiße-Linie als Grenze zwischen beiden Staaten fest.

*wir hören, dass die kraft der industrie, sich wiederherzustellen gross ist. aber das ist sie nur im hinblick auf die güter und nur so lange, als die grundmaschinerie nicht zerstört ist. so lange hochöfen arbeiten, sind traktorpflüge schneller zu verfertigen als holzpflüge, was wenn sie nicht mehr arbeiten?*
Bertolt Brecht, 20. März 1945[1]

# Vom Potsdamer Abkommen zum Hüttenkombinat

Im Juli/August 1945 legten sich die ehemaligen Verbündeten des Zweiten Weltkrieges in Potsdam auf ein Rahmenprogramm für eine einheitliche alliierte Besatzungspolitik fest. Sie teilten Deutschland in vier Besatzungszonen und übten die oberste Regierungsgewalt aus. Zu den wirtschaftspolitischen Grundsätzen im Potsdamer Abkommen gehörten »die Wiederherstellung der wirtschaftlichen Einheit Deutschlands« und das Prinzip einer zonenbezogenen Reparationsentnahme. Diese gestaltete sich mit dem Ausbruch des Kalten Krieges sehr unterschiedlich. Während die Westalliierten frühzeitig dazu übergingen, die unter ihrem Einfluss stehenden Besatzungszonen zu schonen, sah die Sowjetunion, die mit Abstand die größten Schäden und Verwüstungen durch Krieg und deutsche Besatzung erlitten hatte, in den Reparationen eine Wiedergutmachung für ihre schwer getroffene Wirtschaft. Sie bestand deshalb auf einer weiten Auslegung der Potsdamer Bestimmungen. Ihre durchaus legitime Reparationspolitik führte im Osten Deutschlands zu enormen Verlusten an industriellen Kapazitäten. Allein in der Metallurgie wurden bis 1948 etwa 85 Prozent der Produktionsanlagen abgebaut, so dass es sie nach Abschluss der Demontagen praktisch nicht mehr gab. Die »Finow Kupfer- und Messingwerke AG« wurden vollständig, die Stahl- und Walzwerke in Brandenburg, Riesa, Hennigsdorf, Gröditz und in Freital sowie die »Sächsischen Gussstahlwerke« in Döhlen größtenteils demontiert. Lediglich die Maxhütte in Unterwellenborn und die Eisen- und Hüttenwerke in Thale blieben von Demontagen verschont.

Eine weitere schwerwiegende Kriegsfolge für die ostdeutsche Wirtschaft bestand in der Teilung des historisch gewachsenen Wirtschaftsraumes Deutschland. Der Westen verfügte mit dem Ruhrgebiet über das Kernland der deutschen Schwerindustrie mit reichen Steinkohlevorkommen und der fast gesamten deutschen Eisen- und Stahlerzeugung. Im Osten lagen die Zentren der Fertigwarenproduktion, wie das hochindustrialisierte Sachsen mit dem Automobil- und Maschinenbau. Dagegen mangelte es hier, außer den Braunkohlevorkommen, an Grundstoffen. So verfügte die sowjetische Besatzungszone (SBZ) lediglich über 3 Prozent der deutschen Steinkohle, über 0,9 Prozent des Kokereikokes, über 1,6 Prozent des Roheisens und über 7,6 Prozent des deutschen Rohstahls.[2] Von 124 Hochöfen, die 1936 in Deutschland Roheisen erzeugt hatten, befanden sich gerade einmal vier im östlichen Teil des Landes. Lediglich 5,1 Prozent des geförderten Eisenerzes kam aus diesem Gebiet.

Fritz Selbmann charakterisierte die Nachkriegssituation wie folgt: »Wir hatten ein einziges Hüttenwerk, die Maxhütte, ein altes, unrationelles, unrentables Unternehmen mit

Deutschland nach dem Zweiten Weltkrieg.

heruntergewirtschafteten Hochöfen, mit einem veralteten Stahlwerk und einem vollkommen veralteten Walzwerk. Wir hatten das Stahlwerk Thale mit einigen kleinen Siemens-Martin-Öfen und einem Blechwalzwerk. Sonst hatten wir eigentlich nichts mehr. […] Wir hatten so gut wie keine Stahlkapazität mehr, nur eine ganz geringfügige Eisenproduktion in der Maxhütte, die damals erhalten blieb, die aber zu unserer leistungsfähigen Maschinenindustrie in gar keinem Verhältnis stand.«[3]

Die ostdeutsche Wirtschaft befand sich in einem Teufelskreis. Der für den Aufbau der Metallurgie erforderliche Schwermaschinenbau konnte kaum helfen, denn 93 Prozent der Produktionskapazitäten für die Herstellung von Hütten- und Walzwerksausrüstungen, 95 Prozent des Gießereianlagenbaus und 87 Prozent der Stahlbaubetriebe hatten ihren Standort im Westen. Für einen schnellen Aufbau dieser Industriezweige fehlte im Osten die metallurgische Basis.

Mit dem Halbjahresplan 1948 und dem Zweijahrplan 1949/50 konnte in der SBZ das industrielle Produktionsniveau von 1936 mit 98,5 Prozent annähernd erreicht werden. Im Mittelpunkt dieses Aufschwungs stand die Schwerindustrie. An den Standorten der alten Produktionsstätten wurden neue, nun volkseigene Stahl- und Walzwerke errichtet. In Hennigsdorf und Riesa begann im Jahre 1948 die Produktion, es folgten die Werke in Kirchmöser und Burg. 1949 begann der Aufbau der Stahlwerke Gröditz und Döhlen, im Sommer 1950 der des Stahl- und Walzwerkes in Brandenburg.

In wichtigen Zweigen der Metallurgie gelang es jedoch nicht, bis Ende 1950 den Vorkriegsstand zu erreichen. Damit prägte sich das Missverhältnis zwischen metallurgischer und Metall verarbeitender Industrie noch stärker aus. Die Produktion von Roh- und Walzstahl wuchs sprunghaft an. Noch immer war Schrott der mengenmäßig wichtigste Rohstoff für die Stahlproduktion. Da jedoch Schrott zunehmend zu einer Mangelware wurde, gewann die Roheisenerzeugung an Bedeutung. Diese blieb in der SBZ/DDR auf die alten Hochöfen der Maxhütte beschränkt. Drei waren 1946, der vierte Anfang 1948 in Betrieb genommen worden. Damit konnte man ab Juli 1949 zum durchgehenden Vier-Ofen-Betrieb übergehen und 1950 mit 337.267 t die höchste Roheisenproduktion seit Gründung der Eisenhütte erlangen. Jedoch reichte das produzierte Roheisen bei weitem nicht aus, um die gestiegenen Kapazitäten der Stahlwerke zu versorgen. Aus eigener Produktion konnte die DDR den Bedarf an Roheisen zu 53,7 Prozent decken, den an Walzstahl zu 70,8 Prozent. Für das Jahr 1950 wurde deshalb ein Roheisendefizit von ca. 115.000 t prognostiziert.[4]

Unter diesen Bedingungen war der Osten Deutschlands auf die Bezüge an Grundstoffen wie Kohle, Eisen und Stahl aus dem innerdeutschen Handel angewiesen. Um die durch die Zonenteilung entstandenen Disproportionen auszugleichen, war es seit 1945 zu zahlreichen Abkommen im Interzonenhandel gekommen. Mit der Zuspitzung des Kalten Krieges geriet auch dieser Bereich – wegen seiner besonderen Bedeutung für den Wiederaufbau und für die Rüstung – in den Sog politischer Interessen. Seit Ende 1947 traten bei den Roheisenlieferungen aus den Westzonen Rückstände auf. Im November 1947 wurden zudem die Eisen- und Stahlpreise erhöht. Nach der separaten Wäh-

---

**1. 9. 1950**
Otto Ringel wird erster Werkleiter des EKO.

**29. 9. 1950**
Die DDR wird in den Rat für Gegenseitige Wirtschaftshilfe (RGW) aufgenommen.

**1. 1. 1951**
Der Aufbau des Eisenhüttenkombinates Ost (EKO) ist Schwerpunkt Nr. 1 des ersten Fünfjahrplanes der DDR.

**27. 9. 1951**
Ein Handelsabkommen mit der UdSSR sichert der DDR Eisenerzlieferungen bis 1955.

**10. 3. 1952**
Stalin bietet den Westmächten Verhandlungen über einen gesamtdeutschen Friedensvertrag und über die Wiedervereinigung Deutschlands an.

**9. bis 12. 7. 1952**
Auf der zweiten Parteikonferenz der SED verkündet Walter Ulbricht »die planmäßige Errichtung der Grundlagen des Sozialismus in der DDR«.

**8. 10. 1952**
Eine Regierungsdelegation der UdSSR unter Leitung des Vorsitzenden des Präsidiums des Obersten Sowjets, Nikolaj M. Schwernik, besucht das EKO.

**7. 5. 1953**
Walter Ulbricht verleiht dem EKO den Namen »Eisenhüttenkombinat J.W. Stalin« (EKS) und der EKO-Wohnstadt den Namen Stalinstadt.

**17. 6. 1953**
In Ost-Berlin und in der DDR kommt es zu einem Volksaufstand, der vom sowjetischen Militär niedergeschlagen wird.

**September 1953**
Tamara Bunke, die spätere Kampfgefährtin von Che Guevara, besucht die erweiterte Oberschule »Clara Zetkin« in Stalinstadt.

**1. 7. 1954**
Erich Markowitsch wird Werkleiter und führte bis 1959 das EKS.

**8. 10. 1954**
Der sowjetische Außenminister, Wjatscheslaw W. Molotow, besucht mit DDR-Ministerpräsident Otto Grotewohl das EKS.

**9. 5. und 14. 5. 1955**
Mit dem Beitritt der BRD zur NATO und der DDR zum Warschauer Pakt wird die beiderseitige deutsche Blockintegration abgeschlossen.

**10. 5. 1955**
Eine mongolische Regierungsdelegation unter Leitung von Jumshagin Zedenbal besucht das EKS und Stalinstadt.

**14. bis 25. 2. 1956**
In einer Geheimrede verurteilt Nikita S. Chruschtschow auf dem 20. Parteitag der KPdSU Stalins Terrorpolitik.

**28. 10. bis 4. 11. 1956**
Der Volksaufstand in Ungarn wird von sowjetischen Truppen blutig niedergeschlagen.

**26. 7. 1957**
Der Präsident der Demokratischen Republik Vietnam, Ho Chi Minh, besucht das EKS.

**4. 10. 1957**
Start des ersten künstlichen Erdsatelliten »Sputnik 1« durch die Sowjetunion.

**Mai 1958**
In China entstehen Millionen »Minihochöfen« zur Steigerung der Stahlproduktion bis 1962 von 5,3 Mio. t auf 100 Mio. t.

**27. 11. 1958**
Die UdSSR kündigt das Viermächteabkommen über Berlin und fordert Neuverhandlungen über den Status der Stadt.

**1. 10. 1959**
In der DDR wird ein Siebenjahrplan mit der Forderung, den Westen Deutschlands zu »überholen, ohne einzuholen«, in Angriff genommen.

**1. 5. und 16./17. 5. 1960**
Ein US-Aufklärungsflugzeug vom Typ Lockheed U2 wird über der Sowjetunion abgeschossen und führt zum Scheitern der Pariser Gipfelkonferenz über Deutschland.

**7. 5. 1960**
Leonid I. Breschnew wird Vorsitzender des Präsidiums des Obersten Sowjets und besucht am 13. 9. das EKS.

**12. 9. 1960**
Nach dem Tod von Wilhelm Pieck wird Walter Ulbricht Staatsratsvorsitzender der DDR.

**12. 4. 1961**
Der sowjetische Kosmonaut Juri Gagarin umkreist als erster Mensch die Erde.

**13. 8. 1961**
Mit dem Bau der Berliner Mauer riegelt die DDR die Grenze zur BRD und nach Westberlin ab.

**13. 11. 1961**
In der DDR werden die Stalinallee in Berlin, Stalinstadt und das Eisenhüttenkombinat J.W. Stalin umbenannt. Aus Stalinstadt, Fürstenberg/Oder und Schönfließ wird Eisenhüttenstadt, aus dem EKS wieder das Eisenhüttenkombinat Ost (EKO).

**15. bis 28. 10. 1962**
Die UdSSR errichtet Raketenstellungen mit Atomsprengköpfen auf Kuba. Die USA reagieren darauf mit einer Seeblockade. Durch das Einlenken beider Seiten kann ein Nuklearkrieg verhindert werden.

# MEILENSTEINE

rungsunion der Westzonen im Juni 1948 und der darauffolgenden Berlin-Blockade durch die Sowjetunion kam der Interzonenhandel fast vollends zum Erliegen. Gleichzeitig wurde die Schwerindustrie an Rhein und Ruhr zum primären Gegenstand alliierter Deutschlandpolitik. Am 28. April 1949 übernahmen die drei Westalliierten sowie die Beneluxländer mit dem Ruhrstatut das Aufsichtsrecht über die westdeutsche Schwerindustrie. Die hierfür geschaffene Internationale Ruhrbehörde setzte nunmehr die innerdeutschen Verbrauchs- und Exportquoten sowie die Preise fest.

Zwar schuf das Frankfurter Abkommen zwischen den beiden deutschen Staaten vom Oktober 1949 kurzfristig neue Voraussetzungen für normale innerdeutsche Handelsbeziehungen. Doch bereits im Februar 1950 verhängte das Bundeswirtschaftsministerium durch die Nichterteilung von Warenbegleitscheinen für Eisen und Stahl faktisch ein Stahlembargo gegen die DDR. Die westdeutschen Lieferungen sanken von Januar bis Juni 1950 von 12.584 t Roheisen und 22.500 t Walzstahlerzeugnisse auf 1.788 bzw. 4.558 t ab.[5] Gleichzeitig untersagten die Westalliierten Stahlexporte in alle osteuropäischen Staaten mit der Begründung, in diese Länder keine kriegswichtigen Waren zu liefern. Der industrielle Aufschwung der DDR lief damit Gefahr, zunehmend in die Abhängigkeit der Bundesregierung und der Westmächte zu geraten. Diese konnten jede vertragliche Kohle-, Roheisen- oder Stahllieferung nach Ostdeutschland verzögern, reduzieren oder sogar verbieten. Für die Bundesregierung wurde von nun an Eisen und Stahl ein bevorzugtes Embargogut, wenn es im Kalten Krieg darum ging, die DDR durch wirtschaftliche Sanktionen unter politischen Druck zu setzen.[6]

Das halbjährige Stahlembargo des Jahres 1950 traf die DDR-Wirtschaft empfindlich. Das Ausbleiben der vertraglich vereinbarten Eisen- und Stahllieferungen führte dazu, dass mehrere Gießerei- und Maschinenbaubetriebe zur Kurzarbeit übergehen und einen Teil der Belegschaft sogar entlassen mussten. Vor allem behinderten die Produktionsstörungen die Reparationslieferungen der DDR gegenüber der Sowjetunion. Bereits im Sommer 1949 hatte die sowjetische Besatzungsbehörde die ostdeutschen Wirtschafts- und Planungsorgane beauftragt, einen Ausweg aus dieser Situation zu suchen. Daraufhin berief Fritz Selbmann, als zuständiger Leiter der Hauptverwaltung Industrie in der Deutschen Wirtschaftskommission (DWK), einen Ausschuss, »dem alles angehörte, was irgendwie schon einmal mit Hochöfen und Roheisenerzeugung praktisch und theoretisch zu tun gehabt habe«.[7] Die Fachleute sollten prüfen, welche Verfahren zur Roheisengewinnung für den ostdeut-

Wachstumsraten der Schwerindustrie bis 1948 in der SBZ.

schen Wirtschaftsraum anwendbar seien. Dabei waren sowohl die Möglichkeiten des Imports, als auch die der Ausschöpfung der eigenen Reserven zu untersuchen. Übereinstimmend stellten die Experten fest, dass die Errichtung eines fünften Hochofens in der Maxhütte in Unterwellenborn nicht in Frage käme. Es entstand die Idee, ein neues Hüttenwerk zu errichten. Auf der Sitzung am 12. August 1949 wurde deshalb »vorgeschlagen, mit den bestehenden Öfen auf der Maxhütte phosphorhaltige Roheisensorten – Thomas- und Gießereieisen – zu erschmelzen, während ein neu zu errichtendes Hüttenwerk phosphorarmes Eisen (Stahleisen und Hämatit, event. Spiegeleisen) liefern soll«.[8]

Zunächst blieb nichts anderes übrig, als die stoffliche Basis der Schwarzmetallurgie aus eigenen Bodenschätzen zu sichern. So begann 1949 die »Forschungsstelle für Roheisenerzeugung« in der Maxhütte unter der Leitung von Kurt Säuberlich mit der konstruktiven Entwicklung eines für DDR-Verhältnisse geeigneten Niederschachtofens und der entsprechenden Verfahrenstechnik. Im Oktober 1951 wurde der erste Ofen vom Typ »Donauwörth« im Eisenwerk West bei Calbe an der Saale fertiggestellt. In rascher Folge entstanden zehn weitere Niederschachtöfen für das weltweit erste Werk dieser Art, das »in der internationalen Fachwelt bewundert und bestaunt wurde«.[9]

Die Niederschachtöfen arbeiteten ausschließlich auf der Basis einheimischer eisenarmer Erze sowie zunächst mit brüchigem Industriekoks. Später kam ein aus Braunkohle von Georg Bilkenroth und Erich Rammler neu entwickelter Braunkohle-Hochtemperatur-Koks (BHT-Koks) zum Einsatz. Daraufhin beschloss die DDR-Regierung den Bau der Großkokerei Lauchhammer, die im Juni 1952 den ersten Braunkohlekoks lieferte.

Diese Verfahren ermöglichten es, den Bedarf, insbesondere an Gießereiroheisen, durch die Verhüttung einheimischer Rohstoffe zu decken. Das für die Walzstahlversorgung entscheidende Problem der Erzeugung von Stahleisen war damit nicht gelöst. In einem Perspektivplan für Metallurgie konstatierte die DDR-Regierung Ende 1949, dass dem Land eigene Potentiale zur Steigerung der Walzstahlerzeugung fehlten. So stand die Frage, ob man das Roheisen importieren und die Stahlkapazitäten erweitern oder mit dem Bau eines neuen Hüttenkombinates das Roheisen- und Walzstahldefizit schließen sollte. Die Handlungsspielräume im Kalten Krieg ließen bei der Beantwortung dieser Frage keine Wahl. Obwohl die Höhe der Investitionen gegen den Neubau eines metallurgischen Kombinates sprachen, entschieden sich zunächst die SED-Führung und in der Folge – nach anfänglichen Einwänden – auch die DDR-Regierung für diesen Weg.

---

**18. 12. 1962**
Die BRD verhängt über die UdSSR ein Embargo für Großstahlrohre, die als strategische Güter betrachtet werden.

**15. bis 21. 1. 1963**
Der 6. Parteitag der SED leitet ein »Neues Ökonomisches System der Planung und Leitung der Volkswirtschaft« (NÖSPL) ein.

**19. 1. 1963**
Nikita S. Chruschtschow besucht mit Walter Ulbricht das EKO.

**12. 6. 1964**
Die DDR und die UdSSR unterzeichnen einen Vertrag über Freundschaft, Zusammenarbeit und gegenseitigen Beistand.

**14. 10. 1964**
Nach dem Sturz Chruschtschows wird Leonid I. Breschnew neuer Vorsitzender der KPdSU.

**Februar 1965**
Die USA beginnen die Bombardierung von Nordvietnam, Laos und Kambodscha.

**3. 12. 1965**
Die DDR und die UdSSR schließen ein Handelsabkommen bis 1970 ab, dass die Warmband- und Eisenerzlieferungen für das EKO sichert.

**Juni 1966**
Auf einer Rationalisierungskonferenz in Leipzig stellt die SED die »intensiv erweiterte Reproduktion« in den Mittelpunkt ihrer Wirtschaftspolitik.

**1. 12. 1966**
In der BRD wird die Große Koalition gebildet.

**17. bis 22. 4. 1967**
Der 7. Parteitag der SED beschließt die Gestaltung des »entwickelten Systems des Sozialismus« und proklamiert die »Sozialistische Menschengemeinschaft« in der DDR.

**28. 8. 1967**
Der DDR-Ministerrat beschließt die Einführung der 5-Tage-Arbeitswoche. Die wöchentliche Arbeitszeit beträgt 43¾ Stunden.

**2. 10. 1967**
Erich Markowitsch wird erneut Werkleiter des EKO.

**9. 4. 1968**
In der DDR tritt eine neue Verfassung in Kraft.

**20. 8. 1968**
Mit ihrem Einmarsch in die ČSSR beenden Truppen des Warschauer Paktes den »Prager Frühling«.

# Planung und Aufbau des Eisenhüttenkombinates

## Standortsuche und Projektierung

Ende 1948 hatte Fritz Selbmann dem Direktor des Instituts für Eisenhüttenkunde an der Bergakademie Freiberg, Ernst Diepschlag, den Auftrag erteilt, eine Konzeption für ein neues Hochofenwerk zu erarbeiten. Dieser legte einen Entwurf für ein »Hüttenwerk, bestehend aus einer Hochofenanlage zur Erzeugung von 330.000 t Roheisen pro Jahr und einer Großkokerei für die Versorgung der Ostzone mit Hüttenkoks und den dazugehörigen Nebengewinnungs- und Energieversorgungsanlagen«, vor.[10] Es war geplant, in dieser Eisenhütte mit »vier Hochöfen, von denen zwei zu einer Gruppe zusammengefasst sind«, aus überwiegend eisenreichem Schwedenerz, phosphorarmes Roheisen zu erschmelzen. Die einzelnen Öfen waren für eine Tagesleistung von je 500 t vorgesehen. Die Kohle für die Großkokerei sollte aus der Tschechoslowakei oder von der Ruhr kommen. Am 15. Januar 1949 erweiterte der Leiter der Hauptabteilung Metallurgie der DWK, Maximilian Heinrich Kraemer, dieses Konzept um die Variante eines gemischten Hüttenwerkes, bestehend aus Hochöfen und Stahl- und Walzwerk. Er schlug als Standort für dieses neue Kombinat den Magdeburger Raum vor.

Allerdings war es in diesen Jahren ohne die Zustimmung der Sowjetischen Militäradministration (SMAD) unmöglich, mit der technischen Vorprojektierung zu beginnen. Deshalb wandte sich Fritz Selbmann am 17. Februar 1949 an den Stellvertreter für Wirtschaftsfragen in der SMAD, Konstantin I. Koval. Selbmann legte den Entwurf von Diepschlag in russischer Sprache bei und warb vor allem für den Standort Magdeburg: »Der Bau soll vorgesehen werden bei Magdeburg, und zwar mit unmittelbarem Anschluss an das dortige Wasserstraßensystem. Da die Grundidee des Werkes von der Verwendung schwedischen Erzes und oberschlesischer oder Ruhrkohle ausgeht, ist diese Standortlage mit Zugang zur schiffbaren Elbe und über das Berliner Kanalsystem zur Oder als äußerst günstig zu bezeichnen, ja, ich bin der Auffassung, dass es eine günstigere Lage für ein derartiges Werk weder in der Ostzone noch in ganz Deutschland gibt«.[11] Obwohl sich Fritz Selbmann eine kurzfristige Antwort erbeten hatte, blieb bis zum Herbst 1949 eine Reaktion seitens der SMAD aus.

Am 22. September 1949 waren sich die ostdeutschen Fachleute darüber im Klaren, »dass zur Versorgung der Eisenindustrie in der Zone für Neuinvestitionen keine andere Anlage als eine Hochofenanlage zunächst in Frage kommt«.[12] Dieses Werk sollte mit drei Öfen mit einer Tageskapazität von je 500 t ausgestattet sein, um die vorhandenen Stahlwerke ausreichend mit Roheisen beliefern zu können. Die Hauptfrage war jedoch immer wieder die nach der Herkunft des Erzes für die Hochöfen, denn danach war der Standort zu wählen. Drei Aspekte hatten sich Anfang 1950 aus den bisherigen Debatten herauskristallisiert: Orientiert wurde auf »ein kombiniertes Hüttenwerk auf der grünen Wiese und räumlichen Erweiterungsmöglichkeiten«.[13] Die Standortfrage war von auswärtigen Erz- und Kokslieferungen abhängig zu machen, da die begrenzten einheimischen Rohstoffe für das zukünftige Niederschachtofenwerk vorgesehen waren. Der Standort sollte im Osten liegen, da das »Wirtschaftsgebiet von Mitteleuropa (Polen, Tschechoslowakei, Ostzone)« perspektivisch als günstigerer Standort anzusehen war. »Die Westorientierung ist durch die Beanspruchung des Ruhrgebietes durch den Westen nicht aussichtsreich.«[14]

Bei den bis dahin geführten Debatten waren mehrere Standorte zur Diskussion gestellt worden. Die Errichtung eines Hüttenkombinates in Brandenburg wurde schnell verworfen. Auch der Raum um Magdeburg-Rothensee, den Fritz Selbmann noch Anfang 1949 als den besten Standort bezeichnete, wurde »wegen Geländeschwierigkeiten und zu westlicher Lage« abgelehnt.[15] Ein sogenanntes »Küstenwerk«, ähnlich wie in Lübeck und Kratzwieck an der Ostsee gelegen, erschien insbesondere für den Antransport von schwedischem Eisenerz und aufgrund der Nähe zur entstehenden Schiffbauindustrie als günstige Variante. Ernst Diepschlag hatte einen Standort zwischen Berlin und Stettin am Finow-Kanal wegen seiner »östlichen Orientierung« und günstigen Schifffahrtsverbindungen empfohlen.[16]

Anfang 1950 schlug DDR-Industrieminister Fritz Selbmann Fürstenberg an der Oder vor.[17] Im Mai fand eine erste Besichtigung dieses Standortes durch Vertreter der Hauptverwaltungen Metallurgie und Bauindustrie sowie der geologischen Landesanstalt statt, bei der das Gelände des ehemaligen Degussa-Werkes und des außer Betrieb befindlichen Kraftwerkes Vogelsang näher untersucht wurden. Das Grundstück Vogelsang fiel aus Platzmangel durch, das Degussa-Gelände westlich von Fürstenberg wurde als brauchbar angesehen. Nach dieser Standortbesichtigung legte die Abteilung Eisenindustrie des Industrieministeriums am 14. Juni 1950 eine »Analyse zum perspektivischen Produktionsplan 1951/55« vor, die konkrete Angaben über die im neuen Hüttenkombinat zu schaffenden Produktionskapazitäten enthielt.[18] Bereits wenige Tage später trat eine Änderung der Planvorstellungen ein. Die Erfahrungen beim Bau des Stahl- und Walzwerkes Brandenburg hatten gezeigt, dass »die Errichtung von Werken auf ehemaligen Fabrikgeländen wegen der schwierigen Gründungsarbeiten (alte Fundamente) mit hohen Kosten verbunden ist. Aus diesem Grund und aus der Tatsache heraus, dass das Degussa-Gelände außer dem Vorteil eines vorhandenen Hafens den großen

Nachteil der zu geringen Erweiterungsmöglichkeiten des Werkes aufzeigte, wurde dieser Standort verworfen.«[19]

Die SED-Führung beabsichtigte, auf ihrem Parteitag im Sommer 1950 den Aufbau eines neuen Hüttenkombinates zu verkünden. Da die Zeit knapp und noch kein anderer Standort gefunden war, hielt das Industrieministerium zunächst am Degussa-Gelände fest und erteilte dem Zentralen Konstruktionsbüro der metallurgischen Industrie Berlin (ZKB) am 24. Juni 1950 den Auftrag, eine Objektbeschreibung sowie einen Kosten- und Lageplan für das Gesamtprojekt auszuarbeiten. Einen Tag später legte das ZKB ein detailliertes Projekt für ein »hüttenmännisches Kombinat« auf dem ehemaligen Degussa-Gelände Fürstenberg/Oder vor. Die bisherigen Vorstellungen wurden hier weiter präzisiert. Die Projektbeschreibung enthielt abschließend den Hinweis, dass zu prüfen sei, »ob das Kombinat nicht noch zweckmäßiger nördlich von Fürstenberg am Oder-Spree-Kanal in einen größeren Geländestreifen hereingebaut werden kann, der ungehemmte Möglichkeiten der Ausweitung des Kombinates gibt und außerdem einen reibungslosen Durchfluss der Transportwege gewährleistet.«[20] Am gleichen Tage reichte die Abteilung Eisenindustrie des zuständigen Ministeriums für Industrie eine technische Begründung des »hüttenmännischen Kombinates« ein, in der als Zielsetzung die Schaffung ausreichender Kapazitäten zur eigenständigen Gewinnung von Roheisen, Stahl und Walzmaterial für die Eisen verarbeitende Industrie der DDR formuliert wurde.

Unmittelbar vor dem 3. SED-Parteitag lud Walter Ulbricht zu einer Besprechung über das Projekt Hüttenkombinat ein, an der DDR-Planungschef Heinrich Rau, Industrieminister Fritz Selbmann, der Leiter der Zentralen Kommission für Staatliche Kontrolle, Fritz Lange, und der Hauptabteilungsleiter Maximilian Heinrich Kraemer teilnahmen. Hierbei wurde endgültig beschlossen, am Standort Fürstenberg/Oder ein Hüttenkombinat mit einer Jahreskapazität von 500.000 t Roheisen zu errichten. Als zukünftiges Werksgelände wurde anstelle des ehemaligen Degussa-Geländes nun das Gebiet westlich des Oder-Spree-Kanals und nördlich der Straße von Fürstenberg nach Schönfließ festgelegt.[21]

Inzwischen hatte Walter Ulbricht in Moskau und Warschau klären können, dass das Erz aus Kriwoi Rog und der Koks aus Oberschlesien kommen sollten. Damit konnte der SED-Generalsekretär auf dem Parteitag im Juli 1950 verkünden, dass die »Projekte für das neue Hüttenwerk« bereits fertiggestellt seien und so »schon in einigen Wochen am Ufer der Oder mit den Arbeiten begonnen werden kann«.[22] Außerdem empfahl der Parteitag, die Leistung der metallurgischen Industrie bis 1955 auf 237 Prozent, später sogar auf 253,6 Prozent, zu steigern.

Gerhard Mackat

## 15 MINUTEN[22]

Es war an einem Tag Ende 1949 oder Anfang 1950, da hatte der damalige Stellvertretende DDR-Ministerratsvorsitzende Walter Ulbricht eine hochkarätige Runde zu sich gerufen: die besten Metallurgen und Geologen, Verkehrsexperten, Regierungsmitglieder wie den Minister für Industrie, Fritz Selbmann, der mir von dieser Zusammenkunft erzählt hat. Es sollten einige strategische Entscheidungen für den Aufbau der Eisen- und Stahlindustrie getroffen werden. In der Runde wurden drei verschiedene Varianten erörtert. Die Metallurgen schlugen vor, im Werk Unterwellenborn eine Reihe neuer Hochöfen und Stahlwerksanlagen zu schaffen. Fachwissenschaftler in dieser Runde rieten zu einer ganz neuen Lösung. Im Raum Greifswald könnte ein ganz neues Hüttenwerk gebaut werden, das sein Erz über die Ostsee aus dem nordschwedischen Kiruuna bezieht. Dort sollte man gleich was Modernes hinbauen und in die Vollen gehen, statt an der veralteten Maxhütte herumzuschustern. Ulbricht hörte sich das aufmerksam an, nahm dann einen Zirkel zur Hand und legte ihn auf eine Karte. »Sehen Sie mal her«, erklärte er den verdutzten Fachleuten und Wissenschaftlern, »bis nach Unterwellenborn sind es, na sagen wir, nur drei Minuten Luftwarnung.« Er schlug dabei mit dem Zirkel einen Halbkreis von den in Bayern gelegenen Basen der US-Air Force. Dann spannte er die Schenkel des Zirkels weiter auseinander. »Und nun Greifswald«, fuhr Ulbricht fort. »Das sind«, er wies auf norddeutsche Militärflugplätze hin, »etwa sieben Minuten Luftwarnzeit. Das ist einfach zu kurz.« Ulbricht zog den Zirkel bis an den am weitesten östlich gelegenen Punkt der DDR. »Also bis hierher sind es 15 Minuten Luftwarnzeit«, stellte er offensichtlich zufrieden fest. »Weiter östlich geht schon nichts mehr«, schmunzelte er, »da würden unsere polnischen Freunde nicht mitmachen.« Der anvisierte Punkt auf der Karte lag südlich von Frankfurt/Oder, inmitten von Wald- und Wiesenlandschaft. Dort war ein kleiner Ort verzeichnet: Fürstenberg/Oder. Es sollte sogar einen Oderhafen geben. »Also damit das klar ist«, beschied Ulbricht, »dort und nirgendwo anders bauen wir ein Hüttenkombinat. So modern wie es Ihnen vorschwebt. Fünfzehn Minuten sind schließlich genug Zeit, um einen Angreifer in der Luft zu vernichten.« Die meisten in der Runde waren von dieser Betrachtungsweise sehr schockiert. »Das können wir doch aber nicht als Begründung öffentlich sagen«, meldete schließlich jemand an. »Natürlich nicht«, antwortete Ulbricht. »Das neue Werk wird mit sowjetischem Erz aus Kriwoi Rog und polnischer Steinkohle, die von Schlesien her auf der Oder rangeholt wird, arbeiten. Es wird also ein Freundschaftswerk sein, so wollen wir argumentieren, ja? – Und Du, Genosse Selbmann, trägst ab jetzt die Verantwortung für seinen Bau.«

»Tägliche Rundschau« vom 2. November 1950.

*Mittagspause gibt's auch beim Aufbau des größten Kombinats. Der FDJler und Brigadeleiter Siegfried Müller (links), Irmgard Giese von einer Rodebrigade und Lokführer Fritz Riese unterhalten sich mit dem Maurerpolier Lewin über den schnellen Aufbau der Barackensiedlung: „Die 13. Baracke ist fertig!" — In dichter Folge transportieren LKWs vom sowjetischen Typ „SIS" Barackenbauteile zur provisorischen Siedlung im Hüttenkombinat Ost*

Aufn. Cla-Rei

# Fürstenberg wird Industriezentrum

**Hüttenkombinat Ost.** Noch vor einigen Wochen zwei neue Worte, heute bereits ein fester Begriff im planmäßigen wirtschaftlichen Aufbau der Republik!

Wir erinnern uns der Worte, die Walter Ulbricht auf dem III. Parteitag der SED am 23. Juli unter stürmischem Beifall der Delegierten aussprach, als er den Fünfjahrplanentwurf verkündete:

*„...Die Produktion der metallurgischen Industrie ist so zu steigern, daß die maximale Versorgung des Maschinenbaus mit Metall aus der eigenen Erzeugung gesichert wird. Zu diesem Zweck ist die Produktion der metallurgischen Industrie wertmäßig auf 237 Prozent im Verhältnis zu 1950 zu steigern. Um diese außerordentliche Leistung der metallurgischen Industrie zu erreichen, müssen fünf metallurgische Betriebe mit einer Produktionskapazität von zwei Millionen Tonnen Rohstahl je Jahr wiederhergestellt sowie ein neues Hüttenkombinat mit einer Produktionskapazität von 500 000 Tonnen Roheisen je Jahr neu erbaut werden..."*

Ein ideales Industriegelände wird durch den gigantischen Bau dieses neuen Kombinats erschlossen. Seine Werke werden am Oder-Spree-Kanal bei Fürstenberg entstehen, beiderseits der Wasserstraße, die das Kombinat mit der Bergbauindustrie Volkspolens, mit der Ostsee und mit den Schwermaschinenbauzentren der DDR verbindet.

## Auf dem größten Bauplatz der Republik

Seit Wochen schon sind die vorbereitenden Bauarbeiten in vollem Gange. Die Zufahrtsstraße von der Oderstadt Fürstenberg zum Bauplatz ist zu schmal geworden. Sie wird aufs Doppelte verbreitert. Im Dreiklang rammen Pflastererkolonnen die Steine in die Kiesbettung. Mehrere hundert Meter sind sie bereits in voller Breite befahrbar. Parallel zur Strecke arbeiten Gleisbautrupps. „Hau-ruck!" — „Eine Länge vor!" schallt es herüber. Hell klingen die Stopfhacken im Schotter.

Immer wieder überholen uns LKWs vom sowjetischen Typ „SIS". Mädel und Jungen, viele in den blauen FDJ-Hemden, sitzen auf der Ladung — Holzbaufertigteile, die zum Barackenbau verwandt werden —, winken ihren Arbeitskollegen zu und singen. Wir folgen dem Wagen, der jetzt in den Kiefernwald einbiegt und auf einem von vielen tausend Rädern ausgefahrenen Sandweg sein Ziel erreicht — die Barackenstadt des Kombinats.

Hinter den Baracken — nur durch schmale Kiefernstreifen getrennt — beginnt der riesige Bauplatz. Am 18. August wurde hier im Fürstenberger Stadtforst als Auftakt zum Baubeginn die erste Kiefer gefällt. Vor kurzem noch schlugen auf diesem Gelände zwölf Jugendbrigaden im Wettbewerb in breiter Front tiefe Schneisen in die Kiefernwaldung. Vom Morgen bis zum Abend kreischten die Sägen, krachten die Kiefern zu Boden.

Die jungen Arbeiterinnen und Arbeiter erzählten uns, wie ihre Brigaden entstanden waren. Karl-Hans Klein, ein ehemaliger Landarbeiter und jetziger Student der Planökonomie, zog während seiner Semesterferien mit Axt und Säge heraus, stellte zusammen mit anderen FDJ-Kameraden hier die ersten Arbeitsbrigaden auf, organisierte einen Wettbewerb. Voll Stolz erzählte uns die 21jährige Hildegard Edel, die Leiterin der I. Brigade: „Wir dreizehn Mädel schnitten bei dem Wettbewerb am besten ab. 208 Prozent betrug unsere Normerfüllung. Unser Ziel ist, den Wald schnell abzuholzen, um bald mit der Arbeit für unser Kombinat richtig anfangen zu können!" Auch die übrigen Brigaden ließen nicht locker und verwirklichten ihre Verpflichtung, zu Ehren der Volkswahlen ihre tägliche Norm im Durchschnitt 140prozentig zu erfüllen.

Heute sind die Rodungsarbeiten nahezu abgeschlossen. Im Umkreis von mehreren tausend Metern ist Platz geschaffen für die Kolosse aus Stahl und Beton, für Hallen, Straßen, Gleise!

60 000 qm Fläche sind bereits vom eingeschlagenen Holz geräumt. Im Norden des Bauplatzes, dort, wo ein hoher Erdwall den Oder-Spree-Kanal eindämmt, räumen Bagger Bodenmassen fort. Die Tiefbaukolonnen der Bauunion Ost bereiten den Bau eines breiten Kanalkais vor. Tag und Nacht rattern mit Erdmassen hochbeladene Schmalspurzüge. Am Abend werden Karbidfässer angezündet, deren helles Licht die Nacht zum Tage macht. So schreiten die Arbeiten auch an der 4,5 Kilometer langen Hauptwerkstraße parallel zum Kanal schnell vorwärts.

Im Süden, am Eingang der Barackenstadt, die vor allem aus Bauten des ehemaligen Heimkehrerlagers Gronenfelde bestehen wird, fällt eine hohe Tafel mit einem Terminplan auf. Rund 30 Baracken soll die provisorische Siedlung umfassen, in der es — von den Wohnunterkünften angefangen bis zur Großküche und den Eßräumen, vom Kulturhaus bis zu den Waschanlagen, einem Krankenrevier, den HO- und Konsumverkaufsstellen — alles gibt, was die Einwohner brauchen. Es sind bereits Hunderte von Arbeitern, deren Zahl noch von Tag zu Tag steigt. Am 15. November soll die Siedlung fertig sein. Die Transportkolonnen, die Maurer und Zimmerleute, die Maler und Elektrotechniker setzen jedoch alles daran, um diesen selbst gesetzten Termin vorzuverlegen. Zum vergangenen Wochenende konnte schon die 13. Baracke eingerichtet und übernommen werden.

Allerdings wird diese Barackensiedlung sobald wie möglich durch eine neuerbaute Stadt ersetzt werden, die bis zum Jahre 1955 rund 25 000 Menschen zwischen Kiefern und Seen fern von Arbeitslärm und Ruß, neue Heimstätten finden sollen. Insgesamt 12 000 Arbeitskräfte wird das riesige Werk mit seinen zahlreichen Nebenanlagen zu diesem Zeitpunkt beschäftigen.

## Wie wird das Kombinat emporwachsen?

Allein diese Ziffer gibt Aufschluß über die künftige Größe des Eisenhüttenkombinats Ost. Auf einer Fläche von 4 Kilometer Länge und 2,5 Kilometer Breite wird es sich von Ziltendorf bis Fürstenberg-West erstrecken. Das Herz des Werkes werden drei Hochöfen von je 500 Tonnen Tagesleistung mit den dazugehörigen Erzaufbereitungsanlagen bilden, die parallel zum Kanal erstehen sollen.

Das hier gewonnene Roheisen wird zum Teil in Werken des Kombinats in Stahl verwandelt werden. Bis 1955 sind außerdem zwei Siemens-Martin-Werke mit insgesamt zehn SM-Oefen zur Stahlerzeugung geplant, die dann 550 000 Tonnen je Jahr betragen soll. Das erste dieser beiden Werke wird Stahl von durchschnittlicher Güte liefern, während das zweite Werk der Produktion von erstklassigen Qualitätsstählen dienen soll. Zur Weiterverarbeitung dieses Stahls ist der Bau einer Stahlgießerei mit 10 000 Tonnen Jahresleistung und von drei Walzwerken vorgesehen, in denen Blockstraßen, Knüppel- und Platinenstraßen sowie eine Draht- und eine Breitbandstraße für Mittel- und Feinbleche ihre Aufnahme finden werden. Außer einer Kokerei soll das Kombinat ferner ein Kraftwerk, eine Großschmiede, eine Zentralwerkstatt und zur Verwendung der Schlacke voraussichtlich noch eine Zementfabrik erhalten.

Dieses gigantische Kombinat wird immer stärker zu noch engeren wirtschaftlichen Beziehungen und zur festen Freundschaft mit der Sowjetunion und mit der Volksrepublik Polen beitragen. Sieht der Plan doch vor, daß 1955 an der Oder-Neiße-Friedenslinie 800 000 Tonnen Koks aus Volkspolen und eine Million Tonnen Eisenerz aus der Sowjetunion im Kombinat verarbeitet werden.

Im ersten Jahr des Fünfjahrplans ist der erste Bauabschnitt des Eisenhüttenkombinats Ost zu vollenden. Dazu gehört der Bau des Hochofens Nr. 1, der Hafenanlagen für die Erz- und Koksentladung sowie der Bau von Winderhitzern und Gebläsen für den Ofen. Ferner ist eine Gießhalle zu erstellen, in der Kokillen für das Stahlwerk des Kombinats und die übrigen Stahlwerke der Republik hergestellt werden, außerdem in der angegliederten Graugießerei zunächst Gußteile für den weiteren Aufbau der neuen Werksanlagen. Gleichzeitig ist im ersten Bauabschnitt die Vorbereitung für die Errichtung des ersten Stahlwerks im Kombinat im Jahre 1952 festgelegt.

Die Hunderte von Werktätigen, die aus allen Teilen der Republik zum Kombinataufbau kamen — wie ihre verschiedenartigen Dialekte verraten — sprechen nicht viel. Besser, als Worte es könnten, zeigen ihre Arbeitsleistungen, daß sie das größte Werk des Fünfjahrplans mit demselben Erfolg vorbereiten, wie sie die zahlreichen Pläne der vergangenen Jahre verwirklichen halfen. Alle besitzen jetzt die Erfahrungen des Zweijahrplans, des Volkswirtschaftsplans 1950 und wissen nun erst recht ein „unmöglich" mit Kopf und Faust durch ein „dennoch" zu bezwingen. Das ist so überzeugend, daß sogar der Hamburger „Europa-Kurier" in Nr. 35/1950 zugeben muß: „... Auch im Westen wird projektiert, und jeder neue Plan dient dazu, den vorhergehenden möglichst auszuschalten. Der raschen Folge von Planung und Durchführung, die beim Hüttenkombinat Ost in beängstigendem Tempo in Erscheinung tritt, hat der Westen nichts entgegenzusetzen."

H. U. Behm

»Um ein solches Ausmaß der Produktion zu erreichen, müssen fünf metallurgische Betriebe mit einer Produktionsleistung von 2 Millionen Tonnen Rohstahl pro Jahr wiederhergestellt und ein neues gemischtes Hüttenwerk mit einer Produktionskapazität von 500.000 Tonnen Roheisen pro Jahr gebaut sowie weitere neue Roheisenkapazitäten in Höhe von 400.000 Tonnen pro Jahr bereitgestellt werden.«[23]

Um wirtschaftlich und politisch überleben zu können, brauchte die DDR Eisen und Stahl. Die Ausweitung des Imports aus der Sowjetunion und den RGW-Staaten war zwar eine naheliegende Variante, scheiterte jedoch an der Lieferfähigkeit dieser Länder. Außerdem stand der ökonomisch sinnvolleren Arbeitsteilung ein starkes politisches Eigen- und Autarkieinteresse der SED-Führung entgegen. Sie folgte dem ideologischen Dogma, das Stalin für den sozialistischen Aufbau verordnet hatte und mit dem die Sowjetunion erfolgreich industrialisiert worden war. So orientierte sich der Aufbau des Hüttenkombinates bei Fürstenberg am »sowjetischen Stahlmodell« und avancierte zum Schwerpunkt Nr. 1 des ersten DDR-Fünfjahrplanes. Dieser sollte die ökonomischen Verluste, die Krieg, Demontage und Reparationen hinterlassen hatten, möglichst schnell ausgleichen und die »Rumpfwirtschaft« der DDR »in einen vollständigen, lebensfähigen Wirtschaftskörper« verwandeln.[24]

Gleichzeitig folgte das Konzept des Aufbaus eines Industriekombinates »auf der grünen Wiese« den Idealen der klassischen Moderne. Auf »freiem Feld« sollte ein Metallurgiekombinat errichtet werden, bestehend aus einem Hochofenbetrieb, kombiniert mit einem Stahlwerk, mehreren Walzstraßen und entsprechenden Nebenanlagen. Damit knüpfte man an das »stählerne Zeitalter« an, das seit Anfang des 20. Jahrhunderts riesige Eisen- und Stahlkomplexe auf allen Kontinenten hervorgebracht hatte.[25] Prototyp dieser Industriegiganten war das Stahlwerk im amerikanischen Gary (US-Bundesstaat Indiana) am Michigansee. Das sozialistische Pendant entstand Anfang der 30er Jahre mit dem Hüttenkombinat im sowjetischen Magnitogorsk. Dieser Industriekomplex und die dazu gebaute Stadt am Fuße des Berges Magnitnaja verkörperten wie kein anderes Projekt der Stalin-Ära die strategische Zielstellung vom Aufbau des Sozialismus in einem Land. Magnitogorsk wurde nach 1945 zum Industrialisierungsmodell für die Länder des sowjetischen Einflussbereiches. So kam es ab den späten 40er Jahren zur Errichtung riesiger Hüttenkomplexe, verbunden mit einer neuen Stadt, wie in Hunedoara (Rumänien), Ostrava-Kuncice (ČSR), Nowa Huta bei Krakow (Polen) und Sztálinváros (Ungarn). Mit dem EKO sollte auch in der DDR ein »deutsches Magnitogorsk« entstehen.

## Unser EISENHÜTTENKOMBINAT OST

### Kohle aus Polen, Erz aus der UdSSR – EISEN FÜR UNSERE FRIEDENSINDUSTRIE

Das ist der Ausdruck der wahren Freundschaft: Kohle aus Polen, Erz aus der Sowjetunion, Eisen für den Frieden vom Kombinat Ost zur Stärkung und Festigung der volksdemokratischen Grundlagen in unserer Deutschen Demokratischen Republik, zum Aufbau des Sozialismus

Am 26. Juli 1950 fand durch die Geologische Landesanstalt eine Begehung der zukünftigen Baustelle zur Überprüfung des Baugrundes statt. Bei dem vorgesehenen Gelände, welches im Norden durch die Pohlitzer Seen, im Osten durch den Oder-Spree-Kanal, im Süden durch die Straße von Fürstenberg nach Schönfließ und im Westen durch die Verbindungsstraße Schönfließ nach Pohlitz begrenzt war, handelte es sich um eine landwirtschaftlich kaum genutzte, ebene Heidelandschaft. Bohrungen hatten ergeben, dass keine bedeutenden Braunkohlevorkommen zu erwarten waren. Die Wasserversorgung war gewährleistet. Das Gelände eignete sich also »ausgezeichnet« für industrielle Zwecke. »Der Kanal bietet eine schnurgerade Front von rund 2 km Länge für die Anlage der Bunker und Hochöfen, das übrige Gelände gibt die Möglichkeit, das Stahlwerk und event. die später hinzukommenden Walzwer-

EKO-Chefprojektant Rudolf Stoof (rechts) gemeinsam mit Minister Fritz Selbmann. Stoof hatte schon am Wiederaufbau der Stahlwerke in Hennigsdorf, Kirchmöser und Brandenburg mitgewirkt.

ke nach einem Idealplan aufzuteilen.«[26] Nicht zu unterschätzen war auch die Tatsache, dass die am zukünftigen Industriegelände unmittelbar entlang führende 100 kV-Hochspannungsleitung nach Finkenheerd ohne aufwendige Vorbereitung sofort eine ausreichende Energieanbindung ermöglichte. Ende Juli stimmten bei einer erneuten Geländebesichtigung auch die Vertreter der sowjetischen Kontrollkommission (SKK) der Errichtung eines Eisenhüttenkombinates bei Fürstenberg zu.[27]

Während auf höchster SED-Ebene und im Industrieministerium die Entscheidungen über den Standort und die Kapazitäten des neuen Hüttenkombinates gefallen waren, liefen in den anderen Ministerien und Planungsbehörden die Standortuntersuchungen weiter. Am 25. Juli 1950, also einen Tag nach dem Walter Ulbricht auf dem SED-Parteitag die Standortfrage entschieden hatte, legte die Abteilung Landesplanung des Aufbauministeriums ein »Gutachten über den Standort eines neu zu errichtenden metallurgischen Werkes für annähernd 5.000 Beschäftigte« vor. Darin wurden die Standorte Küstrin-Kietz, Eberswalde, Ückermünde, Frankfurt/Oder und Fürstenberg/Oder unter Berücksichtigung der Transport- und Arbeitskräfteverhältnisse analysiert und schließlich Frankfurt und Fürstenberg als mögliche Standorte empfohlen.[28] Die Verkehrsexperten des Planungsministeriums plädierten in einer Stellungnahme von Anfang August 1950 noch für einen Ort an der Ostseeküste. Indem sie den Transport des Eisenerzes aus Kriwoi-Rog per Seeweg dem kombinierten See-, Fluss- und Bahnweg gegenüberstellten, erwies sich der Standort Fürstenberg/Oder als unrentabel. Das Gutachten favorisierte Ückermünde am Oderhaff.

Am Ende spielten »militärstrategische Erwägungen bei der Wahl des Standortes dieses volkswirtschaftlich wichtigen Schlüsselobjektes« eine entscheidende Rolle.[30] Hinzu kamen die ideale Verkehrslage Fürstenbergs, ein beachtliches Arbeitskräftereservoir und eine räumliche Ausdehnung des Geländes, welches neben der industriellen Ansiedlung auch die Errichtung einer Wohnstadt ermöglichte. Außerdem sollten mit dem Aufbau eines solch großen Industriekomplexes an der Oder die Strukturunterschiede zwischen den industriellen Ballungsgebieten des Südens und den vorwiegend landwirtschaftlich geprägten Regionen im Norden und Osten der DDR ausgeglichen werden.

Nachdem das ZKB am 26. Juni 1950 über den neuen Standort bei Fürstenberg/Oder informiert worden war, begann man mit den Projektierungsarbeiten. Innerhalb kurzer Zeit, zwischen dem 1. und 4. August 1950, entstanden sieben Pläne. Beim ersten Plan wurde noch versucht, das Projekt auf einen verhältnismäßig kleinen Raum zu konzentrieren. Jedoch bot diese Anordnung schlechte Ausbaumöglichkeiten. Deshalb gingen die Projektanten ab dem zweiten Plan dazu über, durch eine aufgelockerte Anordnung der Stahl- und Walzwerksanlagen mehr Platz für den Werkverkehr und die späteren Erweiterungen des Kombinats zu schaffen. In der Folge wurde dann mit der Lage der einzelnen Produktionsstätten experimentiert, um einen für den metallurgischen Zyklus reibungslosen und effektiven innerbetrieblichen Transport zu gewährleisten. Bei allen Plänen war das Hochofenwerk längs des Oder-Spree-Kanals angeordnet, die Standorte der Stahl- und Walzwerksanlagen wechselten häufig. Erst mit Plan Nr. 7 gelang es, ein zufriedenstellendes Gesamtprojekt zu erreichen, das einen einwandfreien Materialfluss zuließ, einen kreuzungsfreien Werkverkehr gewährleistete und genügend Raum für spätere Erweiterungen schuf. Es sollten bis zum 22. September 1950 weitere sechs Pläne folgen, ehe Minister Selbmann den Plan Nr.13 billigte. Die Bestätigung beschränkte sich jedoch nur auf die Hauptstraßen, den Hafen, das Hauptgleis und die Brücke.

Am 18. August 1950 wurde Rudolf Stoof zum Chefprojektanten des EKO berufen und Ende September nahm das Gemeinschaftsbüro der Projektanten unter seiner Leitung die Arbeit auf. Das Büro war eine »Arbeitsgemeinschaft« des ZKB und des VEB Industrieentwurf Berlin. Ihm oblag nicht nur die Projektierung, sondern es übte auch die technische Oberleitung der Bau- und Montagearbeiten aus. Hier wurden die Lieferungen für die technischen Ausrüstungen koordiniert. Das Gemeinschaftsbüro bestand bis Ende 1951.

## Das Eisenhüttenkombinat in der Perspektive von Juni/August 1950[31]

| Produktionsstätten | Aggregate und Jahreskapazitäten | Baustufen |
| --- | --- | --- |
| **Hochofenwerk** | 3 Hochöfen mit je 500 t Tagesleistung<br>Hilfs- und Nebenanlagen | Baubeginn 1950, Endausbau 1955<br>Für weitere 2 bis 3 Hochöfen soll Raum bleiben. |
| **Stahlwerk** | 4 SM-Öfen (50 t) für 280.000 t Qualitätsstahl<br>3 Vorfrischmischer (250 t)<br>3 Talbot-Öfen (200 t) für 220.000 t Massenstahl | Baubeginn 1952, Endausbau 1953<br>Für 2 größere Elektroöfen soll Raum bleiben. |
| **Walzwerk** | 1100 Duoreversierblockstraße<br>Grobstraße, Kapazität 240.000 t<br>Breitbandstraße, Kapazität 50.000 t | Inbetriebnahme Juli bis September 1953<br>Für Drahtstraße (sechsadrig, dreifach gestaffelt, Kapazität 80.000 t) soll Raum bleiben. |
| **Gießereien** | Walzengießerei, Kapazität 10.000 t<br>Kokillengießerei, Kapazität 24.000 t<br>Stahlformgießerei, Kapazität 30.000 t | Baubeginn 1951, Endausbau Juli 1953<br>Baubeginn 1952, Endausbau 1953<br>Baubeginn 1952, Endausbau Juli 1954 |
| **Großschmiede** | Kapazität 50.000 t | 1. Ausbaustufe Juli 1953<br>2. Ausbaustufe April 1954 |

Während sich ein Teil der Projektanten mit dem Gesamtplan des zukünftigen Werkes beschäftigte, liefen ab Sommer 1950 die Projektierungsarbeiten für den Hochofen an. Kurz zuvor hatte die DDR ein Angebot der Gute-Hoffnung-Hütte Oberhausen, das Werk zu errichten, mit der Begründung ausgeschlagen, zwei Jahre Bauzeit seien dafür zu viel. Die Projektierung der Öfen erwies sich als besonders kompliziert, denn unter den Mitarbeitern des ZKB befand sich nur »eine erschreckend kleine Anzahl von Hochofenfachleuten«. Die meisten von ihnen hatten »noch nie einen Hochofen gesehen« und keinerlei Erfahrung in der Projektierung von Hüttenwerken. Der damalige Industrieminister Fritz Selbmann erinnerte sich: »So wurde ein Teil der Gesamtkonzeption des Werkes sowie auch die wichtigsten Konstruktionselemente von Leuten entworfen, die zwar am Bau von Stahlwerken beteiligt gewesen waren, die aber gewisse Spezialkenntnisse des Hochofenbaus sich aus Lehrbüchern während ihrer Konstruktionsarbeit zusammensuchen mussten.«[32]

Wegen dieses Mankos berief Selbmann Anfang 1950 Ernst Müller von der Maxhütte an das Industrieministerium. Müller war Maschineningenieur und hatte vor 1945 bei verschiedenen Firmen als Konstrukteur und Montageleiter gearbeitet. Im Februar 1950 besichtigte er das Werk in Salzgitter-Watenstedt und konnte in persönlichen Gesprächen mit den dortigen Hauptprojektanten wichtige Erfahrungen sammeln. Das Wissen über Hochofenkonstruktionen war trotzdem so spärlich, dass alle Wege genutzt werden mussten, um an brauchbare Unterlagen zu gelangen. So berichtete der damalige Hochofenchef der Maxhütte, Karl-Heinz Zieger, später davon, wie er Konstruktionsunterlagen um den Leib gebunden, »durchgeschwitzt vor Angst«, über die Zonengrenze befördert hatte.[33]

Im bestätigten Plan Nr. 13 vom September 1950 hatte das ZKB bereits einen Hochofen entworfen. Nach Rücksprache mit Eduard Maurer vom Eisenforschungsinstitut in Hennigsdorf übersandte dieser den Konstrukteuren Anfang November 1950 einen Artikel aus dem Jahre 1944. Es handelte sich dabei um einen Beitrag von Georg Bulle unter dem Titel »Vereinheitlichung von Hochöfen« aus der Zeitschrift für das deutsche Hüttenwesen »Stahl und Eisen«.[34] Dieser Artikel war für die weitere Arbeit am Hochofenprojekt »von außerordentlicher Wichtigkeit«.[35] Darin wurde der sogenannte deutsche Einheitshochofen vorgestellt, der 1942 in »Zusammenarbeit der deutschen Hochofenfachleute und der Hochöfen bauenden Unternehmen entstanden« war.[36] Dieser Einheitshochofen sollte nach dem Sieg Nazideutschlands über die Sowjetunion in eroberten Gebieten errichtet werden. Dazu kam es jedoch nie.

Die Konstruktion des Einheitshochofens erwies sich für die im Hochofenbau unerfahrenen Ingenieure im Ostberliner Konstruktionsbüro als ein Glücksfall. Denn nicht nur, dass der Ofen »alle neuzeitlichen Erkenntnisse über die Vorgänge im Hochofen und Erfahrungen im Hochofenbau und -betrieb« geballt zusammenfasste, er erfüllte auch die für das neue Hüttenwerk gestellten Vorgaben, »an Baustoffen zu sparen und mit geringerem Stoffaufwand eine hohe Leistung und sichere Bauweise zu erreichen«.[37] Darüber hinaus war er auf den Einsatz von ukrainischem Eisenerz ausgerichtet. Ende November 1950 trafen sich Fachleute aus der ganzen DDR im ZKB und überarbeiteten den von Ernst Müller und seinen Mitarbeitern vorgelegten Entwurf des Hochofenprofils. Nach vier Tagen intensiver Arbeit ging das Ergebnis zur Begutachtung an die Bergakademie Freiberg und an das Eisenforschungsinstitut nach Hennigsdorf. Mit wenigen Abänderungen wurde die Hochofenform gebilligt und als Arbeitsgrundlage für die endgültige Fassung durch das ZKB freigegeben.

# STAHL UND EISEN

## ZEITSCHRIFT FÜR DAS DEUTSCHE EISENHÜTTENWESEN

Herausgegeben vom Verein Deutscher Eisenhüttenleute im NS.-Bund Deutscher Technik

Geleitet von Dr.-Ing. Dr. mont. E. h. O. Petersen

unter Mitarbeit von Dr. J. W. Reichert und Dr. W. Steinberg für den wirtschaftlichen Teil

| Heft 18 | 4. Mai 1944 | 64. Jahrgang |
|---|---|---|

| | Seite | | Seite |
|---|---|---|---|
| **Vereinheitlichung von Hochöfen.** Von Georg Bulle | 285 | **Patentbericht** | 295 |
| **Umschau** | 291 | **Wirtschaftliche Rundschau** | 298 |
| Verbesserung in der Blechsortiererei. — Eigenschaften hochwertiger Stahlbänder und ihrer Punktschweißverbindungen. — Selbsttätige Regelung der Belastungsgeschwindigkeit bei Zugversuchen. — Das Messen der Schütthöhe in Gaserzeugern. — Unfallstatistik und Unfallverhütung. | | **Buchbesprechungen** | 299 |
| | | **Vereinsnachrichten** | 300 |
| | | **Wilhelm Tillmann †** | 300 |

## Vereinheitlichung von Hochöfen

Von Georg Bulle

[Bericht Nr. 219 des Hochofenausschusses des Vereins Deutscher Eisenhüttenleute im NSBDT.*).]

*(Aeußere Gestalt, Größe und Profil des Einheitshochofens. Panzer, Gerüst und Begichtung. Mauerwerk, Kühlung. Bauliche Einzelheiten. Gewichtsvergleich mit bisher üblichen Hochöfen. Ausblick.)*

Bisher wurden Hochöfen von den beteiligten Werken und Konstruktionsbüros auf Grund der Erfahrungen der eigenen Betriebspraxis und der Nachbarwerke gebaut. Nur langsam tastend bahnten sich dabei Neuerungen ihren Weg. Neuerdings wurden, gefördert von den Verhältnissen des Krieges in offenherziger Zusammenarbeit der Hochofenfachleute und der Hochöfen bauenden Werke, Richtlinien ausgearbeitet für die Schaffung eines nach den neuesten Anschauungen gestalteten **Einheitshochofens**. Das Ziel war dabei, den Hochofen so zu bauen, daß weitgehend ein störungsfreier Betrieb mit geringem Koksverbrauch und Staubanfall gesichert ist, eine hohe Haltbarkeit erzielt wird und gleichzeitig ein möglichst geringer Bedarf an Baustoffen eintritt, weil dadurch an Arbeitsaufwand und Rohstoffen gespart wird.

Rein äußerlich gleicht der neue Einheitshochofen *(Bild 1)* einem dickleibigen Kalkbrennofen oder Röstofen ohne Absatz in der äußeren Form, das Mauerwerk trägt sich wie bei einem Schornstein selbst; eine **Abstützung des Schachtes** durch Schachtsäulen, durch Konsolen oder einen Tragring fehlt. Die Beobachtung, daß bei manchen Hochöfen die Schachtabstützung unbeschadet der Ofenstandfestigkeit ihren Halt verloren hat oder fortgefallen ist, ließ die Berechtigung der Schachtabstützung fraglich erscheinen. Eine Reihe von Oefen arbeitete schon jahrelang störungslos ohne Abstützung, theoretische Erwägungen führten eine Reihe von Hochofenwerken unabhängig voneinander zum Hochofen „ohne Beine". Man wollte besonders die Betriebsstörungen durch Undichtwerden der Rast an der Stütznaht und die Unzugänglichkeit dieser Stelle vermeiden. So bedeutet jetzt die Ablehnung der Schachtabstützung nicht mehr einen Schritt ins Dunkle, sondern eine schon vielenorts gewünschte und hinreichend erprobte Neuerung.

Der Einheitshochofen hat eine **mittlere Größe** von 825 m³ Gesamtinhalt und entspricht mit rd. 750 m³ Nutzinhalt dem heute häufig an der Ruhr anzutreffenden sogenannten 1000-t-Ofen und gleichzeitig den größten Oefen des westlichen Minette-Reviers. Man kann erwarten, daß der Einheitsofen bei pfleglichem Betrieb, d. h. niedrigem Koksverbrauch und höchstens 3 bis 5 % Staubanfall mit reichem Möller mindestens 700 bis 800 t Roheisen je Tag und mit armem Möller, z. B. Minette, wenigstens 350 bis 400 t Roheisen je Tag erzeugt und gelegentlich, wie die 1000-t-Oefen, unter

---

*) Vorgetragen in der Vollsitzung am 7. Dezember 1943. Sonderabdrucke sind vom Verlag Stahleisen m. b H. Pössneck, Postschließfach 146, zu beziehen.

Bild 1. Einheitshochofen für Kippkübel.

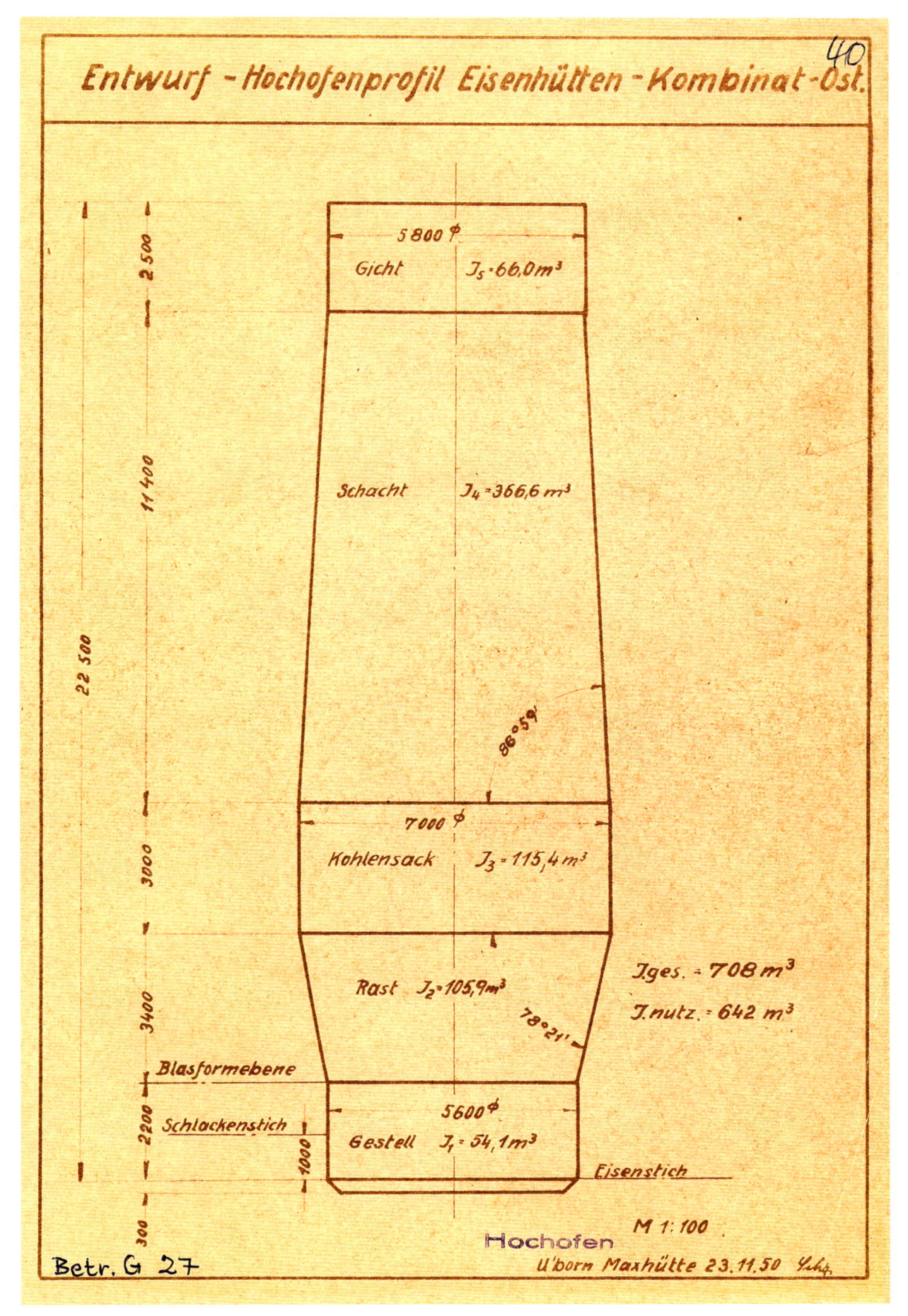

**Entwurf – Hochofenprofil Eisenhütten-Kombinat-Ost.**

40

- 5800 ⌀
- Gicht  $J_5 = 66,0\ m^3$
- 2500
- 11 400
- Schacht  $J_4 = 366,6\ m^3$
- 22 500
- 86°59'
- 7000 ⌀
- Kohlensack  $J_3 = 115,4\ m^3$
- 3000
- Rast  $J_2 = 105,9\ m^3$
- $J_{ges.} = 708\ m^3$
- $J_{nutz.} = 642\ m^3$
- 3400
- 78°21'
- Blasformebene
- 2200  Schlackenstich
- 5600 ⌀
- Gestell  $J_1 = 54,1\ m^3$
- 1000
- Eisenstich
- 300
- Betr. G 27
- M 1:100
- Hochofen
- U'born Maxhütte 23.11.50

Abbildung linke Seite:
Der deutsche Einheitshochofen war im Zweiten Weltkrieg für einen Einsatz in der besetzten Ukraine konzipiert worden.

Rechte Seite:
Der Entwurf für den zukünftigen Hochofen des EKO vom 23. November 1950.

## Der legendäre Axthieb

Frauen waren bei den Rodungsarbeiten für die Großbaustelle EKO in der Mehrzahl, Aufnahme von 1950.

Am 10. August 1950 übergab Walter Ulbricht den mit Moskau abgestimmten Fünfjahrplanvorschlag an die DDR-Regierung und forderte dabei nachdrücklich, sofort mit den Arbeiten für das neue Hüttenkombinat zu beginnen. Planungsminister Heinrich Rau und Industrieminister Fritz Selbmann veranlassten die unverzügliche Aufnahme der Arbeiten. Am 17. August 1950 stimmte die Regierung dem Fünfjahrplan zu und ordnete für das EKO die Durchführung von wissenschaftlichen, technischen und geologischen Voruntersuchungen an.[38] Bereits einen Tag später erfolgte auf dem Gelände bei Fürstenberg/Oder der Baubeginn für das neue Hüttenkombinat.

Mitten in der kargen Heidelandschaft – bei Einheimischen unter dem Namen »Pfeifers Acker« bekannt – war eiligst ein provisorischer Kundgebungsplatz hergerichtet worden. Als sich die offiziellen Gäste, unter ihnen Minister Fritz Selbmann, der brandenburgische Ministerpräsident Rudi Jahn sowie Fürstenbergs Bürgermeister Martin Dahlenburg, am Morgen des 18. August 1950 dem Platz näherten, waren bereits hunderte Fürstenberger und Schaulustige aus der Umgebung anwesend. »Die meisten der Männer, ihrem Äußeren nach Arbeiter, waren dem Ruf ihrer Gewerkschaften und der Stadtleitung der Sozialistischen Einheitspartei Deutschlands gefolgt, andere – Kleinbürger, Bauern und Schifferleute aus der Umgebung – hatten sich wohl nur aus Neugierde oder irgendwelchen Spekulationen, vielleicht auch nur aus dem Zwange des Ungewöhnlichen, dazugesellt, denn ihren Mienen war Argwohn, verschiedenen Blicken sogar unverhüllte Abneigung anzumerken. [...] Der Minister erzählte von einem phantastischen Eisenwerk mit Bahn- und Hafenanlagen und einer neuen Stadt, die innerhalb von fünf Jahren hier in diesem von allem großen Leben abgelegenen Landwinkel gebaut werden sollten.«[39] Im Anschluss vollzog Minister Selbmann mit dem Fällen einer Kiefer den symbolischen 1. Axthieb zum Zeichen des Beginns der Bauarbeiten. Die Arbeiter hatten ihm vorher eine Wette angeboten, einen Kasten Bier für jeden Hieb. Er soll zwei Dutzend Kästen verloren haben.

Für etwa zweihundert Männer und Frauen begann die Arbeit auf der EKO-Baustelle. In den nächsten Wochen und Monaten wurden das Terrain weiter vermessen, die Rodungs- und Planierarbeiten fortgesetzt, die Einrichtung der Baustelle vorangetrieben sowie die notwendigen Aufschlüsse für das Bahn- und Straßennetz vorbereitet. Das riesige Baugelände bot in diesen Tagen ein »unbeschreibliches Bild: Stapel von Brettern und Balken, Holzgerüste und fertige Baracken, Eisenöfen, Tische, Stühle, Bettgestelle, Haufen von Kies, Mörtel, Lehm, alles lag dort, wo es Platz gefunden hatte. Wo gestern Unterholz wucherte, erstreckte sich heute eine freie Fläche und morgen das Rechteck eines Fundamentes. [...] Aber bald zeigten die Reihen der Wohnbaracken, der Spritzenturm, der Feuerlöschteich, die Verkaufskioske, das Materiallager, wieviel Vernunft in dem Chaos gewirkt hatte. Und schon bahnten sich Bagger den Weg durch den Kanal, der in zehn Jahren Krieg und Nachkrieg zur Schlammfurche geworden war; schon sang die Gattersäge ihr Lied, das Bretter und Balken schuf; und von der Landstraße war bis zum Mittelpunkt des neuen Werkes die Trasse der Werkstraße, der ›Straße der Freundschaft‹, gelegt.«[40]

Am 29. August 1950 wurden eine oberste Bauleitung aus Vertretern der Hauptabteilungen Metallurgie und Bauindustrie des Industrieministeriums sowie der zuständigen VVB VESTA[41] zur Bearbeitung aller grundsätzlichen Fragen und ein oberster Baustab zur Durchführung aller operativen Aufgaben auf der Baustelle gebildet. Die ersten konkreten Festlegungen für die weiteren Bauarbeiten betrafen das vorläufige Ausmaß und den bis dahin absehbaren Umfang der Rodungsarbeiten, die erforderliche Suche nach Minen und Sprengkörpern, die Vorbereitungsarbeiten für eine Telefonanlage, den Standort der Barackenstadt, den Beginn der Vermessungsarbeiten, die medizinische Versorgung der Bauleute, den Stromanschluss und die Bewachung des Geländes, die Unterbringungsmöglichkeiten für den Baustab, die Errichtung der ersten Materiallager, Maschinen- und Geräteschuppen sowie den Abtransport des gerodeten

Juri Brězan

# HÜTTENKOMBINAT OST[42]

Minister Fritz Selbmann erläuterte am 18. August 1950 die Pläne zum Aufbau des Hüttenkombinates und sagte: »Wir brauchen Eisen und Stahl für Turbinen, für Förderbänder im Bergbau, für landwirtschaftliche Maschinen.«

Auf großen Schautafeln war der zukünftige Industriekomplex an der Oder zu sehen.

Ein ganzer Kiefernwald am Oderstrand
ist aufgeregt und kann –
obwohl's schon Mitternacht –
zum Schlaf nicht finden:

Da kam doch heut ein Mann
und schlug
ein glattgehobelt Kiefernstück
der Birkenjungfer hart am Weg
direkt ans Knie!

Das Birkenmädchen steht verstört,
glaubt sich geschändet und entehrt,
denn keiner kann die Schrift
auf diesem Brette deuten –
und: Unbekannt ist immer schlecht.

Die Kiefern rauschen, raunen,
wispern, flüstern, tratschen,
ein Rabe unkt:
»Ich hab's ja immer schon gesagt.«
Die uralt alte Fichte trübe seufzt:
»Die Zeiten, oh – die Zeiten!«
Ein Waldkauz wird herangeholt,
entziffert: »Hüttenkombinat«
und ist nicht klüger als zuvor.
Doch – für alle Fälle macht er laut: Huhuuu!
Und allen fährt ein kalter Schauer
durch den Leib.

Da kommt der Mond,
wie er im Buche steht:
er lächelt weise, lächelt mild
und löst das Rätsel
mit einem Bild:
Reißt lichte Gassen durch den Wald,
türmt riesendunkle Schatten auf
und spannt dazwischen
sinnvoll-wirres Filigran:
Rohre fließen, Krane ragen,
Gleise blitzen, Pfeiler stützen,
Hallen wachsen, Brücken tragen,
Drähte wirren, Tore schützen –

Schatten – Licht, und Licht und Schatten.

Aus den Schatten glühen Ströme,
ändern Form und ändern Licht,
werden Rohre, werden Gleise,
werden Räder, werden Werk –
wachsen aus den Hallen auf die Gassen,
rollen unter Brücken durch die Tore
in das weite, freie Land.

Und das Land lacht froh im Licht!

Gespräche raunen durch den Kiefernwald:
»Ich werde Martin zwo!« – »Und ich ein Kran!«
Zum Stolz ist selbst die Fichte nicht zu alt:
»Wir alle sind ein Teil vom großen Plan.«
Das Birkenkind steht arg beschämt: »Ich Tor!«
– und drückt, so gut es gehen mag,
sein Knie hervor.

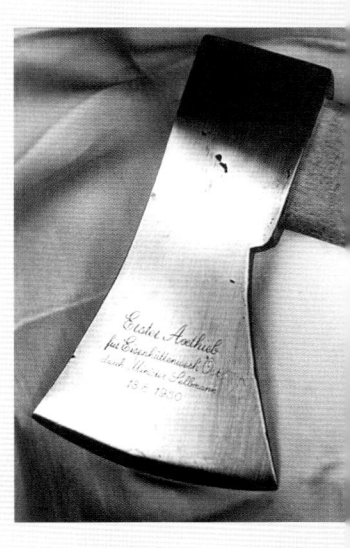

Die legendäre Axt.

Erster Werkleiter des EKO war Otto Ringel. Er hatte für seinen Einsatz zur Ingangsetzung des Hochofenwerkes der Maxhütte den Nationalpreis erhalten. Im Februar 1952 berief man Ringel als Werkleiter ab und setzte ihn als Aufbauleiter ein. 1953 wurde er Leiter des Werkverkehrs.

Erstes Verwaltungsgebäude des EKO in Fürstenberg/Oder, Markt Nr. 3,
Aufnahme von 1950.

Foto rechte Seite:
Jugendbrigaden bei Arbeiten an der Hochofenstraße.
Die Steintrümmer für den Untergrund wurden aus dem demontierten Degussa-Werk geborgen.
Aufnahme vom 11. April 1951.

Holzes. In Folge dieser Entscheidungen suchte Sprengmeister Otto Hoffmann mit seinen Suchtrupps vom 11. September bis 22. Oktober 1950 ca. 90 ha des Werkgeländes nach verborgener Munition, nach Minen und Sprengkörpern ab.

Ende August 1950 wurde die EKO-Werkleitung berufen. Sie bestand zunächst aus Werkleiter Otto Ringel; Ernst Müller war technischer Leiter, Johannes Herold kaufmännischer Leiter und Erwin Rüdiger Personalleiter. Zu den vordringlichsten Aufgaben der Werkleitung in dieser Aufbauphase gehörten: die Wahrnehmung der Gesamtverantwortung für den Aufbau, die Vorbereitung der Errichtung der Hochöfen mit allen Nebenanlagen, die sofortige Einleitung aller hierfür erforderlichen Projektierungs- und Bauarbeiten, Investitionen und Bestellungen, die Gewinnung von Arbeitern für die Inbetriebnahme der ersten Anlagen, die Gewährleistung und Kontrolle der Einhaltung von Mindeststandards in den Arbeits- und Lebensbedingungen der Belegschaft und darüber hinaus den Aufbau und die Organisation des Werkes als selbständige juristische Person. Die erste Sitzung der neuen Werkleitung des EKO fand am 21. September 1950 statt. Die SED, die FDJ und die Gewerkschaft bildeten eigene Betriebsgruppen.

## Goldgräberfieber an der Oder

»Wer in den Septembertagen des Jahres 1950 in die Landschaft geriet, in der das neue Werk entstehen sollte, der glaubte sich in ein Goldgräberlager Jack Londons versetzt.«[43] Die Nachricht vom Aufbau des EKO hatte sich wie ein Lauffeuer verbreitet und zog viele Menschen an. Rundfunk und Zeitungen berichteten ausführlich über die größte Baustelle des Landes. Jedes Arbeitsamt warb um Arbeitskräfte. Die Zahl der Beschäftigten nahm von Monat zu Monat zu. Waren es am 18. August 1950 noch etwa 200 Arbeitskräfte, so wuchs deren Zahl zum Jahreswechsel 1950/51 auf über 2.000 an.

Mit der Bildung der EKO-Werkleitung im September 1950 begann auch die spezifische Gewinnung von Arbeitskräften für das künftige Hüttenkombinat. Die ersten, die damals kamen, waren zumeist Ungelernte, Arbeiter aus artfremden Berufen, Landarbeiter, Hutmacher und Schiffer wie Ernst Woitke, Rudi Borchert oder Helmut Janatsch. Noch waren keine Produktionsanlagen fertiggestellt, doch bis zum Anblasen des ersten Hochofens benötigte das EKO ausgebildete, metallurgische Facharbeiter, Techniker und Ingenieure. Es mussten hunderte Arbeitskräfte qualifiziert und geschult werden. So schickte die Werkleitung im November 1950 die ersten 152 »jungen befähigten Arbeiter« unter ihnen Walter Holzäpfel, Hans-Joachim Feister, Jan Werner, Kurt Wiesner, Erwin Kutschan, Dieter Niemeyer und Rudolf »Buba« Hedewig zur Ausbildung in die verschiedenen metallurgischen Werke des Landes. In den nächsten Monaten folgten weitere.

Die EKO-Baustelle wurde zu einem Sammelbecken für Menschen unterschiedlichster Herkunft. Fast jeder dritte Beschäftigte im EKO stammte aus einer Familie, die aus den ehemaligen deutschen Ostgebieten geflüchtet oder vertrieben worden war. An sie wandte sich DDR-Staatspräsident Wilhelm Pieck am 5. Oktober 1950: »Ich bin überzeugt, dass mit diesem Kombinat zwei eurer drückendsten Sorgen verschwinden. Das eine ist die Frage der Unterbringung aller vorhandenen Arbeitskräfte, und das andere ist die leidige Wohnungsfrage. Im Hüttenkombinat Ost werden Arbeiterinnen und Arbeiter fast aller Berufe gebraucht. Gleichzeitig bauen wir dort fast 1.500 Wohnungen. Gewiss werden wir nicht alle Hutmacher bei der Produktion von Stahl gebrauchen, aber ich bin überzeugt, dass mancher Hutmacher es vorziehen wird, in der Stahlindustrie zu arbeiten. Denn Stahl, das sind Maschinen, das ist landwirtschaftliches Gerät, das ist Brot.«[44]

Viele Arbeiter nahmen lange Wege zu Fuß oder mit dem Fahrrad in Kauf, um an ihren Arbeitsplatz auf der EKO-Baustelle zu gelangen. Es gab neben der Eisenbahn nur einige unregelmäßig verkehrende Behelfsbusse und Pferdefuhr-

**Belegschaft der Bau-Union Ost auf der EKO-Baustelle**[45]

|  | insgesamt | darunter Baufacharbeiter | männliche Hilfskräfte | weibliche Hilfskräfte | Angestellte |
|---|---|---|---|---|---|
| 26. 08. 1950 | **572** | **9** | **116** | **447** | – |
| 22. 12. 1950 | **1.600** | **300** | **420** | **486** | **100** |

Zur Unterbringung der zahlreichen Arbeitskräfte wurde von 1950 bis 1951 die Barackenstadt errichtet. Aufnahme von 1951.

werke. Ein großes Problem war die Unterbringung der zahlreichen Arbeitskräfte aus entfernten Regionen. Zunächst fanden sie noch in der näheren Umgebung in Massenquartieren oder privat Unterkunft. Andere, insbesondere Jugendliche, übernachteten, solange es die Witterung zuließ, in Scheunen, Zelten oder sogar unter freiem Himmel. Im Herbst 1950 wurde die Lage prekär und die Bau-Union begann mit der Errichtung von Wohnlagern. Am Anfang gab es zwei Massenquartiere in Fürstenberg, drei in Schönfließ, je eines war in Finkenheerd und Pohlitz. In der Folge entstanden dann fünf große Barackenlager, die auch winterfeste Unterkünfte besaßen. Das größte Lager war die Barackenstadt. Ihr Aufbau begann am 23. September 1950 und im Sommer 1951 waren die etwa 30 Baracken errichtet. Im August 1954 lebten hier 241 EKO-Angehörige und 791 Beschäftigte anderer Betriebe. Darüber hinaus gab es auf dem Gelände des ehemaligen Kriegsgefangenenlagers das Wohnlager »Stadtrandsiedlung«. Die Bau-Union richtete im Oktober 1951 zwischen den Armen des Oder-Spree-Kanals das Wohnlager »Insel« ein. Das »Helmut-Just-Lager« wurde 1952 für 3.000 Bewohner aufgebaut und in den Jahren 1954 bis 1958 existierte auf dem früheren Degussa-Gelände noch das »Wohnlager 3«.[46]

Die ersten Unterkünfte waren Holzbaracken, die u.a. aus dem aufgelösten Heimkehrerlager Gronenfelde bei Frankfurt/Oder kamen. Die Einrichtung war schlicht. Nur wenige Baracken hatten 1950 einen Wasch- und Toilettenanbau. »In jedem Zimmer, welches der Unterkunft der Kollegen dient, befindet sich als Mobiliar für je einen Koll. 1 Bett, 1 Nachtschrank und für je 2 Koll. 1 Kleiderschrank (doppelt) sowie 2 Tische je 4 Personen und pro Kollege 1 Stuhl.«[47] Das Leben in den Wohnlagern war hart und die sozialen und kulturellen Verhältnisse waren unzureichend. Immer wieder kam es zu Schlägereien, Alkoholexzessen und Rowdytum. Die Mehrzahl der Räume waren in den Anfangsjahren überbelegt. Um notwendige Unterkünfte zu schaffen, wurden eingerichtete Klubräume zu Schlafräumen umfunktioniert. »Wir haben damals in Baracken gelebt, in einem Raum mit zehn Menschen, die von überall her gekommen waren, aus der ganzen Republik. Abends sind wir dann, wir hatten's ja nicht weit, über die Schienen rüber nach Fürstenberg gegangen, wo sich die jungen Menschen vergnügt haben. Im ›Tittenkeller‹, das war im ›Löwen‹. Da war unten im Keller nämlich eine Bar, und wenn wir da runter gingen, da waren eben hübsche Damen da. […] Und die ›Wilde Sau‹ im EKO haben wir ja auch noch kennengelernt. Das war also so unsere Abend- und Freizeitbeschäftigung.«[48] Bis weit in die 50er Jahre hinein war in diesen Wohnlagern der Großteil der auf der EKO-Baustelle und in der Wohnstadt tätigen Arbeitskräfte untergebracht. Die Barackenstadt wurde erst Ende 1965 geschlossen.

## Der Aufbau der Stahlgiganten

Der erste Tag des Jahres 1951 war bitterkalt. Trotzdem drängten sich hunderte Arbeiter, geladene Gäste und Schaulustige am Morgen dieses Neujahrstages, um der Grundsteinlegung für den ersten Hochofen des Eisenhüttenkombinates beizuwohnen. Inzwischen war ein Großteil des Baugeländes entwaldet und planiert, der Bau der Werkstraßen und Gleisanlagen hatte begonnen und das Fundament für den ersten Hochofen war fristgerecht fertig geworden. Unter dem Banner mit der Aufschrift »Stahl – Brot – Frieden« versenkte nun Minister Fritz Selbmann eine Kassette aus nichtrostendem Stahl in das Fundament. Sie enthielt u.a. eine Abschrift der Ratifizierungsurkunde über die »Oder-Neiße-Friedensgrenze«, in deren unmittelbarer Nähe das neue Werk entstand.

Seit dem 1. Januar 1951 war das EKO ein selbständiger Betrieb. Es gab damit de facto zwei Wirtschaftseinheiten auf dem Fürstenberger Baugelände: das EKO und die Bau-Union. Ein spezifisches Problem der Aufbauphase war die administrative Zuständigkeit und strukturelle Gliederung der Betriebe. Neben den eigenen Strukturveränderungen, die insbesondere im Eisenhüttenkombinat immer verbunden waren mit Werksbildungen sowie mit der Inbetriebnahme neuer Anlagen, wurden beide Betriebe stets auch von zentralen und ministeriellen Korrekturen beeinflusst. In den 50er Jahren wechselte das für das EKO zuständige Ministerium mehrere Male seine Bezeichnung und Struktur. Zunächst unterstand das Werk dem Industrieministerium, ehe es im November 1950 dem Ministerium für Schwerindustrie angegliedert wurde. Zwischen November 1951 und November 1953 hieß dieses dann Ministerium für Hüttenwesen und Erzbergbau, um anschließend wieder in Ministerium für Schwerindustrie umbenannt zu werden. Im März 1955 kam es erneut zu einer Strukturänderung und es entstand das Ministerium für Hüttenwesen. Einzig der verantwortliche Minister blieb bis 1955 Fritz Selbmann, ihm folgte Rudolf Steinwand.

Die DDR-Regierung hatte am 17. August 1950 festgelegt: »Zur Sicherung des Aufbaues und der Entwicklung der speziellen Technologie wird das bei Fürstenberg/Oder zu errichtende Hüttenkombinat mit Wirkung ab 1. Januar 1951 als VVB (Z) Hüttenkombinat Ost gegründet.«[49] Im Dezember 1950 kam es zu einer Reorganisation der volkseigenen Industrie. Dabei wurde das EKO, das auf Regierungsbeschluss für das Jahr 1951 zu einem von über fünfzig Schwerpunktbetrieben der Grundstoffindustrie sowie des Schwermaschinen- und Hochseeschiffbaus erklärt worden war, als selbständige juristische Person und Rechtsträger von Volkseigentum der Hauptverwaltung Metallurgie des Industrieministeriums unterstellt. Die Werkleitung erhielt eine Schwerpunkterklärung, um die beschleunigte Erledigung aller Aufgaben und Aufträge bei den Leitungsinstitutionen der DDR sowie bei den ihnen nachgeordneten Dienststellen und Betrieben durchsetzen zu können. Aufgrund dieser Maßnahme trug die DDR-Regierungskanzlei das EKO als »Eisenhüttenkombinat Ost VEB, Fürstenberg/Oder« in die Betriebsliste ein. Die Aufnahme in das Handelsregister beim Amtsgericht Frankfurt/Oder erfolgte am 5. Mai 1951 ebenfalls unter dieser Bezeichnung. Außerdem entstand der VEB Bau-Union Fürstenberg/Oder. Bereits im September 1950 hatte die VVB (Z) Bau-Union Ost Potsdam (mit Sitz in Berlin) in Fürstenberg/Oder eine Außenstelle eingerichtet, die nun ein selbständiger Betrieb wurde, den die Hauptverwaltung Bauindustrie im Industrieministerium leitete.

Anfang 1951 hatte sich das Baugelände des zukünftigen Eisenhüttenkombinates auf über 17 km² ausgedehnt. Auf etwa 200 Baustellen wurde gearbeitet. Seit Jahresanfang war die Zahl der Arbeitskräfte sprunghaft angewachsen, von 3.000 im März auf 8.200 im Juni 1951. Sie lag 1952 bei 13.000. Davon waren ca. 1.400 im EKO beschäftigt, über 4.500 in der Bau-Union Fürstenberg und der Rest verteilte sich auf die über hundert Fremdfirmen und Subunternehmen.[50] Ein Teil dieser Betriebe war nur kurze Zeit auf dem Baugelände; die Mehrzahl blieb jedoch länger. Sie schickten Brigaden oder ganze Meisterbereiche samt Technik nach Fürstenberg, richteten hier eigene Büros ein. Erfahrene Arbeiter und Monteure kamen an die Oder wie Heinrich Gassmann aus dem Magdeburger Stahlbau Elbe, Johann Slozarek und Erwin Bodendorf von Bergmann-Bor-

Foto oben:
Minister Fritz Selbmann und Abteilungsleiter Maximilian Heinrich Kraemer mit der Kassette zur Grundsteinlegung am 1. Januar 1951.

Foto unten:
Auf dem Weg zur Grundsteinlegung für den ersten Hochofen am 1. Januar 1951.

Die Baustelle des Eisenhüttenkombinates im März 1951.

sig aus Berlin, Hans Glowner vom EKM Rohrleitungsbau Bitterfeld, Otto Leimer und Horst Anderson vom VEM Anlagenbau aus Cottbus.

Der Bauablaufplan wurde für jeden Tag genau aufgeschlüsselt. Jeden Morgen trafen sich die zuständigen Bauleiter in der Baracke der Werkleitung zu Lageberatungen. Zahlreiche Engpässe und Hindernisse galt es zu überwinden. Hebezeuge, Fördermittel und Material waren knapp oder nicht rechtzeitig verfügbar. Die Arbeiter mussten auf Provisorien zurückgreifen oft halfen nur Phantasie und Improvisation. So bauten die Schlosser und Mechaniker um Walter Peter und Josef Kaczmarek den ersten Winderhitzer aus alten Kesselblechen und Schrottteilen. Die Bitterfelder Rohrlegerbrigade von Alfred Hähnel, von dem man sagte, dass er das Unmögliche gleich machte und Wunder sofort vollbrachte, montierte die schweren Rohrleitungen mit Holzmasten, da kein Kran verfügbar war. Insbesondere das Ausbleiben von Planzeichnungen führte zu großen Zeitverlusten. Beispielsweise konnten das Gemeinschaftsbüro Fürstenberg/Oder sowie die Berliner Konstruktionsbüros der Bau-Union von etwa 1.500 Plänen und Zeichnungen nur 22 Prozent rechtzeitig zur Verfügung stellen. 78 Prozent der Unterlagen verspäteten sich um mehr als einen Monat. Es war keine Seltenheit, dass Teilstücke von Straßen zweimal gebaut oder Leitungen mehrmals verlegt werden mussten, ehe sie ihren Platz nach den endgültigen Bauzeichnungen gefunden hatten.

Am 10. April 1951, zehn Tage vor dem Termin, war Richtfest für den ersten Hochofen. Die besten Brigaden im Wettbewerb erhielten Prämien. Als sie sich am Abend im größten Gasthof von Schönfließ versammelten, erschien Meister Emil Rau hoch zu Ross im Saal mit rotem Halstuch, in der linken Hand die Tüte mit den Prämien und ließ mit wohlbekannter »Donnerstimme« seine Jungs von Bergmann-Borsig hochleben. Am 5. Juli 1951 setzten die selben Schweißer und Schlosser die Richtkrone auf den Panzer des zweiten Hochofens. Auch die Bauten auf dem Werksgelände wuchsen. Anfang April 1951 hatte der polnische Maurer-Aktivist Jozef Markow auf der EKO-Baustelle das Mauern in Zweier- und Dreiergruppen vorgeführt. Trotz einiger Widerstände setzte sich diese Methode allmählich durch. »Die Maurer arbeiten zu dritt sehr bequem«, so hieß es im Zimmermannstanz, und Maurerbrigaden wie die von Ernst Eisenhuth beherrschten ihn.[51] Trotzdem war es um die Arbeitsmoral auf den Baustellen zum Teil schlecht bestellt. Diskussionen über Trunkenheit am Arbeitsplatz, nachlässigen Umgang mit Werkzeugen und Material, Vortäuschung von Krankheiten sowie »Bummelantentum« rissen nicht ab. Als Werkleiter Otto Ringel eines Morgens einen betrunkenen Bauarbeiter in seinem Dienstauto schlafend fand, war dies für ihn Grund, ein Alkoholverbot auf dem Baugelände zu verhängen. Nachts patrouillierten zuverlässige SED-Genossen gemeinsam mit Volkspolizisten, um Arbeitsbummelanten zur Schicht zu bringen.[52]

Während der Stahlriese an der Oder langsam Gestalt annahm, liefen bei den DDR-Regierungsstellen die Planungen auf Hochtouren. Am 1. März 1951 hatte das zuständige Ministerium das Projekt für die Hauptanlagen des EKO und den Investitionsplan 1951 bestätigt. Nicht bilanziert waren die Masselgießmaschine und die Sinteranlage.[53] Am 14. März 1951 verabschiedete die Volkskammer den ersten Fünfjahrplan der DDR. Bereits wenige Tage vor dieser Entscheidung wurde Minister Selbmann beauftragt, den Fertigstellungstermin für den Hochofen II zu prüfen. Nachdem dieser signalisiert hatte, dass es unter gewissen Umständen möglich sei, den Hochofen bereits bis zum 15. Dezember 1951 fertigzustellen, entschied sich die Regierung für diesen Termin und stellte für den vorfristigen Bau des Ofens Mittel aus der Reserve des Investitionsplanes zur Verfügung. Gleichzeitig wurden die Kennziffern für die Roheisengewinnung korrigiert.[54] Anstelle der im Fünfjahrplan vorgesehenen 1,25 Mio. t mussten nun bis 1955 2 Mio. t Roheisen produziert werden, davon sollte allein das EKO 1,1 Mio. t, anstelle der ursprünglichen 500.000, liefern. Außerdem hatte das EKO im gleichen Zeitraum 550.000 t Rohstahl und 290.000 t Walzstahl zu erzeugen. Damit wäre die DDR in der Lage gewesen, ab Mitte des Jahrzehnts auf alle Importe an Roheisen zu verzichten. Für das Eisenhüttenkombinat waren nun sechs Hochöfen geplant, vier mit einer Tageskapazität von je 500 t und zwei von je 1.000 t. Der dritte Hochofen

Foto oben:
Eingang zur »Straße der Jugend« am 11. April 1951.

Abbildung unten:
Die erste Ausgabe der Betriebszeitung des EKO erschien am 8. März 1951, zunächst 14-tägig unter dem Titel »Unser Friedenswerk«. Erster Redakteur war Heinz Habedank, der direkt von der Agitationsabteilung des SED-Zentralkomitees kam.

sollte im März 1952 fertiggestellt sein und danach alle drei Monate ein Ofen in Betrieb genommen werden. Bereits wenige Monate später änderten sich die Pläne. Es wurde festgestellt, dass aufgrund »der weniger guten Kohle […] nur 500er Öfen möglich« sind.[55]

Die ständigen Korrekturen an den Plänen und Projekten des EKO führten zu anarchischen Zuständen im Bauablauf. Außerdem erschwerten sie den Abschluss von langfristigen Aufträgen. Diese konnten nicht vor dem ersten Quartal 1951 an die zuständigen Betriebe ausgegeben werden und waren oftmals mit kurzfristigen Änderungen verbunden. Dieser Umstand beeinträchtigte die rechtzeitige und einwandfreie Fertigstellung und Lieferung der Teile. Für eine Hochofenanlage waren nicht weniger als 83 Teilaggregate erforderlich. Zwar hatte die Regierung die EKO-Werkleitung für solche Situationen mit einer »Schwerpunkterklärung« ausgestattet, jedoch war diese bei den SAG-Betrieben, die das Gros der metallurgischen Ausrüstungen für das Eisenhüttenkombinat lieferten, ohne Wirkung. Hier musste man sich zuallererst an die sowjetischen Kontrollorgane in Berlin-Karlshorst wenden, dann die Bestätigung von der Verwaltung für sowjetisches Eigentum aus dem Askania-Haus in Berlin-Weißensee abwarten, danach mit den sowjetischen Betriebsdirektoren verhandeln. Hinzu kam, dass SAG-Betriebe wie Bleichert Leipzig, Polysius Dessau, Mosenthin Leipzig oder Krupp-Grussohn Magdeburg im Rahmen der Reparationsleistungen voll auf die Produktion sowjetischer Technologien umgestellt worden waren, die für die Ausrüstung des EKO nur bedingt Anwendung finden konnten.

Am 11. Juli 1951 trafen die ersten elf Waggons mit Erz aus der Sowjetunion ein. Bis Anfang August wuchsen die Halden auf dem Erzlagerplatz östlich des Kanals auf ca. 20.000 t an. Über 1.000 Waggons waren innerhalb eines Monats aus Kriwoi Rog angekommen. Außerdem trafen Lieferungen aus einheimischen Erzvorkommen sowie die ersten Waggons mit polnischem Koks ein. Das Ausmauern des Hochofens konnte 15 Tage vorfristig beendet werden. Nun glaubten alle auch an eine rasche Fertigstellung der restlichen Arbeiten. Ende Juli 1951 riefen die Leitungen der SED-Betriebsgruppen des EKO und der Bau-Union zur vorfristigen Fertigstellung des Hochofens auf. Der ursprüngliche Termin wurde vom 1. Oktober 1951 auf den 19. September vorverlegt. Fritz Selbmann war darüber »entsetzt«, da er »alle vertraglich vereinbarten Liefertermine für die notwendigen Zulieferungen kannte«.[56] So waren der Schrägaufzug aus Leipzig und die Sinterbänder aus Dessau nicht zu diesem Termin fertigzustellen. Fehlende Profile und Bleche verzögerten die Anfertigung des Möllerwagens und der Pfannenwagen sowie die Arbeiten an der Bandbrücke.

## Der »Kampf« um das Eisen

Es war ein schöner Spätsommertag, dieser 19. September 1951. Viele Tausende waren seit dem frühen Morgen auf den Beinen. Das erste große Fest des Eisenhüttenkombinates stand bevor. Seit Wochen hatte jeder, der mit dem EKO zu tun hatte, auf diesen Tag hingearbeitet. Bei den morgendlichen Lagebesprechungen der Werkleitung wurde der exakte Arbeitsstand bilanziert, Aufgaben zugewiesen und versucht, jedes auftretende Problem schnell und unkompliziert zu lösen. Das Telefon im Werkleiterzimmer stand in diesen Tagen nicht still. In Berlin wollte das Ministerium wissen, ob die Termine zu halten sind. Mitarbeiter des EKO waren im ganzen Land unterwegs, um noch fehlende Ausrüstungen zu beschaffen oder defekte Teile umzutauschen. Auf den Baustellen herrschte geschäftiges Treiben. Die Monteure, Stahlbauer und Bauarbeiter führten die letzten Handgriffe an der Konstruktion aus. Manches musste improvisiert werden. Trafostationen wurden fertiggestellt, ebenso die Kanalbrücken zum Werkbahnhof Ziltendorf und zwischen Fürstenberg/Oder und Schönfließ. Die ersten Hüttenwerker kehrten aus der Maxhütte und den anderen Stahlwerken des Landes zurück. Mit ihnen kamen erfahrene Fachleute, unter ihnen Ferdinand »Ferdl« Schreiber, Frido Meinhardt, Helmut Künzel, Werner Lässig, Willi Hartmann, Hans »Hanne« Preißler und Karl Franke. Sie sollten die ersten Ofenmannschaften bilden und machten sich nun voller Tatendrang mit den Eigenheiten des neuen Hochofens bekannt. »Wir krochen in jenen Tagen in alle Ecken und Winkel. Hoch hinaus bis auf die letzte Bühne, auf die Cowper, auf den Staubsack, ins Gebläsehaus, in die Desintegratorenhalle, überall trieb es uns hin«, sagte Walter Holzäpfel.[57] Doch was sie vorfanden, waren nicht die Hochhöfen der Maxhütte, nicht das »Fahrrad, auf dem wir fahren gelernt« hatten. Nun stand vor ihnen ein »Fünf-Tonnen-Laster« mit einer Unmenge an Technik, die keiner von ihnen so richtig kannte, erinnerte sich Hans-Joachim Feister. Zwar wussten sie, dass im EKO ein neuer, größerer Ofen auf sie wartete. Die Wirklichkeit war jedoch beängstigend.[58]

Ständig trafen neue Kommissionen von Ministerien, der SED oder des FDGB aus Berlin und Potsdam ein. Sie kontrollierten den Stand der Arbeiten, notierten, agitierten und verschwanden wieder. Minister Selbmann kam am 11. September 1951 ins EKO und überprüfte persönlich den Stand der Vorbereitungen. Als er die Probleme am Rohrleitungssystem und beim Schrägaufzug sah, stellte er klar, »dass bei Nichteinhaltung der Termine, der 19. 9. als Tag des Anblasens verschoben wird.« Weiterhin machte er den Fertigstellungstermin davon abhängig, inwieweit Hochofenchef Willi Zimmer eine »Garantie für eine reibungslose Arbeit« geben konnte.[59]

Hochofen I am 19. September 1951 mit nicht fertiggestellter Gichtgasleitung.

Fotos linke Seite:
Blick vom Hochofen I auf die Montage der Winderhitzer.

Am 10. April 1951 war Richtfest für den ersten Hochofen.

Seit Wochen bereitete ein Komitee das Programm für das große Fest vor. Zunächst konnte man sich nicht einigen, ob die Jungen Pioniere, zu Ehren des Werkleiters Otto Ringel, das Kinderlied »Ringel, Ringel, Reihen« oder doch besser den mehr politisch gefärbten Gesang »Wir haben einen Plan gemacht« anstimmen sollten. Ursprünglich war auch die Uraufführung einer Kantate über das EKO von Hans Marchwitza und Ottmar Gerster geplant. Jedoch hatte Fritz Selbmann dagegen opponiert. »Zunächst ist es so, dass man eine Kantate nicht auf einem öffentlichen Werksgelände aufführen kann, das mitten in Baubuden und ohne jeden feierlichen Rahmen dasteht. [...] Die Leute werden einfach auseinanderlaufen, würden Bockwürste essen und Bier trinken und die Kantate würde einfach untergehen.«[60] Die Uraufführung wurde auf den 30. April 1952 verschoben.

Am 19. September 1951 ruhte auf allen Baustellen in und um Fürstenberg die Arbeit. Um 9 Uhr versammelten sich einige tausend Hüttenwerker, Bauleute und ihre Gäste auf dem provisorisch hergerichteten Kundgebungsplatz vor dem Hochofen I. »Die Feier begann,« erinnerte sich Fritz Selbmann. »Auf dem Werkgelände war aus ungehobelten Brettern eine riesige Tribüne errichtet worden, auf der die geladenen Ehrengäste saßen: Minister und Parteiführer, Abgeordnete und Delegationen aus allen Zulieferbetrieben. Otto Grotewohl hielt eine glänzende Rede – glänzend wie immer –, er feierte die Erbauer dieses ersten Ofens und damit den ersten Teilabschnitt des neuen Werkes. Ich war froh, dass er in seiner Rede nicht auch mich erwähnte, denn ich saß mit schlechtem Gewissen unmittelbar in seiner Nähe an dem langen Tisch auf der Ehrentribüne. Ich wagte während der Festrede nicht zum Ofen hinüberzusehen, denn ich wusste ja, was dort nicht in Ordnung war, und ich hatte das Gefühl, dass wir ein großes Fest begingen mit einer Lüge, einer kleinen lässigen Sünde zwar, die aber doch eine Täuschung der festlich gestimmten Massen war.

Dann übergab Otto Grotewohl einem jungen Pionier die Fackel. Dieser Junge rannte hinüber zum Ofen und hielt die Flamme in das noch offene Ofengestell, und einige Sekunden später stieg aus dem Teil der Gichtgasanlage, an dem eigentlich das Hosenrohr sitzen sollte, tiefschwarzer Qualm. Die versammelte Menschenmenge brach in begeisterten Jubel aus, da sie sicherlich meinte, der ausströmende schwarze Rauch sei der Beweis dafür, dass der Hochofen nun wirklich fertig wäre. Das Gegenteil war natürlich der Fall, denn an sich hätte bei geschlossener Rohranlage kein schwarzer Rauch aufsteigen können, aber nur ich und einige Vertraute wussten, dass im letzten Augenblick über den Holzstoß im Ofengestell noch ein Fass schwarzen Heizöls geschüttet worden war, worauf die Rauchentwicklung zurückzuführen war.«[61]

Das Anblasen des ersten Hochofens gab vielen Anwesenden, die keine metallurgischen Kenntnisse besaßen, die Illusion, dass hier ein betriebsbereiter Ofen vor ihnen stand. So feierten alle im Überschwang. Das gesamte EKO-Baugelände und ganz Fürstenberg/Oder glichen einem riesigen Festplatz. Entlang der Werkstraße waren Stände aufgebaut. Gegen Gutscheine gab es Bockwurst mit Brötchen und Bier. Das Eisenhüttenkombinat und die Baustellen begaben sich »in den Dauerzustand der Feier«, der fast eine ganze Woche anhielt. Doch als wenige Tage später das Eisen, welches der Ofen liefern sollte, ausblieb, wich der »Triumph über die rasche Fertigstellung des Hochofens […] einer tiefen Niedergeschlagenheit.«[62]

Der Hochofen war gezündet und nun sollte das erste Eisen fließen. Der Oktober kam und der erste Abstich stand bevor. Noch immer funktionierte der Schrägaufzug nicht. Von einer vorschriftsmäßigen Beschickung konnte keine Rede sein. Nach den Vorgaben sollte der Ofen wenige Wochen nach dem Anblasen eine Tagesleistung von 360 t, im Jahr 1952 von 500 t Roheisen produzieren. Dem ersten Abstich am 3. Oktober 1951 wohnten Minister Fritz Selbmann und Professor Ernst Diepschlag bei. Ihnen wurde eine Probe gereicht. »Professor, was meinen Sie?« »Ja, Herr Minister, es kommt zwar aus dem Hochofen und sieht aus wie Eisen. […] Ich möchte aber lieber keine Analyse machen.«[63]

Nach diesem Misserfolg musste Otto Ringel zur Berichterstattung ins SED-Zentralkomitee nach Berlin. Bis zum 7. Oktober 1951 erhielt er Zeit, das erste Eisen zu liefern. Dieser Termin war nicht zu halten. Verzweifelt konstatierte er später: »Es war eine Kette ohne Ende, die letzten Tage.« Minister Selbmann bemerkte ein »völliges Versagen der lei-

Foto linke Seite:
Festakt zur Inbetriebnahme des ersten Hochofens am 19. September 1951 in Anwesenheit von Ministerpräsident Otto Grotewohl.

Jungpionier Werner Garkisch entzündete das Feuer im Hochofen I.

tenden Kräfte des Kombinates« und fragte: »Was sind das für Zustände? Glaubt die Werksleitung, dass sie plötzlich, nachdem das Anblasen in einem Staatsakt durchgeführt wurde, unverantwortlich handeln kann?«[65] Wenige Tage später löste das Ministerium Otto Ringel »krankheitsbedingt«, wie es offiziell hieß, als Werkleiter ab. An seine Stelle trat kommissarisch Adolf Buchholz. Ihm zur Seite, in der Funktion eines Hauptingenieurs und technischen Leiters, stellte das Ministerium Horst König. Er galt als einer der wenigen Experten für Hochofentechnik in der DDR und war nun für alle Produktionsstätten des Werkes verantwortlich. Zu seiner Unterstützung beorderte das Ministerium den Hochofenchef der Maxhütte, Karl-Heinz Zieger, an die Oder.

Am Morgen des 13. Oktober 1951 gelang ein erster ordnungsgemäßer Abstich. Ganze 1,5 t Roheisen flossen aus der Öffnung. Verzweifelt kämpften die Ofenmannschaften um ein besseres Ergebnis. »Geheimnisvoll brodelte die rote Glut in dem brausenden Eisenturm. Qualvoll verdaute er, was man hineinfüllt. Die Abstiche brachten immer nur geringe Mengen Eisen. Kaum zwanzig, dreißig Tonnen; gelegentlich waren es einige mehr. Der Schrägaufzug war noch nicht fertig montiert, und die Möllerung musste weiterhin mit dem Notaufzug transportiert werden. Oftmals gerieten zu große Mengen ungesiebten Kokses oder zuviel Feinerz hinein, dann gor das Eisen länger und schwerfälliger; manchmal drehte eine fremde Hand an der Windschaltung, oder die Wasserkühlung wurde zu stark, ein andermal wieder zu schwach hindurchgeleitet; kurz und gut, der Hochofen hielt alle in Spannung und Sorgen. [...] Einmal glühte das Eisen träge, ein anderes Mal brauste die Glut so stark, dass man glaubte, die sich entwickelnden Gase würden den Panzer sprengen.«[66]

Am 25. Oktober 1951 war der Schrägaufzug endlich fertig, funktionierte jedoch nicht. Die Hochofeningenieure änderten die Möllerung, doch alles half nichts. Der November verging und der Ofen brachte keine hundert Tonnen. Nicht ohne Ironie wurde in diesen Tagen aus den Anfangsbuchstaben der Namen der Schichtmeister Willi Hartmann, Max Wiedner, Helmut Künzel, und Hans Preißler der »Hochofenspruch« geprägt: »Heute wieder keine Prämie.«[67] Als die Leistungen Anfang Dezember wieder auf zehn Tonnen abfielen, wurde »nach einer langen Beratung der Werkleitung mit den Ingenieuren und nach vielen Telefongesprächen« mit dem Ministerium entschieden, den Ofen zu löschen und zu überholen. Nach dem erneuten Anblasen flossen am 12. Dezember 163 t und drei Tage später sogar 205 t Eisen. Der Durchbruch war das nicht. Doch es langte, um den Produktionsplan 1951 zu 58 Prozent zu erfüllen. Das EKO war nun ein Produktionsbetrieb.

## Die ersten Tage am Hochofen I –
## Ernst Altmeyer[68]

Abstich am Hochofen I
im November 1951.

Der Ofen war angezündet. Nach dem offiziellen Akt verlief sich die Menge. Jetzt begannen die Sorgen der Hochöfner. Ein Stück fehlende Fallleitung zum Staubsack musste noch eingesetzt werden. Die Bitterfelder Rohrleger um Alfred Hähnel hatten das in wenigen Schichten geschafft. Aber die Skips des Schrägaufzuges bewegten sich noch nicht! Die Winde war noch nicht fertig montiert und sollte noch 14 Tage dauern. Unmöglich, erklärten die Hochöfner, wir müssen gichten, ganz gleich wie. Die Hilfsgichteinrichtung seitlich am Oberofen war gerade fertig geworden. Mit Hilfe von Spezialkübeln, ähnlich den heutigen Masselkübeln, wurden Koks, Kalk und geringe Mengen Stückerz durch den Hilfsaufzug auf die oberste kleine Bühne neben dem Schütttrichter gezogen. Es war eine prähistorische Methode. Nur wenige Zehntel Sekunden zu spät ausgeschaltet, sauste der Kübel durch den nur einen Meter freien Raum gegen den E-Zug, die Seile rissen und mit Donnergepolter raste der volle Kübel zur Erde. Völlig verformt und breit geschlagen wurde er beiseite geworfen, ein neues Drahtseil eingezogen und weiter »gegichtet«. Eine Brigade Schlosser fertigte laufend neue Kübel an. Mit dem Beladen konnte auf der seitlich des Ofens angelegten Ringbahn mit Lorenuntergestellen Schritt gehalten werden. Andere Hindernisse wie das Hängenbleiben der stark pendelnden Kübel an den einzelnen Bühnenträgern wurden durch Abweisbretter überwunden. Tag und Nacht waren Schlosser, Schweißer, Zimmerleute und Elektriker tätig, um den Hochöfnern zu helfen, den Ofen zu beschicken. Wahre Heldentaten an Einsatzbereitschaft wurden vollbracht. Das Öffnen der Glocken wurde noch nicht sicher beherrscht, so dass Schwaden von Gas die Männer auf der oberen Bühne überfielen. Jedem fehlte die Erfahrung, die Gasgefahr wurde völlig unterschätzt, die Sicherheitsinspektion lernte selber noch. Trotz aufopfernder Tätigkeit aller Kumpel ließ sich der Ofen nicht ordentlich füllen. Die Ofentiefe sank laufend, der Ofen musste angehalten werden um ihn erst wieder genügend zu füllen. Zur Freude aller kam nach mehreren Schlackenabstichen ein kleines Rinnsal des ersten Eisens, Eisen von kümmerlichen metallurgischen Eigenschaften. Aber es war das erste Eisen im Eisenhüttenkombinat Ost, das da auf der Ofenbühne als flacher, gezackter Kuchen im Sand erstarrte.

## Chefsache EKO

Während der erste Hochofen immer noch Probleme bereitete und es mehr Stillstand als Eisen gab, waren die Montagearbeiten für den zweiten Hochofen in vollem Gange. Ursprünglich sollte er Mitte Dezember 1951 in Betrieb gehen, jedoch traten auch hier Zeitverluste auf. Ab dem 22. Dezember 1951 waren vier Scheinwerfer der Sowjetarmee im Einsatz, damit Tag und Nacht gearbeitet werden konnte. Eine Abnahmekommission gab den Ofen zur Produktion frei und am 18. Januar 1952 konnte er angeblasen werden.

Es war jener Tag, an dem eine vom SED-Politbüro eingesetzte Untersuchungskommission im EKO eintraf. Seit Wochen gab es in der SED-Parteizentrale nur eine Frage: wo blieb das dringend benötigte Eisen aus dem Eisenhüttenkombinat. Für Fachleute, wie Ernst Diepschlag und Karl-Heinz Zieger, waren die Anlaufschwierigkeiten »normale« Kinderkrankheiten eines neuen Hochofens. Sie seien in erster Linie auf die Beschaffenheit der verhütteten Erze und die mangelhafte Qualität der Kokse zurückzuführen. Hinzu käme noch die Unerfahrenheit der Belegschaft.[69] Zu ähnlichen Einschätzungen gelangte auch ein von Selbmann in Auftrag gegebenes Gutachten. Diepschlag versprach abschließend, in einem halben Jahr »werden die Schwierigkeiten vergessen sein«.[70] Doch so lange konnte und wollte die SED-Führung nicht warten. Sie setzte, wie immer in solchen Fällen, eine Kommission ein, um »die Arbeitsweise der Genossen im Ministerium für Hüttenwesen und Erzbergbau und seiner Hauptabteilungen sowie der Parteileitungen und der Genossen in der Betriebsgewerkschaftsleitung des Werkes und der Werksleitung an Ort und Stelle zu überprüfen«.[71] An der Spitze der Kommission stand SED-Generalsekretär Walter Ulbricht. Außerdem gehörten ihr der Schriftsteller Hans Marchwitza, Minister Fritz Selbmann, Kurt Seibt von der SED-Landesleitung Brandenburg, Hans Albrecht, SED-Kreissekretär von Frankfurt/Oder und Karl-Heinz Zieger an. Für Walter Ulbricht wurde das EKO zur Chefsache.

Ursprünglich war geplant, mit dem Anblasen des zweiten Hochofens an diesem 18. Januar positive Zeichen zu setzen. Bereits am Morgen kam es jedoch am Hochofen I und gegen Mittag auch am zweiten Hochofen zu einer Explosion im Staubsack. Zu dieser Zeit saß die Kommission bereits fast zwei Stunden in einer außerordentlichen Parteileitungssitzung und ließ sich über die Probleme im EKO berichten. Insbesondere über die technischen Unzulänglichkeiten wollte Walter Ulbricht genau informiert werden. Er fragte konkret nach dem Ofenprofil und nach der Konstruktion. Die Techniker bestätigten, »das Profil ist gut« und Hochofenchef Willi Zimmer versicherte: »Um den Hochofen braucht keiner Angst haben, ich kann schon Eisen machen, ich muss aber die Transportanlagen gelöst wissen.«[72] Nach der internen Sitzung besichtigten die Kommissionsmitglieder die beiden Hochöfen und andere Betriebsteile. Sie sprachen mit Hochöfnern und Ingenieuren, inspizierten die Sozialeinrichtungen des Werkes und die Unterkünfte in der Barackenstadt. In der EKO-Wohnstadt prüften sie kritisch die ersten Wohnblöcke.

Auf der anschließenden SED-Aktivtagung, an der auch 90 Parteilose teilnehmen durften, wurde dann »Klartext« gesprochen. Der SED-Generalsekretär tadelte die technische Inkompetenz der Konstrukteure und das mangelnde Kultur- und Sozialangebot für die Arbeiter, kritisierte den Baustil der Wohnstadt und die Arbeit des Ministeriums. Seine Einführung war kurz und polemisch, bewusst referierte er diesmal nicht »zwei Stunden über die politische Lage« sondern drängte darauf, »dass das Aktiv seine Meinung sagt.«[73] In den danach folgenden vier Stunden kamen die drängenden Probleme der Belegschaft zur Sprache: Wie miserabel der Berufsverkehr sei, die Verpflegung im Werk wäre unzulänglich, überhaupt sei die Versorgung der Arbeiter schlecht. Nicht einmal Schutzbekleidung gäbe es und der Ofenbetrieb sei ins Stocken geraten, weil die Werkleitung nicht auf die Arbeiter höre. Am Ende versprach Ulbricht, die Probleme umgehend zu klären.

Die Hochöfen I und II, angestrahlt von Scheinwerfern der Roten Armee am 25. Dezember 1951.

| Schicht | Koks-verbrauch | Gichten I | Gichten II | Gichten III | Gichten IV | Gichten V | Gichten VI | Gichten Summe | U. E. | Windmenge I | Windmenge II | Windmenge III | Windmenge IV | Windmenge V | Windmenge VI | Pressung I | Pressung II | Pressung III | Pressung IV | Pressung V | Pressung VI |
|---|---|---|---|---|---|---|---|---|---|---|---|---|---|---|---|---|---|---|---|---|---|
| 6 – 14 | | – | 2 | | | | | | | 50<br>20 | | | | | | 0,4<br>0,3 | | | | | |
| 14 – 22 | | 10 [illegible]<br>5E | | | | | | | | x | | | | | | | | | | | |
| 22 – 6 | | 12½ | 3 | | | | | | | 45 | 50 | | | | | 0,3 | 0,3 | | | | |
| Summe ∅ | | 17½ | 5 | | | | | | | | | | | | | | | | | | |

| Schicht | Gichtenteufe I | Gichtenteufe II | Gichtenteufe III | Gichtenteufe IV | Gichtenteufe V | Gichtenteufe IV | Windtemperatur I | Windtemperatur II | Windtemperatur III | Windtemperatur IV | Windtemperatur V | Windtemperatur VI | Gichtgasanalyse $CO_2$ I | Gichtgasanalyse $CO_2$ II | Gichtgasanalyse $CO_2$ III | Gichtgasanalyse $CO_2$ IV | Gichtgasanalyse $CO_2$ V | Gichtgasanalyse $CO_2$ VI | Gichtgastemperatur I | Gichtgastemperatur II | Gichtgastemperatur III | Gichtgastemperatur IV | Gichtgastemperatur V | Gichtgastemperatur VI |
|---|---|---|---|---|---|---|---|---|---|---|---|---|---|---|---|---|---|---|---|---|---|---|---|---|
| 6 – 14 | | | | | | | | | | | | | | | | | | | | | | | | |
| 14 – 22 | 3 | | | | | | 300 | | | | | | | | | | | | 300 | | | | | |
| 22 – 6 | 3 | 3 | | | | | 150 | 480 | | | | | | | | | | | 300 | 300<br>180 | | | | |
| Summe ∅ | | | | | | | | | | | | | | | | | | | | | | | | |

**6 – 14**

$6^{00}$ Stillstand [illegible] gerechnet. [illegible]
Beim [illegible]
[illegible] Ofen [illegible],
kam es zu einem [illegible]
[illegible]. [illegible]
[illegible]
[illegible] wurde mit
[illegible] abgedichtet.
Ofen I
[illegible] bei [illegible]
[illegible]. [illegible]
$12^{15}$ [illegible]
[illegible] Ofen!
Ofen stille angehalten.

Unfälle: [illegible]
[illegible].

**14 – 22**

$14^{00}$ – $17^{15}$ Stillstand
Gasventil abgedichtet.
Form 7 + 9 abgestopft.
" 1, 2, 5, 6, 8, 10 blasen.
$21^{45}$ Wind von 50 auf 20 [illegible]
zurückgestellt.
Aus der Sandtasse schlugen zu
große Flammen heraus.
Sandtasse wird mit Sand
wieder abgedichtet.
Ofen II
Formen abgedrückt u. [illegible] abgestopft
Gasventil abgedichtet
Sandtasse zum Teil gefüllt.

Unfälle: Keine

[illegible]

**22 – 6**

$3^{45}$ Ofen musste angehalten werden,
da Flammen aus Sandtasse (trotz Füllung)
und aus den Flanschen der Gichtgas-
rohre zu stark herausschlugen und
Eisenkonstruktion rotglühend wurde.
Die gefährdeten Stellen wurden provisorisch
mit eingeweichten Blechen abgedichtet.
$5^{00}$ Ofen wieder angeblasen.
Defekte Dichtungen an den Düsen-
spitzen u. Düsenstöcke wurden mit
Kreide bezeichnet. Bei Stillstand
neue Dichtungen einsetzen lassen.
Form 5, 6, 8, 10 blasen.
1 u. 2 sind dunkel.
Ofen II
Sandtasse gefüllt.
$2^{50}$ Ofen angeblasen. Alle Formen hell.
$5^{25}$ Ofen stillgesetzt, 2, 4, 6, 8, 10. Form
abgestopft.
$6^{00}$ Ofen wieder angeblasen.
Unfälle: keine.

[illegible]

Das SED-Politbüro fasste am 5. Februar 1952 einen 15 Seiten umfassenden Beschluss zum EKO. Darin wurden die Schwierigkeiten am Hochofen auf »Fehler in der Projektierung und Planung dieses Großbaues im Fünfjahrplan« zurückgeführt. Hauptverantwortlich dafür sei das Ministerium für Hüttenwesen und Erzbergbau »mit dem Genossen Fritz Selbmann an der Spitze«, der es an »einer systematischen Anleitung und Kontrolle« vermissen ließ und in seiner »Arbeitsweise mit dem Tempo des Aufbaues nicht Schritt halten« konnte.[74] Minister Selbmann wurde Überheblichkeit in seiner Leitungstätigkeit vorgeworfen. Des Weiteren forderte das Politbüro eine durchgreifende Änderung in der Leitung des EKO durch die Schaffung einer straffen, technologisch begründeten Arbeitsordnung, durch engere Zusammenarbeit zwischen Direktion und den Leitungen von SED und Gewerkschaft sowie durch die exakte Festlegung des Verantwortungsbereiches jedes Leiters. Es folgte ein ausführlicher Forderungskatalog zur Verbesserung des Betriebsessens, der Unterbringung in der Barackenstadt, des Arbeitsschutzes, des Berufsverkehrs, der Kulturarbeit und der Architektur der Wohnstadt.

Die vom SED-Politbüro ausgemachten »Hauptverantwortlichen«, Minister Fritz Selbmann sowie seine Abteilungsleiter Kraemer und Zauleck, erhielten sofort eine Parteistrafe. Die SED-Führung schickte außerdem eine »Kommission von 4 hervorragenden Fachleuten« ins EKO, »die für die Dauer von 3 Monaten die oberste koordinierende Leitung aller Arbeiten sowohl in der Produktion als auch im Aufbau der technischen Einrichtungen und Gebäude zu übernehmen hat« und deren dringlichste Aufgabe darin bestand, »sofort eine qualifizierte Leitung für das Werk selbst und für alle entscheidenden Produktionsbereiche zu bilden«.[75] Als quasi »Bewährung in der Produktion« wurde Fritz Selbmann mit der Leitung der Kommission beauftragt. Er war nun faktisch Minister und Werkleiter in einer Person, am Vormittag fungierte er im Ministerium in Berlin und nachmittags fuhr er ins EKO. Erstmalig tagte die Kommission am 7. Februar 1952. Sie war für die nächsten fünf Monate die eigentliche Leitung des Werkes. Ihr gehörten außerdem Karl-Heinz Zieger, Fritz Walter und Rudolf Roßmeisl an.

Zunächst musste der Hochofenbetrieb in Gang gesetzt werden. Unter fachlicher Anleitung von Karl-Heinz Zieger beschäftigte sich die Kommission »mit der Feststellung aller vorhandenen konstruktiven Schwächen und Mängel und deren Beseitigung.«[76] Die Abberufung des Werkleiters Otto Ringel wurde am 7. Februar 1952 bestätigt. Er sollte seinen Urlaub um vier Wochen verlängern und »sich während dieser Zeit nicht im EKO« aufhalten.[77] Bereits einen Tag später wurde diese Entscheidung revidiert und Otto Ringel zum Leiter einer neu geschaffenen Aufbauleitung des EKO bestimmt. Adolf Buchholz blieb kommissarischer Werkleiter, da er »nur sehr geringe Erfahrungen in der Führung eines metallurgischen Großbetriebes hatte«.[78] Im Juni 1952 wurde er dann durch Hermann Fenske ersetzt. Außerdem erhielten die Mitglieder der Kommission leitende Funktionen im Werk: Fritz Walter wurde Personalleiter, Karl-Heinz Zieger neuer Hochofenchef und Rudolf Roßmeisl wurde Kulturdirektor.

Die Werkstruktur des EKO wurde anderen volkseigenen Betrieben angepasst, die wichtigsten Produktionsbereiche zu selbständigen Betriebsabteilungen erklärt. So entstanden die Produktionsabteilungen Hochofen, Erzaufbereitung, Sinteranlage, Erzlagerplatz, Werkverkehr und die Mechanische Werkstatt. Auch die Struktur der Bau-Union Fürstenberg wurde erneuert. Dabei legte die Kommission fest, »dass der Baukomplex Hüttenkombinat und Baukomplex Wohnstadt jeweils als ein selbständiger Baubereich anzusehen ist«. Es entstanden konkrete Strukturpläne für die einzelnen Arbeitsbereiche. Eine Arbeitsordnung wurde bestätigt und eine klare Abgrenzung der Verantwortungsbereiche innerhalb der Leitungen vorgenommen. Weiterhin leitete die Kommission Maßnahmen auf den Gebieten des Arbeitsschutzes, der Wohnfürsorge, der betrieblichen Gesundheitsfürsorge, der fehlenden Kulturarbeit, des Berufsverkehrs und »des vollkommenen Fehlens jeden Ansatzes zur fachlichen Qualifikation der Arbeitskräfte« ein.[79]

Die Betriebszeitung berichtete über den SED-Politbürobeschluss vom 5. Februar 1952.

Abbildung linke Seite: Eintrag im Hochofenbuch am 18. Januar 1952.

## Der verhinderte Schauprozess

*Walter Ulbricht am 18. Januar 1952 in der EKO-Wohnstadt.*

Während im Hüttenkombinat um jede Tonne Roheisen gerungen wurde, liefen in Ost-Berlin eigenartige Dinge ab. Auf Anweisung des Ministers für Staatssicherheit der DDR, Wilhelm Zaisser, wurde ein gewisser Hubert Hermanns aus dem Brandenburger Zuchthaus entlassen. Dort hatte er seit 1945 wegen Wirtschaftsvergehen eingesessen. Nun erhielt er von Zaisser den Auftrag, ein Gutachten über die Planung, Projektierung und den Aufbau des EKO zu erstellen. Diese Expertise sollte Fehler und Versäumnisse aufdecken. Am 10. Januar 1952 diente sie in der SED-Sekretariatssitzung als Gegengutachten zu den Einschätzungen solcher Fachleute wie Diepschlag, Baake, Stoof, Kraemer, Zieger und König. Wer war dieser Hermanns, auf dessen Kompetenz man sich so verließ? Er hatte Gießereitechnik studiert und verfasste in den 30er Jahren zahlreiche Beiträge für diverse Fachzeitschriften und Tageszeitungen. Außerdem war er Verleger eines metallurgischen Fachwörterbuches, das in englischer, französischer und deutscher Sprache erschien.[80] Wenige Wochen später, Anfang Februar 1952, erhielt Walter Ulbricht, der gerade von seiner Inspektionsreise aus dem EKO zurückgekehrt war, ein von ihm in Auftrag gegebenes geheimes Material. Es beinhaltet Personendossiers über Fritz Selbmann, Heinrich Maximilian Kraemer, Rudolf Stoof, Ernst Müller, Otto Ringel und Willi Zimmer. Datiert waren die Schriftstücke auf den 3. Februar 1952. Es waren Dossiers über jene Ingenieure, Wissenschaftler und verantwortlichen Wirtschaftsleiter, die maßgeblich an der Projektierung und am Aufbau des EKO beteiligt waren. Am 4. Februar 1952 tauchte bei Ulbricht ein sechzehnseitiges Dokument unter dem Titel »Betr.: Verdacht der bewussten Störung bei der Projektierung und Aufbau des Eisenhüttenkombinates Ost in Fürstenberg« auf. Verfasser dieses Pamphletes waren drei Polizeiangehörige. Diese entwickelten darin das Szenario einer großangelegten Verschwörung gegen die DDR und das EKO. »Hierbei muss besonders das verantwortungslose Verhalten des Ministers Selbmann hervorgehoben werden.«[81] Die Namen der anderen »Saboteure«, die »unter den aufgeführten Funktionären gesucht werden müssen«, ließ der maschinengeschriebene Bericht offen. Sie waren offensichtlich nachträglich per Hand eingetragen worden.

Wofür wurden diese Gutachten, Personendossiers und Berichte gebraucht? Walter Ulbricht war mit einer Kommission im EKO gewesen und hatte vor Ort die Verantwortlichen zur Rechenschaft gezogen. Auf den Sitzungen des SED-Sekretariats am 10. und 21. Januar 1952 wurde Minister Selbmann im Zusammenhang mit den Problemen im EKO scharf attackiert. Ein Beschluss zur Verhängung von Parteistrafen gegen Selbmann, Zauleck und Kraemer war auch schon formuliert. Ringel war »in Krankheit« geschickt worden und die Ablösung von Zimmer als Hochofenchef stand unmittelbar bevor. Was war noch geplant?

Anfang der 50er Jahre gipfelte der Stalinisierungsprozess der SED in einem Kult um die ideologische Unfehlbarkeit der Partei. Im Rahmen der sogenannten Parteiüberprüfung wurden in einer rigorosen Säuberungswelle bis 1951 Hunderttausende von Mitgliedern aus der SED entfernt. Eine wichtige Rolle spielten dabei Unterwerfungs- und Denunziationsrituale wie »Kritik und Selbstkritik«, die »die symbolische Trennung des Individuums von seiner ›schlechten‹ Vergangenheit und die Unterordnung unter eine als unfehlbar stilisierte Autorität« zum Ziel hatten.[82] Gleichzeitig begann eine Kampagne gegen Führungskräfte sowohl in Bereichen von Staat und Gesellschaft als auch in der eigenen Partei. Begünstigt durch die Atmosphäre des Kalten Krieges entstand eine regelrechte Agentenhysterie, die vor allem der Ablenkung von eigenen Fehlern und Problemen diente.

Nachdem in Sofia und Budapest bereits 1949 Schauprozesse über die Bühne gegangen waren, sich in Prag der Slansky-Prozess anbahnte, stand ein ähnliches Szenario auch für die DDR an. Diese auf Geheiß Stalins vom sowjetischen Geheimdienst und seinen Helfern inszenierten Prozesse dienten der Abschreckung und Gleichschaltung der »Bündnisgenossen« unter das Diktat der Sowjetunion. Initiator dieses Szenarios in der SED-Führung war offensichtlich Walter Ulbricht. Als geschmeidiger Parteitaktiker hatte er ein Gespür für politische Wetterumschwünge. Er kannte die »Spielregeln«, hatte er doch die großen Moskauer Schauprozesse der 30er Jahre hautnah miterlebt. Augenscheinlich war seine Idee, neben dem »normalen Schauprozess« gegen missliebige Parteigänger, einen »Industrieprozess« zu organisieren. Das Vorbild lieferte ihm dabei der Schachty-Prozess von 1929 in der Sowjetunion. Als Angeklagte dieses Prozesses wählte er die Führungsriege des EKO-Aufbaus und dabei vor allem die Angehörigen der bürgerlichen Intelligenz, denn die Hochöfen lieferten noch immer nicht das so dringend benötigte Eisen. Dafür sammelte Ulbricht Material, ließ sich Berichte schreiben und fingierte Beweise. Es war jedoch kein Alleingang Ulbrichts. Eine »Meinungsäußerung aus der Spitze der SKK« gab den Anstoß, dass man »dem Selbmann eins auf den Kopf geben müsse«.[83]

Der geplante Schauprozess fiel jedoch wenige Wochen später ins Wasser. Ausgerechnet die auf Bitten Ulbrichts ins EKO gekommenen beiden sowjetischen Spezialisten, Michailewitsch und Shulgin, brachten das Konstrukt aus Lügen und Anschuldigungen zum Einsturz. Sie »lobten die Grundkonstruktion des Ofens und erklärten die Probleme aus der völligen Unbedarftheit der zweifellos gutwilligen deutschen Kollegen«.[84] Für den schlechten Ofengang war weder ein Saboteur noch der Klassenfeind verantwortlich. Der ungesiebte Koks und zu viel Feinerz »backen« im Hochofen zusammen, verschmelzen zu einer kompakten Masse, dem »toten Mann«. Dieses Problem konnte nur eine Sinteranlage lösen. Also jene Apparatur, die aus der ursprünglichen Planung herausgenommen wurde, als Ulbricht den Projektanten grobkörniges Erz aus Kriwoi Rog versprach. Fritz Selbmann und seine Kollegen kamen mit Parteistrafen und Versetzungen davon.[85]

Bernhard Seeger

# SPITZBARTKRAULEN[86]

Am Hochofen sammelt die Sonne
ihr Strahlenbündel jetzt ein.
Die Niethämmer zischen und brüllen,
tun so, als wär'n sie allein.

Und der zweite Ofen wird eben
mit Blumen zum Richtfest geschmückt.
Und am dritten haben die Maurer
den Hut aus der Stirne gedrückt.

Sekunden schweigen die Hämmer.
Auf Rücken perlt Schweiß hell wie Tau.
Vom Wasser grüßende Kähne,
wie Mohn ihre Fahnen im Blau.

Und zwischen Stubben und Schienen –
der Sand ist noch pulvrig und zart –
steht Walter Ulbricht und lächelt
und krault sich sinnend den Bart.

# Die Aufbaugeneration

## Menschen finden eine neue Heimat

Eisenflechterbrigade auf der EKO-Baustelle, 1950.

Die Beweggründe, Vorstellungen und Lebenslagen der ersten EKO-Generation waren sehr verschieden als sie an die Oder kam. Zu ihr gehörte alles an Schicksalen und Lebensläufen, was die damalige Zeit bereithielt. Aus allen Himmelsrichtungen kamen die Menschen, aus kleinen Handwerksbetrieben und den Dörfern der näheren Umgebung, aus Kriegsgefangenenlagern und aus wohlbehüteten Familien. Ehemalige Nazis und Wehrmachtsangehörige waren ebenso darunter wie Kommunisten und Antifaschisten. Manch einer war mit dem Gesetz in Konflikt geraten und suchte hier nach einer neuen Chance. Die Mehrzahl der Menschen folgte zunächst weder den politischen Versprechungen noch irgendwelchen Aufbauidealen, sondern sie war nach Krieg und Vertreibung, nach den Wirren der Nachkriegsperiode auf der Suche nach Arbeit und Wohnung.

Das EKO wirkte weit über die Region hinaus auf Arbeitsuchende wie ein Magnet. Insbesondere junge Menschen erblickten in diesem Großprojekt eine Chance, Fuß zu fassen und sich eine gesicherte Existenz aufzubauen.

Die hohen Löhne und zahlreiche Vergünstigungen hatten zusätzliche Anziehungskraft. Max Unger, Schachtmeister einer Holzfällerkolonne, erinnerte sich: »Ja, und wenn ich ehrlich sein soll, mit welchen Gedanken und Vorstellungen wir damals anfingen, dann muss ich schon eingestehen, dass wir so viel Bäume wie möglich fällen wollten, um soviel wie möglich zu verdienen und so gut wie möglich zu leben. Und wenn uns dann jemand ein Bild von dem entwarf, was wir mitbauen sollten und was sich einst auf diesem öden Gelände erheben wird, dann schmunzelten wir nur ungläubig oder machten auch mal diese oder jene abfällige Bemerkung.«[87]

Es war aber auch die Faszination des Neuen, worin man seine Kraft und sein Können einfließen lassen konnte, das die Menschen an die Oder zog. »Außerdem kamen die beruflich stark Motivierten, Kreativen, Vorwärtsdrängenden, die vor dem Unfertigen, unzulänglich Provisorischen, mitunter Chaotischen nicht zurückschreckten, sondern die gerade die Chance zur Verwirklichung eigener Ideen reizte.«[88] Angelockt durch die Vergünstigungen zog es auch die Goldgräbertypen hierher, auf der Suche nach dem schnellen Geld. Sie waren oftmals die besten Arbeiter, aber auch diejenigen, bei denen allabendlich in der »Wilden Sau« der Alkohol in Strömen floss und die Stühle flogen. Diese »Wandervögel« blieben meist nur kurze Zeit und zogen bald weiter.

Für die meisten »Hiergebliebenen« änderte sich mit den Jahren ihre Beziehung zum EKO. Es wurde für sie zu einer Herausforderung und man lernte es lieben. Dabei maß man das Ergebnis nicht allein am Lohn, sondern am späteren Erfolg, mit eigener Kraft und unter schlechtesten Bedingungen ein solches Werk aufgebaut und in den Griff bekommen zu haben. Diesem »zusammengewürfelten Haufen« von Menschen wurde das Werk und seine Stadt im Laufe der Jahre zur neuen Heimat. Dabei vollzog sich die Integration der Menschen weniger über ideologische Momente, als vielmehr über die gemeinsamen Erfahrungen des Aufbaus, der harten Jahre der Arbeit sowie der materiellen Vorzüge. Zu dieser Aufbaugeneration gehörten die Schmelzer Herbert Riedel, Joachim Müller, Max Wiedner, Helmut Dachs und Erich Mazur, Maschinisten wie Kurt Conrad und Gerhard Schliebe, Kranfahrer wie Gerhard Leuschner, Kraftfahrer wie Hans Walther und viele andere.

Die in den Anfangsjahren überwiegend junge Belegschaft zeigte ganz andere Verhaltensweisen, als die aus der traditionellen Arbeiterbewegung bekannten. Ein unbändiger Tatendrang, die Lust auf Abenteuer, eine gewisse Unbekümmertheit und Risikobereitschaft, Enthusiasmus und Idealismus sowie die sprichwörtliche Ungeduld der Jugend waren unverkennbare Merkmale dieser Generation. Dabei wurde das »kollektive Erleben« eines schweren Anfangs bei der Errichtung der ersten Produktionsanlagen des EKO und der ersten Wohnkomplexe der Stadt für sie zu einer wesentlichen Erfahrung. Dieses gemeinsame Erlebnis formte eine starke Identifikation dieser Menschen mit ihrem Werk und ihrer Stadt und erzeugte gleichzeitig ein besonderes Eigentümerbewusstsein. Unterstützt von den zeitgenössischen politischen und ideologischen Interventionen erfasste es mehr oder weniger die gesamte Aufbaugeneration und wirkt bis heute nachhaltig fort.

Die Produktionsbrigaden, wie sie um 1950 überall in der DDR entstanden, gingen auf ein sowjetisches Vorbild zurück. Sie schienen als eine kollektive Arbeitsform besonders geeignet, um eine strikte Arbeitsdisziplin zu sichern und als Anleitungs-, Erziehungs- und Kontrollinstrument zu wirken. Als die »kleinste planende und abrechnende Struktureinheit des Betriebes« waren sie insbesondere für die Durchsetzung der Wettbewerbsbewegung und die Einführung eines Leistungslohnsystems von außerordentlicher Bedeutung. Gleichzeitig bedienten die Brigaden auch spezifische Interessenlagen in der Arbeiterschaft.[89] Schon nach wenigen Jahren gehörte die Existenz der Brigaden zum normalen Arbeitsleben im EKO. Trotz einer immer stärkeren Reglementierung durch SED und Gewerkschaft hatte die Brigadebewegung im Alltagserleben der Arbeitenden einen besonderen Stellenwert. Es entwickelten sich Beziehungen, die über die Sphäre der Arbeit hinausgingen. Kollektivität und Kollegialität wurden nicht nur im Produktionsprozess praktiziert, sondern auch in der Freizeit. Gemeinsame Erlebnisse wie Brigadefeiern, Familienausflüge und Kulturveranstaltungen schmiedeten die Brigade enger zusammen.

Mit der Durchsetzung der Brigadestruktur im EKO waren auch die Voraussetzungen für den sozialistischen Wettbewerb geschaffen. Er zielte vor allem auf Planerfüllung, Qualitätssteigerung und Selbstkostensenkung. Bereits Anfang September 1950 war ein Wettstreit zwischen jenen Brigaden auf der EKO-Baustelle entstanden, die nebeneinander die gleichen Arbeiten verrichteten: Bäume schlagen, roden, Wege bauen. Im Laufe der Jahre entwickelten sich verschiedene Formen und Methoden der Wettbewerbsfüh-

## Wir werden Studierende
### an der Fachschule für Eisenhüttenwesen in Stalinstadt

Die Rentabilität und die Steigerung der Produktivität der metallurgischen Betriebe in unserer Republik machen es erforderlich, daß weiterer ingenieurtechnischer Nachwuchs für das Hüttenwesen ausgebildet wird. Die Fachschule für Eisenhüttenwesen in Stalinstadt ist an der Lösung dieser Aufgabe maßgeblich beteiligt. Die Erfahrungen der Sowjet-Union lehren uns, daß wir in der DDR noch nicht in vollem Umfang der wissenschaftlichen Weiterentwicklung der Hüttenindustrie gerecht werden können. Durch die Ausbildung von Ingenieuren der nachfolgenden Fachrichtungen soll vor allem dazu beigetragen werden, daß fortschrittliche Arbeitsmethoden in großem Umfang zur Anwendung kommen, da von dieser Entwicklungsarbeit die Wirtschaftlichkeit wesentlich abhängig ist.
Das erworbene Wissen wird die Ingenieure befähigen, auf höherer Ebene an der Entwicklung der Technik und der gesamten Volkswirtschaft mitzuarbeiten.
Am 1. 9. 1953 beginnt die Fachschule mit der 3-jährigen Ingenieur-Ausbildung in den Fachrichtungen:

**Eisenhüttenmechanik**
**Industrieofenbau**
**Wärmetechnik**
**und ab 1. 9. 1954 Stahlwerktechnik**

Bewerber melden sich sofort bis spätestens 1. 8. 1953 bei der Personalabteilung ihres Betriebes. An Bewerbungsunterlagen sind erforderlich: Ein Personalfragebogen mit Lichtbild, ein Lebenslauf, eine Delegationserklärung des Betriebes, Ausbildungszeugnisse.
Die Aufnahmeprüfung findet in den Betriebsschulen der Werke statt. Ein genauer Termin wird noch bekanntgegeben.
Bei der Beschaffung von Unterkünften wird die Leitung der Fachschule behilflich sein.
Die Gewährung von Stipendien wird nach der staatlichen Bestimmung geregelt (sie bewegen sich in der Höhe von DM 125,- bis DM 160,- zuzüglich Zuschüsse für Verheiratete und deren Familie). Außerdem zahlen die meisten VEB noch Büchergeld.

### 1. Berufsbild des Ingenieurs für Eisenhüttenmechanik

**1. Voraussetzung für die Aufnahme des Studiums**
Der Bewerber muß eine abgeschlossene Lehrausbildung oder mindestens 3-jährige Praxis in einem metallverarbeitenden Beruf nachweisen können. Erforderlich ist ein gut entwickeltes demokratisches Bewußtsein und Kenntnisse in den Grundlagen der Mathematik und Physik. Erwünscht ist der Nachweis einer praktischen Tätigkeit in einem metallurgischen Betrieb.

**2. Ziel der Ausbildung**
Der Ausbildungsplan sieht in den einzelnen Gebieten folgende Fächer vor:
Gesellschafts- und Sprachwissenschaften:
  Gesellschaftswissenschaft, Betriebsökonomie, Deutsch, Russisch, Sport.
Technische Grundwissenschaften:
  Mathematik (Algebra, Trigonometrie, Geometrie, analytische Geometrie, Differential- und Integralrechnung), Physik, Chemie.
Allgemeine Fachwissenschaften:
  Technisches Zeichnen, Entwerfen, Statik, Dynamik, Festigkeitslehre, Maschinenteile, Formung, Werkstoffkunde, Werkstoffprüfung, Elektrotechnik, Wärmetechnik.
Die vorstehenden Fächer sind in ihrer Behandlung auf die nachfolgenden Themen der speziellen Fachwissenschaften abgestimmt.
a) Maschinentechnische Anlagen der Roheisen- und Stahlerzeugung,
   z. B. Mechanik des Hochofens, der Roheisenmischer, der Konverter, der SM-Öfen, der Masselgießmaschinen, der Erzaufbereitung, der Sinteranlagen, der Gasreinigung.
b) Förderanlagen der Hüttenbetriebe,
   z. B. Wagenkipper, Förderbänder, Aufzüge, Krane.
c) Antriebs- und Arbeitsmaschinen,
   z. B. Pumpen, Verdichter, Aufbau, Eigenschaften und Einsatz der Brennkraftmaschinen, der Dampfturbinen und Dampfmaschinen.
d) Werkzeugmaschinen
   Übersicht über Aufbau und Einsatz der verschiedenen Werkzeugmaschinen.
e) Elektrische, optische und hydraulische Meß- und Steueranlagen,
   z. B. Regelung des Hochofenprozesses, Steuerung des SM-Ofenprozesses, Steuerung von Bändergruppen.

Werbeflugblatt für die Fachschule für Eisenhüttenwesen Stalinstadt, die vom Oktober 1952 bis August 1954 bestand.

Die Lehrlingsausbildung des EKO begann im September 1952 in einem Lager bei Güldendorf.

Das Gros einer Besatzung am Hochofen, die damals aus mehr als zwanzig Arbeitern bestand, waren immer noch ungelernte Hilfsarbeiter. Eine Analyse aus dem Jahre 1952 ergab, dass 96 Prozent der EKO-Beschäftigten weitergebildet bzw. umgeschult werden mussten, da sie Ungelernte waren oder aus betriebsfremden Berufen kamen. Von Anfang an gab es deshalb eine gezielte Ausbildungsstrategie im Werk. Berufsbildende Volkshochschulkurse wurden eingerichtet, Schulungen für Gewerkschafter und SED-Mitglieder veranstaltet. Im Juli 1952 entstand eine Technische Abendschule (TAS), die verschiedene Lehrgänge für die benötigten Arbeitsplätze anbot. Die Schule hatte anfangs keinen festen Standort, unterrichtet wurde in Kulturbaracken und Sozialräumen. Im Februar 1953 konnte eine Baracke mit vier Unterrichtsräumen bezogen werden.

Die Lehrlingsausbildung im EKO begann im September 1952. 109 Jungen und 5 Mädchen waren die ersten Lehrlinge, die innerhalb eines Jahres zum Hochöfner, Schlosser und Schweißer ausgebildet wurden. 1953 verlängerte sich die Lehrzeit auf drei Jahre. Als 1961 ein neues Gebäude für den theoretischen Unterricht, Fachkabinette für die Elektroausbildung und die Turnhalle in der Waldstraße fertiggestellt waren, hatte die Betriebsberufsschule bereits über vierhundert Lehrlinge.

Anfang November 1953 wurde die TAS in die Technische Betriebsschule umgewandelt. Diese bot nun verschiedene Arten der Qualifizierung an, wie »die Qualifizierung für den derzeitigen Arbeitsplatz«, die »Höherqualifizierung«, die »Aktivistenschule«, produktionstechnische Kurse und Schulungen, Vorbereitungskurse für das Fach- und Hochschulstudium sowie Sonderprüfungen für Meister, Techniker und Ingenieure. So liefen beispielsweise im Jahre 1954 dort 45 Lehrgänge mit insgesamt 1.266 Teilnehmern. 66 Hochöfner bestanden ihre Facharbeiterprüfung, darunter zehn Frauen. In Gröditz wurden zur selben Zeit 20 Siemens-Martin-Stahlwerker, in Riesa sechs Gütekontrolleure, in der Maxhütte 60 Thomasstahlwerker und in Kirchmöser 45 Walzwerker ausgebildet. Diese Prozesse waren mit einem strukturellen Wandel der Berufsbilder und Qualifikationen verbunden. Bis dahin gab es den Beruf eines Hochöfners nicht. Es war eine Hilfsarbeit, die keiner weiteren beruflichen Qualifizierung bedurfte. Erst in der DDR und nicht zuletzt auf Initiative von Karl-Heinz Zieger wurde der Lehrberuf des Hochöfners geschaffen und die Fachschule für Roheisenerzeugung in der Maxhütte gegründet, deren Absolventen auch im EKO ihren Weg machten. Allmählich entstand im Eisenhüttenkombinat eine feste, qualifizierte und hoch motivierte Stammbelegschaft.

rung im Werk. Dabei wurden zunehmend neue Aufgaben integriert, die weit über die eigentlichen Produktionsziele hinausgingen, wie der Beitritt zu speziellen Organisationen und die Erfüllung eines Kulturplanes. Dadurch gerieten politische und ideologische Aktivitäten immer mehr in den Mittelpunkt, die jedoch wie auch einige »Rituale« echten Bedürfnissen der Arbeiter entsprangen. »Der Hochöfner wollte sich die Prämie nicht im Vorbeigehen vom Meister zustecken lassen. Der Wettbewerbssieg sollte verkündet und gefeiert werden. Was als ›Auszeichnungsveranstaltung‹ später zu müder Routine missriet, war in den fünfziger Jahren eine – mehr oder minder tief – als verdient empfundene und erwartete Würdigung unumstrittener Leistung.«[90]

Als Ende 1951 der erste Hochofen angeblasen wurde, waren im EKO etwa 1.400 Arbeitskräfte beschäftigt. Bis Ende 1952 wuchs deren Zahl sprunghaft auf 5.600 an. Ein Großteil derer, die ihre Tätigkeit im EKO aufnahmen, kam von der Bau-Union Fürstenberg. Der ortsgebundene Arbeitsplatz, eine bessere Entlohnung, die schnelle Aussicht auf eine eigene Wohnung und andere »Sonderleistungen«, wie z.B. Sonderverkäufe und Werkessen nach den Bestimmungen der Bergmannsverpflegung, lockten zahlreiche Bau- und Montagearbeiter an. Dazu kamen die zahlreichen Hilfsarbeiter, die die Bau-Union für die Rodungs- und Aufschlussarbeiten der ersten Jahre eingestellt hatte, und deren Betätigungsfelder immer mehr zurückgingen. Diese zumeist ungelernten Arbeitskräfte, unter ihnen viele Frauen, sahen im neuen Werk ihre berufliche Perspektive. Weiterhin fehlte es im Werk jedoch an Fachleuten. Zwar kamen qualifizierte Arbeitskräfte aus Thüringen und Sachsen, doch reichten diese nicht aus.

## »Es war eine schöne Zeit ...« – Manfred Groß[91]

Geboren bin ich 1935 in Riesa und mit 19 Jahren wurde ich Ingenieur für Walzwerkstechnik. Im Juli 1954 kam ich ins EKO. Insgesamt waren wir damals elf Absolventen, neun Hochöfner aus der Maxhütte und wir zwei Walzwerker aus Riesa. Ich glaubte damals, bald wird es mit dem Bau des Stahl- und Walzwerkes weitergehen. Karlrolf Arenbeck überredete mich hierzubleiben und die Zeit bis zum weiteren Ausbau am Hochofen zu überbrücken. Also musste ich mich zum Hochofenmeister weiterbilden und Arenbeck wurde mein Mentor. Weihnachten 1954 hatte ich meinen ersten Einsatz als Meister am Hochofen II. Dort blieb ich bis 1957. Danach war ich am Hochofen IV, das war der Hochofen der Jugend »Philipp Müller«. Hier wurden junge Leute zusammengefasst, das war eine feine Sache. Viele von uns wohnten im Ledigenheim und wir waren auch in der Freizeit viel zusammen. Da sind wir mit unseren AWO's, die wir von der GST bekamen, oft zum Camping nach Müllrose gefahren. [...] Im Oktober 1959 kam es zu einer Havarie am Ofen und ich wurde zum technischen Direktor, das war Wilhelm Dönau, zitiert. Doch ich bekam keine Standpauke, sondern Dönau sagte, dass das EKO erweitert wird und ich sollte nach Berlin zum Mepro gehen. Also ging ich mit drei Kollegen aus dem EKO nach Berlin, wo wir an der Projektierung des Walzwerkes mitarbeiteten. [...] Im Frühjahr kam Kraemer, der war damals Direktor der Mepro, von einer Tagung des RGW wieder und verkündete: Auf Beschluss des RGW wird nur das Kaltwalzwerk gebaut und das bauen nicht wir, sondern die Sowjetunion. Wir waren natürlich sauer, die ganze bisherige Arbeit umsonst. Nun stand für mich wiederum die Frage: wie weiter? Ich ging zurück ins EKO und wurde technischer Assistent vom Werkleiter Bruno Teichmann. Ab 1964 war ich dann im Bereich Investitionen tätig und u.a. auch beim Bau des KWW dabei. Als 1981 das Stahlwerk gebaut wurde, wollte ich zurück in den Bereich Investitionen. Aber mein Chef ließ mich nicht gehen, also bin ich immer ohne sein Wissen auf die Baustelle, um das Entstehen des KSW zu verfolgen. [...] Bis 1978 bin ich bei Invest geblieben und als die Arbeit dort aufgrund von fehlenden Investitionen zurückging, wechselte ich in den Arbeitsbereich Kultur, Erholung und Wohnungswesen. Auch hier hatte ich mit Menschen zu tun und das machte schon Spaß. Das ging bis zum 30. September 1990, dann war Schluss. Mittlerweile bin ich Rentner, aber mit meinem Werk bin ich immer noch verbunden. Ich mache Betriebsführungen, denn ich kenne mich überall aus. [...] Fazit: Es gab nicht immer nur Freude. Aber die Arbeit im EKO hat auch Spaß gemacht, es war eine schöne Zeit.

Manfred Groß.

Manfred Groß (rechts) bei seiner Jugendbrigade am Hochofen IV, 26. Februar 1958.

## »Sie hatte nie richtig loslassen können ...« – Ursula Kaulitz über ihre Mutter Charlotte Kaulitz [92]

Charlotte Kaulitz (3. von rechts) mit ihrer Schicht A im Gebläsehaus.

Bescheinigung über Kinderunterbringung im Schülerwochenheim während der Qualifizierung.

*Meine Mutter nahm am 29. November 1951 die Arbeit im EKO auf und verstarb genau 46 Jahre später, ebenfalls an einem 29. November. Ich möchte versuchen, chronologisch die schweren Jahre zusammenzufassen, wie ich es aus den Erzählungen meiner Mutter kenne und was die Dokumente belegen. Ich war gerade einmal drei Monate, als meine Mutter und mein Bruder, er war 1½ Jahre alt, 1951 nach Fürstenberg kamen. Wir wohnten zunächst in der Wohnstadt, Block II, Aufgang A. Am 29. November war für meine Mutter, sie hieß damals noch Charlotte Hoffmann, der erste Arbeitstag. Sie begann als Transportarbeiterin in der Hofkolonne. 1953 heiratete meine Mutter. Sie war nun Bandwärterin in der Erzaufbereitung. 1954 wurde mein jüngerer Bruder geboren. Mit einem Jahr erkrankte er an Gelbsucht und meine Mutter musste bis 1957 zu Hause bleiben.*

*Am 28. Mai 1957 begann sie erneut im EKO als Maschinistin. Im gleichen Jahr kam die Scheidung und meine Mutter stand mit drei Kindern allein da. Im Jahr 1958 wurde mein jüngster Bruder geboren. Die Arbeit und die Sorge um das Wohl ihrer Kinder bestimmten ihr Leben. Sie schaufelte die Kohlen allein in den Keller, hackte Holz, weckte Obst ein und sie musste uns kleiden und versorgen, ohne Unterhalt von den Vätern zu bekommen. So wurde ständig gerechnet, denn der Lohn war gering. Meine Einschulung erfolgte 1958. Mein Bruder und ich kamen ins Schülerwochenheim. Diese Zeit war für uns Kinder sehr schön und hat mich geprägt. Dort habe ich alles gelernt, was man zum späteren Leben brauchte. Wir lernten Bergsteigen, Schwimmen, mit Tieren umgehen, Kochen, hatten Tanz- und Theatergruppen, Fotozirkel und vieles mehr. Wir sangen und tanzten in Altersheimen, im EKO und zu städtischen Höhepunkten. Die Kreativität wurde gefördert und unsere Mutter wusste uns in guten Händen. Sie arbeitete im Drei-Schicht-System und holte uns immer heim, wenn sie frei hatte. Ich kann mich auch erinnern, dass sie, wenn sie mal eine Banane oder anderes Obst aus der Werkkantine mitbrachte, dieses immer durch vier teilte und selbst auf die wichtigen Vitamine verzichtete. 1961 heiratete sie erneut, setzte sich noch einmal auf die Schulbank und qualifizierte sich zur Gebläsemaschinistin. Sie machte Neuerervorschläge, wurde ausgezeichnet und erhielt 1974 endlich die Facharbeiteranerkennung als Maschinistin. Noch immer fuhr meine Mutter bei Wind und Wetter, Eis und Schnee mit dem Fahrrad, egal ob Tag oder Nacht, vom Wohnkomplex VI ins Werk zur Schicht. Ich kann mich an keinen Tag erinnern, an dem sie unpünktlich erschienen wäre. Am 30. Mai 1983 nach dreißig harten Arbeitsjahren schied sie aus dem EKO aus, erschöpft, krank und nicht mehr arbeitsfähig. So hart und schwer das Leben und die Arbeit für unsere Mutter auch waren, immer wenn sie von ihrem EKO und den Kollegen sprach, strahlten ihre Augen. Als sie 1993 an den Nieren schwer erkrankte und in der Klinik kurz vor der Operation stand, sprach sie im verwirrten Zustand nur von Ihrem Gebläsehaus und dem Fahrrad, mit dem sie gleich zur Nachtschicht müsse. Sie hat nie richtig loslassen können.*

## »Ich war gerne im EKO.« – Günther Engel[93]

Günther Engel im Rangierhaus Ziltendorf.

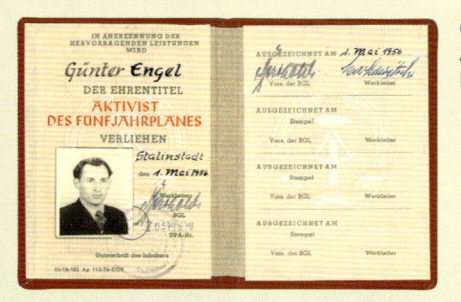

Günther Engel – Aktivist des Fünfjahrplanes, 1. Mai 1956.

*Geboren wurde ich 12 Kilometer östlich der Neiße in Reichersdorf. Aufgewachsen bin ich auf einem Rittergut. Als ich 16 Jahre alt war, musste ich noch zum Militär. 1945 kam ich aus amerikanischer Kriegsgefangenschaft nach Großdrewitz und habe bei einem Bauern gearbeitet. Danach war ich bei einem Forstbetrieb. 1950 fing ich bei der Bau-Union an, denn da verdiente ich dreimal so viel wie im Wald. Wir verlegten die Gleise für die Kleinbahn. 1952 ging ich ins EKO, zum Werkverkehr. Ich wurde Rangierleiter am Hochofen. Die ersten Jahre waren sehr hart, oft mussten wir die ganze Nacht durcharbeiten, bei jedem Wetter. So war es auch am 20. Mai 1958. Es war die letzte Nachtschicht. Ich hatte Fieber und blieb da, weil wir Personalprobleme hatten. Ich bin mit dem Bein in eine Weiche gekommen, es musste amputiert werden. […] Ein Jahr war ich krank, dann habe ich eine Ausbildung gemacht und danach im Stellwerk Ziltendorf angefangen. Dort war ich bis 1990, dann bin ich in den Vorruhestand gegangen.*

## Ihn kannte jeder – Walter Schulz[94]

Walter Schulz vor seinem KOM 65 Mercedes, 1951.

Am 5. Juli 1951 wechselte Walter Schulz vom Kraftverkehr Fürstenberg mit seinem Kraftomnibus vom Typ Mercedes 65 zur EKO-Abteilung Straßenfahrzeuge. Dieses Fahrzeug war bis Anfang der 60er Jahre im Einsatz. Danach fuhr er die Ikarus-Modelle 31 und 55 Luxus. Als Busfahrer kannten wohl alle im EKO Walter Schulz. Er fuhr die Fußballmannschaft von der BSG Stahl zu den Punktspielen, Brigaden zu Feiern oder ins Theater, Kinder ins Ferienlager und er war auch im Berufsverkehr unterwegs. Seine längste Fahrt führte ihn nach Moschina (Polen). Trotzdem wird Walter Schulz mit seinem Bus während seiner Berufszeit im EKO schon ein paar Mal die Erde umkreist haben.

## Frauen der ersten Stunde

Auf den EKO-Baustellen verrichteten Frauen schwere körperliche Tätigkeiten.
Aufnahme von 1951.

Das alltägliche Bild der Aufbaujahre des Eisenhüttenkombinates bestimmten vor allem Frauen. Ihre Leistungen blieben zumeist im Schatten der Politiker, Hochöfner, Schmelzer und Rekordmaurer. Doch waren es insbesondere die Frauen, die das Terrain bereiteten, auf dem die Produktionsanlagen des EKO entstanden. Unter diesen Frauen waren viele Mädchen, die hier ihre erste Anstellung erhielten, sowie junge Frauen, die bis dahin lediglich Gelegenheitsarbeiten verrichteten. Die meisten von ihnen hatten in jenen Jahren nicht nur keinen Beruf, sondern auch keinen Ernährer für sich und ihre Kinder. Das neue Werk bot ihnen die Möglichkeit, eine gut bezahlte Arbeit zu finden. Für die Mehrzahl dieser Frauen blieb das EKO – trotz persönlicher Brüche – immer ein »Stück ihres Lebens«.

Auf der EKO-Baustelle war die Zahl der Frauen von Anfang an sehr hoch. Unter den 1.160 Arbeitskräften, die im Oktober 1950 hier beschäftigt waren, gab es 597 Frauen, davon waren 201 unter 18 Jahre. Knapp drei Jahre später arbeiteten im Werk mehr als 1.800 Frauen und am Ende des Jahrzehnts waren es immer noch 1.400 weibliche Arbeitskräfte. Durchschnittlich pendelte der Frauenanteil an der Gesamtbelegschaft zwischen 20 und 28 Prozent. Die Zahl der weiblichen Arbeitskräfte, die unmittelbar am Aufbau des EKO beteiligt waren, lag jedoch viel höher. Sie waren in den ersten Jahren bei der Bau-Union Fürstenberg beschäftigt. Manche Brigaden bestanden ausschließlich aus Frauen, zumeist aus minderjährigen Mädchen.

«Ich war damals knapp 16 Jahre, als ich am 22. August 1950 als Tiefbauarbeiterin auf der EKO-Baustelle begann«, erinnerte sich Erika Franke. »Da ich keine Lehrstelle gefunden hatte, war ich froh über die Anstellung bei der Bau-Union Fürstenberg. Damals verdienten wir monatlich 180 Mark. Dafür musste man schwer arbeiten: Bäume fällen, Feldloren beladen, Straßen bauen. Andere Mädchen verlegten Gleise zum Bahnhof Ziltendorf und schütteten hierfür Dämme auf. Wir arbeiteten im Dreischichtsystem, d.h. auch nachts. Es gab nur Wald und zwei Baracken. Die eine war das Einstellungsbüro; in der anderen waren Geräte. Da diese nicht ausreichten, wurden Äxte und Schaufeln von zu Hause mitgebracht. In der Gaststätte ›Wilde Sau‹ haben wir nach der Arbeit rote Brause getrunken und am einzigen Kiosk auf der Baustelle konnte man einkaufen. Später gab es Bezugsscheine für verbilligte Schuhe, die wir in der Verkaufsstelle der Barackenstadt einlösen konnten.«[95]

Trotz mancher Vorbehalte standen die Frauen und Mädchen von Anfang an ihren »Mann«, wie die Lokführerin Christel Urban, die Schachtmeisterin Rosemarie Gutermuth, die Baggerführerin Erika Nitzel, die Betriebsleiterin Siegrid Nicolaus oder die Hochöfnerin Inge Bahla. Die Frauen selbst verstanden ihre Gleichberechtigung nicht anders und scheuten keine körperlich schwere Arbeit. Sie schlossen sich zu eigenen Brigaden zusammen, wie die legendäre Frauenbrigade »Rosa Luxemburg« von Helga Krüger oder die Frauenmaurerbrigade »Warschauer Tempo« von Ellen Kraft, und begegneten der aufkommenden Skepsis und Überheblichkeit ihrer männlichen Kollegen mit erfüllten Normen und einem besonderen Enthusiasmus. Als im März 1952 beim Bau des Zulaufkanals in den Pohlitzer See während der Betonierungsarbeiten der Damm zum Kanal brach und drohte, die gesamte bisherige Arbeit zu vernichten, stiegen die Mitglieder der Frauenbrigade »Warschauer Tempo« in das eiskalte Wasser, rammten Bohlen und Pfähle in den Grund und sicherten so den Damm, bis ihnen ihre männlichen Kollegen zu Hilfe kamen.

Die traditionelle Rollenverteilung von Mann und Frau hielt sich in solchen Männerdomänen wie der Bauwirtschaft und der Hüttenindustrie besonders hartnäckig. In der Produktion hatten die Frauen deshalb vielfach nur eine »Ersatzfunktion«. Sie kamen an solchen Arbeitsplätzen zum Einsatz, wo sie männliche Arbeitskräfte vertreten sollten, damit diese dann zu Schwerpunktvorhaben umgesetzt werden konnten. Im Verlaufe der 50er Jahre gelang es den Frauen im Eisenhüttenkombinat aber immer besser, ihre gesetzlich verankerten Rechte einzufordern, und sie drangen in bislang fast gänzlich von Männern beherrschte Bereiche vor.

Einen großen Anteil daran hatte der im Februar 1952 gebildete Frauenausschuss, dessen erste Vorsitzende Inge Schoop war. Er nahm Einfluss auf die betriebliche Qualifizierung der Frauen und sorgte dafür, dass die Frauen bei der Besetzung politischer, gewerkschaftlicher und betrieblicher Positionen berücksichtigt wurden. Darüber hinaus kümmerte er sich um die Arbeits- und Lebensbedingungen sowie die Einhaltung der gesetzlichen Rechte der Frauen. Auf seiner ersten Sitzung hatte der EKO-Frauenausschuss erklärt: »Wenn die Gleichberechtigung der Frau auch in der Produktion in dem Maße vorhanden ist, wie es das Gesetz fordert, dann wird unser Frauenausschuss überflüssig sein.«[96] Noch lange Jahre sollten die Frauenausschüsse ihre Daseinsberechtigung behalten, denn die gesetzlich verankerte Gleichstellung von Frau und Mann musste hart erkämpft werden.

Mit der betrieblichen und strukturellen Entwicklung des Eisenhüttenkombinates und der zunehmenden Qualifizierung der Frauen vollzog sich ein nicht zu unterschätzender sozialer Wandel. 1954 waren von den etwa 1.700 weiblichen Arbeitskräften über 72 Prozent als Hilfs- und Betreuungspersonal tätig und lediglich 19 Prozent als Produktionsarbeiter. Dort waren sie vor allem als Schaltwärterin, Kranführerin, Maschinistin und Laborantin eingesetzt. Mitte der 50er Jahre gab es schon 13 weibliche Facharbeiter am Hochofen und fünf weibliche Meister im Werk. Neun Frauen hatten sich für leitende Funktionen qualifiziert und erhielten Einzelverträge. Im Jahr 1956 sank der Anteil weiblicher Produktionsarbeiter noch einmal auf zwölf Prozent, stieg aber am Ende des Jahrzehnts wieder stark an. 1960 waren von den 1.400 Frauen im Werk über 46 Prozent in der Produktion und nur noch 30 Prozent als Hilfs- und Betreuungspersonal beschäftigt.

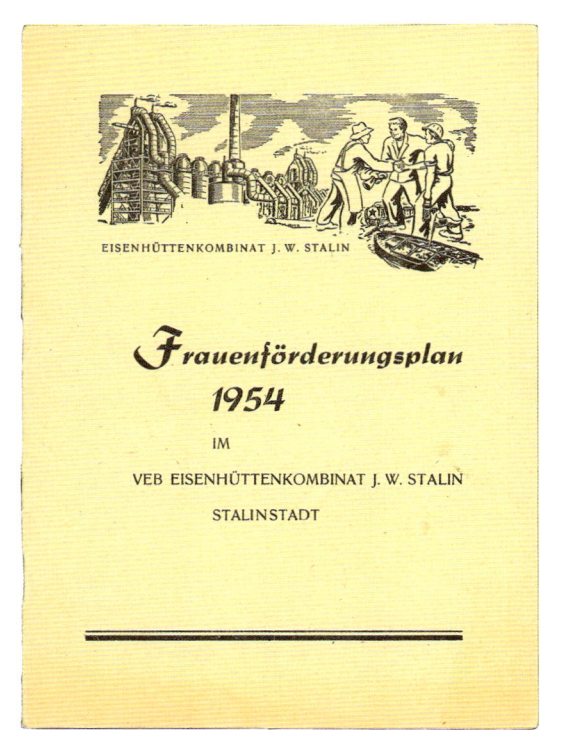

Foto links:
Herta Hoffmann im April 1951 vor dem Hochofen. Von 1950 bis 1952 leitete sie eine Jugendbrigade.

Foto rechts:
Der Anteil von Frauen an der Aufbaugeneration des EKO war sehr hoch.

Über den Anspruch der Frau, »als ganzer Mensch« zu leben, und die damit verbundene Herausforderung der Gesellschaft formulierte Christa Wolf recht provokativ:
»Mit Frauenförderplänen, mit Krippenplätzen und Kindergeld allein kann sie ihm nicht mehr begegnen; auch damit nicht, glaube ich, dass sie mehr Frauen in jene Gremien delegiert, in denen überall in dieser Männerwelt, auch in unserem Lande, die ›wichtigen Fragen‹ von Männern entschieden werden. Sollen Frauen es sich überhaupt wünschen in größerer Zahl in jene hierarchisch funktionierenden Apparate eingegliedert zu werden? Rollen anzunehmen, welche Männer über Jahrhunderte hin so beschädigt haben?«[97]

Ellen Kraft im März 1952.

## Die Vorzeigebrigade – Ellen Nitz, geb. Kraft [98]

*Im Sommer 1951 bin ich nach Fürstenberg gekommen. Ich hatte in Weimar Architektur studiert und mein Vordiplom gemacht. Nun wollte ich in die Praxis und sehen wie der Bauablauf auf einer Großbaustelle funktioniert. Deshalb habe ich die Schippe und die Kelle selbst in die Hand genommen. Zunächst kam ich in die Brigade »Roter Oktober«. Das war eine wirklich gute Brigade. Dort wurde mir alles beigebracht, was man so auf dem Bau wissen musste. […] Eines Tages trat die FDJ-Kreisleitung an mich heran und fragte, ob ich nicht eine eigene Brigade von Maurern gründen wollte. Es sollte eine Frauenbrigade sein, denn es gab viele Frauen, die hier als Hilfsarbeiterinnen zum Teil schwere Arbeiten machen mussten. Für mich war das im Prinzip eine gute Sache und ich hörte mich um, wer daran Interesse hätte. Sehr schnell merkte ich, dass das nicht ganz so einfach war. Denn es gab ein Problem und das war die Bezahlung. Die Frauen, die als Hilfsarbeiterinnen tätig waren, bekamen für ihre schwere Arbeit einen guten Lohn. Als Maurerumschüler, wie es dann offiziell hieß, konnten sie aber noch nicht einmal den vollen Maurerlohn erhalten. Das hat natürlich einige gute Mädchen abgehalten, in die Brigade zu gehen. Aber einige hatten zugesagt. […] Dann kam der Frauentag 1952. Im EKO fand eine Frauenkonferenz statt. Dort bin ich aufgetreten und habe zur Bildung einer Frauenbrigade aufgerufen. Die Mädels, die ich bereits vorher geworben hatte, standen auf und erklärten sich bereit, mitzumachen. Insgesamt waren wir dann fünf Mädchen, die auch den Kern der neuen Brigade bildeten. Dazu gehörten Erika Heinze, Helga Baumgart, Christa Schulz und Lisa Karge und wir nannten uns »Warschauer Tempo« […] Wir bekamen eine Baustelle an der Sinteranlage zugewiesen. Das war eine relativ leichte Arbeit, denn man brauchte nur geradeaus zu mauern und keine Ecken loten. Dabei habe ich den Mädels die ersten Handgriffe beigebracht. Denn sie mussten ja erst einmal mauern lernen. Einen Maurerpolier hat man uns auch zugeteilt. Doch er hatte einen schlechten Ruf bei Frauen. Am Anfang ging noch alles gut, er war freundlich, nett und hatte auch mal mit zugegriffen. Nach und nach verschwand er jedoch öfter, um Material zu besorgen oder andere Dinge zu klären. Dann war er in den Baubuden, in denen es einen Bierausschank gab. Alle Arbeit blieb* nun an mir hängen. Ich musste die Mädels anleiten, meine eigene Norm schaffen, musste mich ums Material kümmern und die Abrechnungen machen. Denn sonst hätte es ja kein Geld gegeben. Das war eine ganz schlimme Zeit. Das ging soweit, dass ich spätabends oder ganz frühmorgens auf die Baustelle ging und einen Tagessatz vermauerte, damit wir überhaupt zu etwas kamen. Und um die 500 Steine zu vermauern, da musste man schon ganz schön was tun. […] Der Polier hat uns überhaupt nicht mehr geholfen. Im Gegenteil, wenn uns die Männer wieder einmal schlecht machten, dann stand er dabei und schwieg. Das war uns dann doch zuviel. So haben wir uns ihn nach Feierabend in der Baubude vorgenommen und grün und blau geschlagen und gesagt, dass wir ihn morgen nicht mehr sehen wollen. […] Als erste Frauenmaurerbrigade der DDR wurden wir hochgelobt. Ich mußte zu allen möglichen Veranstaltungen und über unsere Erfahrungen berichten. Doch wirkliche Unterstützung erhielten wir nicht, wir waren lediglich eine Vorzeigebrigade. Das zeigte sich schon daran, dass wir erst im August den ersten Vertrag bekamen. Solange habe ich darum gekämpft, denn daran hing ja der Lohn. Wir haben sowieso für einen Hungerlohn gearbeitet und ich hatte Mühe, den Arbeitsenthusiasmus hochzuhalten. Beim »Roten Oktober« hatte ich noch monatlich über 700 Mark und das war für die damalige Zeit viel Geld. Jetzt bekam ich knapp 400 Mark.

Es war wirklich schwer für Frauen, diese körperliche Arbeit. Oftmals konnten die Mädels nicht mehr. Dazu wurden wir auch noch von den Männern verhöhnt. Es war nicht leicht. […] Als das an der Sinteranlage zu Ende ging, wusste ich auch nicht mehr, wie es weiter gehen sollte, denn nun kamen anspruchsvollere Aufgaben. Da riet uns Siggi Graupner in die Wohnstadt zu gehen, da gab es lange Strecken zu mauern und da könnte man auch was verdienen. Also sind wir im Sommer '52 in die Wohnstadt gegangen und haben dort gebaut, z.B. am Krankenhaus. Zur gleichen Zeit fuhr ich mit der ersten Bauarbeiterdelegation der DDR in die Sowjetunion. Während ich weg war, haben sie die Mädels auseinandergetrieben. Sie lockten mit Angeboten in die Verwaltung oder als Kindergärtnerin. Wir waren dann nur noch zu dritt und mit der ganzen Frauenbrigade war es vorbei. […] Die Frauenmaurerbrigade war also eine relativ kurze Episode. Von März bis Oktober 1952, dann war alles vorbei. Ich sah ein, dass es mit der Gleichberechtigung nicht so lief. Partei, Gewerkschaft und Betriebsleitung hatten kein echtes Interesse, Frauen als Maurer auszubilden.

Foto oben:
Frauenbrigade »Warschauer Tempo« auf einer Baustelle.

Foto unten:
Am 8. März 1952 rief Ellen Kraft (Mitte) zur Bildung der Frauenbrigade auf. Hier im Gespräch mit der Generalsekretärin der IDFF, Marie-Claude Vaillant-Conturier (rechts).

Die Apparatewärterin Inge Bahla
bei der Eisenprobe.

Abbildung rechte Seite:
Der zeitgenössische Bildtext lautete:
»Siegrid Nicolaus ist die erste Hochofentechnikerin
der Deutschen Demokratischen Republik. Sie war
die erste Frau, die die Vorurteile gegen die Frauenarbeit
am Hochofen überwand und als Schichtassistentin im
Eisenhüttenkombinat Ost arbeitete. Heute ist die erst
23-Jährige Betriebsleiterin der Granulieranlage des EKO.«

## » ... ich dachte, ich müsste sterben.« – Inge Bahla[99]

*Ich habe schon im Dezember eine Übertragung über das EKO im Radio gehört, und ich war einfach begeistert und dachte, da musst du unbedingt hin. Ich dachte, dort siehst du doch richtig, wie das Neue bei uns gebaut wird und dort erlebst du es am stärksten. Hier ist doch jetzt, wo wirklich nichts Altes mehr dran haftet, sondern wo einfach ganz von vorne angefangen wird und ganz neu. […] Gerade hier sind auch die besten Menschen, denn die meisten gehen doch aus Begeisterung hierher. […] Dann bin ich ins Werk gekommen und bin zunächst in die Personalabteilung gegangen. Ich hatte in meinem Lebenslauf geschrieben, ich kann Schreibmaschine schreiben. »Also gehst Du als Sekretärin«. […] Ich sagte, nein. Ich bin hergekommen und will wirklich draußen arbeiten, nicht irgendwo im Büro rumsitzen. […] Ich wurde Bandwärterin in der Erzaufbereitung. Wenn ich frei hatte, bin ich oftmals an die Hochöfen vorgegangen und hab mir so am Ofen alles angeguckt: Abstich. Und habe mir dann alles erklären lassen – Schrägaufzug, Messhaus – wie das alles hier aufeinanderfolgt, den ganzen Prozess. So wusste ich schon bald Bescheid, das hat mich furchtbar interessiert. Und dann hieß es einmal, dass Frauen am Hochofen eingestellt werden. Da dachte ich, das wäre eigentlich prima und gleich früh bin ich hingegangen, wurde Apparatewärteranlernling. […] Die Arbeit am Ofen gefällt mir schon deshalb, denn wenn du einen Handgriff mal falsch machst, kann was passieren. Wenn du in der Verwaltung irgendwo arbeitest, da kannst du ruhig ein falsches Wort sagen, das lässt sich immer wieder vertuschen. Aber hier lässt sich einfach nichts vertuschen, dort musst du, dort muss einfach alles genau sein. Da habe ich mir dann auch überlegt, als ich anfing, es ist doch auch kein Wunder und es kann ja auch nicht anders sein, dass die Arbeiter zuerst die Fehler erkennen, auch die in den Menschen, in seinem Charakter so stecken, weil bei ihnen an der Maschine dürfen sie auch nichts falsch machen. Da muss alles stimmen – entweder ja oder nein. Genauso sind sie selber. […] Als mein Vater verunglückt war und er gestorben ist, im Dezember, wollte meine Mutter unbedingt, dass ich zu Hause bleibe. Also ich dachte, ich müsste sterben. Ich dachte, jetzt darfst du nie mehr hin, du darfst einfach an keinem Abstich mehr dabei sein, du darfst die Fackel nicht mehr brennen sehen, du darfst die ganzen Geräusche am Ofen, wenn die Gebläse heulen und die Lokomotiven pfeifen, das alles darfst du nicht mehr hören. Ich dachte, das kann es doch gar nicht geben. Ich kann es gar nicht beschreiben.*

Nr. 47
21. November 1952
7. Jahrgang
PREIS **30** PF.

# die Frau von heute

MONAT DER DEUTSCH-SOWJETISCHEN-FREUNDSCHAFT 1952

## EKO als Jugendobjekt

FDJ-Vorsitzender Erich Honecker beim Richtfest des Jugendkulturhauses in Stalinstadt am 27. Oktober 1953.

Von Anfang an bestimmten Jugendliche mit Blauhemden und Wanderfahnen das Bild der EKO-Baustelle. Manche Kolonne und spätere Brigade bestand ausschließlich aus Jugendlichen. So umfasste die legendäre Jugendbrigade »Ernst Thälmann« 16 Mädchen im Alter von 15 bis 18 Jahren. Der jungen Generation galt die besondere Aufmerksamkeit der SED-Führung. Die Freie Deutsche Jugend (FDJ) sollte die Jugendlichen für den Aufbau des Sozialismus mobilisieren und den »Kampf für die Erfüllung und Übererfüllung« der Pläne zur entscheidenden Aufgabe im Leben der Jugend« machen.[100]

Im April 1952 übernahm die FDJ auf Beschluss ihres Zentralrates die Patenschaft über das EKO, und die Großbaustelle Fürstenberg wurde zum Jugendobjekt erklärt. Dies schloss zahlreiche Aufgaben ein. Beispielsweise errichteten Jugendliche des FDJ-Bezirksverbandes Dresden aus Trümmersteinen ihrer Stadt ein Jugendkulturhaus. Beim Richtfest am 27. Oktober 1953 war auch der Vorsitzende der FDJ, Erich Honecker, anwesend und hinterließ vor allem bei den weiblichen Lehrlingen »einen tiefen Eindruck«.[101]

Eine weitere Anforderung an den Jugendverband war es, das EKO »bei der Beschaffung qualifizierter, gesellschaftlich bewusster Arbeitskräfte für bestimmte Fachgebiete zu unterstützen.«[102] Aus allen Teilen der Republik strömten daraufhin FDJ-ler zur »Aufbaufront« an die Oder, um am Schwerpunktvorhaben Nr. 1 mitzuarbeiten. Im Sommer 1952 war von der FDJ der »Dienst für Deutschland« ins Leben gerufen worden. Hunderttausende Jugendliche zwischen 14 und 16 Jahren sollten in dieser paramilitärischen Arbeitstruppe, die fatal an den Reichsarbeitsdienst der Nationalsozialisten erinnerte, den Aufbau der für die Militarisierung der DDR notwendigen Infrastruktur bewerkstelligen und bei den wirtschaftlichen Schwerpunktvorhaben Aufbauarbeit leisten. Neben dem täglichen militärischen Drill mit Uniform mussten die Jugendlichen noch fünf Stunden auf der EKO-Baustelle arbeiten. Im April 1953 leisteten über 3.000 Jugendliche ihren »Dienst für Deutschland« im EKO. Der wirtschaftliche Nutzen dieser Einsätze hielt sich aufgrund fehlender Arbeitsmoral in Grenzen. Immer wieder gab es »Beschwerden über schlechte Arbeitsausführung sowie vorzeitiges Verlassen der Arbeitsstellen«.[103] Nach dem 17. Juni 1953 wurde der »Dienst für Deutschland« aufgelöst.

Im Verlauf der 50er Jahre wandelte sich die FDJ zu einer sozialistischen Jugendorganisation. Neben der Freizeitgestaltung entwickelte der Jugendverband immer neue Initiativen und Kampagnen, um die Arbeiterjugend des EKO zu höheren Produktionsleistungen zu mobilisieren. Im Rahmen von Masseninitiativen wurden zahlreiche Objekte in die Verantwortung der Jugend übergeben, wie z.B. der Hochofen IV, später auch der Hochofen VI. Es entstanden weitere Jugendbrigaden, die mit neuen Kampagnen immer wieder den innerbetrieblichen Wettbewerb entfachten. Sie waren Herausforderungen und boten Selbstbestätigung. Mit der Einrichtung von FDJ-Kontrollposten im Jahr 1957 verlieh der Verband den jugendlichen Aktivisten im Werk zusätzliche Autorität im »Kampf gegen das Alte, Überlebte und für die Durchsetzung des Neuen«.[104]

Jugendbrigade der
Werkeisenbahner des EKO,
20. August 1952.

## Die »alte« Intelligenz

Der technische Direktor des EKO Horst König, Hochofenchef Karl-Heinz Zieger und Werkleiter Adolf Buchholz (von links nach rechts) am 18. April 1952. Buchholz war vom Oktober 1951 bis Juni 1952 kommissarischer Werkleiter des EKO. Danach wurde er Werkdirektor der Maxhütte Unterwellenborn. Horst König war zwischen 1951 und 1955 technischer Leiter des EKO. Karl-Heinz Zieger wurde 1952 Hochofenchef und war von 1959 bis 1963 Produktionsdirektor. Bis zu seinem Ausscheiden 1976 war er wissenschaftlicher Berater des Generaldirektors.

Aus Mangel an eigenen qualifizierten Kadern kam die SED beim Aufbau des Eisenhüttenkombinates nicht umhin, auf Fachleute aus dem bürgerlichen Milieu zurückzugreifen. Aus den Erfahrungen der Sowjetunion war bekannt, dass es ohne die Unterstützung von Spezialisten nicht gelingen würde, eine konkurrenzfähige Wirtschaft aufzubauen. Dafür musste »man mit der wenigen vorhandenen Intelligenz umgehen wie mit rohen Eiern.«[105] Ihre Angehörigen erhielten Privilegien, um sie vom Weggang nach Westdeutschland abzuhalten. Für das EKO bestand anfangs die Schwierigkeit darin, dass die wenigen Fachleute auf dem Gebiet der Metallurgie zumeist schon in anderen Schwerpunktbetrieben der DDR tätig waren und aufgrund der bestehenden Verordnungen nicht abgezogen werden durften. Sie kamen meist nur auf der Grundlage eines ministeriellen Delegierungsbeschlusses oder eines SED-Parteiauftrages an die Oder.

Bereits im März 1950 hatte die Regierung der DDR eine Verordnung »zur Entwicklung einer fortschrittlichen demokratischen Kultur des deutschen Volkes und zur weiteren Verbesserung der Arbeits- und Lebensbedingungen der Intelligenz« erlassen und die Bildung eines »Förderausschusses für die deutsche Intelligenz beim Ministerpräsidenten der DDR« angeregt. Damit verbunden war, an den Schwerpunktstandorten des industriellen Aufbaus, Intelligenzsiedlungen zu bauen. Der Förderausschuss stellte 1951 für das Eisenhüttenkombinat Investitionsmittel zur Verfügung, um neben der EKO-Wohnstadt auch eine Werksiedlung »mit Eigenheimbauten für die schaffende Intelligenz« errichten zu können.[106] Nach langwierigen Debatten über den Standort und wegen fehlender Kapazitäten wurde im September 1953 entschieden, dreißig Holzhäuser in den Diehloer Höhen südlich der Wohnstadt zu bauen. Anfang 1955 waren die Häuser bezugsfertig. Im Unterschied zur ursprünglichen Planung vergab das EKO die Häuser nicht nur an die Intelligenz, sondern auch an verdiente Arbeiter oder an Familien mit mehreren Kindern. Außerdem wurden größere Wohnungen am »Platz der DSF« zur Verfügung gestellt.

Vergünstigungen gab es bei der Entlohnung und Prämierung, beim Abschluss von Einzelverträgen, bei der Rentenversorgung und Urlaubsregelung. Die Ingenieure und Techniker erhielten Sonderzuteilungen von Mangelwaren wie Bohnenkaffee oder Kohle. Regelmäßig fanden »Intelligenzabende« zu wissenschaftlichen Themen statt.

Der anfänglich seitens der SED bekundete Respekt vor der »alten« Intelligenz schlug mit der Stabilisierung ihrer Macht allerdings rasch ins Gegenteil um. Sie misstraute zunehmend dem kritischen Sinn und der kosmopolitischen Haltung vieler bürgerlicher Wissenschaftler, Techniker und Ingenieure, die den oft überspannten Plänen der Partei mit kühler Skepsis gegenüberstanden. Kleinere Verstöße oder Verfehlungen genügten der SED-Spitze, um ein abgrundtiefes Misstrauen aufzubauen. Insbesondere nach der 2. Parteikonferenz erwuchsen aus der Stalinschen Klassenkampfdoktrin auch Angriffe auf zuvor tolerierte ideologische und zugesicherte soziale Positionen. Stillschweigend wurden Sozialleistungen zurückgenommen (z.B. Sonderversorgung), verändert (Reisekostenvergütung) oder bis zu einer späteren Neuregelung storniert (Einzelvertragsregelungen). Leitende Angestellte von volkseigenen Betrieben wurden bei Planrückständen, Betriebsunfällen oder Sabotagevermutung hart, oft ohne gründliche Voruntersuchung, zur Verantwortung gezogen, nicht selten auch inhaftiert.

In der Eisenindustrie begann diese Kampagne mit Fritz Selbmanns Artikel »Entscheidende Wende auf dem Gebiet der Metallurgie«, der im Januar 1953 im SED-Parteiorgan »Neues Deutschland« erschien. Darin griff der Minister mit harscher Kritik die Wissenschaftler und Techniker an und stellte die Frage, ob »sie Saboteure, Diversanten, Schädlinge« seien. Unmissverständlich forderte er die metallurgische Intelligenz der DDR auf, von der Sowjetunion zu lernen.[107]

Ein Informationsbericht der zentralen Kommission für staatliche Kontrolle von Anfang 1954 konstatierte eine unzufriedene Stimmung unter den leitenden Wirtschaftsfunktionären des Eisenhüttenkombinates. Diese äußerten sich freimütig, »dass vom Ministerium ein Schuldiger gesucht wird, der für die durch das Ministerium im EKS entstandenen Fehler zur Verantwortung gezogen werden kann«. Insbesondere Angehörige der technischen Intelligenz beklagten, dass »ständig Angriffe geführt« werden, »bis einer unter ihnen die Nerven verliert und republikflüchtig wird. Somit wäre der Zweck erreicht und könnte gesagt werden: Das war der Agent, der die Missstände im EKS verursacht hatte«. Die wiedergegebenen Erklärungen sprachen von Ausweglosigkeit und Resignation. So äußerte der technische Direktor Horst König »dass er kein Interesse mehr habe, seine Tätigkeit im EKS noch weiter zu führen […] und würde lieber heute als morgen sein Arbeitsverhältnis lösen«. Ähnliche Aussagen wurden auch von Karl-Heinz Zieger, Karlrolf Arenbeck und Ernst Altmeyer protokolliert. Von führenden Mitarbeitern des Ministeriums wurde offen darüber gesprochen, dass »König und Zieger […] schon in zwei Jahren auf den Misthaufen der Geschichte landen« werden.[108] Im April 1955 floh Horst König, nachdem die Angriffe gegen ihn immer unerträglicher geworden waren, und er um sein Leben bangen musste, in den Westen.[105] Damit verlor das Eisenhüttenkombinat einen technischen Direktor, der noch im Oktober 1952 gemeinsam mit Karl-Heinz Zieger für seine Aufbauleistungen mit dem Nationalpreis 1. Klasse geehrt worden war.

Im Bau befindliches »Eigenheim für die schaffende Intelligenz« in der Werksiedlung Diehloer Höhen. Aufnahme von 1954.

# Die Kammer der Technik im EKO

Die Gründung der Betriebssektion der Kammer der Technik (KDT) des EKO erfolgte im August 1952. Doch schon vor diesem Zeitpunkt entstand in der Hochofenmechanik des Werkes die erste Sektion der Ingenieurvereinigung. Die ständigen Störungen und Stillstände nach der Inbetriebnahme der Hochöfen führten dazu, dass sich die Techniker und Ingenieure zusammenschlossen und ihre Erfahrungen austauschten. In dieser Zeit, so berichtete Karl Hofmann später, entstand der Grundsatz, »eine Störung darf sich nicht mehr als zweimal wiederholen«.[110] Darüber hinaus war es notwendig, den zahlreichen ungelernten Arbeitern, die technischen Grundprinzipien des Hochofenbetriebes zu vermitteln. Diesbezüglich kam der KDT die Aufgabe zu, Vortragsreihen über technische Themen durchzuführen. In der Baracke 3, in der wenige Wochen vorher ein technisches Kabinett eingerichtet worden war, fand am 14. August 1952 die Gründung der Betriebssektion der KDT im EKO statt. Zu den ersten 37 Mitgliedern gehörten u.a. Karl-Heinz Zieger, Karlrolf Arenbeck, Wilhelm Dönau, Wilhelm Langhut, Erich Noske und Rudolf Fabig. Erster Vorsitzender wurde der Hauptenergetiker Karl-Ludwig Schmidt. Resümierend stellte die EKO-Betriebszeitung 1970 fest: »Doch am Anfang war die Betriebssektion eher ein technischer Verein. Fachliche Vorträge und ab und zu eine gemütliches Beisammensein bestimmten mehr oder weniger seine Ziele. Man befasste sich kaum mit politischen Zielen.«[111] Doch gerade die Versuche der SED, die Organisation der Intelligenz politisch auszurichten, führten in den 50er Jahren zu zahlreichen Auseinandersetzungen.

Im August 1955 wurde die KDT als selbständige Fachorganisation gesetzlich anerkannt und im EKO konstituierte sich die Betriebssektion neu. Mittlerweile war sie zur Basis der technischen Gemeinschaftsarbeit im Werk geworden. Es entstanden verschiedene Arbeitskreise. Hier wirkten Ingenieure, Techniker und Arbeiter zusammen an der Lösung betrieblicher Schwerpunktaufgaben. Dies betraf z.B. die Generalreparaturen der Hochöfen. Arbeitsfelder der KDT in den nachfolgenden Jahren waren die Aufstellung der Pläne »Wissenschaft und Technik«, die Unterstützung beim Aufbau und der Arbeit der Betriebsakademie, die Aktivierung der Ingenieur-Konten-Bewegung sowie die Entwicklung und Einführung von neuen technologischen Verfahren und Neuerermethoden. Mit dem weiteren Vormarsch von Wissenschaft und Technik im Produktionsablauf des EKO wuchsen auch die Aufgabenfelder der KDT. Fachsektionen und Arbeitsgemeinschaften entstanden, Erfinderschulen und Fachtagungen wurden durchgeführt, Jugendforscherkollektive gebildet und Wettbewerbe veranstaltet. Seit 1980 erschien die Zeitschrift »Technische Informationen«.

An fast allen Knotenpunkten der Werksentwicklung standen die Mitglieder der Ingenieurvereinigung des EKO gemeinsam mit der Arbeiterschaft an erster Stelle und prägten die innovative Seite der EKO-Geschichte. Besonderen Anteil an dieser Entwicklung hatten Mitglieder der KDT wie Karl-Heinz Zieger, Kurt Schröder, Willi Hartmann, Wilhelm Dönau, Karl Hofmann, Erhard Daum, Heidrun Witter, Dietrich Klaer, Siegfried Seidel, Ursel Reulke, Ferdinand Schreiber, Karl-Heinz Müller und viele andere. Über die Jahre wuchs die KDT-Betriebssektion ständig. Hatte sie 1955 noch 80 Mitglieder, so stieg ihre Zahl bis 1965 auf 325 an und 1986 waren es schon 1.050.

# Die Vollendung der Eisenhütte

## Die Kinderkrankheiten der Hochöfen

Im Frühjahr 1952 erhielten die um jede Tonne Eisen ringenden Hüttenwerker des EKO unerwartete Unterstützung. Die SED-Führung hatte die Bruderpartei in Moskau gebeten, erfahrene Fachleute nach Fürstenberg zu entsenden, um die Probleme beim Betrieb der Hochöfen lösen zu helfen. Am 1. März 1952 trafen Chefmetallurge Georgi F. Michailewitsch und Hauptmechaniker Alexander A. Shulgin vom Hüttenkombinat Magnitogorsk ein. Mit der Arbeit der beiden sowjetischen Spezialisten begann ein besonderes Kapitel in der Geschichte des Eisenhüttenkombinates. Noch viele Jahre später sollten die Augen der »härtesten« Hochöfner leuchten und die Lobeshymnen nicht enden wollen, wenn diese beiden Namen fielen. Ihre Unterstützung war dringend notwendig und wirkte tiefgreifender, als alle Propaganda über die deutsch-sowjetische Freundschaft.

Michailewitsch und Shulgin hatten die Aufgabe erhalten, das EKO zu begutachten und die Werkleitung vor allem in technischen Fragen zu beraten. Für sie war das Hüttenwerk an der Oder zunächst Neuland, denn hier stand der Prototyp des deutschen Einheitshochofens, der in der Sowjetunion unbekannt war. Sofort nach ihrer Ankunft machten sie sich deshalb auch eingehend mit diesem Ofen und seinen Eigenarten vertraut. Den beiden sowjetischen Fachleuten bot sich ein »schreckliches Bild einer völlig darniederliegenden Produktion«, wie sie später in einem Bericht resümierten. Besonders bemängelten sie den zu frühen Zeitpunkt der Inbetriebnahme der Hochöfen, »ohne auf ihre Betriebsfähigkeit geprüft worden zu sein«.[112] Michailewitsch und Shulgin stellten fest, dass die Ursache der ständigen Störung nicht die Konstruktion des Ofens war. Es lag auch nicht »an schlechten oder unqualifizierten Arbeitern«, wenn es im Hochofenbetrieb keinen einzigen einigermaßen organisierten Abschnitt gab. Sie sahen die Gründe dafür, in den »nicht zuende geführten Aufbauarbeiten, in der Inbetriebnahme ohne Abnahme sowie in der sichtbaren Schwäche der technischen Führung.«[113]

Aufgrund der ersten Erkenntnisse übernahmen Michailewitsch und Shulgin gemeinsam mit Karl Heinz Zieger praktisch die Leitung des Hochofenbetriebes. Allmählich trat eine Normalisierung des Ofenganges ein. Auf Anweisung der sowjetischen Ingenieure wurde der Möllerplan verändert, die Begichtung der Öfen lief nun regelmäßig ab und die Abstiche erfolgten pünktlich nach einem vorgegebenen Zeitplan. Auch als sich bei der Masselgießmaschine die Roheisenpfannen stauten und die Arbeiter ständig damit beschäftigt waren, mit Stemmeisen und Vorschlaghämmern die festsitzenden Masseln aus den Kokillen zu brechen, wussten sie Rat. Durch Auskalken der Kokillen wurde das Problem gelöst.

Es war besonders das Auftreten der beiden sowjetischen Ingenieure, das die Arbeiter des EKO beeindruckte und so nachhaltig wirkte. Kam es zu Störungen oder mussten Reparaturen ausgeführt werden, legten sie selbst Hand an. Mit Sachverstand und sehr viel Geduld erklärten sie den Möllerwagenfahrern, den Schmelzern und den Apparatewärtern, warum die exakte Einhaltung der Arbeitsanweisung für einen erfolgreichen Abstich notwendig ist. Oft saßen die Ofenbesatzungen noch lange nach Schichtschluss im neu erbauten Belegschaftshaus und folgten den Worten von Michailewitsch, der ihnen die Technologie des Hochofenbetriebes darlegte. Zu diesen Vorträgen kamen vermehrt auch jene Ingenieure, die zunächst den Fachkenntnissen der sowjetischen Metallurgen mit Skepsis begegnet waren. Der immer noch wirkende Nimbus vom Höchststand deutscher Technik und die Ignoranz gegenüber sowjetischen Leistungen bröckelten allmählich. Die Ingenieure verlangten nun nach sowjetischen Standardwerken, wie M. A. Pawlows mehrbändige »Metallurgie des Roheisens«. »Es ist bedauerlich, dass wir den Pawlow nicht schon zwei Jahre früher gehabt haben. [...] Ich habe trotz allen Suchens in den zwei Jahren – und ich glaube, ich kenne die gesamte deutsche und auch die meiste westliche Literatur über Hochöfen – kein Werk gefunden, das so gut ist, in jeder Einzelheit so weit geht, zum Beispiel in den Konstruktionen, wie gerade der Pawlow«, resümierte 1952 EKO-Chefprojektant Rudolf Stoof.[114]

Im April 1952 stellten sich die ersten erkennbaren Erfolge ein. Am 24. des Monats produzierten beide Öfen zusammen 936 t Roheisen und das mit unvorbereitetem Möller, denn das erste Sinterband war gerade erst in Betrieb genommen worden. Zwei Tage später verabschiedeten sich Michailewitsch und Shulgin und fuhren zurück nach Magnitogorsk. Was sie hinterließen war die Erkenntnis, dass eine Tagesproduktion von 500 t Roheisen pro Ofen keine Utopie war. Am 30. April 1952 wurde die Verpflichtung erfüllt, bis zum 1. Mai 28.000 t Roheisen zu schmelzen und wenige Tage später erreichte der Hochofen II sogar eine Tagesleistung von 522 t. Mitte Mai überbot auch der erste Hochofen die 500-Tonnen-Grenze. Dies waren allerdings herausragende Spitzenwerte. Der Durchschnitt lag im Mai 1952 für beide Öfen zusammen noch bei 763 t Roheisen. Vor ihrer Abfahrt übergaben die sowjetischen Spezialisten eine Liste von 132 präzisen Vorschlägen zur Verbesserung der Arbeit des Hochofenbetriebes, der Masselgießmaschine und anderer Anlagen des EKO. Diese Anweisungen trugen in der Folgezeit maßgeblich dazu bei, die Arbeit zu verbessern und gaben Antwort auf eine Reihe von technischen und technologischen Fragen. Außerdem wurden konstruktive Veränderungen, die die sowjetischen Experten anregten, auf die im Bau befindlichen Öfen III und IV übertragen.[115]

## »Michailewitsch erzählte mir von Lessing« – Horst König[116]

*Also wenn mich einer aus Köln fragen würde, was Sie an den russischen Ingenieuren nun so gefunden haben, so würde ich ihm sagen, dass ich vielleicht vor 1½ Jahren auch so gedacht habe. Aber sehr kurze Zeit nach ihrem Eintreffen haben diese sowjetischen Ingenieure nicht nur mir gegenüber sondern allen anderen Fachkollegen und auch den Kumpels am Hochofen bewiesen, dass sie Meister der Hochofentechnik sind. Aber das scheint mir nicht das Ausschlaggebende zu sein. Das Ausschlaggebende ist meiner Ansicht nach das, dass sie uns gezeigt haben, wie man mit den Arbeitern, wie man mit den Menschen arbeitet. Wie man es durch intensive Zusammenarbeit mit den Kumpels, durch Aufdecken jeglicher Fehler, durch Aufzeigen, warum irgendwelche Handgriffe gemacht werden, durch Aussprachen nach jeder Störung, insgesamt, wie man es durch die Schaffung eines gesamten Kollektivs erreichen kann, dass eben, und das war ihre Tätigkeit innerhalb der acht Wochen, aus einem darniederliegenden Betrieb ein normal laufender Hochofenbetrieb werden konnte. [...] Was dabei noch besonders hervorzuheben ist, vielleicht gerade bei dem sowjetischen Kollegen Michailewitsch, ist diese universelle Bildung, die er hat. Also ich habe mit ihm stundenlang im Messhaus zusammen technische Gespräche geführt und zwischen diesen Gesprächen, unmittelbar an eine Analyse der Windmenge und des Winddrucks, hat er mir von Lessing erzählt, hat mich gefragt, was ich von Richard Wagner halte, haben wir uns über Tschaikowski unterhalten. Das sind nun Gebiete, die mich persönlich sehr betreffen, weil ich Musik liebend bin. Man konnte sich mit ihm nicht nur über Musik, man konnte sich mit ihm auch über jede Phase der Literatur und sonstigen Kunstangelegenheiten unterhalten.*

Georgi Michailewitsch, Horst König, Alexander Shulgin und Dolmetscher Peter Korn (von rechts nach links)

Bis 1952 beschränkte sich das Interesse der Sowjetunion für den Aufbau des EKO lediglich auf die routinemäßige Kontrolle des Baufortschritts durch die Wirtschaftsorgane der sowjetischen Kontrollkommission. Erst mit dem Aufenthalt von Michailewitsch und Shulgin begann die unmittelbare und konkrete Hilfe der UdSSR für dieses Schwerpunktvorhaben. Im Juni 1952 führte der sowjetische Aktivist Wassilij Koroljow in der Wohnstadt das Mauern in der Fünfergruppe vor. Die sowjetischen Metallurgieprofessoren Bardin (November 1953), Parwjenow (Mai 1955) und Pochwisnew (November 1955) gaben fachliche Unterstützung. Hochrangige Regierungsdelegationen besuchten das EKO.

Am 9. Oktober 1952 besuchte der Vorsitzende des Präsidiums des Obersten Sowjets der UdSSR, Nikolai M. Schwernik (2. von links) das EKO. Gemeinsam mit ihm besichtigten Wladimir S. Semjonow (3. von links), 1953 als Hoher Kommissar ranghöchster Vertreter der Sowjetunion in der DDR, und der Vorsitzende der Staatlichen Plankommission der DDR, Heinrich Rau (3. von rechts), das Werk.

Der Aufbau des EKO kam 1952 rasch voran. Die folgenreiche Visite Walter Ulbrichts und der zweimonatige Einsatz von Michailewitsch und Shulgin hatten für frischen Wind gesorgt. Neue Hochöfen und Aggregate wurden fertiggestellt. Im August 1952 gingen die zweite und dritte Masselgießmaschine in Betrieb. Kurz darauf konnte der dritte und am 11. November 1952 der vierte Hochofen angeblasen werden. Der Hochofen III erreichte schon am 18. September 1952 eine Tagesleistung von 500 t. Die Neuerungen, insbesondere beim Kühlsystem, die auf Hinweise von Michailewitsch und Shulgin zurückgingen, erwiesen sich als wirksam. Brech- und Siebhaus, Granulieranlage und Hauptpumpenwerk wurden fertiggestellt. Im Juni 1952 begann das Hüttenzementwerk aus Hochofenschlacke und Klinker Zement zu produzieren. Ein von Josef Schmautz entwickeltes Verfahren machte es möglich, eine neue widerstandsfähige Betonart aus Hochofenschlacke zu erzeugen. Im Gefolge entstanden Betonwerke auf der Basis dieser Technologie in Frankfurt/Oder, Finkenheerd und Schwedt. Das Hüttenzementwerk Ost blieb ein eigenständiger volkseigener Betrieb.

Michailewitsch und Shulgin hatten die Öfen zu Höchstleistungen getrieben und eine Menge an Neuerungen und Instruktionen hinterlassen. Nun war man im EKO wieder auf sich gestellt. Nach wie vor erwies sich das Ringen um die Beherrschung der Technik als kompliziert. Viel tägliche Kleinarbeit war zu leisten. Es kam immer wieder zu Rückschlägen. Bei der Fertigstellung von Siebbatterien in der Erzaufbereitung und der Sinterbänder traten Zeitverzögerungen auf, so dass diese erst 1953 fertiggestellt werden konnten. Der permanente Pfannenmangel ließ die Produktion ständig ins Stocken geraten. Außerdem erwiesen sich zahlreiche Aggregate weiterhin als störanfällig und die Schwächen in der Arbeitsorganisation waren noch lange nicht beseitigt. Das EKO hatte seine Kinderkrankheiten nicht überwunden.

Bereits Mitte Mai 1952 deutete sich an, dass die guten Produktionsergebnisse des Vormonats nicht zu halten waren. Auf ihrer Sitzung am 14. Mai zeigte sich deshalb die immer noch bestehende Regierungskommission über die Entwicklung des Hochofenbetriebes seit dem Weggang der sowjetischen Fachleute »beunruhigt«. »Wenn sich dies nicht sofort ändert«, so prophezeite Minister Selbmann, »werden die Öfen in kurzer Frist wieder beim alten schlechten Zustand angelangt sein.« Als Ursachen wurden »Fahrlässigkeit«, »mangelnde Wachsamkeit«, »Sorglosigkeit« und »Nichteinhaltung der Vorschriften« angeführt. Die Stimmung im EKO war mittlerweile so, dass fast jede Havarie oder Störung im Produktionsablauf den Verdacht von Sabotage aufkommen ließ. Offen wurde darüber gesprochen, dass es Zeit werde, »dass Walter Ulbricht mal wieder herkommt und aufräumt«.[117]

Als die SED auf ihrer 2. Parteikonferenz vom Juli 1952 den »Aufbau des Sozialismus zur grundlegenden Aufgabe« in der DDR verkündete, war damit auch eine forcierte Entwicklung der Schwerindustrie verbunden. Die sowjetische Führung hatte der DDR eine beschleunigte Militarisierung »empfohlen« und die SKK kalkulierte die Rüstungskosten auf gigantische 1,5 Mrd. Mark.[118] So sollte das 17-Millionen-Volk der DDR als Moskaus westlichster Vorposten Kriegsschiffe und Militärflugzeuge produzieren. Zur Rüstung waren Eisen und Stahl notwendig. Für 1953 wurden 1,26 Mio. t Roheisen benötigt. Eine Kommission erhielt den Auftrag, die Zielstellungen für das Planjahr 1953 neu festzulegen.

In Abstimmung mit der Sowjetunion wurde der Investitionsplan des Hüttenministeriums von 600 auf 800 Mio. Mark erhöht. Dazu sollte die Investitionsreserve der Republik angegriffen werden. An die Sowjetunion erging die Bitte, im Jahre 1953 für das EKO zusätzlich eine Duo-Reversier-Grobblechstraße zu liefern und zu montieren. Außerdem stand ein siebenter Hochofen für das EKO auf dem Plan. Das notwendige Walzmaterial, es hätte etwa die Hälfte der DDR-Jahreskapazitäten verschlungen, sollte die Sowjetunion ebenso liefern wie die zusätzlich benötigten Eisenerze von jährlich 200.000 t.[119]

Die DDR-Stahlproduktion war weiterhin unrentabel. Deshalb wurde es dringend erforderlich, den metallurgischen Zyklus im EKO zu schließen. Am 22. Januar 1953 hatte sich der DDR-Ministerrat eingehend mit konkreten Maßnahmen zur Entwicklung der metallurgischen Industrie beschäftigt. An das Hüttenministerium erging die Weisung, noch im Jahr 1953 im EKO zwei Hochöfen mit einer Jahreskapazität von je 180.000 t und den entsprechenden Nebenanlagen sowie einen Erzlagerplatz zu bauen. Außerdem waren zwei Siemens-Martin-Öfen mit einer Kapazität von 120 t, ein 30-Tonnen-Elektroofen und zwei Thomaskonverter sowie die Grobblechstraße geplant.[120] Im Rahmen des von der SED verordneten »Sparsamkeitsfeldzuges« sollten jedoch nur die notwendigsten Anlagen errichtet werden. Der Bau scheinbar entbehrlicher Anlagen war zu verschieben. Im April 1953 fasste das Präsidium des Ministerrates den »Beschluss zur Sicherung der Durchführung der Bauvorhaben des Volkswirtschaftsplanes 1953 für den weiteren Aufbau des Eisenhüttenkombinates und der damit zusammenhängenden Bauarbeiten für das Hüttenzementwerk Ost, das Kraftwerk Fürstenberg sowie die 1. sozialistische Wohnstadt«.[121] An die zuständigen Ministerien, Staatssekretariate sowie an die Staatliche Plankommission ergingen konkrete Auflagen und Verpflichtungen, um die Aufbauarbeiten noch einmal zu forcieren.

## Die Gesellschaft für Deutsch-Sowjetische Freundschaft im Aufbau des Eisenhüttenkombinats Ost (1950 bis 1955)[122]

**von Jan C. Behrends**

Die ersten Freundschaftslosungen der Gesellschaft für Deutsch-Sowjetische Freundschaft (DSF) schmückten schon früh den zukünftigen Standort des EKO: »Die Deutsch-Sowjetische Freundschaft war die Voraussetzung für die Errichtung unseres Hütten-Kombinates-Ost.« In einem Referat »Warum Freundschaft zur Sowjetunion«, das für eine Betriebsgruppenversammlung bestimmt war, hieß es: »[…] die Erstellung des Eisenhüttenkombinats an der Oder-Neiße-Friedensgrenze versinnbildlicht die wahre Freundschaft der Volksrepubliken zu unserer deutschen demokratischen Republik.«[123] Der von SED und DSF verbreitete Gründungsmythos des Werkes war einfach, aber einleuchtend: Das EKO produzierte für den Frieden, und die Grundlage seiner Existenz war die DSF. Weil die Arbeit der DSF zunächst kaum Ergebnisse brachte, beschloss die SED im Juni 1951, sie selbst anzuleiten. Die Parteileitung bekräftigte: »Die Hauptaufgabe unserer Genossen muss es mehr als in der Vergangenheit sein, die parteilosen Werktätigen an der Mitarbeit zu interessieren und sie zu aktiven Kämpfern für Frieden, Völkerfreundschaft und Einheit Deutschlands zu machen.«[124] Ein Bericht aus dem November bescheinigte der EKO-Belegschaft, sie zeige große »Aufgeschlossenheit« gegenüber der DSF und meldete, dass 3.000 der 10.000 Beschäftigten Mitglieder waren.[125] Seit 1949 wurde in der DDR ein »Monat der Deutsch-Sowjetischen Freundschaft« gefeiert. 1952 rüsteten auch im EKO »die Freunde der Gesellschaft zum traditionellen Monat der Deutsch-Sowjetischen Freundschaft.« Es wurde ein breitgefächertes Kulturprogramm entworfen. Neben Festveranstaltungen war geplant, den öffentlichen Raum durch ›Sichtagitation‹ zu gestalten: »Für die Dauer des Freundschaftsmonats werden sämtliche ortsfeste Transparente im EKO mit Losungen der Deutsch-Sowjetischen Freundschaft beschriftet. Sämtliche im Werk verkehrenden Omnibusse erhalten Embleme der DSF zur Ausgestaltung.«[126] Die Belegschaft wurde mit einem Flugblatt zur Teilnahme an den Veranstaltungen aufgefordert. Am 27. November fand im EKO, wie in der gesamten DDR, erstmals ein »Tag des sowjetischen Neuerers« statt. Den Abschluss bildete am 5. Dezember ein Tanzabend in der Kulturhalle.

Im Januar 1953 erhielt das EKO einen hauptamtlichen DSF-Funktionär. In seinem Antrittsbericht klagte er, es gebe keine »planmäßige und geregelte Arbeit des Kreisverbandes EKO«, deshalb »konnte es auch gelingen, dass von klassenfeindlichen Elementen immer noch alte, aus der Zeit des Faschismus stammende Ansichten und Einstellungen geschürt werden.«[127] In einem Referat, das in allen Grundeinheiten der DSF gehalten werden sollte, wurden dagegen die »großen Erfolge des demokratischen Weltlagers«, den »Versuchen der reaktionären Kräfte, die friedliche Entwicklung der demokratischen Völker zu stören« gegenübergestellt.[128] Die DSF übernahm die Aufgabe, den Arbeitern die politischen Positionen der SED im Kalten Krieg zu vermitteln. Vom 7. November bis zum 5. Dezember 1953 wurde wieder der Monat der DSF durchgeführt. Die Eröffnungsveranstaltung wurde vom »Staatlichen Chor des russischen Liedes« aus der Sowjetunion gestaltet. Es wurde nun der Versuch unternommen, die Belegschaft möglichst vollständig in der DSF zu erfassen. Auch im Jahre 1954 überwogen die Kontinuitäten in der Propaganda der DSF. Sie stieß jedoch bei Teilen der Belegschaft auf abweichende Ansichten, die »gegnerischen Argumente« zur Grenzfrage oder zur Frage freier Wahlen in der DDR äußerten.[129] In den kommenden Jahren verharrte die DSF im Werk in einem Zustand konsolidierter Zweitrangigkeit; Kontakte zur Sowjetunion und die Verbreitung der Freundschaftsidee wurden weiterhin offiziell gefördert. Auf der anderen Seite prägten, abseits der organisierten Freundschaft, im Laufe der Jahre die Aufenthalte sowjetischer Spezialisten im Eisenhüttenkombinat und die zahlreichen Studienreisen, die Werksangehörige in die Sowjetunion unternahmen, maßgeblich das Verhältnis zur Sowjetunion.

Der Aufbau des EKO war von Anfang an ein Symbol der Deutsch-Sowjetischen Freundschaft. Aufnahme vom 8. Dezember 1950.

## Das Stalin-Werk

Der »Neue Tag« am 8. Mai 1953: »Ruhig und raumgreifend ist der Schritt, mit dem er das große neue Werktor hinter sich lässt, dessen Stirnseite in goldenen Buchstaben die Inschrift ›Eisenhüttenkombinat J. W. Stalin‹ trägt. Seit heute steht diese Inschrift dort, seit dem 7. Mai 1953. Sieghaft grüßt hoch von der Spitze des Tores der fünfzackige Stern. Rote Sterne grüßen am herrlichsten Festtag der Namensgebung für Westeuropas modernstes Hüttenwerk auch von vier Hochöfen, die dichte weiße Wolken in den Himmel stoßen. [...] Etwas langsamer, ruhiger schreitet der Mann in das weite Gelände des jungen, aber doch schon riesigen Werkes. Der feierliche Ernst seiner Gesichtszüge ist einem gütigen, väterlichen Aussehen gewichen. Zart spielt der Wind mit Silberfäden seines Haupthaares. Grünumgebene Frühlingsblumen heben ihre Köpfe höher, die Amseln im nahen Forst schlagen heller: Stalin schreitet durch das Kombinat.«

Im Rahmen eines feierlichen Staatsaktes erhielt am 7. Mai 1953 das EKO die Bezeichnung »Eisenhüttenkombinat J. W. Stalin« (EKS). Gleichzeitig verlieh Walter Ulbricht der EKO-Wohnstadt den Namen »Stalinstadt«. Fast ein Jahrzehnt trugen Werk und Stadt nun den Namen »Stalin« und wurden so zum politischen Prestigeobjekt und ideologischen Sinnbild des »sozialistischen Aufbaus«.

Aufgrund der forcierten Aufbauarbeiten war es Anfang 1953 zu einem erneuten Zuwachs an Arbeitskräften gekommen. Aufbauleiter Otto Ringel konstatierte im April, »dass durch den weiteren Aufbau des Werkes eine weitere Zufuhr von Baufachleuten und Hilfsarbeitern zu erwarten ist. Es werden ungefähr 5.000 Bauarbeiter aus der DDR im Laufe der nächsten zwei Monate hier eintreffen«.[130] Die Belegschaft des EKS wuchs bis zum 31. Juli 1953 auf über 7.000 Beschäftigte an. Das EKS entwickelte sich immer mehr zu einem »Bewährungsbetrieb« für abgesetzte Funktionäre. So waren Anfang 1953 nicht weniger als 28 ehemalige 1. Kreissekretäre der FDJ und etwa 60 Parteifunktionäre »zur Bewährung« im Hüttenkombinat tätig. Sie hatten »in höheren Funktionen Verfehlungen begangen« und waren danach in die Produktion geschickt worden.[131]

Der Versuch der SED-Führung, einen stalinistisch geprägten Sozialismus auf deutschem Boden zu errichten, hatte die DDR Anfang 1953 in ihre bis dahin schwerste Krise gestürzt. Während nach dem Tod Stalins am 5. März 1953 in der Sowjetunion eine »Tauwetterperiode« einsetzte, blieb die SED ihrer restriktiven Politik treu. Anfang Juni 1953 wurden die SED-Spitzen um Grotewohl und Ulbricht nach Moskau zitiert. Dort konfrontierte sie die neue sowjetische Führung mit der Mitteilung, dass bisher »fälschlicherweise der Kurs auf einen beschleunigten Aufbau des Sozialismus in Ostdeutschland genommen worden war ohne Vorhandensein der dafür notwendigen realen sowohl innen- als auch außenpolitischen Voraussetzungen«. Unmissverständlich verlangte die sowjetische Führung eine sofortige Kurskorrektur und vor allem eine Revision des Fünfjahrplanes »in Richtung einer Lockerung des überspannten Tempos der Entwicklung der schweren Industrie und einer schroffen Vergrößerung der Produktion der Massenbedarfswaren und der vollen Sicherung der Versorgung der Bevölkerung mit Lebensmitteln«.[132] Wieder in Ostberlin beauftragte das SED-Politbüro verschiedene Arbeitsgruppen, die Umsetzung der sowjetischen »Empfehlungen« in die Wege zu leiten.

Damit war das vorläufige Ende des weiteren Ausbaus des EKS besiegelt. Im Ministerium für Hüttenwesen und Erzbergbau wurde zwar am 9. Juni 1953 nochmals versucht, mit einer Reduzierung im Hochofenbetrieb und gedrosselten Kapazitäten für die Stahl- und Walzwerke wenigstens die Vollendung des metallurgischen Zyklus im EKS zu gewährleisten; doch auch dies half nichts mehr. In einem Schreiben vom 16. Juni 1953 teilte die Hauptverwaltung Eisenindustrie der Werk- und Aufbauleitung des EKS mit, dass der Walzwerksbau eingestellt und der Aufbau des Stahlwerkes storniert werden müsse.[133]

Am 9. Juni 1953 wurde der »Neue Kurs« durch eine Erklärung des SED-Politbüros verkündet. Doch konnte dieser abrupte politische Kurswechsel den Ausbruch der Krise nicht mehr verhindern. Für die Arbeiterschaft blieb die zehnprozentige Normerhöhung bestehen, die die SED im Mai beschlossen hatte. Vor allem unter den Bau- und Montagearbeitern auf den Baustellen des EKS und der Stalinstadt war seit langem »eine allgemeine Missstimmung« zu verzeichnen, da die Normen im Bauwesen seit Anfang 1953 massiv erhöht worden waren. Lohneinbußen hatten sich besonders durch die Kürzung bzw. den Wegfall verschiedener Zuschläge sowie durch Rückstufungen in schlechter bezahlten Lohngruppen bemerkbar gemacht. Durchschnittlich verdiente ein Bauarbeiter etwa 500 Mark monatlich, und er verlor nunmehr den Anspruch auf Fahrpreisermäßigung für die Heimreise. Bereits im März 1953 musste die SED-Kreisleitung Stalinstadt feststellen, dass eine große Zahl von Bauarbeitern gegen den Kurs der »Sparsamkeit auf Kosten der Arbeiter« protestierte und sich darüber beklagte, dass »die Gewerkschaft sich nicht für sie einsetzt«.[134]

Als in den frühen Morgenstunden des 17. Juni 1953 die Nachricht von den Demonstrationen in der Berliner Stalin-

# Der erste Abbruch

**Aus dem Bericht einer Arbeitsgruppe des SED-Politbüros über die Entwicklung der Schwerindustrie der DDR von Anfang Juni 1953.**[135]

Die im Fünfjahrplan festgelegte überdurchschnittliche Entwicklung der Metallurgie und des Schwermaschinenbaus erforderte so außerordentlich hohe Investitionen, dass damit das ständige Wachstum des materiellen Wohlstandes der Arbeiter und des gesamten Volkes bedeutend erschwert wurde. Diese fehlerhafte Linie des Fünfjahrplanes wurde durch die Beschlüsse der zweiten Parteikonferenz über den beschleunigten Aufbau des Sozialismus verstärkt, um so mehr, als zusätzliche, im Plan nicht vorgesehene Aufgaben große Aufwendungen an Material und Geld erforderten. Hinzu kommt, dass Planaufgaben der Jahre 1954 und 1955 auf das Jahr 1953 vorverlegt wurden. […] Die SED hat bei der Ausarbeitung der Perspektiven des Aufbaus ungenügend in Betracht gezogen, dass die Möglichkeiten eines umfassenden und gesicherten Warenaustausches im Rahmen des demokratischen Weltmarktes den Bezug von Erzeugnissen der schweren Industrie im Austausch gegen andere in der DDR herstellbarer Waren gestatten. Der Aufbau in der DDR erfolgt nicht isoliert. Die DDR kann einen großen Teil des Bedarfes an Erzeugnissen der schweren Industrie aus befreundeten Ländern beziehen, anstatt diese mit einem hohen Aufwand an Investitionen selbst zu produzieren. […] Das Zentralkomitee hält es für notwendig, den Fünfjahrplan zu ändern und die darin festgelegten Ziele für die schwere Industrie zugunsten der schnelleren Entwicklung der Konsumgüterindustrie herabzusetzen. Dazu ist es u.a. erforderlich, in der Metallurgie den Ausbau des EKS auf 6 Hochöfen zu beschränken; entsprechend ist das Siemens-Martin- und Elektrostahlwerk nicht zu errichten. Der Ausbau der Walzwerke der DDR ist nur in Übereinstimmung mit der Entwicklung der Hüttenkapazitäten durchzuführen.

Die Fundamente für das Stahlwerk des Eisenhüttenkombinates im Juni 1953. Kurz danach wurden die Arbeiten eingestellt. Alle Zulieferbetriebe erhielten Telegramme zur Stornierung der Aufträge.

Stefan Heym

## 5 TAGE IM JUNI[136]

Mittwoch, 17. Juni 1953, 18.00 Uhr
    unternahm Witte einen Rundgang durch den Betrieb, um sich zu orientieren, wie er Sonneberg sagte, in Wahrheit, weil er das Bedürfnis hatte, allein zu sein. Er hatte Sonneberg berichtet, Sonneberg hatte ihm berichtet, beide hatten sie Dr. Rottluff berichtet und die ganze Zeit hatte er das Gefühl gehabt, dass das Wesentliche ungesagt blieb. Aber was war das Wesentliche? Die Schatten waren länger geworden. Manchmal sieht man Dinge, die man sonst nicht bemerkt: Lichteffekte im Winkel eines Fensters, das Blaugrau des Rauchs, den Ginsterbusch auf einen Haufen Schutt. In Halle sieben hatte die Nachtschicht zu arbeiten begonnen, was angetreten war von der Nachtschicht. Er ging hindurch zwischen den Reihen der Maschinen; an Kallmanns Drehbank stand keiner; er trat hinzu, betrachtete nachdenklich das Werkstück, das noch eingespannt war, ging weiter. Alles war gedämpft, Töne, Licht, Empfindungen: eine Welt, die auf halben Touren lief; oder war es ein Schutzmechanismus in seinem Nervensystem, der eingesetzt hatte.
    Wieder hinaus auf die Werksstraße. War das hier nicht die Stelle, wo er versucht hatte, die Streikenden aufzuhalten; er mochte sich irren; es war auch gleichgültig, es war schon sehr lange her, eine andere geschichtliche Periode. Er suchte in seinen Taschen nach einer Zigarette, fand aber keine, erinnerte sich, dass er in seinem Büro noch ein Päckchen im Schreibtisch liegen hatte. Die Treppe, der Korridor; letzter Sonnenstrahl, Staubkörnchen darin tanzend; Stille. Am Schlüsselring der Schüssel zu seinem Büro, aber die Tür war nicht verschlossen. Erinnerung an Mosigkeits Ende: lauerte da einer? Kleiner Aufschrei, ob freudig, ob erschrocken, blieb unklar. »Kollege Witte!« »Hab ich Ihnen einen Schreck eingejagt, Fränzchen?«
    »Aber nein.« Sie atmete hastig. »Ich hab ja gewußt, vom Genossen Sonneberg, dass Sie wiederkommen würden, zusammen mit den Kollegen, die da demonstrieren waren, und ich hab geglaubt, vielleicht würden Sie mich noch brauchen.« Sie griff nach dem Stenogrammblock. Er sah das flache Gesicht, das Lächeln voller Erwartung; plötzlich hatte er ein schlechtes Gewissen, ging eilig nach nebenan, in sein Gelaß, holte Zigaretten aus dem Schubfach, kehrte zurück, bot ihr eine an und schlug vor: »Trinken wir eine Tasse Pfefferminztee?« »Aber gerne«, sagte sie strahlenden Auges und machte sich an ihrem Elektrokocher zu schaffen, in der Hoffnung, er möchte noch weitere Wünsche haben, die sie ihm erfüllen könnte. Da er aber nichts weiter verlangte, nur dasaß und schwieg, überwand sie sich schließlich und fragte: »Wie war´s denn?« »Wissen Sie«, sagte er, »es gibt Tage, da treffen sich die Linien der Entwicklung wie im Brennpunkt einer Linse, und auch das, was wir nicht wahrhaben wollen, wird sichtbar.« Sie nickte mehrmals, wie um zu betonen, dass sie ihn durchaus verstünde. »Wir haben eine Niederlage erlitten«, fuhr er fort, »und einen Sieg errungen, beides. Sieg und Niederlage sind relative Begriffe; alles hängt davon ab, was wir aus unserem Sieg machen, und wieviel wir aus unserer Niederlage lernen« »Ja«, sagte sie, »darauf kommt es wohl an.«
    Er blickte auf; aber jede Ironie war ihr fern. »Heut in der Stadt«, sagte er, »hat mir einer vorgehalten: Hättet ihr früher auf uns gehört, dann wäre vieles nicht geschehen. Sie kennen mich, Fränzchen, ich halte von Statuten und Verfassungen nur insofern etwas, als man sie mit Leben erfüllt. Aber vielleicht könnte man ins Statut unserer Partei einen Artikel aufnehmen, der die Schönfärberei verbietet und die öffentliche Verehrung einiger Genossen, und der alle Mitglieder zu furchtloser Kritik verpflichtet und jeden bestraft, der diese Kritik zu unterdrücken versucht ... .«
    Der Kessel begann zu singen; sie goss den Tee auf. »Andererseits macht, wer zum Umdenken mahnt, sich selten beliebt«, fuhr er fort. »Die Weltgeschichte hat sich den Spaß erlaubt, von uns zu verlangen, dass wir den Sozialismus in einem Drittel eines geteilten Landes aufbauen, und das mit Menschen, die sich den Sozialismus keineswegs alle gewünscht haben. Wieviel von der Abneigung gegen die Partei hat seinen Grund nicht in ihren Fehlern, sondern in ihren Zielen?« Sie wurde rot, vor Eifer, oder weil sie sich geehrt fühlte, dass er ihr so schwer zu beantwortende Fragen stellte. Aber er schien keine Antwort erwartet zu haben. Sie hörte ihn vor sich hin lachen: »Das ist ein hübscher Gedanke – vielleicht sollte die Regierung sich ein anderes Volk wählen. Aber auch das Volk kann sich keine andere Regierung wählen; eine andere Regierung wäre keine Arbeiterregierung. Was bleibt als Möglichkeit: vielleicht andere Arbeiter in die Arbeiterregierung ... Fränzchen, Sie haben Ihre Zigarette ausgehen lassen.« Sie wurde verlegen. Er hielt ihr das Päckchen hin; sie lehnt dankend ab, beschäftigte sich mit Tassen und Untertassen, legte ihm eine Serviette auf den Schreibtisch, alles sollte sauber und nett sein, soweit es sich machen ließ. »Trotz ihrer Fehler und Mängel« sagte er, »es gibt nur die eine Partei, nur die eine Fahne. Ich meinte das nicht als Freibrief für all die Feiglinge, Dummköpfe, Schönfärber und Beamtenseelen, an denen es bei uns in der Partei nicht mangelt. Ich meine es als Verpflichtung für Genossen mit Herz, aus dieser Partei ihre Partei zu machen ... « Sie goss ihm den Tee ein. »Trinken Sie, Kollege Witte«, sagte sie, »das beruhigt ungemein.« Er dankte ihr, drückte seine Zigarette aus, trank. Dann sprang er auf und begann, hin und her zu gehen. »Wir vereinfachen

so gerne: die Arbeiter, unsere Menschen, die Jugend, die Klasse – als wären es lauter Schafherden, die man hierhin treiben kann oder dorthin. In Wirklichkeit sind das alles Menschen, Einzelwesen, im Falle der Arbeiterklasse geeint nur durch eines: ihre Stellung in der Gesellschaft, im Arbeitsprozess. Aber das garantiert noch kein einheitliches Verhalten. Die einen haben heut gestreikt, die anderen nicht; was wissen wir, wie viele Faktoren das Bewusstsein beeinflussen … Die Arbeiterklasse, sagen wir, sei die führende Klasse und die Partei die führende Kraft der Klasse. Offensichtlich muss es Menschen geben, die stellvertretend auftreten für die führende Klasse und deren führende Kraft. Aber wer verhindert, dass sie, stellvertretend, nur noch sich selbst vertreten? … Mit der Macht darf nicht gespielt werden, hat neulich einer gesagt, ein führender Genosse. Spielt der mit der Macht, der danach strebt, ihr eine breitere Grundlage zu geben? Kader sind gut, Polizei ist nützlich, noch wichtiger aber sind das Verständnis und die Unterstützung der Massen … Natürlich muss man auch den Mut haben, das Unpopuläre zu tun. Die Minderheit von heute wird zur Mehrheit von morgen, wenn sie die Logik der Geschichte auf ihrer Seite hat. Ich weigere mich zu glauben, dass Menschen, die moderne Maschinen bedienen und den Produktionsablauf beherrschen, nicht imstande sein sollten – wenn man sie richtig informiert –, über die eigene Nasenspitze hinaus zu blicken.« Er blieb stehen, trank den lauwarmen Rest Tee in seiner Tasse. »Ich hab den Eindruck, Fränzchen, ich rede zuviel.« »Überhaupt nicht«, widersprach sie. Sie hatte versucht, seinen Gedankengängen zu folgen; wusste aber dabei, dass er mehr zu sich selber gesprochen hatte als zu ihr. Er schien sie auch schon wieder vergessen zu haben. Er griff nach einer neuen Zigarette, zündete sie aber nicht an, sondern spielte damit, bis sie zerbrach und zerkrümelte. »Es wird viel von Schuld gesprochen werden in der nächsten Zeit«, sagte er, »und manch einer wird sich verleiten lassen, die Schuld bei anderen zu suchen. Aber wie viele werden vortreten und erklären: es hat auch an mir gelegen, Genossen – und dann die Konsequenzen ziehen? … Das Schlimmste wäre, für das eigne Versagen den Feind verantwortlich machen zu wollen. Wie mächtig wird dadurch der Feind! … Doch ist die Schuld nicht nur von heut und gestern. Auch für die Arbeiterbewegung gilt, dass nur der sich der Zukunft zuwenden kann, der die Vergangenheit bewältigt hat …« Er verstummte, fegte die Tabakkrümel mit der Hand zusammen und warf sie in den Papierkorb. Er sah die Serviette auf seinem Schreibtisch, gestickte Bordüre; die Tasse mit dem grünen Rand, leicht angeschlagen; das alternde Mädchen. »So schön haben Sie das alles gesagt.« Sie blickte ihn bewundernd an. »Ich hätte es doch ins Stenogramm nehmen sollen.« Er winkte ab. »Es ist besser so.«

Der Demonstrationszug der Bauarbeiter am 17. Juni 1953 durch das Werk.

Eine offizielle Gegendemonstration am 8. Juli 1953 durch Stalinstadt, mit der »die Werktätigen ihr Vertrauen zur Partei- und Staatsführung« bekunden sollten.

Nach den Ereignissen des 17. Juni 1953 beschloss die SED, die Arbeiterkampfgruppen zu bilden. Die ersten Abteilungen der Kampfgruppen des EKS auf dem Weg zur Ausbildung.

| Beschäftigtenzahlen des Eisenhüttenkombinates in den 50er Jahren | |
| --- | --- |
| 1950 | 1.160 |
| 1951 | 1.420 |
| 1952 | 5.628 |
| 1953 | 6.653 |
| 1954 | 6.113 |
| 1955 | 6.135 |
| 1956 | 6.039 |
| 1957 | 6.168 |
| 1958 | 6.021 |
| 1959 | 5.896 |

allee und vom Aufruf zum Generalstreik das EKS und Stalinstadt erreichte, legten die Bauarbeiter der Bau-Union und einiger Montagebetriebe spontan die Arbeit nieder. Trotz Verbot trafen sich gegen 11 Uhr einige hundert Menschen in der Kulturbaracke des Wohnlagers »Helmut Just« und forderten die Wiedereinführung von Trennungsentschädigung und Wegegeld. Noch gelang es den SED- und Gewerkschaftsfunktionären, die Bauarbeiter zur Arbeitsaufnahme zu bewegen. Doch mit dem Schichtwechsel gegen 14 Uhr formierte sich vor dem Bauplatz des Hochofens V ein Demonstrationszug von etwa 200 Arbeitern der Bau-Union Stalinstadt sowie von EKM Bitterfeld, VEM Cottbus, Stahlbau Magdeburg, Bleichert Leipzig und Bergmann-Borsig Berlin. Unter der Losung »Wir unterstützen Berlin« marschierten sie danach durch das Werk, vorbei an den produzierenden Hochöfen und den Masselgießmaschinen zur Sinteranlage. Immer wieder forderten sie die Hüttenwerker auf, sich ihnen anzuschließen. Bis auf wenige Ausnahmen blieben diese jedoch an ihren Arbeitsplätzen. Im Gegenteil, die Hochöfner ließen niemanden der vorbeiziehenden Streikenden auf die Abstichbühne. Dass an den Hochöfen nicht gestreikt wurde, sagte der Hochöfner Helmut Künzel »war aber kein Erfolg der Parteiarbeit. Das ist die Liebe der Kumpel zu ihren Aggregaten, ihren Wohnungen, ihrer Existenz gewesen«.[137] Aus dieser Haltung erwuchs später der Mythos von den »Roten Hochöfnern«.

Für dieses Auftreten der Hochöfner gab es jedoch handfeste Gründe. Ihre Haltung wurde vom Hochofen und vom metallurgischen Prozess diktiert. Niemand wusste besser als die Hochöfner selbst, dass eine Unterbrechung des Ofenganges verheerende Folgen haben würde. Jeder Stillstand wäre mit monatelangen Ausfällen verbunden gewesen. In den zurückliegenden »Schlachten« um das Eisen war eine verschworene Gemeinschaft vom Hilfsarbeiter bis zum Ingenieur entstanden. So blieben jene, die am 17. Juni zur Früh- und Spätschicht anwesend waren, auch am 18. Juni am Ofen, als durch die Störungen des Berufsverkehrs die Ofenbesatzungen nicht vollzählig waren. Das Gros der Hochöfner identifizierte sich mit ihrem Werk. Das EKS hatte für sie eine existentielle Bedeutung. Dazu kam, dass die sozialen Belastungen für die Hochöfner bei weitem nicht so drückend waren, wie die der Bauarbeiter. Bereits am 12. Juni hatten sich SED-Parteileitung, Gewerkschaft und Arbeitsdirektion intern darauf geeinigt, die von der Regierung verfügte zehnprozentige Normerhöhung sowie Lohngruppenrückstufungen nicht durchzuführen.[138] Damit war frühzeitig ein Konflikt entschärft, der beispielsweise bei der Bau-Union eine Hauptursache der Streiks war. Dass sich die Mehrheit der Hüttenwerker nicht an dem Streik beteiligte, bedeutete

aber nicht, dass sie sich nicht mit den streikenden Bauarbeitern solidarisierten. So brachten die Arbeiter der Sinteranlage während einer Produktionsberatung zum Ausdruck, »dass die Forderungen der Bauarbeiter zwar berechtigt waren, jedoch die Mittel, ihre Forderungen durchzusetzen, zu verurteilen wären.«[139]

Auf den Baustellen in Stalinstadt war die Resonanz auf den Streik wesentlich größer als im Werk. Nachdem sich die streikenden Bauarbeiter im Wohnlager »Helmut Just« versammelt hatten, zogen sie Richtung Fürstenberg. Als sie am späten Nachmittag den Fürstenberger Marktplatz erreichten, war der Zug bereits auf mehrere tausend Menschen angewachsen. Dabei trat immer stärker eine politische Akzentuierung der Proteste ein. Rufe nach dem Rücktritt der Regierung und nach freien Wahlen nahmen zu. Auch Proteste gegen die Anerkennung der Oder-Neiße-Grenze wurden laut. Am Rathaus eskalierte die Situation. Bauarbeiter drangen in die Büros der Fürstenberger SED-Kreisleitung ein, Fensterscheiben gingen zu Bruch und Akten flogen auf die Straße. Die wenig später eintreffenden sowjetischen Panzer räumten den Platz. Die Verhängung des Ausnahmezustands und das Eingreifen von Militär und Polizei, die alle wichtigen Gebäude und Plätze der Stadt und des Werkes besetzten, beendeten letztlich die Demonstrationen und Kundgebungen. Es kam zu Verhaftungen, denen später Prozesse folgten.[140]

In den nächsten Tagen blieben die Streikaktionen auf die Bau-Union Stalinstadt und einzelne Montagebetriebe beschränkt. Im ganzen Werksgelände waren Betriebsschutzkräfte der Polizei und sowjetisches Militär präsent. Seit den Morgenstunden des 18. Juni 1953 kontrollierten sowjetische Soldaten auch die Werktore. Im Wohnlager »Helmut Just« stand drohend ein sowjetischer Panzer. Wie im ganzen Land wurden auch die Streikaktionen und Demonstrationen in Fürstenberg und Stalinstadt militärisch zerschlagen. Zwar herrschte nach dem 18. Juni 1953 auf den Baustellen des Werkes und der Stadt im wesentlichen Ruhe, doch in den Arbeitskollektiven brodelte es weiter. Die SED-Führung hatte eine »große Aussprache« angekündigt und die Arbeiter waren dazu bereit. Überall, auch im EKS und auf den Baustellen, fanden Belegschaftsversammlungen statt.

Für den weiteren Ausbau des Eisenhüttenkombinates hatten die Ereignisse des Sommers 1953 nachhaltige Auswirkungen. Das Entwicklungstempo der Zweige der Schwerindustrie reduzierte sich 1953 von den im Plan festgelegten 13 Prozent auf zehn Prozent. Das führte zum Abbruch der Bauarbeiten an jenen Objekten im EKS, die bis 1955 den metallurgischen Zyklus schließen sollten. Es wurde beschlossen, die Investitionsmittel für das Jahr 1954 von 110 Mio. auf 34 Mio. Mark zu kürzen.[141] Die zu Beginn nur als vorläufig

Foto oben: DDR-Präsident Wilhelm Pieck während seines Besuches im EKS am 22. September 1954 im Gespräch mit Werkleiter Erich Markowitsch.
Foto unten: Der sowjetische Außenminister Wjatscheslaw Molotow (rechts) und DDR-Ministerpräsident Otto Grotewohl (2. von rechts) besuchten am 8. Oktober 1954 das EKS. Links Karl-Heinz Zieger und Horst König.

betrachteten Entscheidungen erhielten schon bald strategischen Charakter. Die Zahl der Hochöfen wurde nun endgültig auf sechs festgelegt. Die Aufbauarbeiten am Stahlwerk und an den Walzstraßen wurden eingestellt. Vom anvisierten Hüttenkombinat blieb nur das Roheisenwerk übrig. Die Hochöfen produzierten nun kontinuierlicher, und es traten weniger Ausfälle und Störungen auf. Der Anteil der Ausfallstunden an Kalenderstunden ging von 36,7 Prozent im Jahre 1951 auf 5,7 Prozent im Jahre 1953 zurück. Waren in den Anfangsjahren vor allem die unzureichende Versorgung mit Ersatzteilen und Konstruktionsmängel bei einer Vielzahl von Aggregaten Ursache für Betriebsstörungen und Stillstände, so änderte sich dies im Laufe der Jahre. 1953 resultierten Produktionsausfälle vor allem aus mangelnder Organisation des Betriebsablaufes. So traten an den vier Öfen allein durch Pfannenmangel 55 Stunden und durch Rohstoffmangel ein überdurchschnittlicher Ausfall von 97 Stunden ein.[142]

Diese Probleme waren für das zuständige Ministerium und die Parteiorgane Anlass, erneut Kommissionen ins EKS zu entsenden und einzelne Abteilungen zu überprüfen. So kam es in den Jahren 1953 und 1954 zu einer ganzen Reihe von Kontrollen im Werk. Im Herbst 1953 stand beispielsweise eine betriebswirtschaftliche Überprüfung an. Dabei wurde bereits im Vorfeld über mögliche Konsequenzen nachgedacht. Da »heute schon abzusehen« sei, hieß es in einer internen Mitteilung vom 7. September 1953, «dass diese Kommission auf allen Gebieten der Arbeit große Mängel feststellen wird«, wurden von vornherein personelle Veränderungen in der Leitung des EKS empfohlen. Neben der Absetzung des kaufmännischen Leiters und des Arbeitsdirektors war auch die Ablösung von Helmut Fenske als Werkleiter vorgesehen. Der Werkleiter der Erzgruben West in Badeleben, Erich Markowitsch, wurde als der richtige Nachfolger angesehen, da er die Hüttenindustrie kannte und bewiesen hatte, »dass er auch selbständig leitend Erfolge in der Arbeit zu organisieren vermag«.[143] Im Juni 1954 wurde Erich Markowitsch Werkleiter des EKS.

Im April 1954 kehrte die erste Kernmannschaft nach achtmonatiger Ausbildung im Ordjonikidse-Werk »Asow-Stahl« aus dem sowjetischen Shdanow zurück. 37 Hüttenwerker aus verschiedenen Betrieben der DDR hatten sich am 24. Juli 1953 zu dem idyllischen Kurort am Asowschen Meer aufgemacht, allerdings nicht um eines der zahlreichen Sanatorien zu besuchen, sondern um im dortigen metallurgischen Kombinat die sowjetische Hüttentechnik zu studieren. In einem Programm mit 105 Punkten fassten die Teilnehmer aus dem EKS ihre dort gesammelten Erfahrungen zusammen und übergaben sie der Werkleitung als Aufga-

Im Jahre 1954 wurde das Kraftwerk in Betrieb genommen, wo das Gichtgas der Roheisenproduktion zur Beheizung der Kessel für die Elektroversorgung Verwendung fand. »Neue Berliner Illustrierte«, Heft 29, 1955.

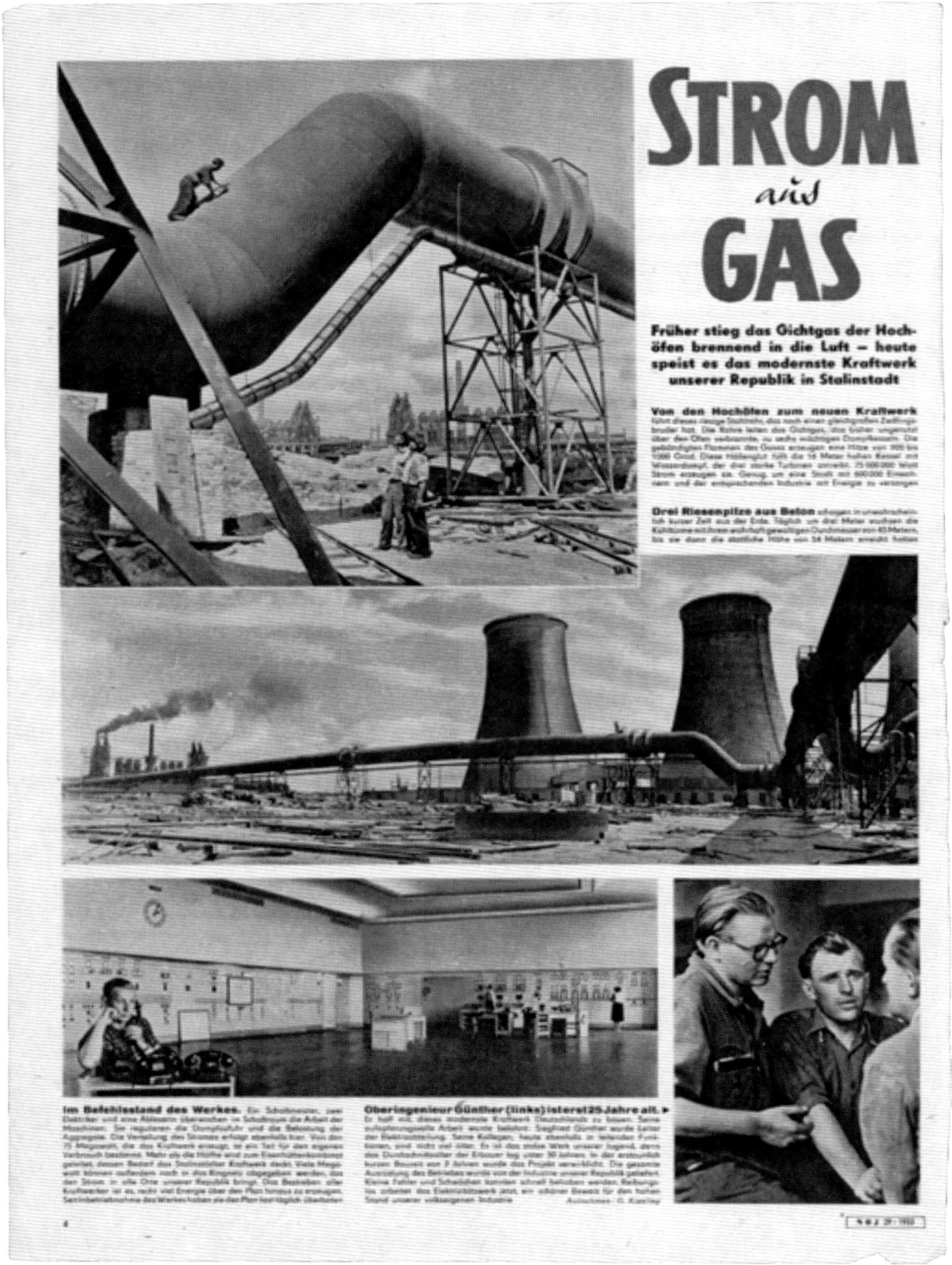

# STROM aus GAS

**Früher stieg das Gichtgas der Hochöfen brennend in die Luft – heute speist es das modernste Kraftwerk unserer Republik in Stalinstadt**

**Von den Hochöfen zum neuen Kraftwerk**

**Drei Riesenpilze aus Beton**

**Im Befehlsstand des Werkes.**

**Oberingenieur Günther (links) ist erst 25 Jahre alt.** ▸

benkatalog. Auf Grundlage eines Beschlusses des SED-Politbüros vom 29. Juni 1954 wurden alle Teilnehmer der Delegation in Meisterstellen bzw. als Obermeister sowie als Leiter von Ofengruppen eingesetzt bzw. übernahmen leitende Funktionen in anderen Abteilungen. Außerdem wurde eine neue Struktur am Hochofen eingeführt. Alle technischen Instruktionen des Hochofenbetriebes wurden von Ferdinand Schreiber, der die Delegation geleitet hatte, überarbeitet.

Der fünfte Hochofen des Eisenhüttenkombinates nahm im November 1953 den Betrieb auf. Er erhielt den Namen »Hochofen der Deutsch-Sowjetischen Freundschaft« und schon nach wenigen Tagen brachte er Produktionsleistungen, wie sie von den anderen Öfen nicht erreicht wurden. Der noch in Bau befindliche sechste und letzte Hochofen war am 11. August 1954 betriebsbereit, schon drei Tage später erfolgte der erste ordnungsgemäße Abstich. Außerdem wurde das für die damaligen Verhältnisse fortschrittliche Transportsystem des Werkes vervollständigt. Der Werkbahnhof Ziltendorf nahm den Betrieb auf, ausgebaut wurde außerdem das Straßenverkehrs- und Eisenbahnnetz sowie die Hafenanlagen. Im Juli 1954 gingen die Bandsteuerzentrale und die Hochbandstraße in Betrieb. Damit gelang es, den Materialumschlag und Transport fast völlig zu mechanisieren. Zum Heben und Bewegen der Rohstoffe, Zwischen- und Fertigfabrikate verfügte das EKS über maschinelle Einrichtungen, die zum großen Teil automatisch arbeiteten.

Mit der Inbetriebnahme der Hüttenbimsanlage im September 1954 konnte auch die Ausrüstung für die Schlackeverwertung vervollständigt werden. Im gleichen Monat lief die erste Turbine des Kraftwerkes an. Damit wurde es möglich, anfallendes Gichtgas in Elektroenergie umzuwandeln. Bei voller Leistung war man nun in der Lage, das gesamte Werk und ab 1955 auch Stalinstadt kontinuierlich mit Elektroenergie zu versorgen.[144] Im Jahre 1954 ging damit die erste Aufbauphase des EKS zu Ende, das lediglich ein Roheisenwerk erhalten hatte.

Das Eisenhüttenkombinat hatte bis 1956 Investitionssummen in Höhe von 423 Mio. Mark verbraucht. Ein Teil dieser Aufwendungen waren Verluste. So verursachten der unzureichende Ausbau der Gleis- und Entladeanlagen sowie der diskontinuierliche Zulauf von Erz und Koks erhebliche Standgelder. Zeitweilige Zahlungsunfähigkeit aufgrund von Produktionsausfällen mussten mit Sonderkrediten ausgeglichen werden, die wiederum zusätzliche Zinsen kosteten. Die ständigen Planumstellungen schufen nicht nur Unsicherheiten, sondern auch umfangreiche Vertrags- und Auftragsstornierungen. Allein im Jahre 1953 wurde der Investitionsplan für das EKS nicht weniger als sechsmal geändert. Insgesamt beliefen sich die Verluste im Planjahr 1953 auf mehr als 62 Mio. Mark. Für die Stornierung der Arbeiten am Stahl- und Walzwerk mussten etwa 4,2 Mio. Mark aufgewendet werden. Noch 1954 musste das Werk 20 Mio. Mark an staatlichen Subventionen in Anspruch nehmen.[145]

| Investitionssummen in Mio. Mark | |
|---|---|
| 1950 | 5 |
| 1951 | 127 |
| 1952 | 100 |
| 1953 | 110 |
| 1954 | 36 |
| 1955 | 25 |
| 1956 | 20 |

### Roheisen- und Rohstahlproduktion 1950 bis 1964

| Produktion von Roheisen (in Mio. t) – einschließlich Ferrolegierungen | | | | |
|---|---|---|---|---|
| | 1950 | 1955 | 1960 | 1964 |
| Welt | 133,7 | 192,9 | 258,6 | 299,0 |
| USA | 60,2 | 71,9 | 62,2 | 79,7 |
| Sowjetunion | 19,2 | 33,3 | 46,7 | 62,3 |
| BRD | 9,4 | 16,4 | 25,7 | 22,9 |
| DDR | 0,3 | 1,5 | 1,9 | 2,2 |
| Produktion von Rohstahl (in Mio. t) – in Blöcken und flüssig für Formguss | | | | |
| Welt | 189,3 | 269,3 | 345,6 | 437,7 |
| USA | 87,8 | 106,1 | 90,0 | 115,2 |
| Sowjetunion | 27,3 | 45,2 | 65,2 | 85,0 |
| BRD | 12,1 | 21,3 | 34,1 | 37,3 |
| DDR | 1,2 | 2,8 | 3,7 | 4,3 |

## »Wir waren nie Fremde …« – Hans-Joachim Feister[146]

*Es begann schon 1952, als die SED, die Gewerkschaft und die FDJ jene Arbeiter vorschlugen, die in die Sowjetunion gehen sollten, um sich weiterzubilden. Mir teilte man mit, dass ich von der FDJ ausgewählt wurde. Doch ich lehnte ab, denn ich wollte ja Hochofentechnik studieren. Dann kam eines Tages der »dicke Zieger« zu mir und sagte, in die Sowjetunion kannst du so schnell nicht wieder fahren, aber studieren kannst du jedes Jahr, also überlege dir das noch einmal. Und ich war einverstanden. Aber es passierte nichts. 1952 ging vorbei und 1953 fing an und nichts passierte. Dann kam der 17. Juni und ich dachte, nun ist alles vorbei, die lassen uns nie in die Sowjetunion. […] Wir waren insgesamt 37 Arbeiter aus verschiedenen Betrieben der Republik, fünfzehn kamen aus dem EKO. Alles Männer, nur eine Frau. […] Auf die Reise vorbereitet wurden wir nicht, wir sind sozusagen mit leeren Taschen dahin gefahren, ohne Russischkenntnisse. Wir fuhren also nach Shdanow. Dort haben wir einen Dolmetscher bekommen. Dann wurde eingeteilt, wo jeder eingesetzt wird, jeder wurde an zwei Arbeitsplätzen ausgebildet. […] Die sowjetischen Kollegen haben sich sehr viel Mühe gegeben, um uns auf die Sprünge zu helfen. Neuerungen oder besondere Techniken haben wir uns sofort notiert und nach Hause telegrafiert. Wir haben auch teilweise Dokumente abgekupfert und sie nach Hause geschickt. Vieles haben wir gesammelt und dann in den hundert Vorschlägen aufgeschrieben, wie die Sache mit der Stichloch-Stopfmaschine oder den Kupplungen für die Waggons. […] Wir haben uns nie als Fremde gefühlt, sondern waren sofort integriert. Manches ging schnell, manches dauerte länger. […] Am Tag der Republik haben wir eine Sonderschicht gefahren. Die wurde natürlich vorbereitet, damit nichts schief gehen konnte. Wir haben früh den Abstich gemacht, dann ging das Roheisen ins Stahlwerk und gegen Mittag wurden die 400 t Schienen gewalzt und die sind dann in die DDR gegangen. Danach haben wir unsere sowjetischen Kollegen zu einer typisch deutschen Mahlzeit eingeladen. […] Neun Monate von zu Hause weg, die Ledigen haben das besser verkraftet, als die Verheirateten. Wir waren ja noch jung und waren froh, dass wir mal weg waren. Alle zwei Monate habe ich ein Paket nach Hause geschickt, mit Kaffee, Stoff, Zigarren usw. Denn das Geld was wir kriegten, bekam ich nie alle. Das waren 1.300 bis 1.600 Rubel, das war soviel wie der normale Arbeiter verdient hat. […] Vor Weihnachten hatten wir die DDR-Botschaft gebeten, uns bei einer Weihnachtsfeier zu unterstützen und die schickten uns Kisten mit allem möglichen Spielzeug, von der Puppe bis zum Baukasten. Dann haben wir also im Kindergarten den Weihnachtsmann gemacht und Erwin Kutschan hat auf dem Xylophon gespielt. Das hat den Kindern so gefallen, dass sie uns noch ein paar mal besuchen kamen. […]*

*Nach unserer Rückkehr wurden wir für ein halbes Jahr als Instrukteure zur Durchsetzung der neuen Erkenntnisse in den Abteilungen des Werkes eingesetzt.*

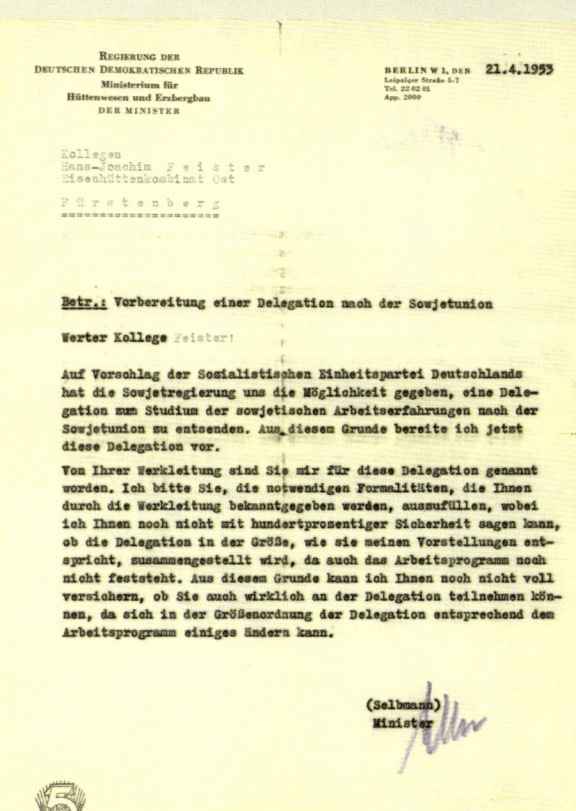

Aus dem Eisenhüttenkombinat fuhren am 24. Juli 1953 15 Hüttenwerker mit nach Shdanow. Unter ihnen waren Ferdinand Schreiber, Frido Meinhardt, Horst Dahlisch, Werner Schulz, Erwin Kutschan, Hans-Joachim Feister, Willi Hartmann, Karl Franke und Rudolf Fabig.

»Dann kam ein Schreiben, in dem stand, dass ich für eine Delegation in die Sowjetunion vorgesehen bin. Ich hatte schon nicht mehr daran geglaubt.« (Hans-Joachim Feister)

## Lohnpolitik und Normenfrage

Die Problematik der Löhne und Normen war seit Jahren ein hochsensibler Bereich und auch Anlaß für die Ereignisse im Juni 1953. Da es die zentrale Politik nie verstand, ein überschaubares Lohnsystem zu schaffen und immer nur mit kurzfristigen Entscheidungen und Teillösungen versuchte, Schaden zu begrenzen, war die EKO-Werkleitung von Anfang an gezwungen, zu improvisieren und mit Hilfe von Prämienfonds Ungerechtigkeiten auszugleichen bzw. Leistungen entsprechend zu motivieren.

In den Anfangsjahren wurde im EKO und auf seinen Baustellen der tarifliche Zeitlohn gezahlt und für die Ausführung bestimmter Arbeiten in der festgesetzten oder einer kürzeren Frist Leistungszuschläge gewährt. Der Kampf um die Einführung des Leistungslohnes auf der Grundlage technisch begründeter Arbeitsnormen war schon seit langem in den Betrieben der DDR entbrannt. Auf dem 3. SED-Parteitag im Juli 1950 hatte SED-Generalsekretär Walter Ulbricht verlangt, das Lohngefüge so zu gestalten, »dass in den lebenswichtigen Industrien die Löhne am höchsten sind, einmal, weil die Arbeit am schwersten ist oder eine besonders hohe Fachkenntnis erfordert, aber auch deshalb, um durch höhere Löhne einen Anreiz zu geben, damit in diesen Industrien sich die Zahl der Arbeitskräfte erhöht«.[147] Es ging also vor allem darum, in den Schlüsselindustrien des Fünfjahrplanes eine solche Lohnstruktur zu installieren, die die Arbeitsplätze in diesen Zweigen attraktiver machte.

Eine der ersten Aufgaben für die verantwortlichen Leitungen der EKO-Baustelle war es, den üblichen Prämienzeitlohn durch den Leistungslohn zu ersetzen. Am einfachsten gelang dies bei den neu gebildeten Jugendbrigaden. Die Mehrzahl der älteren und erfahrenen Arbeiter lehnten den Leistungslohn als verschleierten Akkordlohn ab, da er nach Zeitwerten errechnet wurde, deren Ermittlung der von Akkordsätzen sehr ähnlich war. Hinzu kam, dass die Mehrzahl der Meister und Brigadiere nicht in der Lage war, die exakten Leistungen zu bestimmen. Max Unger berichtete über seinen Schachtmeister, »der zur Berechnung des Leistungslohnes die Menge der von uns gefällten Bäume berechnen sollte und der einfach immer nur schrieb ›Holz gefällt‹. Einfach, weil er diese Arbeit noch nie gemacht hatte und diese Berechnungen nicht fertigbrachte. Wir aber kamen nicht auf unser Geld. Dann gab es viele Auseinandersetzungen und zum Schluss habe ich mich mit dem Schachtmeister einer anderen Brigade zusammengesetzt, mit ihm gemeinsam unsere Leistung berechnet und unsere Kumpels erhielten dann schließlich ihren Leistungslohn nachgezahlt.«[148] Nachdem von der Werkleitung Abrechnungszettel erarbeitet worden waren, wuchs auch die Zahl der Brigaden rasch an, die nach Leistungslohn arbeiteten. Mitte Dezember 1950 waren es bereits 85 Prozent der Belegschaft.

Oberschmelzer Heinz Simoneit (links) im Gespräch mit Kollegen seiner Brigade vom Hochofen II, 10. November 1952.

Als Schwerpunktbetrieb zahlte das Eisenhüttenkombinat höhere Tariflöhne als anderswo. Die Lohnsummen differierten aber erheblich, vor allem zwischen Hilfs- und Facharbeitern. Ein Hilfsschmelzer verdiente beispielsweise 1952 am Hochofen in der Lohngruppe V monatlich 377 Mark, ein Schmelzer in der Lohngruppe VI 503 Mark und ein Schmelzmeister in der Lohngruppe VIII etwa 880 Mark.[149] Diese Löhne wurden jedoch nur gezahlt, wenn die Hochöfner die Grundnormen erreichten und das war angesichts ständiger Störungen und Stillstandszeiten an den Öfen fast unmöglich. »Mit unserer Arbeit, das haut nicht immer hin«, beklagte sich ein Hochöfner. »Wir verdienen ja immer weniger. Vor einer Woche sind wir zur Nachtschicht gekommen, da wollten wir um 22 Uhr Abstich machen, da fehlten uns die Schlackenpfannen. Bis 2.45 Uhr haben wir warten müssen. Das ist keine Arbeiterei und so kann man auch nichts schaffen. Der Magaziner aber, der nur die Holzschuhe ausgibt, hat jeden Monat seine 800 Mark. Hier kann doch etwas nicht stimmen.«[150]

Um die Schwachstellen des Lohnsystems zu kompensieren, war die Werkleitung oftmals gezwungen, innerbetriebliche Arrangements mit der Belegschaft zu schließen. Für die Leitung war die Planerfüllung, für die Arbeiter ihr Einkommen Hauptmotiv für solche Absprachen. Bereits in der schwierigen Aufbauphase des EKO wurde deshalb für die Werkleitung der Prämienfonds ein wirksames Mittel, um Bau-, Montage- und Produktionsengpässe zu überbrücken. Dies sollte sich auch im Verlaufe der nächsten Jahrzehnte nicht ändern. Mit Hilfe von Prämienvereinbarungen war es möglich, konkret definierte und zeitlich begrenzte Arbeitsaufgaben zu stimulieren.

Protestschreiben der Belegschaft Werkverkehr vom 16. August 1955.

Mit der Einführung des Leistungslohnes wurde auch die Frage der Normen akut. Diese war schon seit mehreren Jahren zu einem Konflikt zwischen der Arbeiterschaft und der Regierung geworden. Auch im EKO existierten bis 1951 noch keine technisch begründeten Arbeitsnormen. Seitens der Werkleitung begann man deshalb mit der Überprüfung der alten sowie mit der Ausarbeitung neuer Normen und der Einstellung des Lohnes auf die neuen Normen.

In der Regel wurden die Normen über die Betriebsgewerkschaftsleitung (BGL) nach Produktionsergebnissen von Aktivisten, die ihre »Arbeitstaten« oftmals unter Idealbedingungen erreicht hatten, festgesetzt und in den Betriebskollektivvertrag aufgenommen. Diese Maßnahmen trafen auf beträchtlichen Widerstand der Arbeiter und zahlreicher Gewerkschaftsfunktionäre des EKO. Die Normenfrage war an den Hochöfen besonders brisant. Maßstab konnte hier nur die erzeugte Menge an Roheisen sein. Deshalb hatte die Regierungskommission im April 1952 administrativ die Grundnorm für den Hochofenbetrieb auf 350 t Roheisen am Tag festgelegt. Damit hieß die Formel für den Leistungslohn am Hochofen bei Erreichen der Grundnorm: Tariflohn + 15 Prozent Leistungszuschlag = Leistungsgrundlohn. Für jede angefangene fünfundzwanzigste Tonne Roheisen, um die die Norm überschritten wurde, erhöhte sich der Lohn um 10 Prozent.[151] Wenige Wochen später wurde die Grundnorm sogar auf 400 t erhöht. Diese Leistung war jedoch von vielen, auch von den Hochöfnern nicht zu beeinflussenden Faktoren abhängig. So benötigten sie für die planmäßige Produktion in einer Schicht 56 Schlackenpfannen, die Männer an der Schlackenkippe brauchten aber nur 36 Pfannen zu leeren und wieder bereitzustellen, um ihre Norm mit 200 Prozent zu erfüllen.[152]

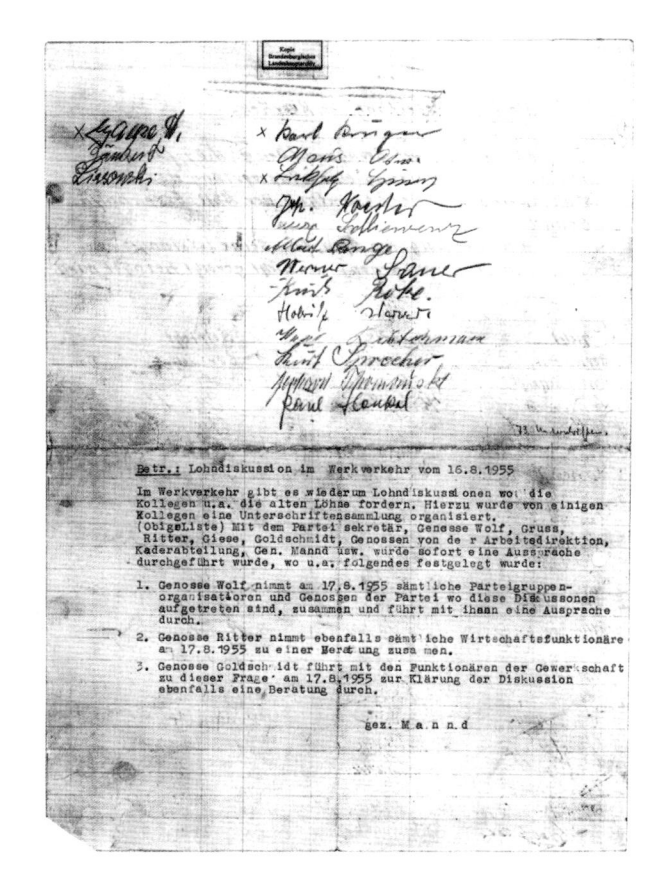

Die 60er Jahre begannen mit einer markanten lohn- und normenpolitischen Zäsur. Im September 1961 wurde das so genannte Produktionsaufgebot in Gang gesetzt, dessen Motto darin bestand, in der gleichen Zeit für das gleiche Geld mehr zu produzieren. Das hieß nichts anderes, als Steigerung der Produktivität und Intensität der Arbeit bei gleichzeitigem Lohnstopp. 1962 war in der Tat ein Rückgang der monatlichen Arbeitseinkommen der Industriearbeiter zu verzeichnen.[153] Mit den 1963 eingeleiteten Wirtschaftsreformen kam es zu einer Abkehr von dieser Praxis. Der Lohn hatte sich künftig vor allem an der Produktivitätsentwicklung, der Qualifikation des Beschäftigten, nach dem Schwierigkeitsgrad der Arbeit, nach der Bedeutung des betreffenden Industriezweiges sowie nach den regionalen Verhältnissen auszurichten. Lohn und Prämie sollten als »ökonomische Hebel« fungieren, die es elastisch anzuwenden gelte. Über spezifische Lohnformen wie Prämienzeitlöhne und Prämienlöhne sollten besonders die Entwicklung der Arbeitsproduktivität und der Selbstkosten beeinflusst werden.

Die Reformperiode zwischen 1964 und 1968 führte gerade unter der Industriearbeiterschaft zu beachtlichen Einkommenssprüngen und zu einer bemerkenswerten Flexibilisierung der Lohnbildung. Das weitere Auseinanderklaffen zwischen niedrigem und hohem Einkommensniveau wurde dabei als nicht unerwünschter Nebeneffekt angesehen. Doch führte diese Entwicklung ebenso wie die Unterschiede im Lohnsystem zwischen den einzelnen Industriezweigen zu erneuter sozialer Unzufriedenheit. Deshalb leitete die SED mit ihrem 7. Parteitag 1967 Korrekturen ein. Damit verlor der Lohn allmählich seine Funktion als Mittel des Leistungsanreizes.

## Die Gewerkschaft im EKO

Die erste Betriebsgruppe des FDGB im EKO entstand bereits im August 1950. Am 12. September 1950 wurde die erste Betriebsgewerkschaftsleitung (BGL) gewählt. Sie war aktiver Mitorganisator des neuen Hüttenwerkes und blieb ein bestimmender Faktor im Arbeitsprozess und darüber hinaus. Wichtige Versorgungsleistungen wurden in der BGL in eigener Verantwortung organisiert und aus dem Kultur- und Sozialfonds des EKO bzw. des FDGB finanziert, so z.B. die Ferien- und Urlaubsplätze. Aufopferungsvolle Kleinarbeit leisteten die tausend ehrenamtlichen Funktionäre in den Gewerkschaftsgruppen und Gewerkschaftsleitungen. Sie waren bemüht im Rahmen der Möglichkeiten die gewerkschaftlichen Rechte und Verantwortungen auszufüllen.

Hauptanliegen der Gewerkschaftsarbeit waren die Verteilung von Ferienreisen, Wohnungen und Krippenplätzen. Weiterhin leisteten die Gewerkschaftsgruppen Hervorragendes bei der Kranken- und Veteranenbetreuung. Ureigenste gewerkschaftliche Ziele wie die Erhöhung der Löhne und Gehälter sowie die Verringerung der Arbeitszeit spielten dagegen eine untergeordnete Rolle. Auch die Vorbereitung und Durchführung der Maidemonstrationen, einer traditionellen Angelegenheit der Gewerkschaft, wurde von der SED organisiert und überwacht. Jedoch bei Aufrufen zur Steigerung der Arbeitsproduktivität, Erfüllung der Staatspläne und Führung des sozialistischen Wettbewerbes wurde der FDGB vorgeschoben, da dessen Entscheidungen von der Belegschaft des EKO eher akzeptiert wurden.

Insgesamt lief aber das Wirken der Gewerkschaft in einem volkseigenen Betrieb nach den Spielregeln der SED ab. Man sprach deshalb auch vom »verlängerten Arm der Partei«. Die Gewerkschaftsarbeit war trotz ihrer beschränkten demokratischen Ausübung über die gesamte DDR-Zeit ein wesentliches Element insbesondere bei der sozialen und kulturellen sowie arbeitsrechtlichen Betreuung der Arbeiterschaft des EKO.

Foto oben:
Arbeitsbesprechung von Gewerkschaftsfunktionären auf der EKO-Baustelle, 1950.

Foto unten:
Wettbewerbsdiskussion einer Brigade, 25. Januar 1952.

Nach langen Diskussionen wurde am 9. August 1952 der erste EKO-Betriebskollektivvertrag, eine Vereinbarung zwischen der BGL und der Werkleitung, unterzeichnet.

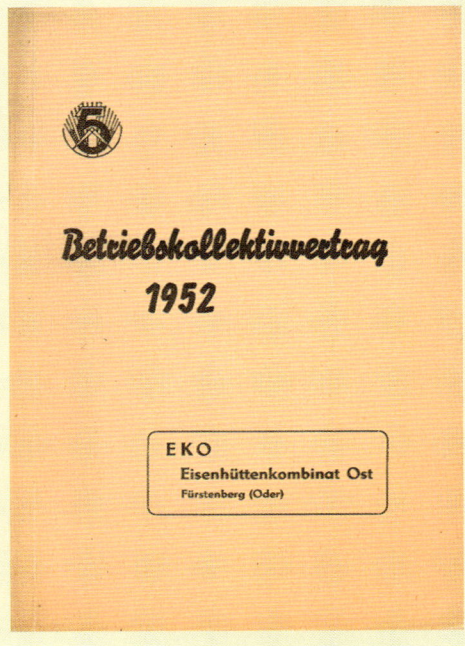

# Das Werk und seine Stadt

## Arbeitsbedingungen und Sozialleistungen

Konsumverkaufsstelle im Werk, 14. Februar 1953.

Abbildung und Fotos rechte Seite:

Informationsblatt zum Berufsverkehr, März 1952.

Sonderverkauf von »Engpasswaren« im Haus der Gewerkschaften im Mai 1952.

Gaststätte »Friedensstahl« in der Barackenstadt.

Während bis Mitte 1953 die industriepolitischen Ziele Priorität hatten, wurden für die Befriedigung der sozialen Bedürfnisse der Menschen sowie die Verbesserung der Arbeitsbedingungen im Werk nur die notwendigsten Mittel zur Verfügung gestellt. Das Gros der Investitionen floss in den Aufbau der Industrieanlagen.

Als im Sommer 1950 der Aufbau des EKO begann, mussten zunächst einmal die Grundbedingungen für ein funktionierendes Arbeiten und Leben geschaffen werden. Die tausende Bauarbeiter und viele der späteren Beschäftigten des EKO lebten über kurze und lange Zeit in den Wohnlagern. Für ihre soziale Betreuung und Versorgung gab es in diesen Jahren nur Provisorien. Frischwasser erhielten sie aus Brunnen. Im Spätherbst 1950 wurden die ersten Kioske aufgestellt. In den Wohnlagern und auf den Baustellen entstanden Lokale, Verkaufsstellen, Küchen und andere Versorgungseinrichtungen. Im Sommer 1951 folgten ein behelfsmäßiges »Warenhaus« der Konsumgenossenschaft und eine Imbissstube der staatlichen Handelsorganisation (HO) für 200 Gäste. Ende des Jahres entstand auch die legendäre Gaststätte »Friedensstahl«. Aufgrund einer Schwerpunkterklärung der Regierung wurde das EKO ab 1951 bevorzugt mit Industriewaren und Waren des täglichen Bedarfs beliefert. Außerdem kam ein Teil der Belegschaft, insbesondere die Arbeiter am Hochofen, in den Genuss des Zusatzverpflegungssatzes Gruppe A, der eine zusätzliche Wochenration an Fleisch und Fett bedeutete. Die HO des Landes Brandenburg hatte den Auftrag erhalten, »dafür Sorge zu tragen, dass ein ausreichendes Warensortiment an Industriewaren in den dortigen Verkaufsstellen Fürstenberg, Fürstenberg West und Hüttenkombinat Ost zu führen ist und zwar solche Waren, die den Ansprüchen der Werktätigen des Hüttenkombinates entsprechen«.[154]

Im März 1952 beklagte Minister Selbmann, dass im EKO die »Aufgaben der Schaffung sozialer und kultureller Einrichtungen, der Verbesserung der Werksverpflegung, der Sorge um Wohnungen und Unterkünfte der Arbeitskräfte, der Verbesserung des Berufsverkehrs und vieler anderer Faktoren« vernachlässigt wurden.[155] Infolge des SED-Politbürobeschlusses vom 5. Februar 1952 kam es zu einer ganzen Reihe von Verbesserungen im Sozialbereich. In den ersten Häusern der EKO-Wohnstadt wurden provisorische Verkaufsstellen in Wohnungen eingerichtet. In der Barackenstadt entstand ein Badehaus und an den Hochöfen wurde eine Werkskantine mit eigener Küche fertiggestellt. Verschiedene Betriebsteile erhielten Umkleideräume sowie Kultur- und Speiseräume. Die von Walter Ulbricht vehement geforderte Fachbibliothek sowie ein technisches Kabinett wurden eingerichtet.

Am 14. Februar 1952 verabschiedete der DDR-Ministerrat einen Beschluss zur Verbesserung der Arbeitsschutzmaßnahmen und der Arbeitshygiene im EKO. Daraufhin wurde eine Kommission gebildet, die einen Entwicklungsplan für das Gesundheitswesen im Raum Fürstenberg erarbeitete. Schwerpunkte waren die Errichtung eines neuen Krankenhauses, die provisorische Erweiterung des Fürstenberger Krankenhauses, der Neubau einer Kinderkrippe und die Aufstellung massiver Sanitätsstationen im Hüttenzementwerk sowie an den Hochöfen.[156] Außerdem nahm eine Abteilung Gesundheitswesen Fürstenberg/Oder, die direkt dem Ministerium unterstellt war, im März 1952 ihre Arbeit auf. Am 1. April 1952 wurde eine neue Kinderkrippe übergeben und am 1. Mai im Beisein von Walter Ulbricht die Betriebspoliklinik. Aufgrund eines »Freundschaftsvertrages« mit der Berliner Charité schloss das Werk zeitgebundene Verträge mit Ärzten und Schwestern ab und verbesserte die gesundheitliche Betreuung.

Die Sonderversorgung erwies sich für die Beschäftigten des Eisenhüttenkombinates als großer Vorteil. In den ersten Jahren wurden darüber hinaus zentral organisierte Großverkäufe durchgeführt, bei denen Mangelwaren angeboten wurden. Das EKO zählte zu den ersten Schwerpunktbetrieben der DDR, in denen solche Aktionstage stattfanden. Im Jahre 1952 beauftragte das SED-Zentralkomitee das Berliner HO-Kaufhaus am Alexanderplatz, sich vorrangig um die Versorgung des EKO zu kümmern. In den Sommermonaten 1952 fanden zwei- bis dreitägige Großverkaufsaktionen in der Kulturhalle statt. Besondere Verkaufsschlager waren Fahrräder, Wassereimer, Schuhe und Bettwäsche. Außerdem erhielt das Eisenhüttenkombinat in den Anfangsjahren

**Kolleginnen und Kollegen!**

Ab 17. März 1952 sind die Schichtzeiten für alle Firmen (einschl. Bau-) einheitlich wie folgt festgelegt:

| | |
|---|---|
| Frühschicht | von 6.00 bis 14.00 Uhr |
| Normalschicht | von 7.30 bis 17.00 Uhr |
| Sonnabend | von 7.30 bis 11.45 Uhr |
| Spätschicht | von 14.00 bis 22.00 Uhr |
| Nachtschicht | von 22.00 bis 6.00 Uhr |

Die Ankunfts- und Abfahrtszeiten der Eisenbahn sind wie folgt:

**Ankunft**

| | Fürstenberg | | Vogelsang | | | |
|---|---|---|---|---|---|---|
| Frühschicht | 5.05 | 5.20 | 5.00 | 5.15 | aus Richtung | Frankfurt-Oder |
| " | 5.10 | 5.25 | 5.15 | 5.30 | " " | Guben |
| Normalschicht | 7.00 | | 6.55 | | " " | Frankfurt-Oder |
| " | 6.55 | | 7.00 | | " " | Guben |
| Spätschicht | 13.05 | 13.20 | 13.00 | 13.15 | " " | Frankfurt-Oder |
| " | 13.10 | 13.25 | 13.15 | 13.30 | " " | Guben |
| Nachtschicht | 21.20 | | 21.15 | | " " | Frankfurt-Oder |
| " | 21.25 | | 21.30 | | " " | Guben |

**Abfahrt**

| | Fürstenberg | | Vogelsang | | | |
|---|---|---|---|---|---|---|
| Frühschicht | 14.35 | 14.50 | 14.40 | 14.55 | in Richtung | Frankfurt-Oder |
| " | 14.40 | 14.55 | 14.35 | 14.50 | " " | Guben |
| Normalschicht | 17.35 | | 17.40 | | " " | Frankfurt-Oder |
| " | 17.30 | | 17.25 | | " " | Guben |
| Spätschicht | 22.35 | | 22.40 | | " " | Frankfurt-Oder |
| " | 22.40 | | 22.35 | | " " | Guben |
| Nachtschicht | 6.35 | | 6.40 | | " " | Frankfurt-Oder |
| " | 6.40 | | 6.35 | | " " | Guben |

Die Ankunfts- und Abfahrtszeiten der Bus-Linien werden durch Anschlag an den Bus-Haltestellen im Werk rechtzeitig bekanntgegeben.

**Die Werkleitung**

I/6/1 MDV Ffo 724-352.
Erscheint mit Genehmigung des Amtes für Information der Deutschen Demokratischen Republik

Sonderzuteilungen aus beschlagnahmten Warenbeständen. So erreichten vor Feiertagen, wie dem 1. Mai, größere Kontingente von Kaffee, Kakao, Tabak, Damenunterwäsche, Schuhe und Zigaretten die Verkaufsstellen des Werkes.

Mit der Zunahme der Arbeitskräfte verschlechterte sich jedoch die Situation, da auch notwendige Verkaufseinrichtungen in der Stadt fehlten. In den ersten Monaten des Jahres 1953 ließen der Rückgang von Lebensmittelimporten und das Absinken des Marktaufkommens erhebliche Fehlmengen bei Zucker, Roggen, Hülsenfrüchten, Reis, Kartoffeln und Gemüse entstehen. Frischgemüse erhielten nur noch Kinder und Diabetiker. Die Lieferung von Butter an die HO wurde generell gesperrt und der HO-Verkauf von Margarine in Schwerpunktbetrieben durch Abstempeln der Lebensmittelkarten kontrolliert. Auf Anweisung des Handelsministeriums erhielten im Eisenhüttenkombinat nur noch diejenigen Milch, die auch laufend am Werkesessen teilnahmen. Für alle anderen entfiel die ausgegebene Milchkarte.

Nach den Ereignissen des 17. Juni 1953 verstärkten sich die Bemühungen, die sozialen Belange der Belegschaft zu verbessern. Am 20. Juli 1953 übergab die BGL der Werkleitung einen Katalog aller »sozialen Mängel und Missstände«.[157] Nachdem Ende 1953 die DDR-Regierung eine »Verordnung über die weitere Verbesserung der Arbeits- und Lebensbedingungen der Arbeiter und die Rechte der Gewerkschaften« erlassen hatte, wurde die eingeleitete Entwicklung im Eisenhüttenkombinat beschleunigt. Diese Verordnung war für die betriebliche und gewerkschaftliche Arbeit bindend und wurde in den Betriebskollektivvertrag aufgenommen.

Gasschutzwehr im Hochofenbetrieb in den 50er Jahren.

## Unfallstatistik des Eisenhüttenkombinates 1952 bis 1961

| Jahr | Unfälle insgesamt | davon tödlich | Gasunfälle |
|---|---|---|---|
| 1952 | 527 | 6 | 422 |
| 1953 | 808 | 10 | 272 |
| 1954 | 834 | 2 | 122 |
| 1955 | 797 | 5 | 22 |
| 1956 | 704 | - | 10 |
| 1957 | 717 | - | 16 |
| 1958 | 792 | 5 | - |
| 1959 | 704 | 1 | - |
| 1960 | 741 | - | - |
| 1961 | 623 | 1 | - |

Es kam zu konkreten Vereinbarungen, insbesondere zur Verbesserung des Arbeitsschutzes. Gerade auf diesem Gebiet gab es im Eisenhüttenkombinat noch erhebliche Schwachstellen, die sich vor allem in der hohen Zahl von Unfällen dokumentierten. In den ersten Monaten des Jahres 1952 kam es beispielsweise zu monatlich dreißig Unfällen, bis in die Sommermonate waren es über fünfzig. Zum Ende des Jahres 1952 standen 527 Unfälle, davon sechs tödliche, in der Statistik. Erst ab 1953 wurde kontinuierlich eine Abrechnung über das Unfallgeschehen geführt. Die Schwerpunkte lagen an den Hochöfen, der Masselgießmaschine und in der Sinteranlage. Ein Großteil der Unfälle waren Gasvergiftungen.

Vor allem in den ersten Jahren wurde die Gefahr der austretenden Gichtgase völlig verkannt. Im Dezember 1953 kam es zu einem Massenunfall mit 48 Gasvergifteten. Erst danach wurden die Ofenbesatzungen mit Schutzmasken ausgerüstet und es begann der Aufbau einer Gasschutzstelle. Als diese 1955 fertiggestellt wurde, verfügte das Eisenhüttenkombinat über die damals modernste Einrichtung dieser Art in der DDR. Unter der Führung von Walter Hronik, der Oberführer der Gaswehr war, gelang es, im Werk ein wirkungsvolles Gasschutzwesen zu entwickeln und diese Unfälle zu minimieren. Seit 1956 gab es keine tödlichen und schweren Gasvergiftungen mehr.

Zur gleichen Zeit traten Verbesserungen auf dem Gebiet der Versorgung ein. Innerhalb des Werkes wurden Verkaufsbaracken errichtet, die bevorzugt mit Waren des täglichen Bedarfs beliefert wurden. Die Barackenstadt erhielt einen Friseur, eine Schusterei und weitere Imbissstuben. In Stalinstadt entstanden mit der Alten Ladenstraße und den Verkaufsstellen in der Karl-Marx-Straße neue Einkaufszentren. Einige Geschäfte erhielten das Prädikat »Schwerpunktversorger« und verfügten damit über ein reichhaltigeres Angebot als üblich. Die Läden für Bekleidung, Schuhe, Fahrzeuge und Schreibwaren in der Karl-Marx-Straße waren noch provisorisch in Baracken untergebracht. Sie verschwanden, als zu Beginn der 60er Jahre die Leninallee zur Einkaufsstraße ausgebaut wurde.

Da die Kaufkraft in den 50er Jahren schneller wuchs als die Bereitstellung von Konsumgütern, wurde die Verteilung zentral gesteuert. Die bevorzugte Belieferung mit Nahrungs- und Genussmitteln, vor allem aber mit Industriewaren, sollte die Belegschaft zu höheren Arbeitsleistungen animieren, die Fluktuationsrate senken sowie dringend benötigte Fachkräfte ins Eisenhüttenkombinat ziehen. Obwohl nicht alle gewünschten Effekte eintraten, verbesserte sich die Versorgungslage in Werk und Stadt merklich. Es entwickelte sich sogar ein gewisser Einkaufstourismus, der die Stadt heimsuchte, so dass es nötig wurde, den Zugriff auf hochwertige Industriegüter, wie Fernsehapparate, Motorräder und PKW per Kundenliste auf ortsansässige Personen zu beschränken oder eine Direktbelieferung im Werk durchzuführen. Im Juni 1956 und im Juli 1958 traten drastische Preissenkungen in Kraft und im Mai 1958 beschloss die Volkskammer die Abschaffung der Lebensmittelkarten in der DDR.

Der Bereich Arbeits- und Lebensbedingungen des Werkes, zu dem das Wohnungswesen, das Sozialwesen, die Abteilung Kultur und Sport, das Gesundheitswesen u.a. gehörten, war eine wichtige Anlaufstelle, wenn es um die Lösung sozialer Fragen ging. Dabei war das Eisenhüttenkombinat anfangs aus Mangel an kommunalen Einrichtungen gezwungen, auch Aufgaben des Handels und der sozialen Betreuung zu übernehmen. Mit der Entwicklung einer kommunalen Struktur übernahm zwar zunehmend die Stadt diese Funktionen, doch blieb das Eisenhüttenkombinat als größter Industriebetrieb der Region daran interessiert, Fortschritte in den Bereichen Versorgung, Dienstleistung und Wohnungsangebote zu fördern. Insofern lag der Umfang an Sozialleistungen, die das EKO aufbrachte, beträchtlich über dem üblichen Maß.

## Sport und Erholung

Fußballspiel zwischen den Abteilungen Erzaufbereitung und Hochofen, 20. Juni 1953.

Sport und Freizeit waren von Anfang an ein fester Bestandteil des betrieblichen Lebens im EKO. Am 27. November 1950 wurde im Lokal Reuter aus der in Schönfließ ansässigen Sportgemeinschaft »Grube Präsident« die Betriebssportgemeinschaft (BSG) Stahl gegründet. Waren es 1950 noch 61 Mitglieder, wuchs deren Zahl bis 1969 auf über 750 an. Sie waren in den Sektionen Handball, Leichtathletik, Turnen, Touristik, Tennis, Schach, Kegeln, Radsport und Fußball organisiert. Eine Vielzahl von Übungsleitern, Trainern und andere Helfer des Sports hatten großen Anteil an der Entwicklung der BSG. Zu ihnen gehörten u.a. Willi Irmler (Handball), Eberhard Bredow (Handball), Wilhelm Schwerdtner (Fußball), Else Reichelt (Leichtathletik), Emil Schlieter (Leichtathletik), Fritz Soland (Tennis), Georg Nitschke (Schach), Wilhelm Gärtner (Radsport) und Richard Paulick (Radsport). Die erste Ringer- und Boxstaffel der BSG wurde unter der fachlichen Anleitung von Trainer Havenstein, der 1936 Olympiasieger war, aufgebaut.

1952 errang die Akrobatikgruppe von Willi Nern, Rudi Schulz und Walter Hronik einen ersten DDR-Meistertitel. Im nachfolgenden Jahr fanden die erste Betriebsspartakiade und das erste Straßenradrennen »Rund um das EKO« statt. 1954 wurde der spätere Weltrekordläufer Siegfried Valentin DDR-Jugendmeister über 1.000 m. Viele weitere vordere Plätze von Stahl-Sportlern bei Landes- und Bezirksmeisterschaften kamen hinzu. Allein die Bowlingkegler brachten es auf 20 DDR-Meistertitel. Inzwischen war das »Stadion der Hüttenwerker« mit mehreren Spielfeldern, Turn- und Übungshallen, ein werkseigener Segelflugplatz und weitere Sportanlagen entstanden.

Besonderes Augenmerk galt der Nachwuchsarbeit. 1965 wurde auf Beschluss der BSG-Leitung die Sektion Radsport zur Schwerpunktsektion und das erste Trainingszentrum der BSG gebildet. Weitere Trainingszentren entstanden für Turnen und Handball. Das bedeutete besondere Förderung und Zuwendungen durch das Werk und den Staat. Aus den Trainingszentren der BSG Stahl gingen zahlreiche Kinder und Jugendliche den Weg zu den Sportschulen und Sportklubs und erreichten bei Olympischen Spielen, Welt- und Europameisterschaften sowie DDR-Meisterschaften Erfolge.

Zu den zahlenmäßig stärksten und populärsten Sektionen der BSG gehörte von Anfang an die Fußballsektion. Es begann mit jener Elf, die 1951 in die Kreisklasse einzog. Wolfgang Schuster, Karl Franke, Helmut Giese, Walter Großpietsch und »Bubi« Mattner waren die ersten Stahl-Fußballer. Dazu kamen eine ganze Reihe von Gastspielern, die auf der EKO-Baustelle beschäftigt waren.

Foto oben:
Das Betriebskinderferienlager der Bau-Union und des EKO in Bad Saarow im Jahr 1952.

Fotos unten:
Ferienheim »Haus Goor« auf der Insel Rügen, Mitte der 60er Jahre.

Mit den ideologischen Vorgaben an die »Erste sozialistische Stadt« änderten sich auch die sportpolitischen Zielstellungen. Walter Ulbricht wies die EKO-Werkleitung an, dafür Sorge zu tragen, dass Stalinstadt schnellstens eine oberligareife Fußballmannschaft erhält, »um auch in dieser Form nach außen hin den neuen sozialistischen Charakter zu demonstrieren«. Auch der Fußballverband versprach seine Unterstützung. Aus Mangel an eigenen Spitzenfußballern begann man im sächsischen Zwickau Fußballer von der dortigen BSG Horch »abzuwerben«. Als diese Praktiken bekannt wurden, antwortete Werkleiter Erich Markowitsch auf die Vorwürfe: »Es lässt sich eben nicht ableugnen, dass wir die erste sozialistische Stadt sind, wo auf jedem Gebiet etwas Neues entsteht und die Menschen von vornherein begeistert sind.«[158] In den 60er Jahren erhielt die Stahl-Elf für das gleiche Vergehen Punktabzüge.

Im September 1956 schaffte eine Elf mit nur einem »Eingeborenen« und vielen »Neuankömmlingen« nach dem heißumkämpften 1:0-Sieg gegen Dynamo Schwerin erstmals den Aufstieg in die DDR-Liga. Der einstige DDR-Auswahltorhüter Rolf Händler, der Spielertrainer Herbert Heinze, Manfred Hirsch, Harry Nosal, Helmut Gogolin und Klaus Petzold gehörten zu der damals gefeierten Mannschaft. Fünftausend Zuschauer im »Stadion der Hüttenwerker« waren keine Seltenheit. Es gab Zeiten, da war ganz »Hütte« im Fußballfieber. Als 1967 der Aufstieg in die höchste Spielklasse greifbar nah schien, fuhren 3.000 Eisenhüttenstädter mit 67 Bussen nach Magdeburg. Doch die Stahl-Elf verlor 0:5. Zwei Jahre später folgte der Oberligaaufstieg. Jedoch gelang es der Mannschaft um Horst Kittel, Lothar Reidock, Winfried Klingbiel, Heino Steinborn, Hartwig Köpcke und Gerhard Waidhas nur für ein Jahr sich im Fußball-Oberhaus zu behaupten.

Seit Bestehen des Eisenhüttenkombinates hatte sich die Bereitstellung von Ferienplätzen ständig weiterentwickelt. Ihre Vergabe wurde über die betriebliche Gewerkschaftsorganisation geregelt. Da dem Werk in den Anfangsjahren noch keine eigenen Ferieneinrichtungen zur Verfügung standen, konnten nur vereinzelt Plätze aus anderen Kontingenten genutzt werden. So bot die Staatliche Oderschifffahrts AG dem EKO im Jahr 1951 Kuraufenthalte im Heim am Wirchensee an. Ein Jahr später stellte der Zentralvorstand der IG Metallurgie dem Werk 600 Sommerferienplätze, darunter 150 an der Ostsee, zur Verfügung. Am 1. September 1952 wurde das Kurhaus Wirchensee als Wochenendheim für die Intelligenz übernommen. Im Juli 1952 eröffnete am Müllroser See ein Zeltlager für die Kinder der Werksangehörigen. In den nachfolgenden Jahren kamen weitere Ferienlager in Bad Saarow, in Finkenkrug-Falkensee und in Lauterbach auf der Insel Rügen hinzu.

Das erste Ferienheim des Eisenhüttenkombinates wurde im August 1957 nach Umbauarbeiten fertiggestellt. Es war das »Haus Goor« in Lauterbach, das ehemalige Badehaus des Fürsten von Putbus. Für einen 12-tägigen Aufenthalt bezahlten die Urlauber hier 75 Mark. Seit den 60er Jahren stand außerdem ein Naherholungsheim in Müllrose den EKO-Angehörigen zur Verfügung.

## Auf den »Höhen« der Kultur

Die Anfänge des kulturellen Lebens im Eisenhüttenkombinat lassen sich bis in das Jahr 1950 zurückverfolgen. Ungeachtet der harten Bedingungen auf der Baustelle hatten sich schon im Herbst 1950 Mitglieder einiger Jugendbrigaden der Bau-Union zusammengefunden und einen Chor und eine Volkstanzgruppe gegründet. Sie bildeten den Grundstock für das erste Kulturensemble, das im Sommer 1951 zu den III. Weltfestspielen der Jugend und Studenten in Berlin den Brandenburger Beitrag zum Kulturprogramm gestaltete.

Die wechselnde Belegschaft ermöglichte jedoch keine kontinuierliche Kulturarbeit. Oft trafen sich Arbeiter und Arbeiterinnen spontan nach der Schicht und bildeten kleine Kulturgruppen, die aber nicht lange bestehen blieben. Es fehlte an sachkundiger Betreuung, an materiellen und finanziellen Mitteln sowie an Räumlichkeiten. Eine merkliche Besserung trat Anfang 1952 ein. In dem SED-Politbürobeschluss vom 5. Februar 1952 war auch die Vernachlässigung der Kulturarbeit kritisiert worden: »Den Werktätigen steht kein Kulturpark zur Verfügung, obwohl Wald in unmittelbarer Nähe ist, es gibt keine fachlichen Vortragsabende, keine Konzerte, keine Gastspiele von Theater-Ensembles oder des Rundfunks.«[159]

In der im Dezember 1951 übergebenen neuen Kulturhalle mit einer Saalkapazität von 700 Plätzen fanden erstmals im Februar 1952 Tanz- und Filmabende sowie andere gesellige Veranstaltungen statt. Eine Mark Eintritt wurde für den Besuch der Tanzabende erhoben, die Filmveranstaltungen waren 1952 noch frei. Unvergessen blieben die Auftritte des weltbekannten sowjetischen Komponisten Dmitri Schostakowitsch sowie des Ensembles »Berjoska« im März und Juli 1952. Zwar erweiterte sich das Kulturangebot mit der Eröffnung der Kulturhalle, jedoch wurde nicht zu Unrecht deren »unsachgemäße« Errichtung und der Mangel an Nebenräumen kritisiert. Sie war trotzdem die einzige »Oase« in einer sonst »wüsten« Kulturlandschaft der EKO-Wohnstadt. Mit wachsender Belegschaft wurden der Um- und Ausbau der Kulturhalle dringend notwendig. Die Arbeiten begannen im Mai 1953 und im Jahre 1954 erfolgte die Umbenennung in »Haus der Gewerkschaft«. Mittlerweile war auch ein Kulturhaus für die Zementwerker entstanden und im März 1955 wurde in Stalinstadt das Friedrich-Wolf-Theater der Öffentlichkeit übergeben.

Im Mai 1952 fand die konstituierende Sitzung der Leitung des EKO-Ensembles statt. Ziel war die Schaffung eines zentralen Kulturensembles, um die bisher bestehenden Gruppen zusammenzufassen, die Kulturarbeit zu koordinieren, anzuleiten und die organisatorischen Voraussetzungen für einen regelmäßigen Kulturbetrieb zu schaffen. Es gab ei-

Unter dem Titel »EKO singt und tanzt« fand am 1. August 1951 die Uraufführung des Programms des EKO-Kulturensembles statt.

Eine FDJ-Gruppe im Klubraum der Barackenstadt am 13. Februar 1952.

Tanzabend in der Kulturhalle des EKO in den 50er Jahren.

Die Zeichnung von Oskar Nerlinger »Der Bauingenieur« war Ende 1952 in der Ausstellung »Mit Pinsel und Zeichenstift im EKO« zu sehen.

nen Chor, eine Tanzgruppe, eine Laienspielgruppe, ein Orchester, eine Akkordeon- und eine Volksinstrumentengruppe, ein Tanzorchester, einen Fanfarenzug sowie Zirkel junger Autoren und Maler, sollte aber noch bis zum 15. Juli 1954 dauern, ehe sich ein zentrales Volkskunstensemble bildete. Im Oktober 1954 hatten die inzwischen 125 Mitglieder ihren ersten öffentlichen Auftritt. Unter der künstlerischen Leitung von Günter Wendemuth, der sein Dirigentenexamen an der Musikhochschule Weimar abgelegt hatte, trat das Ensemble mit Stücken wie Smetanas Oper »Die verkaufte Braut« auf.

Zum EKO-Ensemble gehörte auch das Arbeitertheater. Im Oktober 1959 wurde es unter Leitung von Rudolf Wittenberg und Rudolf Loos ins Leben gerufen. Als erstes Stück studierten die fünfundzwanzig Arbeiter, Ingenieure und Angestellten Friedrich Wolfs Stück »Professor Mamlock« ein. Unterstützt wurden sie dabei vom Kleist-Theater in Frankfurt/Oder. Premiere war am 8. Mai 1960. In den nächsten Jahren folgten weitere Inszenierungen von Friedrich Wolf: »Wie die Tiere des Waldes« als Beitrag zu den Oderfestspielen 1961 und »Geschichte vom 13.«, ein künstlerischer Kommentar zum Mauerbau im August 1961.

Die zweite Hälfte der 50er Jahre waren geprägt durch die »sozialistische Kulturrevolution« in der DDR. Auf dem 5. SED-Parteitag hatte Walter Ulbricht verkündet: »In Staat und Wirtschaft ist die Arbeiterklasse bereits der Herr. Jetzt muss sie auch die Höhen der Kultur stürmen und von ihr Besitz ergreifen.«[160] Ulbrichts Appell an die Schriftsteller, am Alltag der Arbeiter teilzunehmen, sie zum Schreiben zu motivieren und über ihr Leben zu berichten, fand auch im Eisenhüttenkombinat Anklang. Ein »Zirkel schreibender Arbeiter« entstand, den der Lyriker Helmut Preißler leitete. Nach vielversprechenden Ansätzen ging die Zahl der »schreibenden Arbeiter« jedoch in den 60er Jahren merklich zurück.

Über 500 Arbeiter und Angestellte des Werkes waren Ende der 50er Jahre in verschiedenen Volkskunstgruppen aktiv. Neben dem EKO-Ensemble gab es noch zwei Kabaretts, acht »Agitpropgruppen«, drei Chöre, eine Kindertanzgruppe, einen Fotozirkel, ein Betriebsfilmstudio, einen Zirkel für Schnitzen und Modellieren und verschiedene andere Volkskunstgruppen. Eigens dafür ausgebildete künstlerische Leiter betreuten die Volks- und Laienkunstzirkel, in denen sich Werksangehörige in ihrer Freizeit zusammenfanden. Einer dieser rührigen Zirkelleiter war Willi Decker, der seit 1955 den Mal- und Zeichenzirkel betreute.

Der Aufbau des Eisenhüttenkombinates war ein beliebtes Thema für künstlerische Betätigung. Das Werk organisierte Kontakte mit Künstlern und vergab zahlreiche Aufträge. Gemälde, Erzählungen, Romane, Reportagen und verschiedene Musikwerke entstanden. Am Vorabend des 1. Mai 1952 wurde die Kantate »Eisenhüttenkombinat Ost« uraufgeführt. Geschaffen hatten dieses Musikstück mit Rezitativen und Chören der Schriftsteller Hans Marchwitza und der Komponist Ottmar Gerstner. In einer Kulturlandschaft, in der gerade der »sozialistische Realismus« zum Programm erhoben wurde, avancierte dieses Werk mit überhöhtem Pathos und gesungenen Losungen zu den »ersten Erfolgen bei der Gestaltung von Themen aus dem Leben und Schaffen unseres Volkes«.[161] Vor allem Hans Marchwitza fühlte sich in den Anfangsjahren sehr eng mit dem Werk verbunden. In seinem 1955 veröffentlichten Roman »Roheisen« schilderte er den Aufbau des EKO. Zu dieser staatlich geförderten »Aufbauliteratur« gehörte auch der Roman »Helle Nächte« von Karl Mundstock, der im Herbst 1950 mit einem Reportageauftrag auf die EKO-Baustelle kam und hier ein halbes Jahr schreibend und arbeitend verbrachte. 1953 erschien sein Roman. Fast zwei Jahrzehnte später ließ Mundstock einen Skizzenband unter dem Titel »Wo der Regenbogen steigt« folgen, der jedoch nie in die Buchläden gelangte. Auch Joachim Knappes 1965 erschienener Roman »Mein namenloses Land« spielte auf der Fürstenberger Baustelle.[162] 1961 wurde unter dem Titel »Gestern an der Oder« die »Stalinstädter Oper« von Jean Kurt Forest einige Male aufgeführt und dann aus Qualitätsgründen vom Komponisten zurückgezogen.

Der Berliner Maler Oskar Nerlinger erhielt 1952 von der Staatlichen Kunstkommission den Auftrag, ein Monumentalgemälde zum Thema Eisenhüttenkombinat Ost vorzulegen. Mehrere Wochen verbrachte Nerlinger im Werk und schuf über fünfzig Zeichnungen, Ölstudien und Aquarelle. Sie wurden zunächst in Berlin und ab Dezember 1952 auch in der Turnhalle der Fürstenberger Schule in der EKO-Wohnstadt unter dem Titel »Mit Pinsel und Zeichenstift im EKO« ausgestellt.[163]

Eine wichtige Funktion hatten in den Anfangsjahren des Eisenhüttenkombinates öffentliche Feste und Feiern, die aus Ermangelung eines kommunalen Trägers vom Werk organisiert wurden. Aufgrund ihrer gleichzeitigen geselligen und ideologischen Bestimmung stand dabei stets auch der neue »sozialistische Charakter« von Werk und Stadt im Mittelpunkt. Eine Vorreiterrolle spielte das Eisenhüttenkombinat bei der Einführung spezieller staatlicher Feierlichkeiten, wie der »sozialistischen Eheschließung«, der »sozialistischen Namensgebung«, der Jugendweihe u.a. Feiern, die als Pendant zu kirchlichen Traditionen entwickelt wurden. Neben der vordergründigen Ideologisierung hatten diese Feste und Feiern aber vor allem identitätsstiftende Wirkung. Sie demonstrierten den Aufbau und das Erreichte, schufen gemeinsame Erinnerungen und förderten das Zusammenwachsen der Menschen. Gründe zum Feiern gab es in den Aufbaujahren reichlich. Grundsteinlegungen, Richtfeste und Inbetriebnahmen waren willkommene Anlässe. Am 27. September 1952 wurde unter dem Motto »Ein Jahr fließt Eisen

Der traditionelle Demonstrationszug zum 1. Mai 1954 in Stalinstadt.

Hüttenfest
EKS PLANPROPAGANDA
Am 16.u.17. Aug. 1958 in Stalinſtadt

für den Frieden« das erste Hüttenfest des EKO veranstaltet. Auch in den nachfolgenden Jahren fanden die nun zur festen Tradition gewordenen Hüttenfeste statt, mit einem Umzug im »Hüttenehrenkleid« und abschließendem Feuerwerk. Obwohl sie politisch initiiert waren, nahmen sie im Laufe der Jahre einen überwiegend geselligen Charakter an.

Im August 1960 erlebten Stadt und Werk das wohl außergewöhnlichste Fest. Anlässlich des 10-jährigen Jubiläums des Eisenhüttenkombinates wurde das Massenfestspiel »Blast das Feuer an«, dem Motive aus dem Roman »Roheisen« von Hans Marchwitza zugrunde lagen, aufgeführt. Eigens zu diesem Termin hatten zahlreiche Werksangehörige und Stalinstädter in freiwilligen Arbeitseinsätzen im Rahmen des Nationalen Aufbauwerks in den Diehloer Höhen ein Freilichttheater mit riesiger Bühne und Platz für 3.500 Zuschauer erbaut. Während der Festwoche wurde dann allabendlich vor der natürlichen Kulisse von Werk und Stadt das Massenspektakel aufgeführt. Die Texte für dieses Festspiel schrieben Werner Bauer und Helmut Preißler, die Komponisten André Asriel, Günter Kochan und Siegfried Matthus vertonten die Verse. Sänger, Tänzer und Musiker, fast alles Laien, ließen in Chören, Spielszenen, dokumentarischen Berichten und Tänzen die Geschichte des Werkes und seiner Stadt lebendig werden. »Tief beeindruckt war ich über das Massenspiel ›Blast das Feuer an!‹«, hieß es in einer Leserzuschrift im »Neuen Tag«. »2.000 Mitwirkende ließen uns Kampf und Freude beim Entstehen von Werk und Stadt miterleben. Begeisterter Beifall nach jeder Szene dankte allen, die in wochenlangem, selbstlosem Einsatz das Bühnenwerk einstudierten und so großartig zur Aufführung brachten. Dieses Erlebnis werde ich nie vergessen.«[154]

Abbildung oben:
Aus dem Programmheft des Massenfestspiels »Blast das Feuer an!«, 1960.

Abbildung links:
Buchumschlag
Karl Mundstock über sein Buch: »Für die Reportage war ich ein halbes Jahr da, ein halbes Jahr Aufenthalt, Arbeit, Erforschung. Da steckt viel mehr drin, als in meinem Roman ›Helle Nächte‹.«[165]

## Wohnstadt – Stalinstadt – Eisenhüttenstadt

Foto linke Seite:
Walter Ulbricht bei der feierlichen Namensgebung auf dem Platz der Deutsch-Sowjetischen Freundschaft am 7. Mai 1953.

Abbildungen rechte Seite:
In der städtebaulichen Perspektive vom März 1952 waren zahlreiche nie realisierte Bauten zu sehen. Der Entwurf von Kurt W. Leucht wurde immer wieder überarbeitet.

Vorstellungen für die geplante EKO-Wohnstadt am Pohlitzer See von 1950.

In seiner Rede auf der feierlichen Namensgebung für Stalinstadt am 7. Mai 1953 erklärte Walter Ulbricht: »Der weise Stalin, der große Baumeister des Sozialismus, lehrt uns, dass wir besondere Aufmerksamkeit auf die Entwicklung der Städte in den Industriegebieten richten sollen, damit ihre Städte zu wirklichen Zentren des politischen und wirtschaftlichen Lebens werden. […] Stalinstadt wird die erste der Deutschen Demokratischen Republik sein, in der es keinerlei kapitalistische Betriebe gibt, auch keine kapitalistischen Händler. […] Diese Stadt kann in jeder Hinsicht eine sozialistische Stadt werden.« [166]

Bevor Stalinstadt aber ihren Namen erhielt, hieß sie schlicht nach dem Werk, für dessen Beschäftigte sie gebaut werden sollte – »Wohnstadt des Eisenhüttenkombinates Ost«. Ihre eigentliche Gründungsgeschichte begann in den Wohnlagern der EKO-Baustelle. Mit dem Beschluss, ein Eisenhüttenkombinat bei Fürstenberg/Oder als Metallurgiezentrum der DDR zu errichten, war im Juli 1950 gleichzeitig entschieden worden, eine »ganze Stadtanlage« aufzubauen.[167] Die Forderung bestand darin, eine stadtähnliche Siedlung mit kostengünstigen Bauten, orientiert am sozialen Wohnungsbau der 20er Jahre, in unmittelbarer Nähe des Werkes zu planen. Siedlungen mit billigen Zeilenbauten waren in der Nachkriegszeit nichts ungewöhnliches. Noch war nicht davon die Rede, eine völlig neue Stadt zu errichten oder gar die »sozialistische Musterstadt« mit politischen Visionen und typisierten Leitvorstellungen zu entwickeln.

Als der DDR-Ministerrat am 14. November 1950 die Entscheidung über den Standort der EKO-Wohnstadt fällte, war dieser eine intensive Suche nach dem geeigneten Gelände vorausgegangen. Es standen sechs Varianten zur Diskussion, von denen jedoch nur zwei in die engere Wahl kamen. Der zunächst favorisierte Plan, der eine Trennung der Funktionen von Werk und Stadt durch die Besiedlung der landschaftlich reizvollen Gegend westlich der Pohlitzer Seen und nördlich des Pohlitzer Mühlenfließes vorsah, wurde frühzeitig, »wegen der durch diese Lage bedingten politischen, kulturellen und wirtschaftlichen Isolation der neuen Stadt von Fürstenberg« verworfen.[168]

Die Wahl fiel auf ein Terrain am Rande des Odertales, südlich begrenzt von den Diehloer Bergen, westlich vom Dorf Schönfließ, östlich vom Oder-Spree-Kanal und nördlich vom zukünftigen Hüttenkombinat. Ausschlaggebend war die direkte Anbindung an Fürstenberg/Oder und Schönfließ, wodurch zunächst die Einbeziehung (Straßen, Verwaltung, Schulen usw.) einer gewachsenen Infrastruktur möglich wurde. Für diesen Standort sprachen außerdem die günstige Lage am Oder-Spree-Kanal, an der Fernverkehrsstraße 112 und an der Bahnstrecke Frankfurt-Guben, die bioklimatischen Vorteile einer stetigen Luftzirkulation zwischen Oderniederung und dem Waldgebiet der Diehloer Berge und schließlich die Hauptwindrichtung West-Südwest, die eine Anlage der Wohnstadt in unmittelbarer Nähe südlich der künftigen Industrieanlage gestattete.

Inzwischen hatte das Industrieministerium dem Berliner Architekten Franz Ehrlich den Auftrag erteilt, Entwürfe für die Gestaltung der zukünftigen Wohnstadt zu erarbeiten. Seit August 1950 waren verschiedene Arbeiten entstanden, die auch auf den Tisch von Kurt W. Leucht gelangten, der im Aufbauministerium für die Koordinierung und Kontrolle der Arbeiten in den Aufbaustädten zuständig war. Leucht war im Frühjahr 1950 Teilnehmer einer hochrangigen DDR-Delegation von Architekten und Baufunktionären gewesen, die eine mehrwöchige Studienreise durch die Sowjetunion unternommen hatte und mit den nach intensiven Unterweisungen in Moskau formulierten »Sechzehn Grundsätzen des Städtebaus« zurückkam. Die darin enthaltenen

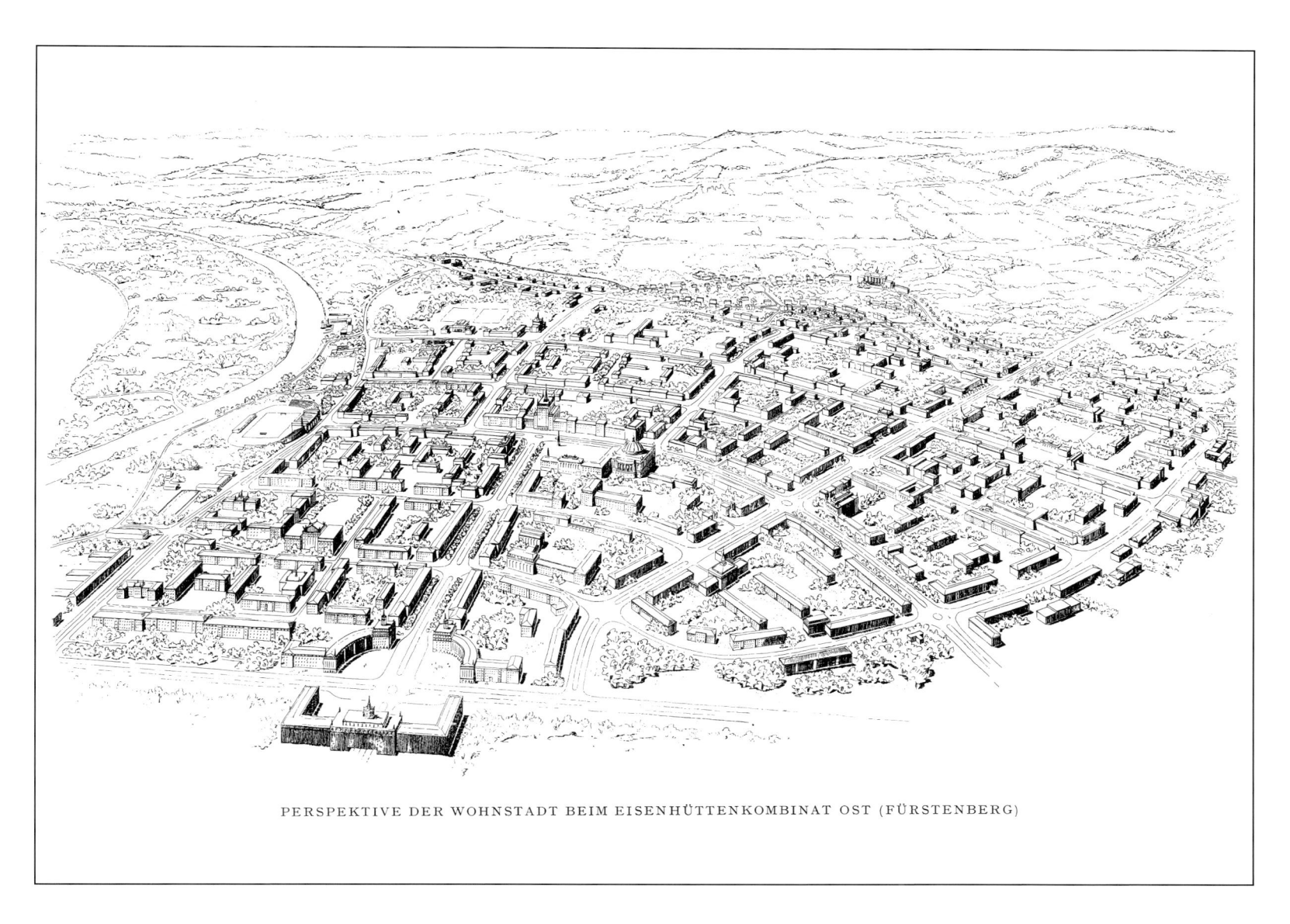

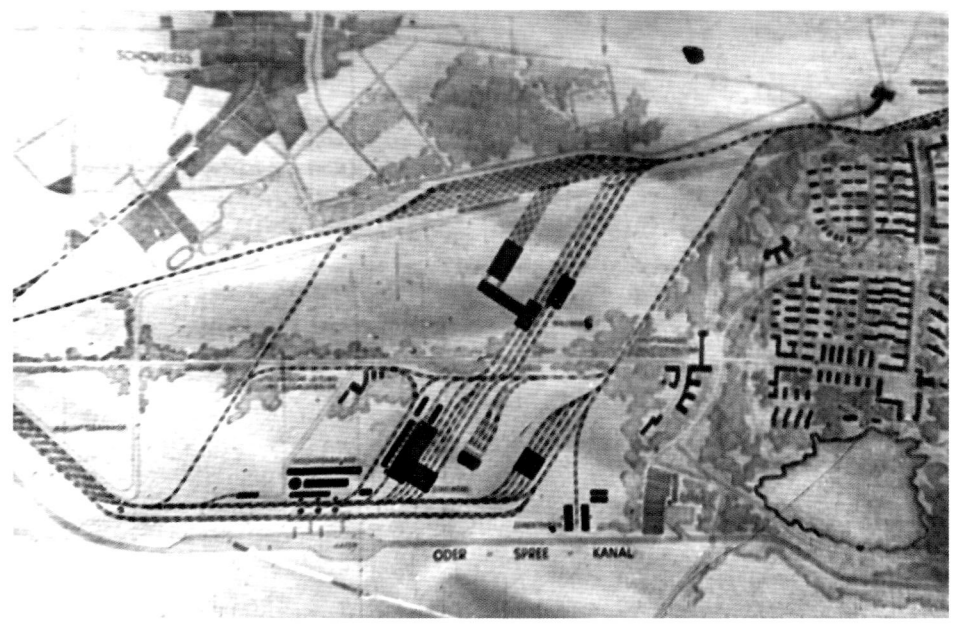

PERSPEKTIVE DER WOHNSTADT BEIM EISENHÜTTENKOMBINAT OST (FÜRSTENBERG)

Prinzipien änderten das Leitbild künftigen Städtebaus in der DDR grundlegend. Es bestand nun in einem klaren Bekenntnis zur »kompakten Stadt«. Vorrangig war nicht mehr, eine in Siedlungszellen gegliederte und durch weiträumige Grünzüge aufgelockerte Stadtlandschaft in schlichter Sachlichkeit zu schaffen, sondern die hierarchisch strukturierte und zentral organisierte Stadt. Ziel des Städtebaus sollte dabei die »harmonische Befriedigung des menschlichen Anspruchs auf Arbeiten, Wohnen, Kultur und Erholung« sein, wobei unter den städtischen Funktionen vor allem die industrielle Arbeit hervorgehoben wurde. Indem die DDR-Regierung im September 1950 die »Sechzehn Grundsätze« im Rahmen des DDR-Aufbaugesetzes für verbindlich erklärte, wurden sie auch für die Planungen zur EKO-Wohnstadt zur Vorgabe.

Angesichts dieser Umstände stoppte Leucht sofort die Entwurfsarbeiten und schlug vor, entsprechend den neuen städtebaulichen Vorstellungen statt einer Werkssiedlung eine neue Stadt zu konzipieren. Am dafür ausgeschriebenen Wettbewerb nahmen Franz Ehrlich, Otto Geiler, Kurt W. Leucht und Richard Paulick teil. Die von Ehrlich und Geiler

Stalinstadt 1959, Aufbauarbeiten entlang der zukünftigen Magistrale.

eingereichten Entwürfe entsprachen jedoch nicht dem Paradigma der »sozialistischen Stadt« und wurden als »formalistisch« verworfen.[169] Die Arbeiten von Leucht und Paulick gelangten in die zweite Runde.

Im Februar 1951 erfolgte die offizielle Grundsteinlegung für die EKO-Wohnstadt, ohne dass ein bestätigter städtebaulicher Plan vorlag. Unterdessen wurden die »Grundsätze für die Errichtung der Wohnstadt Fürstenberg-Schönfließ«, die »vorwiegend aus den praktischen Erfahrungen entstanden sind, welche die Delegation deutscher Architekten bei ihrem Studienbesuch in der UdSSR gesammelt« hatte, weiter konkretisiert. Im April 1951 stellten Leucht und Paulick, beide waren zur gleichen Zeit auch am Wettbewerb zur Gestaltung der »ersten sozialistischen Straße« in Berlin beteiligt, dem Aufbauministerium konkurrierende Planungen für die Anlage einer Stadt am EKO vor. Dabei entsprachen die Vorstellungen von Leucht am ehesten den Erwartungen an die vorgesehene Stadtgründung, »die keine Siedlung im alten Stil (Siedlungshäuser)« sein, »sondern einen betont städtischen Charakter mit mindestens 3-geschossigen Häusern aufweisen« sollte.[170] Nach nochmaliger Überarbeitung legte Leucht gemeinsam mit Heinz Kalisch einen Idealplan vor, der im August 1951 bestätigt wurde. Mit monumentalem Werkseingang und davon ausgehender Magistrale sowie Platzräumen für politische Großveranstaltungen entsprachen diese Planungen zwar den »Sechzehn Grundsätzen«, doch wiesen sie gleichzeitig durch die internen Grünachsen und offenen Höfe eine Weiträumigkeit und Durchgrünung auf, die an die Leitbilder der 20er Jahre erinnerte.

Zunächst war die fächerförmig konzipierte in sich geschlossene Anlage einer Stadt mit vier Wohnkomplexen geplant. »Als grundlegender städtebildender Faktor für diese neue Stadt ist das große Eisenhüttenkombinat anzusehen, das mit seinen Hochöfen und Walzstraßen und mit der angegliederten Zementfabrik die wirtschaftliche Basis bildet und damit wesentlich Umfang und Lage des notwendigen Wohngebietes bestimmt. [...] Die enge Beziehung des Hüttenkombinates zur Stadt der 30.000 musste ihren Ausdruck im Grundriss der Stadt finden. Eine 50 m breite und 600 m lange Feststraße verbindet den zentralen Werkseingang mit dem großen zentralen Platz. Auf dem zentralen Platz finden Demonstrationen und Feiern an den Festtagen des Volkes statt. Eine weitere 50 m breite Magistrale führt vom Zentrum der Stadt zu dem Sportstadion, den Anlagen des Sportparks und zu dem ausgedehnten Kulturpark im Osten der Stadt.«[171]

Bezeichnend war auch die Absicht, in der Gesamtstruktur der Wohnstadt an die Radialsysteme barocker Stadtbaukunst anzuknüpfen, um eine einprägsame, klar gegliederte und hierarchisch gestufte Stadtgestalt zu erhalten. Ziel- und Angelpunkt der gesamten Stadtanlage sollte der prägnante Werkseingang als »Tor zur Arbeitswelt« sein, der an die einstigen Residenzschlösser der Planstädte des 17. und 18. Jahrhunderts erinnerte. Dieser Idealplan bildete, wenngleich mehrmals modifiziert, bis zum Ende des Jahrzehnts die Grundlage der Stadtplanung.

Während die künftige Gestalt der »sozialistischen Musterstadt« noch an den Reißbrettern der Architekten präzisiert wurde, entstanden die ersten Wohnblocks der EKO-Wohnstadt. Grundlage für diese bildeten die Entwürfe von Otto Geiler. Sie basierten auf den damals üblichen Typenvorschlägen: völlig unscheinbare, in offener Reihen- und Zeilenbauweise angeordnete Gebäude, welche eher dem Charakter einer Werksiedlung als einer repräsentativen Stadt entsprachen. Diese Bauten vom Typ 514, 522 und 523 waren republikweit für alle Schwerpunktvorhaben entwickelt worden und zielten auf die schnellstmögliche Versorgung der Arbeitskräfte mit Wohnraum. Das Programm sah für 1951 den Bau von zehn Blocks mit 460 Wohneinheiten vor. Am 19. September 1951 waren die ersten 128 Wohnungen bezugsfertig. Zwar wurde damit dringend benötigter Wohnraum für die ersten Hüttenwerker geschaffen, doch äußerten diese scharfe Kritik an den Blöcken. In der Betriebszeitung war zu lesen, dass dies die gleichen »viereckigen, schmucklosen Kästen« seien, die auch »die Kapitalisten ihren Arbeitern zum Wohnen anbieten«.[172]

Da der Aufbau der Industrieanlagen des EKO Vorrang vor der Errichtung der Wohnstadt hatte, kam es immer wieder zu Schwierigkeiten. Ständig fehlte es an Arbeitskräften und Baumaterialien für den Wohnungsbau. Für den Bauablauf in der Wohnstadt gab es bis Ende 1951 keinen eigenständigen Stab, die Arbeiten unterstanden der Aufbauleitung des EKO. Erst mit dem Einsetzen einer Aufbauleitung für die Wohnstadt und der Berufung von Kurt W. Leucht als Generalprojektanten der Stadt zum 1. September 1952 trat

# Schön wird unsere sozialistische Stadt

Das ist ein Teil der Ladenstraße mit den modern eingerichteten HO- und Konsumgeschäften.

Wie alle Bewohner der neuen Stadt, sind Hilde und Meinhard Ibershoff stolz auf dieses große Aufbauwerk. Über ihr Leben und ihre Arbeit berichten wir auf den Seiten 12/13.

Stalin, Stalinstadt – heilige Verpflichtung ist dieser Name, den die Wohnstadt der Werktätigen des Eisenhüttenkombinats Ost bei Fürstenberg an der Oder auf Beschluß des Zentralkomitees der Sozialistischen Einheitspartei Deutschlands erhalten wird. Mit Elan und Begeisterung schaffen die Bauarbeiter, um bereits bis zum 31. Mai weitere 225 Wohnungen für die Kumpel des EKO fertigzustellen. Zu 30 000 freiwilligen Aufbaustunden verpflichteten sich die Hüttenwerker, damit dieses gigantische Bauwerk des Sozialismus noch schneller und schöner entsteht.

Ein riesiger Bauplatz ist das ganze Gelände

Der erste Bauabschnitt des Krankenhauses ist fertiggestellt.

Fotos: Zentralbild (4) Kolbe (2)

Das erste zentrale Waschhaus in der Wohnstadt wurde schon 1952 errichtet. Ohne große Mühe haben hier die Hausfrauen Gelegenheit, ihre Wäsche in wenigen Stunden schrankfertig herzurichten. Inge Schäfer wäscht die Wäsche für ihre Kolleginnen.

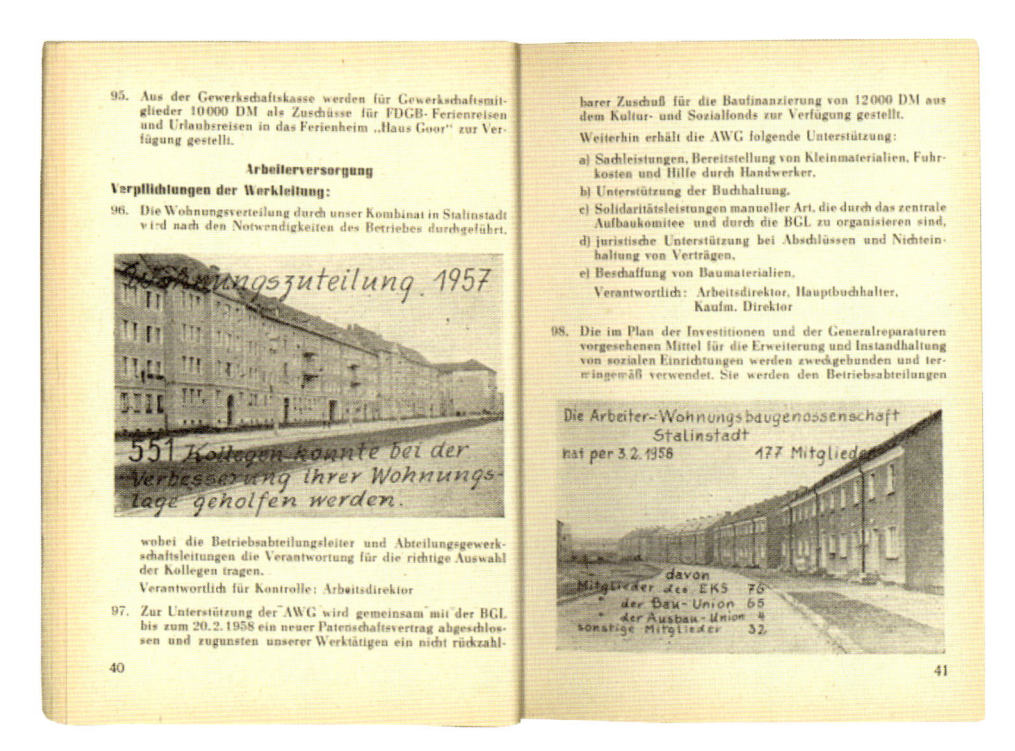

Seit April 1954 bestand eine Arbeiterwohnungsbaugenossenschaft (AWG) im EKS. Im Betriebskollektivvertrag waren die Aufgaben der Werkleitung zur Unterstützung der AWG festgehalten.

eine gewisse Besserung ein. Nominell wurde Leucht damit zum ersten Stadtoberhaupt der Wohnstadt des EKO. Während der Wohnungsbau nun besser lief, gab es beim Stadtaufbau weiterhin Verzögerungen. Daraus resultierten erhebliche Defizite bei der Schaffung sozialer und kultureller Einrichtungen. Die infrastrukturellen Belange der Stadt wurden immer wieder zurückgestellt. Die Versorgung der Arbeiter mit Wohnungen hatte Vorrang, die Schaffung notwendiger Folgeeinrichtungen fand dagegen keine entsprechende Berücksichtigung.

Am 1. Februar 1953 wurde die EKO-Wohnstadt aus der Verwaltung Fürstenbergs herausgelöst und zu einem selbständigen Stadtkreis erklärt.[173] Trotzdem die Mehrzahl der am Aufbau sowie im Werk Beschäftigten noch immer in Baracken wohnten, war die neue Stadt inzwischen auf etwa 2.500 Bürger angewachsen. Am 28. Februar 1953 fand in der Kulturhalle des EKO die erste »Konstituierende Sitzung der Stadtverordnetenversammlung« statt, auf der Albert Wettengel zum ersten Oberbürgermeister gewählt wurde. In den ersten Rat der Wohnstadt zogen neben Aufbauleiter Otto Ringel weitere Angehörige des EKO wie Horst König, Gerhard Schmiele, Ferdinand Schreiber, Erwin Kutschan und Hildegard Hennlein ein.

Mit der Bildung eines eigenständigen Stadtkreises war die Entscheidung über die Zukunft gefallen. Die EKO-Wohnstadt sollte die »erste sozialistische Stadt Deutschlands« werden. Was fehlte, war lediglich ein würdiger Name. Bereits im September 1950 war seitens der SED-Führung der Vorschlag verworfen worden, der zukünftigen EKO-Wohnstadt den Namen »Friedensstadt« zu verleihen.[174] Auch ein Antrag des Aufbauministeriums vom August 1951, »die neue Wohnstadt beim Hüttenkombinat Ost und das alte Fürstenberg in Thälmannstadt umzubenennen«, wurde abgelehnt, »bevor nicht die Stadt aufgebaut und zu erkennen ist, ob sie in ihrer architektonischen Gestaltung würdig ist, den Namen Thälmanns zu tragen«.[175] Schließlich entschied die SED-Führung, im Rahmen des Karl-Marx-Jahres 1953, der zukünftigen sozialistischen Musterstadt am 15. März den Namen von Karl Marx zu geben.[176] Doch am 5. März 1953 starb Stalin und das SED-Politbüro beschloss kurzerhand, der Wohnstadt und dem Eisenhüttenkombinat den Namen Stalins zu verleihen.[177] Mit dieser Namensgebung erhielt der Aufbau der Stadt nun eine eindeutige ideologische Ausrichtung. Die »erste sozialistische Stadt« sollte ohne die Merkmale bürgerlicher Tradition auf der grünen Wiese errichtet werden und für den »neuen sozialistischen Menschen« zur Heimstatt werden.

Noch im gleichen Jahr kam es zur Ausschreibung eines Wettbewerbs über die Gestaltung der Magistrale, der das Ziel einer prägnanten Verbindung zwischen Arbeit und Freizeit, Industriewerk und Wohnstadt hatte. Außerdem wurde 1953 die ursprünglich fächerförmige Gliederung des Stadtplans aufgegeben, so dass Stalinstadt einen an ein Trapez erinnernden Grundriss erhielt. Die konzentrische Ordnung der Querstraßen wurde jedoch beibehalten. Das Werk blieb der Richtpunkt des Stadtkörpers. Beim Bau des zweiten Wohngebietes, das ab 1953 entstand, kam die Konzeption des »sozialistischen Wohnkomplexes«, wie er in den »Sechzehn Grundsätzen« gefordert wurde, deutlich zur Anwendung. Die Bauten lehnten sich eng an den Gestaltungskanon der Berliner Stalinallee an, mit entsprechenden Reduktionen und ohne das überhöhte Pathos der hauptstädtischen Magistrale. Für die weitere Stadtentwicklung war wesentlich, dass in der 1953 fertiggestellten »Grundakte Stalinstadt«, der in sich geschlossene Charakter der Stadtanlage aufgegeben wurde. Damit war die Möglichkeit geschaffen, dass sich Stadt wie auch Werk ungehindert ausdehnen konnten, ohne miteinander in Konflikt zu geraten. Das Werk konnte sich nördlich der Straße Fürstenberg–Schönfließ entfalten, während das südliche Gelände nun auch nach Osten hin der Stadt zur Verfügung stand.

Auf einer öffentlichen Stadtverordnetenversammlung im Juli 1953 erhob SED-Kreissekretär Helmut Dahinten massive Kritik an der bisherigen Stadtentwicklung: »Stalinstadt ist, abgesehen von einigen Läden, nichts weiter als eine Ansammlung von Wohnungen, und es herrscht eine direkte Kulturbarbarei. Man kann nicht sagen, dass die Bedürfnisse der Menschen hier auch nur annähernd befriedigt würden. Wir haben nichts weiter als diese lächerliche Ladenstraße. Die Stadt wächst, und wir haben die üble Erscheinung, dass das Schlangestehen eine absolute Selbstverständlichkeit für die Hausfrau ist. Man steht um alles an, von normalem Einkaufen keine Rede. Die Ursache ist, dass man zwar der Meinung ist, eine Stadt braucht Gas, Wasser, Kanalisation usw., dass man aber alle anderen Einrichtungen, die notwendig sind, erst dann schafft, wo die Bevölkerung schon da ist.«[178] Die Kritiken flossen in ein Elf-Punkte-Programm, das bis zum Ministerrat gelangte. Es entstand ein überarbeitetes Bauprogramm für die zweite Jahreshälfte, das die Stadtverordneten am 19. August 1953 akzeptierten und die Regierung eine Woche später bestätigte. Darin waren u.a. die Unterstellung der Aufbauleitung Stalinstadt unter den Rat der Stadt sowie der Aufbau von Folgeeinrichtungen für Konsumgüterproduktion (Backwaren- und Fleischfabrik) fixiert.

In relativ kurzer Zeit entstanden kulturelle und soziale Einrichtungen, wie das großzügig geplante Krankenhaus, die Großgaststätte »Aktivist« und die Berggaststätte »Diehloer Höhe«, zwei Wäschereien, ein Ledigen- und ein Schwesternwohnheim, Kindergärten und Kinderkrippen, Schulen, die erste Sporthalle und in der so genannten Neuen Ladenstraße mehrere Geschäfte. Der Wohnungsneubau beschränkte sich auf 14 Blöcke im II. Wohnkomplex. Repräsentationsbauten, wie das Werktor und das für den zentralen Platz vorgesehene Kulturhaus mit großem Theater wurden ebenso gestrichen wie der vorgesehene Bau einer Hochschule für Metallurgie. Das von 1954 bis 1958 errichtete Haus der Parteien fungierte als Rathaus, da der eigentliche Rathausbau, der in der Achse der Leninallee stehen und mit der monumentalen Kulissenarchitektur des Werkeinganges korrespondieren sollte, nie errichtet wurde. Von den überaus ehrgeizigen Bebauungsideen für die Magistrale wurde lediglich das im Stile eines neoklassizistischen Musentempels im März 1955 eingeweihte Friedrich-Wolf-Theater verwirklicht.

Die 1955 eingetretene Wende zum industriemäßigen Bauen in der DDR und die damit verbundene Abkehr vom »sozialistischen Realismus« in der Baukunst hatten auch Auswirkung auf Stalinstadt. Insbesondere im III. Wohnkomplex offenbarte sich dieser Umschwung. Die baukünstlerischen Ansprüche wurden deutlich zurückgenommen, indem z.B. auf Arkadengänge verzichtet wurde. An die Stelle der attikabekrönten Flachdächer traten nun schlichte Satteldächer und viele Gebäude erhielten völlig glatte Häuserfronten, nur noch mittels einer lebhaften, differenzierten Farbgebung und folkloristisch anmutenden Wandzeichnung gestaltet.

Im Spätherbst des Jahres 1961 traf die verschleppte »Entstalinisierung« der SED auch das Werk und die Stadt mit dem Namen Stalins. Fünf Jahre mussten nach den Offenbarungen des 20. Parteitages der KPdSU über die Verbrechen des Diktators vergehen und Stalin aus dem Moskauer Mausoleum entfernt werden, ehe die SED-Führung auf ihrer Politbürositzung am 7. November 1961 beschloss:

»Beim Eisenhüttenkombinat Ost wird die zusätzliche Bezeichnung ›J. W. Stalin‹ gestrichen, so dass die alte Bezeichnung ›Eisenhüttenkombinat Ost‹ wieder hergestellt wird.«[179] Gleichzeitig wurde auch Stalinstadt umbenannt und das Denkmal des ehemaligen Idols fiel kurzerhand in den Oder-Spree-Kanal. Aus Stalinstadt, Fürstenberg und Schönfließ wurde Eisenhüttenstadt.[180] Über neun Jahre nach der großangelegten Namensgebung geschah die Umbenennung durch einen einfachen kommunalen Verwaltungsakt, der dann in einer Nachtaktion vom 13. zum 14. November 1961 durchgeführt wurde.

Abbildung oben:
Impressionen aus Stalinstadt, Postkarte von 1960.

Foto unten:
Die Leninallee – die Hauptmagistrale der Stadt anlässlich der 7. Arbeiterfestspiele am 20. Juni 1965.

# Zwischen Konsolidierung und Innovation

## Im Auf und Ab der Pläne

Die roten Sterne auf den Winderhitzern der Hochöfen leuchteten bei Erfüllung der Planaufgaben.

Der erste DDR-Fünfjahrplan, der 1955 seinen Abschluss fand, wurde trotz vielfältiger Probleme mit 105 Prozent erfüllt. Damit hatte sich die Industrieproduktion gegenüber 1950 fast verdoppelt. Insgesamt waren 32 Mrd. Mark in diesen fünf Jahren in die Wirtschaft investiert worden. Mit dem Aufbau des EKO, des Niederschachtofenwerkes in Calbe, der weltweit ersten Braunkohle-Großkokerei in Lauchhammer und anderer Großprojekte sowie mit den beträchtlichen Erweiterungen der Stahl- und Walzwerke in Riesa, Brandenburg, Gröditz und Hennigsdorf hatte die DDR-Wirtschaft eine solide schwerindustrielle Basis erhalten. Dadurch wurde es möglich, die Produktion von Roheisen von 1950 bis 1955 auf rund 450 Prozent, die von Blockstahl auf rund 251 Prozent und die von warmgewalztem Stahl auf rund 244 Prozent zu steigern. Das Eisenhüttenkombinat hatte in den ersten fünf Jahren 2,5 Mio. t Roheisen produziert. Trotz dieses Leistungsanstieges konnten die ursprünglichen Planziele nicht erreicht werden. Aufgrund der Politik des »Neuen Kurses« war es zu erheblichen Rückständen in der Schwerindustrie gekommen, die die Disproportionen der gesamten Volkswirtschaft weiter verschärften.

Ab 1954 rückte die SED-Führung immer mehr von dieser Politik ab. Unter der Losung »Modernisierung, Mechanisierung, Automatisierung« orientierte sie auf den »Beginn einer neuen industriellen Umwälzung auf der Basis der Ausnutzung von Kernenergie, des weiteren Ausbaus der Schwerindustrie und der ununterbrochenen Entwicklung des technischen Fortschritts«.[181] Vor allem die metallurgische Basis der DDR sollte erweitert werden. So war geplant, die Jahresproduktion an Roheisen bis 1960 auf etwa 2,2 Mio. t zu steigern. Da sich jedoch die Prioritäten verschoben hatten, waren dafür keine zusätzlichen Investitionen geplant. Deshalb sollten Produktionssteigerungen im EKS »ausschließlich durch die bessere Ausnutzung der Kapazitäten und durch die Modernisierung unserer Hochöfen« sowie »die volle Mechanisierung der Erz- und Koksaufbereitung« erreicht werden.[182] »Sozialistische Rekonstruktion« hieß jetzt das Zauberwort, das auch im Eisenhüttenkombinat die Runde machte.

Seit 1955 fanden von der SED-Betriebsorganisation veranstaltete »Ökonomische Konferenzen« statt. Sie galten als eine neue Form der Einflussnahme der Partei auf die Belange der Betriebe und zur umfassenden Mitwirkung der Werktätigen bei der Leitung der Produktion. Darüber hinaus gab es Rationalisierungs-, Standardisierungs- und Qualitätskonferenzen. Insgesamt ging es um die Festigung der Arbeits- und Plandisziplin und um notwendige technische Neuerungen. Entsprechend ihres politischen Selbstverständnisses legte die SED-Führung nun besonderes Gewicht auf die »Erziehung der Arbeiterklasse«. Die Arbeiter sollten nun »wie Sozialisten arbeiten«.[183]

Inzwischen hatten sich im Eisenhüttenkombinat ein qualifiziertes Industriearbeiterpotential und eine feste Stammbelegschaft herausgebildet.[184] Gleichzeitig hielt die Wanderungsbewegung der Aufbaujahre unvermindert an. Als Hauptursachen für den Weggang von Arbeitskräften galten die Arbeitsbedingungen, familiäre Gründe sowie Verkehrs- und Wohnverhältnisse. Außerdem waren die Lohnbedingungen der ungelernten Arbeiter, z.B. in der Erzaufbereitung, gegenüber Facharbeitern so ungünstig, dass dies Anlass war, den Arbeitsplatz zu wechseln. Sonn-, Feiertags- und Nachtarbeit sowie die schwere körperliche und schmutzige Tätigkeit in der Metallurgie waren für viele Anlass, das EKS zu verlassen. Sie fanden in den neuen Betrieben der Stadt wie der Backwarenfabrik, dem Fleischkombinat oder dem Heizkraftwerk oftmals bessere Verdienstmöglichkeiten bei leichteren Bedingungen. Ein weiterer Grund war die so genannte »Republikflucht«.[185] Außerdem kam es in den 50er Jahren zum Aufbau der nationalen Streitkräfte der DDR. Immer wieder wurden junge Arbeiter aus dem Eisenhütten-

## »Sozialistisch arbeiten, lernen und leben« – Die »sozialistischen Brigaden« im EKO[186]

### von Thomas Reichel

»Jugendofen beschloss: Wir wollen ›Brigade der sozialistischen Arbeit‹ werden!« Unter dieser Überschrift konnte man am 23. Januar 1959 in der Betriebszeitung des Eisenhüttenkombinates erstmals von der »sozialistischen Brigadebewegung« lesen. Diese »spontane Bewegung« der »fortschrittlichsten Werktätigen« in der DDR war kurz zuvor von der Bitterfelder »Mamai«-Brigade ausgelöst worden. Dabei handelte es sich allerdings um eine vom FDGB-Bundesvorstand konzipierte und gesteuerte Kampagne, in Anlehnung an die im Vorjahr in der Sowjetunion inszenierte »kommunistische Brigadebewegung«. Die seit Anfang der 50er Jahre bestehenden Arbeitsbrigaden sollten im »sozialistischen Wettbewerb« nicht mehr nur um die Erfüllung der Produktionspläne wetteifern, sondern danach streben, auf »sozialistische Weise zu arbeiten, zu lernen und zu leben«. Die dazu abgegebenen Kollektivverpflichtungen bezogen sich ausdrücklich auf die von Ulbricht 1958 verkündeten »10 Gebote der sozialistischen Moral« und offenbarten so die stärkere politisch-ideologische Ausrichtung der »sozialistischen Brigadebewegung«.

Im EKS folgten bis Ende 1959 134 Kollektive mit 2.645 Beschäftigten dem Wettbewerbsaufruf vom »Jugendofen«. Ein Anreiz, sich in die »Brigadebewegung« einzureihen, waren die (zunächst) recht hohen Prämien. Die Auszeichnung mit dem Staatstitel »Brigade der sozialistischen Arbeit« brachte 1959 jedem Brigademitglied 500 DM ein, was etwa einem Monatslohn entsprach. Zu den in jenem Jahr ausgezeichneten 100 Kollektiven aus der gesamten DDR, gehörte auch die Jugendschicht der Sinteranlage des EKS. Solch hohe Prämien konnten freilich spätestens ab Anfang der 1970er Jahre nicht mehr gezahlt werden, als allein im EKO jährlich mehrere hundert Titel »Kollektiv der sozialistischen Arbeit« verliehen wurden. So erhielten beispielsweise 1986 im EKO mehr als 10.000 Mitglieder (über 95% der Belegschaft!) von 533 ausgezeichneten Kollektiven eine Prämie von durchschnittlich 70 Mark pro Person.

Es gab aber noch andere attraktive Aspekte der »sozialistischen Brigadebewegung«. Unter der Rubrik »sozialistisch Lernen« fand z.B. eine umfangreiche Qualifizierungskampagne statt. Auch wenn bei weitem nicht alle übernommenen Fortbildungsverpflichtungen eingelöst wurden, erwarben doch viele Beschäftigte im Rahmen dieser Kampagne höhere Abschlüsse. Das hatte nicht selten den Einsatz in anspruchsvolleren, z.T. auch weniger körperlich schweren Tätigkeiten zur Folge und zahlte sich für die Betreffenden durch die Einstufung in höhere Lohngruppen auch in Mark und Pfennig aus. Eine gewisse Anziehungskraft besaß auch der Bereich »sozialistisches Leben«. Zu einer gemeinsamen Busfahrt der Brigademitglieder und ihrer Familien z.B. nach Potsdam und Berlin mit Besuchen in Sanssouci und im Friedrichstadtpalast, die durch Betrieb und FDGB finanziert wurde, musste vermutlich niemand gezwungen werden. Freilich erfreuten sich »Formen der Geselligkeit« wie etwa feucht-fröhliche Brigadeabende größerer Beliebtheit als die »höheren Werte der Kultur«, die oft »noch vernachlässigt« wurden. Zum »Programm« gehörte ebenso die »gegenseitige Erziehung« der Brigademitglieder, z.B. in puncto Arbeitsdisziplin. Der »Spaß« hörte allerdings auf, wenn per Kollektivverpflichtung Kollegen gedrängt wurden, zur NVA zu gehen oder in die SED einzutreten. Im Rahmen von »Patenschaften« zu LPG und vor allem zu Schulklassen, sollten die Brigaden an der Verwirklichung der »sozialistischen Menschengemeinschaft« mitwirken. Schwerpunkt des Brigadewettbewerbs war und blieb in der Praxis aber die Erfüllung der Produktionspläne. Diesem Ziel diente u.a. die »sozialistische Hilfe« in Form einer zeitweiligen Entsendung besonders qualifizierter und engagierter Kollegen in leistungsschwächere Brigaden. Gelegentlich ergriffen einzelne Kollektive sogar die Initiative und forderten von der Werkleitung die Beseitigung von Mängeln in der Arbeitsorganisation, der Materialzufuhr oder bezüglich des Arbeitsschutzes.

Brigadebesprechung im EKO, Aufnahme von 1959.

Kinderbetten, Schubkarren, Brattiegel und Hohlblocksteine gehörten zu den Konsumgütern, die in den 50er Jahren im EKS produziert wurden.

kombinat für die Kasernierte Volkspolizei und ab 1956 für die Nationale Volksarmee geworben und eingezogen. Am Ende des Jahrzehnts spitzte sich aufgrund der anhaltenden Fluktuation die Arbeitskräftesituation im EKS so zu, dass es zu bedenklichen Unterbesetzungen in einigen Bereichen kam, die nur durch den Einsatz von Strafgefangenen ausgeglichen werden konnten.

Seit Beginn des Aufbaus erhielt das Eisenhüttenkombinat dringend benötigte Arbeitskräfte auch aus dem Strafvollzug. Unter schwierigen Bedingungen leisteten diese Menschen ihren nicht geringen Beitrag an der Entwicklung des Werkes. Die ersten Vorstellungen zur Beschäftigung von Strafgefangenen beim Aufbau des EKO tauchten bereits im November 1950 auf. Wenige Monate später, im Juni 1951, trafen die ersten 30 Strafgefangenen in Fürstenberg ein. Sie wurden im so genannten Vialit-Lager untergebracht, wo sich das Haftarbeitslager bis 1953 befand. Am 15. September 1951 schlossen das EKO und das DDR-Innenministerium, Hauptverwaltung Deutsche Volkspolizei, eine vertragliche Vereinbarung über den Arbeitseinsatz von Strafgefangenen. Darin waren Einsatzmöglichkeiten und Verdienstmodalitäten festgelegt.[187]

Die Häftlinge wurden vor allem an solchen Stellen eingesetzt, die aufgrund körperlich schwerer Arbeit und einer schlechten Entlohnung ständig unterbesetzt waren. So arbeiteten beispielsweise im Juni 1952 auf dem Erzlagerplatz 320 Strafgefangene und nur 40 EKO-Arbeiter. Den Häftlingen wurde bei einer Übererfüllung der Arbeitsnormen eine vorzeitig Entlassung aus dem Strafvolllzug angeboten.[188] In den Anfangsjahren waren die Bedingungen für die Strafgefangenen katastrophal. So wurde im Februar 1952 bei einer Überprüfung im Erzlager festgestellt, dass die Bekleidung der Häftlinge sehr schlecht sei. Sie hatten als »einziges warmes Kleidungsstück [...] eine warme Unterjacke« erhalten und besaßen lediglich ein Paar Strümpfe. Als die Werkleitung intervenierte, erhielt sie von der Anstaltsleitung die brüske Entgegnung: »Die Häftlinge gehen keinen etwas an, sie sind aus der Gesellschaft ausgeschlossen, weil sie Verbrecher sind, also hat sich auch die Gesellschaft nicht um sie zu kümmern. Die Versorgung ist einzig und allein die Sache der Haftanstalt.«[188] Immerhin konnte erreicht werden, dass den Häftlingen wollene Socken zur Verfügung gestellt wurden und sie auch Anspruch auf die obligatorischen Milchrationen im Erzlager hatten.

Als Ende 1952 die Pläne zum Ausbau des EKO konkretisiert wurden, war gleichzeitig der Bau eines neuen Haftarbeitslagers für 1.500 Strafgefangene mit insgesamt 30 Baracken vorgesehen. Mitte 1953 entstand das neue Lager, wenngleich in kleinerer Dimension, zwischen Erzlagerplatz und Umgehungskanal. Im Haftarbeitslager waren nun etwa 600 Strafgefangene untergebracht. Im Laufe der Jahre wurden sie nicht mehr primär in der Erzaufbereitung, sondern zum größten Teil in der Massenbedarfsgüterproduktion eingesetzt, vor allem bei der Herstellung von Hohlblocksteinen. Aufgrund einer Amnestie im Oktober 1964 verringerte sich die Zahl der Strafgefangenen und auch die Anforderungen des Werkes gingen zurück, so dass das Haftarbeitslager Mitte der 60er Jahre aufgelöst wurde.

Im Zeitraum von 1955 bis 1960 fand »die zweite Etappe der Roheisen-Schlacht« statt.[190] Obwohl sich die Produktionsergebnisse der Hochöfen verbesserten und der Roheisenausstoß stetig zunahm, waren die negativen Folgen des nicht geschlossenen metallurgischen Kreislaufes nicht zu übersehen. Das flüssige Roheisen wurde weiterhin in Masseln gegossen und abgekühlt in die Stahlwerke des Landes transportiert. Dadurch vergeudete man Energie und die Produktionskosten erhöhten sich. Komplizierte Transportbedingungen für Rohstoffe und Halbzeuge sowie Schwierigkeiten im Außenhandel mit den sowjetischen und polnischen Partnern hemmten zusätzlich.

Ab 1955 war die Koksversorgung des EKS zu einem Problem geworden. Der gelieferte Koks aus Polen hatte so niedrige Qualität, dass er fast nicht mehr für die Hochöfen verwendbar war. Im Werk wurde schon vom »deutsch-polnischen Kokskrieg« gesprochen.[191] Im Sommer 1955 spitzte sich die Lage so zu, dass sich das Ministerium für Schwerindustrie an den Ministerpräsidenten mit der Bitte wandte, »zur Überbrückung dieser Schwierigkeiten sofort der Verwaltung der Staatsreserve Anweisung zu geben, aus den Beständen der Staatsreserve täglich etwa 2.000 to Koks freizugeben, bis zur Wiederherstellung der normalen Versorgung des EKS.«[192] Ansonsten müssten zwei Hochöfen stillgelegt werden. Während 1955 die Lücken noch aus der Staatsreserve geschlossen werden konnten, wurden im darauf folgenden Jahr Produktionsanlagen des EKS zeitweilig stillgelegt. Vor allem die Lieferungen aus Polen gingen drastisch zurück.[193] Kurzfristig sprang die Sowjetunion ein und schickte dem EKS Hüttenkoks aus dem Donezbecken. Bis Mitte 1957 kam fast die Hälfte des benötigten Kokses aus der Sowjetunion. Zur gleichen Zeit setzten bei den Erzlieferungen Stockungen ein, da der Transport in der UdSSR von der Bahn auf Schiffe umgestellt wurde.

Apparatewärter Willi Hogge, Schmelzer Paul Henning und Praktikant Lutz Nobke informierten sich über die Kokseinsparung am Hochofen VI, 15. Juli 1955.

Der Stand des Eisenhüttenkombinates auf der Leiziger Messe von 1958 mit Produkten der Hüttenbimsanlage.

Trotz dieser Schwierigkeiten konnte das Eisenhüttenkombinat am 29. Dezember 1955 mit dem Abstich des ersten und zweiten Hochofens vermelden: Zum ersten Mal seit Bestehen des Werkes wurde der Jahresplan vorfristig und vollständig erfüllt! Das für 1955 festgelegte Ziel von 900.000 t war um 12.261 t überboten worden. Allmählich hatte sich die Einsicht durchgesetzt, dass Ergebnis und Qualität der metallurgischen Produktion nicht erst an den Hochöfen, sondern in vielen anderen Bereichen mitentschieden werden. Allein vierzig Punkte des legendären »Hundert-Punkte-Programms« der ersten Kernmannschaft betrafen die Erzvorbereitung. So wurde 1955 das Erzlager weiter ausgebaut und eine Hochbandbrücke zu den Hochöfen in Betrieb genommen. In der Erzbettenanlage kam eine neue Technologie zur Anwendung. Das Material, das aus dem Brech- und Siebhaus kam, wurde fortan nicht mehr nur zwischengelagert, sondern für die Sinteranlage und die Hochöfen homogenisiert. Ebenfalls eine Anregung aus Asow-Stahl war, die Rinnen, in denen das flüssige Roheisen auf den Abstichbühnen floss, mit einer neuen Masse auszukleiden. Dadurch verminderten sich Unregelmäßigkeiten im Ofengang und der physische Kraftaufwand der Hüttenwerker wurde merklich reduziert.

Im Mai 1956 war mangels Eisenerz die Roheisenproduktion gefährdet. Die Werkleitung rief deshalb zu einem zehntägigen freiwilligen Einsatz auf, um Schrott und Eisenschlacke aus der Grube »Präsident« zu bergen. Viele meldeten sich. Das war die erste Bewährungsprobe für die legendären »Roten Brigaden« des EKS. Niemand wusste mehr genau zu sagen, wer diesen Namen erfunden hatte. In einer Zeit, in der die ideologische Plakatierung des Lebens und Arbeitens in der DDR ihren Höhepunkt erreichte und vor allem bei Neuem die Attribute »rot« oder »sozialistisch« auftauchten, war dies sicher kein Zufall.[194] Günter Proske, einer der von Anfang an dabei war, vermutete später: »Die Kumpels nannten uns so. Denn wir forderten, gebt uns für jede Brigade eine rote Fahne, und unter dem Banner der Arbeiterklasse führten wir dann den Kampf um jede Tonne eisenhaltiger Schlacke.«[195]

Zu denen, die über die Pfingstfeiertage des Jahres 1956 im Einsatz waren, gehörten u.a. Hans Kellner, Werner Smandzik, Rolf Suchan, Adele Schalwat, Manfred Trippensee und Paul Stolzenwald. »Das gab natürlich Einschränkungen im Familienleben. Aber unsere Frauen brachten uns Pfingsten sogar das Essen an Ort und Stelle. Ja, wir mussten uns tüchtig schinden. Es war härteste körperliche Arbeit. Und wenn einer vielleicht heute denkt, da winkten wohl gute Prämien – gar nichts spielte sich in dieser Hinsicht ab. Doch wir waren nach zwei Wochen froh, sagen zu können: ›Wir haben das unsere getan, damit die Produktion weiterläuft.‹«[196] Das Beispiel dieser ersten 31 Kollegen zündete, nun kamen auch Verwaltungsangestellte, Lehrlinge und Mitarbeiter des Rates der Stadt zu freiwilligen Einsätzen und halfen Eisenschlacke auf dem Sprengplatz des Werkes zu bergen. In den »Roten Brigaden« stand der Arbeiter neben dem Ingenieur und Meister, keiner wollte besondere Vorrechte.

Die »Roten Brigaden« wurden nun immer gerufen, wenn eine kritische Situation zu lösen war. Im November 1957 fiel der Hochofen I durch eine Havarie aus. Die anderen Ofenbesatzungen hatten sich bereit erklärt, ihrerseits die Produktion zu steigern, um die Planziele zu erfüllen. Doch dazu war es notwendig, zusätzlichen Schrott aus der Grube »Präsident« zu bergen. Diesmal bestand die »Rote Brigade« aus 50 Kollegen, die wochenlang Regen, Kälte und Sturm trotzten. Ende 1957 gingen die Kalkreserven zur Neige, die Roheisenproduktion war gefährdet und aus Rüdersdorf war wegen fehlender Arbeitskräfte keine Hilfe zu erwarten. Deshalb fuhr am 30. Dezember 1957 eine »Rote Brigade« mit 17 Mitgliedern, unter ihnen Rangierer, Laboranten, Sachbearbeiter, Ingenieure und der Schriftsteller Helmut Kroll, in den Kalkbruch bei Hornberg unterhalb des Brockens. Sie nahmen primitive Unterkünfte in Kauf und verluden bei eisigem Regen und Schneesturm in acht Tagen 7.000 t Kalk für das Werk.

Die »Roten Brigaden« wurden zunehmend als »Stoßbrigaden« der SED und des FDGB missbraucht. Aus der freiwilligen Initiative waren inzwischen administrativ angeordnete Arbeitseinsätze geworden. Neben dem Ziel durch ihren Einsatz einen Produktivitätsschub zu erreichen, verfolgten Partei und Gewerkschaft auch eindeutige politische Ziele. Ganz in diesem Sinne erklärte Walter Ulbricht auf dem 5. SED-Parteitag: »Die Roten Brigaden sind gute Lehrer und Erzieher. Ihr Wirken legt den Charakter der sozialistischen Produktionsverhältnisse klar.«[197] Damit hatte sich ihr eigentlicher Charakter verändert und viele Arbeiter waren nicht mehr bereit, sich auf diese Weise ausnutzen zu lassen.

Seit 1957 war das Eisenhüttenkombinat schuldenfrei und konnte acht Mio. Mark Gewinn an den Staatshaushalt abführen. 1958 wurde erstmals die Millionengrenze bei der Jahresproduktion an Roheisen überschritten. Inzwischen hatte die SED-Führung die Zielgrößen des zweiten Fünfjahrplanes revidiert. Angesichts sichtbarer Wachstumssprünge nahm sie nun Kurs auf den »endgültigen Sieg des Sozialismus«. Vor allem die Energiewirtschaft, die Elektroenergie und die chemische Industrie standen nun im Mittelpunkt des Wirtschaftsausbaus.

Zu diesem Zweck beschloss die DDR-Regierung im März 1957 ein Kohle- und Energieprogramm. 1958 folgte ein Chemieprogramm. 1959 trat ein Siebenjahrplan in Kraft, der mit seiner irrealen Forderung, den Westen Deutschlands zu »überholen, ohne einzuholen«, das Land in eine erneute Krise trieb. Gleichzeitig wurden mehrere Industrieministerien aufgelöst und ihre Aufgaben teils der Staatlichen Plankommission, teils den zahlreichen neu gegründeten, nach Industriezweigen gegliederten »Verwaltungen Volkseigener Betriebe« (VVB) übertragen. Es war der Versuch, wirtschaftliche Entscheidungskompetenzen zu dezentralisieren und auf die Besonderheiten der einzelnen Industriezweige auszurichten. In diesem Zusammenhang wurde das EKS der neu gebildeten VVB Eisenerz-Roheisen mit Sitz in Saalfeld unterstellt. Im Sommer 1959 wurde Erich Markowitsch als Werkdirektor abberufen und zum Stellvertreter der Staatlichen Plankommission ernannt. Sein Nachfolger wurde Bruno Teichmann, der bis dahin Werkleiter des Walzwerkes Finow gewesen war.

»Rote Brigaden« Ende der 50er Jahre bei der Bergung von Eisenschlacke in der Grube »Präsident«.

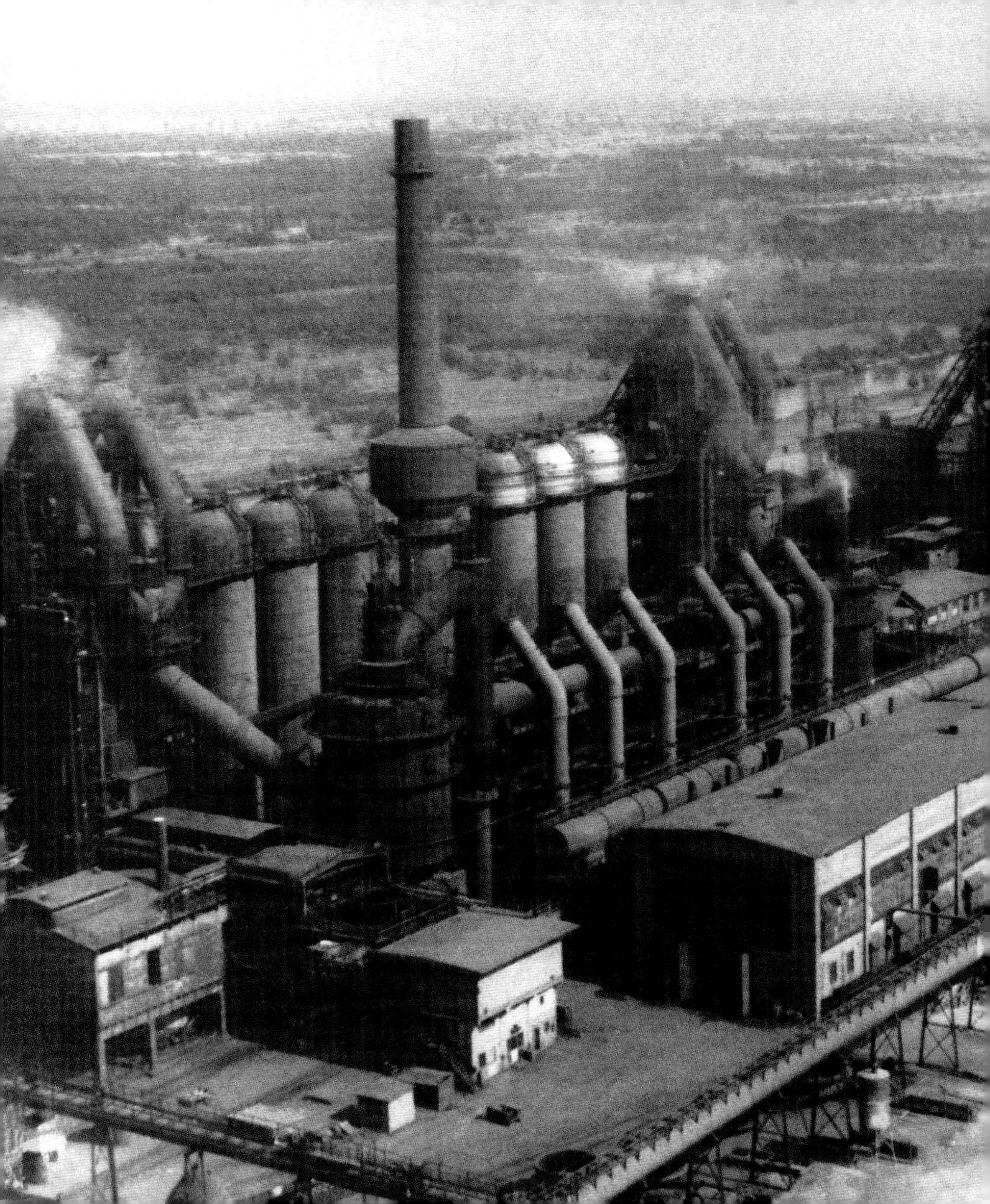

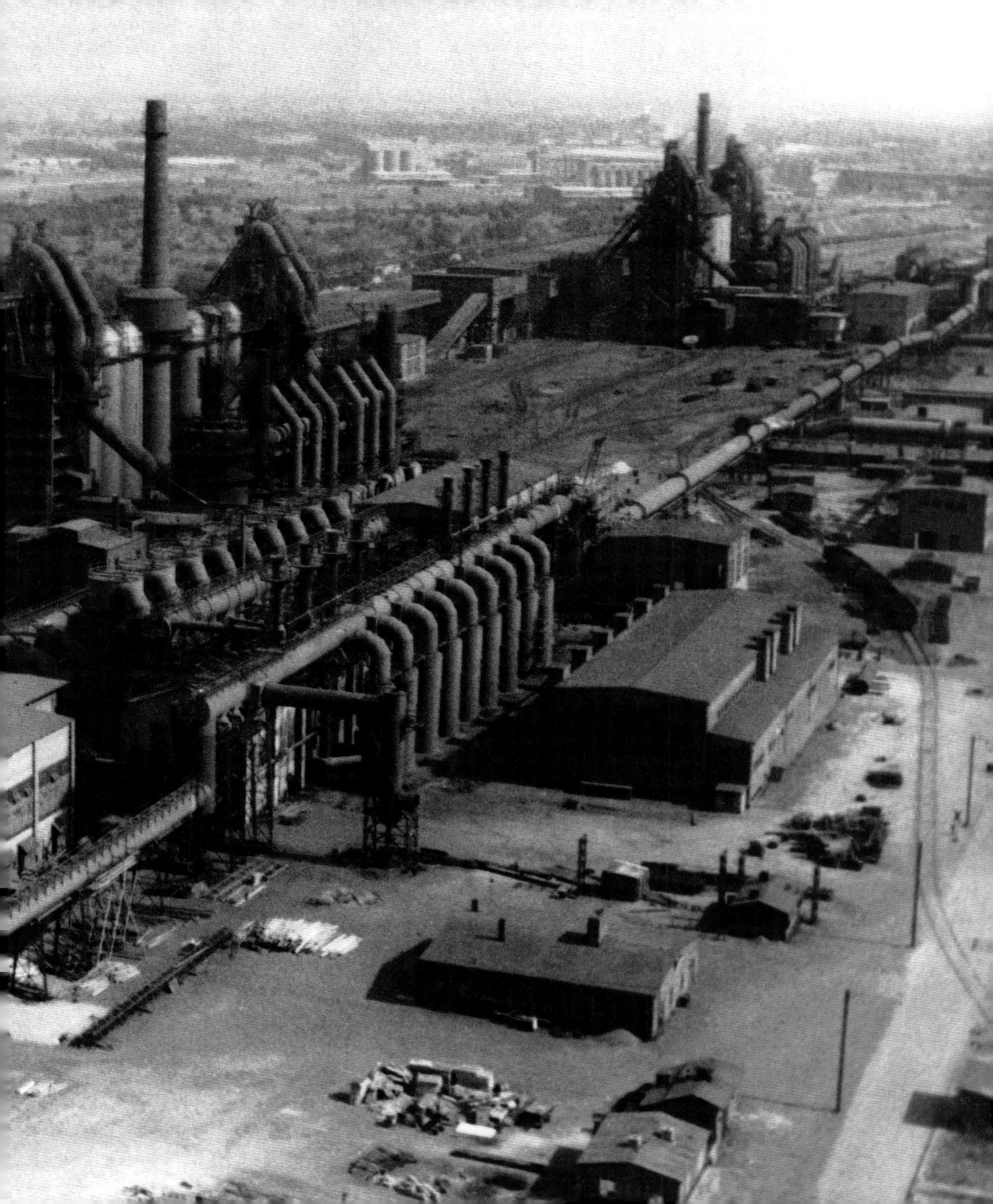

## Billiges Roheisen bei hoher Qualität

Leonid Breschnew (Mitte) bei seinem Besuch im Eisenhüttenkombinat am 13. September 1960, Produktionsdirektor Karl-Heinz Zieger rechts.

Während das Eisenhüttenkombinat zu den wenigen Industriebetrieben des Landes gehörte, die 1960 ihren Produktionsplan erfüllen konnten, mehrten sich die Anzeichen, die ein Ende der Roheisenerzeugung an der Oder signalisierten. Im Rahmen seines Besuchs im Werk hatte Leonid Breschnew, gerade zum Vorsitzenden des Obersten Sowjets ernannt, im September 1960 geäußert, man solle sich hier nicht so sehr auf die Roheisenproduktion konzentrieren, denn diese geringen Mengen könnten jederzeit von der Sowjetunion geliefert werden. Vielmehr wären alle Anstrengungen auf den schnellen Ausbau des Stahl- und Walzwerkes zu richten.[198] Deshalb wurden die sowjetischen Erzlieferungen für die DDR, die 1958 für den Zeitraum bis 1965 vereinbart worden waren, trotz eines gesteigerten Roheisenbedarfs nicht erhöht. Schon im April 1959 wies die VVB die Werkleitung des Eisenhüttenkombinates an, dass »eine Übererfüllung des Roheisenplanes nicht erwünscht ist«.[199]

Diese Situation zwang dazu, die Effektivität und Qualität der Roheisenerzeugung zu erhöhen und nach neuen Methoden und Verfahren zu suchen. Der »Kampf um die billigste Tonne Roheisen bei bester Qualität« war eröffnet. Eine Forderung war dabei die rationellere Gestaltung der Verfahren und Produktionsprozesse. Das hieß u.a., die Ausfallzeiten, die durch notwendige Reparaturen an den Hochöfen entstanden, zu verkürzen. In den Anfangsjahren des Werkes dauerte eine solche Generalreparatur bis zu 118 Tagen. Jeder Tag Ofenstillstand kostete rund 500 t Roheisen. Karl Hofmann war bereits seit langem auf dieses Problem gestoßen, als ihm 1956 die deutsche Übersetzung eines sowjetischen Fachbuches über die Schnellreparatur eines Hochofens in die Hände fiel. Unter seiner Leitung wurde eine Arbeitsgemeinschaft »Ofeneinfahren« gebildet, der Wolfgang Klemann und Rudi Siegert von der Hauptmechanik des Werkes, Günter Voss und Gerhard Wustrow vom VEB Heizungsbau Dresden sowie Ingenieur Bruno Wolf vom VEB Metallurgie-Projektierung (Mepro) Berlin angehörten. Monatelang tüftelten sie an der Idee vom »rollenden Ofen«. Hofmann glaubte, die Hochöfen komplett mit Ausmauerungen und Aufbauten bewegen zu können. Zunächst probten sie die sowjetische Methode bei der Generalreparatur des Hochofens II. Neben dem noch produzierenden Ofen montierten die Reparaturbrigaden den neuen Hochofenpanzer vor. Er hatte eine Höhe von 12 m und ein Gewicht von 120 t, als der alte Hochofen stillgelegt wurde. Über dick eingeseifte Stahlträger wurde der Panzer auf seinen neuen Platz gezogen. Das Experiment gelang und die Männer um Karl Hofmann wollten nun mehr. Sie studierten Fachliteratur, knobelten und fuhren ins Eisenwerk nach Ostrava in die ČSSR, um die dortigen Erfahrungen kennenzulernen.

Im März 1961 wurde in nur 160 Minuten der vormontierte Hochofen VI mit einer Höhe von mehr als 20 m und einem Gewicht von 1.200 t über eine stabile Brückenkonstruktion auf seinen neuen Standort gebracht. Erstmalig war es gelungen, einen ausgemauerten Hochofen einzufahren. Danach ging es erst richtig los. Jedes Jahr kamen mehr Mauerteile und Aufbauten hinzu, und jedes Jahr wurde der zu bewegende Stahlkoloss schwerer. Die Technologie wurde weiter vervollkommnet und auch das Problem des Schrägaufzugs gelöst. 1962 und 1963 fuhr man die Hochöfen III und I mit 54 m Höhe und 1.850 t Gewicht ein. Sie waren bereits fertig gemauert und vormontiert bis auf die Anschlüsse und die elektrischen Installationen. Inzwischen war die Ofenmontage zu einem betrieblichen Großereignis geworden. Etwa 800 Kollegen aus dem EKO und von 20 Fremdfirmen waren daran beteiligt. Einen voll ausgemauerten Ofenriesen mit allen Rohrleitungen und 2.400 t Gewicht fuhren die Reparaturbrigaden im September 1966 ein. Dadurch hatte sich die Reparaturzeit wesentlich verkürzt.

1967 betrug die Reparaturzeit für den Hochofen IV nur noch 40 Tage. Das Kollektiv um Karl Hofmann erhielt für diese außergewöhnliche Leistung 1962 den Nationalpreis der DDR.

Anfang 1963 hatten die Angehörigen des EKO harte Bewährungsproben zu bestehen. Ein besonders strenger Winter verursachte zahlreiche Schäden und behinderte den reibungslosen Produktionsverlauf. Mit Spitzhacken musste das gefrorene Eisenerz aus den Eisenbahnwaggons gebrochen werden. Unermüdlich, oft in 12-Stunden-Schichten und bis an die Grenze der physischen Erschöpfung, waren die Erzaufbereiter im Einsatz. Viele Lehrlinge und Angestellte des Werkes halfen. Kollegen wie Eitel Scherbarth, Erich Quilitzsch und Alfred Ruske waren immer zur Stelle, wenn Not am Mann war. Tag und Nacht mussten auf den Bühnen der Hochöfen Kokskörbe beheizt werden, um die Kühlwasserleitungen nicht einfrieren zu lassen. Schnee und Eis machten Eisenbahngleise unbefahrbar. Mit vereinter Kraft gelang es, den Rückstand von 2.190 t Roheisen, der durch die widrigen Umstände im Januar eingetreten war, bereits bis Ende Februar aufzuholen.

Im Frühsommer 1963 lag das schon lange geforderte Metallurgieprogramm vor und wurde am 27. Juni als Beschluss des DDR-Ministerrates verabschiedet. Eine darin enthaltene technisch-ökonomische Analyse offenbarte das unbefriedigende Produktionsniveau der DDR-Metallurgie und verdeutlichte, dass die Arbeitsproduktivität entschieden unter den vergleichbaren Werten der Sowjetunion, der BRD und der ČSSR lag. Kritisch vermerkt wurde weiterhin, dass der vollmetallurgische Zyklus lediglich in der Maxhütte realisiert war, »bei 90% der Stahlwerke erfolgt der Kalteinsatz an Roheisen«.[200] Als Hauptschwerpunkt für die weitere Entwicklung der Roheisenerzeugung wurde die Rekonstruktion der vorhandenen Kapazitäten deklariert. Ohne neue Ofeneinheiten war bis 1970 geplant, die Jahresproduktion auf 2,5 Mio. t Roheisen zu steigern, etwa 1,5 Mio. t davon sollten aus dem EKO kommen. Außerdem wollte man die Erzlieferungen aus der Sowjetunion reduzieren und durch die Nutzung einheimischer Eisenträger sowie durch Importe aus jungen Nationalstaaten Afrikas ersetzen. Langfristig war geplant, den Anteil sowjetischer Erze vollständig auf Eisenerzkonzentrate umzustellen. Damit folgte man internationalen Trends. Die Roheisenerzeugung richtete ihren Schwerpunkt mehr und mehr auf die Erzaufbereitung. So war die Sowjetunion bemüht, die Qualität der Kriwoi-Rog-Konzentrate weiter zu verbessern, um die Eisenanreicherungen bis auf 65 Prozent zu erhöhen.

Weiterhin wurde im Metallurgieprogramm festgelegt, die Technologie der Roheisenerzeugung auf der Grundlage neuester wissenschaftlicher Erkenntnisse zu verbessern.

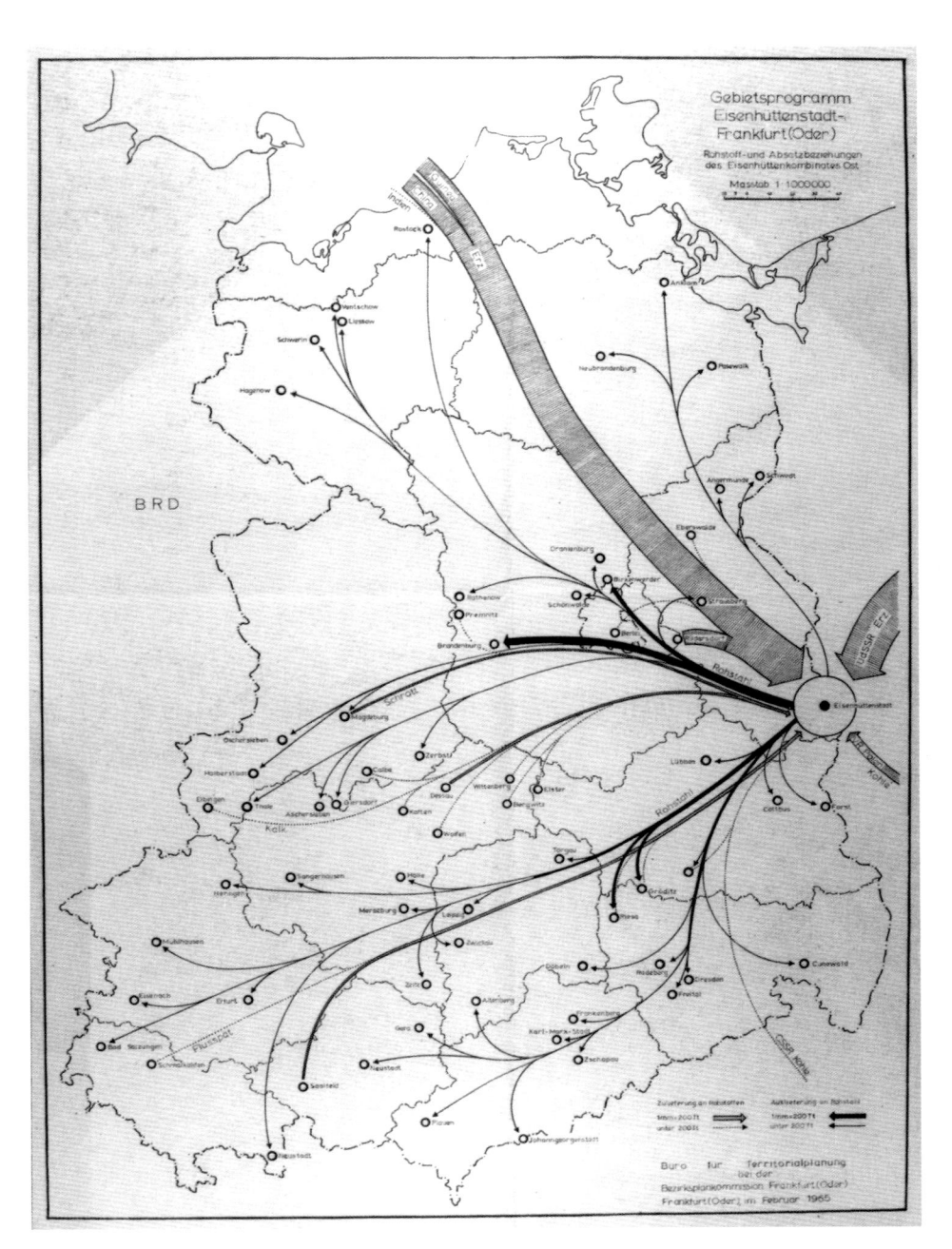

Rohstoff- und Absatzbeziehungen des EKO im Jahre 1965.

# Forschungen – Patente – Innovationen

### Radioaktive Isotope am Hochofen. – Herbert Demmrich [201]

*Ich kam im August 1956 von der Bergakademie Freiberg ins EKO als Technischer Zeichner mit einem Anfangsgehalt von 500 Mark. Damals begann eine kleine Forschungsgruppe unter Leitung von Joachim Holzhey mit ersten Versuchen zur exakt nachweisbaren Überwachung des Verschleißes am Mauerwerk des Hochofens IV. Dazu setzten wir erstmalig radioaktive Isotope ein. Dies war eine völlig neue Untersuchungsmethode. Sie wurde in den folgenden Jahren verbessert und trug dazu bei, die Haltbarkeit des Mauerwerkes der Öfen zu verlängern. In den 60er Jahren, ich war mittlerweile Strahlenschutzbeauftragter des EKO – das war ich lange Jahre –, wurden radioaktive Präparate auch an anderen Stellen eingesetzt, so z.B. in der Sinteranlage zur Kontrolle des Füllstandes der Bunker und zur Koksfeuchtmessung. Das Verfahren zur Messung des Feuchtigkeitsgehaltes von Erz und Koks wurde 1966 patentiert. Bis 1975, da war ich schon 67 Jahre, war ich Meister in der Abteilung Automatisierung der Zentralen Forschungsstelle.*

Foto oben:
Arbeitsgruppe »Radioaktive Isotope« mit Joachim Holzhey
(3. von rechts) und Herbert Demmrich (2. von links).

Foto Mitte:
Einführen eines radioaktiven Präparates
in das Panzerwerk eines Hochofens.

## Braunkohlenstaubeinblasen – Helmut Kummich [202]

*Ende 1962 begann an der Bergakademie Freiberg Manfred Drodowsky die theoretischen Grundlagen für das Einblasen von Braunkohlenstaub zu untersuchen. Im September 1963 führte er gemeinsam mit Jürgen Mangelsdorf die ersten Tests durch. Sie bestätigten die theoretischen Vorarbeiten der beiden Ingenieure. Daraufhin wurde das Thema »Einblasen von Braunkohlenstaub als Zusatzbrennstoff am Hochofen« in den Plan Forschung und Entwicklung des EKO aufgenommen, um über Großversuche die Freiberger Ergebnisse in die Roheisenproduktion zu überführen. Am 28. April 1964 nahm die im Rahmen der Arbeitsgemeinschaft »Braunkohlenstaubeinblasen« im EKO konstruierte und gefertigte Großversuchsanlage am Hochofen IV ihren Betrieb auf. In enger Zusammenarbeit zwischen der Versuchsmannschaft, die mehrere Monate rund um die Uhr tätig war, den Kollektiven am Ofen, den Konstrukteuren und Mechanikern, konnten alle auftretenden metallurgischen und technischen Probleme gelöst und die Arbeiten erfolgreich abgeschlossen werden. Bereits bis Juni 1965 wurden alle Hochöfen mit Einblasanlagen ausgerüstet. Für ihren herausragenden Anteil bei der Entwicklung und Einführung des Verfahrens zum Einblasen von Braunkohlenstaub konnten Manfred Drodowsky und Helmut Mangelsdorf (Eisenhütteninstitut der Bergakademie Freiberg), Helmut Kummich (Leiter der Forschungsstelle EKO), Kurt Schrempf (Verantwortlicher Ingenieur Hochofen IV) und Heinz Redde (Leiter des Realisierungskollektivs) 1965 mit dem Nationalpreis ausgezeichnet werden. Bis zur Ablösung dieses Verfahrens durch das noch effektivere Heizöl ab April 1966 wurden im EKO fast 300.000 t Braunkohlenstaub eingesetzt (soviel wie in bis dahin keiner Hütte der Welt) und damit etwa 150.000 t Importkoks durch diesen Brennstoff eingespart.*

Die Arbeitsgruppe »Braunkohlestaubeinblasen« – Helmut Kummich, Heinz Redde, Kurt Schrempf, Jürgen Mangelsdorf und Manfred Drodowsky (v.l.n.r.) – wurde 1965 mit dem Nationalpreis geehrt.

---

DER VORSITZENDE DES STAATSRATES
DER DEUTSCHEN DEMOKRATISCHEN REPUBLIK
VERLEIHT

### DIPL.-ING. HELMUT KUMMICH

FÜR SEINEN ANTEIL BEI DER ERARBEITUNG DER
WISSENSCHAFTLICHEN GRUNDLAGEN EINES VERFAHRENS ZUM
EINBLASEN VON BRAUNKOHLENSTAUB ALS ZUSATZBRENNSTOFF IN
HOCHÖFEN UND BEI DESSEN EINFÜHRUNG IN DIE PRODUKTION,
WODURCH INSBESONDERE IMPORTKOKS EINGESPART WIRD

GEMEINSAM MIT DR.-ING. MANFRED DRODOWSKY,
DIPL.-ING. JÜRGEN MANGELSDORF, ING. KURT SCHREMPF UND
ING. HEINZ REDDE

### DEN DEUTSCHEN NATIONALPREIS 1965
III. KLASSE
FÜR WISSENSCHAFT UND TECHNIK

IN ANERKENNUNG
SEINES HERVORRAGENDEN BEITRAGES
ZUR ENTWICKLUNG
DER NATIONALEN WIRTSCHAFT
DER DEUTSCHEN DEMOKRATISCHEN REPUBLIK
UND EINER SOZIALISTISCHEN
DEUTSCHEN NATIONALKULTUR

BERLIN, DEN 7. OKTOBER 1965

**Ein Ofen geht auf Reisen. –
Wolfgang Klemann**[203]

*Ende 1959 kam ich zur Generalreparatur, da wurde gerade der Hochofen II vorbereitet. Karl Hofmann sagte, wir werden den Ofenpanzer vormontieren und dann einfahren. Eigentlich war es mehr ein Rutschen auf Schmierseife und Stahlträgern. Es folgte der Ofen VI, das war schon eine andere Technologie. Der gesamte Hochofen wurde vormontiert, das waren immerhin 1.200 Tonnen. Wir konstruierten eine richtige Einfahrbahn mit Schlitten und verwendeten Eisenbahnachsen als Rollen. Ein Jahr später folgte Hochofen III, der bereits bis zur obersten Bühne vormontiert war und 1.800 Tonnen wog. Im Laufe der Jahre wurde die Technologie immer weiter verbessert. Am Schluss waren es dann 2.400 Tonnen mit kompletten Ausmauerungen und Gerüsten. Die Stillstandzeiten betrugen dann nur noch 40 Tage. Natürlich hatten wir damals Angst, dass was schief gehen könnte. Wir wussten ja nicht, was wir machen sollten, wenn dieser riesige Koloss einmal auf der Hälfte der Strecke stehen bleiben würde. Damals gab es doch keine Hebezeuge, die wir hätten einsetzen können. Das war der Druck, den wir hatten. Doch der damalige Werkleiter, Bruno Teichmann oder Pauken-Paule, wie er genannt wurde, hatte Vertrauen zu uns. Bei der Reparatur des Ofens III hat er sich mitten auf die Gleise einen Schreibtisch gestellt und die ganze Sache beobachtet. Er sagte, macht euch keine Gedanken, ich übernehme die Verantwortung. Er war die ganze Zeit dabei, das hat uns ein bisschen gestärkt. Sehr aufregend war die Situation am Anfang: setzt sich der Ofen überhaupt in Bewegung? Als dieser dann die Mitte der Brücke erreichte, bogen sich – wie berechnet – die sechs über einen Meter hohen Fahrbahnträger nur sieben Millimeter durch. Aufatmen konnten wir, als der Hochofen das Fundament erreicht hatte und damit wieder auf festem Boden stand. Nachher war vieles schon Routine. Auf fünf Millimeter genau konnten wir den Ofen hinstellen. Es gab nichts besonderes mehr und wir waren schon so sicher, dass wir damit rangieren konnten.*

Einfahrt des 2.100 t schweren und 37 m hohen vormontierten Hochofen V am 19. September 1966.

Verladebrücke im Erzlager in den 60er Jahren. Die Rohstoffe für die Hochöfen des EKO wurden per Schiene oder auf dem Wasserweg angeliefert.

Als Ansatzpunkte für Forschung und Entwicklung wurden dabei die Senkung des spezifischen Koksverbrauchs durch Erhöhung der Heißwindtemperatur, das Einblasen von gasförmigen, flüssigen und festen Brennstoffen in den Hochofen, die Steigerung des selbstgängigen Agglomeratanteils im Möller und die Verbesserung der Qualität des Roheisens angesehen. Auf dem Gebiet der technologischen Bedingungen im Hinblick auf die Kokseinsparung ging man im internationalen Maßstab verstärkt dazu über, Zusatzbrennstoffe in den Hochofen einzublasen. Bereits 1962 regte die Kommission Metallurgie des RGW an, dieses Problem auf seine praktische Durchführbarkeit zu untersuchen. In der Sowjetunion, den USA, Frankreich und England waren seit den 50er Jahren Experimente mit Erdöl, Erdgas und Steinkohlenstaub durchgeführt worden. Im EKO wurde auf der Basis eines selbst entwickelten Verfahrens ab 1965 an allen Hochöfen Braunkohlenstaub als Zusatzbrennstoff verwandt. Aufgrund der erheblichen Verschleißrate an den Anlagen und einer noch höheren Effektivität ersetzte man im April 1966 an den Hochöfen V und VI und später an allen Öfen den Braunkohlenstaub durch Heizöl.

Für die dringend erforderlichen Rekonstruktionen der Sinter- und Hochofenanlagen des Werkes, um sie an das technische Niveau und die benötigte Kapazität des geplanten Stahlwerkes anzupassen, war als Fertigstellungstermin zunächst 1972 genannt, im Ministerratsbeschluss vom 3. Juni 1966 wurde er auf 1975 verschoben. Das hieß, dass die vorhandene Substanz weiterhin starkem Verschleiß ausgesetzt war sowie große Rekonstruktionen und Neuerungen in den 60er Jahren ausblieben. Im Dezember 1961 ging eine neue Auftauhalle in Betrieb. Ein Scheibengasbehälter, der das anfallende Gichtgas für das Kraftwerk speichern sollte, wurde von tschechoslowakischen und deutschen Spezialisten in 23 Monaten montiert. Im Oktober 1963 war der weithin sichtbare Speicher- und Druckregulierungsbehälter mit einer Höhe von 106 m und einem Fassungsvermögen von 300.000 m$^3$ betriebsbereit und wurde an das Gasnetz angeschlossen. Weitere Produktionsverbesserungen im Hochofenwerk waren der Einsatz einer neu entwickelten Stichlochmasse im Oktober 1961, die Ausstattung der Masselgießmaschine I mit neuen Kokillen, die Einführung gusseiserner Schlackenrinnen ab Mai 1966, sowie einer Agglomeratabsiebung an den Hochöfen V und VI seit August 1966. Ein Jahr später überschritt der Hochofen V erstmalig die 1.000-Tonnen-Grenze und produzierte 1.028 t Roheisen am Tag.

Mit den wirtschaftspolitischen Reformen des Neuen Ökonomischen Systems waren auch im EKO neue Schritte eingeleitet worden, um die Planung und Leitung effektiver zu gestalten. Ab Januar 1964 kam es zu einer Neuregelung der Werkstruktur. Die Verantwortungsbereiche wurden dem Produktionsprinzip angepasst. Die bislang selbständigen Abteilungen Erzaufbereitung und Hochofenbetrieb wurden zur Betriebsabteilung Roheisenproduktion vereint. Damit konzentrierte sich der Produktionsprozess vom Erzlager, über die Erzaufbereitung und die Hochöfen bis zur Masselgießmaschine in einem einheitlichen Verantwortungsbereich. Auch in der Leitung des Werkes erfolgten Veränderungen. Im Februar 1965 trat Wilhelm Marter als Werkdirektor an die Stelle von Bruno Teichmann. Marter blieb für zwei Jahre, bevor das Ministerium am 2. Oktober 1967 Erich Markowitsch erneut zum Werkleiter berief. Dieser Wechsel war Folge einer Reihe strukturpolitischer Entscheidungen, die durch das 11. SED-Plenum im Dezember 1965 eingeleitet worden waren. Der Volkswirtschaftsrat wurde aufgelöst und im Januar 1966 entstanden acht Industrieministerien. Das zuständige Ministerium für Erzbergbau, Metallurgie und Kali leitete Kurt Fichtner von 1965 bis Juli 1967, danach bekleidete bis 1989 Kurt Singhuber dieses Amt.

# Das Kaltwalzwerk –
# ein neuer Riese an der Oder

## Neue Pläne für den Ausbau
## des Eisenhüttenkombinates

«Das Eisenhüttenkombinat in Stalinstadt wird durch den Neubau eines Stahl- und Walzwerkes für Feinbleche erweitert.«[204] Diese Zielstellung wurde im September 1959, als die Volkskammer der DDR den Siebenjahrplan verabschiedete, zum Gesetz erhoben. »Das Stahlwerk soll nach dem Sauerstoffaufblasverfahren arbeiten. Das Walzwerk ist mit einer hochproduktiven Breitbandstraße auszurüsten. Ferner ist ein Kaltwalzwerk und eine Rohrschweißerei aufzubauen. Das Kaltwalzwerk ist bis zum Jahre 1964 in Betrieb zu nehmen. Das Stahl- und Walzwerk soll im Jahre 1965 die Produktion aufnehmen.«[205] Damit war der offizielle Startschuss für den erneuten Ausbau des Eisenhüttenkombinates gegeben.

Bereits seit November 1953 hatten sich das Entwurfsbüro für Industriebau Berlin und das ZKB mit der Projekt- und Entwurfsbearbeitung sowie den Konstruktionen für das Stahl- und Walzwerk des EKS beschäftigt. Bis 1958 liefen diese Planarbeiten aufgrund der neuen wirtschaftspolitischen Prioritäten jedoch hinter verschlossenen Türen. Anders als noch beim Aufbau des EKO Anfang der 50er Jahre ermöglichte es die Situation nun, frühzeitig in die Planung und Projektierung einzusteigen. Im November 1956 lag bereits der zwanzigste Entwurf zur Erweiterung des Werkes vor. Auch in anderer Hinsicht hatten sich die Bedingungen gegenüber den Anfängen des Eisenhüttenkombinates verändert. Die DDR war politisch wie ökonomisch völlig in die von der Sowjetunion beherrschte Wirtschaftsgemeinschaft der sozialistischen Länder eingebunden. In einem SED-internen Schreiben unter dem Titel »Die weitere Entwicklung des Eisenhüttenkombinates in Stalinstadt (EKS)« vom 4. April 1958 wurde auf diese Situation hingewiesen: »In der gesamten Perspektive des EKS muss gesagt werden, dass es sich hierbei um Vorstellungen handelt, deren Realisierung abhängig ist von den Ergebnissen der zur Zeit in Moskau stattfindenden Abstimmungen und Beratungen.«[206]

Der RGW befand sich zu diesem Zeitpunkt im Umbruch. Der erste Mann in Moskau, Nikita Chruschtschow, hatte nach seinem Machtantritt versucht, die bisherigen Autarkiebestrebungen der sozialistischen Staaten durch eine verstärkte Arbeitsteilung im Rahmen des RGW aufzubrechen. Deshalb machte er den Ländern der Wirtschaftsgemeinschaft das Angebot der gemeinsamen Nutzung vorhandener Ressourcen und Produktionskapazitäten. Dies führte zu einer völligen Neubewertung nationaler Wirtschaftsentwicklungen und multilateraler Beziehungen. Die DDR-Metallurgie sollte sich dabei auf die Produktion hochwertiger Kaltwalzprodukte wie nahtlose Rohre, Edelstahl, Kaltband und Feinbleche für ihren Maschinenbau und darüber hinaus spezialisieren. Kernstück dieser Planungen war die Erweiterung des EKS um ein Stahl- und Walzwerk. »Die Endkapazität des nach neuesten technischen Erkenntnissen projektierten Stahlwerkes wird mehr als die Hälfte der jetzigen Gesamtkapazität aller Stahlwerke der DDR erreichen. Das Walzwerk wird 1965 eine Kapazität haben, die fünfmal größer ist, als die jetzige Kapazität für Feinbleche in der DDR. Es wird vollmechanisiert und weitestgehend automatisiert arbeiten und deshalb eine Arbeitsproduktivität erreichen, die sechsmal so hoch ist, wie die derzeitige in den Feinblechwalzwerken erreichte.«[207]

Seit Anfang 1958 waren auf verschiedenen Ebenen Vorstellungen zum Ausbau des Eisenhüttenkombinates entwickelt worden. Arbeitskreise für Roheisen, Stahlwerk, Walzwerk sowie zur Erforschung der Erzsituation wurden gebildet, in denen Vertreter der Ministerien, des Werkes und wissenschaftlicher Einrichtungen zusammenarbeiteten. Expertisen zur Wirtschaftlichkeit des Vorhabens wurden erstellt. Im März 1958 fand im EKS eine Beratung über die Perspektiven des Werkes statt, bei der erste Vorstudien präsentiert wurden. In diesem »sehr schnell zusammengestellten« Material war ein Stahlwerk mit einer Jahreskapazität von 1,7 Mio. t Rohstahl geplant, wobei noch Unklarheiten über die anzuwendende Technologie bestanden. In die engere Wahl fiel das LD(Linz-Donawitz-)-Verfahren, welches seit Anfang der 50er Jahre erfolgreich in den Vereinigten Österreichischen Eisen- und Stahlwerken in Linz angewandt wurde. Außerdem waren zwei Elektroöfen und für das Walzwerk sowie eine Warmband- und eine Kaltwalzstraße vorgesehen. Aufgrund der benötigten Jahreskapazität von 1,5 Mio. t Roheisen sollten außerdem Verbesserungen im Hochofenbetrieb durchgeführt werden. Insgesamt wurden für den Ausbau des Hüttenkombinates Investitionen in Höhe von ca. 1 Mrd. Mark in den nächsten zehn Jahren in Aussicht gestellt.[208]

Im Sommer 1958 billigte die Tagung der »Ständigen Kommission für Schwarzmetallurgie« beim RGW den Ausbau des Eisenhüttenkombinates um ein Stahl- und Walzwerk. Im Dezember des gleichen Jahres stellte die X. Tagung des Rates in Prag die Aufgabe »nach der entsprechenden technisch-ökonomischen und projektierungsseitigen Durcharbeitung der Fragen des Baus« sowie »der Klärung der möglichen Termine«.[209] Dazu versammelte sich im Mai 1959 eine Expertenrunde des RGW im EKS und begutachtete die Vorschläge zum Ausbau des Werkes. Die Runde empfahl letztlich den Bau eines Sauerstoffaufblasstahlwerkes, einer Brammenstraße, einer halbkontinuierlichen Warmbandstraße und eines Kaltwalzwerkes. Aufgrund »des großen Bedarfs an Blechen in der DDR und des bestehenden Defizits im gesamten sozialistischen Lager« wurde vor allem »die Schaffung einer neuen Feinblechkapazität für erforderlich gehalten.«²¹⁰ Damit war die Grundlage für die weiteren Planungen gelegt.

Im Herbst 1958 wurden im EKS ein Organisationsbüro sowie sechs Kommissionen zur weiteren Bearbeitung der Vorstudien gebildet. Bei der Staatlichen Plankommission entstand ein Gremium für Grundsatzfragen »Ausbau EKS«, dem neben Rudolf Steinwand als Leiter u.a. EKS-Werkdirektor Erich Markowitsch, Maximilian Heinrich Kraemer und Rudolf Stoof vom VEB Mepro Berlin sowie der Leiter der Zentralen Forschungsstelle Roheisen, Kurt Säuberlich, angehörten. Es bestätigte im Februar 1959 die Aufgabenstellung für den weiteren Ausbau des Eisenhüttenkombinates. Der VEB Mepro erhielt im Oktober 1959 den Auftrag, drei Vorplanungen auszuarbeiten. Diese betrafen erstens das Hochofenwerk, zweitens die Erzaufbereitung sowie drittens das Stahl- und Walzwerk. Zur Erhöhung der Roheisenkapazitäten war ein Umbau der sechs Hochöfen im EKS vorgesehen, »dünnwandig mit Gebläseveränderungen und Erweiterung in der Gasreinigung sowie den geringstmöglichen Bühnenveränderungen«.²¹¹

In den Ende 1959 erarbeiteten Plandokumenten wurde festgelegt, dass mit dem Bau der Produktionsstätten am 1. Januar 1962 begonnen wird. Dazu war es notwendig, im Jahre 1961 die Baustelleneinrichtung zu realisieren. Zur Koordinierung der Planungsmaßnahmen wurde im Dezember 1959 der technische Direktor des Eisenhüttenkombinates, Wilhelm Dönau, als Hauptingenieur für den »Ausbau EKS« zum VEB Mepro delegiert. Im März 1960 äußerte Werkdirektor Bruno Teichmann erste Bedenken, dass »die Realisierung der Projektierung bei Mepro stark gefährdet [sei], da eine einheitliche Grundkonzeption nicht vorhanden ist.«²¹² Im September 1960 legte Mepro einen Entwurf für die Baustelleneinrichtung zum Bau des Stahl- und Walzwerkes vor. Dieser wurde am 14. Oktober 1960 von Seiten des EKS zurückgewiesen, da der in den Verträgen angegebene Endauslieferungstermin nicht gehalten werden konnte. Der Vertrag wurde nicht anerkannt und sämtliche ausgelösten Aufträge mussten storniert werden.

## Priorität für die zweite Verarbeitungsstufe

Die Bemühungen des Werkes, mit verschiedenen Investitionsplänen die Vorbereitungsmaßnahmen zur Einrichtung der Baustelle für das Stahl- und Walzwerk zu realisieren, scheiterten bis 1962 immer wieder an der wirtschaftlichen Krisensituation des Landes. Der Aufbauelan der ersten beiden Fünfjahrpläne war am Ende. Die DDR-Wirtschaft stand vor großen Problemen, die Konzentration auf die Schwer- und Grundstoffindustrie hatte Disproportionen hervorgerufen. Die Zahl der unvollendeten Industrieinvestitionen wuchs stetig an, während die Zuwachsraten der Industrieproduktion stagnierten. Die überstürzt vollzogene Kollektivierung der Landwirtschaft und der enorme Aderlass durch die Abwanderung von hunderttausenden qualifizierten Arbeitskräften nach Westdeutschland destabilisierten Wirtschaft und Staat. Der Mauerbau im August 1961 war angesichts wachsender Republikflucht und des Nichterreichens der hochgesteckten Ziele die Notbremse gegen den wirtschaftlichen Zusammenbruch und Grundlage einer neuen Konsolidierung.

Neben den latenten Finanzproblemen und fehlenden Arbeitskräften machte sich in der DDR auch der Stahlmangel dramatisch bemerkbar. Als im September 1960 die BRD-Regierung den innerdeutschen Handel aufkündigte, drohte der auf die Einfuhr von hochveredelten Grundstoffen und Ausrüstungen angewiesenen DDR-Wirtschaft der Kollaps.²¹³ Insbesondere dem Maschinenbau, Herzstück der Industrie, erwuchsen dadurch erhebliche Schwierigkeiten. Aufgrund der waghalsigen Vorgaben des Siebenjahrplanes stellten sich gravierende Werkstoffprobleme ein. Ohne ein ausreichendes Angebot an hochwertigem Walzstahl und Erzeugnissen der zweiten Verarbeitungsstufe, wie beispielsweise Präzisionsrohren, legierten und hochfesten Blechen, Feinblechen, Transformatoren- und Dynamoblechen, war das aufwendige Chemie- und Energieprogramm nicht zu bewältigen.

Bereits Anfang November 1959 hatte Außenhandelsminister Heinrich Rau mitgeteilt, dass die BRD im Jahr 1960 etwa 50.000 t Walzmaterialien weniger liefern werde und die Sowjetunion die Lieferung der gewünschten Sortimente an Mittel- und Feinblech ablehne. Er prophezeite, dass sich auch in den nächsten Jahren die Lage nicht ändern werde. Rau schlug deshalb vor, zu prüfen, ob sofort mit dem Bau eines Walzwerkes im EKS begonnen werden könne. Erich Markowitsch, Leiter der Abteilung Berg- und Hüttenwesen in der Staatlichen Plankommission, erarbeitet daraufhin drei mögliche Varianten:

1. Vorfristige Inbetriebnahme des Kaltwalzwerkes mit dem erforderlichen Import von Warmband;

2. Vorfristige Inbetriebnahme des Warmwalzwerkes und des Kaltwalzwerkes mit der erforderlichen Einfuhr von Blöcken und Brammen;

3. Vorfristige Inbetriebnahme des Stahl- und Warmwalzwerkes und des Kaltwalzwerkes.[214]

In Anbetracht der entstandenen Lage wurde die erste Variante favorisiert, da der Bezug von Warmband aus der Sowjetunion, aus Ungarn und Polen durch langfristige Verträge gesichert schien. Das im EKS produzierte Roheisen wurde bis dahin immer noch in den Stahlwerken der DDR weiterverarbeitet. Der Bedarf an kaltgewalzten Produkten war in der DDR zu diesem Zeitpunkt größer, als der an den Produkten der Vorstufen. Die meisten kaltgewalzten Bleche mussten importiert werden.

Für ein Land, dessen traditionell hochentwickelter Maschinenbau einen Hauptexportzweig darstellte, war diese Situation kaum länger tragbar, zumal der internationale Trend im Maschinenbau, in der Metallurgie und der Konsumgüterindustrie zunehmend in Richtung Leichtbauweise wies. So lag es im wirtschaftlichen Interesse der DDR, dass zunächst ein Kaltwalzwerk und danach das Stahl- und Warmwalzwerk errichtet wurden. Mit dieser Entscheidung traf die DDR auch die Interessenlage der Sowjetunion. Anastas Mikojan, stellvertretender Vorsitzender des sowjetischen Ministerrates, hatte intern mitteilen lassen, dass die Sowjetunion vor allem die Defizite an hochwertigen Sortimenten von Walzgut nicht decken könne, »da sie selbst bis 1965 außerordentliche Schwierigkeiten ihres eigenen Bedarfs hat und selbst große Mengen in der BRD kaufen muss«.[215] Gleichzeitig signalisierte die sowjetische Seite, dass sie im Augenblick nicht in der Lage wäre, die Bereitstellung der entsprechenden Ausrüstungen für ein Stahl- und Walzwerk zu realisieren.

Im Dezember 1959 beschloss das SED-Politbüro deshalb, Verhandlungen mit westlichen Ländern aufzunehmen, um auf Kreditbasis die notwendigen Ausrüstungen für den Ausbau des EKS zu beschaffen. Ausdrücklich wurde dabei betont, dass die Gespräche nur »unter dem Gesichtspunkt der Lieferung kompletter Anlagen sowie der Bereitstellung kompletter fertiger Konstruktionsunterlagen für die Projektierung« zu führen seien.[216] Anfang 1960 wurden daraufhin Kontakte zur westdeutschen Firma Krupp aufgenommen, die sich aber bis April zerschlugen. Offiziell wurde der DDR-Seite mitgeteilt, dass »aus geschäftspolitischen Erwägungen« das Unternehmen entschieden hätte, »sich nicht auf ein solch großes Objekt festzulegen«.[217] Tatsächlich hatte diese Absage handfeste politische Gründe. Zur gleichen Zeit verhandelte die DDR mit der englischen Firma The Loewy Engineering Company Ltd. in Bournemouth. Dort waren im Sommer 1960 die Absprachen soweit vorangekommen, dass das SED-Politbüro am 28. Juni 1960 grünes Licht für das Projekt unter dem Decknamen »Frank« gab.

Das englische Unternehmen sollte die erforderlichen Anlagen für ein Stahl- und Walzwerk sowie ein Rohrschweißwerk liefern. Vom 3. August bis 1. September 1960 weilte eine Expertengruppe, der vom EKS Wilhelm Dönau angehörte, in England. Am Ende dieser Visite lagen unterschriftsreife Verträge auf dem Tisch. Doch auch hier kam es aufgrund politischer Vorbehalte nicht zum Abschluss. Die britische Regierung lehnte eine Bürgschaft für den Kredit ab.[218] Ein Angebot der französischen Firma Cifal, das im November 1960 folgte, musste von Seiten der DDR ausgeschlagen werden, da das Unternehmen nicht in der Lage war, das Gesamtprojekt zu realisieren.

Nach diesen Fehlschlägen war die DDR gezwungen, sich beim Ausbau des Eisenhüttenkombinates vornehmlich auf Lieferungen aus der Sowjetunion zu konzentrieren. In einem Staatsvertrag vom März 1960 hatte sich die sowjetische Regierung verpflichtet, dabei technische Unterstützung zu leisten. Diese erstreckte sich auf Projektierungsleistungen, Lieferungen von Ausrüstungen und die Qualifizierung

Angebot der Firma Krupp-Industriebau zum Ausbau des Eisenhüttenkombinates vom 11. März 1960.

Tagebuchmitschriften von Wilhelm Dönau über die Verhandlungen in England im August 1960.

von Kadern. Im Mai 1960 wurde ein Vertrag mit der Allunionsvereinigung Tjashpromexport Moskau über die Ausarbeitung der Projektierungsaufgabe geschlossen, die durch das staatliche Projektierungsinstitut GIPROMES in Moskau ausgeführt wurde.

Im Frühsommer 1961 konstatierte die SED-Führung aufgrund der anhaltenden wirtschaftlichen Schwierigkeiten das Scheitern der Strategie des Siebenjahrplanes und revidierte dessen Zielsetzungen. Gleichzeitig wurden die Industrieministerien aufgelöst und ein Volkswirtschaftsrat als oberstes Leitungsorgan der Industrie geschaffen. Die staatlichen Leitungsorgane der Industriebereiche erhielten außerdem die Auflage, entsprechend den veränderten ökonomischen Zielstellungen spezifizierte Perspektivprogramme zu erarbeiten. Die relevanten Entscheidungen für das EKS waren im Metallurgieprogramm enthalten. Im August 1961 lag ein erster Entwurf der Abteilung Berg- und Hüttenwesen der Staatlichen Plankommission vor, in dem ausdrücklich die »Schlüsselstellung« der Metallurgie innerhalb der Volkswirtschaft hervorgehoben wurde. Des Weiteren stellte das Programm klar, dass die Stahl- und Walzwerke der DDR völlig überaltert seien. Lediglich fünf von insgesamt 85 Kaltwalzgerüsten entsprächen dem modernen Stand der Technik. Da die Analyse den Nachweis erbrachte, dass die DDR »weiterhin von westdeutschen Militaristen und Imperialisten abhängig« sei, stieß sie auf die massive Kritik der Abteilung Metallurgie und Maschinenbau des SED-Zentralkomitees.

Immerhin hatte die Partei die Aufgabe gestellt, »unsere Volkswirtschaft bis zum 1.12.61 störfrei zu machen«, hieß es in einem Schreiben vom November 1961.[219] Das Metallurgieprogramm wurde zurückgestellt.

Nach dem Mauerbau im August 1961 war es erneut erforderlich, so führte Walter Ulbricht aus, »einen Teil der Ziffern des Planes bis 1965 im Interesse der Stärkung der ökonomischen Grunddaten der DDR zu verändern«.[220] Damit wurden zum dritten Mal seit Dezember 1960 Korrekturen am Perspektivplan vorgenommen. Die neuerlichen Korrekturen trafen das Ausbauprojekt EKO hart. Die Investitionen für 1962 wurden von 33 Mio. Mark auf 8 Mio. Mark reduziert. Im April 1962 stellte der Volkswirtschaftsrat fest, »dass man zur Zeit noch keine Entscheidung treffen kann über den Zeitpunkt der Erweiterung des EKO um ein Stahl- und Walzwerk, da gegenwärtig keine Möglichkeiten gesehen werden, die dafür notwendigen Investitionsmittel und Baukapazitäten zu erhöhen«.[221] Erneut mussten Aufträge storniert werden. Die Einrichtung der Baustelle wurde auf 1963 verschoben.

Unterdessen liefen die Verhandlungen mit der Sowjetunion und die dortigen Vorarbeiten für den Ausbau des Eisenhüttenkombinates mit unterschiedlichem Erfolg weiter. In einem Regierungsabkommen vom 30. Mai 1961 war die Lieferung von sowjetischen Warmwalzstraßen vereinbart worden und in einem Protokoll vom 10. November 1961 hatte die sowjetische Seite die Lieferung eines Stahlwerkes

## »... 46 Prozent Steine.«

**Auszüge der Aussprache anlässlich des Besuchs von Nikita Chruschtschow und Walter Ulbricht im Eisenhüttenkombinat am 19. Januar 1963**[222]

**Werkdirektor Singhuber**[223]: Durch die Beschlüsse der SED wurde bereits in den früheren Jahren vorgesehen, dieses Werk zu einem metallurgischen Kombinat auszubauen. Eine solche Aufgabenstellung erfordert die Rekonstruktion des Werkes, die Errichtung eines Stahlwerkes [...] in einem Sauerstoffblasverfahren.

**N. S. Chruschtschow:** Wo bekommt ihr denn die Konverter dafür her? [...] Wir bauen selbst Konverter, und zwar im Ural. Wir bauen welche. Aber in der letzten Zeit haben wir beschlossen, dass wir sie in Österreich bestellen werden. Wenn ich gleich meinen allgemeinen Eindruck sagen soll, so möchte ich sagen, dass der Betrieb auf der fortschrittlichen technischen Grundlage aufgebaut wird. Es gibt viele Neuerungen, die eingeführt werden sollen. Aber ich weiß nicht, wie das ökonomisch durchgerechnet ist. Ist nicht die Universalität zu groß? Denn verlangt die Metallurgie jetzt nicht immer mehr die Spezialisierung. Desto billiger wird doch die Produktion. Hier ist alles, von jedem etwas. Und alles ist neu. Das Stranggussverfahren ist eine sehr fortschrittliche Methode. Aber diese Art der Herstellung von Stahl, wie ihr sie im EKO plant, schafft die Bedingung, dass eine einzige Fabrikmarke, also eine Sorte Stahl hergestellt werden kann. Der Maschinenbau verlangt aber doch verschiedene Stahlsorten. Darum meine Frage: Ist es nicht besser, wenn jede Metallurgie ihre eigenen Marke herstellt? Man kann die Bedürfnisse der verschiedensten Anforderungen erfüllen. Und noch eine Frage. Mit dieser Frage komme ich auch nicht ganz klar. Es betrifft die Roheisenherstellung. Ihr habt weder Koks, noch Erz. [...] Das Erz, das ihr von uns bezieht, hat einen Fe-Gehalt von 54 Prozent. Ihr transportiert also aus der Sowjetunion 46 Prozent Steine. Und nun frage ich mich, was kostet da allein schon der Transport? [...] Vielleicht sollte man das Roheisen dort schmelzen, wo das am billigsten ist, wo der Koks am billigsten ist, und die zweite Verarbeitungsstufe dort durchführen, wo der Maschinenbau liegt. [...] Was kostet denn bei euch das Roheisen? Mit sowjetischen Rohstoffen könnt ihr überhaupt nicht konkurrieren. Ihr könnt nicht konkurrieren mit uns. Ihr müßt aber konkurrieren, das ist sehr wichtig.

**Werkdirektor Singhuber:** Wir sind das einzige Land in Europa, das Stahl in kaltem Zustand erzeugt. In anderen Ländern geschieht das nur bis zu 10 Prozent. Und hier liegt eben unsere unökonomische Arbeitsweise. Das wollen wir jetzt überwinden.

**N. S. Chruschtschow:** Diese Antworten sind Antworten vom Standpunkt der Ingenieure. Aber wir müssen noch die Politik hineinbringen. [...] Aber ihre Bedürfnisse sind doch gering. Sie werden also mehr produzieren, als sie brauchen. Und wo wollen sie dann hin mit diesem Zeug. Auf dem Weltmarkt können sie nicht konkurrieren. Aber wir müssen auf dem Weltmarkt konkurrenzfähig sein.

**Walter Ulbricht:** Der Anteil des Maschinenbaus ist bei uns zu hoch. Und der Maschinenbau ist zu vielseitig. Wir können den Werkdirektor[en] weder in der Sowjetunion noch in der ČSSR zumuten, dass sie ihr Werk auf diese Spezialstähle umstellen. [...] Also: Wir sind gezwungen, auch dann, wenn die Rechnung nicht stimmen würde, weil es niemanden gibt, der uns diese Spezialstähle liefert. Unsere spezifische Lage im Maschinenbau ist so, dass wir selbst produzieren müssen. Sie, Genosse Chruschtschow, haben noch ein Argument in Reserve. Und zwar: Die internationale Arbeitsteilung. Das gilt nach dieser Zeit, wenn das Werk fertig ist.

**N. S. Chruschtschow:** Ich muss immer wiederholen, diese Idee ist gut. Mir gefällt das Projekt. Aber die Ökonomie, die muss man berechnen. Wenn jeder für sich so weiter baut, wie das bis jetzt beschritten wird, dann kommen wir innerhalb des sozialistischen Lagers zu einer Warenhausproduktion. Dann gehen wir auf den Markt und sehen zu, wie wir unser Zeug verkaufen können.

**Einwurf Walter Ulbricht:** Das gehört in die RGW.

**N. S. Chruschtschow:** Das ist noch gar kein RGW. Jeder hat hier seinen eigenen Stiefel darauf. Jeder investiert noch für sich. [...] Das ist kein RGW. Vorläufig sind wir noch Einzelbauern.

Nikita Chruschtschow und Walter Ulbricht beim Empfang im Werkleiterzimmer des EKO.

zugesagt. Sie sah sich jedoch außerstande, die entsprechenden Ausrüstungen für ein Kaltwalzwerk und ein Rohrwerk vor 1965 zur Verfügung zu stellen. Im Dezember 1961 legte GIPROMES die erste Projektaufgabe für ein Stahlwerk und ein Warmwalzwerk vor. In dem über 3.000 Seiten umfassenden Material war geplant, den im Stahlwerk erschmolzenen Stahl in Kokillen zu vergießen und auf einem Vorbrammengerüst zu Brammen zu walzen. Diese traditionelle Art der Verarbeitung des Stahls entsprach jedoch nicht mehr dem neuesten Stand der Technik. Deshalb wurde dieser Vorschlag von einer deutschen Gutachtergruppe nicht akzeptiert und im Juni 1962 die Entscheidung gefällt, den Komplex Stahlwerk zu überarbeiten. Statt des Kokillengussverfahrens und der Brammenstraße sollte die effektivere Technologie des kontinuierlichen Vergießens des flüssigen Stahls in Stranggussanlagen zum Einsatz kommen. Gleichzeitig lehnten die DDR-Experten die vorgesehenen Widerstandsschweißanlagen für das Rohrschweißwerk ab und empfahlen moderne Schweißautomaten, die nach dem Hochfrequenz-Induktionsschweißverfahren arbeiten, im EKO aufzustellen.

Bis Ende 1962 existierte noch immer kein verbindlicher Beschluss über den weiteren Ausbau des Eisenhüttenkombinates. Grund dafür war, dass es trotz zahlreicher Konsultationen von Experten und intensiver Gespräche auf höchster Ebene nicht gelungen war, zwischen der UdSSR und der DDR Einvernehmen über die Perspektiven der DDR-Metallurgie zu erzielen. In Anbetracht der sowjetischen Intentionen und aufgrund der eigenen wirtschaftlichen Möglichkeiten, begann man seitens der DDR über eine zeitliche Veränderung der Fertigstellung der Anlagen nachzudenken. Ohne Abstriche am Gesamtkonzept zu machen, erkannte man die Notwendigkeit, zunächst das Vorhaben Kaltwalzwerk zu realisieren. Bereits seit Ende 1959 arbeitete der VEB Mepro an diesem Problem.

Im März 1961 wurde der DDR-Regierung eine »Variante des Vorziehens der 2. Verarbeitungsstufe« unterbreitet. Diese Verschiebung war notwendig, da sowohl der errechnete Investitionsaufwand, als auch die geforderten Baukapazitäten für das Gesamtprojekt, die ökonomische Kraft der DDR bis 1965 überstieg. Außerdem glaubte die DDR-Seite, in Hinblick auf eine stärkere Arbeitsteilung im RGW verpflichtet zu sein, »mit der 2. Verarbeitungsstufe zu beginnen, dieselbe konzentriert und schnell zu bauen und in Betrieb zu nehmen und erst nach Überwindung der Schwerpunkte für diese Abteilung das Stahlwerk und die Warmwalzkapazitäten zu errichten«.[224] Im Sommer 1962 wurde diese Konzeption mit sowjetischen Planungsorganen und Experten beraten. In einem Brief an Walter Ulbricht vom 20. Oktober 1962 stellten die DDR-Verantwortlichen fest, dass beide Seiten darin übereinstimmen, »dass in der DDR vorrangig alle Kraft auf die Erweiterung der II. Verarbeitungsstufe konzentriert werden muss und nicht auf die Erhöhung der Rohstahlkapazität«.[225]

Der erneute Vorstoß, den metallurgischen Zyklus des EKO zu schließen, fiel in die wohl reformreichsten Jahre der DDR. Sie waren von einer umfassenden Modernisierungsstrategie, dem »Neuen Ökonomischen System der Planung und Leitung des Sozialismus« (NÖS), geprägt, die im Bereich der Wirtschaft ihren Ausgangspunkt und ihr Zentrum hatte. Im Zuge der eigenen Machtsicherung und einer wachsenden Anpassung an die Anforderungen einer modernen Industriegesellschaft wagte die SED den einzigen ernsthaften Reformversuch der zentralen Planwirtschaft. Die Faszination der Aufbruchsjahre ließ allmählich nach. »Der Sozialismus verlor den Charme der Utopie und wurde real-existierend.«[226] Die Menschen erlebten nun ihre »Ankunft im Alltag« und drangen auf die versprochenen Erfolge. Dies zwang die DDR-Führung, vor allem auf die Effizienz der Wirtschaft zu setzen. Auf dem 6. SED-Parteitag 1963 betonte Walter Ulbricht, dass es darum gehe, die DDR-Wirtschaft auf der Grundlage des höchsten Standes von Wissenschaft und Technik entsprechend den besonderen Entwicklungsbedingungen des Landes zu gestalten. Das bedeutete die umfassende Ausnutzung der eigenen Möglichkeiten und die Konzentration auf die Produktion hochveredelter, arbeitsintensiver, qualitativ hochwertiger Erzeugnisse mit niedrigen Selbstkosten. Angesichts der starken Abhängigkeit von sowjetischen Rohstofflieferungen glaubte die SED, sich mit der Erzeugung hochwertiger Produktionsgüter unentbehrlich zu machen und damit eigene wirtschaftliche Stärke in politischen Einfluss umzumünzen.

Nachdem die weitere Perspektive des Eisenhüttenkombinates zwischen 1958 und 1962 immer wieder durch Unsicherheiten und Schwierigkeiten charakterisiert war, schien nun endlich Klarheit geschaffen. Neben der chemischen Industrie stellte der SED-Parteitag den weiteren Ausbau der Metallurgie in den Mittelpunkt der Wirtschaftsentwicklung. Dabei wurde besonderes Augenmerk auf die vorrangige Erhöhung der Leistungskraft der zweiten Verarbeitungsstufe der metallurgischen Industrie gelegt. Für das EKO bestand weiterhin die Zielstellung, es »zu einem modernen Kombinat mit vollem metallurgischen Zyklus, vom Roheisen bis zu den hochwertigen Erzeugnissen der zweiten Verarbeitungsstufe«, auszubauen.[227]

Am 28. März 1963 fasste der DDR-Ministerrat den Beschluss zum Ausbau des EKO. Er sah die Errichtung eines Sauerstoffaufblasstahlwerkes mit Stranggussanlage, einer

### Die Planung zur Vollendung des metallurgischen Zyklusses im Eisenhüttenkombinat in den 60er Jahren

|  | RGW-Empfehlungen vom Mai 1959 | Ministerratsbeschluss vom 28. März 1963 | Realisierung 1968 |
|---|---|---|---|
| **Stahlwerk** | Sauerstoffaufblasstahlwerk mit 5 Konvertern à 50 t, 1 bzw. 2 Lichtbogenöfen, Brammenabguss | Sauerstoffaufblasstahlwerk mit 3 Konvertern à 100 t, 1 Elektroofen à 100 t, Stranggussanlage, Jahreskapazität 1,7 Mio. t | |
| **Warmwalzwerk** | Halbkontinuierliche Warmbandstraße für 1.700 mm Ballenlänge, Brammenstraße von 1.150 mm Ballendurchmesser | halbkontinuierliche Warmbandstraße für 1.500 mm Ballenbreite, Jahreskapazität 1,4 Mio. t | |
| **Kaltwalzwerk** | Umkehr-Quartogerüst mit 1.250 mm Ballenlänge, 4-gerüstige Tandemstraße 1.700 mm Ballenlänge, Sendizimirgerüst mit 1.200 mm Ballenbreite, 1.700 mm Ballenlänge | 4-gerüstige Quarto-Tandemstraße 1.700 mm Ballenlänge, 20-Rollengerüst 1.200 mm Ballenlänge, Jahreskapazität für Kohlenstoffstähle 780.000 t, Jahreskapazität für elektrotechnische Stähle 70.000 t, | 4-gerüstige Quarto-Tandemstraße 1.700 mm Ballenlänge. Quarto-Dressiergerüst 1.700 mm Ballenlänge. Jahreskapazität 650.000 t |
| **Rohrwerk** | Rohrschweißerei nach Widerstandsschweißverfahren Scheren, Glüh- und Beizanlagen | Rohrschweißerei nach Hochfrequenz-Induktionsverfahren Jahreskapazität 200.000 t | |
| **Zusätzliche Anlagen** | Bandprofilieranlage | | Inbetriebnahme 1975 |

halbkontinuierlichen Breitbandstraße für 1.500 mm breite Bänder, von Kaltwalzwerksanlagen für die Weiterverarbeitung von Kaltbandziehblechen, Tiefziehblechen, Handelsblechen und Elektroblechen und eines Rohrwerkes vor. Die durch den Beschluss vorgesehenen Investitionen sollten sich bis 1970 auf über 2 Mrd. Mark belaufen, insbesondere in den Jahren zwischen 1966 und 1970 waren davon 1,8 Mrd. Mark veranschlagt.[228] Weiterhin wurde beschlossen, noch im III. Quartal 1963 mit dem Baustellenaufschluss zu beginnen. Bis 1964 sollte die Umarbeitung der Projektaufgabe des Gesamtvorhabens auf die Anwendung von Strangguss durch GIPROMES erfolgt sein.

In dem Beschluss war außerdem enthalten, dass bis zum 30. Juni 1963 der VEB Schwarzmetallurgie-Projektierung auf der Grundlage der sowjetischen Projektaufgabe eine gesonderte Aufgabenstellung für den ersten Bauabschnitt des Kaltwalzwerkes für Kohlenstoffstähle erarbeitet und sie im III. Quartal dem Ministerrat zur Bestätigung vorgelegt. Nachdem die DDR-Regierung mit einigen Verzögerungen damit den weiteren Ausbau des EKO bestätigt hatte, konnten 1963 die Arbeiten für das zuerst zu errichtende Kaltwalzwerk begonnen werden. Nun war es auch möglich, das Ausbauprojekt EKO in die »Liste A der volkswirtschaftlich wichtigen Investitionsvorhaben 1963« aufzunehmen. Dies bedeutete Erleichterungen im Hinblick auf Vertragsabschlüsse und Lieferbeziehungen. Die verzögerte Planung zog Ausnahmegenehmigungen des Ministerrats nach sich.

## Neue Arbeitskräfte und »soziale Exklusivität«

| Beschäftigtenzahlen des Eisenhüttenkombinates in den 60er Jahren | |
|---|---|
| 1960 | 5.749 |
| 1961 | 5.516 |
| 1962 | 5.437 |
| 1963 | 5.298 |
| 1964 | 5.247 |
| 1965 | 5.178 |
| 1966 | 5.714 |
| 1967 | 5.992 |
| 1968 | 7.226 |

**VEB Eisenhüttenkombinat Ost**
Eisenhüttenstadt

In Vorbereitung der Inbetriebnahme des
**KALTWALZWERKES**
stellen wir ein: **Gelernte und ungelernte**

**männliche und weibliche Arbeitskräfte**

Qualifizierung zum Facharbeiter – Walzwerker, Maschinist, Schlosser, Elektriker, Eisenhüttenfacharbeiter – zum Meister, Ingenieur im Kombinat möglich.

Unterkunft für Einzelpersonen in modernen Arbeiterhotels. Wohnungsmöglichkeiten für Familien über AWG.

**EKO**

Bewerbungen und Anfragen an:
Einstellungsbüro EKO
122 Eisenhüttenstadt

Sprechzeiten: Montag bis Freitag
von 7 bis 10 und 13 bis 15 Uhr,
Sonnabend von 7 bis 10 Uhr

Das Kaltwalzwerk brauchte neue Arbeitskräfte –
Zeitungsannonce vom 31. März 1966.

Die Ungewissheit über den weiteren Ausbau des Eisenhüttenkombinates beeinflusste auch die Arbeitskräfteentwicklung in der ersten Hälfte der 60er Jahre. Seit 1953 war es zu einem kontinuierlichen Rückgang der Beschäftigtenzahlen im Werk gekommen. Mit dem Entstehen regionaler Industriezentren wie dem Halbleiterwerk in Frankfurt/Oder, dem Chemiefaserwerk Guben, dem Braunkohleveredelungskombinat Schwarze Pumpe, den Kraftwerken in Lübbenau und Vetschau sowie dem Erdölverarbeitungswerk Schwedt, verlor das EKO seine Sonderstellung in der Region. Diese neuen Industrien wiesen aufgrund ihrer geförderten Position in der DDR-Volkswirtschaft ein teilweise besseres Lohngefüge als das EKO auf und boten, insbesondere für Frauen, günstigere Arbeitsbedingungen.

Mit der Entscheidung vom März 1963, im EKO zunächst ein Kaltwalzwerk und nachfolgend das Stahl- und Warmwalzwerk zu errichten, liefen auch die konkreten Arbeitskräfteplanungen an. »Ein besonderer Schwerpunkt beim Ausbau des Eisenhüttenkombinates ist die Sicherung des Arbeitskräftebedarfs an Bau- und Montagearbeitern sowie der Stammarbeiter für die neuen Produktionsbereiche. Die Schaffung günstiger Voraussetzungen für die Ansiedlung der Arbeitskräfte und deren Versorgung ist die vordringliche Aufgabe. In diesem Zusammenhang ist die Wohnraumfrage als besonderer Schwerpunkt zu betrachten. Es muss gewährleistet sein, dass 1. die Unterbringung der Bau- und Montagearbeiter in den Arbeiterhotels planmäßig erfolgt, 2. Wohnungen für die Stammbelegschaft und Fachkader für die ›Neue Hütte‹ im Vorlauf bereitgestellt werden. Nur unter diesen Voraussetzungen ist es möglich, die Arbeitskräfte für das Kaltwalzwerk zu gewinnen.«

Bereits 1963 begann das EKO mit der Anwerbung zusätzlicher Arbeitskräfte und ging davon aus, dass bis 1972 insgesamt 6.400 neue Arbeitsplätze entstehen würden. Für das Kaltwalzwerk waren 2.450 Arbeitskräfte vorgesehen. Anfang 1965 wurde ein präziser Plan erstellt, der eine detaillierte Kaderwerbung, unterteilt nach Fachrichtungen und Berufsgruppen, möglich machte. In erster Linie war an die Gewinnung von Frauen aus dem nichterwerbstätigen Bereich, an den verstärkten Einsatz von Auszubildenden und Hoch- und Fachschulkadern sowie an eine überregionale Arbeitskräftewerbung gedacht. Außerdem sollten Werksangehörige aus anderen Produktionsbereichen des EKO im Kaltwalzwerk zum Einsatz kommen. Mit Genehmigung der Staatlichen Plankommission durfte das EKO 1967 in überregionalen Zeitungen der DDR werben. Das Ergebnis waren immerhin 5.841 Bewerber, von denen 748 Arbeitskräfte eingestellt wurden.[230]

Insbesondere der Gewinnung weiblicher Arbeitskräfte kam große Bedeutung zu. Neben dem politisch begründeten Gleichheitsanspruch waren es vor allem die technischen und technologischen Entwicklungen in Industrie und Gesellschaft sowie handfeste pragmatische Gründe, die dafür günstige Rahmenbedingungen schufen. Staatlicherseits hatte man mit verschiedenen Maßnahmen wie der Einführung des Hausarbeitstages 1966 und der Fünftagewoche 1967, gewisse Erleichterungen für die berufstätige Frau geschaffen. Tatsächlich lastete jedoch die alltägliche familiäre Lebensbewältigung weiterhin auf den Schultern der Frauen.

Für das EKO waren Frauen aus der nichterwerbstätigen Bevölkerung ein wichtiges Arbeitskräftereservoir, da es aus der unmittelbaren Region kam und größtenteils keine Wohnungsansprüche hatte. Außerdem war die Mehrzahl dieser Frauen durch die eigene Familie bereits mit dem EKO verbunden. »Die Kräfte, die für die Erweiterung des EKS benötigt werden, können nicht durch männliche Arbeitskräfte abgedeckt werden, so dass man schon bei der Projektierung den Einsatz von Frauen stärker berücksichtigen muss. Des Weiteren ist eine Kommission zu bilden, die sich aus Ärzten, Sicherheitsinspektoren und Kollegen vom Arbeitsschutz sowie der Kaderabteilung zusammensetzt, die eine Überprüfung der neuen Arbeitsplätze sowie der schon bestehenden Arbeitsplätze unserer Betriebsabteilungen vornimmt, mit dem Ziel, Frauen dort einzusetzen, wo es den Arbeitsbedingungen entspricht.«[231] Das Kaltwalzwerk bot günstige technologische Voraussetzungen für einen größeren Einsatz von weiblichen Arbeitskräften. Vor allem durch den Stand der Mechanisierung und Automatisierung erhöhte sich die Anzahl der dafür geeigneten Arbeitsplätze. Die häufigsten Berufe waren dabei Walzwerksfacharbeiterin und Kranfahrerin.

Bis Mitte der 60er Jahre wurde im Werk das System der Bildung und Qualifizierung weiter ausgebaut. Der Betriebskollektivvertrag enthielt Frauensonderpläne, spezielle Frauensonderklassen wurden gebildet. Zu den ersten Frauen, die sich in einer solchen Sonderklasse für Hausfrauen stufenweise zu Walzwerksfacharbeiterinnen qualifizierten, gehörten u.a. Ursula Piehl, Irene Risse und Magda Resch. Im Juni 1965 wurde festgestellt: »Wir haben erstmalig erreicht, dass von der Gesamtteilnehmerzahl der Auszubildenden an der Technischen Betriebsschule über 30% Frauen in technischen Berufen sind. Darunter befindet sich auch ein Lehrgang von Hausfrauen, die zum Walzwerker ausgebildet werden. Auch an der Betriebsberufsschule hat sich der Prozentsatz an Mädchen in technischen Berufen im Jahre 1965 wesentlich erhöht. Ein Schwerpunkt, um den Anteil der Frauen im Kaltwalzwerk zu sichern, wird die in diesem Jahr beginnende Ausbildung von Kranfahrern sein. In diesem Jahr beginnt an der Außenstelle der Fachschule ein Abendstudium zur Ausbildung von Ingenieur-Ökonomen. In diese Studienrichtung sollen vorzugsweise Frauen aufgenommen werden. Diese Kolleginnen sind bei Inbetriebnahme des Kaltwalzwerkes am Ende des zweiten Studienjahres und können bereits in bestimmten Funktionen der Arbeitsvorbereitung, der Produktionsplanung u.ä. eingesetzt werden.«[232]

Der Frauenanteil an der Gesamtbelegschaft des EKO stieg in den 60er Jahren stetig. Waren es 1960 noch etwa 25 Prozent, so wuchs er bis 1969 auf 30,3 Prozent. Damit hatte das EKO für einen metallurgischen Betrieb eine hohe Frauenbeschäftigungsquote. Trotzdem gelang es nicht, die vom Gesetz geforderte Gleichstellung der Frauen in allen Bereichen durchzusetzen. Frauen in leitenden Positionen waren auch im EKO eine Seltenheit.

Die Bilanz der Arbeitskräftegewinnung für das Kaltwalzwerk sah Anfang 1966 positiv aus. Insbesondere auf der Leitungsebene gab es große Fortschritte. So waren von 32 Stellen für leitende Kader bereits 24 besetzt, von 33 Meistern und Brigadieren waren 30 namentlich benannt. Da man mit der Herstellung von Kaltband in dieser Größenordnung in der DDR Neuland betrat, konnte man nur auf ein kleines Reservoir an qualifizierten Fachkräften zurückgreifen.

Das Gros der Ingenieure, Meister und Facharbeiter musste rechtzeitig und umfassend qualifiziert werden. Zumeist erhielten die zukünftigen Walzwerker ihre Ausbildung in der Sowjetunion. Nach einem dreimonatigen Russisch-Intensivkurs am Institut für Fremdsprachen wurden sie für sechs bzw. neun Monate nach Tscherepowez, Saporoshje und Shdanow geschickt, um sich mit der sowjetischen Walzwerkstechnik vertraut zu machen. Im Mai 1965 fuhr die erste Kernmannschaft von 21 EKO-Angehörigen für sechs Monate in das metallurgische Kombinat von Tscherepowez. Diese Studiendelegation wurde von Eckhard Kemnitz geleitet und es gehörten ihr u.a. Günter Braun, Karl-Heinz Kittner, Karl-Heinz Räther, Heinz Pietschmann, Siegfried Gründemann, Lothar Wachtler, Manfred Kaiser und Gerhard Stecker an. Im Jahr 1966 folgten zwei weitere Kernmannschaften, in einer war auch der spätere Leiter des Kaltwalzwerks, Erhard Grohmann. Noch drei Studiengruppen fuhren 1967 und 1968 in die Sowjetunion. Darüber hinaus hatten

Foto oben:
Werner Wilde, Hans-Jochen Schulze, Wolf-Dieter Boger und Wolfgang Meyer (v.l.n.r.) beim experimentellen Aufbau einer Hochofensignalschaltung in der Betriebsberufsschule des EKO, 21. Juli 1965.

Foto unten:
Schichtwechsel im EKO, 7. August 1967.

Für die neuen Arbeitskräfte des Kaltwalzwerkes entstand in Eisenhüttenstadt das Wohngebiet VI.
Aufnahme vom Mai 1968.

seit Mitte der 50er Jahre zahlreiche DDR-Ingenieure ein Studium auf verschiedenen Gebieten der Metallurgie an sowjetischen Hochschulen und Instituten absolviert und kamen nun zurück. Insgesamt qualifizierten sich damit über zweihundert EKO-Angehörige in der Sowjetunion.

Im Mittelpunkt der überregionalen Werbeaktionen für neue Arbeitskräfte durch Presse, Funk und Fernsehen standen vor allem die Vorzüge der Stadt. So wurde den zukünftigen EKO-Angehörigen ein ausreichendes Wohnraumangebot, eine besondere Schwerpunktversorgung und eine ausgebaute soziale Infrastruktur versprochen. Diese Strategie hatte Erfolg, denn »Zugpferd« für das Eisenhüttenkombinat war das Wohnungsangebot. Die Beschäftigten des Kaltwalzwerkes, die Mitte der 60er Jahre eine Wohnung in Eisenhüttenstadt erhielten, fanden einen »für die damalige Zeit hohen Standard der Wohnungsausstattung, die Überschaubarkeit der städtischen Struktur sowie die Einbettung in eine grüne Landschaft« vor.[233] Insbesondere im Bereich des Gesundheits- und Sozialwesens war das Angebot der Stadt und des Werkes im Vergleich zum DDR-Maßstab überdurchschnittlich. Außerdem hatten sich die Arbeitsbedingungen und die soziale Betreuung der Beschäftigten im EKO merklich verbessert. Es gab im Werk zehn Verkaufsstellen, eine Betriebspoliklinik mit neun Fachabteilungen, eine Betriebsberufsschule, eine Technische Betriebsschule, Betriebsschulen der Gewerkschaft und der SED, das »Haus der Gewerkschaft« mit großem Saal, Klubräumen und Gaststätte, weitere Klubräume in verschiedenen Betriebsbereichen, eine große Gewerkschaftsbibliothek und eine Technische Bibliothek, Sportplätze, Turn- und Übungshallen. Ab Dezember 1965 nahmen die ersten Kinder von EKO-Angehörigen die neue Krippe im Friedensweg in Besitz.

Auch die Arbeitsbedingungen im Werk verbesserten sich. Im September 1963 war das bis dahin größte Sozialgebäude, die Waschkaue in der Erzaufbereitung, eröffnet worden und im Mai 1966 wurde das Sozialgebäude IV im Bereich Roheisenerzeugung fertiggestellt. Natürlich blieb das EKO auch weiterhin ein metallurgischer Betrieb, in dem die Industriearbeiter harte körperliche Tätigkeiten verrichten mussten. So betrug der Anteil der körperlich schwer Arbeitenden in der Metallurgie 1963 immerhin noch 33,8 Prozent und der überwiegend manuell Beschäftigten 48,6 Prozent. Trotzdem setzten sich Automatisierung und Mechanisierung der industriellen Arbeit immer weiter durch.

## Die Inbetriebnahme des Kaltwalzwerkes

Aufgrund der Erfahrungen der letzten Jahre und der weiterhin bestehenden Unzulänglichkeiten bei der Behandlung des Projektes »Ausbau EKO« durch die zuständigen Organe der Sowjetunion sahen sich die DDR-Verantwortlichen Anfang 1963 veranlasst, die anstehenden Fragen auf höchster Regierungsebene zu verhandeln. Am 4. April 1963 übergab der DDR-Botschafter in Moskau dem Vorsitzenden des Obersten Volkswirtschaftsrates der UdSSR, Dmitri Ustinov, ein entsprechendes »Aide-mémoire«. Von Seiten der DDR wurden darin sehr offen die Schwierigkeiten der bilateralen Zusammenarbeit zur Realisierung des Projektes benannt und die sowjetische Seite eindringlich an ihre eingegangenen Verpflichtungen erinnert. Gleichzeitig unterbreitete die DDR eine Reihe von Vorschlägen, »um in der Vorbereitung dieses Vorhabens weiter zu kommen und auch die bisherigen Vereinbarungen weiter zu verfeinern und den beschlossenen Ablaufplan für den Aufbau des Stahl- und Walzwerkes im Eisenhüttenkombinat anzupassen«.[234]

Das vom sowjetischen Projektierungsinstitut GIPROMES unterbreitete Angebot, die überarbeitete Projektaufgabe erst 1966, also nach Inbetriebnahme des Hüttenkombinates in Nowo Lipezk, fertigzustellen, wurde abgelehnt, da damit die Fertigstellungstermine für den EKO-Ausbau gefährdet waren. Außerdem empfahl man eine vertragliche Festlegung der Verantwortlichkeiten für die Ausarbeitung der einzelnen Projekte zwischen dem Generalprojektanten der DDR, dem VEB Schwarzmetallurgie-Projektierung, und dem sowjetischen Projektanten GIPROMES. In Bezug auf die Bereitstellung der technischen Ausrüstungen bat die DDR-Regierung um den Abschluss verbindlicher Vereinbarungen über die Lieferung eines Sauerstoffaufblasstahlwerkes und der entsprechenden Stranggussanlage sowie der Hauptausrüstungen für ein Rohrwerk durch die Sowjetunion. Abschließend drängte die deutsche Seite auf die Klärung weiterer, für die künftige Entwicklung der DDR-Metallurgie wichtiger Fragen, wie der Perspektive der Erzlieferungen und die Versorgung des EKO mit Warmband.

Am 18. Juli 1963 kam es zur Unterzeichnung eines »Protokolls über die technische Unterstützung beim Ausbau EKO durch die UdSSR«.[235] Darin war der arbeitsteilige Beitrag beider Länder bei der Projektierung, der Lieferung von Anlagen und Ausrüstungen sowie die Verpflichtung zur Ausbildung von Spezialisten fixiert.

Am 15. September 1963 lag das im Institut Uralmasch Swerdlowsk erarbeitete technische Projekt für den ersten Bauabschnitt des Kaltwalzwerkes vor. Es beinhaltete in der Hauptsache den mechanischen Teil der einzelnen Hauptausrüstungen, von der Beizanlage bis zur Adjustage. Im Oktober und November 1963 fand die Begutachtung der Unterlagen durch den VEB Schwermaschinenbau »Ernst Thälmann« Magdeburg unter Mitwirkung des VEB Schwarzmetallurgie-Projektierung sowie Fachleuten von Hochschulen und anderen Institutionen statt. Dabei wurde festgestellt, dass das vorgelegte Projekt »den momentan im Weltmaßstab üblichen Anlagen« gleichkommt.[236] Nach Auffassung des Leiters der Gutachtergruppe, Professor Juretzek, entsprachen vor allem die Quarto-Tandemstraße, das Dressiergerüst und die Haubenglühanlage dem modernsten Stand der Technik. Einzig die für die Tandemstraße und das Dressiergerüst vorgeschlagenen Elektroausrüstungen wurden als »technisch überholt und zu aufwendig« bemängelt. Mit der anschließenden Bestätigung des technischen Projektes in Moskau war es möglich, sofort mit der Projektierung des Kaltwalzwerkes zu beginnen.

Der VEB Schwarzmetallurgie-Projektierung wurde mit Protokoll vom 31. Januar 1964 durch die Staatliche Plankommission ermächtigt, noch vor der Bestätigung der Aufgabenstellung durch den Ministerrat mit der Projektierung des ersten Bauabschnitts des Kaltwalzwerkes zu beginnen und die vorab erforderlichen Projektierungsleistungen mit der UdSSR vertraglich zu binden.

Der Ministerratsbeschluss folgte im Mai 1965. Darin wurde die Bauzeit für das Kaltwalzwerk mit den notwendigen Nebenanlagen auf 52 Monate veranschlagt und die benötigte Investitionssumme von 380 Mio. Mark auf ca. 485 Mio. Mark gesteigert. Gegenüber dem Beschluss vom März 1963 erhöhte sich damit der voraussichtliche Gesamtaufwand auf 2,75 Mrd. Mark. Die zusätzlichen Investitionen in dieser ersten Phase des Ausbaus wurden erforderlich, da die Nebenanlagen gleich auf den Endzustand ausgelegt wurden, verstärkt Mess- und Regeltechnik zur Anwendung kommen sollte sowie einige technologische Ausrüstungen dem internationalen Höchststand angepasst werden mussten.

Das betraf beispielsweise die Beiztechnologie. Abweichend vom sowjetischen Angebot, das eine Beizanlage auf Schwefelsäurebasis enthielt, wurde die Entscheidung für eine Salzsäure-Turmbeize getroffen. Das vorgesehene österreichische Ruthner-Verfahren entsprach dem absoluten Weltniveau. Aufgrund eines geringeren Säurebedarfs, der besseren Beiztechnologie sowie von Möglichkeiten, die Säure zu regenerieren, erwies sich dieses System als weit ökonomischer als die sowjetische Anlage. Außerdem fielen in der chemischen Industrie der DDR große Mengen Salzsäure als Abfallprodukte an. Bei der Quarto-Tandemstraße vertraute man auf jene Walzstraße, die auch im sowjetischen Tscherepowez produzierte.

Die im Februar 1964 von GIPROMES angebotenen Termine zur Projektauslieferung wurden vom DDR-Minister-

```
E K O                    Eisenhüttenstadt, d. 24. Juli 1963
Werkdirektor             Tei/Bst.

              S t r e n g  v e r t r a u l i c h !
              .-.-.-.-.-.-.-.-.-.-.-.-.-.-.-.-.

                  A k t e n n o t i z
                  .-.-.-.-.-.-.-.-.-.

Betr.: Reise in die SU vom 12. - 2o.7.1963 betr. Ausbau EKO
Delegationsleiter: Gen. Erich Markowitsch

In einer am 18. Juli 1963 in der Zeit von 12,oo bis 12,45 Uhr ge-
führten Verhandlung wurde von der sowj.Seite, und zwar durch den
Gen. A r c h i p o w, der deutschen Seite die Frage gestellt, ob
sie betreffs der Forderung des wissenschaftlich/technischen Höchst-
standes die sowj.Seite beleidigen will.
Zustande kam diese Angelegenheit dadurch, daß im Protokollentwurf,
den die sowj.Seite der deutschen Seite übergab, nichts vom wissen-
schaftl./techn.Höchststand enthalten war, und aus diesem Grunde
die deutsche Delegation die Bitte vortrug, daß der gesamte Ausbau
in Erkenntnis des wissenschaftl./techn.Fortschritts durchgeführt
wird.
Gen. Markowitsch beantwortete diese Frage dahingehend, daß es auf
keinen Fall eine Beleidigung gegenüber der SU sein soll, und er
bittet vielmals um Entschuldigung.
Darauf erklärte Gen. Archipow noch einmal eingehendst und entschie-
den: Wenn es zum Zeitpunkt der Projektierung Ausrüstung des EKO
in der Welt etwas Neueres gibt, als es in der SU besteht, können
wir nicht immer diese neuen Erkenntnisse verarbeiten und in der
Ausrüstung ihren Niederschlag finden, sondern man muß soviel Ver-
trauen zur SU haben, daß diese Angelegenheit nach den neuesten
Erkenntnissen und Dokumentationen, die in der SU vorliegen, pro-
jektiert und gebaut wird.

                                          (Teichmann)
                                          Werkdirektor
```

Aktennotiz von Werkleiter Bruno Teichmann vom 24. Juli 1963.

rat abgelehnt. Immer wieder kam es in diesem Zusammenhang zu Differenzen mit den sowjetischen Verhandlungspartnern. Diese legten bei ihren Berechnungen die in der UdSSR gültigen Bauzeiträume zugrunde, die jedoch nicht mit den Möglichkeiten im Einklang standen, die die DDR zur Bau- und Montagedurchführung hatte. Deshalb fanden im April 1964 Gespräche zwischen Beauftragten beider Regierungen statt, um die Projektauslieferungstermine abzustimmen. Die dabei festgelegten Fristen entsprachen »den äußersten Möglichkeiten der sowjetischen Organe« und lagen so, »dass die DDR außerordentliche Anstrengungen unternehmen muss, um in den relativ kurzen Zeiträumen den Bau und die Montage der Hauptausrüstungen des KWW durchzuführen«.[237] Vorsorglich wurde darauf hingewiesen, dass die beabsichtigte Anwendung der komplexen Fließfertigung in vollem Umfang nicht zu gewährleisten sei. Trotz dieser Fortschritte blieben einige Unsicherheiten. Dies betraf vor allem die vertragliche Bindung über die Lieferung von Warmband und der Hauptausrüstungen für das Kaltwalzwerk.

Bezüglich der Bereitstellung der Hauptausrüstungen spitzten sich im Spätsommer 1964 die Meinungsverschiedenheiten zwischen beiden Ländern so zu, dass die Verhandlungen zwischen der sowjetischen Allunionsvereinigung Tjashpromexport und dem DDR-Außenhandelsbetrieb Limex Berlin im September unterbrochen werden mussten. Während die sowjetische Seite eine Teillieferung der Tandemstraße für 1966 vorsah und die Restlieferung bis zum III. Quartal 1967 durchführen wollte, forderte die deutsche Seite die Gesamtlieferung der mechanischen und elektrischen Ausrüstung im Jahr 1966 und bis zum III. Quartal 1967 die Bereitstellung der Ersatz- und Reserveteile. Nur mit dieser Lieferquote wäre, so der Standpunkt der DDR-Verantwortlichen, der Staatsplantermin für die Inbetriebnahme des Kaltwalzwerkes am 1. Januar 1968 zu halten. Außerdem sah sich das sowjetische Unternehmen zu der Zeit außerstande, »einen Vertrag über die Lieferung des kompletten Kaltwalzwerkes, I. Bauabschnitt, abzuschließen« und die üblichen Garantieleistungen zu übernehmen.[238] Als man von Seiten der zuständigen DDR-Stellen auf diese Bedingungen nicht einging und mit einem Memorandum versuchte, die Streitpunkte auf die Ebene der Regierungen zu bringen, trat ein Stillstand in den Verhandlungen ein.

Erst im Januar 1965 wurden die Gespräche wieder aufgenommen. Ein deutscher Teilnehmer verglich die Atmosphäre bei diesen Verhandlungen mit den frostigen Außentemperaturen von »minus 25 Grad« in Moskau. Immer wieder wurde den DDR-Verantwortlichen der Vorwurf gemacht, die »Verhandlungen auf die höhere Ebene gebracht« zu haben.[239] Nachdem man letztlich zu keiner Vertragsunterzeichnung kam, drohte die sowjetische Seite mit dem Abbruch der Verhandlungen und der Einstellung sämtlicher Arbeiten am Projekt »Ausbau EKO«. Der deutschen Seite wurde mitgeteilt, dass bei solchen Meinungsverschiedenheiten »im Sinne der sowjetischen Verhandlungspartner entschieden« werde.[240] Eine Delegation des DDR-Volkswirtschaftsrates musste im Februar 1965 konstatieren, dass es nicht gelungen war, »während der Zeit ihrer Anwesenheit in Moskau Richttermine für die Projektauslieferung zu vereinbaren. Es sei aber jetzt schon einwandfrei zu erkennen, dass die Forderungen der DDR nicht erfüllt werden können. Es muss deshalb umgehend mit allen am Ausbau des EKO beteiligten Organen in der DDR geprüft werden, um festzustellen, ob Kompromisse geschlossen werden können. Es ist sehr zweifelhaft, ob der Inbetriebnahmetermin des Kaltwalzwerkes unter diesen Voraussetzungen gehalten werden kann.«[241]

Im Laufe des Jahres 1965 entspannte sich die Situation. Wahrscheinlich war dies auch eine Folge der überraschenden Ablösung von Chruschtschow durch Breschnew auf dem Oktoberplenum der KPdSU im Jahre 1964. Während der Leipziger Frühjahrsmesse 1965 wurde ein Vertrag über die Lieferung technologischer Ausrüstungen für das Kaltwalzwerk zwischen der DDR und der Sowjetunion unterzeichnet. Für die industrielle Kooperation beider Länder schuf die Bildung einer paritätischen Regierungskommission für ökonomische und wissenschaftlich-technische Zusammenarbeit im September 1965 weitere Möglichkeiten. Im Dezember 1965 wurde mit der Sowjetunion ein langfristiges Handelsabkommen über die Lieferung von Warmband für das Kaltwalzwerk abgeschlossen.

Am 1. Juni 1963 wurde der »1. Spatenstich« für die Großbaustelle »Ausbau des EKO« vollzogen. Mit einer Planierraupe nahm der SED-Bezirkssekretär Frankfurt/Oder Erich Mückenberger symbolisch die erste Erdbewegung auf dem Baugelände vor. Auf einer Fläche von 185.000 m² sollten zunächst die modernen Hallen des Kaltwalzwerkes errichtet werden und 1968 in Betrieb gehen. Die Aufbauarbeiten für die anderen Teilvorhaben des Gesamtprojektes wie Stahlwerk und Warmwalzwerk waren unmittelbar danach geplant.

Noch im Juli 1963 begannen die Rodungsarbeiten auf dem größtenteils unbebauten Gelände. Straßen wurden gebaut und kilometerlange Gleisanlagen verlegt. In den ersten beiden Jahren entstanden auf der Baustelle Lagerplätze, Stromversorgungsanlagen und Sozialgebäude. Zum ersten Teilvorhaben gehörte auch der Bau von 18 Hallen, die vor allem als Lagerkapazität benötigt wurden. Nachdem die Baustelleneinrichtung beendet war, begann die Organisation der Aufbauarbeiten. Die massive Konzentration von Menschen und Kapazitäten auf dem Gelände des EKO warf eine Vielzahl von Problemen auf. Es kam darauf an, die günstigsten Voraussetzungen zu schaffen, um die einzelnen Zwischen- und Endtermine abzusichern. Deshalb wurden auf dem Gebiet der Leitungstätigkeit verhältnismäßig viele Veränderungen vorgenommen, die zum größten Teil dem Mangel an Erfahrung bei der Realisierung eines solchen Vorhabens zuzuschreiben waren. Zu Beginn der Bauarbeiten trat das Bau- und Montagekombinat (BMK) Ost Frankfurt/Oder als alleiniger Generalauftragnehmer auf. Alle zentralen Probleme wurden durch eine Kontrollgruppe staatlicher Leiter behandelt, die sich im Mai 1963 gebildet hatte. Dieses Gremium tagte bis Oktober 1964. Nachdem durch den zuständigen Planträger, die VVB Eisenerz-Roheisen Saalfeld, eine Ordnung über die Leitung des Investitionsvorhabens »Ausbau EKO« erarbeitet wurde, änderten sich die Verantwortlichkeiten.

Das EKO als Investitionsträger ging nun mit vier Partnern vertragliche Bindungen ein. Es waren dies, als Generalprojektant für die Vorbereitung der Investitionen, der VEB

Der zeitgenössische Bildtext lautete: »Blick auf das Baugelände des Stahl- und Walzwerkes des EKO, 29. 9. 1964«.

```
Jnvestdirektion                    Eisenhüttenstadt, den 17.2.65
Abt. Technik                       Dr.Zau.-Lam.

                    Aktennotiz

Betr.: Telefonische Mitteilung vom Koll. Stolzmann - Moskau
       am 16.2.65


Die sowjetische Seite hat bei den Verhandlungen folgende Erklärung
abgegeben:

Sie wird die Verhandlungen einstellen und damit auch gleichzeitig
sämtliche begonnenen Arbeiten abbrechen lassen, d.h. Projektierung
und Fertigung, wenn deutscherseits nicht umgehend die Bereitschaft
zur Unterzeichnung des Vertrages gegeben ist.
Die Hauptmeinungsverschiedenheiten müßten in einem solchen Falle -
so wünscht es die sowjetische Seite - im Sinne der sowjetischen
Verhandlungspartner entschieden werden. Danach wurde ein Liefer-
und Leistungsvertrag nicht unterzeichnet von sowjetischer Seite,
die Garantieleistung über 80 % der projektierten Kapazität nicht
gegeben und die Sowjetunion wird weder die Montage übernehmen,
noch die Einfahrmannschaft zur Verfügung stellen, sondern lediglich
Fachberater für die Montage und das Einfahren entsenden.

Desweiteren teilte Koll. Stolzmann mit, daß von der sowjetischen
Seite ein Vertrag für die Qualifizierung der abreisebereiten
Kernmannschaft vorgelegt wurde, der auf der Leipziger Messe unter-
zeichnet werden soll.
Koll. Stolzmann hat versucht, den Text dieses Vertrages telefonisch
durchzusagen. Da die Verständigung sehr schlecht war, ist das fehl-
gegangen. Er teilte damit mit, daß am gleichen Tage ein Kurier eine
Abschrift dieses Vertrages mit nach Berlin zu DIA Masch genommen hat
und wir uns bemühen sollten, daß dieser Vertragsentwurf möglichst
schnell zur Beurteilung in das EKO gelangt.

Nachsatz: Da der Gen. Dönau sowieso ein Gespräch mit Berlin laufen
          hat, hat er es übernommen, bei DIA Masch. auf eine
          schnelle Aushändigung dieses Vertragsentwurfes zu drängen.


                                        Dr. Zauleck
                                        Technischer Leiter
Verteiler:
Direktor f. Jnvestitionen
Dr. Zauleck
Tako
```

Aktennotiz vom technischen Leiter der Investdirektion des EKO, Dieter Zauleck, vom 17. Februar 1965.

Schwarzmetallurgie-Projektierung Berlin, als Hauptauftragnehmer Bau, das BMK Ost, als Hauptauftragnehmer Ausrüstungen, der VEB Schwermaschinenbau »Ernst Thälmann« Magdeburg und als zentraler Transportbetrieb, der VEB Kraftverkehr Eisenhüttenstadt. Um eine klare Abgrenzung der Verantwortlichkeiten aller am Bau beteiligten Betriebe und Institutionen zu erreichen, wurde 1964 der Bereich des Direktors für Investitionen im EKO und ein Rat der komplexen Leitung neu geschaffen. Dieser Rat unter dem Vorsitz des zuständigen Fachdirektors des EKO setzte sich aus führenden Wirtschaftsfunktionären der Vertragspartner zusammen.

Der Bau des Kaltwalzwerkes war in seiner Art kaum mit der Errichtung der ersten Hochöfen zu vergleichen. Viele neue Probleme offenbarten sich. Schwierigkeiten gab es immer wieder mit der Bodenbeschaffenheit, vor allem beim Ausheben und Betonieren der riesigen Fundamente für die tonnenschweren Anlagen des Kaltwalzwerkes. So waren die Tiefbauer beim Ausbaggern der teilweise 16 m tiefen Baugruben für die Fundamente des Quarto-Tandems in Triebsand geraten. Insbesondere das Grundwasser machte den Bauarbeitern zu schaffen. Meister Klaus Jokisch erinnerte sich: »17 Jahre konnte ich nun schon bei der Grundwassersenkung Erfahrungen sammeln und diese Erfahrungen sind nicht gering, aber solche schwierigen Bodenbedingungen wie hier in den tiefen Baugruben am Quarto-Tandem habe ich in meiner ganzen, nicht selten komplizierten Arbeit beim Spezialbaukombinat Magdeburg bisher nirgends vorgefunden. Ich kann vor den Leistungen meiner 15 Brunnenbauer nur immer wieder den Hut ziehen. Oft mussten sie stundenlang, bis an die Knie im Wasser stehend, arbeiten.«[242] 24 Brunnen bis zu 18 m Tiefe mussten niedergebracht werden, um das Grundwasser abzusenken.

Ein weiteres Problem war die kontinuierliche Bereitstellung der riesigen Mengen an Beton, die von den gewaltigen Fundamenten der Werkhallen verschlungen wurden. Dafür reichten die vorhandenen Anlagen keineswegs aus. Eine neue, zentrale Mischanlage musste errichtet werden. Am 15. Januar 1966 ging sie in Betrieb. Mit einer Kapazität von 300.000 m³ Beton im Jahr war sie eine der größten in der DDR. Zur Einhaltung der Plantermine war aber auch immer wieder der Erfindergeist und das Improvisationstalent der Bauarbeiter gefragt. So schlug der Brigadier Wilhelm Padel vor, Beton nicht nur mit Kippern zu transportieren, sondern über 800 m zu pumpen. Diese Methode war bereits beim Bau des Erdölverarbeitungswerkes in Schwedt erprobt worden. Aber auch neuere Technik kam zum Einsatz. So die in Frankreich gekaufte Benoto-Maschine, die die Brigade von Fritz Zühlsdorf vom SBK Magdeburg erstmalig auf der EKO-Baustelle benutzte. Mit Hilfe dieser Maschine wurden die Fundamentarbeiten beschleunigt und schwere körperliche Arbeit fiel weg.

Am 30. April 1965 hatte Erich Markowitsch, Stellvertreter des Volkswirtschaftsrates, zur Grundsteinlegung für die zehn Hallen des neuen Kaltwalzwerkes eine Kassette mit Urkunden, Zeitungen und Münzen in das Fundament versenkt. Ein Jahr später, Mitte Mai 1966, wurde das letzte Betonfundament geschüttet. Im April 1966 waren die ersten 60 t Walzwerksausrüstungen aus der Sowjetunion in Eisenhüttenstadt eingetroffen und nun konnte mit der Montage der zehn Hallenschiffe begonnen werden. Im Gegensatz zu den Aufbaujahren war die fortgeschrittene Industrialisierung und der hohe Mechanisierungsgrad des Bauwesens deutlich sichtbar. Die verschiedenartigsten Hebezeuge wie Auto-, Turmdreh-, Brückenkrane und Derricks bestimmten das Bild der Baustelle. Vorherrschend war die Montage der Objekte mit vorgefertigten typisierten Bauelementen.

Die Probleme, die zu meistern waren, rissen damit jedoch nicht ab. So mussten beispielsweise zwölf Meter lan-

Der SED-Bezirkssekretär von Frankfurt/Oder, Erich Mückenberger (vorn rechts), und Werkleiter Bruno Teichmann (vorn links) am 1. Juni 1963 auf der Baustelle »Ausbau EKO«. Im Hintergrund die Planierraupe, mit der Mückenberger symbolisch den ersten Spatenstich durchführte. Bruno Teichmann war von 1959 bis 1965 Werkleiter des EKO.

ge und fünf Tonnen schwere Rammpfähle, Kranbrücken mit 36 m Länge und 16 bis 32 t Gewicht sowie je 120 t wiegende Walzenständer aus dem sowjetischen Werk Uralmasch in Swerdlowsk an die Oder transportiert und hier montiert werden. Dies war eine enorme logistische Aufgabe für den VEB Kraftverkehr und die Spedition Eisenhüttenstadt, aber auch eine gewaltige Montageleistung solcher Betriebe wie des Schwermaschinenbaus »Ernst Thälmann« Magdeburg, des VEB Spezialmontagen Weimar, des Kranbaus Köthen, des VEB IMO Leipzig und des Erdbaus Magdeburg. Im weiteren Verlauf des Baugeschehens wuchs die Zahl der Spezialbetriebe auf der Großbaustelle sprunghaft an. Zu Beginn des Jahres 1967 waren es über 70 Betriebe, die sich in der »Kooperationskette Ausbau EKO« zusammengeschlossen hatten.

Rasch nahm auch die Zahl der Bau- und Montagearbeiter zu. Im Mai 1965 waren etwa 1.500 Menschen auf der Baustelle des Kaltwalzwerkes beschäftigt, Anfang 1968 stieg deren Zahl auf 5.830 an. Sie kamen u.a. vom VEB Elektroprojekt Berlin, aus dem Büromaschinenwerk Sömmerda, dem VEB Kali Bernburg, dem VEB Chema Rudisleben, dem Gasturbinenwerk Pirna, dem VEB Industrieanstriche Jüterbog, dem Starkstromanlagenbau Rostock, dem Rohrleitungsbau Ludwigsfelde und dem Sachsenwerk Niedersedlitz. Bauleiter Kimfel vom Rohrleitungsbau aus Ludwigsfelde sagte über die EKO-Baustelle: »Wenn man sich umsieht, sieht man viele alte Bekannte, Bekannte von den Großbaustellen unserer Republik in Schwedt, Leuna, Schwarze Pumpe, Wilhelm-Pieck-Stadt Guben und so weiter.« Unter diesen Bauarbeitern waren auch jene, die bereits vor einem Jahrzehnt hier im kargen Heidesand die Fundamente für die Hochöfen bauten darunter z.B. Kurt Kuchling, Reinhold Karras oder Fritz Bock.

Im Verlauf der Bau- und Montagearbeiten kam es jedoch immer wieder zu Rückschlägen. So konnte der Plan 1965 nur mit 85,5 Prozent erfüllt werden. Ursache dafür waren vor allem die nichtkontinuierliche Zulieferung von Ausrüstungsmaterialien, der ungenügende Projektierungsvorlauf und die daraus resultierende ungenügende Vorbereitung der Bau- und Montageproduktion sowie fehlende Arbeitskräfte auf der Baustelle. Am 3. Juni 1966 reagierte der DDR-Ministerrat auf die Planrückstände und verschob den Termin der Inbetriebnahme des Kaltwalzwerkes vom II. Quartal 1968 auf den 1. Juli des gleichen Jahres. Neben dem ersten Bauabschnitt des Kaltwalzwerkes waren bis zu diesem Zeitpunkt auch die Teilvorhaben Werkbahnhof Ziltendorf einschließlich Ringgleis, Gleisgruppe Kaltwalzwerk und Zuführungsgleise zum Kaltwalzwerk sowie Beseitigung der Produktionsabwässer zu realisieren. Letzteres erhielt die FDJ als Jugendobjekt »Schlammhalde« übertragen. Auf einem 55 ha großen Gelände sollten sämtliche Industrieabwässer beseitigt werden. Mehr als fünfzig Jugendliche arbeiteten daran mit hohem persönlichen Einsatz. Im Oktober 1968 wurde der erste Bauabschnitt des neuen Werkbahnhofs Ziltendorf und das erweiterte Gleisnetz zum Kaltwalzwerk in Betrieb genommen.

Im Jahre 1966 war im EKO die Betriebsabteilung Kaltwalzwerk gebildet worden, ein Jahr später, im August 1967, entstand der Anfahrstab des Kaltwalzwerkes, dessen Leiter der Produktionsdirektor des EKO, Kurt Schröder, wurde. Der Stab, dem außerdem Waldemar Pethke, Erhard Grohmann, Rudolf Herrmann, Helmut Scheidewig, Walter Clauß, Willi Urbricht, Rem A. Sergejew und Helmut Kinne angehörten, sollte für die erfolgreiche Inbetriebnahme die notwendigen Voraussetzungen schaffen und alle technischen und or-

Moderne Technik auf der Baustelle. Eine Benoto-Maschine zum Setzen von Bohrpfählen, 19. Juli 1965.

Foto rechts:
Am 30. April 1965 legte der stellvertretende Vorsitzende des Volkswirtschaftsrates der DDR, Erich Markowitsch, den Grundstein für die große Halle des zukünftigen Kaltwalzwerkes.

ganisatorischen Aktivitäten der Beteiligten koordinieren. Im November 1967 trafen die ersten Bunde sowjetischen Warmbandes aus dem metallurgischen Kombinat Shdanow im EKO ein. Noch im gleichen Jahr wurde die Beizanlage vorfristig fertiggestellt und am 13. Februar 1968 montierte man den ersten Walzenständer der Quarto-Tandemstraße. Im April begannen sich zweihundert Ingenieure, Meister und Arbeiter am Modell des Kaltwalzwerks in Planspielen mit der Technologie und dem Zusammenwirken der einzelnen Abteilungen vertraut zu machen. Die zukünftigen Walzwerker waren von anderen Produktionsabteilungen des Werkes umgesetzt worden oder hatten sich aufgrund der Werbeaufrufe in Presse und Fernsehen im EKO gemeldet. Sie kamen aus allen Teilen des Landes und viele hatten schon in anderen Walzwerken gearbeitet. Andere wurden in der Sowjetunion oder in anderen Stahl- und Walzwerken der DDR auf ihre zukünftige Tätigkeit vorbereitet.

Gemeinsam mit den deutschen Spezialisten waren sowjetische Ingenieure, Techniker und Walzwerker unermüdlich im Einsatz, um die Termine der Inbetriebnahme zu halten. Seit Beginn der Bauarbeiten hatten sowjetische Fachleute bei der Montage und der Erprobung der Anlagen Hilfe geleistet. Sie erarbeiteten ein Betriebsprogramm und qualifizierten die deutschen Walzwerker, damit diese die Anlagen selbst bedienen konnten. Als Konsultanten standen den deutschen Ingenieuren und Monteuren Fachleute wie Chromzow, Baranowski, Woroschkow, Remisow, Draljuk und Sergejew sowie fünfzig weitere Spezialisten aus Saporoshje, Tscherepowez, Shdanow und Magnitogorsk zur Seite.

Bis zum Inbetriebnahmetermin am 28. Juni 1968 blieben nur noch wenige Monate. Die Warmerprobung der gesamten Anlage sollte termingemäß im April 1968 durchgeführt werden. Doch dieser Termin war nicht zu halten und wurde neu auf den 4. Juni 1968 festgelegt. Nach und nach verschwanden die Bauausrüstungen aus den Hallen. Das Einbringen des 96.000 m² großen Hallenfußbodens begann. Da von seiner Fertigstellung eine Reihe anderer Arbeiten abhing, wurden Sonderschichten und NAW-Einsätze durchgeführt. Ende Mai waren die Hauptarbeiten beendet. Am 1. April 1968 begann der Probebetrieb der Umspannstation U 200, die den Strom aus dem Verbundnetz für die über zweitausend Motoren des Kaltwalzwerkes umformte. Mitte April war der Großteil der Nebenanlagen fertig und warmerprobt sowie die Walzenschleifmaschinen in Betrieb genommen worden. Anfang Juni steckte man noch voll in den Funktionsproben einzelner Maschinen und Maschinenteile.

Immer wieder traten neue Schwierigkeiten auf, vor allem die komplizierte Elektronik der Anlagen bereitete den Experten schlaflose Nächte. »Die Schlacht tobte unterirdisch, in den Maschinensälen, Emulsionskellern und Pumpstationen. Sie tobte lautlos, reglos, wenn man vom Knistern der Schaltpläne und von dem in Kringeln aufsteigenden Rauch der Zigaretten absieht. Sie tobte um Transistoren, Kontakte, Widerstände, Regler, Gleichrichter, Stromschienen, Schaltwege.«[245] Am 22. Juni 1968 wurde ein Großhubschrauber vom Typ Mi 8 eingesetzt, um in kürzester Zeit zehn Oberteile für die Schornsteine der Haubenglüherei auf das Dach der Halle 6 sowie den 800 kg schweren Emulsionsschacht auf das Hallendach des Quarto-Tandems zu transportieren. Die Funktionsprobe der Emulsionsanlage musste wegen verschmutzter Schieber abgebrochen werden. Erneut wurde

Aufbauarbeiten an einer Produktionshalle für das Kaltwalzwerk, 1967.

Montage der viergerüstigen Walzstraße des Kaltwalzwerkes im Jahr 1968.

der Termin der Warmerprobung diesmal auf den 23. Juni 1968 verschoben. Wenige Tage vor dem offiziellen Start, am 28. Juni 1968, kam es zum Ausfall des Öldrucks der Hydraulik durch undichte Leitungen. Getriebe liefen warm, aus der Gasleitung tropfte Wasser auf das Band. An einen Probelauf unter Produktionsbedingungen war nicht zu denken.

Ein solches technisches Meisterwerk wie das Kaltwalzwerk mit seinen gigantischen Maschinen, Generatoren, Antriebsmotoren und einem verästelten Zubehör an Elektronik und Hydraulik richtig in Gang zu bringen, war eine riesige Herausforderung für jeden Beteiligten. Der Anfahrstab traf sich nun täglich im sogenannten »Vogelhaus«, um die aufgetretenen Komplikationen zu analysieren und schnelle Lösungswege zu finden. Neben den ständigen Störfällen waren es vor allem fehlende Ersatzteile, die den Verantwortlichen Sorgen bereiteten. So mussten beispielsweise Transistoren erst aus Berlin beschafft werden. Außerdem waren keine Schilder in deutscher Sprache für die Schalttafeln vorhanden.

Am 26. Juni 1968 war es dann soweit, die Warmerprobung wurde gestartet. Eigentlich sollte ein solcher Probelauf schon Wochen vor Beginn der Produktion erfolgen. Für das Kaltwalzwerk des EKO blieben gerade einmal zwei Tage. Kaum lief die Tandemstraße an, stand sie auch wieder – Bandriss. Noch einige Male sollte dies während der 24-stündigen Funktionserprobung passieren. Am nächsten Morgen waren die ersten zehn Bunde Kaltband von 3,5 auf 1 mm heruntergewalzt.

Am 28. Juni 1968 wurde im Beisein hoher Staats- und Parteifunktionäre aus der DDR und der Sowjetunion das Kaltwalzwerk zur Produktion freigegeben. Diesmal klappte alles, auch die noch in der Nacht ausgetauschten Transistoren hielten. Die Anlaufkurve der Kaltbandproduktion übertraf alle Erwartungen.

Die erste Verarbeitungsstufe des Kaltwalzwerks für Kohlenstoffstähle war für eine Jahresproduktion von 600.000 t vorgesehen. Im August 1968 erreichten die neuen Anlagen eine Leistung von 453 t kaltgewalzter Bleche und Bänder, Ende des Jahres waren es 63.329 t und 1969 folgten bereits 407.232 t. Das Fertigungsprogramm sah die Herstellung von Blechen und Bändern in einer Dicke zwischen 0,4 bis 2 mm, eine Bandbreite zwischen 600 und 1.500 mm sowie einer Blechlänge zwischen 1.000 und 6.000 mm vor. Im November 1968 wurde die Querteilanlage 06, im April 1969 die Längsteilanlagen 04 und 02 und im November 1969 die Querteilanlage 04 in Betrieb genommen.

## »Der indische Seiltrick« – Günter Paasche[246]

*Eigentlich begann meine EKO-Zeit schon im Kaltwalzwerk Oranienburg. Hier qualifizierte sich die Führungsmannschaft, und ich führte sie ein in die »Geheimnisse des Arrondierens«. 1966 begann für mich die direkte Tätigkeit zur Vorbereitung der Inbetriebnahme des KWW im EKO. [...] An alles musste damals gedacht werden, damit solche Großanlage wie beispielsweise die Beize 1 zum Termin anlaufen konnte. Aufgrund oftmals unzureichender Projektunterlagen und auch teilweise mangelhafter Kenntnisse mussten Entscheidungen getroffen werden, die für die Inbetriebnahme des Werkes lebenswichtig waren. Solch eine Entscheidung war die Antragstellung für den Import von Stempelfarben für die Schweißnahtsignierung an der Beize. Eine falsche Kommastelle in der Projektdokumentation führte zur Auslieferung von 40 Tonnen Stempelfarbe, die für 10 Jahre Beizbetrieb ausreichte. Welch ein Glück im Unglück für das Werk zur damaligen Zeit. Dann begann am 28. Juni 1968 für mich als Chef der Abnahmekommission Beize 1 der Ernst des Lebens im KWW. Pünktlich lief die Anlage an, aber der Beifall der Regierungskommission blieb leider aus. Das Herzstück des KWW (jeder kennt es als Quarto-Tandem) wurde bejubelt – doch die Beize [...] sie war ja kapitalistischer Import. Relativ schnell wurde das KWW angefahren und die Leistungsgrenze von Mensch und Maschine erreicht. Hektik und Verschleiß bestimmten den Alltag. Und immer wieder stellte sich die Beize als Engpass heraus, Looper und Gegengewichte fielen wie Bomben aus 80 Meter Höhe ungebremst in den Keller des Beizturmes. Alte Beizer werden sich erinnern – wir erlebten mit dem Beizturm immer wieder neue Überraschungen. Der »indische Seiltrick« im Looper 1 ist bis zum heutigen Tag nicht aufgeklärt. Nach einem Stopp der Anlage verdrehte sich das 1,25 m breite Band plötzlich zu einem Knoten und lief danach wieder normal weiter. Ein anderer Alptraum war die Regeneration mit ihrem schönen Eisenoxid, das sich nicht vom Ofen zum Silo transportieren lassen wollte. Als die Oxidberge unter den Öfen die Anlage und damit das gesamte KWW zum Stillstand zu bringen drohten, war eine Wochenendaktion unumgänglich. In einem 60-stündigen Dauereinsatz mit zwei Schlossern wurde eine patentreife Lösung gefunden. Das Oxid wird wohl nach diesem Verfahren auch in Zukunft noch problemlos den Weg in die Silos finden.*

Am 28. Juni 1968 erfolgte in einem Staatsakt
die Inbetriebnahme des Kaltwalzwerkes.

## Fertigstellungstermine für den Ausbau EKO

| Anlage | Stand Dezember 1961<br>Baubeginn<br>Inbetriebnahme | Ministerratsbeschluss<br>vom 28. 3. 1963<br>Inbetriebnahme | Ministerratsbeschluss<br>vom 3. 6. 1966<br>Inbetriebnahme | Ministerratsbeschluss<br>vom 24. 8. 1967<br>Inbetriebnahme |
|---|---|---|---|---|
| **Stahlwerk** | 1965<br>I/1968 | I. Baustufe – I/1970<br>II. Baustufe – 1971<br>III. Baustufe – 1972 | 10/1973 | gestrichen |
| **Warmwalzwerk** | 1964<br>I/1968 | I/1970 | 4/1971 | gestrichen |
| **Kaltwalzwerk** | 1963<br>III/1963 | I. Baustufe – I/1968<br>II. Baustufe – 1972 | I. Baustufe – 7/1968<br>II. Baustufe –10/1973 | I. Baustufe – 1968<br>II. Baustufe: gestrichen |
| **Trafobandwalzwerk** | 1966<br>1969 | 1972 | 7/1973 | gestrichen |
| **Rohrschweißwerk** | 1963<br>1966 | II/1971 | 10/1973 | gestrichen |

## Der erneute Abbruch

Der DDR-Ministerrat hatte am 3. Juni 1966 beschlossen: »Die Projektierung und Planung für das gesamte Vorhaben – Ausbau Eisenhüttenkombinat Ost zu einem Vorhaben mit vollem metallurgischen Zyklus – ist entsprechend dem Projektierungszyklogramm fortzusetzen.«[247] Ein Jahr später, im August 1967, gab derselbe Ministerrat die Weisung, die eingeleiteten Projektierungsarbeiten einzustellen und alle Arbeiten an der 3. Ausbaustufe für das Stahl- und Warmwalzwerk des Eisenhüttenkombinates abzubrechen. Zum zweiten Mal war damit der Versuch gescheitert, das EKO zu einem kompletten metallurgischen Kombinat auszubauen.

Die Wirtschaftsreformen, die inzwischen alle Bereiche der DDR-Gesellschaft durchdrungen hatten und die die Grundfesten des Systems antasteten, stießen nun an die eng gesetzten Grenzen des realen Sozialismus und der Reformbereitschaft der Partei- und Staatsführung. Hinzu kam, dass ein eigenständiger Weg der DDR, entgegen den Bestrebungen im Warschauer Vertragssystem und vor allem der Sowjetunion, unmöglich schien. Die Spielräume, die dieses Bedingungsgefüge für eigene Politikangebote ließ, waren nach der Ablösung Chruschtschows 1964 und der Niederschlagung des »Prager Frühlings« 1968 beträchtlich eingeschränkt. Im Rahmen der Breschnew-Doktrin erlaubte die Sowjetunion auch auf wirtschaftlichem Gebiet nur eine eingeschränkte Souveränität. Der Handelsvertrag von 1965 verstärkte mit seiner langen Laufzeit und dem hohen Handelsvolumen die Abhängigkeit der DDR von der Sowjetunion.

Außerdem kam es Mitte der 60er Jahre zu einer konzeptionellen Neuorientierung der Wirtschafts- und Investitionspolitik der DDR. Grundgedanke war, über einem forcierten Ausbau ausgewählter »Fortschrittszweige« Entwicklungsschübe im Gesamtniveau der Industrie zu erzeugen. Mit dem vorrangigen Ausbau solcher Bereiche wie der Elektronik, der Petrolchemie, dem wissenschaftlichen Gerätebau, der EDV-Industrie und dem Werkzeugmaschinenbau wollte die SED-Führung im Fünfjahrplan 1966 bis 1970 die materiell-technische Basis der DDR-Wirtschaft auf die Anforderungen des wissenschaftlich-technischen Fortschritts einstellen. Eine solche strukturelle Änderung der bisherigen Wirtschaftsentwicklung war mit investitionspolitischen Umverteilungen verbunden. Davon waren neben der Energie- und Brennstoffindustrie vor allem auch die Metallurgie betroffen. Da der Ausbau der festgelegten »Fortschrittszweige« auf Kosten der Entwicklung der »Nichtschwerpunktzweige« durchgesetzt wurde, traten in der zweiten Hälfte der 60er Jahre erneut wachstumshemmende Disproportionen im Rahmen der gesamten DDR-Industrie auf. Für das EKO zog diese Entwicklung den Abbruch des Werkausbaus nach sich.

*Vertragsergänzung zur Stornierung der Projektierung Stahl- und Warmwalzwerk vom August 1968.*

Der erneute Abbruch hatte sich bereits seit 1966 angekündigt. Im Februar fand im EKO eine Beratung zur Ministerratsvorlage über den weiteren Ausbau des Werkes statt. In dieser Phase traten die ersten Probleme auf. Ergebnis der Überprüfung des bisherigen Baugeschehens waren zunächst keine generellen Planänderungen, sondern die Fortführung der politisch determinierten Entscheidungen hinsichtlich der wirtschaftlichen Entwicklung. Noch im gleichen Monat kam es zum Abschluss eines Projektierungsvertrages über die 3. Ausbaustufe des EKO zwischen der Allunionsvereinigung Tjashpromexport Moskau und dem DIA Invest-Export Berlin.

Bei seinem Besuch im EKO im Mai 1966 nahm der Vorsitzende der Staatlichen Plankommission, Gerhard Schürer, »zu der Gesamtsituation des Investitionsvorhabens Stellung und schätzte ein, dass unser Großvorhaben genau so kritisch abläuft wie auch andere Vorhaben in der Republik, d.h. extreme Verteuerungen auftreten und die Inbetriebnahmetermine gefährdet bzw. überschritten werden. Er brachte zum Ausdruck, dass dieser Zustand im DDR-Maßstab und für den Ausbau des EKO nicht weiter geduldet werden kann und die Schuldigen ermittelt und bestraft werden müssen.« Im weiteren Verlauf der Unterredung wies Schürer darauf hin: »Dieser Sachlage kann begegnet werden, indem a) Objekte weggelassen werden und eine Senkung des Aufwandes dadurch erreicht wird, oder b) eine optimale Auslegung des ganzen Vorhabens erfolgt.« Sowohl der oberste Planungschef als auch der neue Metallurgieminister, Kurt Fichtner, sprachen sich in diesem Zusammenhang dafür aus, »alternative Vorstellungen über strategische Ausbaukonzeptionen« zu diskutieren und dabei eine »zeitliche Verschiebung des Stahlwerksbeginns« zu erörtern.[248]

Der Ministerratsbeschluss vom Juni 1966 bekräftigte das Ausbauvorhaben. Außerdem wurde die Genehmigung erteilt, mit der Projektierung des Stahl- und Walzwerkes vor Bestätigung der Aufgabenstellung zu beginnen. Der Präsident der Deutschen Investitionsbank erhielt die Ermächtigung, dafür einen zinslosen Kredit zu gewähren. Gleichzeitig tauchten dabei Varianten auf, die vorsahen, den weiteren Ausbau des EKO in die 70er Jahre zu verschieben, um damit zu einer Entlastung des Nationaleinkommens, der Baukapazitäten und des Arbeitskräftebedarfs zu kommen. Inzwischen lagen die Überarbeitungen der technischen Projekte für die Warmbreitbandstraße, Brammenbearbeitung, Warmbandförderer und Stranggussanlage aus der Sowjetunion vor. Im August 1966 und April 1967 fanden dazu die entsprechenden Begutachtungen in Magdeburg statt. Dabei bemängelten die DDR-Vertreter das technische Niveau der vertikalen Stranggussanlage und kritisierten, dass verbindliche Zusagen für eine Bogenstranggussanlage nicht berücksichtigt wurden. Unter Hinweis auf weitere technische Mängel lehnte die DDR das Projekt ab. Davon betroffen war auch die Warmbreitbandstraße.

Im August 1966 wies der Minister für Erzbergbau, Metallurgie und Kali an, den Perspektivplan des Industriezweiges einschließlich des Projektes »Ausbau EKO« zu überarbeiten. Dabei »wurden alle Investitionspläne der Betriebe überprüft und alle Objekte aus den Plänen entfernt, die hinsichtlich Aufwand, Vorbereitung und Ökonomie mit den Beschlüssen des 11. Plenums und der Rationalisierungskonferenz unvereinbar waren.«[249] In einem internen Schreiben an Walter Ulbricht teilte das Ministerium im Februar 1967 die Ergebnisse dieser Überprüfung mit und offenbarte den Rückstand der DDR auf dem Gebiet der Metallurgie. »Bei den Vorstufen der metallurgischen Produktion (speziell bei der Roheisen-, Rohstahl- und Halbzeugfertigung) beträgt der Rückstand der DDR gegenüber hochentwickelten Industrieländern (USA, UdSSR, Japan, Frankreich, Westdeutschland) gegenwärtig 10–15 Jahre. Die zur vollen Versorgung der Republik notwendige Schaffung derartiger Kapazitäten, die außer der Fertigstellung des EKO mit vollem metallurgischen Zyklus die Errichtung eines zusätzlichen Kombinates mit mehr als fünf Mio. t Rohstahl notwendig machen würde, erfordert unter Zugrundelegung bekannter internationaler Investaufwandsnormen ein Investitionsvolumen von 5 bis 6 Milliarden Mark. Unter den nationalen Bedingungen der DDR muss eingeschätzt werden, dass ein derartiger Aufwand im Prognosezeitraum nicht betrieben werden kann.«[250]

Am 28. August 1967 wurde die Projektierung des Stahl- und Warmwalzwerkes für das EKO eingestellt. Der Stornierungsbeschluss zog erhebliche finanzielle Verluste in Höhe von 33 Mio. Mark nach sich, davon entfielen 18 Mio. Mark auf Vorbereitungs- und Projektierungsarbeiten. Als letztes Relikt der Ende der 50er Jahre großzügig geplanten Erweiterung des EKO wurde schließlich einzig das Kaltwalzwerk realisiert. Das eigentlich letzte Glied im metallurgischen Prozess blieb deshalb vom »Rotstift« verschont, weil der volkswirtschaftliche Bedarf an dessen Produkten am größten war. Außerdem entsprach das Produktionsprofil des Kaltwalzwerkes der der DDR zugedachten Rolle in der internationalen Arbeitsteilung des RGW.

Der neue Riese an der Oder – das Kaltwalzwerk mit Turmbeize, 1968.

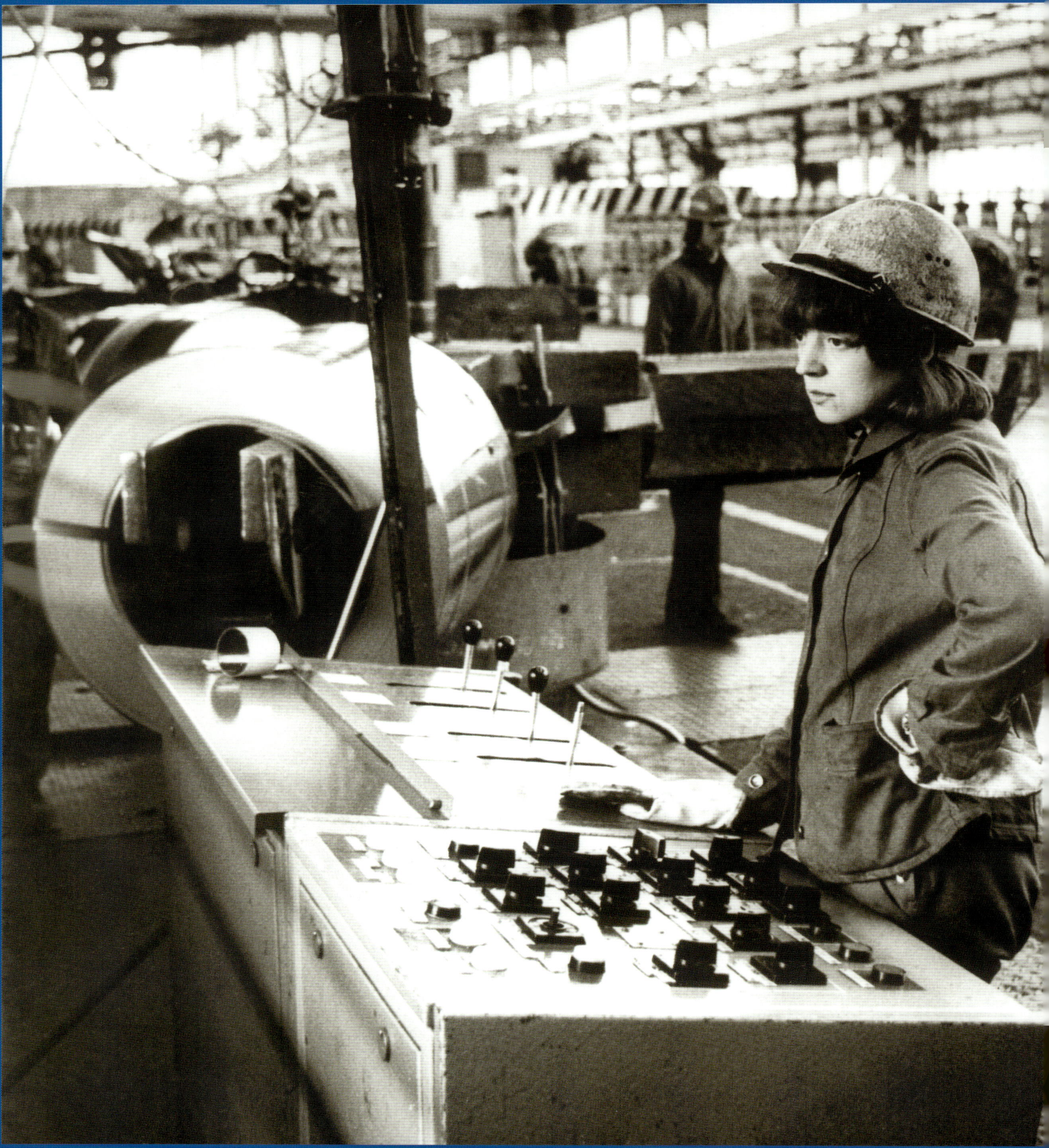

# Das EKO im Bandstahl-kombinat – Erfolge und Rückschläge

## Aus der Geschichte

**21. 7. 1969**
Der US-Astronaut Neil Armstrong betritt als erster Mensch den Mond.

**21. 10. 1969**
In der BRD wird eine Koalitionsregierung aus SPD und FDP unter Willy Brandt vereidigt.

**29. 10. 1969**
Die erste Online-Verbindung zwischen zwei US-Universitäten gilt als die Geburt des Internets.

**19. 3. 1970**
In Erfurt treffen sich BRD-Bundeskanzler Willy Brandt und DDR-Ministerpräsident Willi Stoph.

**3. 5. 1971**
Walter Ulbricht verliert seinen Posten als Erster Sekretär des Zentralkomitees der SED. Sein Nachfolger wird Erich Honecker.

**3. 9. 1971**
Die ehemaligen Besatzungsmächte Deutschlands unterzeichnen das Vierseitige Abkommen über Berlin.

**30. 1. 1972**
Der Bürgerkrieg in Nordirland eskaliert. Am Blutsonntag sterben in Londonderry 13 Menschen.

**21. 12. 1972**
Mit dem Grundlagenvertrag normalisieren sich die Beziehungen zwischen beiden deutschen Staaten.

**27. 1. 1973**
In Paris unterzeichnen die USA einen Vertrag, der den vollkommenen Rückzug ihrer Truppen aus Vietnam vorsieht.

**11. 9. 1973**
Bei einem Militärputsch in Chile wird der frei gewählte sozialistische Präsident Salvador Allende ermordet.

**18. 9. 1973**
Die beiden deutschen Staaten werden Mitglieder der UNO.

**17. 10. 1973**
Die arabischen Staaten lösen mit der Minderung ihrer Erdölausfuhren und der Erhöhung der Abgabepreise eine Ölkrise aus.

**22. 6. 1974**
Bei der Fußball-Weltmeisterschaft besiegt die DDR-Mannschaft den späteren Weltmeister BRD mit 1:0.

**8. 8. 1974**
Der Fall Watergate endet mit dem Rücktritt von US-Präsident Richard Nixon.

---

*Am Anbeginn war Kunze mit sich eins, dass Hinze zu seinem Glück gezwungen werden müsse. Denn selber schien der nicht zu wissen, was ihm guttut, er stand an seiner Maschine, man musste ihn mit der Nase auf den Plan und die Prämie stoßen. Als Kunze aber in entwickelter Phase wieder an die Maschine trat, sah er Hinze nicht klüger geworden; jetzt lief ohne materielle Hebel nichts mehr. Der Zwang hatte nicht angeschlagen. Es half nicht durchzugreifen; irgendwie griff die Methode nicht. Er schlich in seine Etage zurück, von einem fantastischen Gedanken verfolgt. ES GAB VIELLEICHT KEINE MACHT AUF ERDEN, DIE HINZE WIDER WILLEN BEFREIEN, IHN OHNE SEIN WISSEN GLÜCKLICH MACHEN KONNTE.*
  Volker Braun: Fantastischer Gedanke

---

# Kombinatsbildung und Kurskorrektur

Die DDR hatte sich im Verlauf der 60er Jahre nach der Sowjetunion zur zweiten Industriemacht der sozialistischen Wirtschaftsgemeinschaft entwickelt. Dies war das Ergebnis der Reformen, die 1963 mit dem »Neuen ökonomischen System« (NÖS) eingeleitet worden waren. Bis Ende 1967 hatte sich das Reformkonzept auf der Grundlage einer ganzen Reihe von Gesetzen und Verordnungen allmählich durchgesetzt. Die Betriebe der volkseigenen Industrie erhielten immer mehr Entscheidungskompetenz für Produktion, Beschaffung und Absatz. Außerdem reduzierten sich seit 1966 die zentral von der Staatlichen Plankommission und den Ministerien vorgegebenen mengen- und wertmäßigen Plankennziffern. Die Auswirkungen der Wirtschaftsreform waren allenthalben zu spüren. Durch die Umstrukturierung der Industrie war es gelungen, die Wachstumsschwäche der DDR-Wirtschaft zu überwinden und eine breit angelegte Investitionstätigkeit in Gang zu setzen. Die Durchsetzung eines leistungsstarken und innovationsfähigen Wirtschaftssystems geriet zunehmend in Widerspruch zu den weitgehend erhalten gebliebenen zentralistischen Formen der Machtausübung und -sicherung. Bei der Entscheidung über die weiteren Perspektiven spielten die politischen Entwicklungen des Jahres 1968 eine entscheidende Rolle. Diese manifestierten sich innenpolitisch in der gerade verabschiedeten neuen Verfassung, die man durchaus als »Grundgesetz einer bürokratisch-administrativ geleiteten Gesellschaft«[1] charakterisieren konnte und außenpolitisch in der gewaltsamen Beendigung des »Prager Frühlings«.

Angesichts der politischen und wirtschaftlichen Probleme sowie der weltweiten technischen Entwicklung orientierte die SED-Führung ab 1968 auf eine Strukturpolitik, die eine besondere Förderung bestimmter Wachstumsbranchen und neuer Technologien vorsah. Diese für wichtig erachteten Wirtschaftsbereiche wurden nach umfangreichen Ausarbeitungen von Wissenschaftlern und Praktikern administrativ bestimmt und in einer Strukturkonzeption zusammengefasst. Im Juli 1968 verabschiedete der DDR-Ministerrat eine solche Konzeption mit insgesamt acht »Strukturkomplexen«, die u.a. die Chemisierung und Automatisierung der Volkswirtschaft zum Gegenstand hatten sowie 94 »strukturbestimmende Aufgaben« vorschrieben. Mit diesen Schwerpunkten in der Wirtschaftspolitik verfolgte die Partei- und Staatsführung unter Walter Ulbricht das Ziel, auf den entscheidenden Gebieten der wissenschaftlich-technischen Entwicklung das »Weltniveau« mitzubestimmen, eine sprunghafte Steigerung der Arbeitsproduktivität zu erreichen und auf dieser Grundlage später auch das Lebensniveau der Bevölkerung erhöhen zu können.

Der Werkseingang an der Pohlitzer Straße, wie er in Vorbereitung der Arbeiterfestspiele 1988 gestaltet wurde.

Zur Realisierung dieser wirtschaftspolitischen Zielstellung setzte die SED-Führung auf eine neue Form der Konzentration der gesellschaftlichen Produktion. Die dabei in Angriff genommene Bildung von Kombinaten war ein Versuch, den Grundstein für eine höhere Leistungsfähigkeit der Wirtschaft zu legen und die sich seit langem ständig vergrößernde technologische Lücke zwischen Ost und West zu verkleinern. Die Kombinatsbildung der 60er Jahre diente in erster Linie »der Bündelung wirtschaftlicher Kräfte zur raschen Durchsetzung des wissenschaftlichen Fortschritts«.[2] Ziel war der horizontale Zusammenschluss von Betrieben mit gleichen oder ähnlichen Produktionsprogrammen zu »sozialistischen Konzernen« und die gleichzeitige Unterstellung verschiedener vertikaler Stufen der Produktion – von der Forschung bis zum Absatz – unter eine gemeinsame Leitung.

Mit dem Kabelkombinat Berlin Oberspree, dem Uhrenkombinat Ruhla und dem Wohnungsbaukombinat Rostock entstanden Mitte der 60er Jahre die ersten Kombinate und es wurden Modelle für ihre Leitung nach modernen wissenschaftlichen Erkenntnissen entwickelt. Bis Ende des Jahrzehnts gab es 48 solcher Industrievereinigungen. Sie sollten die immer schwerfälliger reagierenden VVB ersetzen und stärker auf branchenbedingte Verflechtungsbeziehungen eingestellt werden. Dabei verlief dieser Prozess nicht immer widerspruchsfrei. Manche Neugliederungen erfolgten oft nach umstrittenen technokratischen oder politischen Gesichtspunkten und ließen Effektivitätsberechnungen völlig außer Acht. So wurden organisch gewachsene Branchenverbände zerschlagen und die einzelnen Betriebe in Kombinate aufgeteilt.

Am 30. April 1968 fasste das SED-Politbüro den Beschluss, 17 Betriebe des Ministeriums für Erzbergbau, Metallurgie und Kali zu drei schwarzmetallurgischen Kombinaten zusammenzuschließen. Ziel dieser Kombinatsbildung war es, die Entwicklung der einzelnen Betriebe im Rahmen einer Gesamtkonzeption vorausschauend zu planen sowie die in der Metallurgie vorhandenen Kapazitäten besser aufeinander abzustimmen und höhere Effektivität zu erreichen. Außerdem sollten sich dadurch neue Möglichkeiten bei der Planung und Realisierung von Investitionen, bei Vorhaben der Automatisierung und Mechanisierung, im Nutzen von Instandhaltungskapazitäten und in anderen Bereichen auftun. Forschungs- und Entwicklungspotentiale konnten im Rahmen des gesamten Kombinates konzentriert und auf die Hauptrichtungen des wissenschaftlich-technischen Fortschritts orientiert werden. Erstmals tauchten dabei Überlegungen auf, die DDR-Metallurgie zu einer so genannten Veredlungsmetallurgie zu entwickeln.

Geplant war die Bildung des Rohrkombinates Riesa, des Qualitäts- und Edelstahlkombinates Hennigsdorf sowie des Blech- und Bandkombinates Eisenhüttenstadt. Außerdem sollten ein einheitliches Handelskombinat der Metallurgie und ein Zentralinstitut der Metallurgie (ZIM) entstehen. Der Prozess der Kombinatsbildung warf eine ganze Reihe neuer Fragestellungen auf und verlangte eine sorgfältige organisatorische Vorarbeit. Im Auftrag des Ministeriums erarbeiteten mehrere Arbeitsgruppen ein Modell für die wissenschaftliche Führung eines volkseigenen Kombinates in der

---

**24. 12. 1974**
Im ukrainischen Kriwoi Rog wird der größte Hochofen der Welt mit einem Fassungsvermögen von 5.000 m³ in Betrieb genommen.

**Juni 1975**
Manfred Drodowsky wird Nachfolger von Erich Markowitsch als Generaldirektor des Bandstahlkombinates.

**1. 8. 1975**
In Helsinki unterzeichnen 35 Staaten aus Europa und Nordamerika die Schlussakte der Konferenz über Sicherheit und Zusammenarbeit in Europa.

**16. 11. 1976**
Dem Liedermacher Wolf Biermann wird die Staatsbürgerschaft der DDR entzogen.

**6. 1. 1977**
Im Edelstahlwerk Freital beginnt die Warmerprobung eines 30-Tonnen-Plasmaprimärschmelzofens.

**23. 8. 1977**
DDR-Regimekritiker Rudolf Bahro wird für sein Buch »Die Alternative« zu acht Jahren Gefängnis verurteilt.

**16. 7. 1978**
In England wird das erste »Retortenbaby« geboren.

**26. 8. 1978**
DDR-Fliegerkosmonaut Sigmund Jähn ist der erste Deutsche im All.

**12. 12. 1979**
Die NATO beschließt angesichts der sowjetischen Aufrüstung mit Mittelstreckenraketen, Marschflugkörper und Pershing II-Raketen in Westeuropa zu stationieren.

**27. 12. 1979**
Sowjetische Truppen marschieren in Afghanistan ein.

**31. 8. 1980**
In Polen setzen streikende Arbeiter weitreichende Gewerkschaftsrechte durch.

**10. 11. 1980**
DDR-Staatsratsvorsitzender Erich Honecker besucht Österreich. Dabei erhält die VOEST-Alpine AG den Auftrag zum Bau eines Stahlwerkes in Eisenhüttenstadt.

**10. 10. 1981**
Über 300.000 Menschen protestieren in Bonn gegen die Stationierung atomarer Mittelstreckenraketen.

**31. 12. 1981**
In den USA werden die ersten Fälle einer Krankheit diagnostiziert, die später als AIDS bekannt wird.

**1. 10. 1982**
Helmut Kohl wird Kanzler der BRD.

**10. 11. 1982**
Leonid I. Breschnew, der 18 Jahre die Geschicke der Sowjetunion bestimmt hatte, stirbt.

**23. 3. 1983**
US-Präsident Reagan beschließt, eine neue Waffengeneration im Weltraum zu stationieren.

**29. 6. 1983**
Franz Josef Strauß vermittelt einen Milliardenkredit westdeutscher Banken an die DDR.

**14. 10. 1983**
Der Bundespräsident der Republik Österreich, Rudolf Kirchschläger, besucht mit Erich Honecker das EKO.

**25. 10. 1983**
Nach einem Militärputsch besetzen US-Truppen die Karibikinsel Grenada.

**7. 3. 1984**
Im EKO beginnt der Probebetrieb des Konverterstahlwerkes.

**31. 5. 1984**
Der nordkoreanische Präsident Kim Il Sung besucht das EKO.

**11. 3. 1985**
In Moskau wird Michail S. Gorbatschow zum Generalsekretär der KPdSU gewählt.

**16. 12. 1985**
Karl Döring wird Generaldirektor des Bandstahlkombinates.

**26. 4. 1986**
Im ukrainischen Kernkraftwerk Tschernobyl ereignet sich ein folgenschwerer Atomunfall.

**6. 10. 1986**
Die erste deutsch-deutsche Städtepartnerschaft wird zwischen Eisenhüttenstadt und Saarlouis geschlossen.

**29. 1. 1987**
In der Sowjetunion verkündet Gorbatschow mit den Forderungen nach »Glasnost« und »Perestroika« sein Reformprogramm.

**7. 9. 1987**
Bundeskanzler Helmut Kohl empfängt DDR-Staatsratsvorsitzenden Erich Honecker in Bonn.

**8. 12. 1987**
US-Präsident Reagan und UdSSR-Staatschef Gorbatschow unterzeichnen ein Abkommen über die Verschrottung von atomaren Mittelstreckenraketen.

Erich Markowitsch bei Pionieren im Ferienlager Bad Saarow.
Der 1913 geborene Arbeitersohn war seit 1929 Mitglied der KPD. Von den Faschisten 1933 verhaftet, folgten zwölf Jahre in Zuchthäusern und Konzentrationslagern. Nach 1945 war er Kulturdirektor in der Maxhütte und Werkleiter des Badelebener Erzbergbaus.
Fünfzehn Jahre stand er an der Spitze des EKO, von 1954 bis 1959 als Werkleiter und von 1967 bis 1975 als Generaldirektor des Bandstahlkombinates.

Stahlindustrie. Mit seiner Hilfe wurden nahezu 250 Leitungskader und Fachkräfte auf die neuen Aufgaben vorbereitet. Arbeitsgruppen aus allen Betrieben wirkten dann an der praktischen Kombinatsbildung mit.

Das Bandstahlkombinat Eisenhüttenstadt (BKE) entstand am 1. Januar 1969. Ihm gehörten sieben Betriebe an, die bis dahin der VVB Stahl- und Walzwerke Berlin sowie der VVB Eisenerz/Roheisen Saalfeld unterstanden. Neben dem EKO waren dies das Eisenhüttenwerk Thale, die Walzwerke Finow und Burg und das Blechwalzwerk Olbernhau. Ferner wurden die Kaltwalzwerke Oranienburg und Bad Salzungen, bis dahin Betriebsteile des Stahl- und Walzwerkes Hennigsdorf, dem BKE angegliedert. Im Jahre 1979 wurde die Eisenhütte Thale aus dem Kombinat ausgegliedert und dem Mansfeldkombinat Eisleben zugeordnet. Im Januar 1980 kam das Magnesitwerk Aken zum Bandstahlkombinat, nachdem die VVB Feuerfestindustrie Meißen aufgelöst worden war.

Das Kombinat wurde über einen so genannten Stammbetrieb geleitet. Dieser sollte der leistungsstärkste Betrieb sein, der auf die Produktqualität und das technologische Niveau im Kombinat großen Einfluss hatte. Im Falle des Bandstahlkombinates war dies das EKO. Es verfügte 1969 über 70 Prozent des Produktionsvolumens des neuen Kombinates. Erster Generaldirektor des BKE wurde Erich Markowitsch. Er hatte gemeinsam mit seinen Fachdirektoren die Aufgabe, das Bandstahlkombinat und den Stammbetrieb EKO in Personalunion zu leiten. Die Rolle der Kombinatsdirektoren wurde stark hervorgehoben. Sie kamen in die Kadernomenklatur des Sekretariats des SED-Zentralkomitees, von dem sie auf Antrag der Regierung in ihrer Funktion bestätigt oder abgelöst wurden. Der Generaldirektor eines zentralgeleiteten Kombinates sollte weitgehend selbständig arbeiten und nur dem zuständigen Minister unterstehen. In der Praxis wurden sie jedoch oftmals von den Ministerien und dem übermächtigen SED-Parteiapparat gegängelt.

Das Bandstahlkombinat verfügte über eine vorwiegend horizontal gegliederte Produktionsstruktur und sollte bezüglich der Technologiestufen als volle Produktion in der vertikalen Linie ausgebaut werden. Es war für die volkswirtschaftliche Versorgung und Preisbildung von kaltgewalzten Blechen und Bändern, verzinkten und beschichteten Blechen und Bändern sowie Warmband und warmgewalzten Blechen bis 3 mm Dicke, als Handels- und Edelstahlbleche, verantwortlich. Neben Walzstahl umfasste die Erzeugnisstruktur Produkte wie Roheisen, Sintereisenteile und Gleitlager, emaillierte Behälter und in den 80er Jahren kamen Brammen und Vorblöcke als Halbzeug hinzu. Die einzelnen Kombinatsbetriebe erhielten eine juristisch selbständige, eigenverantwortliche Stellung im Kombinat. Sie führten eigene Namen und arbeiteten nach einem eigenen Plan, der im Kombinat konsolidiert wurde. Das Produktionsniveau und auch die territorialen Bedingungen dieser Betriebe waren jedoch recht unterschiedlich. Während beispielsweise in Eisenhüttenstadt und Oranienburg in den 60er Jahren neue moderne Kaltwalzwerke entstanden waren, produzierte man in Olbernhau weiterhin auf veralteten Anlagen.

**Anteil der Haupterzeugnisgruppen des BKE an der Produktion der DDR-Stahlindustrie**
(in Prozent)

| | 1968 | 1975 | 1980 |
|---|---|---|---|
| Kaltband | 87 | 98 | 99 |
| Stahlleichtprofile | 100 | 100 | 100 |
| Blechstahl | 3 | – | – |
| Rohre – nahtlos und geschweißt | 17 | 20 | 46 |
| Glühbleche | 100 | 100 | 100 |
| Bleche und Bänder – oberflächenveredelt | – | 99 | 97 |
| Stabstahl | 3 | – | – |
| Warmband | 100 | 100 | 100 |
| Grobblech | 15 | 5 | 2 |
| Formstahl | 1 | – | – |

Bereits in den ersten Jahren zeigte sich, dass mit der Kombinatsbildung zusätzliche ökonomische Effekte erzielt werden konnten. Betriebsergebnis, Warenproduktion und Arbeitsproduktivität stiegen rascher als geplant. Gute Ergebnisse wurden in der Kooperation und Spezialisierung der Produktion erreicht. Obwohl sich die Konzentration von Forschungspotentialen erst langfristig nachhaltig auswirken konnte, waren bereits erste Resultate sichtbar, so auf dem Gebiet der angewandten Forschung und Technologie, der Beschleunigung von Fertigungsprozessen und der rationellen Ausnutzung von Rohstoffen.

Den Vorzügen der Kombinatsbildung standen allerdings auch Nachteile gegenüber. Entgegen der Grundidee verloren die Betriebe durch eingeschränkte Bilanzierungsspielräume ihre wirtschaftliche Selbständigkeit. Außerdem erwies sich die horizontale Produktionsstruktur zunehmend als wunder Punkt. Es wurde damit eine Monopolisierung geschaffen, die alles, was im weitesten Sinne als Konkurrenz oder Wettbewerb hätte verstanden werden können, ausschaltete und die Erscheinungen wie mangelnde Innovationsfreudigkeit, Abstriche in Bezug auf Zuverlässigkeit und Qualität, Diktat der Lieferbedingungen und der Preise hervorbrachte.

Die DDR ging mit erheblichen wirtschaftlichen Schwierigkeiten in die 70er Jahre. Wesentliche Ziele des Fünfjahrplanes von 1966 bis 1970 waren nicht erreicht worden. Die Durchsetzung der administrativen Schwerpunktbildung erwies sich immer mehr als Hemmnis. Insbesondere die Zuliefer- und die weiterverarbeitende Industrie konnten die von ihnen geforderten Leistungen nicht erbringen. Damit waren aber auch die »strukturbestimmenden« Bereiche der Volkswirtschaft nicht imstande, die Planauflagen zu erfüllen. Die Reaktion der SED-Führung auf diese Problemlage bestand in einer Rücknahme der den Betrieben und Kombinaten seit Beginn der Reformen schrittweise zugebilligten erweiterten Planungs- und Entscheidungskompetenzen über Produktion und Investitionen. Die 14. Tagung des SED-Zentralkomitees beschloss im Dezember 1970 eine grundlegende Kurskorrektur. Die Phase der überzogenen Planexperimente sollte durch eine stabile und kontinuierliche Wirtschaftspolitik abgelöst werden. Die von Erich Honecker initiierte und mit sowjetischer Hilfe durchgeführte Ablösung Ulbrichts im Mai 1971 besiegelte auch personell das Ende der Wirtschaftsreform und ebnete den Weg für die Rückkehr zur zentraladministrativen Planwirtschaft. Die Rolle des Plans wurde wieder hervorgehoben, die Worte Markt und Gewinn kamen nicht mehr vor, an ihre Stelle traten der sozialistische Wettbewerb und die Betonung der Sozialpolitik.

Von der Tribüne des 8. SED-Parteitages verkündete Erich Honecker im Juli 1971 die zukünftige »ökonomische Hauptaufgabe«. Als langfristige, strategische Aufgabenstellung bezeichnet, wurde sie seitdem der ständig zitierte Bezugspunkt aller wirtschafts-, sozial- und kulturpolitischen Maßnahmen. Sie bestand »in der weiteren Erhöhung des materiellen und kulturellen Lebensniveaus des Volkes auf der Grundlage eines hohen Entwicklungstempos der sozialistischen Produktion, der Erhöhung der Effektivität, des wissenschaftlich-technischen Fortschritts und des Wachstums der Arbeitsproduktivität«.[4] Die Grundidee der neuen SED-Politik bestand darin, über die Erhöhung des Lebensstandards der Bevölkerung einen Stimulus für die Produktionssteigerung zu erreichen. Durch eine Intensivierung der Wirtschaftsleistung versuchte man die Überbeanspruchung der Kapazitäten zu mildern, überzogene Pläne zu relativieren und Disproportionen abzubauen. In der SED-Führung behauptete sich damit jene Gruppierung um Honecker, die der Politik das Primat in der Wirtschaftsleitung einräumte, gegenüber den technokratischen Tendenzen der letzten Jahre der Ulbricht-Ära. Gesetze und Verordnungen, die Anfang der 70er Jahre verabschiedet wurden, sanktionierten die Parteibeschlüsse und setzten dem unternehmerischen Handeln in der Wirtschaftspraxis wieder klare Grenzen.[5] Die Investitionen für die »Wachstumsbereiche« wurden beträchtlich reduziert. So sank der Anteil der chemischen Industrie an den Industrieinvestitionen von 21,2 Prozent 1970 auf 16,5 Prozent 1975, während er für die Metallurgie von 4,3 Prozent auf 5,9 Prozent anwuchs.[6] Die Versorgung der Bevölkerung mit Konsumgütern erhielt einen ebenso hohen Stellenwert wie sozialpolitische Verbesserungen. Ein Schwerpunkt wurde das Wohnungsbauprogramm, das zum Kern der neuen Sozialpolitik avancierte. Außenpolitisch standen die Zeichen der Zeit günstig, denn die 70er Jahre waren von einer deutlichen politischen Entspannung geprägt. Die DDR entwickelte sich zum völkerrechtlich anerkannten Staat. Die Abkommen mit der BRD versprachen Sicherheit und Souveränität auf Dauer.

---

**17. 1. 1988**
Bei der Liebknecht-Luxemburg-Demonstration werden in Ost-Berlin 120 Regimegegner festgenommen.

**20. 8. 1988**
Mit einem Waffenstillstand endet der seit 1980 andauernde Krieg zwischen Irak und Iran.

**24.–26. 8. 1988**
Im Bezirk Frankfurt/Oder finden die 22. Arbeiterfestspiele statt.

**12. 9. 1988**
Erich Honecker nimmt die ersten in der DDR produzierten 1-Mega-bit-Speicherschaltkreise entgegen.

**18. 11. 1988**
In der DDR wird die sowjetische Monatszeitschrift »Sputnik« verboten.

**24. 3. 1989**
Die Havarie des Öltankers »Exxon Valdez« löst an der Südküste von Alaska eine Umweltkatastrophe aus.

**2. 5. 1989**
In Europa öffnet sich der Eiserne Vorhang: Ungarn öffnet seine Grenzen zum Westen.

**August 1989**
Bei Nucor-Steel in Crawfordsville (USA) wird die erste Dünnbrammengießanlage der Welt in Betrieb genommen.

**9. 9. 1989**
Die oppositionelle Plattform Neues Forum wird gegründet. Mitinitiator ist der Eisenhüttenstädter Anwalt Rolf Henrich.

**9. 10. 1989**
In Leipzig demonstrieren 75.000 Menschen für Umgestaltung und Demokratie in der DDR.

**17. 10. 1989**
Erich Honecker wird zum Rücktritt gezwungen. Sein Nachfolger ist Egon Krenz.

**04. 11. 1989**
Eine Million Menschen demonstrieren in Ost-Berlin für Demokratie und Meinungsfreiheit in der DDR.

**9. 11. 1989**
Die DDR öffnet die Grenzübergänge zur BRD und zu Berlin-West.

**7. 12. 1989**
Erste Sitzung des Runden Tisches in Ost-Berlin, an der sich zwölf Parteien und Gruppierungen der DDR beteiligen.

**31. 12. 1989**
In diesem Jahr haben 343.854 DDR-Bürger ihr Land verlassen.

# Die Betriebe des Bandstahlkombinates Eisenhüttenstadt[7]

## VEB Walzwerk Finow

Im brandenburgischen Eberswalde-Finow gab es bereits seit dem 16. Jahrhundert verschiedene Produktionsstätten der Metallbearbeitung. Jahrhundertelang prägten die Kupfer- und Messinghütte sowie das Walzwerk den Industriestandort am Nordrand des Barnims. Anfang des 20. Jahrhunderts wurde das Messingwerk modernisiert. Es entstanden eine Patronenhütte und eine Presse für Artilleriemunition. In den 30er Jahren wurde die »Finower Kupfer- und Messingwerke AG« Bestandteil des AEG-Konzerns. Zur gleichen Zeit legte man das Walzwerk wegen der veralteten Technik still, lediglich die Hufeisenproduktion lief weiter.

Die »Finower Kupfer- und Messingwerke AG« wurde 1945 demontiert. Das Walzwerk nahm 1947 die Produktion wieder auf. Unter der Firmenbezeichnung VEB Walzwerk Finow schloss sich 1951 das Walzwerk mit den restlichen Anlagen des ehemaligen Messingwerkes zusammen. Es folgte der Ausbau und die Rekonstruktion des Betriebes. Neben der alten Stabstahlstraße und einer Feinprofilstraße wurde 1957 eine Warmbandstraße fertiggestellt. In den 60er Jahren erfolgte die Inbetriebnahme von Profilieranlagen sowie eines Präzisionsrohrwerkes mit Kaltwalzanlage und drei Rohrschweißanlagen.

1970 produzierten die 2.335 Beschäftigten des Betriebes vorwiegend Stahlleichtprofile, Präzisionsrohre, Feinprofile, Warm- und Kaltband für die DDR und den Export in die Sowjetunion. In den 80er Jahren widmete sich das Werk verstärkt der Produktion von Konsumgütern. 95 Prozent aller in der DDR produzierten Stahlleichtprofile und sämtliche Präzisionsrohre für den Einsatz in Motorrädern, Fahrrädern, Autos, Kinderwagen, Zeltausrüstungen und im Maschinenbau kamen aus Finow.

## VEB Kaltwalzwerk Oranienburg

Vorläufer für das Kaltwalzwerk Oranienburg war die 1849 gegründete Stahlfedernfabrik der Firma Heintze & Blankertz im Nordosten von Berlin. Im Jahre 1912 begann das Unternehmen in Oranienburg am Oder-Havel-Kanal mit dem Bau eines eigenen Kaltwalzwerkes, das ein Jahr später die Produktion aufnahm. Seit 1937 wurde das Werk vorwiegend mit Rüstungsaufträgen betraut.

Nach schweren Zerstörungen im Zweiten Weltkrieg begann im September 1945 die Wiederaufnahme des Kaltwalzens in Oranienburg. Ende der 40er Jahre wurde die Federnfabrik mit vier Kaltwalzgerüsten in die VVB VESTA Leipzig eingegliedert. Inzwischen umfasste das Produktionsprofil vor allem technische Blattfedern, Aktenlocher, Haarklemmen, Schreibfedern, Hosenknöpfe u.a. Die Inbetriebnahme von Bottichen zum Beizen von Warmband in Schwefelsäure im Jahre 1950 erweiterte die technologischen Möglichkeiten des nun volkseigenen Betriebes. Seit 1952 hieß der Betrieb VEB Kaltwalzwerk Oranienburg. 1956 erfolgte die Inbetriebnahme von zwei reversierbaren 6-Rollen-Gerüsten. In den Jahren 1961 bis 1964 wurde ein neues Kaltwalzwerk in Oranienburg errichtet. Das Produktionsprogramm erlaubte nun die Herstellung kaltgewalzter Bänder unterschiedlicher Qualität. Zum Zeitpunkt der Kombinatsbildung gab es hier ein Bandwalzwerk, eine Glüherei und eine Salzsäure-Beize. Das Walzwerk bestand aus einem Quartogerüst, einem Duo-Dressiergerüst sowie vier Längsteilanlagen und einer Querteilanlage. In den 70er Jahren flossen beträchtliche Investitionen nach Oranienburg. 1972 erfolgte die Fertigstellung moderner Bundbinde- und Verpackungslinien mit vollautomatisierter Anlagentechnik und computergesteuertem Programmablauf. Es folgten die Inbetriebnahme einer Breitbandvergütungsanlage, einer Walzenschleiferei, einer Salzsäure-Schubbeize, sowie einer Schleif- und Polieranlage. Darüber hinaus konnte durch die Rekonstruktion der Quartostraße und der weiteren Ausstattung der Walzgerüste mit moderner Elektronik die Qualität der kaltgewalzten Bänder erhöht werden.

In den 80er Jahren erfolgte der weitere Ausbau und die Modernisierung des Kaltwalzwerkes. Dies betraf u.a. die Fertigstellung einer neuen Haubenglühanlage, zweier Arrondierungsanlagen, einer Präzisionsschere, eines Braunkohlenheizwerkes sowie verschiedener Längs- und Querteilanlagen. Im Jahre 1987 wurde von der BRD-Firma Sundwig ein zweites Quartogerüst errichtet. Ende der 80er Jahre hatte das Kaltwalzwerk Oranienburg etwa 1.200 Beschäftigte.

## VEB Kaltwalzwerk Bad Salzungen

Im thüringischen Bad Salzungen existierte vor 1945 lediglich ein kleines Kaltwalzwerk. Bis Mitte der 60er Jahre wurde hier auf einem veralteten Duo-Walzgerüst Schmal- und Mittelband hergestellt. Nach 1965 erfolgte die Inbetriebnahme einer neuen Kaltwalzanlage mit einem Quartogerüst der französischen Firma Secim. Als Vormaterial verwendete man importiertes Warmband, das zuvor im EKO längsgeteilt wurde. Für die Salzsäure-Beize lieferte 1968 die Firma Dr. Otto (BRD) die Ausrüstungen. Das Kaltwalzwerk hatte darüber hinaus noch eine Glüherei/Vergüterei mit zwei Rollenherd-Durchlauföfen, sechs Längsteilanlagen für Kaltband und Lackband und eine Walzenschleiferei. 1975 nahm eine Bandlackieranlage zum Lackieren von Schwarzblech die Produktion auf, die durch den Rationalisierungsmittelbetrieb des EKO projektiert und gebaut wurde.

Im Juli 1982 erfolgte in enger Zusammenarbeit mit dem Forschungsinstitut Manfred von Ardenne Dresden die Inbetriebnahme einer Aluminium-Bedampfungsanlage. Im gleichen Jahr wurde das zweite Quartogerüst mit Thyristorensteuerung in Betrieb genommen und 1989 ein 20-Rollen-Kaltwalzgerüst. Mit einer Belegschaft von über 1.000 Beschäftigten produzierte das Kaltwalzwerk Bad Salzungen Kaltband, aluminiumbedampftes Band sowie Lackband.

## VEB Blechwalzwerk Olbernhau

Das Berg- und Hüttenwesen hatte im erzgebirgischen Olbernhau eine lange Tradition. Bereits 1537 errichtete der Annaberger Bürgermeister Hans Lienhardt die Saigerhütte Grünthal bei Olbernhau. Im Zuge der industriellen Revolution wurde Mitte des 19. Jahrhunderts ein Walzwerk gebaut. 1932 kam es zur Bildung der Kupfer- und Messingwerke, die Bleche aus Buntmetall produzierten. Nach dem Zweiten Weltkrieg wurde das Werk demontiert. Schon 1946 begann man in Olbernhau wieder Bleche zu produzieren. Seit 1947 war das Werk Volkseigentum und trug die Bezeichnung »VEB Blechwalzwerk Olbernhau«. Anstatt Kupferblech wurden nun Stahlbleche, Fein- und Mittelbleche hergestellt. 1953 ersetzte eine neue Feinblechstraße die veralteten Produktionsstätten. Bis zur Kombinatsbildung konnten weitere Anlagen in Betrieb genommen werden. Das Blechwalzwerk bestand im Jahre 1969 aus einer Grobblechstraße und vier Feinblechstraßen, Richtmaschinen, Scherenanlagen, Glüherei und Beize.

Über die Perspektiven des Betriebes gab es seit der Kombinatsbildung differierende Vorstellungen. Sie reichten von der Umstellung des Werkes auf Bandveredlung bis zum Bau eines zentralen Rationalisierungsmittelwerkes für die Metallurgie. Die wirtschaftliche Situation in den 80er Jahren führte jedoch dazu, dass es nach zahlreichen Verschiebungen 1987 zum endgültigen Abbruch der Ausbaupläne kam. Die etwa 600 Beschäftigten produzierten vorwiegend Grob- und Riffelbleche. 1990 wurde das Blechwalzwerk Olbernhau stillgelegt.

## VEB Walzwerk »Hermann Matern« Burg

Die Geschichte der Eisenindustrie in Burg begann Anfang des 20. Jahrhunderts mit der Gründung der »Berlin-Burger Eisenwerke«, die aus einer Stahl- und Graugussgießerei, einer Kesselfabrik und einem Walzwerk bestanden. Nach Krieg und Demontage produzierte das Walzwerk ab 1946 mit bescheidenen Mitteln wieder Walzstahlerzeugnisse, insbesondere als Reparationsleistungen. Im Jahre 1949 wurde ein Feinwalzwerk zur Herstellung von Elektro-, Dynamo-, Tafel- und Edelstahlblechen in Betrieb genommen. Nur schleppend vollzog sich in den nachfolgenden Jahren der Ausbau des Werkes. Zwischen 1960 und 1963 erfolgte eine Teilmechanisierung der Produktionsabläufe. Eine Edelstahlbeize mit Stahlschmelze wurde 1963 fertiggestellt. Ab 1966 stieg die Produktion von Edelstahlblechen und anderer Stahlbleche an. In Burg wurden über 160 unterschiedliche Stahlmarken und Abmessungen gewalzt. 1968 ging eine Schleiferei und Polieranlage für Edelstahlbleche in Betrieb. Das Walzwerk Burg verfügte 1969 über vier Warmwalzstraßen sowie verschiedene Wärmöfen und Adjustageanlagen.

Die Errichtung eines modernen Edelstahlwalzwerkes scheiterte in den Folgejahren immer wieder an fehlenden Baubilanzen. Die Walzwerksanlagen und technischen Ausrüstungen waren Anfang der 80er Jahre im wesentlichen veraltet und wurden deshalb auf allmählichen Verschleiß gefahren. Lediglich die beiden Glühanlagen wurden 1988 noch einmal modernisiert. Die 960 Beschäftigten produzierten warmgewalzte Grob- und Feinbleche nach dem Tafelblechverfahren. Am Ende der 80er Jahre verlor das Werk in Burg immer mehr an Attraktivität und das Produktionsvolumen stagnierte. Trotzdem blieb der Betrieb alleiniger Produzent von Edelstahlfeinblechen in der DDR.

## VEB Magnesitwerk Aken

Das Magnesitwerk in der kleinen Industriestadt an der Elbe wurde 1946 erbaut. Bis 1953 verfügte es über eine Anlage zur Produktion von Sintermagnesit. Nach dem Bau einer Steinefabrik 1954 profilierte sich das Werk zum bedeutendsten Betrieb der Feuerfestindustrie der DDR. Der Rohmagnesit wurde vorwiegend aus der Sowjetunion importiert und zu Steinen mit einer hohen Feuerstandfestigkeit verarbeitet.

1980 wurde das Werk mit seinen 856 Beschäftigten in das Bandstahlkombinat »Hermann Matern« eingegliedert. Ein Jahr später begann im Zusammenhang mit der Errichtung des Konverterstahlwerkes in Eisenhüttenstadt der Bau der neuen Steinefabrik in Aken. Im August 1983 nahm man in der von der VOEST-Alpine AG errichteten Produktionsstätte den Probebetrieb auf und am 29. März 1984 den Dauerbetrieb. Die in der Steinefabrik Aken gefertigten Konvertersteine waren als Verschleißfutter für die beiden Konverter des EKO sowie zur Versorgung des Rohrkombinates und des Qualitäts- und Edelstahlkombinates mit feuerfesten Erzeugnissen vorgesehen.

# Modernisierung und neue Anlagen

## Das EKO am Übergang zu den 70er Jahren

Das Herz des Kaltwalzwerkes – die viergerüstige Quarto-Tandemstraße in den 70er Jahren.

Die Bildung des Bandstahlkombinates und die kurz davor erfolgte Inbetriebnahme des Kaltwalzwerkes erhöhten das volkswirtschaftliche Gewicht des EKO beträchtlich und stellten Belegschaft und Leitung des Werkes vor qualitativ neue Aufgaben. Ein Schwerpunkt war dabei, im Kaltwalzwerk baldmöglichst die geforderten wirtschaftlichen Parameter zu erreichen. Aufgrund verschiedenartiger Schwierigkeiten hatte sich der Probebetrieb unter Produktionsbedingungen auf wenige Tage reduziert. Damit stellte die Inbetriebnahme, wie sie Ende Juni 1968 erfolgte, durchaus eine Herausforderung dar. Nachdem bis Juli 1968 eine Kaltbandstraße mit vier Quarto-Tandem-Gerüsten und einem Quarto-Dressiergerüst, eine Turmkreisbeize, eine Haubenglühanlage mit acht Glühöfen und eine Schutzgasanlage in Betrieb genommen worden waren, liefen im November 1968 und im Jahre 1969 vier Längs- und Querteilanlagen an. Sowjetische Spezialisten, die auch nach der Inbetriebnahme im Werk geblieben waren, unterstützten die Produktion auf vielfältige Weise. Gemeinsam mit ihren deutschen Kollegen erarbeiteten sie z.B. konkrete Stichpläne und halfen bei der fachlichen Weiterbildung der meist jungen Leitungskräfte, die in diesem Bereich noch über wenig Praxis verfügten und selbst erst lernen mussten, die technischen und ökonomischen Prozesse zu beherrschen. Für das Gros der Belegschaft des Kaltwalzwerkes stellten die Maschinen und Anlagen eine ungeheure Herausforderung dar. Nur wenige Walzwerker, Techniker und Ingenieure verfügten über ausreichende Erfahrungen. Viele von ihnen hatten zwar im Vorfeld der Produktionsaufnahme die verschiedenen Umschulungs- und Qualifizierungsmaßnahmen durchlaufen, die realen Bedingungen des Produktionsprozesses verlangten jedoch neue Fähigkeiten. Auch die Belegschaft brauchte »Anlaufzeit«, um sich auf das neue Betriebsregime einzuspielen. Darüber hinaus war die Beschäftigtenzahl im Kaltwalzwerk noch immer im Wachsen begriffen. Sie stieg von 666 im Jahre 1968 auf 821 im Jahre 1970. Ab 1. Juli 1969 konnten damit alle Anlagen des Werkes vierschichtig ausgelastet und die Produktionsleistungen wesentlich gesteigert werden. 1970 wurden neunmal mehr kaltgewalzte Bleche und Bänder produziert als 1968.

Der überaus harte Winter 1969/70 hatte insbesondere im Roheisenwerk Produktionseinbußen zur Folge. Seit November 1969 waren die Temperaturen kontinuierlich unter dem Gefrierpunkt geblieben. Langandauernde Niederschläge hatten Gleisanlagen und Straßen unter einer dichten Schneedecke begraben. Koks- und Erzlieferungen kamen nicht oder nur mit großen Verspätungen im Werk an. Der innerbetriebliche Transport drohte zusammenzubrechen. Neben vielen freiwilligen Helfern kam dabei auch erstmalig ein neues Schneeräumgerät zum Einsatz.

Schwieriger als die Auswirkungen dieses Winters waren jedoch die wirtschaftspolitischen Turbulenzen dieser Jahre. Ende der 60er Jahre begann bei den verantwortlichen Regierungsstellen die Diskussion über die Entwicklung der DDR-Metallurgie zur Veredlungsmetallurgie. In diesem Zusammenhang wurden auch die Perspektiven der Roheisenproduktion im EKO untersucht, da gerade diese technologische Stufe besonders kapitalintensiv war. Die Staatliche Plankommission beabsichtigte, die Erzeugung von Roheisen stufenweise zurückzufahren und bis April 1973 ganz einzustellen. Belegschaft und Leitung des EKO sowie das zuständige Ministerium stellten sich vehement gegen solche Pläne. In einem internen Material vom Mai 1968 hatte die Werkleitung eine vollständige Umstellung des Roheisenbetriebes auf »2 Hochöfen je 1.386 m³ Nutzvolumen unter der Berücksichtigung des maximalen Einsatzes von hochwertigem Agglomerat, der vollen Automatisierung und Programmierung der Möllerung und Begichtung, des Einsatzes eines elektronischen Rechners, der Anwendung von hohen Heißwindtemperaturen und erhöhtem Gasdruck an der Gicht« vorgeschlagen.[8] Ende 1968 fanden in Moskau Beratungen zwischen den Metallurgieministern der DDR und der Sowjetunion statt, bei denen Fragen der weiteren Perspektive der Roheisenerzeugung in der DDR besprochen wurden. Man kam überein, dass die Sowjetunion dem EKO Eisenerz mit einem durchschnittlichen Eisengehalt von 57,5 Prozent zur Verfügung stellen wird. Außerdem sollte sich die DDR mit Investitionen am Bau von metallurgischen Betrieben in der Sowjetunion beteiligen.

Das Ministerium für Erzbergbau, Metallurgie und Kali erarbeitete im Februar 1969 eine Ministerratsvorlage, die die volkswirtschaftlichen Auswirkungen einer Einstellung der Roheisenproduktion im EKO aufzeigte. Es wurde der dann notwendige Importaufwand für Roheisen mit den volkswirtschaftlichen Kosten zur Weiterproduktion mit vier Öfen in Eisenhüttenstadt verglichen und festgestellt, dass letztere die günstigere Variante wäre. Eine Studie des Zentralinstituts der Metallurgie (ZIM) vom März 1969 bestätigte diese Berechnungen und ergänzte sie mit Zuarbeiten anderer betroffener Wirtschaftszweige. So hätte der Abbruch der Roheisenerzeugung im EKO auch Auswirkungen auf die Zement- und Kalksteinindustrie der DDR. Eine Ausarbeitung der zuständigen VVB Zement vom 25. Februar 1969 benannte eine Kostenerhöhung von jährlich 34 Mio. Mark und zusätzliche Investitionen in Höhe von 77 Mio. Mark. Die ZIM-Studie verglich verschiedene Varianten, beispielsweise die Perspektive eines 4-Ofen-Betriebes durch den Neubau von drei Hochöfen mit einem Volumen von 1.033 bis 1.386 m³ und der Rekonstruktion des Hochofens V bis 1976. Abschließend kam die Untersuchung zu dem Ergebnis: »Die kosten- bzw. ergebniswirksamen Mehrbelastungen betragen in der Volkswirtschaft bei einer Einstellung der Roheisenerzeugung im VEB EKO ab 1973 ca. 158,0 Mio. M/Jahr. Sie ermäßigen sich nach 5 Jahren (ab 1978) auf ca. 121,0 Mio. Mark/Jahr.«[9] Das Thema der Errichtung eines Stahlwerkes und eines Warmwalzwerkes am Standort Eisenhüttenstadt blieb indes weiterhin ungeklärt.

Anfang der 70er Jahre wurde das Niederschachtofenwerk in Calbe aus Rentabilitätsgründen stillgelegt. Die dort ausfallende Produktion von Gießereiroheisen musste von den Hochöfen des EKO übernommen werden, denn die 460 Gießereien der DDR brauchten dringend das Vormaterial. Zudem hatte die Sowjetunion in diesen Jahren Probleme, den wachsenden Bedarf an Roheisen zu decken. Entgegen ursprünglicher Absichten, veraltete Hochöfen stillzulegen, mussten diese weiter produzieren. Gleichzeitig wurden zwischen 1971 und 1975 neue, riesige Öfen mit einem Fassungsvermögen von 3.000 bis 5.000 m³ in Nowokusnezk, Nowo Lipezk und Kriwoi Rog errichtet. Außerdem limitierte die Sowjetunion ihren Roheisenexport in die RGW-Staaten. Im Juni 1972 empfahl man deshalb den Ländern der Wirtschaftsvereinigung, »entsprechende Maßnahmen einzuleiten, um die eigene Roheisenproduktion zu erhöhen«.[10] Explizit

Aus einem ausgedienten Kampfflugzeug vom Typ MIG 19 bauten im Winter 1969/70 Kollegen der Abteilung Pfannen- und Waggonreparatur unter der Leitung von Klaus Friedrich das Schneeräumgerät SRG 1.

Abstich am Hochofen in den 70er Jahren.

wurde dabei die DDR genannt, da ihr Importanteil an Roheisen der mit Abstand höchste war. Außerdem war der Bau eines gemeinsamen Hüttenwerkes der RGW-Staaten in der Sowjetunion geplant.

Im August 1971 stellte eine Arbeitsgruppe des Metallurgieministeriums fest, dass im EKO durch fehlende Exportverträge, Vorlieferung von Importen und Überproduktion hohe Überplanbestände bei Roheisen vorhanden waren. So wurde Roheisen lediglich zur Finanzierung des Warmbandes in die Sowjetunion und nach Bulgarien exportiert. Gelegentlich kam es zu Geschäften ins nichtsozialistische Wirtschaftsgebiet (NSW), wie 1971/72 nach Japan, die jedoch kleinere Mengen betrafen. Vom Ministerium wurde deshalb die »Steuerung der Produktion entsprechend den Anforderungen« angewiesen. Reparaturen sollten verlängert werden, um die Bestände abzubauen. Außerdem wurde der Einsatz hochwertiger Stückerze gestoppt. »NSW-Erze sind zur Leistungssteigerung der Hochöfen dann wieder einzusetzen, wenn die notwendigen Abrufe für Roheisen vorliegen«, hieß es in der Anweisung des Ministeriums.[11] Aufgrund steigender Anforderungen wurde Ende 1971 der 6-Ofen-Betrieb wieder aufgenommen. Die Produktionsmengen wuchsen in den Folgejahren ständig an und erreichten 1977 ihren Höhepunkt.

Parallel zu den Überlegungen und Auseinandersetzungen um die Perspektiven der metallurgischen Vorstufen in Eisenhüttenstadt entwickelte sich die Produktion von kaltgewalztem Breitbandstahl kontinuierlich. Die Herstellung von kaltgewalzten, oberflächenveredelten Blechen und Bändern gehörte zu den strukturbestimmenden Aufgaben, die eine besondere Förderung erfuhren. Am 16. April 1970 traf der DDR-Ministerrat deshalb die Grundsatzentscheidung »über den Bau von automatisierten Anlagen für die Herstellung von oberflächenveredelten Konstruktionsstahlblechen im EKO«.[12] Gleichzeitig erhielten andere Ministerien die Auflage, die Bereitstellung von Chemikalien, Lacken, Pasten und Folien für die Kunststoffbeschichtungsanlage »so rechtzeitig abzusichern, dass die erforderliche Versorgung gesichert ist. [...] Grundsätzlich sollte erreicht werden, auf den aus dem NSW importierten Anlagen einheimische Rohstoffe zu verarbeiten«.[13] Das EKO sollte in die Lage versetzt werden, sein Produktionssortiment quantitativ und qualitativ zu erweitern, um insbesondere der Konsumgüterindustrie hochwertige Bleche und Bänder zur Verfügung zu stellen. Damit wuchs der volkswirtschaftliche Stellenwert des gesamten Bandstahlkombinates. Auf Antrag der SED-Betriebsparteileitung wurde dem Kombinat am 1. Juli 1971 der Name des im Januar verstorbenen SED-Politikers und langjährigen Vorsitzenden der Zentralen Parteikontrollkommission, Hermann Matern, verliehen. Da bereits das Walzwerk Burg diesen Namen trug, warf die Parteileitung in ihrem Antrag die Frage auf, »ob es richtig [sei], einem Einzelbetrieb den Namen einer so hervorragenden Persönlichkeit zu verleihen«.[14]

## Oberflächenveredlung für kalte Bleche

Im Zentrum des Fünfjahrplanes 1971 bis 1975 standen Maßnahmen zur technologischen Entwicklung, zur Modernisierung von Produktionsanlagen und zur Steigerung der Arbeitsproduktivität. Für die Metallurgie forderte der 8. SED-Parteitag die »Verbesserung der Gebrauchseigenschaften metallurgischer Erzeugnisse und Entwicklung neuer Erzeugnisse, wie oberflächenveredelte Bleche und Bänder, korrosionsträge Stähle, höherfeste Stähle, Sonderwerkstoffe und Verbundwerkstoffe [...] Dazu ist neben den Rationalisierungsmaßnahmen 1973 eine Produktionskapazität für oberflächenveredelte Konstruktionsstahlbleche in Betrieb zu nehmen sowie die Erweiterung des Kaltwalzwerkes im VEB Bandstahlkombinat Eisenhüttenstadt abzuschließen.«[15] Aufgrund dieser Vorgaben stand für das EKO in dieser Fünfjahrplanperiode das Investitionsvorhaben oberflächenveredelte Konstruktionsbleche mit den Ausbaustufen Verzinkung, Kunststoffbeschichtung, Profilierung und Adjustage an erster Stelle. Darüber hinaus waren die Ersatzinvestition Sinteranlage sowie die Rationalisierung des Kaltwalzwerkes geplant. Eine außerordentlich anspruchsvolle Entwicklungsetappe musste also gemeistert werden, womit sich die DDR-Metallurgie auf dem Gebiet der oberflächenveredelten Bleche und Bänder einen Spitzenplatz unter den Flachstahlherstellern der Welt sichern wollte.

Der SED-Parteitag bestätigte den bereits ein Jahr zuvor verabschiedeten Ministerratsbeschluss zur Erweiterung des Kaltwalzwerkes »um eine Produktionsstätte für oberflächenveredelte, korrosionsgeschützte Konstruktionsbleche in Tafeln, Bändern und Profilen«.[16] Kaltgewalzter unlegierter Kohlenstoffstahl, wie er bis dahin im Kaltwalzwerk hergestellt wurde, war sehr korrosionsanfällig. Damit waren für den Korrosionsschutz nachträglich aufwendige Arbeitsgänge für Grundieren und Anstrich notwendig, die landesweit tausende Arbeitskräfte erforderten, zumal diese Anstriche in regelmäßigen Abständen wiederholt werden mussten. International hatte sich in den 60er Jahren als wirksamer Korrosionsschutz das Verzinken und das Beschichten des Kaltbandes mit organischen Überzügen bzw. die Kombination dieser beiden Verfahren durchgesetzt. Durch das fabrikmäßige Auftragen und Ausbilden der metallischen und organischen Schutzschichten unter definierten, gleichbleibenden Bedingungen war es möglich, eine langzeitgeschützte Oberfläche des Kaltbandes bei hoher Produktivität direkt ab dem Kaltwalzwerk zu erhalten. Es war ersichtlich, dass die kontinuierlichen Produktionsverfahren gegenüber den bis dahin bekannten Stückverzinkereien erhebliche ökonomische Vorteile besaßen. In der DDR gab es 1972 nur 73 Stück-Verzinkereien, die größte im ehemaligen Niederschachtofenwerk in Calbe. In dieser konnten Einzelteile bis zu 15 m Länge verzinkt werden. Eine Anlage zum kontinuierlichen Verzinken von Bändern gab es nicht. Der Großteil verzinkter Bleche musste deshalb importiert oder eine Lohnverzinkung in der ČSSR durchgeführt werden. Dabei kam es jedoch immer wieder zu Unregelmäßigkeiten, da die tschechoslowakischen Betriebe daran nicht interessiert waren.

Aufgrund der internationalen Entspannungssituation war es für die DDR Anfang der 70er Jahre möglich, auch mit westlichen Anlagenlieferanten Verträge zu realisieren. Dies erwies sich für dieses Projekt als besonders nützlich, da im RGW der neueste technologische Stand nicht zu finden war. Aus den verschiedenen Anbietern wurde die französische Firma Heurtey mit der Lieferung der Verzinkungs- und Kunststoffbeschichtungsanlage beauftragt. Die Profilierungsanlage sollte als Lizenzbau des Unternehmens Somenor/Frankreich vom SKET Magdeburg verwirklicht werden. Noch im Jahre 1970 erfolgte der Vertragsabschluss mit der Firma Heurtey, in dem als Inbetriebnahmetermin für die Verzinkungsanlage der 1. September 1972 fixiert wurde.

Das Vorhaben »Oberflächenveredelte Konstruktionsbleche« im EKO hatte bei den Regierungsstellen oberste Priorität. Während der Aufbauphase wurden deshalb monatliche Kontrollberatungen beim Stellvertreter des Vorsitzenden des DDR-Ministerrates Kurt Fichtner durchgeführt. Trotzdem kam es bei den Baumaßnahmen durch das BMK Ost zu erheblichen Verzögerungen. Als absehbar war, dass der Übergabetermin, auch aufgrund von Mängeln bei den durch das französische Unternehmen gelieferten Ausrüstungen, nicht zu halten war, wurde im Juni 1972 ein Zusatzvertrag unterzeich-

Teilansicht der Feuerverzinkungsanlage im Kaltwalzwerk in den 70er Jahren.

In der 1973 fertiggestellten Profilierungsanlage wurden die kunststoffbeschichteten Bänder zu kaltgebogenen Trapezprofilen verarbeitet.

net. Ein Ministerratsbeschluss vom 23. Juni 1972 legte als Inbetriebnahmetermine für die Verzinkungsanlage den 15. Juni 1973, für die Beschichtungsanlage den 31. Oktober 1973 und für die Profilierungsanlage den 31. Dezember 1973 fest. Jedoch konnten auch diese Termine nicht gehalten werden. Erst am 31. Januar 1974 wurde die Feuerverzinkungsanlage mit siebenmonatiger Verspätung an das EKO übergeben. Während der Warmerprobung, die seit dem 8. Mai 1973 lief, war es zu mehreren Havarien gekommen, die zu längeren Stillständen führten. Lediglich 82 Prozent des dabei erzeugten Materials erfüllte die geforderten Qualitätsnormen. Kurzfristig wurde deshalb eine Wellblechmaschine errichtet, so dass das minderwertige Material noch als Wellblech Verwendung finden konnte. Aufgrund der minderen Qualität der verzinkten Bleche musste das EKO im Jahre 1973 empfindliche Vertragsstrafen an das Ausrüstungskombinat Perleberg und das Waschgerätewerk Schwarzenberg zahlen.

Am 20. Juni 1973 wurde die Konti-Verzinkungsanlage zum Jugendbetrieb erklärt und erhielt den Namen »Jugendobjekt X. Weltfestspiele«. Sie war für eine Jahresleistung von 210.000 t projektiert worden und gestattete die Verarbeitung von 0,4 mm bis 2,25 mm dickem und 600 mm bis 1.500 mm breitem gebeizten, kaltgewalzten Bandstahl. Die Anlagetechnik ermöglichte es, eine große Erzeugnispalette in hoher Qualität zu produzieren. So wurde beispielsweise neben verschiedenen Stahlmarken (Grund-, Maschinenfalz-, Zieh- und Tiefziehgüte) auch verzinkter Bandstahl in zinkblumenfreier Ausführung hergestellt. Ein Teil des produzierten verzinkten Bandes wurde als Vormaterial für die Kunststoffbeschichtungs-, Profilierungs- bzw. Längsteilanlage des Kaltwalzwerkes verwendet.

Auch die Inbetriebnahme der Kunststoffbeschichtungsanlage verzögerte sich bis Juli 1974. Die Ursache für diesen achtmonatigen Rückstand war die verspätete Lieferung der Dokumentationen für die Projektierung durch die französische Firma Heurtey. Dadurch musste der Montagebeginn um fünf Monate verschoben werden. Eine sich daraus ergebende Änderung der Montagetechnologie verursachte weitere Verzögerungen. »Diese Terminverschiebung führte bei den DDR-Chemikalien- und Lackproduzenten zu ernsthaften Problemen in der Planung der Lieferungen für die Kunststoffbeschichtungsanlage und bestimmte Sondermaßnahmen zur Minimierung von Verlusten an befristet lagerfähigem Material waren notwendig.«[17] Die Anlage diente dem kontinuierlichen Beschichten von verzinktem oder unverzinktem Stahlband mit Lack, Plastisol oder Folie und schloss sich im technologischen Ablauf an das Kaltwalzwerk bzw. die Verzinkungsanlage an. Die chemische Vorbehandlung entsprach den Anforderungen an einen wirkungsvollen Oberflächenschutz durch festhaltende, völlig dichte und porenfreie Überzüge. Voraussetzung hierfür war eine definierte gleichmäßige Grenzschicht, die durch das angewandte Spritz- und Reinigungsverfahren gewährleistet war. Die Auslieferung des beschichteten Materials erfolgte in Bund- oder Paketform in verschiedenen Abmessungen, Beschichtungsvarianten, Farben, Prägungen, Dekoren und Materialgüten.

Die Breitbandprofilierungsanlage wurde am 29. März 1974 fertiggestellt. Damit konnte im EKO die Produktion von Stahltrapezprofilen aus verzinktem und verzinkt organisch beschichtetem Bandstahl vornehmlich für die Bauwirtschaft aufgenommen werden. Die Erzeugnispalette umfasste vier Profilformen mit Längen zwischen 400 bis 18.000 mm in verschiedenen Beschichtungsvarianten und Farben. In den Jahren 1976 und 1977 wurde die Anlage mit Ausrüstungen zur Herstellung von Komplettierungselementen erweitert. Diese waren für die Verarbeitung der Stahltrapezprofile zu kompletten Bauhüllen, Fassaden und Dacheindeckungen erforderlich.

Das Gesamtvorhaben »Oberflächenveredelte Konstruktionsbleche« im EKO hatte einen Investitionsumfang von 395 Mio. Mark. Der Import der Anlagen erfolgte auf Kreditbasis. Für die Abzahlung des Kredites wurde verzinktes bzw. beschichtetes Material aus der eigenen Produktion gegen frei konvertierbare Währung in das NSW exportiert. In einem Zwischenbericht über die dabei erreichten Ergebnisse musste Ende 1974 festgestellt werden, dass der Bedarf an Zink und Folie nicht gesichert war, dass es Probleme bei der Bereitstellung der Vorbehandlungschemikalien gab sowie der entwickelte Klebstoff nicht den internationalen Anforderungen entsprach. Im Laufe der nächsten Jahre konnten diese Probleme im Wesentlichen beseitigt werden, nicht zuletzt aufgrund der wissenschaftlich-technischen Zusammenarbeit mit der Sowjetunion und den anderen RGW-Ländern. Im Jahre 1971 schloss das EKO einen Vertrag mit dem metallurgischen Kombinat Tscherepowez über die Aufnahme von Direktbeziehungen ab, mit dem die seit 1965 bestehenden engen Kontakte weiter vertieft wurden. Es wurde vereinbart, die Ausbildung der Bedienungsmannschaften für die neuen Anlagen der Oberflächenveredlung überwiegend in diesem Werk durchzuführen. Im Mai und Juni 1972 sowie im Mai 1973 weilten mehrere Kernmannschaften des EKO zu einer mehrwöchigen Qualifizierung in Tscherepowez. Im Juni und Juli 1973 waren weitere EKO-Angehörige zur Ausbildung im metallurgischen Werk Saporoshje. Insgesamt erwarben aus dem Bereich der Oberflächenveredlung etwa 360 Facharbeiter, Meister und Ingenieure in der Sowjetunion, Polen und der ČSSR ihre Kenntnisse für die neuen Anlagen.

Mit der Produktionsaufnahme von oberflächenveredelten Blechen und Bändern musste auch deren Absatz gesichert werden. Dazu wurden Markt- und Bedarfsanalysen erstellt sowie die Kundenberatung forciert. Dies geschah in Form von Kundenbesuchen, Symposien, Anwenderkonferenzen, Herausgabe von Prospektmaterial, Beschaffung und Publikation von Anwenderbeispielen, Bereitstellung von Material für großtechnische Versuche, Abschluss von Erprobungsverträgen und Vergabe von Forschungsthemen an Hoch- und Fachschulen. Zur Vorbereitung des Exports wurden Werbeveranstaltungen bzw. Fachsymposien in der Sowjetunion, Polen, der ČSSR, Ungarn, Rumänien und Jugoslawien durchgeführt. Zum Kundenkreis des Kaltwalzwerkes gehörten über 900 Betriebe aus dem Fahrzeug- und Gerätebau, der Elektrotechnik, dem Bauwesen und dem Anlagenbau der DDR und 20 aus dem Ausland. Die kunststoffbeschichteten Bleche und Bänder wurden unter dem Warenzeichen EKOTAL vermarktet. Sie fanden vor allem in der Bauwirtschaft für Wand- und Dachverkleidungen, Türen und Tore und in der metallverarbeitenden Industrie für die Isolierung von Rohren bis zu Kofferaufbauten bei Kraftfahrzeugen Anwendung. Als nächste Verarbeitungsstufe der EKOTAL-Bänder erfolgte das Profilieren. Für eine vielseitige Anwendung im Bauwesen als Umhüllungs- und Trageelement erfüllten die EKOTAL-Trapezprofile Anforderungen wie hohe Tragfähigkeit und Korrosionsbeständigkeit, vielfältige Gestaltungsmöglichkeiten und schnelle Montage.

Der ständige Produktionszuwachs, verbunden mit der Erweiterung des Produktionssortiments, führte bei verschiedenen Aggregaten des Kaltwalzwerkes zu Engpässen bei der Kapazitätsauslastung. Insbesondere die Arbeitsweise der Beize wurde durch häufige technische Störungen an der Schweißmaschine, hohe Ausfallraten an den gummierten Umlenkrollen sowie ständige Säuredurchbrüche beeinträchtigt. 1974 rief Generaldirektor Erich Markowitsch deshalb eine Arbeitsgruppe aus den »besten Kräften« der Bereiche Instandhaltung und Investition ins Leben, um im Rahmen von Großreparaturen die anfälligen Baugruppen auszutauschen. Eine weitere Schwachstelle war die Haubenglüherei. Bei der Inbetriebnahme des Kaltwalzwerkes hatte sie eine Kapazität von 60 Glühplätzen, bis 1974 kamen weitere 64 dazu. Trotzdem traten immer wieder Stockungen auf. Deshalb wurde 1975 eine Arbeitsgemeinschaft unter Leitung von Arno Bewersdorf gebildet, die ein neues Verfahren entwickelte. Damit gelang es, den Abkühlungsprozess des kaltgewalzten Bandes nach dem Glühen zu verkürzen und darüber hinaus das verbrauchte Schutzgas zu nutzen. Im gleichen Jahr wurde eine Warmbandschere in Betrieb genommen. Damit war es möglich, gespaltenes Warmband an die Walzwerke in Oranienburg, Bad Salzungen, Finow, Bitterfeld und Hettstedt zu liefern. Dies wiederum führte innerhalb des Bandstahlkombinates zur schrittweisen Ablösung veralteter Walzanlagen in Finow, Olbernhau und Thale.

Bleche und Bänder mit dem Warenzeichen »EKOTAL« gehörten seit den 70er Jahren zu den Hauptprodukten des Kaltwalzwerkes.

## Wissenschaftliche Forschungen und technische Neuerungen

Mit der Kombinatsbildung erhielt das EKO eine besondere Verantwortung bei der wissenschaftlichen Forschung und technischen Entwicklung. Mit der »Zentralen Forschungsstelle des BKE« wurden in Eisenhüttenstadt die Forschungs- und Entwicklungspotentiale der Bandstahlerzeugung konzentriert. Darüber hinaus gab es noch so genannte Leitforschungsstellen für Stahlleichtprofile in Finow, für die Pulvermetallurgie in Thale und für Edelstahlbleche in Burg. Die Aufgaben dieser Forschungsstellen bestanden insbesondere darin, auf den Gebieten der Produktionsbetreuung und -pflege laufender Prozesse und Erzeugnisse, der systematischen Verfahrensforschung sowie der langfristigen wissenschaftlich-technischen Vorbereitung zur Produktionsaufnahme neuer Erzeugnisse einschließlich der Inbetriebnahme neuer Anlagen wirksam zu werden.

Seit Inbetriebnahme des Kaltwalzwerkes und der Produktionsaufnahme der Anlagen zur Oberflächenveredlung konzentrierte sich die wissenschaftlich-technische Forschungsarbeit im EKO vor allem auf diese Bereiche. Die Hauptschwerpunkte lagen dabei auf der Erhöhung der Erzeugnisqualität bei gleichzeitiger Einsparung von Material und einer maximalen Ablösung von NSW-Importen. Einer Forschungsgruppe unter Leitung von Günter Naumann gelang 1970, in enger Zusammenarbeit mit dem Zentralinstitut für Festkörperphysik und Werkstoffforschung der Akademie der Wissenschaften der DDR, die Entwicklung und Einführung einer Technologie zur Herstellung von semifinished und von schwachsiliziertem Dynamoband mit und ohne Elektroisolation. Das kaltgewalzte halbfertige Dynamoband »erfüllte die Forderungen des Elektromaschinenbaus hinsichtlich hoher magnetischer Eigenschaften und sehr guter technologischer Verarbeitbarkeit«.[18] Damit verbunden war neben der Einsparung von wertvollem Kupfer auch die Möglichkeit, kleinere und damit leistungsfähigere Elektromotoren zu produzieren. In Kooperation mit den Elektromotorenwerken Thurm und Wernigerode entstand ein Spitzenprodukt. Weitere Mitarbeiter an diesem Projekt waren u.a. Walter Krüger, Walter Laube, Eckehard Just, Peter Martin und Roland Krüger.

Eine andere Arbeitsgruppe analysierte die Fehler und Mängel bei der Kaltbandherstellung wie »Rollknick«, »Verschmutzung« und »Abdruck«. In einem offenen Brief der Brigade »Roter Stern« des VEB DKK Niederschmiedeberg hatten die dortigen Kühlschrankbauer beklagt, dass im gesamten Jahr 1972 jedes fünfte Blech aus dem EKO »wegen Druckstellen, Walzabdrücken, Welligkeit oder mangelhafter Schnittkanten nicht verwendbar war«.[19] Durch die Entwicklung einer Walzspaltregelung gelang es einer Forschungsgruppe, die Ebenheit des kaltgewalzten Bandstahls zu ver-

Foto oben:
Stahlbandrollen vor dem Dressiergerüst.

Foto unten:
Für die Qualität der Erzeugnisse des Kaltwalzwerkes war die Veredlung der Oberflächen von besonderer Bedeutung.

bessern und seine Qualität damit zu erhöhen. Im Dezember 1972 wurde das Forschungsthema »Höherfester Bandstahl« (Bindeband) mit dem Ergebnis des Nachweises eines verfahrenstechnischen Lösungsweges erfolgreich verteidigt.

Von besonderem Gewicht waren wissenschaftlich-technische Ergebnisse auf dem Gebiet der Oberflächenveredlung von Bandstahl. Entsprechend den Vorgaben der SED-Führung hatte die chemische Industrie der DDR frühzeitig mit der Entwicklung von Beschichtungssystemen auf der Basis einheimischer Rohstoffe begonnen. Insbesondere bei der Produktionsvorbereitung der Kunststoffbeschichtungsanlage wurde erfolgreich die Aufgabe gelöst, den Anlauf dieser Anlage mit in der DDR entwickelten und produzierten Vorbehandlungs- und Beschichtungsstoffen zu gewährleisten. Kollegen wie Walter Krüger, Dieter Rathmann und Helmut Kummich hatten wesentlichen Anteil an diesen Ergebnissen. Die dabei produzierten Acrylharzlacke, PVC-Plastisole und PVC-Folien entsprachen zwar den Anforderungen der einheimischen Verbraucher, das internationale Niveau konnte damit jedoch »insbesondere hinsichtlich hoher Korrosionsbeständigkeit, UV-Beständigkeit und Verformbarkeit« nicht erreicht werden.[20] Deshalb mussten vor allem für Exportlieferungen Beschichtungsstoffe wie Acrylat-, Polyester- und Silikonpolyesterlack, PVDF, PVC-Plastisol und Folie weiterhin importiert werden.[21]

Als Anfang der 70er Jahre die Zinnpreise auf dem Weltmarkt in die Höhe schnellten, stand die Aufgabe, der Verpackungsmittelindustrie einen Substitutionswerkstoff für Weißblech zur Verfügung zustellen. Grundlage für die technische Entwicklung im Bandstahlkombinat waren Versuche zur Vakuumbeschichtung, die seit 1966 im Forschungsinstitut Manfred von Ardenne in Dresden liefen. In enger Zusammenarbeit mit dieser Einrichtung wurde 1971 im Kaltwalzwerk Bad Salzungen eine Pilotanlage zur Vakuumbedampfung von Bandstahl errichtet. Nach Experimenten mit Chrom, Nickel und anderen Metallen und Legierungen nahm man 1976 die Produktion von aluminiumbedampftem Kaltband auf. Dadurch konnte der teure Import von Weißblech aus dem NSW abgelöst werden. Dieser Bandstahl wurde unter dem Warenzeichen EBAL bekannt. Ein Kollektiv, in dem vom EKO Jürgen Mangelsdorf und Manfred Schlesier vertreten waren, erhielt 1975 für diese Entwicklung den Nationalpreis.

# 50 Jahre Zusammenarbeit zwischen dem EKO und der Technischen Universität Bergakademie Freiberg

## von Gerd Neuhof, Walter Krüger, Arno Hensel

»Theoria cum praxi« war von jeher ein Grundsatz in der Ausbildung und Forschung an der Bergakademie Freiberg. Die Vermittlung theoretischer Grundlagen, verbunden mit einem anwendungsbereiten Wissen der Technik und Technologie metallurgischer Prozesse versetzen die Absolventen in die Lage, effektiv in Forschung und Produktion zu wirken. Insgesamt haben seit Errichtung des EKO bis heute 73 Absolventinnen und Absolventen der Fachrichtung Eisenhüttenkunde (jetzt Stahltechnologie) und 46 Freiberger Diplom-Ingenieure der Fachrichtung Metallformung eine Tätigkeit in diesem Werk aufgenommen. Wir können deshalb mit Berechtigung und Stolz sagen, dass Freiberger Diplom-Ingenieure den Entwicklungsweg und die Erfolge dieses Unternehmens wesentlich mitbestimmt haben.

Der erste Freiberger Absolvent der Eisenhüttenkunde, der im EKO seine Tätigkeit aufnahm, war Karl-Heinz Zieger, ein Vorkriegsabsolvent. Er war gebürtiger Freiberger, studierte von 1932 bis 1937 Eisenhüttenkunde in Freiberg, war zunächst in der Gute-Hoffnung-Hütte in Oberhausen und nach dem Krieg in der Maxhütte Unterwellenborn tätig, ehe er 1951 nach Eisenhüttenstadt wechselte und Hochofenchef wurde. Er hatte stets ein Herz für die Freiberger Studenten. Das war bei manchem Treffen anlässlich von Exkursionen oder Betriebsuntersuchungen immer wieder deutlich spürbar. Zweifelsfrei spielte dabei das freundschaftliche Verhältnis zu seinem Studienkollegen, Professor Karl-Friedrich Lüdemann, dem langjährigen Direktor des Eisenhütten-Institutes und späteren Rektor (1965 bis 1967) der Bergakademie, eine wesentliche Rolle.

Die ersten Nachkriegsdiplomanden der Fachrichtung Eisenhüttenkunde, die im EKO eine Anstellung fanden, waren Jürgen Gärtner, Gerhard Hain, Joachim Holzhey und Georg von Struve. Mit der Einführung des zweiten Bildungsweges, der bewährten Facharbeitern über die Arbeiter- und Bauernfakultäten die Möglichkeit bot, die Hochschulreife zu erlangen, hatten sich dann ab Mitte der 50er Jahre die Studentenzahlen deutlich erhöht. Zu den Absolventen der Bergakademie gehörten u.a. Manfred Drodowsky, Walter Krüger, Günter Knöbel, Klaus Rothe, Werner Schwandt, Uwe Schmilinski, Norbert Körner, Hans-Ulrich Schmidt, Heinz Rösner, Dietrich Klaer, Frank Schulz, Helmut Kummich, Joachim Jurk, Siegfried Henkel, die nahezu ausnahmslos später in leitenden Positionen tätig waren. Die ersten drei Diplomarbeiten zu EKO- (damals noch EKS-) bezogenen Themen wurden im November 1953 von den Diplomanden Jürgen Gärtner, Georg von Struve und Joachim Holzhey eingereicht.

Die Zusammenarbeit zwischen dem Eisenhüttenkombinat und dem Freiberger Eisenhütten-Institut lief zunächst langsam an. Das änderte sich grundlegend, nachdem am

23. April 1959 in Freiberg ein Vertrag »der sozialistischen Zusammenarbeit und der gegenseitigen Unterstützung zwischen dem Eisenhüttenkombinat ›J. W. Stalin‹ in Stalinstadt«, vertreten durch den Werkdirektor Erich Markowitsch, und dem Eisenhütten-Institut der Bergakademie Freiberg in Sachsen, vertreten durch den Institutsdirektor Professor Karl-Friedrich Lüdemann, abgeschlossen worden war. Festgelegt waren darin gezielte Maßnahmen zur Studienwerbung durch das EKS, die Durchführung von Weiterbildungsmaßnahmen durch das Institut, sowie die Bearbeitung von Schwerpunktaufgaben für das EKS und Richtlinien zu deren Finanzierung. Es folgte eine große Zahl von Studien-, Ingenieurpraktikums-, Diplom- und Promotionsarbeiten zu Themen der Grundlagen- sowie angewandten Forschung, vorzugsweise jedoch technischen und technologischen Problemen von der Erzvorbereitung bis zum veredelten Band.[22]

Zu den EKO-bezogenen Themen wurden bisher neun Dissertationen am jetzigen Institut für Eisen- und Stahltechnologie sowie sieben Dissertationen und eine Habilitationsschrift am Institut für Metallformung angefertigt.

Die Spezialisten und Ingenieure des EKO unterstützten ihrerseits das Institut durch die Begutachtung von Dissertationsschriften, Stellungnahmen und Vorschlägen zu neuen Lehrprogrammen und Studienordnungen, ebenso durch die Mitwirkung in Prüfungskommissionen bei der Verteidigung von Dissertationen und Arbeitsgremien sowie Vereinen. Hier sei besonders der Förderverein »Eisen- und Stahltechnologie Freiberg e.V.« erwähnt, dessen Vorsitzender heute der Leiter der Roheisen- und Stahlerzeugung, Hans-Ulrich Schmidt, ist. Die Zusammenarbeit in der Forschung verlief über den gesamten Zeitraum der letzten 50 Jahre hinweg kontinuierlich, allerdings mit besonderer Intensität vor und nach größeren Neuinvestitionen wie dem Kaltwalzwerk, der neuen Sinteranlage, dem Konverterstahlwerk, dem Warmwalzwerk u.a. Hier war die fachliche Meinung der Freiberger Professoren Küntscher, Lüdemann, Juretzek, Eckstein, Spies, Hensel, Weber, Knauschner, Fenzke, Krauß und Neuhof stets gefragt.

Im weiteren sollen zwei Beispiele der Forschungszusammenarbeit herausgestellt werden: Anfang der 60er Jahre wurden am Eisenhütten-Institut der Bergakademie Freiberg erstmalig im Weltmaßstab Grundlagenuntersuchungen zum Kohlenstaubeinblasen, speziell von Braunkohlenstaub als Zusatzbrennstoff, durchgeführt. Zur Bearbeitung dieser Problematik wurde ein Versuchshochofen am Eisenhütten-Institut gebaut und mit einer Einblasvorrichtung auf der Grundlage einer Druckgefäßförderung ausgerüstet. Diese gestattete eine Dosierung in weiten Grenzen. Zunächst wurde auf der Grundlage einer zweistufigen Wärmebilanz ein mathematisches Modell des Hochofens aufgestellt. Damit konnten allgemeingültige Zusammenhänge zwischen Heizwert, chemischer Zusammensetzung von Zusatzbrennstoffen und Höhe der Kokseinsparung dargestellt werden. Der Einfluss der verschiedenen festen und flüssigen Brennstoffe auf die Substitute des Heizkokses und auf den Anteil der indirekten Reduktion wurde ermittelt. Die in Freiberg durchgeführten halbtechnischen Versuche fanden ihre Fortsetzung durch den Bau einer Einblasanlage am Hochofen VI des EKO im Jahre 1963. In den folgenden Jahren wurde die Versuchsstrecke Freiberg in die anlagentechnische Weiterentwicklung einbezogen. Der Vergleich theoretisch vorausberechneter Werte mit Hilfe des in Freiberg entwickelten mathematischen Modells mit den Betriebsergebnissen beim Einblasen von Braunkohlenstaub, zeigte eine gute Übereinstimmung zwischen Theorie und Praxis. Seit 1990 wurden theoretische Untersuchungen sowie Betriebsversuche zum Einblasen von ölhaltigen Walzzunderschlämmen sowie Shredderleichtfraktion aus der Altautoverwertung mit Erfolg durchgeführt.

Als weiteres Beispiel praktischer Zusammenarbeit zwischen dem EKO und der Bergakademie soll der Bau des Konverterstahlwerkes angeführt werden. Freiberger Wissenschaftler waren sowohl bei der Begutachtung des für 1965/66 geplanten sowjetischen Typenprojekts mit 3 x 130-t-Konvertern beteiligt, als auch bei der Einschätzung der späteren Angebote für das letztendlich von der VOEST-Alpine errichteten Konverterstahlwerk. Im Vorfeld der Inbetriebnahme dieses modernen Stahlwerkes wurden neben den Schulungen in Linz und anderen Werken durch den Auftragnehmer auch drei einwöchige Vorbereitungslehrgänge in Freiberg durchgeführt, bei denen insgesamt 63 Ingenieure Vorlesungen zur Konverter- und Stranggusstechnologie hörten.

Im Jahre 1984 und 1985 weilten Sieghard Krauß und Gerd Neuhof vom Institut für Eisen- und Stahltechnologie für jeweils drei Monate im Konverterstahlwerk. Ihre Aufgabe war es, Schwachstellen in der bestehenden Technologie des Stahlwerks und der Stranggießanlage aufzudecken und Vorschläge zu deren kurzfristiger Beseitigung zu unterbreiten. Schwerpunkte waren dabei u.a. die Optimierung des Blas-, Zuschlagstoff- und Spülregimes, der Schlackenführung, die gefahrlose Schlackenentsorgung, die Verbesserung der Konverterhaltbarkeit, die Ermittlung des Temperaturregimes der Stahlpfannen, Erarbeitung eines Fehlerkataloges für Stranggusshalbzeug usw. Erkannte Mängel wurden direkt mit den Konverterleuten bzw. Anlagenfahrern ausgewertet. Sehr gut bewährt haben sich dabei die vom Leiter Stahlerzeugung Werner Holzhey eingeführten Bläserschulungen. In abgewandelter Form werden sie bis heute auf der Grundlage einer im IV. Quartal 1993 zwischen EKO Stahl und der TU Bergakademie Freiberg, Institut für Eisen- und Stahltechnologie, getroffenen Vereinbarung über die Zusammenarbeit auf dem Gebiet des wissenschaftlich-technischen Erfahrungsaustausches sowie der Schulungstätigkeit für Mitarbeiter der EKO Stahl AG weiter fortgeführt. In dieser Vereinbarung ist festgelegt, dass jährlich drei Konsultationen in Eisenhüttenstadt zu ausgewählten Themenkomplexen der Eisen- und Stahlerzeugung und verfahrenstechnischen Entwicklungen stattfinden. Bisher wurden 19 solcher Konsultationen durchgeführt.

Es wäre wünschenswert und für beide Seiten nutzbringend, die bewährte Zusammenarbeit auch in Zukunft fortzuführen. Wie in den Anfangsjahren des Eisenhüttenkombinates stellt sich dabei neben der fachlichen Arbeit als weitere Schwerpunktaufgabe die Gewinnung von Ingenieurnachwuchs durch intensive Studienwerbung besonders für den Studiengang Metallurgie und Werkstofftechnik. Mit diesem Ziel wurde zwischen Institut und Betrieb ein Maßnahmekatalog erarbeitet, wobei eine der nächsten Aktivitäten die Einrichtung eines Studienberatungsbüros unter Mitwirkung der TU Bergakademie Freiberg und der BTU Cottbus am Oberstufenzentrum Eisenhüttenstadt sein wird.

Versuchsofen zum Kohlenstaubeinblasen in Freiberg, 1965.

## Die neue Sinteranlage

Mit der 1975 in Betrieb genommenen neuen Sinteranlage war es möglich, die Qualität des »Hochofenfutters« zu erhöhen.

Unter dem Einfluss steigender Weltmarktpreise für Rohstoffe und Energieträger war es Anfang der 70er Jahre notwendig geworden, die Roheisenerzeugung im EKO effizienter zu gestalten. Insbesondere die Aufbereitung der erforderlichen Einsatzstoffe für den Hochofenprozess in der Sinteranlage entsprach nicht mehr den Erfordernissen einer effektiven Produktion. Die alte Sinteranlage war im April 1952 in Betrieb genommen worden und inzwischen technisch veraltet und verschlissen. Bereits Anfang der 60er Jahre hatte man deshalb den Bau einer neuen Anlage beschlossen. Jedoch sollte es noch über zehn Jahre dauern, ehe dieser Beschluss Realität wurde. Am 29. Dezember 1971 unterzeichneten das rumänische Exportunternehmen für metallurgische Ausrüstungen Metarom und der Außenhandelsbetrieb Industrieanlagen der DDR einen Vertrag über die Lieferung und Montage einer kompletten Sinteranlage. Besonders kompliziert entwickelten sich die Preisverhandlungen mit dem rumänischen Unternehmen. Deshalb mussten beim Valutaanteil die Vorgaben der SED-Führung beträchtlich überschritten werden. Die Projektierung übernahm das Bukarester Institut Ipromet und die Bauausführung wurde durch die Industriezentrale Galati in Kooperation mit DDR-Betrieben realisiert. Zeitweise waren mehr als 200 rumänische Monteure und Techniker im EKO beschäftigt. Für ihre Unterbringung errichtete das EKO ein neues Arbeiterwohnheim im Wohngebiet VI.

Im Dezember 1975 wurde östlich des Oder-Spree-Kanals die neue Sinteranlage in Betrieb genommen. In einer Übergangsphase bis 1976 liefen beide Sinteranlagen noch parallel, was hohe Anforderungen an die Arbeitskräftesituation im Werk stellte. Aus allen Betriebsteilen wurden deshalb Arbeitskräfte in den Bereich Erzaufbereitung delegiert. Bereits im Vorfeld der Inbetriebnahme waren Kernmannschaften gebildet worden. Insgesamt erhielten 72 Facharbeiter, Meister, Schichtleiter und Ingenieure der alten Sinteranlage und anderer Produktionsbereiche des EKO die Möglichkeit, sich mit einer vergleichbaren Anlage im rumänischen Hüttenkombinat Galati vertraut zu machen. Zu ihnen gehörten Gunter Neißer, Rudolf Weihrauch, Willi Nickel, Günter Bundesmann, Hermann Menzel und Rudolf Fabig. Die dabei von den Mitarbeitern gewonnenen Kenntnisse waren nützlich, als es nach der Inbetriebnahme zu einigen Problemen kam. Außerdem konnten bereits während der Projektierung und im späteren Verlauf mehrere Neuerungen in der Anlage verwirklicht werden, die eine Erhöhung der technologischen Stabilität, eine Senkung des Verschleißes und eine Vielzahl von Arbeitserleichterungen zur Folge hatten.

Die neue Anlage bestand aus zwei Sinterbändern des Systems Dwight-Lloyd mit je 156 m² effektiver Saugfläche, einer Dosieranlage, einer Primär- und Sekundärmischstation, Heißklassierung, zwei Kühlbändern mit je 195 m² Kühlfläche und Kaltklassierung. Damit konnte der heiß klassierte, mit Wasser gekühlte Sinter der alten Anlage durch heiß und kalt klassierten, luftgekühlten Sinter ersetzt werden. Die Anlage war für eine Jahresleistung von 3,6 Mio. t »Hochofenfutter« konzipiert. Bereits im Anfahrmonat wurden 11.000 t eines qualitativ den Erfordernissen entsprechenden luftgekühlten Sinters erzeugt. Aus Gründen des Umweltschutzes erhielt die neue Sinteranlage einen Elektrofilter zur Abgas- und Raumentstaubung. Um die Versorgung der neuen Sinteranlage mit Rohstoffen zu verbessern, begannen Spezialisten der polnischen Baufirma Budomasz 1975 damit, die Hauptbandanlagen des EKO zu rekonstruieren.

Die polnischen Spezialisten leisteten eine gute Arbeit, die dazu führte, dass bis 1990 ständig Anschlussverträge abgeschlossen werden konnten. Zeitweise waren bis zu 400 polnische Monteure im EKO tätig.

# Sozialer Wandel und betriebliche Initiativen

## Neuer Kurs in der Sozialpolitik

Der Kurswechsel an der DDR-Spitze Anfang der 70er Jahre war mit der Hinwendung zu einer pragmatischen Konsum- und Sozialpolitik verbunden. »Das Kernstück des sozialpolitischen Programms bestand aus einer planmäßigen Steigerung der Realeinkommen und damit der Konsumquote, einer Anhebung der Mindestlöhne und Mindestrenten, einer Produktionssteigerung von Konsumgütern sowie einem Ausbau des Dienstleistungssystems, des Bildungswesens, der Kindergärten, des Gesundheitswesens und der Erholungseinrichtungen.«[23] Diese Maßnahmen sollten die Arbeitsmotivation und damit die Produktivität der Wirtschaft steigern und auf diesem Wege die immensen Aufwendungen der Sozialpolitik bezahlbar machen.

In der Phase von 1971 bis 1976 kam es für große Teile der DDR-Bevölkerung zu einem spürbaren Anstieg des Lebensniveaus. Der Wohnungsbau wurde intensiviert, Durchschnittseinkommen und Renten stiegen, Arbeitszeitverkürzungen traten in Kraft; und trotz Weltwirtschafts- und Rohstoffkrise war es gelungen, die Preise für Grundnahrungsmittel stabil zu halten und Vollbeschäftigung zu garantieren. Was so für andere Regionen der DDR in den 70er Jahren schrittweise Realität wurde, existierte in Eisenhüttenstadt teilweise bereits seit Anfang der 60er Jahre. Hier gab es Konsumgüter, die im ganzen Lande schwer zu haben waren. »Wer etwa ein Fahrrad brauchte, fuhr nach langer Odyssee nach Eisenhüttenstadt und fand es dort mit Sicherheit«.[24] Der Glasladen führte Meißner Porzellan und im Textilkaufhaus gab es eine eigene Pelzabteilung. Das EKO und seine Stadt galten auch in den 70er Jahren als ein Sondergebiet innerhalb der DDR. »Wenn man irgendwo zu Besuch war, wurde gesagt: ›Kommste aus Eisenhüttenstadt? Ach, aus der roten Ecke.‹«[25] Das Stigma der ersten sozialistischen Stadt aus den 50er Jahren wirkte fort und das EKO wurde noch immer als der »Vorzeigebetrieb« mit hohen Löhnen und zahlreichen Vergünstigungen angesehen. Vieles davon hatte sich mit den Jahren verändert und war zur Normalität geworden.

»Es gab besondere Privilegien der Eisenhüttenstadt bzw. Stalinstadt. ›Erste sozialistische Stadt Deutschlands‹!«, erinnerte sich der Meister und Gewerkschafter Horst-Dieter Sallani. »Allein von der Terminologie her gab es Privilegien und noch mal im EKO für die Mitarbeiter des EKO, oder wie wir früher gesagt haben: der Ekoianer: Es gab das geflügelte Wort der roten Hochöfner. Hier vom Roheisenwerk her, wenn's irgendwo Probleme gab, gingen die vorne weg, wie man so schön sagte, also die erste Garde. Die waren privilegiert in jeglicher Hinsicht, ob das nun mit Nahrungsmitteln war: Was es in der Stadt nicht gab, haben die Ehemänner oder Ehepartner aus dem EKO mitgebracht. Ob's der Verdienst war, ob es die Anzahl der Urlaubstage war, ob es die Möglichkeit des Urlaubmachens war in Örtlichkeiten wie Insel Rügen oder sonstigen Austauschferienlagern in Thüringen oder ČSSR oder der Volksrepublik Ungarn oder der Volksrepublik Polen zu damaliger Zeit. Oder die Kontingentierung von Autos: Wenn du im EKO warst – und du warst nicht gerade derjenige, der Mist gebaut hat oder sonst etwas – hattest du eher eine Chance, dann warst du derjenige, der bei finanzieller Möglichkeit eher ein Auto bekommen konnte wie der, der in der Stadt wohnte und ›nur‹ einfacher Eisenhüttenstädter war, der vielleicht im Kraftverkehr, Backwarenkombinat oder Fleischkombinat gearbeitet hat. Du warst dort immer irgendwie privilegiert.«[26] Der Belegschaft des EKO standen 1976 zwölf Küchen, davon sieben im durchgehenden Schichtbetrieb zur Verfügung. Täglich wurden durchschnittlich etwa 8.000 Essenportionen ausgegeben, das entsprach einem Versorgungsgrad von über 75 Prozent. Für ein Essen bezahlten die Beschäftigten 0,80 Mark, die tatsächlichen Kosten lagen weit höher. Die Differenz übernahm das Werk. In sieben Kantinen, fünf Kaltküchen und drei Verkaufsstellen wurde eine Pausen- und Imbissversorgung angeboten. Überall im Betrieb standen Versorgungsautomaten. Die Entnahme von Arbeitsschutzgetränken, zumeist Tee, war kostenlos. Bei extremen Außentemperaturen gab es Sonderkontingente. Doch Ende der 70er Jahre kam es zunehmend zu Problemen bei der Versorgung der Küchen und Kantinen mit Fleisch, Fisch, Obst und Gemüse. Auch die Belieferung mit Frischgemüse aus der betriebseigenen Gärtnerei reichte nicht mehr aus.

*Eine Brigade bei einer so genannten Hitzefahrt am Müllroser See. Bei Außentemperaturen über 30 °C hatten die Hüttenwerker die Möglichkeit, nach der Frühschicht mit ihren Familien ins Grüne zu fahren. Die BGL organisierte Fahrzeug, Limonade und Bockwurst.*

| Beschäftigtenzahlen in den 70er Jahren | |
|---|---|
| 1969 | **7.565** |
| 1970 | **7.721** |
| 1971 | **8.085** |
| 1972 | **8.509** |
| 1973 | **8.586** |
| 1974 | **8.703** |
| 1975 | **8.793** |
| 1976 | **9.089** |
| 1977 | **9.175** |
| 1978 | **9.238** |
| 1979 | **9.353** |

Am Helenesee bei Frankfurt/Oder entstand 1976 ein weiteres Ferienobjekt des EKO, das vor allem von jungen Familien genutzt wurde.

In den 70er Jahren fielen die Sonderzuteilungen für das Werk weg, dadurch verloren die Verkaufsstellen im EKO allmählich an Bedeutung. Die Werksangehörigen gingen nach der Arbeit in den Kaufhallen ihrer Wohngebiete oder in der Leninallee einkaufen. Im Gegensatz dazu wurde die gesundheitliche Betreuung der Belegschaft weiter ausgebaut. Die betriebseigene Poliklinik löste sich 1970 aus dem Verbund der Vereinigten Gesundheitseinrichtungen des Kreises Eisenhüttenstadt und wurde zu einer juristisch selbständigen Einrichtung. Ärztlicher Direktor war Medizinalrat Dr. Manfred Schieche. Für Investitionen zeichnete nun das EKO verantwortlich. Im Werk entstanden neue Sanitätsstationen und Ambulanzen. Im Dezember 1978 wurde ein Erweiterungsbau der Betriebspoliklinik seiner Bestimmung übergeben. Insgesamt betreuten acht Ärzte und acht Zahnärzte mit 37 Schwestern die Werktätigen des EKO. Auch die Versorgung der EKO-Belegschaft mit Ferienplätzen wurde in diesen Jahren erweitert. Neben den Betriebsferienheimen in Müllrose und auf der Insel Rügen begann 1976 die Anlage einer Feriensiedlung am Helenesee. Es entstanden 45 Bungalows für vier bis sechs Personen mit Wohn- und Schlafraum, Küche und Toilette. Die ersten Werksangehörigen verbrachten im Sommer 1977 hier ihren Urlaub. Sie mussten pro Tag 10 M für einen Bungalow entrichten. Darüber hinaus gab es noch Austauschplätze in der ČSSR, in Ungarn und in Polen.

Die Umsetzung der sozialpolitischen Maßnahmen, die in den 70er Jahren wirksam wurden, war für die Aufrechterhaltung der Produktion mit zahlreichen Schwierigkeiten verbunden. Das hing unmittelbar mit dem begrenzten Arbeitskräftereservoir der DDR und der nicht ausreichenden Produktivität der Wirtschaft zusammen. Insbesondere die Verkürzung der Arbeitszeit für Schichtarbeiter und vollbeschäftigte Mütter mit zwei und mehr Kindern, die Gewährung von Zusatzurlaub für Schichtarbeiter, verlängerter Schwangerschaftsurlaub sowie bezahlte Freistellung der Mütter nach der Geburt des zweiten Kindes belasteten die Planerfüllung merklich. »So positiv die sozialpolitischen Maßnahmen individuell erfahren wurden, auf betrieblicher Ebene erforderten sie verstärkte Anstrengungen, die Arbeitskräftesituation zu stabilisieren und das Produktionsprogramm zu sichern.«[27] Allein 1977 fielen durch die Einführung der 40-Stunden-

Woche für Schichtarbeiter etwa 490.000 Arbeitsstunden im EKO aus. Die Verkürzung der Arbeitszeit für werktätige Mütter bei gleichzeitiger Erhöhung des Grundurlaubes verursachte vor allem in Abteilungen mit hohem Frauenanteil Probleme. Diese Fakten verlangten Maßnahmen, um einen reibungslosen Produktionsablauf zu gewährleisten, zumal die Arbeitskräftesituation im Werk insgesamt angespannt war.

Seit der Inbetriebnahme des Kaltwalzwerkes war die Belegschaft des EKO kontinuierlich angewachsen. Die Arbeitskräftewerbung hatte sich dabei über die Region hinaus in die Bezirke Magdeburg, Neubrandenburg und Schwerin verlagert. Wieder verband das Werk diese Aktion mit einigen sozialen Sonderleistungen. Dazu zählte beispielsweise die Gewährung eines betrieblichen Rentenanteils nach mehr als 20jähriger Betriebszugehörigkeit. Im gleichen Zeitraum gelang es, durch die Verbesserung der Arbeits- und Lebensbedingungen, die Fluktuationsrate zu reduzieren. Trotz dieser Entwicklungen gab es in einigen Bereichen des Werkes ständige Unterbesetzungen, z.B. an den Hochöfen und in der Erzaufbereitung.

Mit dem Kaltwalzwerk und den nachgeordneten Produktionsanlagen war auch der Frauenanteil an der Belegschaft gestiegen. Frauenerwerbstätigkeit war in der Metallurgie längst zur Selbstverständlichkeit geworden. Deshalb bestand für das EKO immer wieder auch die Notwendigkeit, eine ausreichende Versorgung mit Betreuungsplätzen für Kinder zu gewährleisten. Da es Anfang der 70er Jahre nicht genügend Kindergartenplätze gab und die erforderlichen Baukapazitäten zur Schaffung neuer Plätze fehlten, wurden kurzerhand zwei Aufgänge in einem Wohnblock im Lilienthalring zu einem Kindergarten umgebaut. Die finanziellen Mittel stellte das Werk. Durch die Umwandlung des Betriebskindergartens im Friedensweg in eine Kinderkrippe war es 1971 erstmalig möglich, im EKO alle Anträge auf einen Krippen- und Kindergartenplatz zu berücksichtigen. Aufgrund dieser Maßnahmen gelang es, immer mehr Frauen für eine Tätigkeit im EKO zu gewinnen. Sie waren vorher Hausfrauen und hatten oftmals keinen Beruf gelernt. Das betraf 1973 etwa 56 Prozent aller im Werk beschäftigten Frauen. Seit langem verfügte das Werk über ein ausgebautes System beruflicher Qualifizierungsmöglichkeiten und die betriebliche Frauenförderung war fester Bestandteil jedes Betriebskollektivvertrages. Im Zuge der Produktionsaufnahme der Oberflächenveredlungsanlagen wurden außerdem Sonderlehrgänge für Frauen mit der Zielstellung ins Leben gerufen, innerhalb eines Jahres die Facharbeiterprüfung als Walzwerker oder Maschinist für Transportmittel und Hebezeuge abzulegen. Gleichzeitig wuchs die Zahl der Frauen, die als Meister tätig waren.

In den 70er Jahren gelang es nicht, das Problem der Löhne zu lösen. Nirgendwo war die Kluft zwischen propagiertem Anspruch und Realität so groß wie in der Lohnfrage. Zwischen den Branchen der Industrie und innerhalb der Kombinate existierten erhebliche Disproportionen. Auch im EKO gab es nicht wenige Beispiele ungerechtfertigter Lohnverhältnisse. Transportarbeiter, die mehr verdienten, als hochqualifizierte Entwicklungsingenieure, Meister, die weniger Lohn erhielten, als die ihnen unterstellten Arbeiter. Die zentralen Lohnregelungen, wie die Erhöhung der Mindestlöhne 1971 und die Einführung von Grundlöhnen ab 1975, hatten zumeist das Ergebnis, eine Ungerechtigkeit durch eine andere zu ersetzen. Beispielsweise führte die Anhebung der Mindestlöhne dazu, dass sich im Werk die Relation zwischen ungelernten Betriebsangehörigen und Facharbeitern immer mehr verringerte. Bei der Einführung der Grundlöhne fungierte das EKO gemeinsam mit 41 weiteren Werken als »Initiativbetrieb«. Bis 1977 wurden für alle Produktionsarbeiter des Werkes die neuen Grundlöhne wirksam. Gleichzeitig begann eine leistungsabhängige Erhöhung der Gehälter für 384 Meister und die schrittweise Einführung von leistungsorientierten Tarifen für die 1.243 Hoch- und Fachschulabsolventen des Werkes. Insgesamt brachten diese Maßnahmen bei einem Großteil der Belegschaft des EKO eine spürbare Erhöhung der Löhne und Gehälter mit sich. Ungerechtfertigte Diskrepanzen zwischen den einzelnen Lohn- und Gehaltsgruppen sowie zwischen Arbeitern und Angestellten blieben jedoch bestehen. Der Lohn »verwandelte sich zunehmend zum Gegenstand berechtigter und ständiger Unzufriedenheit, erfüllte letztlich nur noch sozialpolitische Funktionen«.[28]

Mit den sinkenden Zuwachsraten der Industrie und den Folgen der enormen Verschuldung am Ende des Jahrzehnts trat eine Stagnation der Entwicklung des Lebensstandards ein und es kam zu Engpässen in der Versorgung der Bevölkerung. Außerdem wurde immer deutlicher, dass die sozialpolitischen Maßnahmen keine ökonomische Stabilisierung auslösten, sondern zur Senkung der Wirtschaftskraft der Kombinate und Betriebe beitrugen.

»Kinderwagenparade« auf einer Maidemonstration in den 70er Jahren. Das Kaltwalzwerk hatte einen hohen Frauenanteil.

## Wettbewerb und Neuererwesen

Während einer Produktionsberatung am Lehrlingsobjekt Längsteilanlage LTA 02 des Kaltwalzwerkes in den 70er Jahren.

Neben einer auf Konsum und sozialen Wohlstand orientierten Politik blieb die Wettbewerbs- und Neuererbewegung für die SED die wichtigste Form der individuellen und kollektiven Leistungsstimulierung der Arbeiterschaft. Damit sollte eine konkurrierende, zu Höchstleistung anregende Situation zwischen verschiedenen Kombinaten, Betrieben und Arbeitskollektiven geschaffen werden. In Verbindung mit einem gewachsenen Lebensniveau schienen sich zunächst die stimulierenden Effekte der Bewegung auch tatsächlich zu entfalten.

In den 70er Jahren verbreiteten sich vor allem die Initiativen der »Notizen zum Plan« und der persönlich-schöpferischen Pläne. Wie viele andere solcher Kampagnen erreichten sie lediglich im Anfangsstadium eine gewisse Resonanz. In den Folgejahren verloren sie ihre Attraktivität, wurden zur Routine oder durch neue Initiativen überlagert. So übernahmen 1973 über 2.200 Werktätige im EKO konkrete Aufgaben im Rahmen der persönlich-schöpferischen Pläne, 1977 waren es nur noch 759. Im gleichen Jahr schrieben 911 Werktätige »Notizen zum Plan« und 477 Fach- und Hochschulkader arbeiteten nach einem »Pass des Ingenieurs«. Mit den »Notizen zum Plan«, die 1975 der Maschinist Rudolf Weihrauch im EKO initiiert hatte, sollten Leistungsreserven im Produktionsprozess erschlossen werden. Jedoch tauchten in den »Notizen« immer mehr Dinge auf, die »aus materiell-technischen Gründen objektiv nicht veränderbar« waren. Anstatt sich mit den eigenen Arbeitsleistungen auseinander zu setzen, wie es die »Macher« dieser Kampagne vorgesehen hatten, kritisierten die Arbeiter diskontinuierliche Materialversorgung, schlechte Arbeitsbedingungen sowie Mängel in der Leitungstätigkeit des Werkes. Um weitere Reserven in den Betrieben aufzudecken, probierten die Wirtschaftsplaner manches aus. »Die kurioseste Frucht ihrer Bemühungen war zweifellos das [...] Planungsinstrument des Gegenplans, den die Betriebe nach der Erstellung des Staatsplanes entwerfen sollten, um so den Staatsplan wenigstens gezielt zu überbieten. Natürlich ist es den unteren Wirtschaftseinheiten gar nicht eingefallen, in der zweiten Planrunde am Beginn des Planjahres alle Reserven freizulegen. Schließlich wollte man am Ende des Planjahres den ›Gegenplan‹ übererfüllen. Einziges Ergebnis aller Mühen war ein gewaltiger Mehraufwand, den die zweite Planrunde mit sich brachte.«[29]

Nach der Losung »Von der Sowjetunion lernen, heißt siegen lernen« versuchten SED und FDGB vor allem sowjetische Wettbewerbs- und Neuerermethoden im Werk zu popularisieren. Seitens des Bandstahlkombinates gab es große Anstrengungen, um die Beziehungen zu den Partnerbetrieben in der Sowjetunion auszubauen und sie auf eine breite Basis unterschiedlicher Aktivitäten zu stellen. Solche Initiativen wie die Nina-Nasarowa-Methode, die Mitrofanow-Methode, die Schnellreparaturmethode nach Fomitschow und Scherbinin oder die Bassow-Bewegung brachten jedoch nur begrenzten Produktivitätszuwachs. Die Betriebsparteileitung der SED berichtete 1974, dass nicht wenige Beschäftigte des Werkes diesen Kampagnen ablehnend gegenüberstanden und sie teilweise auch als Bevormundung empfanden. Dessen ungeachtet erhielten ein Jahr später acht Metallurgen und zwei Instandhalter aus dem EKO den Auftrag, sowjetische Methoden der Wettbewerbsführung vor Ort zu studieren. Die Erfahrungen der Reise zum metallurgischen Kombinat Saporoshje-Stal wurden in einem 10-Punkte-Programm zusammengefasst. Die darin aufgestellten Forderungen zeigten, dass es offensichtlich Probleme in der Arbeitseinstellung gab.

Immer wieder wurden Jubiläen, SED-Parteitage und andere Gelegenheiten dazu genutzt, neue Kampagnen mit immer höheren Verpflichtungen ins Leben zu rufen. Die BGL beauftragte in Abstimmung mit der SED-Parteileitung Arbeiter und Arbeitskollektive zur Verkündung dieser Initiativen. Besondere Wettbewerbe gab es für die Jugendlichen des Werkes, für Ingenieure und Techniker sowie für andere Berufsgruppen. Dabei waren die Losungen zwar unterschiedlich, das Ziel blieb aber stets gleich – die Steigerung der Arbeitsproduktivität. 1978 wurden Pläne zur Intensivierung der Produktion aufgestellt. Entsprechend eines Aufrufs aus dem PCK Schwedt wurde nach dem Motto »Weniger produzieren mehr« versucht, Arbeitskräfte einzusparen. In Vorbereitung des Jahrestages der DDR im Oktober 1979 formulierten die Schwarzmetallurgen des Landes in einem Brief an das SED-Zentralkomitee »30 gute Taten zum 30.«. Dieser zentrale Wettbewerbsaufruf wurde dann durch betriebliche Vorstellungen konkretisiert. Eine Jugendschicht des Kaltwalzwerks verkündete die Parole: »Produktionsverbrauch senken – kein Nationaleinkommen verschenken«. Zur Erfüllung der Pläne fanden zusätzliche Arbeitseinsätze statt. Im September 1979 wurde im Roheisenwerk sowie am Quarto-Tandem und am Dressiergerüst ein »Schmelzen der Freundschaft« mit Hüttenwerkern aus dem EKO und dem metallurgischen Kombinat aus Saporoshje veranstaltet. Das »Freundschaftsschmelzen« entwickelte sich zu einer festen Tradition im EKO.

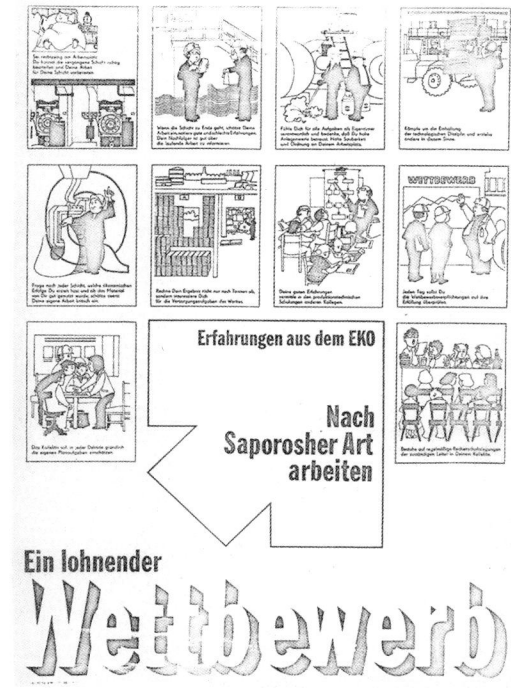

Ausgangspunkt für diese Initiative war ein internationaler Leistungsvergleich zwischen dem metallurgischen Kombinat Saporoshje/Sowjetunion, der Neuen Hütte »Klement Gottwald« Ostrava/ČSSR, den Ostslowakischen Eisenwerken Kosice/ČSSR und dem EKO. Nach einem Treffen der Parteiorganisatoren dieser Kombinate im Dezember 1975 in Kiew, wurde ein Wettbewerb auf der Grundlage konkreter Kennziffern vereinbart. Erster Sieger des Leistungsvergleiches war 1976 das Hüttenwerk Ostrava. Das EKO konnte dreimal die Trophäe erringen. Mit diesen Wettbewerbsbeziehungen war das Bandstahlkombinat bemüht, gute und fruchtbare Arbeitskontakte im RGW-Raum aufzubauen und zu pflegen.

In den 70er Jahren erhielt die Neuererbewegung im EKO einen beträchtlichen Aufschwung. Sie wurde stärker in den sozialistischen Wettbewerb integriert und die gesetzlichen Grundlagen zur Förderung der Tätigkeit der Neuerer und Rationalisatoren wurden im Rahmen der Neuererverordnung vom 22. Dezember 1971 neu geregelt. Die Zahl der Neuererkollektive stieg von zwölf 1971 auf 68 im Jahre 1976. In diesen Jahren konnten solche Neuerungen in die Produktion überführt werden, wie ein Tangentialbrenner (4,4 Mio. M Nutzen) durch das Neuererkollektiv Günther, eine Vorwärmhaube für die Arbeitswalzen im Kaltwalzwerk (0,97 Mio. M Nutzen) durch das Kollektiv Martin oder der Umbau des Stirnwandkippers im Roheisenwerk (2 Mio. M Nutzen) durch das Kollektiv Teetz. Im gesamten Zeitraum zwischen 1971 und 1986 wurden über 30.000 Neuerungen, davon 1.121 kollektiv vereinbarte Neuererleistungen, realisiert. Zu den besten Neuerern des Werkes gehörten Manfred Kiank, Günter Voß, Bernd Polozek und Erhard Rosentreter aus den Instandhaltungsbereichen, Reiner Friedrich, Herbert Jahn, Dietmar Köhler und Reinhold Gulde aus dem Kaltwalzwerk, Brunhilde Ross vom Werkverkehr, Fritz Lange aus der Roheisenerzeugung, Gerhard Becker von der Sinteranlage, Dieter Schulz vom Bereich Energie, Michael Görk und Hartmut Nitschke aus dem Konverterstahlwerk sowie Brigitte Grahl aus der Allgemeinen Verwaltung.

Wer waren diese Tüftler, die ständig Verbesserungsvorschläge einreichten und nie Ruhe gaben? Im Jahre 1975 stellte der »Neue Tag« einen von ihnen vor: »Edmund Janecki, 35 Jahre, von 1945 bis 1953 Grundschule in Frankfurt/Oder. Bei der Reichsbahn Betriebsschlosser gelernt. 1957 zur Armee gemeldet, Grenze. […] Jedenfalls suchte das EKO Schlosser, und ich fing in der Hochofenmechanik an. Dann wurde die Instandhaltung aufgebaut. BÜ. Das heißt Betriebsüberwachung. Ich bin in der Mechanik I, das

Foto links:
Horst Möller und Werner Borchert aus dem Kaltwalzwerk vor der Wettbewerbstafel im August 1970. Die Ergebnisse im sozialistischen Wettbewerb wurden öffentlich kontrolliert und ausgewertet.

Der Neuerer Edmund Janecki (rechts) an der Masselgießmaschine III, Juni 1975.

ist die Roheisenseite. Die Mechanik II ist für das Kaltwalzwerk zuständig. Hat sich eben alles entwickelt. [...] Von 65 bis 67 Qualifizierung zum Meister. Ein Jahr später Fernstudium an der Ingenieurschule, Technologie des Maschinenbaus, in Berlin. Fünf Jahre lang. Und seit vier Jahren arbeite ich als Reparaturtechnologe. [...] Früher wurde man durch Unzulänglichkeiten in Konstruktion und Technologie geradezu provoziert, etwas Besseres vorzuschlagen. Heutzutage ist unser Produktionsprozess zum Glück viel stabiler. Aber hier, an der Masselgießmaschine, ist der Verschleiß durch die immer stärker werdende Beanspruchung noch zu hoch.«[30]

Mit der Zuspitzung der ökonomischen Situation in den 80er Jahren gerieten sowohl das Neuererwesen als auch die Wettbewerbsbewegung immer mehr zur Produktionspropaganda. Die Losungen nutzten sich in dem Maße ab, wie die wirtschaftlichen Erfolge und versprochenen sozialen Verbesserungen ausblieben. Die unzähligen Wettbewerbe und Initiativen erreichten die Arbeiter kaum noch. So wurde von Seiten der BGL bemängelt, »dass Kollektive ihren Wettbewerbszielstellungen nur eine neue Überschrift gaben, ohne dass eine neue inhaltliche Ausrichtung sichtbar wurde«.[31] Indem die Einhaltung der Verpflichtungen in der Wettbewerbsbewegung immer weniger von den Leistungen der Arbeiter, als vielmehr von den Produktionsbedingungen abhängig waren, nahm deren Wirksamkeit ab.

Im Jahre 1989 resümierten die Stranggießer des EKO über die »Kennziffernhascherei« im Neuererwesen: »Seit Jahren treibt dieser Unsinn mit der menschlichen Schöpferkraft die herrlichsten Blüten, nur um irgendwelche Kennziffern abrechnen zu können. [...] Spitzenexponate bzw. als solche deklarierte Machwerke, die mit großem Interesse auf allen Messen gezeigt wurden, um eine erfolgreiche Neuererarbeit vorzugaukeln, liegen irgendwo herum, weil sie keiner benutzen kann oder braucht (z.B. Tauchausgussaufheizung, Stopfenbefestigung, Fettsystem Handschmierstelle...). Das Neuererwesen oder besser gesagt, die Macher des Neuererwesens in den Kollektiven sind durch den Bürokratismus und die unbedingte Erfüllung der Kennziffern dermaßen abgestumpft, dass inzwischen die Qualität des Betruges über die Qualität der Neuerung entscheidet und das Schöpfertum in zunehmendem Maße zur Verfeinerung der Tricks und Kniffe benutzt wird, da die Kennziffern mehr als unrealistisch geworden sind.«[32] Die eigentlichen Intentionen, die sich an das Wettbewerbs- und Neuererwesen knüpften, Motivierung und Systemeinbindung der Arbeiterschaft, gingen zunehmend verloren. Dabei waren es weniger die Inhalte als vielmehr die zunehmend ideologische Ausrichtung dieser Kampagnen, die in der Belegschaft immer weniger Resonanz fand. In der Mehrzahl hatten die Arbeiter durchaus ein legitimes Interesse an einer Steigerung der Produktion, einer Verbesserung der Arbeitsbedingungen oder der Einsparung von Energie und Material. Auch waren die materiellen Beigaben gern gesehen. Jedes Jahr fanden zu Feiertagen oder zum Tag des Metallurgen Auszeichnungsveranstaltungen statt. Diese Zeremonien im feierlichen Rahmen und mit den Traditionsuniformen waren für viele EKO-Angehörige ein besonderer Höhepunkt ihrer Betriebszugehörigkeit. Doch die massenhafte Verteilung von Ehrentiteln und Auszeichnungen führte zum Verlust ihrer Bedeutung wie der Bewegung insgesamt.

## Arbeiten im EKO – Leben in Eisenhüttenstadt

Das Eisenhüttenkombinat bestimmte auch in den 70er Jahren den Rhythmus der Stadt. Über 75 Prozent aller in der Industrie Beschäftigten Eisenhüttenstadts arbeiteten im EKO. Fast jede Familie war in irgendeiner Weise mit dem Werk verbunden und so richtete sich das Leben der Stadt und seiner Umgebung nach dem »Fahrplan« des Werkes. Jeden Morgen gegen 5 Uhr erwachte die Stadt. »Für die Frühschicht begann der Arbeitstag am Montag 6 Uhr und endete um 14 Uhr. Auch am Dienstag war in dieser Woche noch Frühschicht; kam man am Dienstag um 14.30 Uhr nach Hause, musste man erst am Mittwoch um 14 Uhr zur Spätschicht, die um 22 Uhr endete. Das gleiche galt für Donnerstag. Am Freitag, Sonnabend und Sonntag folgte die Nachtschicht, die um 22 Uhr begann und morgens um 6 Uhr endete. Danach war der Montag und Dienstag frei, ›Großfrei‹ hieß das im Sprachgebrauch. Mittwoch und Donnerstag ging es mit der Frühschicht weiter, Freitag, Sonnabend und Sonntag war Spätschicht, Montag und Dienstag Nachtschicht. Jetzt fiel ›Großfrei‹ auf Mittwoch und Donnerstag, ehe es am Freitag mit der Frühschicht wieder losging. Solch ein Schichtzyklus lief über 28 Tage, ehe er wieder von vorn begann.«[33] Dazu waren vier Schichten erforderlich, die A-, B-, C- und D-Schicht.

Dieser Rhythmus des Werkes hatte unmittelbaren Einfluss auf die Alltagsorganisation in der Stadt. Bahnen und Busse brachten die entfernt wohnenden Betriebsangehörigen zur Arbeit. Manche kamen mit dem eigenen Auto oder dem Moped. Die meisten EKO-Beschäftigten fuhren jedoch mit dem Fahrrad zur Arbeit. Aus allen Himmelsrichtungen kommend, trafen diese Ströme von Menschen und Fahrzeugen an der Kreuzung am »Dreieck« aufeinander, um dann, vorschriftsgemäß »geleitet« durch einen Verkehrspolizisten, vom Werk aufgesaugt zu werden. Während dieser erste Schwung zur Arbeit hastete, waren die Kollegen der Normalschicht bereits dabei, ihren Tag zu beginnen. Vor allem Kinder im Wagen oder an der Hand der Mütter und Väter bestimmten nun das Stadtbild. Sie waren auf dem Weg zur Krippe, zum Kindergarten oder Frühhort der Schulen.[34] Nach der Arbeit wurde der Nachwuchs abgeholt und man ging einkaufen. Die Versorgungseinrichtungen der Stadt waren angehalten, knappe Konsumgüter über den ganzen Tag anzubieten. Am Wochenende waren die Diehloer Höhen Anziehungspunkt für die Eisenhüttenstädter. Man traf sich in der Gaststätte oder an den Goldfischteichen. Abends gab es Filmvorführungen auf der Freilichtbühne oder man ging zum Tanzen in die HO-Gaststätte »Aktivist«.

Mit dem Wohnungsbauprogramm vom Oktober 1973 veränderten sich die weitreichenden städtebaulichen Planungen der Stadt. Noch Ende der 60er Jahre war die Gestaltung des zentralen Platzes mit Kultur- und Verkaufseinrichtungen sowie einer dominierenden Gebäudegruppe, in der neben der Stadtverwaltung auch ein Forschungszentrum und die Kombinatsleitung des EKO ihr Domizil haben sollten, vorgesehen. Nun verschob sich auch in Eisenhüttenstadt die Priorität auf den Wohnungsbau und die Planungen zum zentralen Platz verschwanden in den Schubladen. In Abhängigkeit von der Entwicklung des Werkes entstanden in der Stadt immer neue Wohngebiete mit entsprechenden Nachfolgeinrichtungen. Mit dem so genannten komplexen Wohnungsbau wurden insbesondere in den 70er Jahren eine Vielzahl von Einrichtungen der sozialen Infrastruktur, vor allem Schulen, Kindereinrichtungen, Kaufhallen sowie gesundheitliche Betreuungseinrichtungen geschaffen. Dazu hatte 1968 in Eisenhüttenstadt ein Plattenwerk die Produktion aufgenommen. Der VI. Wohnkomplex, auf dem ehemaligen Degussa-Gelände errichtet, erhielt 1971 ein Handels- und Versorgungszentrum. Von den 1.240 Neubauwohnungen, die in den Jahren 1974 bis 1976 in der Stadt erbaut wurden, erhielt das EKO 780 Wohnungen. Im Jahre 1972 wurde etwa 100 Angehörigen des Werkes die Möglichkeit geboten, ein Eigenheim zu bauen. Außerdem begann das EKO im Rahmen der Aktion »Jugend baut für Jugend« mit dem Ausbau von Dachgeschosswohnungen in der Thälmannstraße. Bis 1974 entstanden 50 solcher Wohneinheiten.

Als Stammbetrieb eines großen Kombinates wuchsen die Möglichkeiten des Werkes, seiner kommunalen Verantwortung stärker gerecht zu werden. Finanzielle Mittel wurden in vielfältigster Art und Weise Städten und Gemeinden zur Verfügung gestellt. Dazu schloss man Kommunalverträge ab. Das EKO hatte solche Vereinbarungen mit den Räten der Städte Eisenhüttenstadt, Müllrose, Putbus, Frank-

Haltestellen-
impressionen

Im Dezember 1978 wurde die Schwimmhalle auf dem Inselgelände fertiggestellt.

Abbildung rechts:
Das EKO und Eisenhüttenstadt waren wiederholt Motive für Briefmarken.

furt/Oder und Kühlungsborn sowie den Gemeinderäten von Bad Saarow, Fünfeichen, Rießen und Porschdorf. Darüber hinaus existierten Verträge mit dem Kommunalen Zweckverband Schwielochsee und der AWG »Friedenswerk«. Der 1971 mit Eisenhüttenstadt geschlossene Kommunalvertrag regelte die Zusammenarbeit von Werk und Stadt auf dem Gebiet der Arbeitskräftegewinnung, der Entwicklung des kulturellen und sportlichen Lebens, von Handel und Versorgung, der Wohnungspolitik, des Berufsverkehrs, der Gesundheitspolitik und von Maßnahmen im »Mach-mit-Wettbewerb«. Die Aktivitäten bei »gesellschaftlichen Höhepunkten«, wie 1. Mai, Betriebsfestspielen, Woche der Jugend und Sportler, Oderfestspielen, Volks- und Sportfes-ten, wurden abgestimmt und vor allem die materielle Unterstützung durch das Werk fixiert.

Im Rahmen der Bürgerinitiative »Schöner unsere Städte und Gemeinden – mach mit« beteiligte sich das EKO mit umfangreichen finanziellen und materiellen Mitteln an der Verschönerung der Wohnumwelt der Stadt, der Wartung und Pflege von Spielplätzen, Springbrunnen und Grünanlagen sowie am Ausbau der Insel zum Sport- und Erholungspark und der Stadtgärtnerei. Besondere Leistungen waren dabei die unbezahlte Arbeit und Feierabendtätigkeit von Werksangehörigen zur Instandsetzung von Wohnungen, zur Inbetriebnahme der Schwimmhalle, zur Neugestaltung des Busbahnhofes Dreieck und vieles mehr. Dabei leisteten allein 1974 EKO-Angehörige etwa 25.000 freiwillige Stunden, unter ihnen die Meisterbereiche Krautz und Näring aus der Fertigung und Montage. Ein weiterer Ausdruck der Verbindung zwischen Stadt und Werk war die Tätigkeit der Stadtverordneten, die Mitarbeit von EKO-Angehörigen an kommunalen Kommissionen und anderen Gremien. Das Anwachsen der Zahl der Abgeordneten führte im Februar 1970 zur Bildung einer Abgeordnetengruppe im EKO unter Leitung von Otto Woesthoff. Ihr gehörten über die Jahre etwa 40 Abgeordnete der Stadtverordnetenversammlung Eisenhüttenstadt, drei bis fünf des Kreistages Eisenhüttenstadt/Land, drei bis sechs Abgeordnete des Bezirkstages Frankfurt/Oder, zwei Parlamentarier der Volkskammer der DDR und über 60 Vertreter von Gemeindeparlamenten des Landkreises Eisenhüttenstadt an. Werkangehörige waren außerdem in den Wohnbezirksausschüssen der Nationalen Front aktiv, wie Theodor Goldschmidt, Hans Gunkel, Martin Winkler, Horst Krause u.a. Es gab Kooperationsbeziehungen von einzelnen Betriebsteilen des EKO mit Wohnbezirksausschüssen in Eisenhüttenstadt. Die Einflussnahme des Werkes auf städtische Belange realisierte sich aber auch durch die Mitarbeit von EKO-Angehörigen in den Schulvertretungen, in Verkaufsstellen- oder Gaststättenausschüssen, in Hausgemeinschaften, über Patenschaftsarbeit von Arbeitsbrigaden mit Schulklassen und vieles mehr. Das EKO verwandelte sich zunehmend in eine regelrechte »Sozialagentur‹ […], wie sie in gleicher Größenordnung nur bei anderen Kombinaten mit ähnlicher Monopolstellung in der DDR-Wirtschaft vorhanden war«.[35]

## Die »Patenbrigaden« im EKO

**von Thomas Reichel**

Der erste Freundschaftsvertrag zwischen dem EKO und der »Zehnklassenschule Fürstenberg/Oder, Wohnstadt« wurde Ende 1952 geschlossen.[37] Allerdings war damals noch nicht von Patenschaften zwischen den bereits existierenden Arbeitsbrigaden und Schulklassen die Rede, sondern die Kontakte sollten von Seiten des Werkes durch Aktivisten und die technische Intelligenz zum Pädagogischen Rat und zur Pionier- und FDJ-Organisation der Schule gepflegt werden. Die Institution der Patenbrigaden verbreitete sich erst ab 1959, im Zusammenhang mit der so genannten Bewegung »Sozialistisch arbeiten, lernen und leben«. Im SED-Parteiprogramm von 1963 waren die »Volkseigenen Betriebe« unter den für die Erziehung der heranwachsenden Generation Verantwortlichen noch vor der FDJ, der Pionierorganisation und den Eltern aufgeführt. Zwei Jahre später wurde sogar eine spezielle »Richtlinie über die Einflussnahme der Arbeiter, Genossenschaftsbauern und der Angehörigen der Intelligenz auf die sozialistische Bildung und Erziehung der Kinder und Jugendlichen […] durch die sozialistischen Patenschaftsbeziehungen« erlassen.[37]

Kollektive des EKO unterhielten ab den 60er Jahren Kontakte zu Klassen aller zehn Schulen Eisenhüttenstadts, wozu auch eine Rahmenvereinbarung zwischen dem Werk und dem Rat der Stadt »über die Aufgaben zur Sicherung der Einflussnahme der Arbeiterklasse auf die klassenmäßige Erziehung der Schuljugend« geschlossen wurde, der zufolge sich die Patenbrigaden besonders um die Vorbereitung »ihrer« Schützlinge auf den Eintritt in die FDJ sowie auf die Jugendweihe, um die wehrsportliche Erziehung und um die Berufsberatung kümmern sollten.[38] Die Betriebsabteilungen des Werkes unterzeichneten Freundschaftsverträge mit den Schulen, zu denen die meisten Brigaden des jeweiligen Bereiches Patenschaften unterhielten. Ab den 70er Jahren übernahm die Kommission »sozialistische Erziehung der Kinder« der ZBGL die Koordination und Anleitung der Patenschaftsarbeit im gesamten EKO. Im Jahre 1968 hatten 78 Prozent aller Schulklassen der Stadt einen Patenschaftsvertrag mit einer EKO-Brigade, während umgekehrt noch über 40 Prozent der Kollektive auf keinen derartigen Kontakt verweisen konnten. Gut zehn Jahre später gab es nur noch eine kleine Zahl, die sich nicht Patenbrigade nennen konnten, und dieser Rest war vor allem dem Umstand geschuldet, dass es in ganz Eisenhüttenstadt keine Klasse ohne »Paten« mehr gab.

Zum Standardprogramm der Patenbrigaden gehörten u.a. die Überreichung von Buchprämien für die besten Schüler anlässlich der Zeugnisausgabe, die gelegentliche Gestaltung von Pioniernachmittagen, z.B. mit einem Wissenstoto bei Kakao und Kuchen, Unterstützung bei der Faschingsfeier oder die Begleitung der Klasse auf Wanderungen, manchmal sogar bei mehrtägigen Ausflügen. Es kam auch vor, dass ein »Pate« kurzzeitig den erkrankten Lehrer im Werkunterricht vertrat oder ein anderer die Leitung einer Arbeitsgemeinschaft »Modelleisenbahn« an der Patenschule übernahm. Einer Steigerung der Qualität des Unterrichts und der Freizeitgestaltung für die Kinder und Jugendlichen kam es zugute, wenn Brigaden zum Teil in hunderten Arbeitsstunden Fachkabinette für Chemie, Physik oder Biologie einrichteten, Klassenräume renovierten, Spielplätze anlegten sowie viele kleine und größere Reparaturen in den Schulen ausführten, wofür der Betrieb nicht selten auch noch das Material organisierte und zur Verfügung stellte. Ihrem offiziellen Auftrag zur »klassenmäßigen Erziehung« der Kinder und Jugendlichen kamen jene »Paten« am ehesten nach, die sich als Jugendstundenleiter in Vorbereitung der Jugendweihe oder bei der Durchführung z.B. von Schießübungen bei »Pioniermanövern« bzw. im Rahmen der »vormilitärischen Ausbildung« engagierten. Besonders eifrige Paten-Genossen, die z.B. die Pioniere »ihrer« Klassen anhielten sich zu verpflichten, keine »Feindsender« zu hören oder zu sehen und auch ihre Eltern entsprechend zu agitieren, stellten eher Ausnahmen dar.

Klaus Beschoner von der Brigade EKO-Lok 36 mit der Patenklasse der Otto-Grotewohl-Oberschule Eisenhüttenstadt.

# Perspektiven der Veredlungsmetallurgie

## Generationswechsel

Foto links:
Manfred Drodowsky (links) im Gespräch mit Hochöfnern. Er war von 1975 bis 1985 Generaldirektor des Bandstahlkombinates. Danach wurde er Werkleiter des Magnesitwerkes Aken.

Fotos rechts:
Joachim Buchwalder (links), mit sowjetischen Spezialisten. Er hatte von 1964 bis 1969 in Moskau studiert und war danach als Technologe im EKO tätig. 1986 wurde er Werkleiter des Roheisenwerkes.

Im Juli 1975 wurde Manfred Drodowsky zum Generaldirektor des Bandstahlkombinates berufen. Die Führungsriege, die die volkseigene Industrie der DDR aufgebaut und jahrelang an den Schalthebeln der Macht gestanden hatte, war in die Jahre gekommen. Die Gründer und Pioniere wie Karl-Heinz Zieger, Erich Markowitsch, Adolf Buchholz und Dieter Zauleck, die maßgebend am Aufbau des EKO mitgewirkt hatten, setzten sich zur Ruhe. Es waren Menschen mit einer großen Vergangenheit wie beispielsweise Erich Markowitsch. Er hatte mit einigen Unterbrechungen 15 Jahre an der Spitze des EKO gestanden. Er war der »Typ des alten, im antifaschistischen Kampf erprobten Genossen«, der, nachdem er die faschistischen Zuchthäuser und Konzentrationslager überlebt hatte, in leitenden Funktionen beim sozialistischen Aufbau in der DDR mitwirkte.[39] Einem Reporter des in den USA erscheinenden Magazins »Look« schien der »kleine, gewandte Generalmanager des riesigen Stahlkomplexes […] atypisch für einen sozialis-tischen Arbeiter-und-Bauern-Staat« und er mutmaßte, »Markowitsch hätte es in Pittsburgh oder New York weit gebracht, genauso wie in Eisenhüttenstadt«.[40] Für die EKO-Arbeiter war der Altkommunist Markowitsch »ihr Mann«. Sie gaben ihm Spitznamen wie »Napoleon«, »Kugelblitz« oder »Graf Bohnerwachs«, die seine prägenden Eigenschaften charakterisierten, aber sein Ansehen in der Belegschaft nicht schmälerten. »Jeder wollte ihn gekannt haben, ein Direktor, der in seinem Werk lebte und seine Beschäftigten anzusprechen wusste.«[41]

Mit Manfred Drodowsky trat ein neuer Typ von Industriemanager an die Spitze des Bandstahlkombinates. Der Arbeitersohn Drodowsky kam aus der Nähe von Eisenhüttenstadt und hatte 1952 hier sein Abitur gemacht. Der langjährige Hochofenchef Karl-Heinz Zieger soll ihn damals dazu überredet haben, an der Bergakademie Freiberg Metallurgie zu studieren, nachdem er dem Jungen alles »über die Wunderwelt des Eisens, und dass das Glück der Erde natürlich auf der Ofenbühne liegt« erzählt hatte.[42] Nach dem Studium ging Drodowsky zunächst in die Forschung und entwickelte ein Verfahren, um durch das Einblasen von Kohlenstaub den Koksverbrauch am Hochofen zu senken. Er war ein Experte auf dem Gebiet der Roheisenerzeugung und kehrte 1965 als Direktor für Technik nach Eisenhüttenstadt zurück. Manfred Drodowsky gehörte zu jener Generation von Führungskräften, die im Sozialismus groß geworden war und nun aufgrund ihrer hervorragenden Fachkenntnisse die Leitung der Industrie übernahm.

Seit Anfang der 50er Jahre waren – wie in allen Industriebereichen der DDR so auch in der Metallurgie – systematisch neue Eliten herangebildet worden. Sie nahmen dabei verschiedene Entwicklungswege, waren jedoch zumeist proletarischer Herkunft. Die ersten Kader dieser neuen Generation waren bereits Anfang der 50er Jahre zum Studium in die Sowjetunion delegiert worden. Zu ihnen gehörte der spätere Minister Kurt Singhuber sowie Karl Döring, Siegfried Schneider und Helmut Kinne. In den 60er Jahren folgte eine weitere Gruppe von Absolventen, die an sowjetischen Universitäten und Instituten studiert hatten, wie Joachim Buchwalder, Klaus-Peter Kahle oder Jürgen Nathow. In der Sowjetunion erwarben sie nicht nur ihre umfangreichen Fachkenntnisse, sondern lernten auch Sprache und Mentalität dieses Landes kennen. Sie verkörperten jene »Ostkompetenz«, die die Besonderheit des EKO ausmachte. Eine dritte Gruppe war einen ähnlichen Weg wie Manfred Drodowsky gegangen. Sie hatte sich ihre metallurgischen Kenntnisse an der Bergakademie Freiberg oder anderen Lehreinrichtungen der DDR erworben. Zu ihr gehörten u.a. Hans-Ulrich Schmidt, Walter Krüger, Norbert Körner, Peter Plettig, Helmut Kummich und Joachim Holzhey.

Diese hochqualifizierten Fachleute wurden im Zuge der technischen und technologischen Weiterentwicklung im EKO immer unentbehrlicher und übernahmen verantwortliche Positionen im Werk. Ein westlicher Wissenschaftler erlebte sie 1987 als »praxisnah, offen, nüchtern, freundlich«.[43] So konnten sie neben ihrer fachlichen Kompetenz auch Eigenschaften wie Bescheidenheit und Integrität in die Waagschale werfen, die bis in die 90er Jahre manchem Manager aus dem Westen höchstes Lob abrang.

## In der Sowjetunion studiert – Jürgen Nathow[44]

*1960 begann ich ein Studium für Walzwerktechnik in Leningrad. Wir waren damals etwa 30 DDR-Absolventen, die an sowjetischen Universitäten und Instituten ihre Ausbildung erhielten. Es stand eine umfassende Modernisierung der Walzwerke bevor und das Spezialistenpotential auf diesem Gebiet war bei uns begrenzt. Also wurden wir in die Sowjetunion geschickt, wo wir eine solide Ausbildung erhielten. Überall im Land herrschte damals eine allgemeine Aufbruchsstimmung. Der erste Sputnik war gerade ins All geflogen und die sowjetische Wissenschaft und Technik bestimmte das Weltniveau mit. Neben dem Fachwissen lernten wir auch Land und Menschen kennen.*

*Von der Absolventenvermittlung erfuhr ich 1965, dass ich nach dem Studium in dem gerade im Bau befindlichen Kaltwalzwerk Eisenhüttenstadt eingesetzt werden sollte. Also nahm ich Kontakt zum EKO auf. Mein Einsatz war in der technologischen Abteilung des KWW vorgesehen. Gleichzeitig bat man mich, die erste Kernmannschaft des zukünftigen KWW als Dolmetscher zu begleiten. Ich verteidigte drei Monate vorfristig meine Diplomarbeit und fuhr im Frühjahr 1966 mit den Anlagenfahrern, Instandhaltern, Meistern und Ingenieuren des EKO zur praktischen Ausbildung nach Tscherepowez. Bis zur Inbetriebnahme des KWW 1968 waren noch weitere Kernmannschaften zur Ausbildung in der Sowjetunion. Zurückblickend würde ich heute sagen, dass keines der späteren Investitionsvorhaben so umfangreich und so frühzeitig vorbereitet wurde, wie das des KWW. Nach der Inbetriebnahme des Werkes 1968 wurde ich Leiter der Abteilung Technologie und blieb das fast zehn Jahre.*

*In den 70er Jahren berief der neue Generaldirektor Manfred Drodowsky eine wissenschaftliche Gruppe, deren Leiter ich wurde. Wir waren mehrere Ingenieure, die die Aufgabe hatten, Entscheidungen des Generaldirektors vorzubereiten. Für mich war dies eine wichtige Periode, denn es ging hierbei nicht nur um fachliche Probleme, sondern auch um strategische und operative Fragen. Ich lernte das gesamte EKO kennen und hatte Kontakte zu allen Kombinatsbetrieben. Als Anfang der 80er Jahre die Errichtung des Konverterstahlwerks anstand, wechselte ich in die Investbauleitung als Leiter Koordinierung. Zwischen 1984 und 1986 war ich erneut Leiter der wissenschaftlichen Gruppe des Generaldirektors. Danach leitete ich eine Arbeitsgruppe von Hard- und Softwarespezialisten, die sich mit einem speziellen Automatisierungsvorhaben beschäftigte. Es ging um die Erarbeitung und Realisierung eines Konzepts für eine rechnergestützte Echtzeitverfolgung schnellablaufender Prozesse. Der Grund für diese Aufgabe waren Schwierigkeiten, das Stahlwerk in den Produktionsprozess des EKO einzuordnen und Betriebsabläufe so zu gestalten, dass es zu keinen Stockungen kam. Da es auf dem zivilen Sektor keine entsprechenden Erfahrungen gab, arbeiteten wir mit den Kommandos der See- und Luftstreitkräfte der DDR zusammen.*

*1990 übertrug mir die Geschäftsführung die Leitung der strategischen Unternehmensplanung, die ein Sanierungskonzept für den Übergang des EKO in die Marktwirtschaft erarbeitete. Mit erfolgreicher Privatisierung wurde die Unternehmensplanung aufgelöst. Ende 1994 übernahm ich dann die Leitung des Kaltwalzwerkes. Nach fast dreißig Jahren kehrte ich also wieder dorthin zurück, wo für mich alles im EKO begonnen hatte.*

## Peter Plettig – ein junger Chef[45]

**Auszug aus einem Artikel der »Wochenpost« vom Oktober 1976.**

Peter Plettig hat Erfolg mit seinem Werben um unruhige Tage bei Weltpremieren in der Metallurgie. Woran liegt das? Dazu hole ich mir Auskünfte über den jungen Chef des Bereiches Stahlbau ein. Mit seinen 32 Jahren erreichte der Ingenieur in seiner EKO-Zeit schon mehr, als er jemals ahnte oder plante. Von der Sorte gibt es Tausende im Werk, die die Angebote eines jugendfördernden Werkes in einem ebensolchen Staat nutzen. Außerdem war es nicht einmal so sehr das Verdienst des anstelligen Schlossers, auf die Meisterschule geschickt zu werden. Vielmehr resultierte das aus einem geduldigen, gut abgestimmten und ihm manchmal auch auf die Nerven gehenden Komplott. Die es schmiedeten, gehörten zur ersten Generation von EKO-Kumpeln und beherrschten lange vor den Hochöfen das glühende Eisen der Brennscheren oder die Backöfen weit besser. Sie beweisen ihre Qualifikation und ihren Blick für Vollblutmetallurgen, auch für künftige.

Im Juli '67 baute Schlosser Plettig seinen Meister mit einer von ihm vorgeschlagenen Reparaturtechnologie. Vier Tage vorfristig produzierte das Band IV in der Sinteranlage wieder, und Peter Plettig drückte den Altersdurchschnitt der EKO-Meister. Zwei Erfahrungen übernahm er aus der stürmischen Zeit der Feuertaufe bis in unsere Tage: Lange vor der ersten Reparaturminute holt er sich den Rat der Spezialisten ein, ganz egal, ob Diplomingenieur oder Schlosser. Und so oft es nur irgendwie geht, ist er vor Ort. Der junge Leiter lernt beim Zusehen und macht vor. Beim Beobachten kommen ihm Ideen zur Verbesserung der Arbeit. Das alles trug ihm Anerkennung und Autorität ein, die ihn vor neun Jahren als Volksvertreter in den Bezirkstag Frankfurt brachten.

Der Ostwind trug die Kunde vom jüngsten Meister auch in unsere Redaktion. 1968 erschien Peter Plettigs Bild in der »Wochenpost«. Doch etwas leichtfertig, so meint er heute, ging er danach mit der Reporterfrage um, ob er sich denn weiter qualifizieren werde. Was soll ein junger Held und noch dazu in aller Öffentlichkeit darauf antworten? »Na ja, wenn ich einmal angefangen habe, muss es auch noch einen Schritt weiter gehen, zum Stahlbauingenieur vielleicht.« Diese Selbstverpflichtung passte dem Redakteur in seine Geschichte, und sie erschien in der nächsten Ausgabe. So hatten Plettigs FDJ-Sekretär, der Abteilungsleiter und der Kaderchef leichtes Spiel. »Du willst doch nicht, Peter, dass die Kumpel sagen, die Wochenpost lügt?«

Auf diese Weise behielten wir unseren guten Ruf in Eisenhüttenstadt, denn Peter Plettig wurde tatsächlich Stahlbauingenieur. Mit seinem Können und Ansehen wuchsen die Aufgaben. Er ist eine wichtige Persönlichkeit bei den Generalreparaturen, nicht nur an Hochöfen. Nun trägt er mit Verantwortung für die Instandhaltung von Milliardenwerten und für den Einsatz von 170 Facharbeitern, eine ansehnliche Streitmacht im Kampf um Roheisen und Kaltband. Neuland für den Schlosser und Meister.

## Auf der Suche nach energiesparenden Technologien

Im Herbst 1977 wurde der vormontierte Hochofen VI eingefahren. Er besaß ein neues, in der Sowjetunion entwickeltes Verdampfungskühlsystem.

Mitte der 70er Jahre wurde die Energieversorgung zu einer zentralen Frage. Neue Technologien und Erzeugnisse wurden gesucht, die eine Einsparung von Energie ermöglichten. Ursache dafür war zweifelsohne die erste »Ölkrise« im Jahre 1973, die eine Teuerungswelle für industrielle Rohstoffe auf dem Weltmarkt verursachte. Die Explosion der Erdölpreise ging auch an der DDR nicht spurlos vorüber. Die Zeit langfristig stabiler Rohstoffpreise im RGW war beendet. Ab 1975 setzte die Sowjetunion, als Hauptlieferant von Roh- und Brennstoffen, in der sozialistischen Wirtschaftsgemeinschaft ein korrigiertes Festpreissystem durch. Die Preise, die bis dahin alle fünf Jahre den Weltmarktpreisen angeglichen worden waren, wurden nun dynamisiert.

Für die von Rohstoffimporten abhängige DDR-Wirtschaft wuchs damit der außenwirtschaftliche Druck auf die eigene Leistungsfähigkeit. Doch anstatt die Wirtschaftspolitik zu ändern, setzte die SED ihre Generallinie des 8. Parteitages ohne Einschränkungen fort. Damit verbunden war ein Missverhältnis von Akkumulation und Konsumtion. »Es wurde mehr verbraucht, als aus eigener Produktion erwirtschaftet wurde, zu Lasten der Verschuldung im NSW.«[46] Wenngleich damit in einigen Industriebranchen, wie beispielsweise in der Bandstahlveredlung, der Fortgang der Modernisierung gesichert wurde und neue Spitzentechnologien, wie die Mikroelektronik, gefördert werden konnten, war der Schuldenberg Ende 1978 bereits so hoch, dass die DDR »immer neue Kredite aufnehmen musste, um die Zinsen bezahlen zu können«.[47] Darüber hinaus zwang die Preisexplosion für Rohstoffe am Weltmarkt die DDR, ihre Rohstoffimporte aus der Sowjetunion zu begrenzen.

Im Oktober 1975 stellte das Sekretariat des SED-Zentralkomitees ein Zehn-Punkte-Programm zur rationelleren Nutzung eigener Ressourcen und zur Beschleunigung des »wissenschaftlich-technischen Fortschritts« auf. Die Bedeutung solcher wissenschaftlichen Ergebnisse, durch die eine Substitution bzw. eine Einsparung von Engpassmaterialien erreicht werden konnten, wuchs. Elektronik und Mikroelektronik wurden dabei immer mehr zum bestimmenden Faktor für das gesamte technologische und industrielle Niveau. Für das EKO bedeuteten diese Entwicklungen, vor allem die rohstoff- und energieaufwendige Roheisenerzeugung noch effektiver zu gestalten. Bis 1977 stieg die Jahresproduktion auf fast 2 Mio. t Roheisen an. Dies war Resultat einer vollen Auslastung der Hochöfen, einer Erhöhung des Eisengehaltes, des Sinteranteils im Möller und der Heißwindtemperatur. Die steigenden Rohstoffpreise und die Einstellung des unrentablen Exports von Roheisen bewirkten ab 1978 eine rückläufige Produktion. Die vorgegebenen Planzahlen wurden vermindert und umfassende Rekonstruktionsmaßnahmen im Roheisenwerk begannen.

Im Jahre 1976 wurde der Hochofen II mit einem verstellbaren Schlagpanzer nachgerüstet. Dieses technische Prinzip war international seit den 60er Jahren erfolgreich im Einsatz. Die im EKO traditionell eingesetzten Gichtverschlüsse der Bauart Mc Kee hatten den Nachteil, dass die Verteilung der Begichtungsstoffe nur in relativ engen Grenzen durch Variation der Kübelfolge von Koks und Erz einer Gicht oder durch Veränderung einer Gichtgröße beeinflusst werden konnte. Da diese Unzulänglichkeiten mit zunehmender Größe der Hochöfen und damit vergrößertem Gichtdurchmesser immer deutlicher sichtbar wurden, begann man die Öfen mit verstellbaren Schlagpanzern auszurüsten. Ein wesentlicher Effekt war, dass der spezifische Koksverbrauch gemindert werden konnte. Dieser Rückgang wurde durch die Verbesserung der Durchgasungsverhältnisse der Möllersäule und einer damit verbundenen besseren Ausnutzung des aufsteigenden Reduktionsgases erreicht. Das im EKO angewandte Prinzip basierte auf einem Projekt aus der ČSSR. Aufgrund der guten Ergebnisse am Hochofen II wurden gleichartige verstellbare Schlagpanzer bis 1986 auch in die anderen Hochöfen eingebaut.[48]

Eine weitere Rekonstruktionsmaßnahme betraf das Kühlsystem an den Hochöfen. Im Rahmen einer Generalreparatur wurde der Hochofen VI mit einer Verdampfungskühlung ausgerüstet. Die Verwendung von Oberflächenwasser aus dem Pohlitzer See als Kühlmedium, welches durch Schwebestoffe und organischen Bewuchs, wie Algen und Muscheln, belastet war, führte seit Jahren zu Schwierigkeiten bei der Hochofenkühlung. Eine Lösung versprach ein sowjetisches Verfahren der Druckverdampfungskühlung. Im Dezember 1975 unterzeichnete das EKO einen Lizenzvertrag zur Einführung dieser Technik. Hochöfnern, Energetikern und Forschern wie Dietrich Klaer, Peter Thau, Joachim Buchwalder und Walter Krüger war es zu verdanken, dass innerhalb weniger Monate skeptische und abwartende Auffassungen zur Einführung dieses Verfahrens überwunden wurden. Das Forschungsinstitut im ukrainischen Charkow erstellte ein Arbeitsprojekt für die Verdampfungskühlung der Kühlplatten und Heißwindschieber des Hochofens VI und im Oktober 1977 wurde der Hochofen in Betrieb genommen. Innerhalb weniger Monate gelang es, die anvisierten Kennziffern bei der Einsparung von Brauchwasser, der Erhöhung der Standzeit des Hochofenschachtes sowie der Nutzdampfgewinnung zu erreichen. In den Jahren 1979 bis 1986 wurden auch die übrigen fünf Hochöfen des Werkes im Rahmen ihrer Generalreparaturen mit Verdampfungskühlsystemen gleichen Typs ausgerüstet.

Angesichts der zweiten Erdölkrise leitete die DDR-Führung 1979/80 kurzfristige Maßnahmen ein, um Valutaaufwendungen zu senken, die jedoch nur geringe ökonomische Effekte erbrachten. »Strategische Überlegungen traten angesichts wachsender wirtschaftlicher Schwierigkeiten immer mehr gegenüber aktuellen Erfordernissen in den Hintergrund.«[49] Davon war auch das EKO betroffen. Bis Anfang der 80er Jahre wurde an den Hochöfen Heizöl als Zusatzbrennstoff eingesetzt. Im Februar 1980 erhielt das Werk die Auflage, bis Jahresmitte das Heizöl durch Importerdgas abzulösen. Der Grund dafür war neben der allgemeinen Energielage und den gestiegenen Preisen für Erdöl auf dem Weltmarkt die Tatsache, dass von der petrolchemischen Industrie der DDR inzwischen Voraussetzungen zur weiteren Veredlung des Heizöles geschaffen worden waren. Außerdem lieferte die Sowjetunion über die Erdgasleitung »Freundschaft« ausreichende Importgasmengen. Die Aufgabe der Erdgasumstellung wurde einer interdisziplinären Arbeitsgruppe übertragen und von allen Beteiligten zielstrebig bearbeitet und termingerecht abgeschlossen. Die Umstellung des Hochofens I auf Erdgas erfolgte Ende Juni 1980. Die Hochöfen II, V und VI folgten im Juli, nach Aufbrauchen der restlichen Heizölbestände der Hochofen IV im August und der Hochofen III nach vollendeter Schachtneuzustellung im September 1980. Bereits wenige Wochen nach diesen Arbeiten trat der infolge des unumgänglichen Abfalls der Formengastemperatur befürchtete Anstieg des spezifischen Koksverbrauches ein. Anfänglich wurde noch versucht, mit maximalen Erdgasmengen zu arbeiten. Da dabei die Gefahr bestand, den Bereich der optimalen Erdgaszugabe zu überschreiten und aufgrund des zu starken Rückganges der Temperatur wieder einen Anstieg des spezifischen Koksverbrauchs zu erhalten, wurden im August 1980 am Hochofen V gezielt Versuche mit unterschiedlichen Erdgaszugaben gefahren. In vier einwöchigen Versuchsperioden steigerte man stetig den Erdgaszusatz. Die Betriebsergebnisse der Stahlroheisenproduktion des zweiten Halbjahres 1980 bestätigten die Befürchtungen. Bei einem Erdgaszusatz von 60,8 m³/t Roheisen gegenüber 54,0 kg Öl/t Roheisen im ersten Halbjahr 1980 erhöhte sich bei annähernd gleichem Möllerausbringen der spezifische Koksverbrauch auf 105,2 Prozent.[50]

Der Einsatz von Erdgas im Hochofenbetrieb war von vornherein nur auf wenige Jahre begrenzt. Langfristig war in der DDR-Wirtschaft die Ablösung von Heizöl und Importerdgas durch einheimische Rohbraunkohle als Reduktions- und Energieträger ohne Rücksicht auf ökologische Folgeerscheinungen geplant. Deshalb wurde ein Verfahren wieder aufgegriffen, dass bereits in den 60er Jahren im EKO entwickelt worden war – das Einblasen von BHT-Kohlenstaub. Ende 1980 begannen an den Hochöfen I und II erste Versuche. Im Erprobungsstadium kam es jedoch zu einem folgenschweren Unfall, bei dem am 10. Mai 1981 die EKO-Angehörigen Jörg Fedin und Waldemar Pehlke tödlich verunglückten. Der großtechnische Dauerbetrieb dieses Verfahrens begann 1983.

Das SED-Politbüro erteilte dem Ministerium für Erzbergbau, Metallurgie und Kali am 19. Januar 1982 den Auftrag, in diesem Jahr 320.000 t Hochofenkoks einzusparen. Dies sollte vor allem durch den Einsatz von BHT-Stückkoks sowie BHT- und Braunkohlestaub geschehen.[51] Daraufhin wurde an den Hochöfen V und VI BHT-Koks getestet. In den einzelnen Versuchsperioden traten Unregelmäßigkeiten

Die Ablösung von Importkoks durch einheimische Braunkohle gehörte zu den Schwerpunkten der Wirtschaftsstrategie der SED in den 80er Jahren. Aufnahme von der Maidemonstration 1982 in Eisenhüttenstadt.

Im Jahre 1979 ging eine Horizontalbeize im Kaltwalzwerk in Betrieb. Im Unterschied zur Turmbeize wurden hier alle Aggregate zu »ebener Erde« angeordnet.

und Störungen im Ofengang auf, die sich in einer Verschlechterung der Windaufnahme, im Rückgang der Produktionsleistung sowie in verstärkten Windformdefekten äußerten. Deshalb mussten die Versuche vorzeitig abgebrochen werden. Es zeigte sich, dass der BHT-Koks dieser Qualität für einen Hochofeneinsatz ungeeignet war. Deshalb entschied die Werkleitung, erst dann wieder Betriebsversuche vorzunehmen, wenn der in Entwicklung befindliche hochfeste BHT-Koks zur Verfügung stand. Dies konnte ab März 1986 geschehen.

Zur Deckung des steigenden Bedarfs an Gießereiroheisen wurden 1981 zwei Induktionsöfen in Betrieb genommen. Seit Mitte der 70er Jahre arbeitete eine Arbeitsgruppe an der »Auslagerung der Gießereiroheisenproduktion aus dem Hochofenprozess des EKO«.[52] Während bis dahin die Sortimente von siliziumlegiertem Gießereiroheisen in den Hochöfen erzeugt wurden, konnte diese spezielle Legierung nun mit einer erstmalig auf der Welt praktizierten Technologie in einer Induktionsanlage produziert werden. Das Umschmelzverfahren, in dem die speziell aufbereiteten Siliziumzuschläge mit flüssigem Roheisen gemischt wurden, schuf freie Kapazitäten an den Hochöfen und trug zur Einsparung von Hüttenkoks bei. Grundlage all dieser Aktivitäten war das Engagement und die enge Zusammenarbeit zwischen Ingenieuren, Technikern, Meistern, Apparatewärtern, Mechanikern und Hüttenwerkern aus der Produktion und der Abteilung Roheisenforschung des Hochofenbetriebes und die enge Zusammenarbeit mit dem Ministerium für Erzbergbau, Metallurgie und Kali sowie der Abteilung Metallurgie der Staatlichen Plankommission.

Auch auf den Gebieten der Kaltbandherstellung und Oberflächenveredelung von Bandstahl wurden aufgrund der weltwirtschaftlichen Bedingungen in der zweiten Hälfte der 70er Jahre eine Reihe von technischen und technologischen Neuerungen eingeführt. Auf der Grundlage von Erfahrungen sowjetischer Metallurgen erprobte man im Kaltwalzwerk seit 1975 das Minustoleranzwalzen metallurgischer Erzeugnisse. Ingenieure wie Erhard Daum, Hans Wolodkiewicz und Richard Thiele hatten im Zusammenwirken mit den Walzwerkern vor Ort wesentlichen Anteil an der Einführung dieser neuen Technologie, die dem Werk bis zu ca. 50.000 t Warmbandeinsparung im Jahr brachte. In engem Zusammenhang mit der Materialökonomie stand für das EKO auch die Erzeugnisqualität. Das betraf beispielsweise die Entwicklung und Herstellung zinkblumenfreien Materials mit definierter Rauheit sowie den Einsatz neuer Beschichtungsstoffe. Mit der Erteilung des Gütezeichen Q für zinkblumenfreien Bandstahl durch das Amt für Standardisierung, Messwesen und Warenprüfung (ASMW) im Juni 1978 erhielt erstmals ein Erzeugnis des EKO dieses begehrte Warenzeichen.[53]

Zur weiteren Steigerung der Kapazität der Blech- und Banderzeugung in der Adjustage sowie zur Erhöhung der Qualität der Erzeugnisse wurden zwischen 1977 und 1980 neue Adjustageanlagen in Betrieb genommen. Die VOEST-Alpine errichtete 1977 gemeinsam mit der französischen Firma Jeumont-Schneider eine Biegestreckrichtanlage. Durch die Steigerung der Produktion von Kaltband wurde die Turmkreisbeize immer mehr zum Engpass. Zusätzlich bestand ein Bedarf an gebeiztem Warmband. Deshalb wurde eine zweite Beize, eine Horizontalbeize, von der Firma Wean Damiron importiert und im Juni 1979 in Betrieb genommen. Im Rahmen eines Forschungsprojektes mit dem Institut Manfred von Ardenne in Dresden, der Humboldt-Universität Berlin und der Ingenieurhochschule Köthen erfolgte 1980 die Entwicklung und Herstellung einer zweiteiligen Konservendose aus EBAL. Diese Entwicklung diente der schrittweisen Ablösung von Importen in der Lebensmittelindustrie. Seit Februar 1980 wurde außerdem an der Beschichtungsanlage F 1 des Kaltwalzwerkes mit der Produktion von Kronenkorkenmaterial begonnen.

## Galvanische Veredlung im Betriebsteil Porschdorf

Das Werk Porschdorf war seit dem 1. Januar 1976 ein Zweigbetrieb des EKO. Der Betrieb in der Sächsischen Schweiz verfügte über eine lange Tradition in der Oberflächenveredlung. Bereits seit Anfang des 20. Jahrhunderts war hier ein Zweigbetrieb der Firma Hille & Müller aus Düsseldorf ansässig. Im Jahre 1972 wurde der Privatbetrieb für Oberflächenveredlung verstaatlicht und der bezirksgeleiteten Industrie Dresdens zugeordnet. Da die Investitionsmöglichkeiten dort sehr begrenzt waren, erfolgte 1976 die Angliederung an das Bandstahlkombinat. Zu diesem Zeitpunkt wiesen fast alle Anlagen des Betriebes einen hohen physischen und moralischen Verschleiß auf, der Abnutzungsgrad lag bei 95 Prozent.[54] Eine einfache Rekonstruktion der vorhandenen Anlagen ließ die marode Bausubstanz nicht mehr zu. Deshalb wurde 1977 der zentrale Beschluss gefasst, eine komplette Rekonstruktion und Erweiterung des Betriebes durchzuführen.

Ziel war es, in Porschdorf eine moderne Bandgalvanisieranlage mit den entsprechenden Folgeeinrichtungen zu erbauen. Die Tendenz der metallverarbeitenden Industrie, Formteile aus galvanisch behandelten Stahlbändern herzustellen, um die aufwendige Beschichtung von Fertigteilen einzusparen, hatte international seit langem zu einer intensiven Entwicklung der elektrolytischen Durchlaufverfahren geführt. Dabei ging es vor allem darum, dass die als Korrosionsschutz dienenden Schichten weitgehend abriebfest sein mussten, um ihre Eigenschaften bei der Verformung oder einer nachträglichen mechanischen Bearbeitung nicht zu verlieren. Dazu kam die enorme Wirtschaftlichkeit dieses Verfahrens, die sich in niedrigen Transportkosten und dem Wegfall der Stückgutveredlung mit aufwendigen Arbeitsgängen manifestierte. Da die metallverarbeitende Industrie der DDR in zunehmendem Maße die Materialien benötigte, war die Eigenfertigung und damit die Ablösung von NSW-Importen dringend geboten.

Im Jahre 1979 begannen unter dem neuen Betriebsleiter Helmfried Juderjahn die umfangreichen Bau- und Montagearbeiten. Sie umfassten den Neubau einer Universal-Bandgalvanisier-, einer Bandpolier-, einer Bandlackier-, einer Längsteil- und einer Verpackungsanlage. Die Galvanisieranlage, das Herzstück des neuen Werkes, lieferte die österreichische Firma Sundwig. Der galvanische Teil kam von der Firma Langbein-Pfanhauser aus Neuss in Nordrhein-Westfalen. Am 15. März 1981 wurde der Produktionsbetrieb aufgenommen. Gleich im ersten Jahr traten Probleme an der galvanotechnischen Anlage auf. Eingebrannte Emulsionsflecke auf dem Kaltband aus Eisenhüttenstadt zwangen zum Umbau der gesamten Anlage, der unter Anleitung des technischen Leiters Peter Ansbach erfolgreich realisiert wurde.

Der Zweigbetrieb Porschdorf produzierte einen mit Zink, Kupfer, Nickel und Messing sowie den Kombinationen Kupfer/Nickel und Kupfer/Messing veredelten Bandstahl. Die Kapazität der Anlage betrug etwa 10.000 t pro Jahr. Galvanikband war vielfältig einsetzbar, beispielsweise für Haushaltsgeräte, Spielwaren, Bürobedarf, als Kleinteile für die Elektronik/Elektrotechnik, als Beschläge und Zubehörteile für Täschnerwaren, Schuhe, Konfektion, Möbel. Die verschiedenen Ansprüche in Verarbeitung und Gebrauch (Haltbarkeit von Farbe und Glanz) konnten durch entsprechende Wahl der Veredlungsvarianten und Beschichtungskombinationen berücksichtigt werden. In Porschdorf waren 150 Arbeitskräfte beschäftigt. Bis 1989 stieg die Produktion kontinuierlich an, fiel jedoch nach 1990 schlagartig um 80 Prozent. Am 31. Dezember 1991 stellte das Werk für Bandstahlveredlung Porschdorf die Produktion ein.

Galvanisch veredelte Produkte des Zweigbetriebes Porschdorf auf der Leipziger Messe in den 80er Jahren.

## Der Eigenbau von Rationalisierungsmitteln

Von großer Bedeutung für die Aufrechterhaltung der Produktion im EKO waren die Instandhaltungswerkstätten und der Rationalisierungsmittelbau.

Die zunehmenden Engpässe und Defizite der DDR-Wirtschaft behinderten die Entfaltung einer ökonomisch effektiven Arbeitsteilung. Die Kombinate und Betriebe waren immer mehr gezwungen, die materiell-technischen Voraussetzungen für die Aufrechterhaltung und Erweiterung ihrer Produktion selbst zu schaffen. »In steigendem Umfang für die Bezahlung der verteuerten Rohstoffimporte gefordert, war vor allem der Maschinenbau immer weniger in der Lage, das Inland mit Investitionsgütern, vor allem zur Rationalisierung der Produktion, zu versorgen.«[55] Deshalb orientierte die DDR-Regierung seit Anfang der 70er Jahre auf den verstärkten Eigenbau von Rationalisierungsmitteln. Mit der Bildung der Kombinate und ihrer Gestaltung zu sich selbst reproduzierenden Organismen wurde dieser Prozess verstärkt. Auch im Bandstahlkombinat vollzogen sich auf diesem Gebiet in den 70er und 80er Jahren entscheidende Veränderungen. Im Jahre 1969 waren mit der Bildung eines eigenständigen Direktionsbereichs im Werk die Voraussetzungen für eine leistungsfähige Instandhaltung und einen komplexen Rationalisierungsmitteleigenbau geschaffen worden.

Im Jahre 1972 wurde eine neu errichtete Werkstatt für Betriebs-, Mess- und Regeltechnik an der Straße 26 in Betrieb genommen. Damit konnten die nicht mehr den Anforderungen entsprechenden Baracken 101 und 102 geräumt werden. Die Zentralwerkstatt erhielt neue und bereits vorhandene Werkzeugmaschinen. Dieser Zuwachs an technologischen Kapazitäten war entscheidend für die weitere Leistungsentwicklung in der Instandhaltung. Gleichzeitig verbesserten sich für zahlreiche Arbeitskräfte in diesem Bereich die Arbeits- und Lebensbedingungen und es wurden Voraussetzungen für die berufspraktische Ausbildung von Lehrlingen geschaffen. 1974 erfolgte die Inbetriebnahme der ersten numerisch gesteuerten Werkzeugmaschine im Bereich Fertigung und Montage. Damit fand eine neue Generation von Maschinen Eingang in die Ersatzteilproduktion. Bereits ein Jahr später folgte die zweite Apparatur dieser Art. Im Jahre 1977 konnte das bis dahin größte Objekt des Rationalisierungsmitteleigenbaus, die »1. Erweiterung der Glüherei Kaltwalzwerk«, erfolgreich realisiert werden. Dazu war ein interdisziplinäres Realisierungskollektiv aus verschiedenen Fachkräften wie Elektriker, Mess-, Steuer- und Regelmechaniker, Baufacharbeiter und Walzwerker gebildet worden. Die Arbeitsgruppe wurde von Günter Braun geleitet.

Trotz dieser Entwicklungen und einer ganzen Reihe von Strukturmaßnahmen gelang es jedoch nicht, die Anforderungen an den Eigenbau von Rationalisierungsmitteln im EKO zu erfüllen. Aus diesem Grund wurde 1978 im Direktorat Technik die Abteilung Rationalisierungsmitteleigenbau geschaffen. Sie wurde als eigenständige Struktureinheit dem Bereich Fertigung und Montage, später umbenannt in Fertigungs- und Anlagenbau, zugeordnet. Die Bildung der Abteilung war mit einer Reihe von Veränderungen in anderen Bereichen und mit der Schaffung zusätzlicher Bau- und Werkstattkapazitäten verbunden. So wurden nach 1978 zur Mechanisierung und Erweiterung der technischen Möglichkeiten diverse Baumaschinen und Transportmittel beschafft. Das Roheisenwerk erhielt eine Instandhaltungshalle zur Ausgliederung artfremder Gewerke und zur Schaffung notwendiger Arbeitsmöglichkeiten auf dem Bausektor. Erstes Ergebnis der neuen Abteilung war 1979 die erfolgreiche Realisierung des Objektes »Walzenwechselwagen für 4 Gerüste der Tandemstraße« im Zeitraum von nur zwölf Monaten.

Nach 1980 erlangte die Produktion hausgefertigter Rationalisierungsmittel eine immer größere Bedeutung. Im Metallurgieministerium begannen Planungen zur Schaffung eines eigenen Rationalisierungsmittelwerkes in Olbernhau. Unter den Bedingungen zunehmender Bilanzdefizite blieb dem EKO nichts anderes übrig, als sich selbst mit Zulieferungen, sogar teilweise mit Normteilen, zu versorgen.

# Stahl aus Eisenhüttenstadt

## Richtungsweisende Perspektiven

Nach einigen Jahren des Stillstandes wurde Ende der 70er Jahre der Prozess der Kombinatsbildung fortgesetzt. Innerhalb weniger Jahre entstanden 167 zentralgeleitete und über 90 bezirksgeleitete Kombinate. Diese Entwicklung ging einher mit einer Veränderung der Stellung der Kombinate im Wirtschaftsmechanismus der DDR. Sie avancierten nun zur beherrschenden Form der Leitung in der Wirtschaft, zum »Rückgrat der sozialistischen Planwirtschaft«. In einer 1979 von der DDR-Volkskammer verabschiedeten Kombinatsverordnung hieß es: »Das Kombinat übt seine Tätigkeit in Verwirklichung der Beschlüsse der Partei der Arbeiterklasse und im Auftrag des sozialistischen Staates, auf der Grundlage der Gesetze und anderen Rechtsvorschriften aus.«[56] Sie erhielten neben der bereits bestehenden SED-Betriebsparteileitung einen Parteiorganisator des Zentralkomitees der SED, der zum einen als Parteisekretär des Kombinates und gleichzeitig als direkter Beauftragter der SED-Führung bzw. seines allmächtigen Wirtschaftssekretärs Günter Mittag fungierte. Der Parteiorganisator war dem Generaldirektor beigeordnet und mit allen Vollmachten zu dessen Kontrolle ausgestattet. Darüber hinaus fanden jährlich, kurz vor Eröffnung der Frühjahrs- und Herbstmesse, die so genannten Leipziger Seminare des SED-Zentralkomitees statt, auf denen das »Spitzenmanagement« der DDR-Wirtschaft von Günter Mittag auf die Linie der Partei eingeschworen wurde. Mit diesen Maßnahmen sicherte sich die SED den unmittelbaren politischen Einfluss auf die Kombinate. Damit einher ging eine weitere Beschneidung der Eigenverantwortung und Selbständigkeit dieser »sozialistischen Großunternehmen« Im Jahre 1989 stellte Karl Döring dazu fest: »Ich habe mir nicht nur einmal gewünscht, dass sich die sterile Struktur der Generaldirektorenseminare vor den Messen öffnet und man in die Debatte eintreten kann. Die früher dazu eingebrachte Idee, als ersten Mindestschritt eine Expertenkommission aus Generaldirektoren bei der Staatlichen Plankommission zu bilden, wurde nie aufgegriffen.«[57]

Die Perspektiven der DDR-Metallurgie, des Bandstahlkombinates und seines Stammbetriebes für die anbrechenden 80er Jahre wurden wiederum im SED-Politbüro festgelegt. Auf dem 9. SED-Parteitag 1976 war der Schwarzmetallurgie die Aufgabe gestellt worden, durch ein hohes Entwicklungstempo der Eigenproduktion und auf der Grundlage einer engen Zusammenarbeit mit der UdSSR und den anderen sozialistischen Staaten eine bedarfsgerechte Versorgung der Volkswirtschaft zu sichern und den weiteren Ausbau des EKO vorzubereiten. Mit den nachfolgenden Beschlüssen des Politbüros wurden diese Aufgaben konkretisiert. Am 21. März 1978 bestätigte die SED-Führung eine »Analyse der Entwicklung der Schwarzmetallurgie bei der Durchführung der Beschlüsse des VIII. und IX. Parteitages und Maßnahmen zur weiteren Beschleunigung der Leistungsentwicklung«, die durch das Ministerium, die Fachabteilung des Zentralkomitees der SED und von Vertretern der Kombinate erarbeitet wurde. Ein Vergleich mit dem »fortgeschrittenen« internationalen Niveau deckte offen die Rückstände der DDR-Metallurgie auf. Diese lagen vor allem bei der Roheisenproduktion und der Anwendung moderner Stahlerzeugungs-, Stahlraffinierungs- und Stahlgießverfahren. Aufgrund veralteter kleiner Hochöfen und der Verarbeitung von Einsatzstoffen mit geringem Eisengehalt lag die Produktivität bei der Roheisenerzeugung um 40 bis 50 Prozent unter dem internationalen Niveau und der Energieverbrauch um 20 bis 30 Prozent über diesem Niveau. Noch entscheidender waren die Effektivitätsrückstände auf dem Gebiet der Rohstahl- und Halbzeugproduktion. Zwar repräsentierte die DDR bei Siemens-Martin- oder Elektroöfen den internationalen Stand, das Weltniveau wurde jedoch durch die Stahlerzeugung im Konverter mit Strangguss bestimmt. Weitere Defizite registrierte die Analyse bei der Formstahlerzeugung sowie bei der Herstellung von Warmband und Grobblechen, wohingegen der Produktion von kaltgewalzten Blechen und Bändern sowie deren Oberflächenveredlung ein hohes technisches Niveau bescheinigt wurde.

Des Weiteren wurde im Beschluss festgestellt, dass es in den 70er Jahren nicht gelungen war, die Produktion hochwertiger metallurgischer Erzeugnisse zu steigern, da die dazu notwendigen materiell-technischen Voraussetzungen erst geschaffen werden mussten. Deshalb konzentrierten sich die Investitionen in der zweiten Hälfte des Dezenniums insbesondere auf Vorhaben der Veredlungsmetallurgie. Das kontinuierliche Feineisenwalzwerk in Hennigsdorf wurde 1977, das Rohrwerk IV in Riesa 1979, das Breitbandgießwalzwerk für Aluminium in Nachterstedt 1977 und die zweite Beize im Kaltwalzwerk des EKO 1979 in Betrieb genommen. Andere Objekte waren in diesem Zeitraum begonnen worden, wie beispielsweise die kontinuierliche Drahtstraße in Brandenburg, die Grobblechstraße in Ilsenburg, die kombinierte Formstahlstraße in der Maxhütte, die Großversuchsanlage für kontinuierliches Kaltwalzen von Rohren in Riesa sowie das neue Walzgerüst zur Herstellung dünner Kaltbänder mit hoher Oberflächenqualität im Kaltwalzwerk Eisenhüttenstadt. Damit verbunden war die Einführung neuer Technologien. Das betraf die Stahlherstellung in Elektroöfen mit nachfolgendem Strangguss für Halbzeug in Hennigsdorf und Brandenburg, das Plasma-Primär-Schmelzen von Edelstählen im 30-t-Ofen in Freital, das kontinuierliche Wal-

## Die DDR-Metallurgie im internationalen Vergleich 1978/79

| | | DDR | Fortschrittl. intern. Stand (BRD) | Weltspitze (Japan) |
|---|---|---|---|---|
| **Roheisenproduktion** | 1. Ofengröße m³ | 827 | 960–3.595 | 1.350–5.050 |
| | 2. Leistung t Roheisen je m³ Ofeninhalt in 24 h | 1,22 | 1,49–2,4 | – |
| | 3. Koksverbrauch kg Koks/t Roheisen | 575 | 428–500 | 366–437 |
| **Stahlerzeugungsverfahren** | 1. Konverter | 10 | 76 | 78 |
| (in Prozent) | 2. Elektro | 19 | 10 | 22 |
| | 3. Siemens-Martin | 69 | 14 | 0 |
| | 4. Strangguss | 10 | 39 | 46 |
| **Rohstahlerzeugung** | 1. Rohstahlproduktion t je Arbeiter | 1.090 | 1.890 | |
| | 2. Materialverbrauch kg/t | 1.305 | 1.258 | |
| | 3. Energieverbrauch Gigajoule/t | 5,4 | 1,4 | |

zen von feinem Stabstahl und die Herstellung höherfester Betonstähle durch eine thermomechanische Behandlung in Hennigsdorf, die Produktion nahtloser Stahlrohre mit engen Toleranzen auf der Stoßbankanlage in Riesa, das Elektronenstrahlbedampfen von Bandstahl mit Aluminium in Bad Salzungen und nicht zuletzt das Verzinken, Plastbeschichten und Profilieren von Kaltband in Eisenhüttenstadt.

Mit dem Beschluss vom 21. Oktober 1980 zur Entwicklung der Veredlungsmetallurgie im Zeitraum 1981 bis 1985 präzisierte das SED-Politbüro die konzeptionellen Vorstellungen der Vorjahre und setzte der DDR-Metallurgie anspruchsvolle Ziele. So sollte beispielsweise die Produktion von veredeltem Walzstahl von 4,33 Mio. t im Jahre 1980 auf über 7,38 Mio. t 1985 gesteigert werden. Außerdem war eine Verdoppelung der Produktion von metallurgischen Erzeugnissen mit höheren Gebrauchswerten in der Festigkeit, Korrosionsbeständigkeit und Oberflächenbeschaffenheit geplant. Durch diese Maßnahmen sollte der Anteil veredelter Erzeugnisse an den Endprodukten der Schwarzmetallurgie bis 1985 auf ca. 80 Prozent erhöht werden. Als »Kernstück für den generellen Produktivitäts-, Effektivitäts- und Qualitätsumschwung in der Eisenmetallurgie der DDR« wurde der Ausbau des EKO angesehen. Am 26. Juni 1979 verabschiedete das SED-Politbüro dazu einen speziellen Beschluss.

Bereits Ende der 70er Jahre wiesen viele Zeichen unübersehbar auf eine erneute Krise in der DDR hin. Das außenpolitische Klima hatte sich, gefördert von Hardlinern in Moskau und Washington, weiter verschärft. In beiden deutschen Staaten kam es zur Stationierung neuer Mittelstreckenraketen. Die Zeiten der Entspannung schienen vorbei. Einher ging dieser Prozess mit politischen Krisen in Polen und Ungarn sowie mit dem Ende der Breschnew-Ära in der Sowjetunion. Die Weltwirtschafts- und Rohstoffkrise wirkten sich auch in der sozialistischen Wirtschaftsgemeinschaft aus. Polen und Rumänien hatten bereits ihre Zahlungsunfähigkeit erklärt und auch in der DDR waren, trotz steigender Produktionskennziffern, Devisenkrediten und gigantischer Mikroelektronik-, Roboter- und CAD/CAM-Programme, die ökonomischen Schwierigkeiten nicht mehr zu übersehen.

In der DDR-Metallurgie war es ungeachtet großer Investitionen in den 70er Jahren nicht gelungen, alle volkswirtschaftlichen Versorgungsprobleme zu lösen und teure Importe zu ersetzen. Zur Fortführung dieses Prozesses war es notwendig, auch in der Stahlerzeugung und in der Halbzeugproduktion solche Verfahren anzuwenden, »die eine rationelle Herstellung und eine hohe Qualität des Stahlhalbzeuges als Voraussetzung für qualitativ hochwertige Fertigerzeugnisse sichern«. Außerdem sollten »für spezifische, anspruchsvolle Walzstahlsortimente, deren Eigenproduktion noch nicht oder nicht ausreichend möglich ist und die über NSW-Importe beschafft werden müssen, zielgerichtet die anlagetechnischen und technologischen Voraussetzungen« entwickelt werden.[58] Internationale Vergleiche zeigten, dass sich in den 80er Jahren der Verbrauch von Breit-Flach-Erzeugnissen (Warmband geschnitten, Kaltband, verzinkte Bleche und Bänder, beschichtete Bänder, Bleche und Profile) gegenüber anderen Walzstahlerzeugnissen überdurchschnittlich entwickeln würde. Damit verbunden war ein wachsender Bedarf an Warmband, der bereits 1980 ca. 32,5 Prozent der Walzstahlversorgung der DDR-Volkswirtschaft ausmachte. Das verlangte wiederum eine Steigerung der Rohstahlproduktion.

Unter den strukturellen Bedingungen der DDR-Stahlindustrie führte dies zwangsläufig zu steigenden Schrottimporten. Fast 65 Prozent der Stahlerzeugung erfolgte 1980 noch auf der Basis des »energiewirtschaftlich, materialökonomisch und produktivitätsmäßig uneffektiven Siemens-Martin-Verfahrens mit nachgeschalteten ebenfalls unökonomischen Blockgießtechnologien«.[59] Günstige Voraussetzungen zur Lösung dieser Grundprobleme sah man im EKO, wo die Ausbaumöglichkeiten zur Schließung des metallurgischen Kreislaufes gegeben waren. Der Beschluss vom 26. Juni 1979 stellte die politischen Weichen für den weiteren Ausbau des EKO und präzisierte dessen Ablauf. Bis dahin vorherrschende Konzeptionen gingen davon aus, »bis 1985 eine Warmbandstraße zu errichten und den notwendigen Stahl aus dem von den RGW-Ländern zu errichtenden gemeinsamen Hüttenwerk in Oskol (Kursk) zu beziehen«. Da die Realisierung dieses Projektes aufgrund der völlig offenen Frage der Koksversorgung durch Polen immer unwahrscheinlicher wurde, blieb für die DDR nur der beschleunigte Ausbau der eigenen Stahlproduktion. Gleichzeitig signalisierte die Sowjetunion, »dass gegenüber dem langfristigen Abkommen für 1980 im Zeitraum 1981 bis 1985 jährlich durchschnittlich 350 kt Walzstahl (vor allem Warmband) weniger geliefert werden«.[60] Ähnliche Verlautbarungen kamen auch aus der ČSSR.

Die Verringerung traditioneller Lieferungen von Walzstahl aus dem RGW machten es erforderlich, »durch den Import eines schlüsselfertigen Sauerstoffblas-Stahlwerkes aus dem nichtsozialistischen Wirtschaftsgebiet bis 1983 die eigene Stahlbasis zu stärken und danach eine Warmbandstraße zu errichten«.[61] Das Stahlwerk wurde mit einer Jahreskapazität von ca. 2 Mio. t Rohstahl konzipiert. Gleichzeitig orientierte das SED-Politbüro auf notwendige Rekonstruktionen des Roheisenwerkes, der Transport- und Umschlageinrichtungen und des Kaltwalzwerkes im EKO. Die technische Konzeption sah vor, mit den vorhandenen Hochöfen bei minimalem Investitionsaufwand eine Jahresproduktion von 2,3 Mio. t Roheisen für die Anlaufphase des Stahlwerkes zu sichern und durch Errichtung eines großen Hochofens, bei Aussonderung von drei kleinen, technisch und moralisch verschlissenen Öfen, die Roheisenkapazität bis 1988 auf etwa 3 Mio. t zu erweitern. Die SED-Führung beschloss, das Konverterstahlwerk aus dem westlichen Ausland zu beziehen. Weder die Sowjetunion noch ein anderes RGW-Land konnten den technisch und technologisch notwendigen Normen für den Bau eines solchen Industriekomplexes entsprechen. So musste die DDR auf westliches Know-how zurückgreifen. Die Bezahlung dieses Milliardengeschäftes erfolgte durch Kompensation, also den Austausch von Sachwerten statt Geld. Auf der Sitzung der Wirtschaftskommission der SED im November 1979 hatte Günter Mittag verlauten lassen, »dass die Anwendung von Kompensationsprinzipien in der Metallurgie Erfolge gebracht hat« und weiterzuführen sei.[62]

Bereits im Vorfeld der Entscheidung im SED-Politbüro waren Anfragen an die Firmen VOEST-Alpine AG (Österreich), Krupp-Industrie- und Stahlbau (BRD), Nippon Steel Corporation (Japan) und Creasot-Loire Entreprises (Frankreich) gestellt worden. Seit Ende 1979 hatten diese vier Unternehmen mit einem großen Stab an Experten begonnen im EKO, ihre Angebote vorzubereiten. Für die DDR-Seite bestand die Zielstellung in einem kurzfristigen Abschluss der Verhandlungen durch Vorlage der paraphierten technischen Unterlagen, des kommerziellen Vertrages und der Gegengeschäftsvereinbarung. Als Zeitpunkt für den Vertragsabschluss wurde Anfang 1980 festgelegt, der Baubeginn sollte noch 1980 und die Inbetriebnahme 1983 erfolgen.

Die von den Unternehmen ausgearbeiteten Angebote beinhalteten ein komplettes Sauerstoffkonverterstahlwerk einschließlich Hilfs- und Nebenanlagen. Außerdem sollten die Stahlwerkshallen sowie das übergeordnete Versorgungssystem so konzipiert werden, dass die Errichtung einer zweiten Stranggießanlage und die Erweiterung um einen dritten Konverter möglich sind. Trotzdem unterschied sich der vorgeschlagene Leistungsumfang erheblich. Außerdem zeigten die Angebote, dass nicht mit allen Firmen der vorgesehene Inbetriebnahmetermin gehalten werden konnte. Ein besonderes Problem stellte für einige Anbieter das Teilvorhaben »Steinefabrik« für die Herstellung der in der DDR bislang nicht produzierten hochbasischen Konvertersteine dar. Nachfolgend zum SED-Politbürobeschluss war im Kombinat die Entscheidung getroffen worden, dieses Vorhaben am Standort Aken zu realisieren und in das Projekt Konverterstahlwerk einzubinden. Dieser Festlegung lag die Überlegung zugrunde, dem Betrieb in Aken eine entsprechende Perspektive zu geben und dessen fachliche Potenzen zu nutzen. Der Investitionsaufwand war auf 4,287 Mrd. Mark veranschlagt. Dabei entfielen auf das Stahlwerk 3,854 Mrd. Mark und auf die Steinefabrik 245 Mio. Mark. Die Restsumme von 188 Mio. Mark war für den Import von Baumaschi-

Bis zur Produktionsaufnahme des Konverterstahlwerkes 1984 wurde das in den Hochöfen erschmolzene flüssige Roheisen auf Masselgießmaschinen zu festen Barren (Masseln) vergossen und zu den Stahlwerken und Gießereien transportiert.

Bei seinem Besuch im VOEST-Alpine-Werk in Linz am 10. November 1980 wurde das DDR-Staatsoberhaupt Erich Honecker durch ein traditionelles Spalier der Lehrlinge geführt und von Mitarbeiterinnen in oberösterreichischer Tracht empfangen.

nen vorgesehen. Bei den Preisverhandlungen bestand die Zielstellung laut SED-Politbüro darin, den ausgewiesenen Aufwand von 1,5 Mrd. Valutamark nicht zu überschreiten. Für die Umrechnung von Valutamark in Mark wurde der Richtungskoeffizient von 2,5 verwandt. Außerdem wurde ein Leistungsumfang der DDR in Höhe von 390 Mio. Mark veranschlagt. »Die Refinanzierung des Stahlwerkes ist durch Einsparungen und Verhinderung von Walzstahlimporten aus dem nichtsozialistischen Wirtschaftsgebiet im Zeitraum von 4 bis 5 Jahren nach Inbetriebnahme möglich,« war die optimistische Prognose.[63] Ein Export von Stahl aus dem neuen Werk war im Rahmen der Gegengeschäftsvereinbarung genauso vorgesehen, wie der Export von Erzeugnissen des Maschinenbaus.

Bis zum Herbst 1980 war die Entscheidung über die Vergabe des Großauftrages völlig offen. Einzelne Unternehmen hatten sich durch lukrative Angebote einen Vorteil erarbeitet, andere waren durch überzogene Forderungen ins Hintertreffen geraten. Die eigentliche Entscheidung über die Auftragsvergabe für ein solches Milliardengeschäft fiel jedoch auf höchster SED-Ebene. »So mancher Staatsbesuch, ob in Österreich, in Japan oder auch auf der Leipziger Messe wurde genutzt, um spektakuläre Aufträge zu verteilen.«[64] Erich Honecker und sein Wirtschaftssekretär Günter Mittag entschieden meist »ohne demokratische Beratung des Für und Wider, ohne gründliche Analysen, ohne exakte Berechnungen, indem sie den eigenen Vorstellungen und Wünschen folgten und die Meinung von Fachleuten und Wissenschaftlern über Millionen- wie Milliardenprojekte ignorierten.«[65] Da die Verschuldung der DDR Anfang der 80er Jahre bereits gigantische Ausmaße angenommen hatte, war ein Projekt dieser Größenordnung eigentlich nicht mehr zu finanzieren. Warnende Stimmen, auch aus der sowjetischen Führung, wurden von Honecker und Mittag ignoriert. Sie waren der irrigen Auffassung, »dass diese Kompensationsgeschäfte der DDR nichts kosten, weil der Aufwand durch einen Teil der Ergebnisse zurückgezahlt wird«[66] und drängten auf eine schnelle Entscheidung über die Auftragsvergabe für das Konverterstahlwerk.

Noch im November 1980 wurde diese, überraschend für viele, während eines Besuches von Erich Honecker in Österreich bekanntgegeben. Die Mitarbeiterzeitschrift der VOEST-Alpine berichtete: »Einen Tag ehe das DDR-Staatsoberhaupt anlässlich seines Österreichaufenthaltes zu seinem Besuch in unserem Werk eintraf, platzte das, was man eine journalistische Bombe nennt: In einem Bericht des offiziellen Organs ›Neues Deutschland‹ vom 11. November aus Wien hieß es eher lakonisch, dass die Grundsatzentscheidung über die Vergabe des Auftrages zum Bau eines Konverter-Stahlwerkes in Eisenhüttenstadt in der DDR zugunsten der VOEST-Alpine gefallen sei.«[67] Ganz unerwartet kam der Zuschlag für das österreichische Unternehmen sicher nicht, denn dieses hatte in der DDR bereits mehrere Projekte realisiert. So wurde 1980 bereits der vierte Rahmen-

## Der Aufbau des Stahlwerkes

vertrag seit 1969 zwischen der VOEST-Alpine und Außenhandelsbetrieben der DDR unterzeichnet. Auch hinsichtlich des konkreten Anlasses war die Wahl nachvollziehbar. Das österreichische Industriebauunternehmen hatte »das kompakteste und billigste Konzept« mit hohem Leistungsumfang und kurzen Realisierungszeiten eingereicht. Der Preis lag im Gegensatz zu den anderen Anbietern unter 3 Mrd. DM.[68] Außerdem verfügte VOEST-Alpine über langjährige Erfahrungen bei der Realisierung ähnlicher Projekte und über die neuesten Erkenntnisse auf dem Gebiet des Sauerstoffaufblasverfahrens und der Stranggießtechnik. Überraschend war die kurzfristige Entscheidung bei laufenden Verhandlungen und der politisch motivierte Zeitpunkt der Bekanntgabe.

Am 15. März 1981 unterzeichneten während der Leipziger Frühjahrsmesse der Generaldirektor des DDR-Außenhandelsbetriebes Industrieanlagen-Import (IAI) Berlin, Herbert Rohloff, sowie Generaldirektor Heribert Apfalter und Vorstandsdirektor Klaus Czempirek seitens der VOEST-Alpine AG einen Vertrag über die schlüsselfertige Errichtung des Konverterstahlwerkes Eisenhüttenstadt. Es war einer der größten Aufträge, den der Industrieanlagenbau der VOEST-Alpine bis dahin als alleiniger Generalunternehmer realisierte. Der österreichische Weltkonzern gehörte seit langem zu den renommiertesten und leistungsfähigsten Firmen auf dem Gebiet des Industrieanlagenbaus. Die Zahl der Bauten, die die VOEST-Alpine auf allen Kontinenten errichtet hatte, ging in die Tausende. Die Palette reichte dabei von Brücken-, Kraftwerks- und Seilbahnanlagen bis hin zu riesigen Industriekomplexen wie dem Hüttenwerk Misurata in der libyschen Wüste, dem Kompakthüttenwerk Shlobin in Weißrussland oder den Stahlwerken im belgischen Charleroi und im mexikanischen Sicartsa. Auch in der DDR hatte der österreichische Konzern einen guten Namen. In den 70er Jahren baute er beispielsweise in Schkopau und Böhlen Äthylenanlagen und in Leuna eine Vakuumdestillationsanlage und führte in Ilsenburg die Rekonstruktion des Grobblechwalzwerkes aus. Über langjährige Erfahrungen verfügten die österreichischen Anlagenbauer auf dem Gebiet der Stahlerzeugung, denn das sogenannte LD(Linz-Donawitz)-Verfahren war Anfang der 50er Jahre in Linz entwickelt worden. Auch das erste Blasstahlwerk der Welt wurde am 5. Januar 1953 dort in Betrieb genommen.

Am 15. Juli 1982 wurde auf der Baustelle »Konverterstahlwerk« durch die Monteure der Voest-Alpine AG die erste Stütze für die künftige Stahlwerkshalle gesetzt. Damit begann die Montage der mehrere tausend Tonnen schweren Stahlkonstruktion.

Der Vertrag mit der VOEST-Alpine AG umfasste die Bauarbeiten, die Lieferung von Stahlkonstruktionen und der mechanischen Einrichtungen, die Montage, die Inbetriebnahme, den Probebetrieb, die Schulung des Bedienungspersonals sowie eine Dokumentation. Bereits bei der Vertragsvorbereitung wurde deutlich, dass auf der Baustelle in Eisenhüttenstadt mit mehreren tausend Arbeitskräften, nicht nur aus Österreich, sondern aus vielen Ländern Europas, zu rechnen war. Sie galt es in der Nähe des Werkes unterzubringen. Deshalb erfolgte am 15. Juni 1981 der Auftakt für die Großbaustelle mit dem ersten Erdaushub zur Errichtung eines Wohncamps für die Erbauer des Stahlwerkes. In den nächsten Wochen entstand am Pohlitzer Fließ unmittelbar neben dem Werk auf einem Areal vom 125.000 m² ein Lager mit 75 Wohnobjekten sowie sieben Sonderobjekten für Verwaltung, Versorgung und Freizeit. Zunächst waren rund 20 Hektar Wald und Sträucher zu roden. Die dafür eingesetzte österreichische Firma musste bereits nach wenigen Wochen abgelöst werden, da sie mit ihrer Technik im märkischen Sand wenig ausrichten konnte. Die weiteren Rodungsarbeiten übernahm ein DDR-Betrieb.

Wie schon beim Bau der Hochöfen und des Kaltwalzwerkes erwiesen sich auch diesmal Baugrund und Grundwasserspiegel als besondere Erschwernisse. Erneut waren großflächige Grundwasserabsenkungen mittels Brunnen und umschließender Dichtungswand erforderlich, ehe am

7. September 1981 die Arbeiten an den Fundamenten aufgenommen werden konnten. Aus Kostengründen wurde auf eine Pfahlgründung verzichtet und festgelegt, auch die Anlagen mit hohen Lasten flach zu gründen. »Man beschloss daher mit dem Vergießen der Verankerungen und der Stützfußkonstruktionen so lang als möglich zu warten, um den größten Teil der Setzungen durch Heben der Stahlkonstruktionen zu egalisieren. Angehoben wurde die bereits fertig montierte Stahlkonstruktion dann etwa im März 1983 (das Ausmaß der Hebung betrug bis zu 6 cm).«[69] Allein die Größe des Bauvorhabens und der gedrängte Terminplan stellten hohe Anforderungen an die exakte Abstimmung der Projektaufgaben zwischen Auftragnehmer und Auftraggeber. Neben mehrfach im Jahr veranstalteten Spitzengesprächen zwischen den Leitungsgremien der VOEST-Alpine, dem Generaldirektor des BKE sowie dem Außenhandelsbetrieb IAI Berlin fanden regelmäßig Koordinierungsberatungen statt. Zur Abstimmung von Projektierungsfragen gab es außerdem ein ständiges Büro der DDR in Linz.

Die Leitung und Koordinierung der Aufgaben seitens der VOEST-Alpine erfolgte über eine Projektdirektion des Industrieanlagenbaus, die im Linzer Hauptwerk eine Baracke bezogen hatte und der Horst Wimmer vorstand. Im Eisenhüttenstädter Camp war die Oberbaustellenleitung des österreichischen Auftragnehmers untergebracht. Auf Weisung des Ministers für Erzbergbau, Metallurgie und Kali der DDR wurde der Bereich »Aufbau Konverterstahlwerk« gebildet. Die Kader gingen aus der bisherigen Investdirektion hervor. Mit Wirkung vom 1. Juli 1979 wurde Albrecht Scherzer als »Stellvertretender Generaldirektor für Ausbau im Bandstahlkombinat ›Hermann Matern‹ Eisenhüttenstadt« berufen. Ab Mitte 1982 betraute man Heiner Rubarth mit dieser Aufgabe. Horst Krause war verantwortlich für die Hauptanlagen und Ernst Glaser für die Nebenanlagen. Anfang 1983 wurde Gunther Rotter zum Leiter des Konverterstahlwerkes berufen. Darüber hinaus rief die Zentrale Parteileitung der SED im Juli 1981 ein Parteiaktiv »Konverterstahlwerk« ins Leben.

Seitens der VOEST-Alpine wurde der gesamte Bau- und Montageablauf der Großbaustelle über einen zentralen Netzplan gesteuert, der planmäßig fünfmal präzisiert und den aktuellen Erfordernissen angepasst wurde. Dabei kam erstmalig ein speziell für dieses Großprojekt entwickeltes Computerprogramm zum Einsatz. Mit diesem gelang es, wie Baustellenleiter Robert F. Melaun bestätigte, »die Anforderungen und Leistungen der verschiedenen Zulieferer und Subunternehmen optimal zu steuern und zu koordinieren«.[70] An diesem Projekt waren beinahe alle Konzernbetriebe der VOEST-Alpine in Linz, Wels, Wien, Krems, Liezen, Zeltweg und Gleisdorf sowie fast 200 andere österreichische Firmen, vor allem Klein- und Mittelbetriebe, als Zulieferer beteiligt. Ausführende Baufirmen waren die Ilbau Spittal aus Kärnten, das BMK-Ost Frankfurt/Oder sowie Nachauftragnehmer aus Jugoslawien, Ungarn, der ČSSR und der BRD. Für die wesentlichen elektrotechnischen Anlagen des Stahlwerkes wurden bewährte Fabrikate renommierter Firmen, wie Jeumont Schneider aus Frankreich oder Siemens aus der BRD, verwendet.

Bis zu 3.500 Konstrukteure, Monteure, Schweißer, Elektriker, Schlosser und andere Arbeiter aus über zehn Nationen waren gleichzeitig auf der Baustelle beschäftigt. Sie wurden im Wohncamp untergebracht. Während es bei der Realisierung des Bauvorhabens und in der Zusammenarbeit zwischen den österreichischen und deutschen Bauverantwortlichen wenig Schwierigkeiten gab, taten sich die DDR-Offiziellen beim Umgang mit den Bau- und Montagearbeitern aus dem westlichen Ausland sehr schwer. Auf Verlangen der DDR-Seite existierte eine Vertragsbeilage, die Fragen der Ordnung und Sicherheit beinhaltete. Da es in der Anfangszeit einige Verstöße gegen die Straßenverkehrsordnung gab, wurde ein eigenes Sicherheitsaktiv gebildet. Peinlich genau registrierte die DDR-Seite alle Vorkommnisse, auch wenn sie nicht in ihren Zuständigkeitsbereich fielen. So nannte ein Bericht in drei Jahren 749 Vorkommnisse im Territorium und 415 auf der Baustelle.[71] Das Wohncamp wurde hermetisch abgeriegelt und war für DDR-Bürger nicht zu betreten. Direkt von der Baustelle führte ein streng abgeschirmter Bereich bis ins Camp. Dies entsprach keineswegs der üblichen Praxis. »Auf den Baustellen in Ilsenburg oder auch in Weißrussland gab es solche Einschränkungen nicht«, wusste Campleiter Horst Stifter aus eigener Erfahrungen zu berichten.[72] Diese räumliche Abschirmung konnte dennoch nicht verhindern, dass es zu Kontakten zwischen den Arbeitskräften aus Österreich und den Eisenhüttenstädtern kam. Das soziale Gefüge der Stadt geriet durch die Anwesenheit einer solch großen Anzahl devisenbringender Gäste gehörig durcheinander. Während ein Teil der Stadtbürger angesichts der Behandlung der Österreicher ihren Unmut artikulierten, schlugen andere daraus ihren Vorteil. Eine spezielle Problematik waren die zwischenmenschlichen Beziehungen. Für manche junge Frau Eisenhüttenstadts war die Partnerschaft zu einem ausländischen Montagearbeiter das »Sprungbrett in den Westen«.

Die Arbeiten auf der Großbaustelle kamen zügig voran. Alle festgelegten Termine konnten vom Auftragnehmer gehalten werden. Insgesamt wurden bis 1984 etwa 1,3 Mio. m³ Erdmassen bewegt sowie 80.000 t Ausrüstungen und Einrichtungen und 230.000 m³ Beton verarbeitet. Monatlich mussten bis zu 2.000 t Ausrüstungen geliefert werden. Um diese Tonnagen zu erreichen, arbeitete der Stahl- und Apparatebau der VOEST-Alpine mit Stahlbaufirmen der DDR als Subunternehmer zusammen. Das Metallleichtbaukombinat Leipzig lieferte erhebliche Mengen Stahlkonstruktionen, während die Kombinate TAKRAF und SKET Krane und Förderanlagen zur Verfügung stellten.

Die Produktionshallen des Konverterstahlwerkes wurden mit beschichteten Stahlblechen aus dem EKO verkleidet. Es war die bis dahin größte geschlossene Fläche aus dem in Eisenhüttenstadt hergestellten Blech mit dem Markennamen EKOTAL. Für die 64 m hohe Konverterhalle wurde eine blaue Farbgebung gewählt, die sich anschließenden Stranggieß- und Adjustagehallen erhielten ein Orange. »Durch weitgehende Vorfertigung, exakte Montageplanung und straffe Koordinierung aller am Bau beteiligten Gewerke war die Realisierung dieses Großvorhabens in der vorgegebenen, auch an internationalen Maßstäben gemessen, äußerst kurzen Bauzeit möglich.«[73]

Der neue Stahlwerkskomplex im EKO umfasste:
- das Konverterstahlwerk mit zwei 210/235-t-LD-Konvertern,
- eine 2-Strang-Brammenstranggießanlage und eine 6-Strang-Vorblockstranggießanlage mit dazugehörigen Adjustagen und Verladeeinrichtungen,
- eine Kalkbrennanlage mit zwei Schachtöfen,
- eine Sauerstofferzeugungsanlage,
- eine Schlackeverwertungsanlage mit Brechanlage, Sortierung, Fördersystem und Bunkerung,
- Zuschlagstoffeversorgung mit Brech- und Siebanlage, Bunkerung und Fördersystem,
- Werkstätten und Reparaturhallen für die Feuerfestzustellung der Pfannen, für die Instandhaltung der Einrichtungen, Lagerhallen für Betriebsstoffe,
- Fahrzeug- und Transportmittel wie Rohrpfannenwagen, Radlader, Stapler usw.,
- Schienen und Straßen im Rahmen der erforderlichen Infrastruktur des Werkes einschließlich Stellwerk und Weichen.

Die beiden Konverter wurden in einer symmetrischen, halbtulpenförmigen Schweißkonstruktion ausgeführt.

# VOEST-Alpine baut das Stahlwerk im EKO

Projektdirektor Horst Wimmer (3. von links) und Oberbaustellenleiter Robert F. Melaun (2. von links) während einer Besprechung auf der Baustelle in Eisenhüttenstadt.

## Bei den »sozialistischen Preußen« – Horst Wimmer [74]

*Als die VOEST-Alpine diesen Großauftrag erhielt, hatte man sich Gedanken darüber gemacht, wer ein solches Projekt organisieren und leiten kann und die Wahl fiel dann auf mich. Ich war zu dieser Zeit Geschäftsführer einer belgischen Firma in Brüssel. Eines Morgens, es muss so 7.30 Uhr gewesen sein, erhielt ich einen Anruf mit der Aufforderung, die Projektleitung zu übernehmen. Ich hatte 15 Minuten, mich zu entscheiden, denn um 8 Uhr tagte der Vorstand. Da es mich reizte, sagte ich zu. So wurde ich Projektdirektor und war direkt dem Vorstand unterstellt. Wir hatten in Linz eine eigene Baracke mit etwa hundert Mitarbeitern.*

*Den Zuschlag von Honecker hatte die VOEST erhalten mit der Maßgabe, den endgültigen Preis noch zu fixieren und die Technik festzulegen. Das war Verhandlungsgegenstand während der Wintermonate 1980/81. Also fuhr ich von Brüssel nach Eisenhüttenstadt und mietete mich im Bettenhaus des EKO ein. An den Verhandlungen waren der Außenhandelsbetrieb IAI, das ZIM und EKO beteiligt. Für mich waren die Dimensionen dieses Projektes gänzlich neu. Ich hatte zwar vorher bereits einige schlüsselfertige Stahlwerke realisiert, aber wenn ihnen einer so ein Milliardenpaket auf den Tisch legt, dann ist das schon etwas anderes. Für die VOEST war dies einer ihrer größten Aufträge und wir hatten einfach nicht die »tools«, um so ein Großprojekt zu handhaben. Ich habe dann ganze Nächte im Bettenhaus in Eisenhüttenstadt gesessen und mir Strukturen überlegt, wie man dieses Projekt organisatorisch so durchdringen kann, dass es beherrschbar wird. Daraus ist dann die Matrixorganisation entstanden, nach der wir das gesamte Projekt Stahlwerk EKO organisiert haben. Das hieß, dass wir in der horizontalen Ebene die einzelnen Teilobjekte aufgetragen und sie dann in der vertikalen Ebene mit der entsprechenden Fachtechnik durchdrungen haben. Schlussendlich hat sich dies als eine brauchbare Organisationsform für ein solches Großprojekt herausgestellt.*

*Das Projekt wurde pünktlich auf den Termin gestartet, das hielt ich für die Grundvoraussetzung, um auch alle anderen Termine halten zu können. Anfänglich gab es große Schwierigkeiten, denn ich hatte es in Eisenhüttenstadt – salopp gesagt – mit »sozialistischen Preußen« zu tun, für die es nur schwarz oder weiß gab. Meine Partner waren vor allem Rohloff vom Außenhandel sowie Rubarth und Scherzer vom EKO. Doch wir sind aufeinander zugegangen und auch die DDR-Seite hat ab einer gewissen Phase verstanden, dass es mit schwarz und weiß alleine nicht getan ist. Es muss auch Kompromisse geben. Von da an lief es auf dieser Ebene ganz ausgezeichnet.*

*Unsererseits wurden alle Termine gehalten. Bei der Geländebereinigung und den Fundamenten gab es zunächst Probleme, aber die Montage verlief relativ gut und zügig. Im März 1984 waren wir zum Termin fertig. Während des Leistungstests kam es zum Ausfall eines Stranges in der Stranggießanlage. Mich erreichte die Katastrophenmeldung auf der Leipziger Messe und ich wurde gefragt – Abbruch oder Weiterfahren. Ich habe entschieden weiterzufahren. Es ist uns gelungen, den Leistungsnachweis zu erbringen und das Abschlusszertifikat konnte unterschrieben werden.*

Das Wohncamp
am Pohlitzer Fließ.

### Als Campleiter in Eisenhüttenstadt – Horst Stifter[75]

*Für uns war die Zeit in Eisenhüttenstadt sehr interessant. Ich kannte die DDR bereits, denn ich war seit 1979 in Ilsenburg dabei gewesen. So war es in Eisenhüttenstadt schon einfacher, mit den Eigenarten der DDR klarzukommen. Ich wusste, dass man auf einen einfachen Gummistempel bis zu neun Monate warten musste. Doch auch Eisenhüttenstadt hatte für uns neue Überraschungen. So lösten wir eine mittelschwere Katastrophe aus, als wir unser Konto für das Camp bei der dortigen Bank einmal überzogen hatten. Oder man hielt uns im Fahrzeugladen in der so genannten »Schillingallee« von Eisenhüttenstadt für Außerirdische, als wir für unsere Instandhalter zwei Mopeds gleich mitnehmen wollten. Zwei Jahre Wartezeit war normal. Aber sonst lief alles ganz gut. Um die Versorgung zu sichern, haben wir mit den entsprechenden Stellen zusammengearbeitet, vieles lief aber auch nur über die private Schiene. Wenn es Transportprobleme gab, haben wir uns die Waren selbst vom Großhandel oder aus dem Fleischkombinat geholt.*

*Im Camp selbst haben wir gut gelebt. Man ist viel ausgegangen, in die Stadt oder nach Frankfurt gefahren. Manche haben an den Wochenenden die ganze DDR kennengelernt. Und wenn wir mal raus wollten, haben wir uns ins Auto gesetzt und sind nach West-Berlin, zum Kino und anderen Vergnügungen.*

*In dieser damals politisch schwierigen Zeit für die Bevölkerung der DDR gab es für uns fast keine Probleme. Wir konnten immer wieder das Land verlassen und hatten so nie das Gefühl des Eingesperrtseins. Durch den Kontakt zu den Menschen wussten wir aber auch, was hier im Argen lag.*

### »Erfahrungsträger«

| Beschäftigtenzahlen in den 80er Jahren | |
|---|---|
| 1980 | 9.362 |
| 1981 | 9.477 |
| 1982 | 10.001 |
| 1983 | 9.482 |
| 1984 | 10.764 |
| 1985 | 11.081 |
| 1986 | 11.437 |
| 1987 | 11.754 |
| 1988 | 11.775 |
| 1989 | 11.934 |

**Unser Konverterstahlwerk Deine Perspektive!**
**Gesucht werden Stahlwerker**

Die Betriebsakademie qualifiziert:
- Werktätige ohne Beruf oder aus artfremden Berufen in Lehrgängen von 10 Monaten
- Werktätige aus artverwandten Berufen (z.B. Walzwerker, Instandhalter) in 80-Stunden
- Werktätige mit Hüttenwerkerabschluß in 40 Stunden-Spezialisierungslehrgängen.
- Werktätige in praktischer Ausbildung in Stahlwerken der DDR und in sozialistischen Ländern

Mit dem Ausbau des Eisenhüttenkombinates Mitte der 80er Jahre wurde die Arbeitskräftefrage erneut akut. Bis 1982 war die Beschäftigtenzahl kontinuierlich auf 10.000 angewachsen. Im folgenden Jahr kam es zu einem Rückgang, um 1984 wieder die 10.000-Grenze zu überschreiten. Insgesamt benötigte man für das Konverterstahlwerk über 1.600 neue Arbeitskräfte. Deshalb war geplant, »aus Betrieben des M[inisteriums]-E[rzbergbau-]M[etallurgie-]K[ali], deren Stahlproduktion reduziert oder eingestellt werden soll, entsprechende Fachkräfte in das EKO umzusetzen.«[76] In Folge der Inbetriebnahme des Konverterstahlwerkes in Eisenhüttenstadt begannen die veralteten Siemens-Martin-Werke in Gröditz, Hennigsdorf und Riesa allmählich ihre Produktion herunterzufahren und Werkteile zu schließen. Die dort freigesetzten Arbeitskräfte wurden offiziell als sogenannte »Erfahrungsträger« bezeichnet. Der Begriff wurde ursprünglich für die über 300 Stahlwerker geprägt, die aus dem stillgelegten Werkteil des Riesaer Stahlwerkes kamen. Andere wurden in Brandenburg, Hennigsdorf, Gröditz, Freital, Thale, Hettstedt und in der Maxhütte für das neue Konverterstahlwerk geworben oder dorthin »delegiert«. Um ihnen ihre Entscheidung für einen Arbeitsplatz im EKO zu erleichtern, erhielten sie besondere Vergünstigungen und Privilegien, die in anderen Industrieregionen der DDR nicht selbstverständlich waren.

Mit dieser Werbestrategie hatte das EKO bereits in früheren Jahren Erfolg gehabt. Jedoch hatte sich inzwischen das »Anspruchsniveau« geändert. Mit der Bereitstellung von Wohnraum und von Kinderbetreuungsplätzen allein war keine erfolgreiche Anwerbung mehr möglich. Neue, attraktivere Sonderrechte mussten geboten werden. Dazu gehörten beispielsweise der Bau von Eigenheimen, eine betriebliche Unterstützung von 5.000 M, eine vierteljährliche kostenlose Heimfahrt, Vorzüge beim Garagenbau und beim Erwerb eines Kleingartens sowie das so genannte »Gardinengeld«, ein einmalig gezahltes Einrichtungsgeld in Höhe von zehn Prozent des monatlichen Bruttoverdienstes. Für die alteingesessenen Eisenhüttenstädter stellten die »Erfahrungsträger« durchaus eine Konkurrenz dar, denn oft wurden diese in Bezug auf Sozialleistungen vorgezogen, wenn es beispielsweise um die Wohnung oder den Kindergartenplatz ging. Unverständlich war für die Mehrzahl der Stammbelegschaft aber, dass die Sondervergünstigungen auf alle neu eingestellten Werksangehörigen angewandt wurden. Nur etwa ein Viertel der fast 2.000 neuen Arbeitskräfte im Konverterstahlwerk waren wirkliche »Erfahrungsträger«, hatten als Stahlkocher in Riesa, Gröditz oder Hennigsdorf ihre Arbeit verloren und dort »Haus und Hof« zurückgelassen.

Das Gros der neuen Stahlwerker kam aus der Berufsausbildung, von den Hoch- und Fachschulen oder aus Kombinatsbetrieben, wie den Walzwerken Burg und Olbernhau. Über 250 Personen bewarben sich aufgrund der Werbekampagne im EKO. Darüber hinaus wurden durch Einsparungen von Arbeitskräften innerbetriebliche Umsetzungen durchgeführt. So wechselten etwa 250 qualifizierte und erfahrene Arbeiter, Instandhalter und Ingenieure aus dem Kaltwalzwerk ins neue Stahlwerk. Aber sie kamen auch aus anderen Bereichen des EKO, wie Michael Brauer: »Im Oktober 1981 wurde in meiner alten Abteilung ›Mechanik Roheisenwerk‹ gefragt, wer sich bereit erklärt, eine Tätigkeit im künftigen Konverterstahlwerk aufzunehmen. Da ich keine rechte Vorstellung von solcher Arbeit hatte, wollte ich, bevor ich mich entscheide, Genaueres darüber wissen. Bei einer Veranstaltung des neu entstehenden Bereiches Instandhaltung Konverterstahlwerk erhielten wir einen genaueren Überblick über die Arbeit in einem Stahlwerk und speziell zur Aufgabe des Instandhaltungsmechanikers. Ich entschied mich dann, und am 1. Juni 1982 wurde ich vom neuen Bereich übernommen.«[77]

Bis auf die »Erfahrungsträger« verfügten die neuen Arbeitskräfte nur über wenig oder gar keine Erfahrung bei der Stahlerzeugung. Deshalb wurde im Werk ein umfangreiches Qualifizierungsprogramm initiiert, das auch die Schulung an den neuen Anlagen einschloss. Dabei erhielten die zukünftigen Stahlwerker ihre theoretische Unterweisung im EKO unter Einbeziehung der Bergakademie Freiberg und ihre praktische Ausbildung im Rohrkombinat Riesa und im Qualitäts- und Edelstahlkombinat Hennigsdorf. 244 von ihnen wurden traditionell in Tscherepowez und Nowo Lipezk (UdSSR), in Kosice und Gombasek (ČSSR) sowie in Miskolc und Dunaujvaros (Ungarn) geschult. Die VOEST-Alpine führte im Rahmen der Vertragsleistung während der Mon-

## »Die erste Charge«[78] – Klaus Wenzel

*Als wir im November 1982 von Riesa nach Eisenhüttenstadt zogen, hatte der Möbelwagenfahrer bereits 68mal diese Tour hinter sich. Stahlwerker kamen aus allen Teilen der Republik, wurden vom damaligen Ministerium zu »Erfahrungsträgern« ernannt. Doch wer hatte schon mit einem Konverterstahlwerk wirkliche Erfahrungen? Ich war Kranfahrer im Martinwerk II in Riesa. Mit tonnenschweren Lasten hatte ich schon immer zu tun, aber mit maximal 130 Tonnen. Heute fahre ich auf einem 350-Tonner in der Pfannenmetallurgie. Das ist schon ein großer Unterschied. Anfangs fuhr ich auf der Chargierseite und erlebte am 7. März 1984 die erste Charge mit. Das war ein gewaltiger Augenblick – unter mir die gewichtige 300-Tonnen-Pfanne mit 1.341 Grad, die ich in den Konverter dirigieren musste. So viele Zuschauer wie an diesem Tag sahen mir nie wieder bei meiner Arbeit zu. Aber es wollten eben viele beim Anfahren dabei sein. Ringsherum waren alle aufgeregt, doch letztendlich hatte alles geklappt – die erste Tonne Stahl konnte gekocht werden.*

## »Wir mussten alles aufgeben.«[79] – Günter Sielaff

*Ich komme aus Unterwellenborn, aus der veralteten Maxhütte. Bin verheiratet und habe zwei Kinder. Wir mussten alles aufgeben, eigenes Haus, Garten, Garage. Das war schon schwer. […] Wer soll denn das moderne Konverterstahlwerk bedienen? Bäcker oder Schneider können das nicht. Auch keine Lehrlinge. Da wurden wir erfahrenen Stahlwerker gebraucht. Und auch ich muss noch mal ran und auf der Ingenieurschule ein Fernstudium machen. Das ist erforderlich als Schichtleitingenieur. Nur mal so eine Dimension: In der Maxhütte hatten wir Chargen von 25 Tonnen hier von 220 Tonnen. Solch ein vollautomatisches Werk will erst einmal gemeistert sein.*

## »Wir hatten Glück.« – Jörg Dauer

*Wir wollten schon lange weg aus dem dreckigen Riesa. Meine Frau ist aus der hiesigen Gegend bei Eisenhüttenstadt. Sie hatte schon immer Sehnsucht nach zu Hause. Außerdem hatten wir mit unseren zwei Kindern viel zu kleine Altbauwohnung. Gäbe es das neue Konverterstahlwerk nicht, wären wir womöglich in Riesa versauert. Also das gibt es auch. Der Arbeitsplatz wird wegrationalisiert zum persönlichen Glück. Wir haben eine schöne große Neubauwohnung. Meine Frau ist zufrieden mit ihrer Arbeit. Sie ist in der Großbäckerei untergekommen. Was mir gefällt, ist die Essenversorgung am Arbeitsplatz. Es fehlen noch Leute in der Küche und im Handel, sagt man. Ich hoffe sehr, dass sich da bald etwas ändert.*

Klaus Wenzel an seinem Arbeitsplatz

Der Wohnkomplex VII entstand von 1982 bis 1987 für die Familien der Stahlwerker.

Das von 1981 bis 1984 errichtete Konverterstahlwerk des EKO galt als das Kernstück der Veredlungsmetallurgie der DDR.

tage und Kalterprobung insgesamt 236 Kurse mit 850 Teilnehmern durch. Die Mehrzahl der Seminare waren in Eisenhüttenstadt. Über 100 Kollegen des EKO, wie Rolf Wilder, Tilo Paradeiser, Jörg Kockzius, Walter Barfuß und Gerhard Lauke, weilten zur Ausbildung in Linz, Donawitz und Steyerling (Österreich) sowie in Rheinhausen und Duisburg (BRD). Insgesamt nahmen über 1.300 EKO-Angehörige an den verschiedenen Schulungsprogrammen teil. Ein solches Fortbildungs- und Spezialisierungsprogramm in einer verhältnismäßig kurzen Zeit zu realisieren, war einmalig. Immerhin betrug der Anteil der Werktätigen, die eine abgeschlossene Berufsausbildung nachweisen konnten, im

Stahlwerk fast 93 Prozent, davon hatten über 16 Prozent einen Hoch- oder Fachschulabschluss.

Das Konverterstahlwerk entsprach dem neuesten technologischen Stand der Stahlerzeugung und bot auch den Werktätigen optimale Arbeitsbedingungen. Die großen Hallen waren mit verschiebbarer Entlüftung ausgestattet und die Leitstände klimatisiert. Es gab also keinen Leitstand mehr, der Hitze, Staub und Lärm ausgesetzt war, wie es die Stahlkocher aus den Siemens-Martin-Werken kannten. Der hohe Automatisierungsgrad brachte wesentliche Erleichterungen der Arbeit mit sich, aber auch höhere Anforderungen an die Qualifizierung der Bedienung.

## Der erste Stahl aus Eisenhüttenstadt

Nach termingerechtem Abschluss der Montagearbeiten wurde der Probebetrieb des Hauptkomplexes des Konverterstahlwerkes, wie vertraglich vorgesehen, am 1. März 1984 aufgenommen. Am 7. März konnte die erste Charge geblasen und auf der zweisträngigen Brammenstranggießanlage abgegossen werden. »Vom ersten Tag an wurde unsererseits auf diesen Tag hingearbeitet«, erinnerte sich der Montageingenieur Gerhard Krempl. »Eine Verzögerung hätte der VOEST-Alpine nicht nur riesige Summen gekostet, sondern auch einen immensen Prestigeverlust gebracht. Also wurde alles in Bewegung gesetzt, um am 7. März die erste Charge zu blasen. Ziel des Probebetriebes war es, pro Tag 26 Chargen zu bringen, was auch geschafft wurde.«[80]

Am 6. November 1984 wurde durch den gemeinsamen Knopfdruck von Erich Honecker und Österreichs Bundeskanzler Fred Sinowatz das Einfahren der Sauerstofflanze in den Konverter 2 ausgelöst, womit das Konverterstahlwerk offiziell in Dauerbetrieb genommen wurde. Zuvor hatte der Generaldirektor der VOEST-Alpine, Heribert Apfalter, über den Bau berichtet und Generaldirektor Manfred Drodowsky die Betriebsbereitschaft der Anlage an die Gäste gemeldet. Danach lobte der österreichische Bundeskanzler mit Stolz die gute Arbeit seiner Landsleute, während sich Erich Honecker eine weitere Zusammenarbeit mit Österreich wünschte.

Entsprechend der vertraglichen Vereinbarungen war der Anlagenkomplex auf eine jährliche Produktion von 2,17 Mio. t Stahlbrammen und Stahlvorblöcken ausgerichtet. Im ersten Jahr wurden 528.129 t Rohstahl und 481.005 t Halbzeug hergestellt, was der geplanten Anlaufkurve entsprach. Im harten Winter 1984/85 kam es zu mehreren Havarien, die zu Produktionsausfällen führten. Daraufhin mussten im Roheisenwerk Hochöfen stillgelegt werden, da der Roheisenbedarf geringer war. Dies hatte wiederum zur Folge, dass stillgelegte Produktionsanlagen einfroren und aufwendige Reparaturen verursachten. Die Ursachen für die Störfälle im Stahlwerk lagen vor allem in Schwierigkeiten bei der Beherrschung der Technologie. Beispielsweise gab es in der Stahlerzeugung »noch nicht ausreichende Treffsicherheit der Abstichtemperatur«, in der Pfannenmetallurgie »Probleme bei der Desoxidation mit Aluminium aufgrund zu großer Schlackenmengen in der Pfanne« sowie in der Stranggießanlage Angussprobleme, die zu Oberflächenfehlern an den ersten Vorblöcken führten.[81] Deshalb wurden Sonderbeauftragte vom Dienst eingesetzt, die vor allem während der Spät- und Nachtschicht die Einhaltung der festgelegten Produktions- und Stillstandsprogramme kontrollierten.

Im Jahre 1985 konnten bei relativ kontinuierlicher Produktion schon 1,2 Mio. t Rohstahl und 1,1 Mio. t Halbzeug hergestellt werden. Im Jahre 1986 traten vor allem in den Sommermonaten Störungen im Betriebsablauf auf, die die kontinuierliche Produktionssteigerung zwischenzeitlich unterbrachen. Die Ursachen hierfür lagen in einer Häufung der Durchbrüche an der Brammenstranggießanlage. Im Dezember 1986 wurde mit einer Rohstahlproduktion von 147.000 t die bis dahin höchste Monatsleistung erbracht. Insgesamt gestaltete sich die Einbindung des neuen Konverterstahlwerkes in den metallurgischen Zyklus des EKO als kompliziert. Das Roheisen für die weitere Verarbeitung im Stahlwerk musste in genauer Menge und exakter Zeit erzeugt werden, damit es nicht zu Stockungen in der Produktion kam. Zur Lösung dieser Problematik erarbeitete eine Arbeitsgruppe unter Leitung von Jürgen Nathow ein Konzept zur rechnergestützten Echtzeitverfolgung schnellablaufender Prozesse. Es zeigte sich, dass trotz großer Einsatzbereitschaft aller Beteiligten das Beherrschen einer völlig neuen Stufe des metallurgischen Prozesses sowohl von der Technologie als auch von der Instandhaltung her einer gewissen Phase des Lernens bedurfte.

Das Konverterstahlwerk entsprach in jeder Hinsicht internationalen Standards. Durch die mit dem Projekt realisierten Neben- und Versorgungsbereiche gelang eine fast vollständige Verwertung der Abprodukte und die weitgehende Rückgewinnung der eingesetzten Energien. Dazu wurden u.a. Anlagen für die Aufbereitung und für den Umschlag eingehender Roh- und Hilfsstoffe wie Ferrolegierungen, Kalkstein, Flussspat und Schrott, zur Gewinnung des Blassauerstoffs mit hoher Reinheit für die pfannenmetallur-

Am 7. März 1984 wurde der Konverter mit Roheisen beschickt und die erste Stahlcharge wurde erschmolzen.

Erich Honecker (links) und Fred Sinowatz nahmen am 6. November 1984 mit einem gemeinsamen Knopfdruck symbolisch die Inbetriebnahme des Konverterstahlwerkes vor.

Bei der Leipziger Frühjahrsmesse 1989 vereinbarten das Bandstahlkombinat und die Peine-Salzgitter AG einen Umwalzvertrag. Karl Döring mit dem Vorstandsvorsitzenden der Stahlwerke Peine-Salzgitter Kurt Stähler (links) und Aufsichtsratsvorsitzenden Ernst Pieper (rechts).

gische Behandlung sowie wasserwirtschaftliche Anlagen zur Versorgung des Stahlwerkes errichtet. Abfallprodukte wie LD-Schlacke wurden mittels einer Brecher- und Klassieranlage so aufbereitet, dass das Eisen zurückgewonnen und die LD-Schlacke als Zuschlagstoff für die Herstellung von Baustoffen oder als Schotter für den Straßenbau Verwendung fand. Der anfallende Staub aus der Reinigung der Konvertergase und aus der Sekundärentstaubung wurde granuliert und als Eisenträger über die Sinteranlage der Roheisenerzeugung zugeführt. Die Konverter des Stahlwerkes wurden vollständig eingehaust und boten somit beste Voraussetzungen für ein umweltfreundliches und staubarmes Arbeitsklima. Ein modernes Labor mit automatisierter Technik zur Schnellbestimmung von Stahl- und Schlackenanalysen wurde eingerichtet. In nur fünf Minuten war es nun möglich, von der Probeentnahme im Stahlwerk bis zur vollständigen Analyseübermittlung an die jeweiligen Prozessrechner eine exakte Bestimmung von Werkstoffkennwerten durchzuführen. Damit erhöhte sich die Qualitätsfähigkeit des Werkes. Davon zeugten auch entsprechende Zulassungsurkunden und Zertifikate internationaler Schifffahrtsgesellschaften und Überwachungsvereine.

Noch während der Projektierung und Realisierung wurden Veränderungen am Projekt vorgenommen, um neue Entwicklungen einfließen zu lassen. Dies betraf beispielsweise die Einführung der Sublanzentechnik und der Bodenspülung am Konverter sowie eines Prozessleitsystems. Aufgrund der Anforderungen an die Beherrschung der Technologie wurde besonderer Wert auf einen hohen Bedienkomfort und auf eine optimale Prozessführung gelegt. Ein dazu erforderliches Prozessleitsystem auf der Basis von Mikroprozessoren war noch nicht Bestandteil des Vertrages mit der VOEST-Alpine. Zu diesem Zeitpunkt gab es noch keine Erfahrungen über eine Anwendung in der Metallurgie. Deshalb musste das EKO auf eine Systemlösung der Firma Siemens vom Typ »Teleperm M« zurückgreifen, die sich zwar anfänglich weigerte, eine derartige Technik in der Metallurgie einzuführen, doch noch während des Probebetriebes der

Produktionsanlagen erkannte man bei Siemens die Möglichkeiten des Systems auch auf diesem Gebiet.[82]

Mit diesem Stahlwerk wurde in der Stahl- und Halbzeugproduktion der DDR der Anschluss an das internationale Niveau hergestellt. Unter Anwendung weltstandsbestimmender Verfahren war es möglich, hochwertiges Halbzeug zu produzieren, das allen Anforderungen zur Herstellung anspruchsvoller Fertigerzeugnisse wie Warm- und Kaltband, Grobbleche, Stahlrohre, Cordstahl und Formstahl gerecht wurde. Die Palette neuer Stahlmarken mit bestimmten Eigenschaften, wie Zähigkeit in Tieftemperaturbereichen, Erhöhung der Dauerfestigkeit, Verbesserung der Schweißbarkeit und die Herstellung besonders reiner Stähle wurde bedeutend erweitert. Die stranggegossenen Halbzeuge des Konverterstahlwerkes trugen wesentlich dazu bei, »dass die Produktivität und das Ausbringen in den Werken Freital, Riesa, Maxhütte Unterwellenborn und Ilsenburg beträchtlich gesteigert werden konnte, dass die mechanisch-technologischen Eigenschaften und die Oberflächengüte kaltgewalzter Bleche entscheidend verbessert wurden, z.B. für den Automobilbau, und dass neue Erzeugnisse eingeführt werden konnten, die die Exportfähigkeit der Volkswirtschaft der DDR steigerten«.[83] Damit verbunden war eine beträchtliche Aufwertung des Standortes EKO, denn zugleich wurde in anderen Stahlwerken der DDR damit begonnen, das veraltete Siemens-Martin-Verfahren zurückzufahren. Während mit dem Konverter in Eisenhüttenstadt eine Stundenleistung von etwa 350 t erzielt wurde, konnten mit einem Siemens-Martin-Ofen in Brandenburg bei vergleichbarem Chargengewicht nur etwa 35 t in der Stunde erreicht werden. Die Erzeugung einer Charge Stahl, die im Siemens-Martin-Ofen ca. 430 Minuten dauerte, verkürzte sich im Konverterstahlwerk auf 40 Minuten.

Demgegenüber machte sich das Fehlen eines Warmwalzwerkes nun noch nachteiliger bemerkbar. Denn die im Konverterstahlwerk erzeugten Stahlbrammen mussten per Bahn nach Salzgitter und ins Ruhrgebiet transportiert werden, dort zu Warmbandcoils gewalzt und wieder nach Eisenhüttenstadt zur Weiterverarbeitung ins Kaltwalzwerk gebracht werden. »Die Recherchen in der Plankommission über Umwalzmöglichkeiten im RGW, in der Bundesrepublik und in Österreich führten zum Ergebnis, dass es in der BRD am vernünftigsten erschien«, erinnerte sich Karl Döring. »Die ersten Partner waren 1984 Hoesch und Salzgitter, da die Angebote von Thyssen zu teuer waren und Krupp sich seinerzeit überhaupt nicht darum bemüht hatte. Aufgrund der Nähe hatte Salzgitter immer den größten Anteil und mit dem Vorstandsvorsitzenden Ernst Pieper jemanden, der das auch politisch beförderte. Die westdeutschen Stahlunternehmen verdienten an diesen Aufträgen gut. Das hatte sogar Thyssen erkannt und wollte ebenfalls ein Stück vom Kuchen abhaben. Sie stiegen dann 1989 auf der Leipziger Messe ein. Nach der Wende war dann auch Krupp da.«[84] Der Jahresaufwand für diesen »Stahltourismus« belief sich auf 177 Mio. Valutamark. Die Hoffnungen lagen auf der Errichtung eines Warmwalzwerkes in Eisenhüttenstadt.

Gießbühne in der Brammenstranggussanlage, 1984. Die Gießpfanne wurde vom Pfannendrehturm in Position Gießbereitschaft geschwenkt und angegossen.

# Zwischen Hoffnung und Stagnation

## Die Bildung neuer Werke

Karl Döring (2. von links) wurde 1985 Generaldirektor des Bandstahlkombinates. Der 1937 geborene Arbeitersohn studierte von 1955 bis 1962 Eisenhüttenkunde in Moskau. 1967 verteidigte er dort eine Doktorarbeit zum Thema Stahlstranggießen. Danach war er Produktionsdirektor in Riesa und Hennigsdorf. 1973 promovierte er an der Hochschule für Ökonomie Berlin zum Dr. oec. Seit 1979 war Döring stellvertretender Minister für Erzbergbau, Metallurgie und Kali der DDR und von 1986 bis 1990 Nachfolgekandidat und Mitglied der Volkskammer.

Mitte der 80er Jahre produzierte das Bandstahlkombinat 76 Prozent des Inlandaufkommens an Roheisen, 65 Prozent der Produkte der 2. Verarbeitungsstufe und ca. 17 Prozent der fertigen Walzstahlerzeugnisse der DDR. Es war mit seinen sieben Betrieben Alleinhersteller von kaltgewalzten Blechen und Breitband, von verzinkten Blechen und Bändern, kunststoffbeschichteten Blechen, Bändern und Profilen, warmgewalzten Edelstahlblechen und aluminiumbedampftem Bandstahl sowie basischen Feuerfeststeinen auf Magnesitbasis und Roheisen-Masseln. Für das EKO bestand die Aufgabe, »den umfassenden Übergang zur Veredlungsmetallurgie beschleunigt zu vollziehen und dabei internationale Maßstäbe zu erreichen«.[85] Der 11. SED-Parteitag im April 1986 erklärte das EKO mit seinem Konverterstahlwerk, das seit dem 17. Juni 1985 den Namen »Ernst Thälmann« trug, zum Zentrum der Veredlungsmetallurgie und orientierte darauf, hier »den gesamten metallurgischen Zyklus vom Konverterstahlwerk über die Warmbreitbandstraße bis zum Kaltwalzwerk in seiner Produktivität und Effektivität durch komplexe Automatisierung und die Erhöhung des Qualifikationsniveaus der Werktätigen zu einer internationalen Spitzenleistung zu führen«.[86]

Ein erster Schritt auf diesem Weg war die am 15. August 1985 durchgeführte Bildung teilweise selbständiger Werke im EKO. Entsprechend einer Weisung des Ministers für Erzbergbau, Metallurgie und Kali vom 9. April 1985 wurde diese Maßnahme damit begründet, dass die bisherigen Bereiche vom Produktionsumfang als auch von der Beschäftigtenzahl Ausmaße angenommen hatten, die die bis dahin angewandten Leitungsstrukturen und Organisationsformen sprengten. Ausgangspunkt der Werksbildung war die Einschätzung, dass »auf der Grundlage des modernen Konverterstahlwerkes, der Intensivierung des Kaltwalzwerkes sowie des weiteren Ausbaus des Kombinates im Zeitraum 1986 bis 1990 der VEB Eisenhüttenkombinat Ost mit den dem wissenschaftlich-technischen Höchststand entsprechenden Verfahren und Erzeugnissen des Konverterstahlwerkes und des Kaltwalzwerkes das Tempo und das Niveau der Kombinatsbetriebe und der Metallurgie bestimmt«.[87] Kernstück der Strukturreform war die Profilierung der Hauptproduktionseinheiten Roheisenwerk, Konverterstahlwerk, Kaltwalzwerk sowie des noch geplanten Warmwalzwerkes mit ihren in sich geschlossenen Reproduktionsprozessen zu teilweise selbständigen Werken. Im Ergebnis entstanden im EKO: Roheisenwerk, Konverterstahlwerk, Kaltwalzwerk, Konsumgüterwerk und Rationalisierungsmittelwerk. Die Bildung des Warmwalzwerkes sollte zu einem späteren Zeitpunkt erfolgen. Die Werke besaßen ein hohes Maß an organisatorischer Eigenständigkeit und nahmen Aufgaben der Produktion, Instandhaltung, Rationalisierung und Kaderentwicklung selbständig wahr. Dazu wurden ihnen entsprechende Instandhaltungskräfte und Werkstattkapazitäten, Technologen und Ingenieure zugeordnet. Man setzte Werkleiter ein, die dem Generaldirektor des BKE direkt unterstellt waren.

Die durch die Werksbildung erhofften positiven Effekte traten jedoch nicht im erwarteten Maße ein. Statt eines Abbaus an Bürokratie vermehrte sie sich. Funktionierende Kooperationsbeziehungen wurden gestört. Der Staatsplan für Rohstahl und Roheisen konnte nicht erfüllt werden. Havarien und Störungen im Konverterstahlwerk und eine den gestiegenen Anforderungen nicht entsprechende Leistungsentwicklung im Roheisenwerk waren dafür die Ursachen. Darüber hinaus konnten die Vorgaben bei der Inbetriebnahme der zweiten Walzeinheit im Kaltwalzwerk und des Hochofens V nicht realisiert werden.

Arbeitsgruppen des Ministeriums und der Abteilung Maschinenbau/Metallurgie des Zentralkomitees der SED kamen ins EKO und analysierten die Situation. »Die grundlegenden Ursachen für das Nichterreichen der Gesamtzielstellung des Kombinates waren Mängel in der Führungs- und Leitungstätigkeit. Der entscheidende Führungsschwerpunkt – Sicherung der planmäßigen Leistungsentwicklung im Konverterstahlwerk ›Ernst Thälmann‹ – wurde nicht beherrscht, da mangelnde Zielstrebigkeit und Konsequenz in der Leitungstätigkeit zu verzeichnen waren, das erreichte Niveau der Beherrschung der neuen Anlagen überschätzt wurde, eine nicht ausreichende arbeitsplatzbezogene Qualifizierung erfolgte und die persönliche Verantwortung durch die Leiter nicht exakt wahrgenommen wurde.« Die Kommission forderte einen »rigorosen Kampf gegen Überbewertung des erreichten Arbeitsstandes, Kampf gegen jegliche

Tendenzen des Strebens nach Verselbständigung, straffe operative Führung der Prozesse über Rapportsysteme«.[88]

Bereits nach wenigen Monaten musste eingeschätzt werden, dass die »negativen Seiten der Werksbildung dominieren«.[89] Die Werksbildung wurde nach der Berufung von Karl Döring am 16. Dezember 1985 zum neuen Generaldirektor des Bandstahlkombinates entsprechend den erkannten Erfordernissen modifiziert.

Seit Anfang der 80er Jahre hatte sich die Zusammenarbeit mit der Sowjetunion und den anderen RGW-Staaten intensiviert. Dem seit 1975 durchgeführten Internationalen Leistungsvergleich der fünf metallurgischen Kombinate schlossen sich 1981 die Lenin-Hütte Krakow/Polen, das Hüttenwerk Dunai Vasmü/Ungarn und das metallurgische Kombinat Kremikovzi/Bulgarien an. Das EKO belegte in diesem Wettbewerb stets vordere Plätze. In den 80er Jahren traten verstärkt wissenschaftlich-technische Fragen in den Mittelpunkt der Zusammenarbeit. Dabei wurden seitens des EKO vor allem die Direktbeziehungen zu den Partnerkombinaten in den RGW-Staaten kontinuierlich ausgebaut. Höhepunkt der Kooperation waren u.a. die Kaltwalztagungen von 1982 und 1985 in Eisenhüttenstadt, an denen Gäste aus der Sowjetunion, der ČSSR, Bulgarien, Polen, Ungarn, Jugoslawien und der BRD teilnahmen.

Im Rahmen des »Komplexprogramms des wissenschaftlich-technischen Fortschritts der Mitglieder des RGW bis zum Jahre 2000« arbeitete das Bandstahlkombinat an den Themen Entwicklung und Erprobung von Gießpulver für Stranggussanlagen, sowie mathematische Modellierung des Stranggießprozesses mit. Entsprechende Vorabstimmungen mit dem Moskauer Forschungsinstitut für Schwarzmetallurgie erfolgten 1986 durch ein Kollektiv unter Leitung von Jürgen Mangelsdorf. Im April 1987 traten drei entsprechende Teilverträge in Kraft.

Im Mai 1986 fand die 41. Tagung der »Ständigen Kommission für Schwarzmetallurgie« des RGW auf Ministerebene in Eisenhüttenstadt statt. In acht Fachsektionen dieser Kommission arbeitete das EKO seit Jahren aktiv mit. Durch diese Mitwirkung konnten zwar umfassende Erfahrungen ausgetauscht werden, jedoch gelang es nicht, exakte ökonomische Ergebnisse aus dieser Arbeit nachzuweisen. Das führte schließlich ab 1987 zur Auflösung der RGW-Sektionen.

# EKO bei INTERMETALL[90]

**von Klaus-Peter Kahle**

Die »Organisation für die Zusammenarbeit in der Schwarzmetallurgie INTERMETALL« wurde in den 60er Jahren gegründet. Ihr gehörten Bulgarien, Ungarn, die DDR, Polen, die Sowjetunion und die Tschechoslowakei an. Mit dem RGW bestanden intensive Kontakte, INTERMETALL war unabhängig davon eine selbständige Organisation. Ihre Hauptaufgaben waren
• der operative Walzstahlaustausch
• die Spezialisierung der Produktion
• die Erarbeitung technisch-ökonomischer Studien.

Die Zusammensetzung des Büros der INTERMETALL mit Sitz in Budapest war paritätisch durch jeweils fünf Mitarbeiter aus jedem Land organisiert. Zweimal jährlich tagte der Rat der INTERMETALL auf Ebene der stellvertretenden Minister. Die Amtssprache war Russisch.

Hauptaktivität waren die quartalsweise organisierten Austauschberatungen für Walzstahl, an denen neben den Mitgliedsländern auch Rumänien und Jugoslawien teilnahmen. Auf diesen Tagungen wurden Jahreslieferungen in einer Gesamtmenge von 4 bis 6 Mio. t abgestimmt, die zur Deckung von Produktionsengpässen bzw. zur Ausschöpfung von Überkapazitäten in den einzelnen Ländern dienten. Durch die Spezialisierung der Produktion sollten optimierte Kapazitäten in einzelnen Ländern geschaffen werden, die zur Versorgung aller beteiligten Länder bei bestimmten Spezialerzeugnissen beitragen sollten. Dieser Absatz ging bis zur Idee der Schaffung gemeinsamen Eigentums, was sich jedoch nie umsetzen ließ.

Bei INTERMETALL waren zu verschiedenen Zeiten auch EKO-Mitarbeiter beschäftigt, so Wolfgang Dannebaum, Siegfried Schneider und Klaus-Peter Kahle. An den Austauschtagungen nahm häufig Peter Dittrich teil.

1990 wurde INTERMETALL aufgelöst.

Klaus-Peter Kahle war von 1973 bis 1981 stellvertretender Direktor von INTERMETALL in Budapest. Er hatte in Moskau Eisenhüttenkunde studiert und danach als Entwicklungsingenieur im Rohrkombinat Riesa gearbeitet. 1981 kam er ins EKO und arbeitete im Konverterstahlwerk, war dort u.a. Leiter Bandgießwalzen. Im Mai 1998 wurde er Leiter des Warmwalzwerkes.

# Das Transportwesen

In den 80er Jahren wurden täglich etwa 500 Waggons über den Ablaufberg Süd des Werkbahnhofs Ziltendorf zu neuen Zügen zusammengestellt.

Der langjährige Leiter des Werkverkehrs Horst Breuer bei der Auszeichnung verdienstvoller Werkeisenbahner.

Der Transport von Gütern sowie deren Umschlag und Lagerung hatte für das EKO seit jeher einen zentralen Stellenwert. Deshalb verfügte das Werk über ein weitverzweigtes Transportsystem vom schienengebundenen Werkverkehr über Straßenfahrzeuge bis zu Krananlagen und Transportbändern. Außerdem spielte der außerbetriebliche Transport mit den Hauptverkehrsträgern Eisenbahn, Kraftverkehr und Schifffahrt eine entscheidende Rolle. Die für den Hochofenbetrieb benötigten Erze, Zuschlagstoffe und Kohle sowie ab 1968 das Warmband für das Kaltwalzwerk wurden auf dem Schienen- und Wasserweg aus allen Teilen der DDR und aus verschiedenen Ländern dem EKO zugeführt. Ab Mitte der 80er Jahre brachte der mit der Errichtung des Konverterstahlwerkes notwendige »Stahltourismus« einen weiteren Zuwachs der Schienentransporte.

Das außerbetriebliche Transportaufkommen wurde 1985 zu 87,2 Prozent durch die Deutsche Reichsbahn, zu 7,8 Prozent durch die Binnenschifffahrt und zu 5 Prozent durch den Kraftverkehr bewältigt. Im Laufe der Jahre veränderte sich diese Relationen, da aus Kapazitäts- und Kostengründen ständig versucht wurde, Transporte von der Straße auf die Schiene und von der Schiene auf das Wasser zu verlagern. Rund 50 Prozent der Erzimporte des EKO wurden über den Seehafen Rostock realisiert. Im Jahre 1985 kamen täglich vier bis sechs Züge aus Rostock, die Eisenerz aus der Sowjetunion, Brasilien, Indien und Schweden lieferten. Die durchschnittliche Transportmenge betrug ca. 6.000 t pro Tag. Aufgrund der Leistungsgrenzen des Rostocker Hafens musste man in den 80er Jahren für den Umschlag der Eisenerze immer mehr nach Hamburg ausweichen. Außerdem wurde zur Nutzung der schiffsgünstigen Verbindung und zum teilweisen Auffangen starker Zulaufspitzen im Seehafen Rostock eine Jahresmenge von rund 150.000 t über den Hafen Anklam im gebrochenen Eisenbahn-/Binnenschifffahrtsverkehr nach Eisenhüttenstadt transportiert. So wurden 1985 im werkseigenen Binnenhafen am Oder-Spree-Kanal rund 500.000 t Kalk aus Rübeland, Erz vom Seehafen Rostock und andere Güter gelöscht. Im Binnenhafen Eisenhüttenstadt betrug der Warenumschlag für das EKO etwa 300.000 t. Auch versandseitig bestand eine enge Verbindung zum Eisenhüttenstädter Hafen, der jährlich 280.000 t Schlacke, Bleche und Roheisen zum Versand brachte. Insgesamt belief sich der Umfang an Gütern, die 1985 für das EKO mit Binnenschiffen antransportiert wurden, auf 727.000 t. Die Zuführung der Frachten und Leerwagen im Schienentransport wie auch die Rückführung erfolgten in der Regel über den Werkbahnhof Ziltendorf, wo sich auch die Wagenübergabestelle zur Deutschen Reichsbahn befand. Täglich gingen etwa 650 Wagen im EKO ein und 550 beladene Wagen verließen das Werk. Zur Leitung und Kontrolle des Zugverkehrs wurden moderne Gleisbildstellwerke eingesetzt und Lokomotiven mit Funkfernsteueranlagen ausgestattet.

Die Entwicklung des Werkverkehrs im EKO wurde durch die schrittweisen Inbetriebnahmen der Hauptproduktionsbereiche Roheisenwerk, Kaltwalzwerk und Konverterstahlwerk bestimmt. Mit dem Bau des Kaltwalzwerkes stiegen die Anforderungen an die Verkehrsanlagen. Es ergab sich ein völliger Neubau des Werkbahnhofs Ziltendorf sowie eine Erweiterung des bestehenden Gleisnetzes zum Kaltwalzwerk. Betrug es 1954 noch 104 km, so wuchs es bis 1973 auf 165 km an und hatte nach dem Bau des Konverterstahlwerkes Ende der 80er Jahre eine Länge von 205 km. Im EKO waren 1985 täglich etwa 95.000 t Umschlagleistungen zu erbringen. Davon bewältigten die Werkeisenbahn 44.000 t (46%), Flurfördermittel und Stapler 8.500 t (9%), Bandanlagen 29.750 t (32%) sowie Krane und Hebezeuge 12.750 t (13%).

Die Produktionstransporte in und zwischen den einzelnen Werkbereichen wurden, sofern keine integrierten Transportanlagen bestanden, hauptsächlich durch Stapler, Bandstraßen und Hallenkrane bewältigt. Dazu gab es im EKO 236 Hallenkrane, 40 Spezialfahrzeuge, vor allem für das Stahlwerk, und über 100 Stapler. Im Roheisenwerk, im Stahlwerk und im Bereich Baustoffe existierte ein ausgedehntes Bandstraßensystem mit einer Länge von 42,5 km. Es diente der Beförderung von Massengütern wie Erz, Koks und Kalk und war das Bindeglied zwischen Umschlag und Produktionsversorgung. Das Kaltwalzwerk war technologisch so aufgebaut, dass der Transport des Vormaterials (Warmband), der Fertigerzeugnisse (Blech und Band) sowie der Hilfs- und Nebenmaterialien (Verpackungshölzer, Schmierstoffe u.a.) zu 60 Prozent mit Dieselgabelstaplern und zu 40 Prozent mit Brückenkranen vorgenommen wurde.

Nach 1990 sanken die Transportmengen drastisch ab. Im Jahre 1991 wurden nur etwa 55 Prozent der Mengen gegenüber 1989 über die Schienen des Werkes bewegt. Nach umfangreichen Rationalisierungsmaßnahmen und der Stabilisierung des Unternehmens stiegen die Zahlen stetig an. 1996 betrug das Transportaufkommen des Werkes wieder über 10 Mio. t.

## Kennzahlen des Werkverkehrs im Schienentransport

|  | 1969 | 1975 | 1987 | 1990 | 1992 |
|---|---|---|---|---|---|
| Transportaufkommen in t | 11.737.791 | 15.433.944 | 18.133.075 | 13.241.500 | 6.046.300 |
| Eingang - Wagen | 198.720 | 266.147 | 264.292 | 197.864 | 76.394 |
| Ausgang - beladene Wagen | 99.902 | 133.182 | 147.800 | 102.481 | 25.614 |
| Kosten je t | 1,62 M | 1,65 M | 3,21 M | 3,58 DM | 2,78 DM |

## »Ein Herz für die Jugend«[91] – Kurt Schalm

*Ich war bereits zwanzig Jahre im EKO, als ich im Mai 1971 den Auftrag erhielt, ein »Theoretisches Zentrum« im Werk aufzubauen. Eigentlich wollte ich damals Eisenhüttenstadt verlassen und nach Rostock gehen. Da wurde im EKO eine Abteilung für Oberflächenveredlung gebildet. Das war im Jahre 1970. Diese bestand aus drei Ingenieuren, Hubert Stolzmann, Peter Spehr und mir. Für mich war das eine neue und interessante Herausforderung und ich blieb in »Hütte«.*

*Zu dieser Abteilung kam es, als beschlossen wurde, moderne Oberflächenveredlungsanlagen für das Kaltwalzwerk vom Westen zu kaufen. Denn mit der Ausbildung der Bedienungsmannschaften sah es schlecht aus. Nach Frankreich, wo die Anlagen herkamen, durften unsere Arbeiter und Ingenieure nicht fahren und französischen Fachkräften war es auch nicht erlaubt, in unserer Betriebsakademie unsere Leute auszubilden. Also kam man auf die Idee, ein Ausbildungs- und Informationszentrum aufzubauen.*

*Ich nahm an allen Verhandlungen und Einweisungen mit den Franzosen teil, denn wir mussten ja ein Ausbildungsprogramm für unsere Kollegen erarbeiten. Im Mai 1972 fuhr eine kleine Gruppe von neun EKO-Angehörigen nach Tscherepowez. Wir machten uns mit der dortigen Verzinkungsanlage bekannt und begannen danach mit der Ausarbeitung eines entsprechenden Ausbildungsprogramms. Das Theoretische Zentrum mit dem Namen »Koble« wurde eingerichtet. Ich wurde Leiter des Zentrums.*

*Mit der Verzinkungsanlage fing alles an. Wir hielten Fachvorträge, erarbeiteten umfangreiches Anschauungsmaterial und bauten Modelle der neuen Produktionsanlagen. Wir versuchten stets, Theorie und Praxis eng miteinander zu vereinen. Eigentlich war das Zentrum nur für die Veredlungsanlagen gedacht gewesen. Doch das Theoretische Zentrum bewährte sich noch oft, wenn es darum ging, im EKO Fachleute für neue Anlagen auszubilden.*

*Besonderes Augenmerk legten wir auf die Heranbildung des Nachwuchses. Das war für mich persönlich ein besonderes Anliegen, denn ich hatte schon seit langem mit Jugendlichen zu tun gehabt und es machte mir sehr viel Spaß.*

## »Ich wollte später einmal im EKO arbeiten«[92] – Heiko Rüdinger

*Es muss in der 8. Klasse gewesen sein, als ich dem »Klub junger Metallurgen« des Kaltwalzwerkes angehörte. Meine Eltern arbeiteten beide im EKO. So war es nur verständlich, dass mich das EKO schon immer interessiert hatte.*

*Wir waren damals etwa 20 Mitglieder aus den 8. und 9. Klassen verschiedener Schulen Eisenhüttenstadts. Während der Klubarbeit lernten wir die einzelnen Bereiche des Kaltwalzwerkes kennen. Ich erinnere mich noch, dass mich vor allem das Rechenzentrum mit der Computertechnik beeindruckte. Am meisten freuten wir uns auf die Exkursionen in andere metallurgische Betriebe der DDR. So waren wir im Profilierwerk Ohrdruf und in der Bandstahlveredlung Porschdorf. Dabei erfuhren wir viel Wissenswertes über die Metallurgie und über den Beruf eines Metallurgen. Wir sahen moderne Anlagen, aber auch Bereiche, wo noch schwere körperliche Arbeit geleistet werden musste. Das bewegte so manchen von uns zu der Meinung, dass für ihn der Beruf eines Metallurgen oder die Tätigkeit in einem metallurgischen Betrieb nicht in Frage käme.*

*Ich aber wollte später einmal im EKO arbeiten, denn die Rechentechnik im Kaltwalzwerk hatte mein Interesse geweckt. An der Betriebsberufsschule des EKO habe ich dann eine Berufsausbildung mit Abitur gemacht und bin anschließend zum Wirtschaftsstudium nach Berlin gegangen.*

Der »Klub junger Metallurgen« beim ersten Besuch im Kaltwalzwerk 1987. Links Heiko Rüdinger und Kurt Schalm.

## Veränderungen im Roheisenwerk

Blick auf die Erzlager und den Oder-Spree-Kanal in den 80er Jahren.

Mit der Inbetriebnahme des Konverterstahlwerkes stieg der Bedarf an Roheisen. Dieser war nur durch eine Erweiterung der Produktionskapazitäten an den Hochöfen zu erreichen. Das hieß unter den gegebenen Bedingungen, zum einen die Qualität der Einsatzstoffe zu erhöhen und zum anderen das Roheisen in größeren Hochöfen zu erschmelzen. Der überwiegende Teil des im EKO benötigten Eisenerzes kam weiterhin aus der Sowjetunion. Seit den 60er Jahren waren die Lieferungen jedoch tendenziell rückläufig, und zwar zunächst zugunsten von Importen von Reicherzen aus Brasilien, seit Ende der 70er Jahre dann wegen steigender Einfuhren aus Indien. Diese Ersetzung war insbesondere durch Qualitätsprobleme der sowjetischen Erze nötig geworden. Ohne Beimischung höherwertiger Erze wäre deren Verhüttung trotz des relativ geringen Preises aufgrund der sinkenden Leistungsfähigkeit der Öfen nicht wirtschaftlich gewesen. Deshalb war man seitens des EKO vor allem an der Lieferung von sowjetischen Erzpellets interessiert. Ab 1986 wurden diese Importe durch umfangreiche Investitionsbeteiligung in der Sowjetunion gesichert. 1988 importierte das Werk insgesamt 2,4 Mio. t Eisenerz, darunter 1,2 Mio. t aus der Sowjetunion und jeweils rund 0,4 Mio. t aus Brasilien, Indien und Schweden. Die sowjetischen Lieferungen kamen aus Kriwoi Rog bzw. von der Halbinsel Kola am Weißen Meer und wurden je zur Hälfte mit der Bahn über Polen und durch Seeschiffzulauf über die Routen Schwarzes Meer–Rostock bzw. Murmansk–Rostock bezogen. Zusammen mit den Importen aus Brasilien, Indien und Schweden ergab sich für die gesamten Erzbezüge ein seewärtiger Anteil von etwa 70 Prozent. Von Rostock aus wurde das Eisenerz überwiegend mit der Bahn nach Eisenhüttenstadt transportiert. Nur etwa 10 Prozent wurden im gebrochenen Verkehr von Rostock mit der Bahn zum Oderhafen Anklam und von dort mit dem Binnenschiff nach Eisenhüttenstadt weitergeleitet.

Ähnliche Probleme gab es bei der Bereitstellung des Hüttenkokses. Die in den 60er Jahren bedeutenden Bezüge aus Polen verminderten sich bis in die 80er Jahre stark. Der Hüttenkoks für die Hochöfen des EKO kam zunehmend aus der Sowjetunion und aus dem kapitalistischen Ausland. Zwar wurde eine Beteiligung der DDR bei der Errichtung von Kokereikapazitäten bzw. beim Aufschluss von Kokskohlelagerstätten in Polen und der Sowjetunion geprüft, doch gab es zu den NSW-Importen kaum eine realistische Alternative. Kleinere Koksmengen wurden in zwei Anlagen bei Zwickau und Magdeburg aus importierter Steinkohle inländisch erzeugt.

Ein Weg, die Leistungsfähigkeit der Hochöfen zu steigern und die Selbstkosten bei der Roheisenproduktion zu senken, war die Erhöhung deren Nutzvolumens. Der internationale Trend ging seit langem zu Großhochöfen. In den USA und Japan waren Hochöfen mit einem Nutzinhalt von über 3.000 m³ keine Seltenheit und in der Sowjetunion baute man seit Mitte der 70er Jahre 5.000 m³-Öfen. Ein Hochofen in Duisburg-Schwelgern mit einem Nutzvolumen von 3.600 m³ produzierte beispielsweise mehr Roheisen als alle Öfen der DDR zusammen. Die Selbstkosten der Erzeugung von Roheisen im EKO lagen Mitte der 80er Jahre fast dreimal so hoch wie in der BRD. Trotz geringer Lohnkosten trieben vor allem die hohen Aufwendungen für die Rohstoffe die Selbstkosten in die Höhe. Wesentliche Ursache dafür waren die hohen Preise für Energie, die in den 80er Jahren immens anstiegen.

| Spezifische Kosten bezogener Energie im EKO | | | |
|---|---:|---:|---:|
| Energieträger | 1980 | 1985 | 1989 |
| Strom M/MWh | 104,90 | 99,75 | 101,93 |
| Stadtgas M/$10^3$m$^3$ | 182,62 | 336,50 | 341,99 |
| Hochofenkoks M/t | 316,75 | 758,72 | 811,19 |
| Industriekoks M/t | 201,15 | 254,36 | 466,67 |
| BHT-Koks M/t | 91,55 | 261,50 | 137,99 |
| Erdgas (Import) M/$10^3$m$^3$ | 477,92 | 804,42 | 820,30 |
| Heizöl M/t | 373,86 | 949,48 | 954,13 |

Nach 16-jähriger Betriebszeit musste der Hochofen V im Jahre 1985 einer Generalreparatur unterzogen werden. Diese sollte neben der Rekonstruktion auch der Vergrößerung des Ofens auf rund 1.100 m³ Nutzvolumen dienen. Die Größe ergab sich aus der Forderung, den neuen Hochofen in die bereits vorhandenen baulichen Gegebenheiten einzupassen. Karl Döring erinnerte sich: »Den Auftrag zur Neuerrichtung des Hochofens V hatte die Tschechoslowakei erhalten. Das war zunächst im Rahmen des EKO ein ganz normales Investitionsprojekt. Der Zusammenhang war so, dass eine grundsätzliche Neuzustellung des Hochofens anstand, und dass wir aus dieser Neuzustellung ein Rekonstruktionsobjekt gemacht haben, weil die Erweiterung der Roheisenproduktion damals nach wie vor als Thema stand. Wir hatten das Konverterstahlwerk bis zu seiner Leistungsfähigkeit hochgefahren und mussten außerdem die anderen Stahlwerke der DDR mit Roheisen versorgen. Da war also ein Interesse an einer größeren Kapazität der Hochöfen.«[93]

Die Rekonstruktions- und Montagearbeiten führten Monteure aus dem Hüttenwerk Ostrava/ČSSR aus. Nach Abschluss der Montage des ersten Bauabschnittes wurde der »Fünfer« im September 1985 angeblasen. Die vertraglich vereinbarten Leistungsparameter und Betriebskennziffern konnten während des Probebetriebes durch die tschechoslowakischen Ingenieure, Techniker und Monteure nachgewiesen werden. Im November 1985 wurde der Hochofen V dem EKO zum Betrieb unter eigener Regie und Verantwortung übergeben. Erstmals kam auch eine Anlage zur automatischen Steuerung technologischer Prozesse an Hochofenanlagen mit glockenlosem Gichtverschluss zum Einsatz. Aus Kapazitätsgründen konnte mit der Inbetriebnahme des ersten Bauabschnittes nicht bis zur Realisierung des zweiten Bauabschnittes gewartet werden. Dieser wurde 1989 mit der Umstellung des Ofens auf Hochdruckbetrieb an der Gicht begonnen.

Der Hochofen V wurde nach dem ersten Bauabschnitt der Rekonstruktion 1986 wieder angeblasen. Er hatte nun ein Nutzvolumen von 1.100 m³.

## Qualität aus dem Kaltwalzwerk

Mit der Inbetriebnahme der zweiten Walzeinheit im Jahre 1985 konnte das Kaltwalzwerk seine Leistungskapazität weiter erhöhen.

Seit Anfang der 80er Jahre wurde auch der schrittweise Ausbau des Kaltwalzwerkes durch die Inbetriebnahme neuer Anlagen und die Anwendung fortgeschrittener Verfahren fortgesetzt. Dabei ging es darum, den zunehmenden Anforderungen der Verbraucher »nach immer weitgehender Differenzierung der Kaltwalzprodukte hinsichtlich der Qualitätsparameter und den unterschiedlichen Anwendungszwecken optimal zu entsprechen«.[94] Am 15. Juli 1980 beschloss das SED-Politbüro die Errichtung einer zweiten Walzeinheit. Mit der japanischen Firma Hitachi wurde im September 1981 ein Vertrag über die Lieferung und Montage eines 6-Walzen-Reversiergerüstes mit axialer Verschiebung der Zwischenstützwalzen unterzeichnet. Baubeginn war im Mai 1982 und am 30. Januar 1985 wurde das Walzgerüst übergeben. Bereits beim Probebetrieb traten konstruktionsbedingte Mängel auf, so dass im Februar 1986 eine Rekonstruktion der Anlage erfolgte und einige Aggregate nachgerüstet wurden. Zwar kam es dadurch zu einer Stabilisierung des Walzbetriebes, jedoch zu keiner Erfüllung des vertraglich vereinbarten Produktionsniveaus. Im August 1987 wurden die horizontalen Stabilisierungen der Arbeitswalzen erneut umgebaut, da erhebliche Störungen auftraten. Da die Firma Hitachi nicht in der Lage war, die Anlage in einem vertragsgemäßen Zustand zu übergeben, musste sie eine erhebliche Strafe zahlen.

Mit dieser zweiten Walzeinheit und dem Einsatz von Hochkonvektionsglühöfen war das Kaltwalzwerk nun in der Lage, neben einer Kapazitätssteigerung in den Walzleistungen engere Toleranzen und größere Dickenstabilität zu erzielen. In Kombination mit hochwertigerem Konverterstahl begann man nun zielgerichtet mit der Entwicklung und Produktion neuer Walzstahlsortimente. Dabei nahm die Dickenreduzierung bei kalt- und warmgewalzten Blechen und Bändern in Verbindung mit der Einführung höherfester kaltgewalzter Umformstähle eine zentrale Stelle ein. Weiche kaltgewalzte mikrolegierte Stähle mit besonderen Umformeigenschaften wurden vorrangig als Vormaterial für die Herstellung von Motoren, Scheinwerfern und Kronenkorken verwendet. Hochwertige Erzeugnisse wie Feinbleche für den Karosseriebau, EKOTAL mit einer Beschichtung aus silikonmodifiziertem Polyesterlack, Bandstahl für Plattenheizkörper und für die Farbbildröhrenherstellung erweiterten das Sortiment. Außerdem wurden 1984 zwei weitere neue Stahlmarken entwickelt, die vor allem bei Haushaltsgeräten, wie Gas- und Elektroherden und in der Emailgeschirrherstellung Verwendung fanden. Für Emaillierstahl, Kettenbandstahl in Feinschneidgüte und Plattenheizkörperband gab es Goldmedaillen auf der Leipziger Messe und eine zunehmende Exportquote auf dem internationalen Markt.

Bis Mitte 1980 war es gelungen, die Qualität der Erzeugnisse des Kaltwalzwerkes auf ein stabiles Niveau zu bringen. Seitdem das semifinished Dynamoband das Gütezeichen »Q« erhalten hatte, folgten im Jahre 1981 weitere acht Produkte, u.a. verzinkte kaltgewalzte Bleche und Bänder, biegestreckgerichteter Bandstahl und Blech sowie acrylatlackbeschichteter Bandstahl mit Schutzfolie. Da einige Produkte nicht mehr in allen Parametern dem internationalen Stand entsprachen, war es notwendig, ständig die Qualität anzuheben, was nicht immer gelang. Das führte auch zum zeitweisen Entzug des Gütezeichens. Zwischen 1984 und 1986 wurde fünf Erzeugnissen des Kaltwalzwerkes das Prädikat aberkannt. Bei einigen Produkten traten Qualitätsmängel auf, die zu teilweise hohen Reklamationsquoten führten. Deshalb wurden überbetriebliche Arbeitsgruppen eingesetzt, so in Zusammenarbeit mit dem Automobilwerk Eisenach zur Erhöhung der Blechqualität für den Karosseriebau, mit der Metallverarbeitung Neukirch zur Herstellung von Plattenheizkörperbandstahl und mit dem DKK Scharfenstein zur Herstellung von Bandstahl für Haushaltskühlschränke.

Das Kaltwalzwerk hatte immer größere Aufgaben zur Höherveredlung der metallurgischen Erzeugnisse zu lösen und dadurch zum Anstieg der Gebrauchswerte und zur Senkung der Kosten beizutragen. Damit waren jedoch auch weitere Arbeitsstufen, ein höherer Energieaufwand und zusätzliche Umwandlungsverluste verbunden. Andererseits war der Erlöszuwachs aus dem Absatz veredelter Erzeugnisse größer als die zusätzlichen Kosten der Veredlungsstufen. So betrug der Erlös je Tonne verzinkt beschichteter Bleche und Bänder das 2,9-fache des Warmbandpreises, bei warmgewalzten Blechen war es nur das 1,44-fache. Insgesamt ging es aber bei der Veredlung nicht nur um neue Erzeugnisse, sondern zugleich um neue Technologien und Verfahren sowie um die Senkung des Produktionsverbrauchs.

Für Kaltband aus strangvergossenem Konverterstahl zur Plattenheizkörperfertigung gab es auf der Leipziger Frühjahrsmesse 1988 Messegold.

## »Ich fand meine Liebe auf dem Kran«[95] – Viola Müller

*Die Liebe zum Kran wurde mir praktisch in die Wiege gelegt. Meine Eltern waren beide Kranfahrer und zogen von einer Großbaustelle zur anderen. Mit zehn Jahren durfte ich erstmals einen Kran bedienen, das war ein Riesenerlebnis. Als in der 9. Klasse dann jemand zu uns an die Schule kam und Werbung für das EKO machte, war meine erste Frage, ob man auch Kranfahrer werden könne. Meine Mutter war schon 1963 in Eisenhüttenstadt gewesen und meinte, dies sei eine schöne, moderne Stadt. Also ging ich 1985 nach Eisenhüttenstadt und begann eine Lehre als Maschinistin für Transportmittel und Hebezeuge.*

*Dabei lernte ich auch meinen späteren Mann kennen. Das war im Juli 1986. Jedem Lehrling war ein Kranfahrer zugeteilt, ich sollte auf den Kran von Ronald Müller. Den ganzen Tag mussten wir in der engen Kabine miteinander verbringen. Anfangs war er nicht gerade gesprächig und ich dachte schon, das kann ja eine langweilige Schicht werden. Doch irgendwann kamen wir dann doch ins Gespräch. So erfuhr ich, dass er aus Burg kam und dort im Walzwerk gelernt hatte, dass er dann von zu Hause weg wollte und nach Eisenhüttenstadt ging. Nach der Schicht fuhr er mich ins Internat und am nächsten Morgen war er schon wieder da – ich hatte versehentlich seinen Betriebsausweis eingesteckt. Nach einer Woche waren wir verlobt. Später übernahm er meine praktische Ausbildung am Kran und da ging es oft heiß her. Im Juli 1987 haben wir geheiratet.*

*Am 1. Mai 1987 begann ich im Kaltwalzwerk, vorzeitig, wegen guter Leistungen. Wir haben beide hier gearbeitet, sahen uns aber nur abends, manchmal beim Mittagessen, jeder war ja auf seinem Kran. So schrieben wir uns Zettel und steckten diese in eine Milchflasche. Das war schon romantisch, die Zettel habe ich immer noch. Im Februar 1989 wurde ich schwanger und durfte nicht mehr auf den Kran. Damals wusste ich nicht, dass es mein letzter Tag sein sollte. Im September wurde unsere Tochter Aileen geboren und ich war überzeugt, nach dem Babyjahr gehe ich wieder auf den Kran.*

*Inzwischen hatte sich jedoch viel ereignet. Auf den Kran konnte ich nicht mehr zurück. Da erinnerte ich mich an eine Begebenheit in den VOEST-Werken in Linz. Dort durfte ich 1987 hin, da ich besonders gute Ausbildungsergebnisse erreicht hatte. Damals war mir aufgefallen, dass es in den Werkhallen keine Frauen gab, schon gar nicht auf einem Kran. Frauen sah ich nur in der Küche. Ich hatte mir nichts dabei gedacht, fand es nur merkwürdig.*

*Seit Oktober 1990 machte ich erst eine Weiterbildung und danach eine Umschulung zur Bürokauffrau mit IHK-Abschluss. Wir waren die erste Klasse im Januar 1991 im neu gegründeten QCW. Im Sommer 1993 war ich dann für sieben Monate bei einer Firma, die aber in Konkurs ging. Danach war ich für lange Zeit arbeitslos und machte verschiedene Weiterbildungsmaßnahmen mit. Na ja, so das übliche also. Gleichzeitig habe ich Bewerbungen geschrieben und auf Stellenangebote geantwortet – alles umsonst. Schließlich hatte ich Glück. Ich wurde nach einem Praktikum vom Otto-Bestellcenter Eisenhüttenstadt übernommen. Da bin ich noch heute und es gefällt mir sehr gut.*

*Mein Mann fährt immer noch seinen Kran im EKO. Manchmal wenn er von seiner Arbeit erzählt, beneide ich ihn. Obwohl ich nicht mehr tauschen würde, wünsche ich mir nichts sehnlicher, als noch einmal dort oben zu sein, wenn auch nur für einen Tag, um auszuprobieren, ob ich noch einen Kran bedienen kann.*

## »Schlüsseltechnologien« im Einsatz

Einer der ersten Industrieroboter vom Typ ZIM 60 im Kaltwalzwerk Anfang der 80er Jahre.

Wegen der notwendigen Produktionssteigerung der DDR-Wirtschaft kam den Möglichkeiten sogenannter »Schlüsseltechnologien« wie Mikroelektronik, moderne Rechentechnik, CAD/CAM- und Automatisierungstechnik aus dem betrieblichen Rationalisierungsmittelbau eine besondere Rolle zu. Hochentwickelte Robotertechnik aus dem kapitalistischen Ausland war kaum zu bezahlen, so baute die SED-Führung auf die Schöpferkraft der Werktätigen. Auch im EKO war die Realisierung dieser Aufgaben nur durch verstärkte Förderung des schöpferischen Elans der Belegschaft zu erreichen. Mit der Initiative »Ideen – Lösungen – Patente« wurde auf wissenschaftlich-technische Leistungen mit internationalem Niveau orientiert. In enger Zusammenarbeit mit der Kammer der Technik entstanden zahlreiche Forschergruppen, »Sozialistische Arbeitsgemeinschaften« und interdisziplinäre Realisierungskollektive. Besonderes Augenmerk wurde dabei auf junge Wissenschaftler, Techniker und Neuerer gelegt. 1986 gab es im EKO 22 Jugendforscherkollektive.

Auf Weisung der SED sollte der Einsatz von Industrierobotern und CAD/CAM-Stationen in großem Maßstab durchgesetzt werden. Der erste Industrieroboter des EKO nahm 1981 in der Fertigungslinie für Verpackungselemente in der Adjustage des Kaltwalzwerkes den Probebetrieb auf. Im Februar 1983 wurde von einem Realisierungskollektiv unter Leitung von Jürgen Achterberg der erste Abbinderoboter in der Verzinkungsanlage des Kaltwalzwerkes entwickelt. Für jenes Jahr waren im Werk 46 weitere dieser Anlagen geplant; praktisch sollte jede Woche ein Industrieroboter in Betrieb genommen werden. Insgesamt waren es zwischen 1981 und 1983 im Bandstahlkombinat 965 Industrieroboter, von denen 64 im Kombinat entwickelt, konstruiert und gebaut worden waren. Für den Zeitraum bis 1990 waren weitere 715 geplant. Ende der 80er Jahre be-

In den Hallen 5 und 6 der Zentralwerkstatt wurde zur Sicherung der Eigenfertigung von Ersatzteilen ein Flexibles Fertigungssystem aufgebaut. Dabei übernahmen Industrieroboter bestimmte Arbeitszyklen im Produktionsablauf. 1989 wurde die erste Fertigungszeile montiert.

gann die Entwicklung eines »Flexiblen Fertigungssystems« für die Zentralwerkstatt des Werkes. Damit wurde ein gemischt-automatisierter Betrieb geschaffen, in dem Produktionshilfsprozesse, wie das Transportieren, Handhaben, Speichern und Kommissionieren, in den Hauptprozess integriert wurden. Um die teils utopischen Vorgaben der Parteibeschlüsse zu erfüllen, wurde alles als Industrieroboter abgerechnet, was sich um eine oder mehrere Achsen bewegte. Selbst einfache mechanische Geräte blieben von einer Umbenennung nicht verschont. Feste Bestandteile einer Produktionslinie wurden gesondert als Roboter geführt und normale Personalcomputer zu CAD/CAM-Stationen erhoben.

Eine weitere Voraussetzung zum Erreichen »einer internationalen Spitzenleistung bei der Realisierung des vollen metallurgischen Zyklus« bestand darin »einen breiten Computereinsatz im gesamten Betrieb systematisch und mit hoher Effektivität zu organisieren und die Arbeit mit Bildschirmarbeitsplätzen zum alltäglichen Anliegen der Werktätigen zu entwickeln«.[96] Bis Ende 1986 arbeiteten im EKO über 440 Werktätige an 169 CAD/CAM-Stationen. Im Mittelpunkt stand dabei »die Einführung der Rechentechnik sowohl für die Prozessführung als auch für die rechnergestützte Planung und Leitung des Reproduktionsprozesses«.[97] Dazu wurde ein zentrales Produktionslenkungssystem entwickelt, das eine informelle Verflechtung der Kombinatsleitung mit den Werksebenen bis hin zu den Produktionsabschnitten mit Prozesssteuerung und Stoffflussverfolgung beinhaltete. Ziel war die optimale Lenkung technologischer Prozesse zur Sicherung einer auftragsbezogenen Produktion. Hauptbestandteile dieses Organisationsprinzips waren ein Leiterauskunftssystem sowie eine rechnergestützte operative Betriebsführung und innerbetriebliche Auftragsabwicklung. Die einzelnen Etappen dieser Methode wurden sowohl durch den Ausbau der Betriebsführungssysteme in den Werken wie auch durch den Aufbau entsprechender lokaler Datennetze realisiert. Damit verbunden war eine verstärkte Nutzung der Datenfernübertragungstechnik, so z.B. zur Disposition und Steuerung von Transportprozessen. Als eine erste Stufe dieser Technologie bewährte sich seit 1985 die so genannte »integrierte Produktions-Transportkette Eisenerz« vom Seehafen Rostock zum EKO.

## Konsumgüter aus dem EKO

Die Produktion von Konsumgütern hatte im EKO eine lange Tradition. Bereits in den 50er Jahren begann auf Beschluss der DDR-Regierung im Werk die Fertigung von Massenbedarfsgütern wie Brattiegeln, Kinderbetten, Kohlenzangen und anderer Mangelwaren der damaligen Zeit. Später wurden Hohlblocksteine und Flurgarderoben zum Konsumschlager. Auf ihrem 8. Parteitag 1971 forderte die SED von den Industriekombinaten einen umfassenden Ausbau der Konsumgüterproduktion. Mit dem Kaltwalzwerk und seinen Veredlungsanlagen veränderten sich im EKO die Möglichkeiten für eine solche Zusatzproduktion. Nun konnten hochwertige Konsumgüter unter Verwendung verzinkter und beschichteter Materialien hergestellt werden. Dieses im eigenen Betrieb hergestellte Vormaterial diente zur Produktion von verzinkten Dachrinnen und Wellblech sowie von kunststoffbeschichteten Badewannenverkleidungen und Einlegeblechen für Wand- und Kosmetikregale. Insbesondere im Rahmen des Wohnungsbauprogramms sollten getypte Bauteile nach dem Baukastenprinzip entwickelt und der Bevölkerung auch zum individuellen Bau zur Verfügung gestellt werden. Diese Erzeugnisse wurden sowohl über den Handel als auch durch eigene Industrieläden angeboten. Am 2. Oktober 1972 eröffnete eine Verkaufsstelle für Industriewaren im EKO. Das Sortiment umfasste solche kombinatstypischen Erzeugnisse wie profilierte Bleche aus dem Kaltwalzwerk, Profile aus dem Walzwerk Finow, Rohre und Fittings, Einlegebleche, Wandregale, Dachentwässerungsteile und Mehrzweckbehälter. Unter der Leitung von Otto Lichtenberger war der Industrieladen eine gefragte Betriebseinrichtung für die Bevölkerung. Am 1. Dezember 1972 wurde Manfred Gerstenberger als Abteilungsleiter Konsumgüterproduktion eingesetzt und mit der Bildung einer entsprechenden Abteilung beauftragt.⁹⁸ Auf Weisung des Generaldirektors hatten alle Bereiche des Werkes die Auflage erhalten, der neu gebildeten Abteilung entsprechende Arbeitskräfte zur Verfügung zu stellen. Der Frauenanteil in der Konsumgüterproduktion betrug ca. 70 Prozent. Die Abteilung produzierte in den Hallen des Bereiches Fertigung und Montage. Eine neu entwickelte Dachrinnenmaschine des Berliner Handwerkers Vetter ermöglichte es, je Stunde 200 m Dachrinnen von zwei Arbeitskräften herzustellen. Trotz der Instabilität dieser Anlage konnte damit die Zeit bis zum Erwerb einer Rima-Dachrinnen- und Fallrohrziehmaschine überbrückt werden.

Im Verlauf der 70er Jahre wuchs die erbrachte Warenproduktion in der Abteilung Konsumgüter kontinuierlich an. Schrittweise wurde die dezentrale Fertigung in den Hallen des Bereiches Fertigung und Montage konzentriert und im Zusammenhang mit der Neubeschaffung von Pressen sowie der durch ein Neuererkollektiv nachgebauten 2. Rima-Dachrinnenmaschine wurden regelrechte Fertigungslinien aufgebaut. In den Jahren 1976/77 ermittelte der Bereich Forschung, dass ein dringender Bedarf an Toren für Garagen und für den Eigenheimbau vorlag. Daraufhin wurde eine Stahldrehtür als Funktionsmuster entwickelt und im Juni 1977 auf der Internationalen Gartenbauausstellung in Erfurt ausgestellt. Im Januar 1978 entstand ein Kollektiv des Meisterbereiches der Stahldrehtürproduktion und die ersten Teile wurden serienmäßig gefertigt. Ein Jahr später waren es bereits 1.500 Stahldrehtüren.⁹⁹ Da das Angebot an Garagen in der DDR schon immer einen Mangel darstellte, lag der Gedanke nahe, eine Fertigteilgarage unter Verwendung von EKOTAL-Materialien als Einzel- und Reihengarage anzubieten. Ende 1980 konnten die ersten 20 dieser Garagen fertiggestellt werden.

Im Oktober 1980 erhielt das Bandstahlkombinat vom Ministerium die Auflage, »die Konsumgüterproduktion sowohl hinsichtlich der Menge und Qualität als auch der schnellen Entwicklung und Einführung neuer, hochwertiger Erzeugnisse über das bisherige Niveau weiter zu erhöhen«.¹⁰⁰ Für 1981 sollten statt der geplanten zwei neuen Konsumgüter mindestens drei in die Produktion übernommen werden. Entsprechend dieser Vorgaben wurde die Konsumgüterproduktion weiter ausgebaut. Insgesamt stellten die Betriebe des Bandstahlkombinates Dachrinnen, Fallrohre, Garagentore, Kohlefachbehälter, Gartenschaukeln, Gießkannen, Verbandskästen, Schirmgestelle, Ordnermechaniken, ein umfangreiches Sortiment von Lederwarenbeschlägen, Kofferschlösser und Kronenkorken her. Inzwischen war die Konsumgüterproduktion jedoch aus dem Rahmen geraten. Um die zentralen Auflagen zu erfüllen, wurde ohne Bedarfsanalyse alles produziert, was möglich war. Das führte zu Doppel- und Fehlentwicklungen und band Kapazitäten, die anderswo dringend benötigt wurden. Im Februar 1982 wies deshalb der Ministerrat an, dass ohne Zustimmung der übergeordneten Kombinate keine neue Konsumgüterlinie konzipiert werden durfte. Ein Jahr später forderte die SED alle produktionsmittelherstellenden Betriebe auf, mindestens fünf Prozent ihrer Warenproduktion für die Herstellung von Konsumgütern einzusetzen. Vor allem wurde auf hochwertige Industriegüter orientiert.

Als Beitrag zum Automobilprogramm der DDR wurde vom EKO 1984 die Produktion von Kotflügeln für den PKW »Wartburg 353« übernommen. Die für die Komplettierung benötigten Teile stellten das Automobilwerk Eisenach und andere Zulieferbetriebe zur Verfügung. Auf Beschluss des Ministerrates und der Staatlichen Plankommission wurde das Bandstahlkombinat Anfang 1988 beauftragt, »kurzfristig mit dem Aufbau einer Plaststoßkörperproduktion für den neuen PKW Wartburg 1300« zu beginnen.¹⁰¹ Bereits im Juli 1988 begann die Produktion von 20.000 Plaststoßstangen für dieses Fahrzeug auf zwei Spritzgussmaschinen. Ein weiterer Auftrag betraf die Produktion und den Absatz von Mikrowellengeräten. Dabei war die Möglichkeit der Realisierung des Vorhabens als »Gestattungsproduktion« ins Auge gefasst. In der Anlaufphase von 1989 bis 1991 sollte das Kombinat 50.000 Geräte im Jahr produzieren, 20.000 Einfachfunktionsgeräte (zum Auftauen und Garen) und 30.000 Mehrfachfunktionsgeräte (zusätzlich Grillen und Backen). Für 1992 war eine Erhöhung der Stückzahlen vorgesehen, um die Refinanzierung durch NSW-Exporte von 40.000 Geräten zu gewährleisten. Eine Resonanz der Lebensmittelindustrie, dieses Vorhaben mit entsprechenden flankierenden Maßnahmen, wie der Erweiterung des Angebotes an Tiefkühlgerichten und Fertigmenüs, zu unterstützen, gab es kaum. Letztlich blieb es bei einem Prototyp, da die politischen Veränderungen im Land eine solche Produktion überflüssig machten.

Im Rahmen des Automobilbauprogramms der DDR produzierte das EKO ab 1984 Kotflügel für den PKW »Wartburg«.

Foto linke Seite:
Der Industrieladen des EKO war seit 1972 für Hausbauer, Kleingärtner und Hobbyhandwerker eine wichtige Quelle für Materialien wie Dachrinnen, Rohre und Profile.

217

## Vergebliches Hoffen auf ein Warmwalzwerk

Das EKO produzierte am Ende der 80er Jahre Roheisen, Stahl und veredeltes Kaltband. Nach wie vor fehlte jedoch als ein Glied im vollmetallurgischen Prozess das Warmwalzwerk. Jene Verarbeitungsstufe also, die es ermöglicht hätte, nachdem das Roheisen aus den Hochöfen im Konverter zu Stahl geschmolzen und auf der Stranggießmaschine zu Brammen vergossen wurde, diese noch heiß und damit energetisch effektiv zu Warmband für eine Weiterverarbeitung und Veredlung im Kaltwalzwerk auszuwalzen. Statt dessen bezog die DDR lange Zeit günstig Warmband aus der Sowjetunion und verkaufte einen Teil des Kaltbandes gegen »harte« Devisen. Damit hatten »die Besonderheiten des Außenhandels im RGW in Eisenhüttenstadt einen Torso, eine technologische Lücke, hinterlassen, die unter internationalen Wettbewerbsbedingungen sicher niemals entstanden wäre«.[102]

Nachdem die Ausbauvorhaben für ein solches Warmwalzwerk bereits dreimal gescheitert waren, unternahm das EKO nach der Kombinatsbildung einen weiteren Versuch, den technologischen Zyklus zu vollenden. Im Jahre 1978 hatte das BMK Ost Frankfurt/Oder im Auftrage des EKO eine Konzeption zum Aufbau des Investitionsvorhabens mit dem bezeichnenden Titel »Warmbandstraße 2000« erarbeitet. Grundlage für dieses Material war eine Projektstudie von GIPROMES Moskau zum Ausbau des EKO aus dem Jahre 1976. Danach sollte das Warmwalzwerk als Analogprojekt zu den Anlagen in Tscherepowez errichtet werden und 1986 in Betrieb gehen.[103] Aufgrund der zentralen Investitionslenkung in der DDR-Wirtschaft entschieden jedoch nicht die Kombinate und Betriebe über die Realisierung von Großprojekten, sondern der SED-Apparat. Am 28. September 1982 bestätigte dessen Politbüro eine Beschlussvorlage des Ministeriums für Erzbergbau, Metallurgie und Kali zum Aufbau einer Warmbreitbandstraße im EKO. Ein Jahr später wurde diese Entscheidung konkretisiert. »Zur vollen Nutzung der durch das neue Stahlwerk möglichen volkswirtschaftlichen Effekte fehlt im metallurgischen Prozess des Eisenhüttenkombinates von der Roheisengewinnung bis zur Herstellung des höchstveredelten Kaltbandes (bis 0,3 mm Dicke) die Produktionsstufe der Warmbanderzeugung«, hieß es in der Begründung des Beschlusses.[104] Das Konzept sah den Neubau einer Warmbandstraße und einer Warmbandadjustage/Querteilanlage bis 1989 vor. Die Entscheidung, ob eine Längsteilanlage neu gebaut oder die vorhandene durch die Firma Sundwig rekonstruiert werden sollte, wurde noch nicht getroffen. Die vorgegebene Jahresleistung sollte 4 Mio. t Warmbreitband, Warmband, Fein- und Grobbleche aus Kohlenstoffstahl, höherfestem niedriglegiertem Stahl, Dynamostahl sowie nichtrostendem Stahl betragen. Es war vorgesehen, das Warmwalzwerk mit eigenen Kapazitäten und Kräften gemeinsam mit dem sowjetischen Schwermaschinenbau zu errichten. Die gesamte Bauleistung sollte durch DDR-Betriebe erbracht und ein bestimmter Teil der Ausrüstungen durch den eigenen Maschinenbau gefertigt werden.

Ab März 1984 begannen die Verhandlungen mit der Sowjetunion und führten im Juni zum Abschluss eines Vertrages zur gemeinsamen Erarbeitung der technischen Aufgabenstellung für das Projekt »Warmwalzwerk EKO«. Um günstige Voraussetzungen für einen frühestmöglichen Inbetriebnahmetermin zu schaffen, hatte die Staatliche Plankommission bereits am 23. Dezember 1983 eine Ausnahmegenehmigung erteilt, die es ermöglichte, mit der Ausführungsprojektierung, Bestellung von Ausrüstungen und Materialien zu beginnen. Im Protokoll der Sitzung der Plankommission vom 10. April 1984 wurde »zur Sicherung des mit Politbürobeschluss festgelegten Realisierungsbeginns 09/84 [...] auf Risiko des IAG (Investauftraggeber) die Sondergenehmigung zur Erarbeitung einer Aufgabenstellung/Grundsatzentscheidung in Ausführungsreife für 1984 zu beginnende Definitivobjekte (Teilvorhaben 1) mit der Maßgabe, diese später in die Aufgabenstellung für das Gesamtvorhaben im vollen Umfang einzuordnen, erteilt«.[105] Nach einigen Korrekturen und Präzisierungen waren Ende 1984 die Entscheidungen über die bauvorbereitenden Maßnahmen und die Baustelleneinrichtungen getroffen. Der Ministerrat beschloss daraufhin am 15. September 1985 die Errichtung einer Halbkonti-Warmbandstraße.

Die Realisierung dieser Großinvestition erwies sich angesichts der wirtschaftlichen Schwierigkeiten der DDR als großes Problem. Mit einem zügigen Start wurde die Brammenlagerhalle durch das BMK-Ost, das Metallleichtbaukombinat Leipzig und den Ingenieurbetrieb für komplette metallurgische Anlagen Berlin (SKET INGAN) 1986 fertiggestellt. Nachdem der 11. SED-Parteitag im April 1986 den Bau des Warmwalzwerkes bestätigt hatte, wurden spezielle Strukturen sowohl zentral als auch auf Kombinatsebene geschaffen, um die technische Vorbereitung des Investitionsobjektes voran zu bringen. Zunächst galt es herauszufinden, welche Leistungsumfänge aus dem RGW und dem NSW bezogen werden mussten, um eine technisch hochwertige Anlage zu errichten. Eine Arbeitsgruppe »Warmbreitbandstraße EKO« des Ministeriums nahm daraufhin die Verhandlungen mit den sowjetischen Stellen auf. Außerdem wurden Gespräche mit einem bundesdeutschen und einem japanischen Konsortium durchgeführt. Ziel der Verhandlungen war es, anlässlich der Leipziger Frühjahrsmesse 1987 mit der Sowjetunion und anderen Firmen aus Drittländern

Verträge über den Aufbau der Warmbreitbandstraße abzuschließen. Im Ergebnis wurde klar, dass die DDR nicht mehr die wirtschaftliche Kraft besaß, dieses Großprojekt zu realisieren. Mit dem Ministerratsbeschluss vom 30. April 1987 wurde das Vorhaben Warmbandstraße begraben und eine Konzeption mit der Bezeichnung »Abrundung Vorhaben EKO« erarbeitet. Darin unterzog man bestimmte Teilprojekte »einer Abrundung entsprechend den veränderten Bedingungen«, andere wurden »zeitweilig eingestellt«. Was von den großen Plänen übrigblieb, war »eine leere blaue Halle« und eine tiefe Enttäuschung bei allen Beteiligten, insbesondere natürlich im EKO.

Unmittelbar nach dem Ministerratsbeschluss zum Abbruch an der Warmbandstraße ergriff der Generaldirektor des Bandstahlkombinates Karl Döring die Initiative, um mit einer neuen Technologie das Problem der Warmumformungsstufe für Eisenhüttenstadt zu lösen. Ein neues Verfahren, das unter den Bezeichnungen Dünnbrammengießen, Vorbandgießen und Bandgießen bekannt wurde, versprach, mit so wenig Energie und Ausrüstungsaufwand wie möglich vom flüssigen Stahl zum Fertigerzeugnis zu gelangen. Erste Erkenntnisse bestätigten, »dass das Gießen von Dünnbrammen und ihr anschließendes Auswalzen zu Warmband für die im EKO vorgesehene Produktionshöhe die ökonomisch vorteilhafteste Lösung darstellt«.[106] Die entscheidenden Anlagen für das neue technologische Verfahren waren eine »neuartige zweisträngige Maschine zum Gießen von Dünnbrammen, ein sich anschließender Nachwärmofen und fünf bzw. sechs Walzgerüste, die durch notwendige Haspeln, Abkühlanlagen, Verkettungseinrichtungen, Automatisierungstechnik sowie die erforderlichen Hilfs- und Nebenanlagen komplettiert werden«.[107] Mit diesem Verfahren wäre im Vergleich zu konventionellen Prozessen eine erhebliche Reduzierung des Energie- und Materialverbrauches sowie der Investitionsausgaben verbunden gewesen. Dies war durch den Ausfall zweier Verfahrensabschnitte möglich: des Kalt- und Warmhaltelagerns für Brammen sowie des Reversiergerüstes. Bis dahin gab es lediglich bei der Firma Nucor-Steel in den USA eine Produktionsanlage der Schloemann-Siemag AG. Die VOEST-Alpine hatte in Schweden eine Anlage nur für den Gießprozess ohne direkte Kopplung mit einer Walzanlage errichtet.

Karl Döring erinnerte sich: »Nach der Entscheidung über die Einstellung des Investitionsprojektes Warmbandstraße war mir klar, dass wir bei EKO gleichsam vor einer Mauer der weiteren wirtschaftlichen Entwicklung standen. Darüber hinweg zu kommen, war die wichtigste strategische Aufgabe des Generaldirektors. In all den Jahren, in denen ich in Führungsfunktionen tätig war, hatte ich nicht versäumt, die Entwicklungen auf dem Gebiet des Stranggießens, auf dem ich promoviert hatte, zu verfolgen. Hier sah ich nun eine neue Chance für die Schließung der technologischen Lücke in unserem Werk. Schon im Februar 1988 reiste ich – natürlich in voller Übereinstimmung mit den zentralen staatlichen Stellen – in die BRD, um bei den Firmen Schloemann-Siemag und Mannesmann-Demag den Entwicklungsstand des neuen Dünnbrammengießwalzverfahrens vor Ort zu beraten. Im Juni 1988 lud ich den Generaldirektor von Vitkovice nach Eisenhüttenstadt ein, um mit ihm zu erörtern, ob er sich in der Lage sehen würde, eine solche Anlage nach westlicher Lizenz bauen zu können. Im November 1988 folgte ein Besuch bei Danielle in Italien, die sich auch intensiv mit der Dünnbrammentechnik befassten. Auf der Basis meines Berichtes und weiterer wissenschaftlicher Gutachten erteilte der Ministerrat dem Minister für Erzbergbau, Metallurgie und Kali Anfang 1989 den Auftrag, eine Entscheidungsvorlage zur Errichtung einer Gießwalzanlage vorzulegen. Das war die Grundlage zur Forcierung der Arbeiten. Im EKO wurde eine entsprechende Struktureinheit unter Leitung von Klaus-Peter Kahle gebildet. Im Mai 1989 reiste ich mit einer Spezialistengruppe des EKO zu VOEST nach Linz. Nach entsprechenden Vorarbeiten war es möglich, anlässlich dieses Besuches einen Vertrag über die Zusammenarbeit auf dem Gebiet des Gießwalzens zu schließen und die erste Versuchskampagne auf einer Stranggussanlage bei VOEST-Stahl zu realisieren. Ein weiterer Besuch bei Schloemann-Siemag im gleichen Monat führte zu einer Vereinbarung über die Ausarbeitung einer Studie für EKO. Im Oktober 1989 besuchte ich die weltweit erste von Schloemann-Siemag errichtete Gießwalzanlage in den USA bei Nucor-Steel.«[108]

Zur Erarbeitung der Beschlussvorlage für das SED-Politbüro wurden von den Firmen VOEST-Alpine Industrieanlagenbau (Österreich), Mannesmann-Demag (BRD) und Schloemann-Siemag (BRD) Angebote über die komplette Lieferung einer Bandgießwalzanlage mit einer Jahreskapazität von etwa 1 Mio. t eingeholt.

Am 30. September 1986 waren die Montagearbeiten an der Brammenlagerhalle des zukünftigen Warmwalzwerkes noch in vollem Gange. Im Jahre 1987 wurden sie abgebrochen.

## Betriebssport, Volkskunst und Festspiele

Traditionell begannen die Betriebssportfeste, wie auch das 10. im Jahre 1979, mit einer Massengymnastik.

Im Herbst 1984 führte das Institut für Soziologie und Sozialpolitik der Akademie der Wissenschaften der DDR eine repräsentative Untersuchung zum Freizeitverhalten von Werktätigen im EKO durch. Im Ergebnis dieser Befragung wurde festgestellt, »die wichtigsten von den Werktätigen ausgeübten Freizeittätigkeiten sind Fernsehen und Radiohören, geselliges Beisammensein, die Beschäftigung mit Kindern und Ausflüge unternehmen«.[109] Dagegen war das Interesse der EKO-Angehörigen an sportlicher Betätigung »mittelmäßig« ausgebildet. Lediglich knapp die Hälfte der Befragten verbrachten ihre Freizeit mit Sport. Dabei waren die Bedingungen für sportliche Aktivitäten in Eisenhüttenstadt gut. Laut Statistik gab es 1987 in der Stadt und im Landkreis 47 Sportgemeinschaften mit über 12.000 Mitgliedern, allein die BSG Stahl zählte 4.000. In 22 Sektionen und 65 allgemeinen Sportgruppen gingen Angehörige des EKO sowie Menschen verschiedenen Alters aus dem Territorium regelmäßiger sportlicher Betätigung nach. Im Nachwuchsleistungssport, im Freizeit- und Erholungssport sowie im Übungs- und Wettkampfbetrieb waren über 265 Übungsleiter und Trainer tätig. In acht Trainingszentren wurden junge talentierte Sportler auf eine leistungssportliche Entwicklung vorbereitet. Olympiateilnehmer, Teilnehmer an Welt- und Europameisterschaften hatten ihre sportlichen Wurzeln in der BSG des EKO, wie die Olympiasieger Hendrik Reiher (Rudern), Udo Beyer (Kugelstoßen) und Hans-Georg Beyer (Handball), der olympische Medaillengewinner Franz Schaffer (400 m Lauf), der Juniorenweltmeister Bernd Kahlisch (Rudern), der Junioreneuropameister Harry Kreis (Judo) oder die Teilnehmer der Friedensfahrt Gerhard Lauke und Wolfram Kühn.

Allwöchentlicher Anziehungspunkt für viele Eisenhüttenstädter waren die Spiele der Stahl-Fußballer. »Das EKO mit den sportbegeisterten Kollektiven stand voll hinter dem Fußball«, erinnerte sich der ehemalige Spieler der BSG Stahl Eisenhüttenstadt, Lothar Reidock. »Jeder, der damals etwas von Fußball verstand, wusste, dass es, wie übrigens in anderen ›Fußballstädten‹ der DDR auch, äußerst gute Rahmenbedingungen für die Spieler gab. Wir haben vormittags gearbeitet und nachmittags trainiert.«[110] 1989, zwanzig Jahre nach dem ersten Intermezzo in der DDR-Oberliga, gelang den Stahl-Fußballern um Frank Bartz, Olaf Backasch und Harald Leppin erneut der Aufstieg. Den größten Erfolg errang die Mannschaft 1990. Unter dem neuen Namen Eisenhüttenstädter FC Stahl (EFC) erreichte die Mannschaft das Endspiel um den letztmalig ausgetragenen FDGB-Pokal. Dort verlor die Stahl-Elf zwar gegen Hansa Rostock, am historischen Fakt, dass der EFC als letzter DDR-Vertreter am Europapokal der Pokalsieger teilnehmen konnte, änderte diese Niederlage jedoch nichts. Im Herbst 1991 schied die Mannschaft nach zwei Niederlagen gegen Galatasaray Istanbul aus. Einziger Torschütze für den EFC war Frank Bartz.

Es war aber nicht nur der Leistungssport, auch der Massensport wurde vom Werk besonders gefördert. Brigade-, Betriebs- und Wohngebietssportfeste wurden durchgeführt, Volleyball- und Kegelturniere veranstaltet sowie weitere massensportliche Aktivitäten organisiert, wie beispielsweise der traditionelle Lauf der Metallurgen.

Bezüglich des Stellenwertes der Kultur im Freizeitverhalten der EKO-Belegschaft fanden die Soziologen 1984 heraus, dass das Interesse daran »nicht sehr ausgeprägt ist und auch ihre Realisierung keinen breiten Raum in der Freizeitgestaltung der Werktätigen einnimmt«. Weiter hieß es in der Analyse: »Es besteht aber ein Zusammenhang zwischen der Qualität der kulturellen Veranstaltungen und dem Interesse daran. So ist das Interesse besonders groß, wenn z.B. im Friedrich-Wolf-Theater prominente Künstler der DDR auftreten. Lässt das Niveau der Veranstaltung nach, sinkt auch das Interesse. So werden individuell oder im Arbeitskollektiv organisierte Reisen zu Kulturveranstaltungen zum Beispiel nach Berlin genutzt.«[111] Dazu hatte das Werk Verträge mit Berliner Bühnen abgeschlossen. Ähnliche Vereinbarungen gab es mit der Konzerthalle »Carl Philipp Emanuel Bach« in Frankfurt/Oder und dem Friedrich-Wolf-Theater in Eisenhüttenstadt. Traditionell fanden zu Feiertagen oder Jubiläen Volksfeste und andere Veranstaltungen statt. Seit 1975 gab es den »Tag des Metallurgen«, der am dritten Sonntag im November begangen wurde. An diesem Tag veranstaltete das EKO eine Feierstunde, auf der die besten Werktätigen Auszeichnungen erhielten. Seit 1970 wurden anstelle der traditionellen Hüttenfeste Betriebsfestspiele durchgeführt. Sie waren für ganz Eisenhüttenstadt ein Höhepunkt. Im Juni 1988 fanden im Bezirk Frankfurt/Oder die 22. Arbeiterfestspiele statt. Eisenhüttenstadt wurde zum Festspielkreis erklärt. Das EKO veranstaltete ein Fest der Metallurgen und die Volkskunstgruppen des Werkes trugen in vielfältiger Form zum Gelingen der Festspiele bei. Einige erhielten für ihre Aktivitäten eine Goldmedaille, wie der Fotozirkel für seine Ausstellung »Stahlwerker – Mensch, Wissenschaft und Technik«.

Neben dem Friedrich-Wolf-Theater war das Klubhaus der Gewerkschaft eine wichtige Kulturstätte in Eisenhüttenstadt. Hier fanden verschiedene Veranstaltungen statt, so z.B. die Traditionsabende »Thüringer Baude« und »Altberliner Ball«. Bei den Jugendlichen waren solche Veranstaltungen wie »Musik für Fans«, »Blues-Workshop« oder »Rock non-stop« sehr beliebt. Darüber hinaus gab es in der Stadt noch die Großgaststätte »Aktivist« und den »Huckel«, die Berggaststätte auf der Diehloer Höhe. Hier feierten die Brigaden des Werkes und hier ging man am Wochenende zum Tanz oder Essen.

Das EKO gestaltete während der 22. Arbeiterfestspiele ein »Fest der Metallurgen« mit Ausstellungen und zahlreichen Veranstaltungen.

Foto unten:
Das Programm »Nimm Blumen mit für Eisenhüttenstadt« des EKO-Ensembles aus dem Jahre 1970.

Das Volkskunstensemble des EKO im Jahre 1986.

Der von Peter Schubring und Roland Heppert gestaltete Brunnen am Haupteingang des EKO wurde im Juni 1988 eingeweiht.

Das Angebot an künstlerisch engagierten Gruppen und Zirkeln im EKO war sehr groß. 12 Prozent der in der Untersuchung von 1984 Befragten gaben an, sich auch künstlerisch zu betätigen. Das Volkskunstensemble des Werkes bestand aus zwei Gesangsgruppen, einer Ballettgruppe, einer Sprechergruppe und einer Berufsmusikerformation. Insgesamt gehörten 1989 dem Ensemble 157 Frauen, Männer und Kinder an. Außerdem gab es noch den Werkchor, das Arbeitertheater, das Betriebskabarett, ein Betriebsfilmstudio, ein Ballettensemble, den Karnevalsklub, Mal- und Fotozirkel. Im Klubhaus waren über zwanzig Volkskunstgruppen und Arbeitsgemeinschaften im »künstlerischen Volksschaffen« tätig. An der Betriebsschule existierte seit Anfang der 70er Jahre ein Spielmannszug.

Anfang der 80er Jahre vergab das EKO Aufträge an bildende Künstler. So entstanden in den Jahren 1981 bis 1986 insgesamt 130 Kunstwerke, die zur Gestaltung von Arbeitsräumen, Ferienheimen, Sozialeinrichtungen und der Freiflächen des Werkes verwendet wurden. Am Werkseingang an der Pohlitzer Straße wurde eine Stele mit dem Signet des Bandstahlkombinates aufgestellt und am Dreieck eine Stele mit dem EKO-Symbol.

Im September und Oktober 1985 fand das erste Metallurgiepleinair auf dem Werksgelände statt. Es handelte sich dabei um eine Künstlerwerkstatt, die in Zusammenarbeit von Werk, der Kulturabteilung der Stadt und dem Verband Bildender Künstler der DDR veranstaltet wurde. Für einen Monat erhielten Maler, Fotografen, Bildhauer, Grafiker und Metallgestalter die Möglichkeit, sich im Umgang mit EKO-typischen, für die Künstler teils ungewohnten Materialien und Technologien zu erproben. Das Hauptanliegen des Pleinairs bestand darin »den Künstlern Anregungen für ihr künstlerisches Schaffen zu geben, sowie den werktätigen Menschen bei der Arbeit und in seiner Lebensweise zu reflektieren und künstlerisch darzustellen«. Die Kunstwerke wurden dann in Betriebsteilen und auf den Freiflächen des Werkgeländes ausgestellt. Das EKO vereinbarte mit dem jeweiligen Künstler das Erstkaufsrecht für das geschaffene Kunstwerk. Weitere Pleinairs fanden 1986 und 1988 statt. Im Juni 1988 wurde im Rahmen der Arbeiterfestspiele im Haus der Werktätigen die Betriebsgalerie eröffnet. Die erste Ausstellung stand unter dem Motto »Metallurgie im Zeichen der Kunst«.

Lutz Niethammer

## DIE HANDELNDEN MASSEN UND DER LAUTSPRECHER[112]

Maidemonstration in Eisenhüttenstadt, 1986.

Der 1. Mai in Eisenhüttenstadt war ein Schulbeispiel: Jedermann ging zur großen Demonstration, ein Brauch, aus dem eine Pflicht geworden und eine Pflicht, aus der ein Brauch geworden war. Die sonst immer etwas ausgestorben wirkende Schichtarbeiterstadt war rammelvoll und wirkte fröhlich und förmlich zugleich. Beim Friedrich-Wolf-Theater auf der Lenin-Allee war die Tribüne für mehrere Dutzend lokaler Honoratioren aufgebaut. Von hier aus wurde per Lautsprecher quer durch die Stadt der Firnis des Rituals verbreitet: gemeinplätzige offizielle Reden, die niemanden zu erreichen oder zu schocken schienen. Dann aber kam in engem Kontakt mit den klatschenden Zuschauern wie beim Karneval im Rheinland die Begrüßung der einzelnen Gruppen des endlosen Zuges, der sich durch alle Hauptstraßen der Stadt wand, um sich zehn Meter nach der Tribüne in volkstümlichem Chaos aufzulösen. Die Begrüßungszeremonie war ein Fest der lokalen Wieder- und Anerkennung: Jeder Betrieb und jede größere Abteilung, jede Verwaltung, Schule, Organisation wurde begrüßt, und viele hatten ein Symbol ihrer Tätigkeit mitgebracht. Da lagen etwa die Jungs von der GST auf Armeelastwagen und hatten Gewehre im Anschlag, als zielten sie ins Publikum, und über ihnen prangte die makabre Parole »Schießsport ist Massensport«. Die Schüler hatten sich mehrheitlich auf irgendwelche Sportvereine aufgeteilt, um in den verschiedenen Trikots aufmarschieren zu können, und die übrigen, die bei ihren Schulklassen mitlaufen mussten, hatten einen Anorak über das Blauhemd gezogen.

Die eigentliche Entdeckung aber waren die Volksmassen aus dem großen Stahlwerk, die zu Tausenden wohlgelaunt in einem wenig disziplinierten Zug durch die Straßen liefen und ungeachtet der dröhnenden Lautsprecher sich offenbar angeregt unterhielten. Mischte man sich unter sie, so konnte man mitbekommen, woraus der Chor des Volkes zu den Lautsprecherweisheiten über Friedenskampfkraft und Aufbauerfolge bestand: es war das Massengewoge eines Tauschmarktes – man erzählte sich von Gebrauchtangeboten und Bedürfnissen nach schwer aufzutreibenden Waren und hatte das Ohr an den Massen, wo man einen Fahrradschlauch gegen Westkaffee oder umgekehrt einhandeln konnte: der Kampftag der Arbeit als Clourmarkt verhinderten Konsums. Nie gab es einen Ruf aus diesem wandelnden Inserateteil der Massen gegen den Lautsprecher, nie ging der Lautsprecher auf das ein, was die Leute beschäftigte. Nur einmal bezogen sich die Straße und die Tribüne aufeinander. Als die Betriebsgruppe der polnischen Baufirma, die im Kombinat tätig war, beim Vorbeimarsch an den Bonzen polnische Fähnchen hochriss und auf deutsch: »Frieden, Freiheit, Solidarität« skandierte, überdröhnte der Lautsprecher von der Tribüne sie mit den Worten: »Es lebe unser sozialistisches Vaterland, die Deutsche Demokratische Republik«.

223

## Das EKO im Jahre 1989

Das EKO hatte sich in den 80er Jahren zum Zentrum der Metallurgie der DDR entwickelt.

Im Jahre 1989 wurden in der DDR politische und wirtschaftliche Prozesse in Gang gesetzt, die einen Umbruch des gesamten Systems mit all seinen über vier Jahrzehnte gewachsenen Strukturen, Verhaltensmustern und Kommunikationsbeziehungen einleiteten. Während sich bei der Überprüfung der Ergebnisse der Kommunalwahlen vom 7. Mai 1989 die Praxis des Wahlbetruges offenbarte und die Vorbereitungen zum 40-jährigen Bestehen der DDR im Oktober unbeirrt fortgesetzt wurden, nahm die Zahl der Ausreisewilligen neue Dimensionen an. Die Öffnung der ungarischen Grenzen für DDR-Bürger nach Österreich im September 1989 löste sodann den Kollaps der SED-Herrschaft aus. Innerhalb weniger Wochen wurden deren Grundpfeiler gebrochen. Die wirtschaftliche Situation der DDR war zu diesem Zeitpunkt nur wenigen bekannt.

Seit Mitte der 80er Jahre hatten sich die ökonomischen Widersprüche im Land immer weiter verschärft und wurden für die Menschen in Verbindung mit neuen politischen Verhärtungen immer unerträglicher. Der wirtschaftliche Niedergang hinterließ in allen Bereichen der Gesellschaft deutlich sichtbare Spuren. Die Staatsverschuldung wurde am Ende der 80er Jahre zum alles bestimmenden Thema. Die Zahlungsunfähigkeit der DDR stand unmittelbar bevor. »Allein ein Stoppen der Verschuldung würde im Jahre 1990 eine Senkung des Lebensstandards um 25 bis 30 Prozent erfordern und die DDR unregierbar machen. Selbst wenn das der Bevölkerung zugemutet würde, ist das erforderliche exportfähige Endprodukt in dieser Größenordnung nicht aufzubringen.«[113] Dies war im Oktober 1989 die ernüchternde »Analyse der ökonomischen Lage der DDR«, vorgenommen von führenden Wirtschaftsfunktionären der SED. Bereits seit Jahren waren immer mehr Mittel aus der volkseigenen Wirtschaft abgezogen und im Staatshaushalt konzentriert worden, um die aufwendige Sozialpolitik überhaupt noch finanzieren zu können. Die Kombinate und Betriebe mussten dazu den weitaus größten Teil der von ihnen erwirtschafteten Gewinne sowie Amortisationen abführen. Die verringerte Akkumulationskraft, die begrenzte qualitative und quantitative Leistungsfähigkeit der Industrie hatten zur Folge, dass das Investitionsvolumen immer weniger ausreichte, um Grundmittel und Grundfonds zu erhalten und erweitert zu reproduzieren. Die Folge waren ein – gemessen an internationalen Maßstäben – hoher Verschleißgrad sowie ein hoher Anteil vollständig abgeschriebener Grundmittel.

Im Bereich des Ministeriums für Erzbergbau, Metallurgie und Kali stieg beispielsweise die Verschleißquote zwischen 1985 und 1989 von 49 auf 54 Prozent. In diesem Zusammenhang hatte auch die Errichtung des Konverterstahlwerkes im EKO eine Kehrseite. Es wurden finanzielle Mittel und Baukapazitäten gebunden, die dann für notwendige Investitionen zur Erneuerung älterer Betriebsteile oder zum Schließen technologischer Lücken fehlten. Wie fast in allen DDR-Betrieben befanden sich so auch im EKO zwei Welten: einerseits Anlagen, die technologisch, ökologisch und damit wirtschaftlich schon seit Jahrzehnten verschlissen waren und andererseits Betriebsteile, die modernsten internationalen Ansprüchen genügten. Anstelle ökonomischer Effizienz bestimmte immer mehr der Mangel das Handeln der Kombinate und Betriebe.

Der Anteil der Metallurgie an der industriellen Bruttoproduktion der DDR betrug 1989 etwa 8,7 Prozent. Die Wachstumsraten der 70er und frühen 80er Jahre hatten sich nicht fortgesetzt. 1988 und 1989 war die industrielle Bruttoproduktion in dieser Industriebranche rückläufig. Sie produzierte im Jahr 1989 2,7 Mio. t Roheisen, 8,2 Mio. t Rohstahl, 5,5 Mio. t warmgewalzten Bandstahl und etwa 4,1 Mio. t Erzeugnisse der zweiten Verarbeitungsstufe. Der Bedarf an Roheisen wurde zu annähernd 70 Prozent aus der eigenen Produktion gedeckt. Bei der Stahlerzeugung hatte sich mit dem Konverterstahlwerk in Eisenhüttenstadt und dem Ausbau von Kapazitäten der Elektrostahlerzeugung der Anteil der produktiven Technologien fast verdoppelt. Trotzdem erzeugte man immer noch 37 Prozent des Rohstahles in veralteten Siemens-Martin-Öfen. Dagegen erfolgte die Produktion von Walzstahl vornehmlich auf modernen Anlagen mit automatischer Produktionsvorbereitung und -steuerung. Damit war es möglich, den Anteil veredelter Sortimente an der Walzstahlherstellung 1988 auf etwa 83 Prozent zu steigern. Diese hochwertigen Erzeugnisse der ersten und zweiten Verarbeitungsstufe dienten der DDR vor allem dazu, dringend gebrauchte Devisen zu erwirtschaften. Die dabei entstandenen inländischen Engpässe versuchte man durch Importe, insbesondere aus der Sowjetunion, zu beseitigen.

Die Betriebe des Bandstahlkombinates produzierten 1989 etwa 79 Prozent des in der DDR erzeugten Roheisens, 21 Prozent des Roh-, 76 Prozent des Konverterstahls und 77 Prozent der Erzeugnisse der metallurgischen Weiterverarbeitung (Bleche, Bänder und Profile). Etwa 2.000 Kunden hatte das Kombinat in der DDR, an die zwischen 200 kg bei Handwerksbetrieben und 100.000 t beim Automobilbau ausgeliefert wurden. Hauptabnehmer waren neben dem Fahrzeugbau der Waggon- und Schiffbau, der Land- und Elektromaschinenbau, der Stahl- und Anlagenbau, die Bauwirtschaft und die Betriebe für technische Gebäudeausrüstungen, die Verpackungs- und Konsumgüterindustrie sowie die Zement- und Glasindustrie. Nach dem Preisniveau der Bundesrepublik erzielte das Kombinat 1989 einen Umsatz von ca. 3,5 Mrd. DM. Im Jahre 1989 exportierte das Bandstahlkombinat 21 Prozent der warmgewalzten Fein- und Grobbleche, 34 Prozent der kaltgewalzten und oberflächenveredelten Bleche und Bänder und 23 Prozent der Stahlleichtprofile in über 50 Länder. Das durchschnittliche Exportvolumen an metallurgischen Erzeugnissen betrug pro Jahr 900.000 t. Davon gingen 180.000 t kaltgewalzte Bleche und Bänder (einschließlich Stahlleichtbauprofile aus Finow), 20.000 t verzinkte Bleche und Bänder und 5.000 t kunststoffbeschichtete Bleche und Bänder in die Sowjetunion. Die BRD erhielt 150.000 t und die anderen Länder der Europäischen Gemeinschaft 86.000 t. Über 12.000 t seiner Erzeugnisse exportierte das Kombinat in die USA.

Für die Aufrechterhaltung der Produktion musste das EKO jährlich 3,3 Mio. t Eisenerz, 1,1 Mio. t Hochofenkoks und 1,7 Mio. t Warmband einführen. Die Hauptimporte kamen aus der Sowjetunion mit 1,7 Mio. t Walzstahl, 600.000 t Hochofenkoks und Halbzeug sowie 2 Mio. t Eisenerz. Aus Polen sowie aus der Tschechoslowakischen Republik wurden 880.000 t metallurgischer Koks importiert. Der Rohstoffimport aus Brasilien, Indien und Schweden umfasste etwa 450.000 t.[114]

Wirtschaftliche Schwierigkeiten und politische Unsicherheiten beeinflussten am Ende des Jahrzehnts die Verhandlungen mit den sozialistischen Ländern. Das System der internationalen Arbeitsteilung im Rahmen des RGW funktionierte schon lange nicht mehr. Bis 1987 konnte beispielsweise mit der Sowjetunion ein Warmbandimport von jährlich 2,0 bis 2,1 Mio. t realisiert werden. Für die Jahre 1989 und 1990 sicherte sie jedoch nur noch Warmbandlieferungen von rund 1,8 Mio. t zu. Die Differenz wurde in

Warmbandlager im EKO in den 80er Jahren.

### Produktionsleistungen des Bandstahlkombinates 1989

| Produktionsstandort Eisenhüttenstadt | Kapazität in t | |
|---|---|---|
| Roheisen | 2,17 Mio. | |
| Rohstahl | 1.85 Mio. | |
| Halbzeug | 1,80 Mio. | |
| davon: Vorblöcke | 490.000 | |
| Grobblechbrammen | 636.000 | |
| Warmbandbrammen | 675.000 | |
| Massenbaustoffe aus Sekundärrohstoffen der schmelzmetallurgischen Produktion | 825.000 | |
| Warmband – geschnitten | 434.000 | |
| Feinbleche – warmgewalzt | 100.000 | |
| Kaltgewalzte und oberflächenveredelte Bleche und Bänder, davon: | | |
| Feuerverzinktes Kaltband und Feinblech | 1,72 Mio. | |
| Feuerverzinkte kunststoffbeschichtete Bleche und Bänder | 255.000 100.000 | |
| *Kombinatsbetriebe* | | |
| Form- und Stabstahl | 38.000 | Walzwerk Finow |
| Warmband | 50.000 | Walzwerk Finow |
| Fein- und Grobbleche warmgewalzt | 100.000 | Walzwerk Burg |
| Fein-, Grob- und Riffelbleche | 122.000 | Blechwalzwerk Olbernhau |
| Kaltband | 61.000 | Walzwerk Finow |
| | 92.500 | Kaltwalzwerk Oranienburg |
| | 93.000 | Kaltwalzwerk Bad Salzungen |
| Galvanisch veredelter Bandstahl | 9.600 | Zweigwerk Porschdorf |
| Al-bedampftes Kaltband | 15.300 | Kaltwalzwerk Bad Salzungen |
| Lackband | 28.000 | Kaltwalzwerk Bad Salzungen |
| Stahlleichtprofile | 195.000 | Walzwerk Finow |
| Geschweißte Präzisionsrohre und Profilstahlrohre | 104.000 | Walzwerk Finow |
| Basische Feuerfestgemenge | 23.200 | Magnesitwerk Aken |
| Basische Feuerfeststeine | 71.100 | Magnesitwerk Aken |

Eine neue Gichtgasfeinreinigungsanlage der Firma Lurgi GmbH nahm am 8. Juni 1990 am Hochofen V ihren Probebetrieb auf.

Form von Brammen bereitgestellt, die dann in Jugoslawien zu Kaltband und in der BRD zu Warmband umgewalzt werden mussten. Die DDR benötigte jedoch ab 1990 jährlich etwa 3,2 Mio. t Warmband.

Am Übergang zu den 90er Jahren verfügte das EKO über ein Roheisenwerk, ein Konverterstahlwerk und ein Kaltwalzwerk sowie über ein umfangreiches schienengebundenes Transportsystem, verschiedene Instandhaltungseinrichtungen und energieerzeugende Anlagen. Zum Roheisenwerk gehörten fünf Hochöfen mit je 850 m³ und ein Hochofen mit 1.100 m³, eine Sinteranlage, drei Masselgießmaschinen sowie die notwendigen Hilfs- und Nebenanlagen, einschließlich der Anlagen zur Verarbeitung der anfallenden Roheisenschlacke. In den Hochöfen wurde Stahl- und Gießereiroheisen sowie Roheisen für den Flüssigeinsatz im Konverterstahlwerk erzeugt. Trotz punktueller Modernisierungen waren die Hochöfen im EKO überwiegend technisch veraltet, da in den zurückliegenden Jahren nur geringe Mittel für die Rekonstruktion des Hochofenwerkes bereitgestellt wurden. Die Produktion musste deshalb bei Gießereiroheisen mit 420 Mark/t und bei Stahlroheisen mit 479 Mark/t vom Staat gestützt werden. Der Kostenmehraufwand pro Tonne Roheisen betrug gegenüber westdeutschen Stahlunternehmen ca. 250 DM. Die letzte große Generalreparatur am Hochofen V fand am 7. Juni 1990 ihren Abschluss. In seiner ersten Reise als Normaldruckofen mit 1.100 m³ Nutzvolumen und den vier alten Winderhitzern erschmolz dieser Ofen seit September 1985 bis zu seiner Stilllegung im Juli 1989 über 1,8 Mio. t Roheisen. An der Fertigstellung des zweiten Bauabschnittes hatten 18 Betriebe der DDR und sieben ausländische Firmen mitgewirkt.[115] Leiter des Roheisenwerkes war seit 1986 Joachim Buchwalder.

Das Konverterstahlwerk gehörte aufgrund der kombinierten Blastechnologie[116], der Pfannenmetallurgie und dem Stranggießen zu einem der modernsten Stahlwerke Europas. Es war den anderen Stahlwerken der DDR in Produktionsleistung und Umweltqualität weit voraus. Mittels Spezialanlagen zur Desoxidation, Entkohlung und Entgasung konnten ausgewählte Stahlmarken hergestellt werden. Die Produkte erfüllten einen hohen Qualitätsstandard, wie internationale Zulassungen beispielsweise durch Det norske veritas, Lloyds Register of Shipping, Germanischer Lloyds und TÜV Berlin (West) zeigten. Seit 1986 war Hans-Ulrich Schmidt Leiter des Konverterstahlwerkes.

Das Kaltwalzwerk produzierte am Ende der 80er Jahre mit einer Turm- und einer Horizontalbeize, einer 1700er Quarto-Tandemstraße und einem Reversiergerüst, einer erweiterten Haubenglühanlage, einem Dressiergerüst und mit den Adjustageanlagen inklusive Warmbandschere ca. 1,73 Mio. t kaltgewalzte oberflächenveredelte und warmgewalzte Erzeugnisse. Darüber hinaus verfügte es über eine Feuerverzinkungslinie, eine Kunststoffbeschichtungs- und eine Profilieranlage. Die Kaltbandproduktion in Eisenhüttenstadt war jedoch – aufgrund der hohen Einstandskosten des aus der Sowjetunion antransportierten oder in der BRD umgewalzten Warmbandes – auf dem Weltmarkt nicht konkurrenzfähig. Von 1985 bis 1994 war Norbert Körner Leiter des Kaltwalzwerkes. Sein Nachfolger wurde Jürgen Nathow.

Zur Aufrechterhaltung der Produktion im EKO waren enorme Transportleistungen erforderlich. Dies betraf den Produktionstransport, die Beförderung und den Umschlag innerhalb des Werkes sowie den An- und Abtransport von Rohstoffen und Erzeugnissen. Die Deutsche Reichsbahn realisierte im Warenein- und -ausgang ein Auftragsvolumen von 3.650 Mio. tkm, die Deutsche Bundesbahn von 530 Mio. tkm. Über den See- und Binnenwasserverkehr wurde jährlich ein Transportvolumen von 5.575 Mio. t abgewickelt. Bis 1990 stand der Werkverkehr unter der Leitung von Horst Breuer, der seine Laufbahn als »Verkehrsminister« im EKO bereits in den 50er Jahren begonnen hatte.

# Eine neue Regierung und ihr wirtschaftliches Erbe

Am 7. November 1989 trat die DDR-Regierung unter Willi Stoph zurück. Einen Tag später folgte das SED-Politbüro. Vorangegangen waren dem anhaltende Massenkundgebungen, die so genannten Montagsdemonstrationen in Leipzig und am 4. November 1989 die bisher größte Demonstration in der Geschichte der DDR in Ost-Berlin. Über die anschließend letzte Regierungsbildung am 18. November 1989 unter Vorherrschaft der SED berichtete Dietmar Keller, Kulturminister bis zum 18. März 1990 in der Übergangsregierung unter Ministerpräsident Hans Modrow:

*Es war wohl die ungewöhnlichste Regierungsbildung in der bisherigen Geschichte dieses Landes. Selbst nach den Veränderungen an der Spitze der Führung der SED glaubte die Stoph-Regierung, auf diese oder jene Weise überleben zu können. Es war eine fatale Fehleinschätzung der Lage. Obwohl Interna wie Normales nie aus den Sitzungen des Ministerrates drangen, war bekanntgeworden, dass einzig und allein der Kulturminister, Dr. Hans-Joachim Hoffmann, mehrfach auf den Rücktritt der Regierung gedrängt hatte: ohne Erfolg; die wenigen Freunde, die er da noch unter seinen Ministerkollegen hatte, verlor er wohl zu diesem Augenblick. Endlich am 7. November, drei Wochen nach dem Rücktritt Erich Honeckers, erfolgte die Demission, leider viel zu spät, wie in diesen Tagen und Wochen fast alles zu spät kam. [...]*

*Die personellen Veränderungen an der Spitze der SED waren halbherzig, die Parteiführung hatte immer noch nicht den Ernst der Lage begriffen, es ging um die Existenz des Landes. Der Widerspruch und die Konflikte zwischen Parteiführung und Parteibasis spitzten sich von Tag zu Tag zu. Das ewige Lächeln des neuen Generalsekretärs selbst in den unpassendsten Momenten bereitete mir körperliche Schmerzen, seine Reden geistige. Er hatte nicht das Format eines Politikers und umgab sich folgerichtig mit wenigen Ausnahmen mit seinesgleichen. Die Partei hatte ihre Verantwortung gegenüber dem Volk bereits verspielt, ohne sich dessen bewusst zu sein. Der Verlauf und das Tempo der demokratischen Revolution eskalierte von Tag zu Tag. Noch am Morgen des 18. November hatte ich in der Presse gelesen: 10.000 Studenten aus allen Teilen des Landes hatten sich in Berlin zur ersten landesweiten Demonstration zusammengefunden. Sie forderten Anerkennung der an vielen Unis gebildeten unabhängigen Studentenräte, Abschaffung des obligatorischen Marxismus-Leninismus-Unterrichts und umfassende Mitbestimmung in allen Universitätsangelegenheiten. Das Ministerium des Innern teilte mit, dass gegenwärtig 154 Vereinigungen in der DDR bestehen, weitere 37 Anträge für die beabsichtigte Gründung liegen vor. Das Land war in einem dynamischen revolutionären Umbruch. Zeit war nicht mehr planbar, die Bewegung hatte eine eigene Dynamik bekommen, die neue Regierung würde in allen Fragen in Zeitnot geraten. Auf die Öffnung der Grenzen, ersehnt und umjubelt, war das Land nicht vorbereitet. Neben die Vielzahl der inneren Probleme mussten naturgemäß unvorhersehbare Probleme treten, die von außen auf das Land wirkten. Hatten wir überhaupt die Fähigkeit zum strategischen Denken für diese neue Zeit? In der neuen Koalitionsregierung waren 28 Ressorts vertreten. 17 Minister gehörten der SED an, 4 der CDU, je 2 der NDPD und der Bauernpartei. Waren diese Parteien wirklich befugt, im Namen derer zu sprechen und zu handeln, die auf den Straßen waren, die die Revolution in Gang gesetzt hatten und die außerparlamentarische Opposition bildeten?* [117]

**Aus dem Bericht einer Kontrollkommission der Leiter der wirtschaftspolitischen Abteilungen des Zentralkomitee der SED vom Dezember 1989 über »die Ursachen und die persönlichen Verantwortlichkeiten für die gegenwärtige ökonomische Situation in der DDR«:**

Seit Beginn der 70er Jahre hat die DDR ökonomisch über ihre Verhältnisse gelebt. [...] Der auf dem VIII. Parteitag formulierten Hauptaufgabe wurde keine Analyse der bis dahin erfolgten wirtschaftlichen Entwicklung zugrunde gelegt. [...] Den Beschlüssen des IX. Parteitages wurden nichtrealisierbare Zielstellungen und Wunschträume zugrunde gelegt. Dies führte zu sozialpolitischen Maßnahmen, die nicht durch eigene volkswirtschaftliche Leistungen erwirtschaftbar waren. Der Wunsch nach schnellen Erfolgen und spektakulären Ergebnissen führte in der Investitionspolitik zu subjektivistischen Entscheidungen, [...] die in der Endkonsequenz zu weiteren Disproportionen im gesamtvolkswirtschaftlichen Reproduktionsprozess führten.

Entgegen [...] vorgebrachten Bedenken wurden autoritär Entscheidungen, z.B. zu solchen Vorgaben wie Chemiefaserprogramm, Robotertechnik, CAD/CAM, Mikroelektronik, Pkw-Programm, Gießereien sowie zu bestimmten Schwerpunkten des Wohnungsbauprogramms, getroffen. [...]

Auch die durch die Preisexplosion für Erdöl und anderen Rohstoffe für die DDR entstandene Situation wurde verkannt. Um die Importe bezahlen zu können, musste ein viel höherer Anteil des produzierten Nationaleinkommens eingesetzt werden. [...] Im Ergebnis entstand eine immer stärkere Verschuldung der DDR in konvertierbaren Devisen. Die sich daraus ergebenden politischen und ökonomischen Gefahren für die DDR wurden ignoriert, obwohl seit 1973 das Politbüro monatlich über die Verschuldung der DDR in einer Geheimen Verschlusssache informiert wurde. Lediglich 1976 gab es in einer zugespitzten Sitzung des Politbüros eine Stellungnahme des Ministerrates zur Frage der Verschuldung, die aber mit der Bemerkung zurückgewiesen wurde, dass nicht die Zahlungsbilanz, sondern die Hauptaufgabe die Politik unserer Partei bestimme. [...][118]

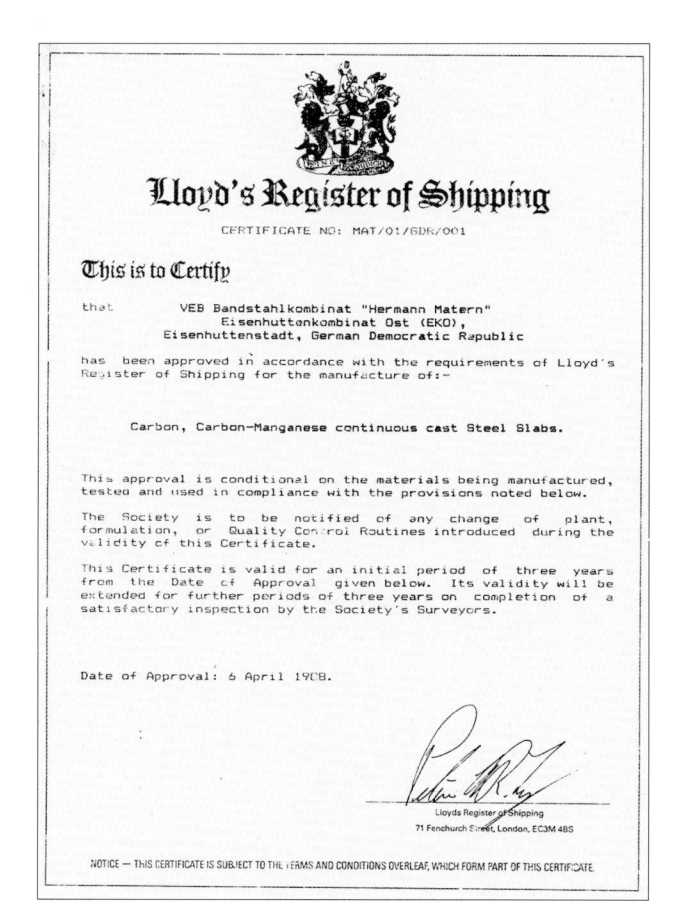

Qualitätszertifikat des Konverterstahlwerkes aus dem Jahre 1988.

Nicht nur in der Wirtschaft zeigte sich das Ende einer Gesellschaft, sondern auch in den Lebensbedingungen der Menschen. Der Alltag der DDR-Bürger war in den späten 80er Jahren immer stärker durch Versorgungslücken, schleichende Inflation, Schwarzmarkt, Schattenwährung, Vetternwirtschaft, Stillstandszeiten in der Arbeit und Überstunden zu deren Ausgleich geprägt. Auch für die Beschäftigten des EKO waren diese Erscheinungen zur Normalität geworden. Längst hatte sich Eisenhüttenstadt dem Standard anderer Städte angepasst. Vorzüge der Vergangenheit wie eine exklusive Sonderversorgung, eine großzügige Unterstützung durch ein wirtschaftlich potentes Kombinat und ein Zukunftspotential in der Industrieentwicklung waren längst der allgemeinen Kapitalschwäche der DDR zum Opfer gefallen.

Auch die politischen Veränderungen des Jahres 1989 gingen an Werk und Stadt nicht spurlos vorüber. Die Wende verlief dabei in Eisenhüttenstadt ruhiger als in anderen Städten der DDR. Zwar konnte »man stolz darauf sein«[119], dass die Stadt mit Rudolf Bahro und Rolf Henrich zwei bedeutende Regimekritiker hervorgebracht hatte, jedoch ein breites soziales Protestpotential existierte hier nicht. »Die erste Demo an einem Montag fand noch mit relativ vielen Menschen statt: Aber hier hat sich das einfach nicht entwickelt. Die zweite Montagsdemo und die dritte waren dann schon fast eine Luftnummer. Man hat immer woanders hingesehen, aber hier war das organisatorisch nicht hinzukriegen.«[120]

Seit Ende September 1989 mehrten sich im EKO die kritischen Stimmen, die vor allem Veränderungen in der Produktion, bei der Lohnzahlung und der Wettbewerbsführung forderten. Neben den üblichen Produktionsberatungen, Gewerkschafts- und SED-Versammlungen fanden in allen Betriebsbereichen Belegschaftsversammlungen, Rundtischgespräche und Foren statt, auf denen aktuelle Probleme angesprochen und kontrovers diskutiert wurden. Es gab hitzige Debatten und emotionsgeladene Auseinandersetzungen. Mit dem Bekanntwerden von Einzelheiten über Korruption und Machtmissbrauch sowie Machenschaften der Staatssicherheit wurden Forderungen nach dem Ende des Führungsanspruches der SED im Werk unüberhörbar. Vielen EKO-Angehörigen ging es wie dem Lokführer Kurt Hobritz aus dem Bereich Werkverkehr: »Ich arbeite jetzt 37 Jahre Schichten, immer im durchgehenden Betrieb, also rund um die Uhr. Mein Vertrauen in die Regierung wurde bitter enttäuscht. Ich glaube nicht, dass es je wiederkommt. Seit 10 Jahren merken wir, dass wir uns im Kreis drehen und nicht vorwärtskommen. Das haben wir auch gesagt, und keiner hat darauf gehört.«[121]

Im November 1989 trat die zentrale Betriebsparteileitung der SED zurück, eine konsequente Änderung der alten Strukturen und Denkweisen war damit jedoch nicht verbunden. Obwohl sich die Parteiaustritte mehrten und das Verlangen zunahm, die SED aus dem Werk zu entfernen, versuchte diese mit bekannten Instrumentarien den Anschluss an den allgemeinen Wandel herzustellen. So ließ die zentrale Parteileitung noch am 7. November 1989 in einem Brief an die 10. Tagung des SED-Zentralkomitees verlauten, dass sie eine »konsequente Kontrolle und Durchsetzung des vorhandenen Programms zur Gewährleistung der Produktions- und Versorgungssicherheit« durchführen werde.[122] Daraufhin wurde ein Aktionsprogramm von großen Teilen der eigenen Genossen abgelehnt. Mitte Dezember 1989 stellte die SED ihre Tätigkeit im Werk ein, hauptamtliche Funktionäre gingen in die Produktion. Auf Weisung des Generaldirektors war es nun politischen Parteien und Bewegungen untersagt, im Werk tätig zu sein.

Die Umstrukturierung der betrieblichen Gewerkschaftsbewegung erfolgte wesentlich konsequenter. Die Zentrale Gewerkschaftsleitung hatte zum 6. Dezember 1989 eine Vertrauensleutevollversammlung einberufen, um über die weitere Entwicklung der Gewerkschaftsarbeit zu beraten. Die Vollversammlung setzte die alte BGL ab und wählte einen »Sechser-Ausschuss« mit Günter Reski als »Sprecher der Arbeitsgruppe der Gewerkschaft«. Weiterhin gehörten dem Ausschuss Dieter Albrecht, Karl-Heinz Bachert, Sonja David, Karl-Heinz Schönwälder und Dietmar Pohlmann an. Damit entstand erstmals im EKO eine demokratisch gewählte Interessenvertretung der Gesamtbelegschaft, auf die die SED keinen Einfluss hatte. Ein Auftrag der Vertrauensleute an die Arbeitsgruppe war die schnelle und volle Information der EKO-Belegschaft über alle Entwicklungen. Fast monatlich wurden nun Vollversammlungen durchgeführt, um über den aktuellen Stand zu berichten. Da mit der Arbeitsgruppe die Aufgaben nicht zu bewältigen waren, musste ein größeres Gremium geschaffen werden. Dies geschah im März 1990, als eine freie Wahl stattfand und Günter Reski mit 86 Prozent zum neuen BGL-Vorsitzenden gewählt wurde.

Inzwischen hatten sich auch die betrieblichen Medien wie die Betriebszeitung und der Betriebsfunk von der SED gelöst. »Unser Friedenswerk« erschien mit Ausgabe Nr. 49 des Jahres 1989 erstmals unter der Bezeichnung »Betriebszeitung für die Werktätigen des EKO«. In der Rubrik »Post an uns« häuften sich nun kritische Meinungsäußerungen, die auch veröffentlicht wurden, wie die von Manfred Heimann, Chris Rücker, Rene Golzer, Jürgen Kalisch, Franziska Jürgens, Wolfgang Irmler und Uwe Rutz. Im Dezember 1989 wurde eine Untersuchungskommission zur Überprüfung von Fällen des Amtsmissbrauchs, der Korruption, der persönlichen Bereicherung und anderer Handlungen, bei denen der Verdacht der Gesetzesverletzung bestand, gebildet. Leiter war Heinz Schmidt. Die Probleme, mit denen sich diese ehrenamtlich arbeitende Kommission befasste, waren sehr vielfältig. Immer wieder gab es Anfragen und Hinweise aus der Belegschaft, denen nachgegangen wurde. Sie reichten von der Vergabepraxis für Ferienplätze und für PKW aus dem Betriebskontingent über die Problematik der Exportprämien bis zu ganz persönlichen Verdächtigungen des Amtsmissbrauchs und der Korruption. Die Betriebszeitung und der Betriebsfunk informierten ausführlich über die Arbeit der Untersuchungskommission. Am 19. Dezember 1989 fand der erste Runde Tisch des Generaldirektors statt. Eingeladen waren Vertreter verschiedener Parteien, Organisationen und Glaubensrichtungen aus dem EKO. Die Diskussionen drehten sich um Fragen der Leistungsstimulierung, Vorschläge zur Einführung flexibler Arbeitszeitregime, Probleme des Umweltschutzes und der Beziehungen zu BRD-Konzernen. Eine Kommission zur Erfassung und Erarbeitung von Vorschlägen zur besseren Auslastung der Arbeitszeit und Durchsetzung des Leistungsprinzips wurde am 3. November 1989 vom Generaldirektor Karl Döring eingesetzt.

Unter veränderten Rahmenbedingungen wurden in den nächsten Jahren jene Bereiche, die für die sozialen und kulturellen Belange der Beschäftigten zuständig waren, Schritt für Schritt abgebaut oder in andere Strukturen überführt. Die betriebseigenen Ferienheime und Kinderferienlager konnten nicht gehalten werden. Die Kindergärten und Kinderkrippen des Werkes wurden 1990 an die Stadt überführt, die Arbeiterwohnunterkünfte des EKO verkauft. Ähnliche Entwicklungen gab es auch in den Bereichen Kultur und Sport. Die sehr großzügige Förderung kultureller Einrichtung und Gruppen durch das Werk wurde drastisch reduziert oder ganz eingestellt. Einige der Kulturgruppen versuchten sich als eigenständige Vereine am Leben zu halten und fanden außerhalb des EKO eine neue Heimat. Die Mehrzahl musste jedoch ihr Wirken einstellen. Auch der Sport war von diesen Einschränkungen betroffen, wenngleich sie hier nicht so einschneidend waren. Das EKO musste seine unter DDR-Bedingungen massiv ausgebaute Funktion einer »Sozialagentur« aufgeben, ohne jedoch seine soziale Verantwortung für die Belegschaft preiszugeben.

Am 9. November 1989 öffnete die DDR ihre Grenzen in Berlin und zur BRD. Wenige Tage später stellte der neue DDR-Ministerpräsident Hans Modrow sein Kabinett vor und kündigte einschneidende Reformen des politischen Systems, der Wirtschaft, des Bildungswesens und der Verwaltung an. Mittlerweile war auch die ganze Dramatik der wirtschaftlichen Situation bekannt geworden. Als Ausweg wurde eine tiefgreifende Wirtschaftsreform in Angriff genommen, die den schnellen und radikalen Übergang von der Kommandowirtschaft zu einer sozialen und ökologisch orientierten Marktwirtschaft vollziehen sollte. Grundlage für dieses Reformkonzept war der zumindest mittelfristige Fortbestand der deutschen Zweistaatlichkeit.

In die Ausgestaltung der Wirtschaftsreform wurden die volkseigenen Kombinate und Betriebe aktiv einbezogen. Das Bandstahlkombinat übernahm dabei in Person von Karl Döring eine gewisse Vorreiterrolle.[123] Bereits am 27. November 1989 konnte er Minister Kurt Singhuber ein 25 Seiten umfassendes Papier mit konkreten Vorschlägen zur Perspektive des Kombinates überreichen. Das Material war das Ergebnis zahlreicher Diskussionen mit der Belegschaft und der aktiven Mitarbeit seiner Leitungskollegen. Es umfasste Vorstellungen »zur Erhöhung der Stabilität, Flexibilität und Effektivität der Versorgung des Binnenmarktes, zur Profilierung der außenwirtschaftlichen Tätigkeit des Kombinates

Alltag im EKO, 1989. Im Hintergrund das Kaltwalzwerk mit der Turmbeize.

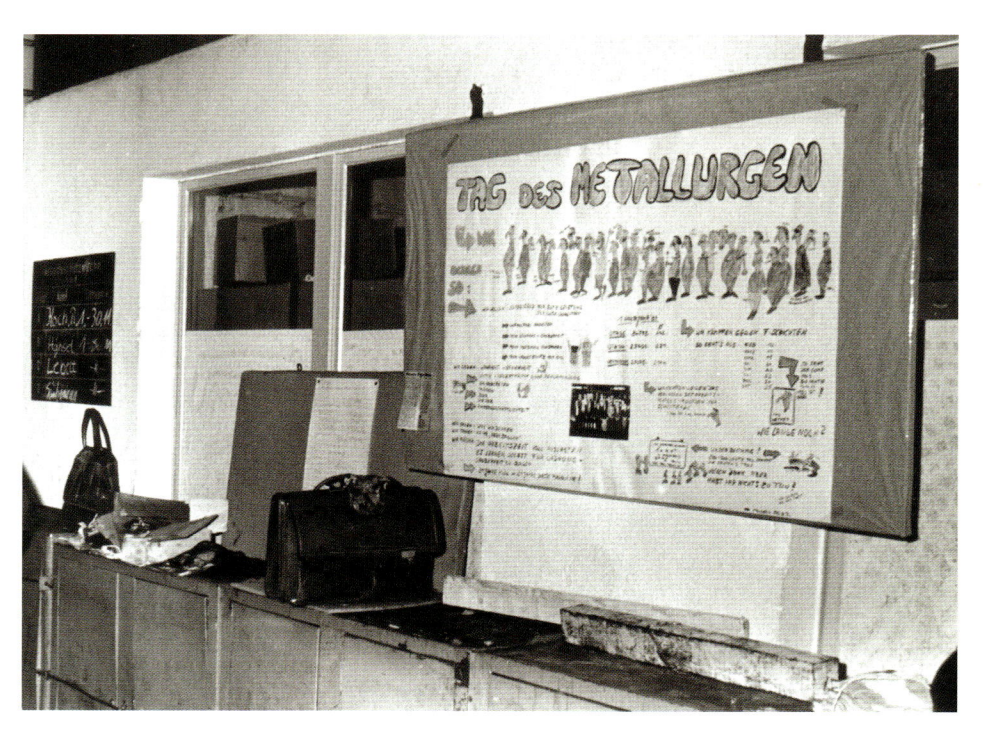

Im Jahre 1989 häuften sich im EKO die Meinungsäußerungen der Werktätigen, die Missstände ansprachen und Kritiken vorstellten. Diese Wandzeitung wurde anlässlich des Tages des Metallurgen in der Blechadjustage des Kaltwalzwerkes aufgehängt.

Abbildung unten: »Unser Friedenswerk«, Nr. 45, 1989

unter dem Aspekt der Erweiterung von Marktanteilen im NSW« und entscheidender Kompetenzen für Ausrüstungs- und Ersatzteilimporte. Darüber hinaus wurden darin Vorschläge zur Erhöhung der Effektivität der Arbeit des Kombinates durch Entflechtung von nicht lösbaren Funktionen unterbreitet, zur Vereinfachung in Planung und Leitung des betrieblichen Reproduktionsprozesses, zur Durchführung »unseres Anteils an der Verwaltungsreform«, zur neuen Strategie der Rationalisierung betrieblicher Prozesse sowie Auffassungen zur Durchsetzung des Leistungsprinzips und über den Aufbau von Kooperationsbeziehungen eines neuen Typs mit dem Salzgitterkonzern in der BRD vorgetragen.[124] Ein wichtiger Vorschlag war die Vorruhestandsregelung. An der Erarbeitung dieser für die DDR neuen Regelung hatte der ökonomische Direktor Hans Conrad maßgeblich mitgewirkt. Die Anregung des EKO wurde von der DDR-Regierung aufgegriffen und in allen Industriezweigen eingeführt.

Am 21. Dezember 1989 beschloss die DDR-Regierung erste Maßnahmen zur Wirtschaftsreform. Das Bandstahlkombinat erhielt den Auftrag, in Form eines Pilotprojektes, weitere Schritte zur Erhöhung der Eigenverantwortung und der Eigenfinanzierung des Kombinates einzuleiten. »In erster Linie ging es darum, dass man eigene Mittel erwirtschaften konnte und diese dann den Kombinaten auch zur eigenen Verfügung gestanden hätten. Das Bandstahlkombinat gehörte zu den sechs Kombinaten, die daran schon seit 1987 arbeiteten«, berichtete Generaldirektor Karl Döring. »Die Eigenerwirtschaftung der Mittel war natürlich bei uns in aller erster Linie auf Valutamittel ausgerichtet. Wir hatten auf der einen Seite einen erheblichen Export und auf der anderen Seite mit dem Konverterstahlwerk umfassende Importausrüstungen, die in jedem Fall Valuta für Ersatzteile und notwendige Weiterentwicklungen erforderten.«[125]

Am Wechsel ins neue Jahrzehnt ahnte noch niemand, in welch stürmischem Tempo die deutsche Einheit dann vollzogen werden würde und dass »alle eigenen Gestaltungsmöglichkeiten für eine neue Wirtschaftsordnung so rasch hinfällig bzw. aus der Hand gegeben würden«.[126] Aufgrund der politischen und wirtschaftlichen Ereignisse zu Beginn des Jahres 1990 stand ein sozialistischer Reformkurs schon bald nicht mehr auf der Tagesordnung. Die Notwendigkeit bestand nun darin, die volkseigenen Kombinate und Betriebe in Kapitalgesellschaften umzuwandeln. Wirtschaftlich hieß das, wie Generaldirektor Karl Döring feststellte, »dass wir uns in einen gesamtdeutschen Wirtschaftsraum hineindenken müssen, dass wir uns der Konkurrenz der anderen Stahlunternehmer, heute in der BRD angesiedelt, stellen müssen und dass wir jene Produktionsbereiche herausfinden, wo wir am ehesten die Chance haben zu bestehen«.[127]

## »Mir wurde auf einmal ganz schwindlig« – Günter Reski[128]

Am 6. Dezember 1989 haben wir im EKO die Wende eingeleitet. An diesem Tag fand eine Vertrauensleutevollversammlung der Gewerkschaft statt. Ich war gar nicht in Eisenhüttenstadt. Doch Tage vorher bin ich nachts aufgewacht und hatte so einen Gedanken: Es kann doch nicht sein, dass sich die alten Genossen, Sekretäre und Funktionäre wieder ins Präsidium setzen würden, um dann die neue Zeit einzuläuten. Ich bin dann sofort losgefahren. Der Saal im Haus der Gewerkschaft war gerammelt voll, etwa fünfhundert Vertrauensleute waren da. Die Erwartungen waren riesengroß, denn es war ja in den letzten Wochen viel geschehen im Land und im Werk. Was dann passierte, war genauso wie ich es befürchtet hatte. Ein Präsidium sollte gewählt werden, wie immer mit den alten Kadern, dem Vorsitzenden der zentralen Betriebsgewerkschaftsleitung und den Genossen der SED-Leitung. Die hatten sich kaum gesetzt, da wurde von einem Schlosser aus dem Roheisenwerk auch schon der erste Misstrauensantrag gestellt. Er wollte gleich alle rausschmeißen. Das war mir dann doch zu viel und ich dachte, das darf uns jetzt nicht entgleiten, ansonsten schlagen wir uns noch die Köpfe ein. Ich bin dann immer wieder ans Mikrofon gegangen und habe versucht, die ganze Versammlung ein bisschen zu lenken. Wir haben die BGL von ihrer Funktion entbunden und einen Sechser-Ausschuss gewählt. Darin waren alle Bereiche des EKO, also Roheisenwerk, Kaltwalzwerk, Stahlwerk usw. vertreten. Mich haben sie zum Sprecher gemacht. Ziel war es, u.a. die bildung einer neuen demokratischen BGL im Werk vorzubereiten. Dass die Versammlung live über den Betriebsfunk übertragen wurde, habe ich erst hinterher erfahren. Aber das war eine ganz wichtige Sache, dass die Belegschaft diese revolutionäre Veranstaltung praktisch mitverfolgen konnte. Und die Resonanz war riesig. Die Leute kamen im Werk auf uns zugestürmt und gratulierten.

Wir haben dann versucht mit dem FDGB-Bundesvorstand in Berlin Kontakt aufzunehmen, doch dort hatte man gerade den Tisch verhaftet und der FDGB stand vor der Auflösung. Da haben wir gesagt, uns bleibt nur eins übrig, selbst die Dinge in die Hand zu nehmen. Mir ist es dann gelungen, ganz schnell eine Verbindung zum IG Metall-Zweigbüro in Düsseldorf herzustellen, zu Rainer Barcikowski, und Dieter Schulte war auch noch dabei. Dort haben wir die nächsten Schritte besprochen und erfahren, dass wir als Verbindungsbetrieb Peine-Salzgitter an die Seite gestellt bekommen, mit solch erfahrenen Gewerkschaftern wie Herbert Wittek und Wilfried Wittkop.

Zu dieser Zeit war das gesamte Klima im Werk auch noch intakt. Jeder glaubte, jetzt haben wir es in der Hand, etwas Besseres zu machen. Man hatte seine Arbeit, eine schöne Wohnung, den Garten, gegangen sind damals nur wenige. Fast alle hatten gemeint, nun geht's endlich richtig voran. Doch dann kam alles anders.

Als wir einmal bei unseren Gesprächen über den zukünftigen Betriebsrat Produktionsgrößen und Beschäftigtenzahlen verglichen, sagten mir die Gewerkschafter in Düsseldorf offen, mehr als 3.000 Mann werdet ihr wohl nicht behalten. In diesem Augenblick wurde mir schwindlig, ich musste mich erst einmal setzen. Damals waren wir im EKO 12.000. Da habe ich mir zwei Ziele geschworen: Rettung von EKO und Eisenhüttenstadt und alles für die Menschen tun, die nicht mehr weiter arbeiten dürfen.

Vollversammlung der Gewerkschaftsvertrauensleute am 6. Dezember 1989.

Günter Reski (8. von links) im Kreis der neugewählten BGL im März 1990.

Tschingis Aitmatow

# GESCHICHTE UND TECHNOLOGIE – EINE SYNTHESEN-MONTAGE

Aus dem Russischen von Friedrich Hitzer

Seit einem Jahrzehnt reise ich regelmäßig durch das deutschsprachige Europa und lerne dabei Land und Leute kennen, vor allem meine Leserinnen und Leser. Bei einer dieser Reisen gelangte ich an einen Ort, eher klein und außerhalb der Region kaum bekannt, der mich allerdings dazu anregte, Beobachtungen und Gedanken zu fixieren, die sich mir als Synthesen-Montage aus Geschichte und Technologie einprägten. Meines Erachtens lohnt es sich, dieses Phänomen ins Blickfeld des zuende gegangenen 20. Jahrhunderts zu holen, handelt es sich doch dabei um einen bedeutsamen Faktor unsrer Zeit. Davon soll auch die Rede sein.

Zunächst will ich mich aber dazu äußern, wie das von mir benutzte Bild – das Kompositum Synthesen-Montage – zu verstehen ist. Offen gestanden, habe ich vorerst auch nur eine Vermutung, wenn ich so verschiedenartige Phänomene wie Geschichte und Technologie als sich wechselseitig bedingende Prozesse aufeinander beziehe. Klar ist wohl, in dieser Wechselbeziehung manifestieren sich wesentliche Besonderheiten der Epoche, die wir durchschritten haben und weiterhin durchschreiten, nunmehr schon unter neuen Vorzeichen – an der Schwelle zur Globalisierung der Welt.

Nähern wir uns also dem Ort des Geschehens, einer jungen Stadt. Kaum angekommen, gab es eine echte Überraschung, die mich auf Anhieb begeisterte. Mir war eine Göttin erschienen – die »Göttin des Stahls«. Allen Ernstes – ich habe diese Göttin der Metallurgie leibhaftig und mit eigenen Augen gesehen, hoch oben über unseren Köpfen. Sie schwebte in der Flughöhe der Vögel, aber keineswegs auf weißen Wolkenkissen für Engel, eher zum Anfassen, allerdings in einem hohen gigantischen Bogen der Konstruktion für das Warmwalzwerk, einer Riesenhalle, die sich über Kilometer zu erstrecken schien. Die »Göttin« – eine junge blondgelockte Frau – saß in einer gläsernen, mobilen Kabine, die sie über Luftschienen hin und her bewegte, mal vorwärts, mal rückwärts ... Dabei steuert sie den komplizierten metallurgischen Prozess in der niederen Zone aus der Ferne und bewerkstelligt dermaßen titanische Operationen mit Riesenblöcken, die keine tausend Mann im Schlepptau je von der Stelle bewegen könnten. Sie operiert weithin sichtbar mit einer phantastischen Leichtigkeit, verfügt sie doch über die elektronische Magie und kommt mit der ganzen Sache völlig allein zurecht ...

Ja, elektronische Magie, einen anderen Begriff finde ich nicht. Ich erblicke sie und staune sie an, wie sie die Blöcke des glühenden Metalls spielerisch hebt und wälzt, als ob sie die Sonne selbst im Walzwerk verarbeitet, und da möchte man schon einen Abstand von mindestens hundert Metern halten. Allein der Blick auf die Weißglut erfüllt einen mit Schrecken. Doch die junge Frau thront hoch oben und lenkt all das so kunstfertig, als ob sie ein Stück Seife durch die Hände gleiten lässt.

Ist das etwa keine Göttin? Sie möchten vielleicht ihren Namen erfahren? Er ist kein Geheimnis. Sie heißt – Göttin EKO.

Sie wollen noch wissen, wo sie zu Hause ist? Bitteschön: Merken Sie sich die Anschrift: EKO Stahl. Warmwalzwerk. Eisenhüttenstadt. Bundesrepublik Deutschland. Uferland der Oder ... Europa ...

Zurück zu unserer Synthesen-Montage, genau – zur Symbiose aus Geschichte und Technologie im Kontext unsrer Epoche. Was will ich damit ausdrücken?

Zunächst erinnere ich mich an den letzten Herbst des vergangenen Jahrhunderts, der mir eine ganze Reihe von Lesungen in Deutschland bescherte. Die Zusammenkünfte mit meinen Leserinnen und Lesern führten mich dieses Mal von West nach Ost und von Ost nach West. Von Aachen und Köln bis Perleberg unweit Berlins; von Lindow nach Osnabrück, von dort über Dresden nach Braunschweig und wieder nach Berlin und Leipzig. Zu dieser Kreuzfahrt gehörte auch der Besuch in Eisenhüttenstadt.

Friedrich Hitzer, mein Übersetzer und ständiger Begleiter auf solchen Reisen, sagte mir, als ich mich bei ihm danach erkundigte, was das für eine Stadt sei und wo sie läge: In den alten Bundesländern habe man nie sehr viel über Eisenhüttenstadt erfahren, auch ihm sei der Ort nur ein flüchtiger Begriff, er läge am Rand der neuen Bundesländer, in der DDR eine Art Legende gewesen, ein industrieller Standort, südlich von Frankfurt an der Oder, mit dem Fluss Neiße die neue Grenze zu Polen nach dem Weltkrieg ... Freilich war das nicht alles, worüber wir, von Berlin her kommend, noch unterwegs redeten, bis wir bei Frankfurt, vorbei an dem Schild mit der Aufschrift »Warszawa«, den Ort »Eisenhüttenstadt« endlich ausgeschildert fanden.

Sein Fluidum war mir indessen irgendwie vertraut ...

Vor gar nicht so langer Zeit gab es auf diesem Ufergelände der Oder, in einer abseits von allem bewaldeten Landschaft, außer dem kleinen, verschlafenen Fürstenberg keine größeren Industrieansiedlungen.

Der vergessene Landstrich schlummerte bis zu der Stunde, in der sich die nun überall eingetretene historische Lage auch in dieser Gegend bemerkbar machte, damit sie in die Geschichte einmontiert werden konnte. Diese Stunde kam und schlug den Menschen unwiderruflich ...

Das Ende des Krieges ...

Und gleich der Anfang, womöglich die Fortsetzung einer Geschichte, die schließlich zu der Situation führte, in der sich die bipolaren Systeme der Nachkriegsära in wachsender Konfrontation gegenüberstanden. Das Bild für die Systeme entlieh man den Himmelsrichtungen: Ost und West oder West und Ost trennten eine disponibel gewordene Menschheit in zwei ideologisch unversöhnliche Lager.

Alles übrige ergab sich aus der Teilung Deutschlands und der Welt. Die Lager drängten nach Aufrüstung in immer größerem Tempo. Und so geschah es auch auf dem Gelände, wo Eisenhüttenstadt und das Werk heranwuchsen.

Obwohl nicht heimisch, war hier die Metallurgie von Anfang an das alles beherrschende Thema des Lebens geworden. Und das Bild über die Entwicklung eines halben Jahrhunderts hat sich mir in der Weise zusammengefügt, dass ich sagen muss: Das hohe Niveau der technologischen Innovationen von heute ist hier kein bloßer Zufall, jedenfalls ist all das, was hier Menschen vollbrachten, ihnen nie in den Schoß gefallen; auch die Stadt wurde nicht von ungefähr gegründet.

Menschen und Geschichte sind hier gemeinsam auf den Plan getreten, wie es sich der Geschichte zufolge hatte ergeben müssen …

All das, was man für eine industrielle Basis der Metallurgie brauchte, wurde hier fünf Jahre nach dem Krieg mit Hilfe sowjetischen Knowhows und sowjetischer Metallurgen aus dem Boden gestampft. Auch das Material für den Aufbau musste – bis zum letzten Nagel und zur letzten Schraube – herbeigeschafft werden.

Ursprünglich trug der Ort den Namen Stalinstadt. Damals ergab sich das wie von selbst, und der todbringende Kult des blutigen Diktators breitete sich sogar auf die Benennung von Kindergärten aus. Seit eh und je liefert die Metallurgie die Fabrikate für Betriebe der Rüstungsbranche. Jedenfalls diktierte der Kalte Krieg die Wahl für den Standort des Werkes und seiner Stadt. Das Ufergelände auf der ostdeutschen Seite der Oder eignete sich als das am weitesten von Luftbasen des Westens entfernte. Zugleich markierte die Nähe zur Oder, Grenze und Verkehrsweg, auch einen geopolitisch günstigen Standort – jenseits des Flusses lag Polen, seinerzeit das Zentrum der konzentrierten Militärmacht des Ostens, der Staaten des Warschauer Vertrags, des Hebelarms der Anti-NATO-Koalition.

In dieser Hinsicht gehört Eisenhüttenstadt allerdings lediglich zu einer kleinen Einzelepisode der allgemeinen Entwicklung. Dennoch würde ich sagen, dass sich die Zivilisation während des Kalten Krieges in vielen anderen Fällen genau auf die Art und Weise wie auf dem weiten Ufergelände der Oder entwickelt hat.

Die Montage der Geschichte hat sich eben so und nicht anders ergeben. Wo bleiben aber die Synthesen?

Erinnern wir uns denn nicht mehr der Ängste und Schrecken, der Doktrinen und Realitäten der Abschreckung, als man sich über Jahrzehnte tagaus tagein für einen neuen, nuklear zu führenden Weltkrieg bereit hielt? Nein, ich will es nicht vergessen und möchte betonen: Die Länder des Ostens und Westens haben für die Menschheit in der zweiten Hälfte des 20. Jahrhunderts wenigstens die extreme Konfrontation der Abschreckung überwunden. Sie haben die katastrophalen Experimente für neue Weltkriege mit Massenvernichtungswaffen, zur Neugestaltung oder Umgestaltung der globalen Einflusssphären, eingestellt. Die Übereinstimmung der einst verfeindeten Staaten in Ost und West, die Experimente für neue Weltkriege einzufrieren, gleicht der Wahrheit, die keines Beweises bedarf.

Für die positive Auswirkung der globalen Veränderungen bietet sich Eisenhüttenstadt an als ein Beispiel im Kleinen.

Das Axiom – keine Experimente für neue Weltkriege – schärft auch das Bewusstsein gegenüber der Sinnlosigkeit der zahllosen, anhaltenden Regionalkonflikte: Wir spüren deutlich, wie sie den Organismus der ganzen Welt schwächen, die Ansichten und Identitäten von Millionen Menschen mit Nationalismus und religiösem Fanatismus vergiften.

Die Suche nach dem Feindbild scheint in Menschen wie eine Sucht zu brennen. Immer wieder fragen wir: Wer ist schuld an all dem Fatalen der Weltenschicksale? Wer hat den bösartigen Gang der Dinge in der Welt zu verantworten? Wer kann nur solche schlimmen Absichten hegen?

Merken wir nicht, dass schon mit diesen Fragen sich der ewige Komplex rührt, der schließlich das Lied der Kriegskultur erklingen lässt? Irgendwo singt man in einem Volkslied: »Wie liebe ich nur die blutigen Schlachten?« Menschen suchen doch allenthalben nach den tiefen Ursachen der Gewalt und landen immer wieder bei dem Fazit: Der Geist des Krieges ist kein Gespenst und kein Phantom, er bleibt die bewegende Kraft für die Konfrontationen der Menschen in aller Welt.

Das Wesen der Kriegskultur ist böswillig, aber der Natur des Menschen nicht einprogrammiert. Der Krieg entsteht nicht urwüchsig. Er muss, um menschliche Agressionen virulent zu machen, den Menschen zielbewusst eingepflanzt werden. Eine Kultur, die Kriege provoziert, hat soziale und ökonomische, manipuliert religiöse und ideologische Wurzeln. Wenn Menschen den Krieg und die Gewalt anstelle des Dialogs und der Verhandlungen setzen, um Konflikte zu lösen, dann bezeugen sie nur – das unterstreiche ich nachdrücklich –, dass die Philosophie, die Staaten, Systeme und Gesellschaften, in deren Namen und Rahmen sie auftreten, unfähig sind, die politischen, ökonomischen und sozialen Strukturen den Veränderungen und neuen Realien in der modernen, sich stürmisch entwickelnden Welt in all ihrer Vielfalt und wechselseitiger Abhängigkeit anzupassen. Wer Konflikte mit Gewalt oder der Androhung von Gewalt lösen will, trägt dazu bei, dass sich die Welt regional und global destabilisiert. Er demonstriert lediglich die Absicht, mit Hilfe von Pseudopatriotismus und Nationalismus kriegerische Handlungen rechtfertigen und rühmen zu lassen und anderen bestimmte Herrschaftsmodelle und Traditionen aufzuzwingen. Solch eine Politik ist sehr gefährlich, weil die Gewalt stets Gegengewalt hervorruft. Obwohl das hinlänglich bekannt ist, gehören die perspektivlosen Versuche, Konflikte mit Gewalt oder der Androhung von Gewalt zu lösen, zum Alltag der Zeit.

Wir haben die Schwelle zum Dritten Jahrtausend schon überschritten und merken immer deutlicher, dass sich die Menschheit nicht weiter entwickeln kann, wenn sie auch künftig den Paradigmen einer Kultur, die Kriege als legitimes Handeln einschließt, folgt. In Gestalt der Europäischen Union hat das moderne Europa einen ersten Grad der Einheit und Zusammenarbeit souveräner Staaten und Völker erreicht, die in der Geschichte unseres Planeten beispiellos sind. Eine solche Entwicklung überzeugt uns davon, dass wir auch in globaler Hinsicht die Logik der Gewalt durch die Kraft der Vernunft überwinden können und müssen. Zugleich sollten wir eine Synthese der geistigen Werte im Verkehr der Nationalkulturen, einen ethisch begründeten Weltkodex und die Praxis des zivilisierten Lebens im friedlichen Miteinander anstreben. Andernfalls wird die internationale Gemeinschaft der Staaten und Völker mit neuen Kriegsplänen konfrontiert, mit denen bereits experimentiert wird: Die Pläne schlummern stets im Potential der Rüstung. Kriegerische Potenzen der Menschen lassen sich, wie wir das bis auf den Tag erleben, relativ leicht entfachen. Die Welt geht schwanger mit sozialen und ökonomischen Ungleichgewichten, die Völker aufrütteln, erschüttern und in Konfrontationen treiben können. Der Geist des Krieges ist unersättlich und verschlingt, geschürt von manipuliertem Hass und Verachtung des Lebens, jedwede Sittlichkeit bis zur völligen Zerstörung der Zivilisation.

Wenn sich die katastrophale Spirale von Gewalt und Gegengewalt nicht weiter winden soll und der Kontrolle entgleitet, wenn wir den tragischen Exitus der modernen Welt verhindern wollen, müssen wir präventive Maßnahmen ergreifen. Diese können aber nur dann wirksam werden, wenn wir uns umorientieren – von der Kultur des Krieges zur Kultur der Friedensliebe. Die Kultur der Friedensliebe besteht in der aktiven Suche nach einem Ausweg aus Kriegen als Instrumenten der Politik, nach einer Überwindung der Gleichgültigkeit gegenüber der Korruption der Mächtigen. Das beginnt mit dem Zweifel an der verbreiteten Fatalität im Denken, wonach solch ein Ausweg unmöglich sei. Man hat immer die Wahl, ob man die Ressourcen des Humanismus aktiviert oder die Kräfte der Zerstörung kultiviert. Dafür brauchen wir auch neue geopolitische Beziehungen und erneuerte Formen der Zusammenarbeit zwischen dem Osten und dem Westen.

In der verkürzten Perspektive der Weltereignisse bietet die Geschichte von Eisenhüttenstadt das Beispiel, in dem sich der evolutionäre Umbruch der Geopolitik zwischen Osten und Westen noch im Kielwasser der Perestroika spiegelbildlich darstellte. Die Stadt war doch einmal mit dem Potential des Kalten Krieges verflochten, in DDR-Zeiten ursprünglich bestimmt auch für Ziele der Rüstungsindustrie. Wie immer man die Kennziffern der Statistik im einzelnen fixierte, verstanden sich diese Stadt und das Werk viele Jahre als eine Antwort, um dem für militärische Aktionen stets präparierten Block der NATO entgegenhalten zu können. In der Epoche der Perestroika vollzog sich jedoch ein äußerst komplizierter Prozess der Evolution und des Wandels, dem ein nicht minder komplizierter Prozess folgte, nämlich die Herausforderung, im harten Wettbewerb der Marktwirtschaft zu überleben und sich durchzusetzen.

Der Weg des Überlebens führte durch die globale Krise des sozialistischen Wirtschaftsmodells und war begleitet vom Zusammenbruch der staatlichen Aufträge und Subventionen, was den völligen Bankrott ganzer Branchen nach sich zog, und all das war gleichbedeutend mit Betriebsstilllegungen und Arbeitslosigkeit. Die Zeit des Liberalismus schleuderte auch den Menschen des Industriestandorts Eisenhüttenstadt die gnadenlose Frage ins Gesicht – Sein oder Nichtsein …

Wäre der Westen ausschließlich dem Fressinstinkt des Marktes gefolgt und hätte auch hier, bei Mißachtung strategisch vernünftiger Aspekte, die Gunst der Stunde genutzt und alle andersartigen Strukturen der Bewirtschaftung restlos und egoistisch verschlungen, könnten wir mit Blick auf Eisenhüttenstadt wohl nur in der Vergangenheitsform reden und nicht von der erwähnten Synthesen-Montage aus Geschichte und Technologie für Gegenwart und Zukunft. Wäre man hier der Routine bei der Abwicklung sozialistischer Betriebe und der schnellsten Vorteilnahme gefolgt, hätte die gesamte Region nicht überlebt. Im großen Maßstab hätte der völlige Zusammenbruch der sozialistischen Wirtschaft die Weltwirtschaft noch mehr, ja unwiderruflich aus den Fugen geraten lassen – mit allen möglichen, schlimmen Folgen, bis hin zu einer nuklearen Revanche.

Aber es gelang dann doch ein relativer »Welt-Konsensus« der Werte. In der Variante von Eisenhüttenstadt erbrachte die postsozialistische Epoche Früchte zum Anfassen. Aus Westeuropa flossen gewaltige Investitionen hierher, vor allem griffen auch Persönlichkeiten mit Engagement ein, die – aus dem Westen kommend – sich an die Seite der Einheimischen stellten, ihre Erfahrung und ihr Wissen voll einbrachten. Ein Werk, das aus der Geschichte der Nachkriegsepoche und des Kalten Krieges kam, wurde somit umgestaltet zum modernen EKO Stahl. Das Herz von Eisenhüttenstadt hörte nicht auf zu schlagen – mit dem industriellen Standort, mit EKO Stahl wurde das Leben der Region gerettet. Vor allem haben seine stets erfinderischen, zähen Menschen es verstanden, sich immer wieder umzuorientieren, weiter zu qualifizieren und so anzupassen, dass die Metallurgie in Eisenhüttenstadt heute höchsten technologischen Erfordernissen entspricht. EKO Stahl nimmt jetzt einen beachtlichen Platz auf dem Markt modernster Technologien ein und erzeugt Produkte für höchste Ansprüche.

Die Materialien dienen friedlichen Zwecken – das frappierte mich, als ich mich danach erkundigte, am meisten. Die Palette der Anwendungen ist breit gefächert: vom Gerätebau, von Blechen der unterschiedlichsten Profile für Automobile und Flugtechnik bis zu Dachkonstruktionen. Mit anderen Worten: Man erzeugt hier das Notwendigste der Anlagen, Bauten und Geräte für das Leben vieler Menschen. Ohne Bedachung gibt es keine Behausung, ohne Karosserie keinen Transport auf Schiene und Strasse, ohne Rumpf kein Flugzeug, ohne Stahlkonstruktion keine Brücke über Flüssen und Meerengen …

Die Hauptsache der Vorgänge an diesem Ort findet aber ihre Verkörperung nicht nur in der Perfektionierung und Weiterentwicklung der Produktionsbereiche und des Marketing, des Angebots und der Nachfrage nach den Erzeugnissen aus Eisenhüttenstadt, sondern auch bei der Berücksichtigung sozialer Belange und der Wertvorstellungen der Menschen. Dies prägt ihre Einstellung gegenüber der Moderne, das Selbstwertgefühl und den geistigen Kontakt untereinander, kurzum – die Menschen haben einen ausgeprägten Lokalpatriotismus.

Wer zu Eisenhüttenstadt gehört, besitzt ein Gefühl für Prestige, Selbstbewusstsein und Stolz. Die Menschen wissen, was es bedeutet, ein Teil dieser einzigartigen Stadt an der Oder und ihrer Leistungen zu sein. Irgendwen hörte ich dort sagen: »Die Karossen auf den Straßen kommen doch von unsren Sachen …«

Erstaunlich ist auch die Achtung vor denen, die vor Jahrzehnten die Arbeit aufnahmen. Alle möglichen Schicksale von nah und fern verflochten sich miteinander zu neuem Leben. Fachleute kamen von anderswoher, man wagte das Experiment unter denkbar schlechten Voraussetzungen und behauptete sich.

Alltägliche Gespräche münden hier oft in Überlegungen, die mit den Perspektiven und Problemen der Kommune und ihrer Bewohner zu tun haben. Denn die Frage nach dem eigenen Gewicht und Wert des einzelnen Menschen ist in unserer Zeit des Auseinanderdriftens und des Verlustes an Zusammengehörigkeit für die Zukunft von großer Bedeutung. Ich hatte den Eindruck, dass hier persönliche Aspekte und Anliegen immer mit dem Werk und der Stadt zusammenschwingen.

Natürlich steht den Eisenhüttenstädtern ein besonderes Fest bevor. In Europa feiern Städte die Geburtstage zumeist in Dimensionen von hundert oder tausend Jahren. Das Gedächtnis über das Werden von EKO Stahl und Eisenhüttenstadt vor fünfzig Jahren scheint frischer und lebendiger zu sein als sonstwo. Deshalb dürfte das Jubiläum auch die Erinnerungen an die Widerstände und Widrigkeiten in der Gründerzeit und bei allen Umbrüchen danach miteinbeziehen, vielleicht sogar im Zusammenhang mit Namen und Begriffen wie Stalin, Ulbricht, Chruschtschow, Honecker und Perestroika. Im Gedächtnis leben vor allem die Stadt und das Werk als Einheit: Vor fünfzig Jahren fehlten hier die Voraussetzungen für Hochöfen, Konverter, Warmwalz- und Kaltwalzwerk, und der Bau von Behausungen und Straßen für eine Stadt hing letztlich davon ab, ob die Menschen diese Voraussetzungen mit ihrem Einsatz schaffen konnten. Wer hier feiert, ob Männer oder Frauen, weiß, dass einem nichts geschenkt wurde – weder am Anfang noch bei den launischen Wenden der Geschichte später. Wenn sich Belegschaft und Vorstand von EKO Stahl, auch die Rentnerinnen und Rentner an ihre Geschichte erinnern, dann wird sie wohl ein Gefühl der Genugtuung beseelen: Sie haben sich selbst behauptet, deshalb kann man heute die Produkte aus Eisenhüttenstadt bei Firmen von Weltrang absetzen. Es ist schön zu erleben, wie begeistert Menschen sein können, wenn sie ihr Werk und ihre Stadt als etwas Eigenes ansehen und nicht nach den Gründen suchen, weswegen sie die Stadt verfluchen.

Bedeutsam ist das 50-jährige Jubiläum von EKO Stahl und Eisenhüttenstadt auch deshalb, weil es in das Jahr 2000 fällt – die Markierung für eine neue Zählung der Jahre. Das Jahr 2000 verbindet sich mit vielen Erwartungen. In Eisenhüttenstadt begann die Zählung der Jahre vor einem halben Jahrhundert, in dem sich so vieles ereignete, was das Vergangene in der Schnittstelle mit dem Gegenwärtigen und Zukünftigen im Spiegel einer realistischen Darstellung mit Fakten nochmal und wahrhaftiger als zuvor Revue passieren lässt, und es wird nachzulesen sein, wie sich die Menschen in die Synthesen der Geschichte, der Technologie und der eigenen Lebenszeit einfügten. In Eisenhüttenstadt wähnt man sich beim Wechsel von den Jahren, die ab 1950 begannen, zu denen, die jetzt ab 2000 gezählt werden, im Aufwind, und dies umso mehr, als man im Verlauf der letzten 50 Jahre etliche Male am Abgrund stand.

Somit schließt sich der Kreis von Geschichte und Technologie in einer gelungenen Synthesen-Montage. Das Antlitz von Werk und Stadt im letzten Herbst des letzten Jahrhunderts und Jahrtausends erschloss sich uns im Fluidum von Stimmungen der Menschen bei EKO Stahl und in Eisenhüttenstadt, der Menschen, die sich ihrer Dynamik und Kreativität bewusst sind. Ihnen gebühren die Glückwünsche zum Fest im Sommer 2000.

Für mich persönlich machte ich dabei eine Entdeckung. Wie so viele Menschen unserer Zeit bin ich ein Leben lang in Flugzeugen geflogen und in Automobilen gefahren, ich habe die unterschiedlichsten Werkzeuge benutzt und unter Dachkonstruktionen aus Metall gewohnt, aber nie darüber nachgedacht, wer den »metallurgischen Leib« dieser Dinge schafft und wie gewaltig all das aussieht, wo diese Dinge entstehen. Im Werk der Metallurgen kommt man sich als Mensch ganz klein vor und weiß zugleich, es ist der Mensch, der diese Technologie erfunden hat und betreibt. Das ist der »Leib der Geschichte« aus Technologie. Wird der Mensch sie in der Anwendung ebenso beherrschen wie bei der Herstellung?

In den Werkhallen von EKO Stahl und in Eisenhüttenstadt spürt man bei jedem Schritt, dass hier ein Symbol des Staates DDR erstanden war, den es zwar nicht mehr gibt, der aber in den Menschen mit ihrer eigenen, erneuerten Geschichte in einem vereinigten, freien Deutschland eine besondere geschichtliche Prägung behält und in eine gelungene Synthesen-Montage eingeflossen ist.

Die Stadt und ihr Werk leben und atmen wie das Werk und seine Stadt unweit der Oder samt der Göttinnen und Götter der Metallurgie. Und ich sage mir und anderen: Lasst uns gemeinsam Anhänger der Geschichte sein, bei der diese Gottheiten die Metallurgie im Dienst der Friedensliebe belassen und all dem widerstehen, das diese Gottheiten dazu zwingen könnte, ihre Macht abzugeben an die verfluchten Interessen der Kriegskultur, die davon lebt, die Welt zu zerfleischen.

Wie erreichen wir dieses Ziel? Befragen wir uns selbst: Warum leben wir denn auf dieser Erde? Etwa für die Zerstörung? Oder dafür, die Ideale einer zivilisierten Menschengemeinschaft zu verwirklichen?

Brüssel, 24. Januar 2000

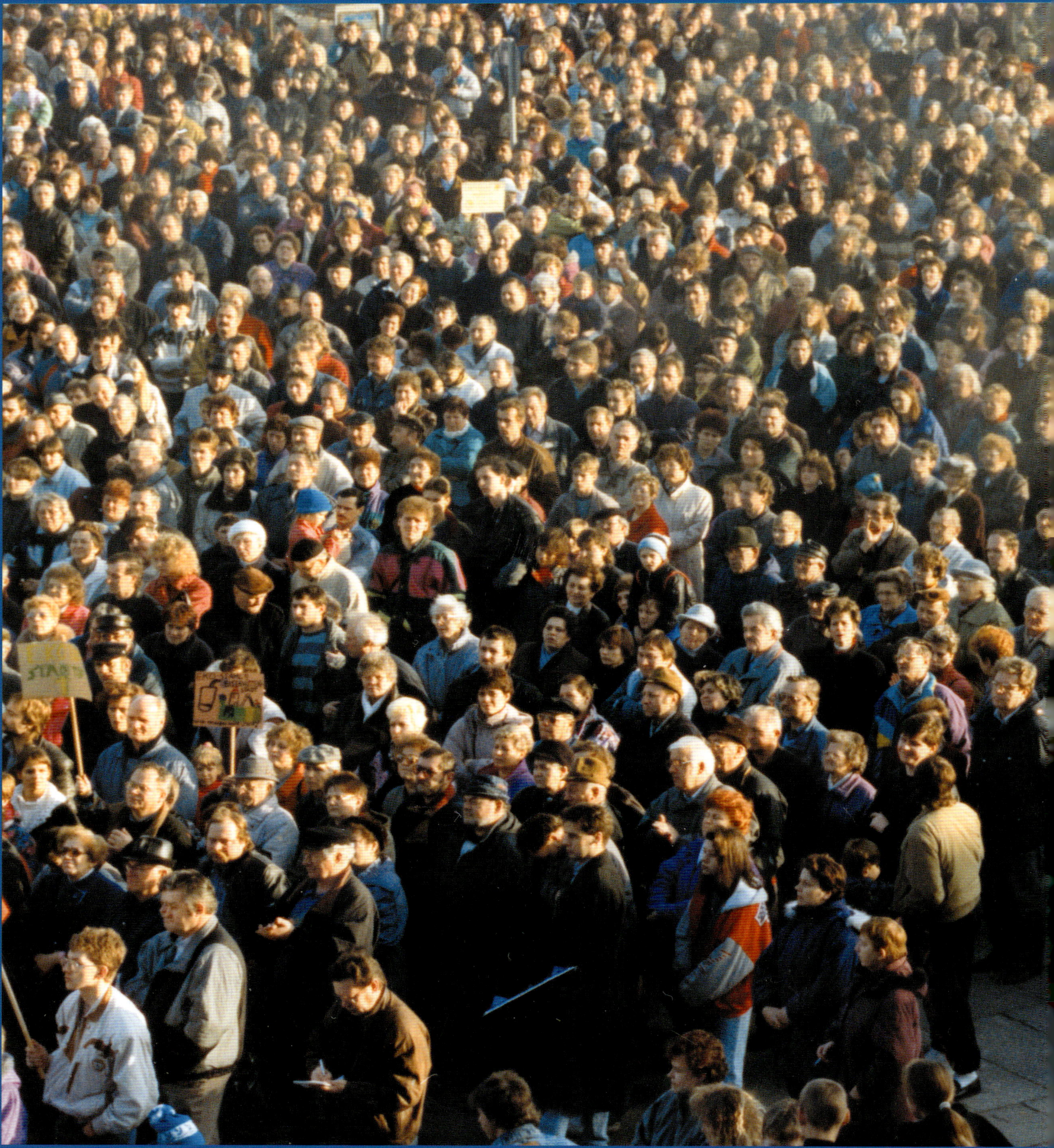

**Vom Kombinatsbetrieb zum Konzernunternehmen**

Aus der Geschichte

**10. 2. 1990**
UdSSR-Staatspräsident Gorbatschow gibt Bundeskanzler Kohl in Moskau grünes Licht für die deutsche Einheit.

**11. 2. 1990**
Die Freilassung von Nelson Mandela bedeutet das Ende der Apartheid in Südafrika.

**21. bis 23. 2. 1990**
BGL-Wahl im EKO. Günter Reski wird zum Vorsitzenden und Uwe Billig zu seinem Stellvertreter gewählt.

**1. 3. 1990**
Der DDR-Ministerrat erlässt eine Verordnung zur Umwandlung volkseigener Betriebe in Kapitalgesellschaften.

**18. 3. 1990**
Die konservative »Allianz für Deutschland« gewinnt die DDR-Volkskammerwahlen. Anschließend wird Lothar de Maizière DDR-Ministerpräsident.

**28. 4. 1990**
Der EG-Sondergipfel in Dublin billigt die deutsche Wiedervereinigung.

**1. 5. 1990**
Das EKO führt als erstes Unternehmen der DDR generell die 40-Stunden-Woche ein. Bis dahin betrug die Arbeitszeit in der Normalschicht 43¾ Stunden.

**16. 5. 1990**
Der VEB Bandstahlkombinat »Hermann Matern« wird in die EKO Stahl AG umgewandelt.

**17. 6. 1990**
Die DDR-Volkskammer beschließt das Gesetz zur Privatisierung des volkseigenen Vermögens (Treuhandgesetz).

**1. 7. 1990**
Die D-Mark wird Zahlungsmittel und Grundlage der Eröffnungsbilanz für alle Unternehmen in der DDR.

**21. 8. 1990**
Die Europäische Kommission verabschiedet Maßnahmen zur Eingliederung der DDR in die EG.

**1. 9. 1990**
Otto Gellert wird Aufsichtsratsvorsitzender und Karl Döring Vorstandsvorsitzender der EKO Stahl AG.

**12. 9. 1990**
Im »2+4-Vertrag« von Moskau verzichten die Siegermächte des Zweiten Weltkrieges auf ihre Rechte in Deutschland.

**24. 9. 1990**
Die DDR verlässt den Warschauer Pakt.

*Für die Eingliederung der ostdeutschen Stahlindustrie in die wirtschaftliche Ordnung Europas müssen in diesem Bereich 85 Prozent der Arbeitsplätze abgebaut werden. Das heißt, die Beschäftigung muss von 57.000 auf ca. 8.000 Beschäftigte zurückgehen. 16 Prozent der Warmwalzkapazität sind abzubauen. Nur unter diesen Voraussetzungen und unter der Bedingung einer Reduzierung des Angebots von kaltgewalztem Band kann eine Zustimmung der Europäischen Gemeinschaft zur Umstrukturierung von EKO Stahl erfolgen.*
Feststellungen der Treuhandanstalt
zur Privatisierung von EKO Stahl [1]

# Vom RGW in die Europäische Gemeinschaft

Das Jahr 1990 war für das Eisenhüttenkombinat Ost in vielerlei Hinsicht ein außergewöhnliches Jahr. Die wirtschaftlichen Rahmenbedingungen für ostdeutsche Unternehmen änderten sich radikal. Mit dem RGW zerfiel das osteuropäische Kooperations- und Handelssystem. Nach dem Wegfall der Teilung des Weltmarktes, politischer Präferenzen in Osteuropa und nach der deutsch-deutschen Wirtschafts-, Währungs- und Sozialunion wurden DDR-Produkte von den eigenen und osteuropäischen Märkten verdrängt. Die Idee, Ostdeutschland als Drehscheibe für den Ost-West-Handel zu entwickeln, erwies sich kurzfristig als nicht realisierbar, da der Zusammenbruch des RGW mit der Auflösung des Warschauer Paktes, mit dem Zerfall osteuropäischer Länder und mit dem sich anbahnenden Untergang der Sowjetunion einherging.

Führende Wirtschaftsfunktionäre der DDR glaubten Anfang 1990 noch an eine erfolgreiche sozialistische Wirtschaftsreform. Sie sahen im Handel mit Osteuropa und mit der Sowjetunion einen Standortvorteil bei der Annäherung der Planwirtschaft an die Marktwirtschaft. Das Jahr begann für sie daher mit einer Überraschung. Die Sowjetunion schloss sich im Januar auf der 45. RGW-Tagung in Sofia den Forderungen Ungarns und Polens nach einem Übergang der Wirtschaftsbeziehungen der Mitgliedstaaten zu aktuellen Weltmarktpreisen und zu einer Verrechnung der Warenlieferungen in konvertiblen Währungen an. Das System der Preisbildung und Verrechnung in transverablen Rubeln sollte abgeschafft werden. Die von der DDR favorisierte Nutzung verschiedener Übergangsmodelle wurde abgelehnt. Eine Reform des RGW wurde nicht mehr angestrebt.

Nur wenige westliche Ökonomen, Manager und Politiker oder DDR-Wirtschaftsfunktionäre ahnten damals, dass die Sowjetunion außerdem bereit war, ihr Wirtschaftsimperium, und in diesem Zusammenhang die Eigenstaatlichkeit der DDR, aufzugeben. In der EKO-Betriebszeitung stand das Grußwort des Generaldirektors zum Jahresanfang daher noch unter der Überschrift »Wir sind und bleiben ein sozialistischer Betrieb«. Das schnelle Ende der DDR war nicht nur für Karl Döring, sondern auch für viele EKO-Angehörige unvorstellbar. Doch schon einen Monat später gab Staatspräsident Gorbatschow in Moskau Bundeskanzler Kohl grünes Licht für die deutsche Einheit. Die sozialistische Perspektive des EKO wurde damit nach 40 Jahren an dem Ort beendet, an dem sie mit der Zustimmung zum ersten Fünfjahrplan der DDR einst begann.

Die Annäherung der RGW-Länder an marktwirtschaftliche Regeln wurde im April 1990 durch das Schlussdokument der KSZE-Wirtschaftskonferenz in Bonn besiegelt. Am 28. April 1990 billigte der EG-Sondergipfel in Dublin

### Unser Friedenswerk

**40. Jahrgang** — VEB BANDSTAHLKOMBINAT „HERMANN MATERN" EISENHÜTTENKOMBINAT OST

BETRIEBSZEITUNG FÜR DIE WERKTÄTIGEN DES EISENHÜTTENKOMBINATES OST

Nr. 1/90 — 1. Januarausgabe — 10 Pf

**Generaldirektor Dr. Karl Döring an alle Werktätigen des Eisenhüttenkombinates:**

## Wir sind und bleiben ein sozialistischer Betrieb

Liebe Kolleginnen und Kollegen!

Zum Beginn des neuen Jahres ist es mir ein Bedürfnis, allen Werktätigen für die Erfüllung der Planaufgaben 1989 ein herzliches und aufrichtiges Dankeschön zu sagen. Bis auf die Produktion von Roheisen, mit einem Minus von 19 700 t, konnte das Eisenhüttenkombinat in allen anderen materiellen Positionen und finanziellen Vorgaben den Plan übererfüllen.

Das ist auch die Grundlage, daß wir eine volle Prämienfondszuführung erarbeiten konnten. Die Ergebnisse des Jahres 1989 zusammenfassend wertend, hat die Kombinatsleitung in Abstimmung mit der ZBGL den Vorschlag unterbreitet, neben der Jahresendprämie eine weitere Prämie an die Werktätigen des Betriebes zu zahlen, die außer einer Zuführung des Ministeriums für gute Leistungen im Monat September Mittel aus dem früheren Titelkampf und dem Leistungsvergleich zwischen den Werken für das IV. Quartal einschließt. Die Zuführungssumme pro Werktätigen beträgt 130 Mark und wurde Anfang Januar zur Auszahlung gebracht.

Ich habe in der Differenzierung für die

*Wie blicken wir nun in das Jahr 1990?* Wichtig für uns wird sein, daß wir in den Fragen der Wirtschaftsreform als Kombinat unser eigenes Wort sagen und unsere eigenen Vorschläge realisieren können. Unser Kombinat hat mit sechs anderen Kombinaten der DDR den Auftrag erhalten, in Form eines Pilotprojektes zusammen mit der Volkswirtschaft mit unseren Erzeugnissen, besonders auch für neuestehende Firmen, Betriebe und Handwerksbereiche, Beziehungen zwischen Kombinat und Staatshaushalt und Kombinatstruktur arbeiten wir gegenwärtig unsere Vorschläge aus (VVV).

gener Betrieb. An Ausverkauf ist nicht gedacht, und so wird auch keine Arbeit angelegt.

Wichtig für die Leistung ist, daß wir bei der Überlegung zur Wirtschaftsreform die vielen konstruktiven Meinungen unserer Kollegen mit verarbeiten können, wie z. B. die Willenserklärung der B-Schicht Roheisenerzeugung und die Antwort des Kollektivs C-Schicht Schlackeverwertung, die wichtige Elemente für die weitere Entwicklung unseres Betriebes beinhalten. Ich bin an weiteren Vorschlägen dazu interessiert.

Kollegen Arbeiter und Angestellte, vor allem auch Ökonomen, die an der Gesamtausarbeitung unseres Konzepts durchgängig mitarbeiten wollen, bitte ich, sich im Büro des Generaldirektors zu melden, damit ein ständiger Diskussionskreis gebildet werden kann. Generaldirektor und Leitung sind auf diesem Wege bestrebt, schneller erforderliche Veränderungen auf wirtschaftlichem Gebiet voranzubringen.

Für das Jahr 1990 wünsche ich uns allen die Kraft, notwendige Entscheidungen, vor allem bei erforderlicher Einigkeit zur Effektivitätserhöhung, durchzu-

---

die Vereinigung der beiden deutschen Staaten. Am 8. Mai 1990 wurde in Brüssel ein auf zehn Jahre angelegtes Handels- und Kooperationsabkommen zwischen der Europäischen Gemeinschaft (EG) und der DDR unterzeichnet. Auch die EG ging also von einem längeren Prozess der deutschen Wiedervereinigung aus. Vor diesem Hintergrund begann das EKO den Weg in die Marktwirtschaft.

Ende Januar 1990 hatte die DDR-Übergangsregierung unter Ministerpräsident Modrow eine Verordnung über die Gründung und Tätigkeit von Unternehmen mit ausländischer Kapitalbeteiligung verabschiedet. Auf dieser Grundlage nahm das EKO Verhandlungen mit ausländischen Unternehmen auf. Mit der Peine-Salzgitter AG gab es schon seit langem Gespräche über ein Beteiligungsmodell in Form eines Joint-Venture zur Errichtung einer Dünnbrammengießwalzanlage in Eisenhüttenstadt. Mit der Hoesch AG wurde über Investitionen mit Kapitalbeteiligung zur zukünftigen Bedarfsdeckung bei Blechen für die DDR-Automobilindustrie verhandelt. Die Kombinatsführung war der Auffassung, dass hierfür der zukünftige Blechmarkt durch das EKO abgedeckt werden könnte. Dies erforderte eine schnelle Rekonstruktion des Kaltwalzwerkes. Weitere Kontakte gab es zu Thyssen, Krupp und zu VOEST Alpine. Insgesamt ging es darum, das Bandstahlkombinat und das EKO in seiner vorhandenen Struktur auszubauen, ungenügende technologische Standards und Engpässe zu beseitigen sowie notwendige Umweltschutzmaßnahmen zu realisieren.

Anfang Februar 1990 bestätigte die DDR-Regierung das Pilotprojekt Bandstahlkombinat. In diesem Projekt waren ein Beteiligungsmodell mit dem Salzgitterkonzern für den Fall des Aufbaus einer Dünnbrammengießwalzanlage, weiterhin die Zusammenarbeit mit der Hoesch AG, mit Thyssen, mit Krupp und mit der VOEST Alpine AG vorgesehen. Das EKO wollte nun auf die eigene Kraft vertrauen und effektiver wirtschaften. Im Kaltwalzwerk war eine umfassende Rekonstruktion vorgesehen, um die Konkurrenzfähigkeit der Produkte herzustellen. Eine Bandgießanlage sollte die Lücke der fehlenden Warmwalzstraße schließen. Mit westlichem Kapital und Know How wollte man die Lebensfähigkeit des Kombinates und die Arbeitsplätze seiner Beschäftigten sichern. Hierfür begann eine intensive Suche nach Partnern.

Ein erster Erfolg zeigte sich Ende März. Mit der Peine-Salzgitter AG wurde eine Rahmenvereinbarung geschlossen und die Gründung der Gesellschaft für Stahlwirtschaftliche Zusammenarbeit mit Sitz in Frankfurt/Oder vereinbart. Die Vertrauensleute des EKO stimmten zu. Am 2. Mai 1990 wurde zwischen dem Eisenhüttenkombinat Ost und den Stahlwerken Peine-Salzgitter AG der Gesellschaftsvertrag unterzeichnet. In der Gesellschaft für Stahlwirtschaftliche Zusammenarbeit mbH wollten die Partner ihre Wettbewerbskraft auf den Stahlmärkten der Welt zugunsten ihrer Eigentümer, Mitarbeiter und Abnehmer verstärken. Die Auswahl von Kooperationsfeldern in Forschung und Entwicklung, die Zusammenarbeit auf den Feldern Planung, Ein-

---

**3. 10. 1990**
Die DDR tritt der Bundesrepublik Deutschland bei.

**6. 10. 1990**
Der erste in Eisenach montierte »Opel Vectra« rollt vom Band.

**1. 11. 1990**
Nach den Landtagswahlen wird Manfred Stolpe Ministerpräsident von Brandenburg.

**21. 11. 1990**
NATO und Warschauer Pakt erklären den Kalten Krieg für beendet.

**2. 12. 1990**
Sieger der ersten gesamtdeutschen Bundestagswahl ist die CDU/CSU-Koalition.

**12. 12. 1990**
Wahl des ersten EKO-Betriebsrates. Günter Reski wird Vorsitzender, Birgit Franzke seine Stellvertreterin.

**1991**
Tim Berners-Lee entwickelt am Schweizer Forschungszentrum CERN das World Wide Web (www).

**17. 1. 1991**
Helmut Kohl wird zum vierten Mal deutscher Bundeskanzler.

**17. 1. bis 28. 2. 1991**
»Golf-Krieg« unter Führung der USA gegen den Irak.

**8. 3. 1991**
Die Bundesregierung verabschiedet das »Gemeinschaftswerk Aufschwung Ost«.

**25. 3. 1991**
Die EG stellt 6,2 Mrd. DM für den Aufbau in Ostdeutschland bereit.

**26. 3. 1991**
Die IG Metall und der Arbeitgeberverband Eisen und Stahl vereinbaren einen Stufentarifvertrag für die ostdeutsche Stahlindustrie.

**31. 3. 1991**
Auflösung des Warschauer Paktes.

**1. 4. 1991**
Treuhandpräsident Rohwedder wird ermordet.

**2. 4. 1991**
Als erster »Westmanager« nimmt Arbeitsdirektor Hans-Peter Neumann seine Tätigkeit in der EKO Stahl AG auf.

**9. 4. 1991**
Der langjährige EKO-Generaldirektor Erich Markowitsch stirbt mit 78 Jahren.

**15. 4. 1991**
Birgit Breuel wird Präsidentin der Treuhandanstalt.

**30. 4. 1991**
Der letzte »Trabi« rollt in Zwickau vom Band.

**12. 6. 1991**
Boris Jelzin wird Präsident von Russland.

**17. 6. 1991**
Deutschland und Polen schließen einen Vertrag über »gute Nachbarschaft und freundschaftliche Zusammenarbeit« ab.

**20. 6. 1991**
Der Deutsche Bundestag wählt Berlin als Regierungssitz.

**28. 6. 1991**
Der RGW wird aufgelöst.

**19. 8. 1991**
Reformfeindliche Kräfte putschen in Moskau gegen Staatspräsident Gorbatschow.

**24. 8. 1991**
Gorbatschow tritt als KPdSU-Generalsekretär zurück.

**21. 12. 1991**
15 ehemalige Sowjetrepubliken schließen sich zur Gemeinschaft unabhängiger Staaten (GUS) zusammen. Die UdSSR löst sich auf.

**7. 2. 1992**
In Maastricht wird der Vertrag zur Gründung der Europäischen Union (EU) unterzeichnet.

**14. 6. 1992**
Die Verfassung des Landes Brandenburg erklärt Arbeit, Bildung und Wohnung zu Staatszielen.

**8. 10. 1992**
Willy Brandt stirbt in Unkel bei Bonn.

**3. 11. 1992**
Bill Clinton wird Präsident der USA.

**31. 12. 1992**
Von 12.300 ehemaligen DDR-Staatsbetrieben sind über 11.000 privatisiert.

**1. 1. 1993**
Die Tschechoslowakei teilt sich in die Tschechische und Slowakische Republik.

**13. 1. 1993**
Der Prozess gegen Erich Honecker wegen der Todesopfer an der innerdeutschen Grenze wird aus gesundheitlichen Gründen eingestellt.

**3. 3. 1993**
EKO-Demonstration vor dem Landtag Brandenburg in Potsdam.

**20. 3. 1993**
Der Brandenburger Profiboxer Henry Maske wird Weltmeister.

kauf, Versorgung der Walzwerke mit Halbzeugen (Roheisen- und Rohstahl) sowie Erzeugung, Vertrieb von Walzstahl und die Qualifikation der Mitarbeiter waren gemeinsame Ziele. Als Geschäftsführer wurden Hans Conrad vom EKO und Hans-Heinrich Heine von der Peine-Salzgitter AG berufen.

Im Februar hatte der Zentrale Runde Tisch bei der Regierung der DDR in Berlin auf Initiative der im Bündnis 90 zusammengeschlossenen Bürgervereinigungen den Vorschlag unterbreitet, zur Wahrung des Volkseigentums eine Treuhandgesellschaft zu bilden. Der DDR-Ministerrat beschloss daraufhin am 1. März 1990 die Gründung einer Anstalt zur treuhänderischen Verwaltung des Volkseigentums – kurz: Treuhandanstalt (THA) – und erließ eine Verordnung zur Umwandlung von volkseigenen Kombinaten, Betrieben und Einrichtungen in Kapitalgesellschaften. Die so genannte Ur-Treuhandanstalt (UrTHA) konstituierte sich Mitte März, unmittelbar nach der Verabschiedung ihres Statuts, mit einer Zentrale und 15 Außenstellen in den Bezirken der DDR und in Berlin. Sie sah ihre Aufgaben vor allem in der Wahrung und Verwaltung des Volkseigentums durch Umwandlung und Entflechtung der volkseigenen Kombinate und Betriebe, in der Sicherung von Staats- bzw. Volkseigentum gegen ungesetzliche Veräußerungen durch eine begrenzte Privatisierung und in der Mobilisierung von Mitteln für die Sanierung des Staatshaushaltes. Ihre vordringlichste Aufgabe aber war die Umwandlung von volkseigenen Betrieben in anschließend von ihr zu verwaltende Kapitalgesellschaften (GmbH, AG).

Am 22. März 1990 fand im EKO ein zentraler Tag des Meisters statt. Das Klubhaus der Gewerkschaft war aus diesem Anlass bis auf den letzten Platz gefüllt. Die Versammelten interessierten sich vor allem für die Konsequenzen, die sich aus den Ergebnissen der Volkskammerwahlen vom 18. März 1990 für die weitere Perspektive des Kombinates ergaben. Generaldirektor Karl Döring räumte ein, dass sich mit der Entscheidung der Mehrheit der Wähler für einen schnellstmöglichen Beitritt der DDR zur BRD die Voraussetzungen für die Zukunft des Bandstahlkombinates grundlegend geändert hatten. Die Vorstellung, dass das Kombinat Volkseigentum bleiben würde, entsprach nicht mehr den Realitäten. Die Kombinatsleitung legte daher ein Konzept zum Übergang in die Marktwirtschaft vor. Als wesentliche Punkte waren darin enthalten: Vertrauen in die eigene Kraft, die zügige Rekonstruktion des Kaltwalzwerkes, die weitere Verfolgung des Vorhabens Dünnbrammengießwalzanlage, die Partnerschaft mit ein oder zwei der größten westdeutschen Stahlunternehmen, um die Lebensfähigkeit des Betriebes und damit die Absicherung der sozialen Belange

Gründung der Gesellschaft für Stahlwirtschaftliche Zusammenarbeit, 1990.

der Belegschaft zu erhalten. Dieses strategische Konzept erhielt die Zustimmung der Anwesenden.

Am 23. März wurden die Leitungskräfte des Kombinates auf einer Sonderberatung über künftig mögliche Kapitalformen für das Bandstahlkombinat und seine Betriebe unterrichtet. Der Generaldirektor erteilte den »einwöchigen Denkauftrag« zum Studium der Dokumente zur Überführung des Kombinates in eine oder mehrere Kapitalgesellschaften. Am 2. April 1990 trafen sich alle Teilnehmer zu einer dreitägigen Klausurberatung wieder. Hier wurde entschieden, das EKO in eine Aktiengesellschaft umzuwandeln. Ihr künftiger Name stand zunächst noch nicht fest. Die Betriebe des Kombinates – Walzwerk Finow, Walzwerk Burg, Magnesitwerk Aken, Thüringen Bandstahl (Bad Salzungen), Kaltwalzwerk Oranienburg, Blechwalzwerk Olbernhau und Metallurgieanlagenbau Wittstock (seit März 1990 Kombinatsbetrieb) – sollten in Tochtergesellschaften der neuen Aktiengesellschaft umgewandelt werden. Die Bandstahlveredlung Porschdorf blieb Zweigwerk des EKO.

In drei Arbeitsgruppen unter der Leitung von Fachdirektoren und Werkleitern sowie weiterer Spezialisten wurden die nächsten Aufgaben abgesteckt. Eine erste Gruppe beschäftigte sich mit der Erarbeitung der Gründungsdokumente. Eine zweite Arbeitsgruppe mit dem Titel »Unternehmensführung/-organisation« erörterte die Struktur des künftigen Vorstandes. Eine dritte Fachgruppe analysierte wichtige Aspekte wie Aufwand und Ertrag, Marktsituation, technisch-technologischer Stand im marktwirtschaftlichen Wettbewerb, erforderliche Sanierung und strategische Neuorientierung. Auf der Grundlage der Verordnung zur Umwandlung volkseigener Kombinate, Betriebe und Einrichtungen in Kapitalgesellschaften wurde das Bandstahlkombinat »Hermann Matern« am 16. Mai 1990 mit einem Grundkapital von 776,3 Mio. Mark in eine Aktiengesellschaft umgewandelt. Die Beurkundung hierzu fand in der Treuhandanstalt statt. Gleichzeitig wurde Karl Döring Vorstandsvorsitzender der neuen Aktiengesellschaft. Weitere Mitglieder des Vorstandes waren Adalbert Bartak (Personal- und Sozialwesen), Hans Conrad (Finanzen/Controlling), Eckhardt Hoppe (Marketing/Verkauf), Manfred Schlesier (Technik/Produktion). Der inzwischen ermittelte Firmenname »EKO Stahl AG« wurde in das Handelsregister eingetragen. Die Abkürzung EKO erhielt eine neue Bedeutung:

E = Eisen und Stahl
K = Kaltgewalzte Qualitätsbleche
O = Oberflächenveredelte Bleche, Bänder und Profile

Auf der Vertrauensleutevollversammlung im Haus der Gewerkschaft am 15. Februar 1990 zog Generaldirektor Karl Döring für das Jahr 1989 eine positive Bilanz.

---

**3. bis 25. 5. 1993**
Streik in der ostdeutschen Stahlindustrie für die Einhaltung des Stufentarifvertrages von 1991.

**26. 5. 1993**
Unter Polizeischutz beschließt der Deutsche Bundestag die Änderung des Asylrechts.

**2. 7. 1993**
Die deutsche Bundeswehr beteiligt sich am UN-Einsatz in Somalia.

**2. 10. 1993**
Klaus Zwickel wird Nachfolger des IG-Metall-Chefs Franz Steinkühler.

**1. 11. 1993**
Aus der Europäischen Gemeinschaft (EG) wird die Europäische Union (EU).

**28. 2. 1994**
Erster Kampfeinsatz seit Gründung der NATO gegen serbische Militärflugzeuge.

**1. 4. 1994**
Einführung der 39-Stunden-Arbeitswoche bei EKO Stahl.

**13. 4. 1994**
Die EKO Stahl AG wird in eine GmbH umgewandelt.

**23. 5. 1994**
Roman Herzog wird deutscher Bundespräsident.

**29. 5. 1994**
Erich Honecker stirbt in Chile.

**13. 6. 1994**
Hans Krämer wird Aufsichtsratsvorsitzender der EKO Stahl GmbH.

**21. 6. 1994**
Hans-Joachim Krüger wird zum Vorsitzenden der Geschäftsführung der EKO Stahl GmbH bestellt.

**31. 8. 1994**
Die letzten Einheiten der russischen Streitkräfte verlassen Deutschland.

**11. 10. 1994**
Der Landtag Brandenburg bestätigt Ministerpräsident Stolpe im Amt.

**16. 10. 1994**
Bei der deutschen Bundestagswahl behauptet sich die Regierungskoalition aus CDU/CSU und FDP, Helmut Kohl wird danach zum fünften Mal deutscher Bundeskanzler.

**6. 11. 1994**
EKO Stahl produziert wieder mit drei Hochöfen.

**31. 12. 1994**
Die Treuhandanstalt beendet ihre Tätigkeit.

Günter Grass

# EIN SCHNÄPPCHEN NAMENS DDR[2]

Die Zone, SBZ, der andere Teil Deutschlands, der Unrechtsstaat in Gänsefüßchen, nicht anerkannt, dann anerkannt, die Deutsche Demokratische Republik, ab morgen Ex-DDR, Ostelbien, das Lutherland, in dem zur Zeit der Bauernkriege ein anderer Reformator dem Feind der aufrührerischen Haufen streitbar Antwort gab und beklagte, was immer noch gültiges Unrecht ist: »Die Herren machen das selber, dass ihnen der arme Mann feind wird. Die Ursache des Aufruhrs wollen sie nicht beseitigen. Wie kann das auf Dauer gut werden?«

Mit diesem Rückgriff und Thomas-Müntzer-Zitat bin ich beim gegenwärtigen deutschen Ungemach: die Einheit ohne Einigkeit, der ein Datum gesetzt ist. Zum 2. Oktober wurde Glockengeläut angesagt als Ersatz für Freude, die vergangen ist; es sei denn, dem Fernsehen, als Erfinder neuer Wirklichkeit, gelingen einige Jubeleinblendungen. So wird Geschichte gemacht.

Dabei fing alles günstig an. Über ein Jahrzehnt lang hatte die Freiheitsbewegung Solidarność nicht nur für Polen vorgearbeitet. Václav Havel und seine Mitstreiter ließen sich nicht mundtot machen. In Ungarn halfen sogar die Kommunisten, das verhasste System aus den Angeln zu heben: sie öffneten als erste den Eisernen Vorhang. Und dank Michail Gorbatschows Politik, dem Wagnis ohne Vergleich, zeigte auch das Herrschaftsgebäude der SED Risse. Dort, wo jahrzehntelang Schweigen dem sprichwörtlichen Edelmetall gleichwertig zu sein hatte und allenfalls hinter vorgehaltener Hand geklagt wurde, ging das Volk, genauer gesagt, dessen mutiger Teil auf die Straße und sprach auch so, unüberhörbar: »Wir sind das Volk!«

Ein Irrtum, wie sich bald herausstellte, denn ab Ende November letzten Jahres gehörte jenem Teil des Volkes, der vorher geschwiegen hatte, die Straße. Das war der größere Teil. Er rief: »Wir sind ein Volk!« und ließ, gewalttätig unduldsam wie gelernt, den kleineren Teil nicht mehr zu Wort kommen.

Im westlichen Deutschland wurde der Ruf nach Einheit, wenn nicht vom Volk, dann von dessen Politikern eilfertig aufgenommen. Unter Verzicht auf gemeinsame Nachdenklichkeit sollte es schnell und schneller gehen, damit ja nichts anbrennt, hieß es. Zu sperrig sei das Möbelstück »Runder Tisch«. Wer weiß, wie lange sich Gorbatschow hält. Bedenken sind unzeitgemäß.

Als der Weisheit letzter Schluss wurde eine Bahnhofsdurchsage wiedergekäut: »Der Zug ist abgefahren!« Und jemand, der sonst Probleme auszusitzen pflegt, glaubte, den Mantel der Geschichte rauschen zu hören, sprang auf und griff zu. Weil jedoch der Zwiemacht aus Zwietracht, die nun Einheit werden soll, der einigende Gedanke fehlt, wurde den Rufern nach staatlicher Einheit der materielle Teil ihres Wunsches durch ein Versprechen fasslich gemacht; schließlich standen Mitte März – so schnell ging's voran – Wahlen ins Haus.

Die versprochene D-Mark. Die harte Währung. Die glücksverheißende Münze. Der Gedankenersatz und Alleskleber. Das Wunder in Neuauflage.

Seitdem ist nur noch vom Geld die Rede, wenngleich eine Zeitlang salbungsvoller maulgehurt wurde und das Doppelgespann »Würde und Anstand« den Karren ziehen musste. Doch würdeloser und unanständiger hätten die deutsche Einheit und deren Gefährt nicht eingepeitscht und vorangetrieben werden können. Was zum Schrott erklärt wurde, ward Schrott.

Unterm Strich gerechnet, bleibt immerhin positiv zu bilanzieren, dass es den westdeutschen Handelsketten gelungen ist, ihren Markt zu erweitern, die Gunst der Stunde flächendeckend zu nutzen, das »drüben« einheimische, ohnehin minderwertige und schlecht verpackte Produkt zu verdrängen und – ohne investieren zu müssen – ein Schnäppchen zu machen, ein Schnäppchen namens DDR.

Dieses Wort, geläufig im neudeutschen Sprachgebrauch, steht für allmögliche Gelegenheiten. Was man günstig mitkriegt: so nebenbei, beim Sommerschlussverkauf, auf Flohmärkten, im Zugriff durch Gesetzeslücken, bar auf die Hand an der Steuer vorbei, legal bei Zwangsversteigerungen oder wie zufällig, im Vorbeigehn. Kurzum: ein Schnäppchen ist immer günstig und ein günstiges Schnäppchen ein weißer Schimmel. Etwas, womit man gar nicht gerechnet hatte; denn wer im westdeutschen Klein- und Großhandel hätte vor Jahresfrist diese Markterweiterung, auch Wiedervereinigung genannt, im Kalkül gehabt?

Nein, nicht nur die Klein- und Großhändler, auch die Parteien, Gewerkschaften, Kirchen, die hochkarätigen Aufsichtsräte und stillen Teilhaber, das gesamte westdeutsche Volk in seiner vielfältigen Einfalt hatte ganz anderes im Sinn als eine Währungsunion mit »denen da drüben« – und ruckzuck draufgesattelt den Einheitsstaat. Wenn anfangs im Fernsehen Freude abgefragt werden konnte und der vielgehörte Ruf »Is ja Wahnsinn!« dieser Freude knappen Ausdruck gab, herrschen jetzt im Westen Missmut und im Osten Ängste vor. Gezänk zieht ein im Doppelhaus. Nur noch von zusätzlichen Milliarden ist die Rede. Schon fehlt es an Platz für weitere Leichen im gesamtdeutschen Keller. Das Schnäppchen DDR kommt teuer zu stehen.

Natürlich weiß ich, dass dieser Abgesang bitter schmeckt. Dem altdeutschen Ruf »Wo bleibt das Positive!« wird meine Antwort »Ja, wo ist es nur abgeblieben?« kaum den bedrohlichen Unterton mildern. Doch selbst, als es noch möglich war, außer Geld zusätzlich Gedanken an die Einigung zu verschwenden, als es mir einfiel, eine Konföderation der beiden deutschen Staaten vorzuschlagen, die sich, nach freiem Volkswillen, fünf oder auch sieben Jahre später in einen »Bund deutscher Länder« hätte verwandeln können, und als ich zusätzlich meinte, es werde ein solch nachdenklicher, deshalb behutsamer und langsamer Weg zur Einheit uns Deutschen und unseren Nachbarn erträglicher sein als der sich anbahnende Schweinsgalopp samt voraussehbaren Flurschäden, wurde ich zum Schwarzseher, Miesmacher ernannt und unter der Rubrik »Vaterlandsloser Geselle« abgebucht, wenn nicht vorgemerkt.

Nun liegt das Kind im Brunnen und wird obendrein auch noch gescholten: Selber schuld! Habt ja so gewählt! Wolltet doch unbedingt die D-Mark! Da habt ihr sie!

Also das Kind im Brunnen ist schuld und nicht die Herren Kohl, Waigel, Haussmann, begleitet vom Chor vielgelesener Gutzuredner von Rudolf Augstein bis Robert Leicht. Die wissen schon wieder schnellen Rat: Nur wenige Jährchen lang wird sich das wimmernde Kind, das in den Brunnen fiel, tief unten abzappeln müssen, doch dann werden, wie versprochen, die Instrumente der Marktwirtschaft greifen und bisher nur kleckernde Investitionen endlich klotzen. Dann darf das Kind, das in den Brunnen fiel, wieder raus aus dem Loch.

## Das EKO als Treuhandunternehmen

Das EKO war nun ein Unternehmen der Treuhandanstalt. Für die neu gegründete Aktiengesellschaft bedeutete dies zunächst mehr Selbständigkeit und eine größere Handlungsfreiheit. Am 29. Juni 1990 unterzeichneten die EKO Stahl AG Eisenhüttenstadt und die Krupp Stahl AG Bochum eine Vereinbarung über Zusammenarbeit mit dem Ziel, die Erzeugungsanlagen der Partner optimal zu nutzen und die Werke Eisenhüttenstadt und Rheinhausen möglichst hoch auszulasten. Am 18. und 19. Juli 1990 fand in Hannover eine Klausurberatung der Vorstandsvorsitzenden, einzelner Vorstände und leitender Mitarbeiter über die Organisation der Zusammenarbeit zwischen der Peine-Salzgitter AG, der Krupp Stahl AG und der EKO Stahl AG statt. Im Ergebnis der Beratung wurden als gemeinsame Arbeitsfelder der Halbzeugverbund, der Verkauf, die Rohstoffversorgung, technische und wirtschaftliche Fragen in den Verarbeitungsstufen, die Personalqualifizierung, die Umschulung und der Umweltschutz definiert. Darüber hinaus fanden gemeinsame Vorstandssitzungen der EKO- und Krupp Stahl AG, Beratungen der beiden Vorstände zu Kooperationsthemen und über die Absicht einer Zusammenarbeit im Vertrieb statt.

Die Treuhandanstalt musste jedoch noch einige Umwandlungen erfahren, ehe sie sich nach Inkrafttreten des Einigungsvertrages in ihrer endgültigen Form als Bundesbehörde unter der Aufsicht des Bundesfinanzministers konstituieren konnte. Am 18. März 1990 hatten erste freie Wahlen in der DDR stattgefunden. Die neue Regierung unter Lothar de Maizière (CDU) hatte neue Schwerpunkte in der Tätigkeit der Treuhandanstalt gesetzt. Am 4. Juli 1990 ernannte der DDR-Ministerrat den Vorstandsvorsitzenden der Hoesch AG, Detlev Karsten Rohwedder, zum Vorsitzenden des Treuhandverwaltungsrates. Am 15. Juli 1990 löste Rainer Maria Gohlke als neuer Präsident den noch von der Übergangsregierung Modrow eingesetzten ersten Vorsitzenden des Direktoriums der Treuhandanstalt, Peter Moreth, ab. Das Gesetz vom 17. Juni 1990 zur Privatisierung und Reorganisation des volkseigenen Vermögens – kurz: Treuhandgesetz – führte am 1. Juli 1990 zum Untergang der (Ur)Treuhandanstalt der DDR (UrTHA) durch Aufhebung ihres Gründungsbeschlusses sowie zur gleichzeitigen Errichtung der gleichnamigen Nachfolgeorganisation und zu einer Neubestimmung der Aufgaben.

Schwerpunkt wurde nun die vorrangige Privatisierung der auf die Treuhandanstalt übertragenen Unternehmen und Vermögen, flankiert von Maßnahmen der Strukturanpassung, der Sanierung, der Sicherung und Schaffung von Arbeitsplätzen und einer Reihe weiterer Aufgaben, von der Reprivatisierung bis zur Stilllegung von Betrieben. Am 20. August 1990 trat Präsident Gohlke zurück; Verwaltungsratsvorsitzender Rohwedder übernahm seine Aufgabe. Neuer Vorsitzender des Verwaltungsrates wurde der Vorstandsvorsitzende der Kaufhof AG, Jens Odenwald. Am 13. September 1990 zog Treuhandpräsident Rohwedder vor der DDR-Volkskammer eine erste Bilanz: Von 8.000 Betrieben waren 7.000 in eine GmbH oder AG umgewandelt worden. Die nun anstehende Privatisierung bezeichnete er als eine »Aufgabe von furchterregender Dimension«.[3]

Am 29. Juni 1990 besuchte DDR-Ministerpräsident Lothar de Maizière das EKO. Er gab dem Marktkonzept der Unternehmensführung, das von einem integrierten Hüttenwerk ausging, seine Zustimmung und sicherte seine Unterstützung zum Erhalt des Stahlstandortes Eisenhüttenstadt zu. Anfang Juli legte DDR-Wirtschaftsminister Pohl in Brüssel dem Mitglied der Europäischen Kommission für Kredite und Investitionen, Karel van Miert, das Pilotprojekt der DDR-Regierung für die Sanierung der EKO Stahl AG vor. Van Miert unterstrich die Notwendigkeit für die Gemeinschaft, schnell zu reagieren, und erklärte seinem Gast die für die

### Entscheidungen zu EKO-Tochterunternehmen

| | | |
|---|---|---|
| Walzwerk Burg GmbH | 1992 | Rückübertragung THA |
| | 1997 | Verkauf an Georgsmarienhütte GmbH |
| Walzwerk Finow GmbH | 1992 | Rückübertragung THA |
| | 1993 | Verkauf an Košice, Slowakei |
| Walzwerk Oranienburg | 1990 | Verkauf an Krupp Stahl AG |
| | 1993 | Schließung |
| Thüringen Bandstahl GmbH | 1990 | Rückübertragung THA / Einzelprivatisierungen |
| Blechwalzwerk Olbernhau GmbH | 1991 | Schließung |
| Magnesitwerk Aken GmbH | 1998 | Verkauf an Harbison Walker, Global Industrial Technologies Inc., Dallas |
| Metallurgieanlagenbau Wittstock GmbH | 1991 | Schließung |

Am 29. Juni 1990 vereinbarten die EKO Stahl AG und die Krupp Stahl AG in Eisenhüttenstadt ihre künftige Zusammenarbeit. Vorn von links nach rechts: Ministerpräsident Lothar de Maizière (stehend), EKO-Vorstandsvorsitzender Karl Döring und Krupp-Vorstandsvorsitzender Jürgen Harnisch (sitzend).

Foto oben links:
Ministerpräsident Lothar de Maizière (rechts) erlebte am 29. Juni 1990 einen Abstich am Hochofen V, wo ihm Werkleiter Joachim Buchwalder (links) von den Sorgen und Hoffnungen der Hüttenwerker berichtete. In der Mitte Karl Döring.

Foto oben rechts:
Lothar de Maizière an der Brammenanlage des Kaltwalzwerkes im Gespräch mit dem Stahlwerker Hartmut Ringert (links).

Foto unten:
Beim Besuch des Ministerpräsidenten de Maizière äußerten Gewerkschaftsmitglieder des Kaltwalzwerkes ihre Angst vor dem Wegfall vieler Arbeitsplätze.

Rekonstruktion der Kohle- und Stahlindustrie der DDR zur Verfügung stehenden Finanzierungen.

Die EKO Stahl AG schloss das erste Halbjahr 1990 – nach Subventionen – noch mit 389 Mio. Mark Gewinn ab. Am 1. Juli 1990 trat zwischen der DDR und der BRD der Vertrag zur Wirtschafts-, Währungs- und Sozialunion in Kraft. Die D-Mark war nun auch für die DDR-Betriebe Verrechnungs- und Zahlungsmittel. Über Nacht stand das EKO im freien Wettbewerb mit westdeutschen und westeuropäischen Stahl- und Walzwerken. Hinzu kam das Wegbrechen der DDR-Industrie als Abnehmer der EKO-Produkte. Drastische Auftragsreduzierungen waren die Folge. Ihre Aufträge verringerten z.B. die Blechformwerke Bernsbach um 97,5 Prozent, das Stanz- und Emaillierwerk Geithain um 37 Prozent, das Eisenhüttenwerk Thale um 95 Prozent, sowie das Press- und Stanzwerk Ragun um 96,7 Prozent. Im Bereich kaltgewalzter Bleche und Bänder reduzierte sich der Absatz im zweiten Halbjahr 1990 um 60 Prozent von 105.000 t auf 44.000 t. Am 1. August standen 75 Prozent der Belegschaft in Kurzarbeit. Das waren allein am Standort Eisenhüttenstadt von 11.109 Beschäftigten 8.200 Arbeitnehmer.[4]

Die EKO Stahl AG befand sich in einer schweren Krise. Die Analyse ergab: Die Pro-Kopf-Produktion von Eisen, Stahl und kaltgewalzten Blechen und Bändern lag unter dem BRD-Durchschnitt. Im Umsatz pro Mitarbeiter erreichte das Unternehmen z.B. nur 55 Prozent der Summe der Verkaufserlöse je Beschäftigten der Krupp Stahl AG.

Als Ursache offenbarte sich der zu geringe Anteil höherwertiger, umsatzgünstiger Sortimente in Produkten und Vertrieb. Der niedrigere Wertschöpfungsgrad resultierte aus dem Technologierückstand und einer damit verbundenen hohen Personalbindung. Viele Hilfs- und Nebenleistungen,

### Pro-Kopf-Produktion in der Stahlindustrie 1989[5]

|  | BRD-Durchschnitt | EKO |
|---|---|---|
| Hochofenwerke | 4.287 t | 1.666 t |
| Konverterstahlwerke | 3.264 t | 1.233 t |
| Kaltwalzwerke | 1.594 t | 865 t |

### Umsatz/Mitarbeiter[6]

| Dillinger Saarstahl | 359.761 DM/MA |
|---|---|
| Krupp Stahl | 290.020 DM/MA |
| EKO Stahl | 159.761 DM/MA |

### Kosten für Materialeinsatz und -verarbeitung in der Roheisenproduktion[7]

|  | Deutsche Stahlindustrie | Peine-Salzgitter AG | EKO |
|---|---|---|---|
| Koksverbrauch | 440 kg/t |  | 520 kg/t |
| Sauerstoffpreis |  | 131,81 DM/1000m³ | 235 DM/1000 m³ |

die in vergleichbaren westdeutschen Stahlunternehmen betriebsfremde Firmen leisteten, sowie in hohem Maße soziale Aufgaben wurden in der EKO Stahl AG durch eigene Betriebsteile erbracht.

Ein weiteres Hauptproblem war die unzureichende Qualität der Mehrzahl der Produkte. Bisher wurden erhebliche Mengen kaltgewalzter Bleche und Bänder an den Fahrzeug-, Elektro- und Landmaschinenbau sowie an die Haushaltsgeräteindustrie geliefert. Mit dem direkten Zugang zum westdeutschen und westeuropäischen Markt zeigte sich aber, dass die Qualität der EKO-Bleche hier nur dem unteren bis mittleren Anforderungsniveau entsprach. Sie konnten daher – z.B. an führende Autohersteller – nicht verkauft werden. Schwierigkeiten bereitete außerdem der Halbzeugverkauf. Da die bisherigen Abnehmer in der DDR ihre Produktion reduzierten, sank der Absatz. Damit entfiel zu großen Teilen der Markt mit den geringsten Transportkosten. Auf den Märkten außerhalb Deutschlands wurden ungünstigere Preise erzielt. Hinzu kam, dass die Rohstoffeinstands- und -verarbeitungskosten – ebenfalls wegen der Transportkosten – zu hoch waren. Sie wirkten sich negativ auf die Endpreise aus.

Hieraus ergab sich, dass bei allen Erzeugnissen – ausgenommen kunststoffbeschichtete Bleche und Profile – mit Verlust produziert wurde. Die auf dem Markt erzielbaren Erlöse waren oft niedriger als die Herstellungskosten. Die EKO Stahl AG musste daher seit Juli 1990 fortlaufend Kredite zur Aufrechterhaltung ihrer Liquidität aufnehmen. Die Gesamteinschätzung besagte, dass ohne Investitionen, insbesondere in eine Warmbanderzeugungsanlage, am Standort Eisenhüttenstadt die Gewinnzone niemals erreicht werden kann.

Nach dem Ländereinführungsgesetz vom 22. Juli 1990 wurden in der DDR ab August 1990 die Länder Brandenburg, Mecklenburg-Vorpommern, Sachsen, Sachsen-Anhalt und Thüringen gebildet. Auf das Land Brandenburg entfielen dabei eine Reihe Stahlstandorte wie Brandenburg, Eisenhüttenstadt, Finow, Hennigsdorf, Oranienburg und Wittstock. 32.000 der zu diesem Zeitpunkt 57.000 Beschäftigten der DDR-Stahlindustrie arbeiteten von nun an im Land Brandenburg.

Die Europäische Kommission verabschiedete am 21. August 1990 ein Maßnahmepaket zur Eingliederung der DDR in die EG. Die Volkskammer beschloss am 23. August 1990 den Beitritt der DDR zur BRD nach Artikel 23 Grundgesetz. Am 31. August 1990 wurde in Berlin der Vertrag zwischen der Bundesrepublik Deutschland und der Deutschen Demokratischen Republik über die Herstellung der Einheit Deutschlands – kurz: Einigungsvertrag – unterzeichnet. Die Siegermächte des Zweiten Weltkrieges verzichteten am 12. September 1990 im »2+4 Vertrag« von Moskau auf ihre Rechte im vereinten Deutschland. Die DDR verließ am 24. September 1990 den Warschauer Pakt und trat am 3. Oktober 1990 nach Art. 23 Grundgesetz der Bundesrepublik bei.

Dies führte zu einer territorialen Erweiterung der Europäischen Gemeinschaft. Der Geltungsbereich des Gemeinschaftsrechts erstreckte sich von nun an auch auf die fünf neuen Bundesländer und erfasste die Tätigkeit der Treuhandanstalt. Diese war bei der Vergabe von Finanzhilfen direkt an die Vorschriften des EG-Beihilferechts gebunden, deren Einhaltung durch die Europäische Kommission überwacht wurde. Die Aktivitäten der Europäischen Gemeinschaft für Kohle und Stahl (EGKS) richteten sich hierbei vor allem auf den Abbau überschüssiger Produktionskapazitäten. Die Vereinbarungen zwischen der EG und der DDR waren daher ab dem 4. Oktober 1990 überholt. Gemäß EGKS-Vertrag waren in den neuen Bundesländern nun ebenfalls staatliche Betriebs- und Investitionsbeihilfen an die Eisen- und Stahlindustrie verboten. Die EKO Stahl AG konnte mit einer EG-Sonderbehandlung, wie sie die letzte DDR-Regierung noch angestrebt hatte, nicht mehr rechnen.

### Anteil Brandenburgs an der DDR-Stahlerzeugung[8]
in Mio. t, nach Werten von 1989

|  | DDR | Land Brandenburg |
|---|---|---|
| Roheisen | 2,7 | 2,1 |
| Rohstahl | 8,2 | 5,3 |
| Walzstahl | 5,5 | 4,5 |

Mehr als 1.800 Gewerkschafter versammelten sich am 15. August 1990 vor dem Sozialgebäude des Kaltwalzwerkes der EKO Stahl AG, um ihre Geschlossenheit in den Tarifverhandlungen der IG Metall zu demonstrieren.

Foto Mitte:
Der Vorsitzende der IG Metall der DDR, Hartmut Bugiel, am 15. August 1990 im Gespräch mit EKO-Metallern. Von links nach rechts Martin Hoffmann, Bernd Pagel, Hartmut Bugiel, Uwe Richter.

Foto unten links:
Der stellvertretende Vorsitzende des Aufsichtsrates der EKO Stahl AG, Rainer Barcikowski, am 1. September 1990. Der Leiter des Zweigbüros Düsseldorf der Vorstandsverwaltung der IG Metall ist bis heute stellvertretender Vorsitzender im EKO-Aufsichtsrat.

Foto unten rechts:
Der Vorsitzende des Aufsichtsrates der EKO Stahl AG, Otto Gellert, am 1. September 1990. Der Wirtschaftsprüfer, Unternehmensberater und heutige Professor aus Hamburg blieb bis zum 15. Juni 1994 Aufsichtsratsvorsitzender. Er unterstützte EKO Stahl danach bis zum Abschluss der Privatisierung weiterhin als stellvertretender Vorsitzender des Verwaltungsrates der Treuhandanstalt, nachfolgend Bundesanstalt für vereinigungsbedingte Sonderaufgaben (BvS).

Am 1. September 1990 bildete sich nach den Regeln des Aktiengesetzes im Internationalen Handelszentrum in Berlin der Aufsichtsrat der EKO Stahl AG. Zum Aufsichtsratsvorsitzenden wurde der Wirtschaftsprüfer Otto Gellert aus Hamburg gewählt. Sein Stellvertreter wurde der Leiter des Zweigbüros Düsseldorf der IG Metall, Rainer Barcikowski.

Weitere Aufsichtsratsmitglieder waren für die Anteilseignerseite Günter Flohr, Christian Olearius, Hans Rosentalski, Heiner Rubarth, Axel von Ruedorffer, Jürgen Harnisch, Walter Siegert, Alfons Titzrath, Kurt Stähler und für die Arbeitnehmerseite Klaus Dammann, Peter Gaßmann, Jochen Hahn, Bernd Hartelt, Günter Reski, Uwe Richter, Ingrid Scheibe-Lange, Carmen Taute, Rainer Werner. Zum neutralen Mitglied wurde Stefan Körber bestellt.

In seiner ersten Sitzung bestimmte der Aufsichtsrat den Vorstand der EKO Stahl AG. Er berief zum Vorsitzenden Karl Döring und zu Mitgliedern Manfred Schlesier (Technik/Produktion), Hans Conrad (Finanzen/Controlling), Eckhardt Hoppe (Marketing/Verkauf), Adalbert Bartak (Personal- und Sozialwesen). Im Lagebericht des Vorstandes wurden folgende Feststellungen getroffen: Obwohl es im ersten Halbjahr gelang, auf dem DDR-Markt präsent zu bleiben und mit allen Kunden Kontakt zu halten, zeichnete sich in der Auftragslage des Unternehmens ab dem zweiten Halbjahr in allen Positionen eine negative Entwicklung ab. Der Aufbau eines eigenen Vertriebs und eine aktive Arbeit am Markt erhielten damit Vorrang. Ziele wurden die Neugestaltung der Vertriebsorganisation und die Schaffung von Geschäftsstellen. Durch die Gründung einer Vertriebsfirma in Westdeutschland sollten neue Kunden gewonnen werden. Die weitere Planung ging von einem monatlichen Verlust in Höhe von 22 Mio. DM aus.

Am 7. September 1990 fand im Speisesaal des Werkzentrums eine Beratung des Vorstandes mit Leitern, Mitgliedern des Betriebsrates und Gewerkschaftsvertretern statt. Gegenstand waren eine um 40 Prozent gesunkene Auslastung nach zwei Monaten Marktwirtschaft und die Gefahr weiterer Absatzverluste. Dies galt insbesondere für die Handelsbeziehungen zu sowjetischen Partnern. Karl Döring beschrieb die Situation mit den Worten: »Wir brauchen einen Ruck durch unsere gesamte ›Mannschaft‹, wir brauchen einen Ruck durch die Belegschaft und durch die Leiter, um aus dem Zentrum der Gefahrenzone, in der wir uns jetzt befinden und die uns schnell in den Strudel reißen kann, wenigstens an den Rand – ich sage noch nicht an das rettende Ufer – zu kommen«.[9]

Der neue Aufsichtsrat und der Vorstand ergriffen in den folgenden Wochen und Monaten eine Reihe von Maßnahmen zur Sanierung der EKO Stahl AG. Diese richteten sich so-

Der Aufsichtsrat der EKO Stahl AG auf seiner konstituierenden Sitzung am 1. September 1990: die Arbeitnehmerseite (Bild oben), die Anteilseignerseite (Bild unten)

**Rückläufige Aufträge bei den Haupterzeugnissen der EKO Stahl AG im Zeitraum Juli bis Oktober 1990[10] in kt**

|  | Juli | August | September | Oktober |
|---|---|---|---|---|
| Roheisen | 145,20 | 125,70 | 120,00 | 92,70 |
| Rohstahl | 145,20 | 130,20 | 125,90 | 84,90 |
| Halbzeug | 142,20 | 120,00 | 129,30 | 79,40 |
| Fertiger Walzstahl | 22,00 | 14,80 | 9,20 | 11,20 |
| II. Verarbeitungsstufe | 136,90 | 134,40 | 126,60 | 122,30 |

wohl auf die Entwicklung einer Sanierungsstrategie als auch auf unmittelbare Schritte zur Begrenzung der Verluste. Fortgesetzt wurde die Arbeit am Sanierungskonzept. Grundzüge der Sanierung waren bereits auf der ersten Aufsichtsratssitzung erörtert worden. Nun sollte eine intensive gemeinsame Arbeit zwischen der EKO und der Krupp Stahl AG, der Peine-Salzgitter AG und der Unternehmensberatung Roland Berger & Partner beginnen. Erste Aktivitäten richteten sich auf folgende Punkte:
- Entflechtung der Kombinatsstrukturen und Schaffung effizienter Unternehmensstrukturen am Standort Eisenhüttenstadt, vor allem durch das Trennen der Produktionslinien mit dem Ziel einer deutlichen Profilierung der Produktion im Kaltwalzwerk, des Erhalts der Flüssigmetall-Linie und

### »Die deutsche Stahlindustrie hat Grund zur Gelassenheit« – Helmut Haussmann[11]

*Für die Stahlproduzenten der DDR gelten die Regeln des Staatsvertrages über die Errichtung einer Währungs-, Wirtschafts- und Sozialunion. Das bedeutet: Zum 1. Juli 1990 werden die Stahlkombinate – wie im Entwurf des Treuhandgesetzes vorgesehen – in privatrechtliche Kapitalgesellschaften umgewandelt. Die drei Stahlkombinate der DDR unterliegen den gleichen Regeln wie alle anderen Wirtschaftszweige. Sie müssen entflochten und privatisiert werden, damit wettbewerbsfähige Einheiten entstehen. Die Treuhandanstalt hat eine Kreditermächtigung erhalten, um die Strukturanpassung unterstützen zu können. Ich freue mich sehr über die Anstrengungen der bundesdeutschen Stahlindustrie, die Unternehmen in der DDR betriebswirtschaftlich zu beraten und mit unseren Marktgewohnheiten besser vertraut zu machen.*

*Ich meine: Die Stahlindustrie kann die Öffnung Osteuropas sehr gelassen sehen. Denn es wird sich auch auf der Nachfrageseite eine ganze Menge tun. In der DDR wird es eine Investitionswelle und einen Bauboom geben. An die Stelle der Trabis aus »Plaste und Elaste« werden Autos aus Stahl treten. Und die Nachfrage nach Autos wird insgesamt steigen.*

*Das Problem der Stahlindustrie wird darum nicht der Angebotsdruck sein, sondern eher der Nachfragesog. Die Zeiten sind günstig: Wir sollten den konjunkturellen Rückenwind nutzen für weitere Modernisierung und Spezialisierung in der Stahlindustrie und für den Abbau von staatlichen Eingriffen in die Eisen- und Stahlindustrie.*

Die EKO Stahl AG auf der Leipziger Herbstmesse, 1990.

der Errichtung einer Warmbanderzeugungsanlage;
- deutliche Verringerung der Verluste durch Senkung der Kosten und Reduzierung der Bestände, u.a. durch die Bildung eines zentralen Einkaufs, Erhöhung der Gewinne durch Erweiterung der Sortimentspalette vor allem in Richtung höherwertige Stahlmarken und Erhöhung des Anteils oberflächenveredelter Produkte;
- Personalreduzierung unter Ausschluss betriebsbedingter Kündigungen, vor allem durch die Ausgliederung von Betriebsteilen bzw. die Ansiedlung neuer Firmen, durch einen sozialverträglichen Personalabbau unter Nutzung der Möglichkeiten für Vorruhestandsregelungen, durch den Aufbau einer Qualifizierungsgesellschaft für Kurzarbeiter, Umschüler und zukünftige ABM-Beschäftigte;
- intensive Marktarbeit durch die neu eröffneten Geschäftsstellen in Dresden, Chemnitz, Leipzig, Burg, durch die Erweiterung des Geschäftsstellennetzes für den Raum Berlin und nördliche Regionen, durch den Aufbau eines Vertriebssystems über Handelshäuser in Berlin und Essen und über die Einrichtung von Stahl-Service-Centern, Aufrechterhaltung und Ausbau des Handels mit der UdSSR, u.a. durch Gegengeschäftslösungen zur Überwindung von Zahlungsschwierigkeiten.

Im Einzelnen wurden z.B. folgende Maßnahmen ergriffen: Anfang Juli wurde der Hochofen IV stillgelegt. Er produzierte mit schlechtestem Ergebnis. Anfang August löste der Vorstand die erste Struktureinheit aus der EKO Stahl AG heraus. Gemeinsam mit der Firma Völkl aus Weiden wurde die Völkl/EKO Wärmeumwelttechnik GmbH gebildet. 60 Prozent der Anteile lagen bei EKO Stahl. Sitz der Gesellschaft war Eisenhüttenstadt. Sie übernahm 50 Mitarbeiter. Anfang September beteiligte sich die neue Aktiengesellschaft mit einem eigenen Messestand an der Leipziger Herbstmesse.

Ende September bildeten die Krupp Stahl AG, die Peine-Salzgitter Stahl AG und die EKO Stahl AG eine gemeinsame Arbeitsgruppe mit dem Ziel, Möglichkeiten und Ansatzpunkte für die Erhöhung der Effektivität der Produktion in Eisenhüttenstadt zu erschließen. In der Aufsichtsratssitzung am 30. September 1990 wurden neben der Satzung und der Geschäftsordnung für den Vorstand Fragen der Errichtung einer Warmbanderzeugungsanlage beraten. Ihr Aufbau sollte vor allem dem Erhalt der Flüssigmetallurgie am Standort Eisenhüttenstadt und der Senkung des Warmbandeinstandspreises für das Kaltwalzwerk dienen.

Zu Grundzügen der Sanierung fand am 25./26. Oktober 1990 in Hannover eine Klausurtagung von Vorstandsmitgliedern der Peine-Salzgitter Stahl AG, der Krupp Stahl

AG und der EKO Stahl AG statt. Im Ergebnis wurde eine Dokumentation über Wege der Unternehmenssanierung erstellt. Am 7. November 1990 teilte der Vorstandsvorsitzende Karl Döring auf einer Betriebsversammlung im Kulturhaus mit, dass die Umsatzerlöse inzwischen deutlich unter die Kosten gesunken und hieraus Verluste in Höhe von 50 Mio. DM entstanden seien. Zu diesem Zeitpunkt existierten zwölf Arbeitsgruppen, die nach den Vorgaben des Aufsichtsrates und des Vorstandes Konzepte zur EKO-Sanierung ausarbeiteten. Auf der Aufsichtsratssitzung am 21. November 1990 wurde neben einer Fülle von Punkten, darunter die DM-Eröffnungsbilanz und eine erste zusammenfassende Verständigung zum Sanierungskonzept, die Vorlage »Aufbau einer gemeinsamen Vertriebsorganisation der EKO Stahl AG und der Krupp Stahl Handel GmbH für das Verkaufsgebiet der fünf neuen Bundesländer« behandelt.

Ein entscheidender Punkt der Krisenbewältigung war die Aufrechterhaltung der Zusammenarbeit mit dem Metallurgischen Kombinat Tscherepowez, die vor allem dem unermüdlichen Engagement von Karl Döring zu verdanken war. Am 14. November 1990 unterzeichneten das Kombinat und die EKO Stahl AG eine Absichtserklärung über die gemeinsame Produktion von 350 kt kaltgewalzter Bleche und Bänder für die Volkswirtschaft der UdSSR. Für diese Produktion sollte das Kombinat 1991 an EKO Stahl 615 kt Warmband liefern. Davon waren 390 kt für die Produktion von 350 kt kaltgewalzter Blechen für das metallurgische Kombinat Tscherepowez und 100 kt Warmband zur Produktion von 90 kt kaltgewalzter Bleche vorgesehen. Letztere sollten in frei konvertierbarer Währung verkauft werden. Der Erlös war für die Kompensation von Aufwendungen vorgesehen, die für Maßnahmen des technischen Fortschritts im Metallurgischen Kombinat Tscherepowez erforderlich waren. Für die Kompensation der EKO-Aufwendungen bei der Produktion der kaltgewalzten Bleche waren 125 kt Warmband vorgesehen. Ziel der Absichtserklärung war es, sich durch die Gegengeschäftslösung wechselseitig beim Übergang in die Marktwirtschaft zu unterstützen.

Am 20. Dezember 1990 übergab der Vorstand der EKO Stahl AG dem Ministerium für Wirtschaft, Mittelstand und Technologie des Landes Brandenburg zwei Anträge für Investitionszuschüsse, zum einen zur Errichtung einer Warmbanderzeugungsanlage und zum anderen zur Modernisierung des Kaltwalzwerkes. Beide Vorhaben richteten sich auf den Erhalt des Stahlstandortes, auf die Senkung der Kosten beim Warmbandeinstandspreis und auf die Verbesserung der Qualität und Marktfähigkeit der EKO-Produkte.

Am 12. Dezember 1990 erfolgte die Gründung des QualifizierungsCentrum der Wirtschaft GmbH, Eisenhüttenstadt (QCW). Gesellschafter waren die Krupp Stahl AG, die Peine-Salzgitter AG, die EKO Stahl AG und die MA Management Akademie Essen. Das Zentrum bot arbeitsfähigen Menschen der Region Perspektiven zur beruflichen Neuorientierung. Die ersten Lehrgänge ab 1991 dienten vor allem der Umschulung und Qualifizierung von Dauerkurzarbeitern.

Foto oben:
Am 9. Dezember 1990 wurde bei EKO Stahl die erste Vertrauenskörperleitung (VKL) der IG Metall gewählt. Von links nach rechts: VKL-Vorsitzender Bernd Pagel, Iris Billich, Karl-Heinz Bachert, Jürgen Voigt, Andreas Mertke, Jochen Hahn.

Fotos Mitte und unten:
Am 12. Dezember 1990 wurden Birgit Franzke als stellvertretende Vorsitzende und Günter Reski (unten links) als Vorsitzender des Betriebsrates der EKO Stahl AG gewählt.

# Die Privatisierung

## Das Sanierungskonzept

### Beschäftigte des VEB Bandstahlkombinat »Hermann Matern« (1988) und der EKO Stahl AG (1990/1991)[12]

| Betrieb | Zahl der Beschäftigten | | |
|---|---|---|---|
| | 1988 | 1990 | 1991 |
| EKO Eisenhüttenstadt | 11.775 | 11.510 | 9.900 |
| Walzwerk Finow | 2.094 | 2.071 | 1.650 |
| Kaltwalzwerk Oranienburg | 1.169 | 1.184 | – |
| Kaltwalzwerk Bad Salzungen / Thüringen Bandstahl | 1.190 | 1.239 | 990 |
| Walzwerk Burg | 890 | 869 | 480 |
| Blechwalzwerk Olbernhau | 602 | 592 | – |
| Magnesitwerk Aken | 1.069 | 1.091 | 820 |
| Metallurgieanlagen Wittstock | o.A. | 487 | 490 |
| Insgesamt | 18.789 | 19.043 | 14.330 |

### Hauptziele der Sanierungskonzeption der EKO Stahl AG vom 21. Januar 1991

- Marketing-Arbeit im Inland mit Marktanalysen und Kundenbesuchen; Aufbau einer eigenen Vertriebsorganisation, einschließlich der Gründung gemeinsamer Vertriebsgesellschaften mit anderen Unternehmen;
- Marketing-Arbeit im Exportgeschäft, vor allem Verhandlungen über Warmbandlieferungen aus der UdSSR, Kundengewinnung in der UdSSR, Gründung von Geschäftsstellen in Moskau und Leningrad;
- Kostenanalysen für alle Betriebsstätten mit dem Ziel einer wesentlichen Reduzierung der Herstellungskosten;
- Entwicklung von Qualitätskonzepten zur schrittweisen Anhebung des Qualitätsniveaus und Erweiterung des Sortiments mit dem Ziel der Verbesserung des Erlösniveaus (Erhöhung des Wertschöpfungsgrades durch höherwertige Sortimente);
- Neuprofilierung der innerbetrieblichen Strukturen, Führungs- und Kontrollsysteme;
- Verringerung der Fertigungstiefe durch Ausgliederung von Hilfs- und Nebenbereichen;
- Erarbeitung von Akquisitionsmaterialien für eine Industrieansiedlung in Eisenhüttenstadt.

Im zweiten Halbjahr 1990 hatten zahlreiche Gespräche zwischen Vertretern des Vorstandes und der Treuhandzentrale in Berlin über Chancen und Möglichkeiten der EKO-Privatisierung stattgefunden. Das EKO-Sanierungskonzept hatte verschiedene Stadien durchlaufen. Die Arbeiten waren im Mai 1990 begonnen worden. Ein erstes Konzept mit den Unterschriften des Vorstandsvorsitzenden Karl Döring und des Mitgliedes Finanzen/Controlling des Vorstandes Hans Conrad lag am 1. August 1990 vor. Schwerpunkte waren eine Verbesserung des Werkvertriebs und der Marktbearbeitung, die Entwicklung der Produktion im Kaltwalzwerk und in der Flüssigmetall-Linie, der Personalabbau durch Vorruhestandsregelungen, Ausgliederungen, Qualifizierungen und Umschulungen, einschließlich der Gründung einer eigenen Bildungsgesellschaft für Dauerkurzarbeiter, die Errichtung einer eigenen Warmbandkapazität sowie die Aufrechterhaltung und der Ausbau der Exportbeziehungen zur UdSSR.

Die Grundzüge dieses Konzeptes waren auf der ersten Aufsichtsratssitzung der EKO Stahl AG am 1. September 1990 vorgestellt und anschließend in verschiedenen Arbeitsgruppen mit der Unternehmensberatung Roland Berger & Partner, mit der Krupp Stahl AG und der Stahlwerke Peine-Salzgitter AG weiter vertieft worden. Am Ende lag am 21. Januar 1991 eine erweiterte Sanierungskonzeption – nicht nur für das EKO in Eisenhüttenstadt, sondern auch für die Tochtergesellschaften – vor, die nun die Unterschriften des Vorstandsvorsitzenden Karl Döring und vom Leiter der Zentralen Unternehmensplanung Jürgen Nathow trug. Strategisches Unternehmensziel war die Herstellung der Wettbewerbsfähigkeit durch Erreichen der Rentabilität des Unternehmens, die Erhöhung des Anteils ertragsintensiver Sortimente in der Produktion und die Verbesserung der Marktposition in Deutschland, in Ost- und Westeuropa. Das künftige Unternehmensprofil sollte vor allem durch den Stahlstandort Eisenhüttenstadt – in Verbindung mit den Tochtergesellschaften Walzwerk Finow und Magnesitwerk Aken – geprägt werden. Für die übrigen Gesellschaften – Thüringen Bandstahl, Walzwerk Burg und Metallurgieanlagenbau Wittstock – war die Veräußerung vorgesehen. Das ursprüngliche Konzept war von zehn Seiten (ohne Anlagen) auf ca. 150 Seiten angewachsen. Als es Ende Januar 1991 der Treuhandzentrale in Berlin übergeben wurde, war diese jedoch noch der »Inbegriff des organisatorischen Chaos«. »Zu den Erscheinungsformen dieses Chaos gehörten überfüllte Büros, unklare bzw. ständig wechselnde Zuständigkeiten, fehlende Telefonverzeichnisse und Organigramme, fehlende Schreib- und sonstige Assistenzkräfte. Gravierend wirkte sich vor allem der völlig unzureichende Stand der technischen Kommunikation aus. Die Ausstattung mit Telefon- und Faxleitungen war so, dass diese tagsüber nur mit Geduld und Glück, ansonsten aber nur außerhalb der regulären Bürozeiten genutzt werden konnten. Die Unzuverlässigkeit der technischen Kommunikation erhöhte die physische Präsenz sowohl von Kaufinteressenten als auch von Betriebsdelegationen in den Gängen der Treuhandzentrale, aber auch der Außenstellen/Niederlassungen. In größeren Räumen fand in jeder Ecke ein Verkaufsgespräch statt. Unternehmensentscheidungen von erheblicher Tragweite wurden auf den Fluren abgesprochen. Gespräche, bei denen es definitiv ruhig und vertraulich zugehen musste, fanden nach 23 Uhr oder nach Mitternacht statt.«[13]

Die Stellungnahme der Treuhandzentrale zum Sanierungskonzept der EKO Stahl AG ließ also auf sich warten. Am 1. Januar 1991 war für die Anstalt eine neue Organisationsstruktur in Kraft getreten, deren wesentliches Prinzip die Gliederung nach Branchen war. Fünf Unternehmensbereiche waren gebildet worden, ergänzt durch die Vorstandsbereiche Präsident, Niederlassungen, Personal und Finanzen. Für die EKO Stahl AG wurde das Vorstandsmitglied Hans Krämer zuständig. Krämer, Jahrgang 1935, Diplom-Kaufmann, seit 1977 Vorstandsvorsitzender der STEAG AG, war bereits seit November 1990 Mitglied des Vorstandes der Treuhandanstalt. Seit 1. Januar 1991 war er zuständig für die Bereiche Umweltschutz/Altlasten, Finanzierung und Finanzvermögen, Eisen- und Stahlerzeugung, NE-Metallindustrie sowie Hotels und Gästehäuser. Am 10. März 1991 begann der Umzug der Treuhandzentrale vom Alexanderplatz in das Gebäude des ehemaligen Reichsluftfahrtministeriums, des späteren Hauses der Ministerien der DDR, das mit seinen 2.200 Büros, von denen ca. die Hälfte von der Treuhandanstalt belegt wurden, inzwischen umfassend saniert worden war.

Am 1. April 1991 nahm der im Unternehmensbereich von Treuhandvorstand Hans Krämer von nun an für die Abteilung Eisen- und Stahlerzeugung/NE-Metallindustrie zuständige Direktor Wolfgang Tantow seine Tätigkeit auf. Tantow war nach dem Studium der Betriebswirtschaft an der Freien Universität Berlin ab 1956 viele Jahre bei Siemens an verschiedenen Standorten und für verschiedene Produktbereiche in leitender Position tätig gewesen, zuletzt als Direktor in der Hausgerätesparte. Er kannte sich in der Verwendung kaltgewalzter Produkte bestens aus. Am 20. April 1991 erfolgte der Umzug des Treuhandvorstandes in das neue Gebäude. Am 22. Mai 1991 besuchte Hans Krämer mit dem Bundestagsabgeordneten Ulrich Junghans (CDU), mit Vertretern des Bundeskanzleramtes und des Bundeswirtschaftsministeriums zum ersten Mal die EKO Stahl AG. Vorausgegangen war dem am 18. April 1991 ein Gespräch zum Thema EKO Stahl im Bundeswirtschaftsministerium in Bonn, ebenfalls vermittelt durch Ulrich Junghans, an dem die Referatsleiter Stahlwirtschaft und Regionalförderung, Vertreter des Bundeskanzleramtes und des Deutschlandstabes der Bundesregierung teilgenommen hatten. Der EKO-Vorstandsvorsitzende Karl Döring hatte hier das Modernisierungskonzept für das Kaltwalzwerk und die Idee des Ersatzes der Flüssiglinie durch zwei Elektroöfen und den Bau einer Dünnbrammengießwalzanlage erläutert.

Foto links:
Hans Krämer war seit dem 15. November 1990 Vorstandsmitglied der Treuhandanstalt und seit 1991 u.a. zuständig für den Bereich Eisen- und Stahlerzeugung.

Foto rechts:
Treuhandzentrale in Berlin.

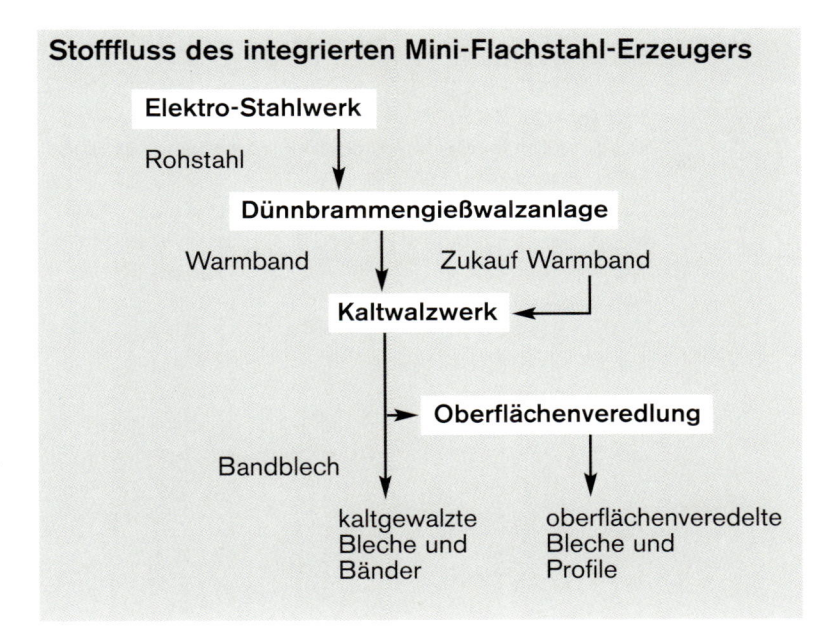

### Stofffluss des integrierten Mini-Flachstahl-Erzeugers

Elektro-Stahlwerk
→ Rohstahl
→ Dünnbrammengießwalzanlage
→ Warmband / Zukauf Warmband
→ Kaltwalzwerk
→ Bandblech
→ Oberflächenveredlung
→ kaltgewalzte Bleche und Bänder
→ oberflächenveredelte Bleche und Profile

Die Idee der Errichtung einer Dünnbrammengießwalzanlage in Eisenhüttenstadt war bereits in der zweiten Hälfte der 80er Jahre entstanden, unmittelbar nach dem Abbruch der Arbeiten zur Errichtung einer Warmbandstraße. Seit dieser Zeit gab es eine intensive gemeinsame Arbeit, einschließlich gemeinsamer Versuchs- und Forschungstätigkeit, mit den Firmen VOEST Alpine und Schloemann-Siemag. Technisch weitgehend ausgehandelte Angebote der genannten Firmen lagen vor. Die Vorstellung von Aufsichtsrat und Vorstand der EKO Stahl AG ging dahin, die Errichtung dieser hochmodernen Anlage als Gemeinschaftsprojekt mit einem oder mehreren westdeutschen Stahlkonzernen zu realisieren.

Wolfgang Tantow war ab 1991 Direktor für Eisen- und Stahlerzeugung/ NE-Metallindustrie der Treuhandanstalt.

Am 27. Mai 1991 fand unter der Leitung des Ministerpräsidenten Manfred Stolpe eine Brandenburger Stahlkonferenz statt, an der Minister der Landesregierung, Vertreter der Europäischen Gemeinschaft, der Bundesregierung, der Treuhandanstalt, der Kommunen und Landkreise, der Gewerkschaften, der Wirtschaftsvereinigung und des Arbeitgeberverbandes Stahl teilnahmen. Die EKO Stahl AG war durch den Aufsichtsratsvorsitzenden Otto Gellert, seinen Stellvertreter Rainer Barcikowski, den Vorstandsvorsitzenden Karl Döring und den Betriebsratsvorsitzenden Günter Reski vertreten. Auf dieser Konferenz stellte Karl Döring das Sanierungskonzept der EKO Stahl AG erstmals einer breiteren Öffentlichkeit vor. Somit waren bis Ende Mai 1991 die Bundesregierung über das Bundeswirtschaftsministerium, die Landesregierung Brandenburg und die Treuhandanstalt in Berlin umfassend und ausführlich über die Überlegungen des Aufsichtsrates und des Vorstandes der EKO Stahl AG zum Aufbau eines Elektrostahlwerkes mit innovativer Dünnbrammengießwalztechnologie im Anschluss sowie im Verbund mit einem modernisierten Kaltwalzwerk am Standort Eisenhüttenstadt unterrichtet.

Unter der Leitung von Wolfgang Tantow war die Abteilung Eisen- und Stahlerzeugung der Treuhandanstalt durch Experten verstärkt worden. Auf der Grundlage der von der EKO Stahl AG eingereichten Unterlagen begann nun die Prüfung der Sanierungskonzeption und des Zukunftskonzeptes (Mini-Flachstahlwerk) der EKO Stahl AG. Die Treuhandanstalt ließ sich hierfür von westdeutschen Stahlfirmen Durchführbarkeitsstudien anfertigen und versuchte damit zugleich Interessenten für den Standort Eisenhüttenstadt zu gewinnen. Gleichzeitig regte sie die Ausarbeitung von Alternativkonzeptionen an, die sich im Kern auf das Kaltwalzwerk mit nachfolgenden Verarbeitungsstufen konzentrierten. Zu den ersten Unternehmen, die hierfür angesprochen wurden, gehörten die Thyssen Stahl AG, die Krupp Stahl AG, die Stahlwerke Peine-Salzgitter AG und der französische Konzern Usinor-Sacilor. Während sich Thyssen und Krupp Stahl sowie Peine-Salzgitter an den konzeptionellen Überlegungen beteiligen wollten, sah Usinor-Sacilor – wegen eigener Entwicklungsprobleme – keine Möglichkeit einer Mitwirkung.

In der EKO Stahl AG wurde die Arbeit am Zukunftskonzept fortgesetzt. Bereits Anfang April 1991 hatte der Vorstandsvorsitzende Karl Döring erneut die Firma Nucor Steel besucht. Er überzeugte sich noch einmal vom wirtschaftlichen Erfolg der Mini-Flachstahlwerke in den USA. Deren Marktanteil war hier von knapp 7 Prozent im Jahr 1974 auf 26 Prozent im Jahr 1990 gestiegen. Verschiedene Varianten der Errichtung einer Dünnbrammengießwalzanlage am Standort Eisenhüttenstadt wurden bis in den Sommer erörtert, umfangreiche detaillierte Berechnungen und gutachterliche Stellungnahmen waren notwendig. Nach Abschluss der Diskussionen und Voruntersuchungen wurde Roland Berger & Partner auf der Grundlage weiterer Berechnungen mit der Ausarbeitung eines Zukunftskonzeptes für die EKO Stahl AG beauftragt. Ausgangspunkt war die Überlegung, dass langfristige Wettbewerbschancen nur als vollintegrierter Standort mit eigener Warmbandversorgung bestehen. Der Technologie-Sprung in Form der Dünnbrammengießwalzanlage sollte einen Kostenvorteil erbringen, der die Kostennachteile aus dem Rohstoffantransport ausgleichen sollte. Zwei Varianten wurden diskutiert: a) die integrierte Variante Elektro-Stahlwerk mit anschließender Dünnbrammengießwalzanlage und b) die integrierte Variante Hochofen–Konverterstahlwerk mit anschließender Dünnbrammengießwalzanlage.

Die Variante a) war in der Erzeugnisqualität abhängig vom Schrotteinsatz und in ihrer Wirtschaftlichkeit abhängig von den Veränderungen im Schrott- und im Strompreis. Die Variante b) erwies sich erst bei einer Stahlproduktion von mindestens 1,4 Mio. t/a als kostengünstig. Das entsprach

> **Grundzüge des Zukunftskonzeptes der EKO Stahl AG 1991**
> - Konzentration auf das Kerngeschäft Eisen und Stahl durch die Ausgliederung von Betriebseinheiten außerhalb dieses Kerngeschäftes bei gleichzeitiger Schaffung von mittelständischer Industrie im Raum Eisenhüttenstadt;
> - Ableitung der Größe des Kerngeschäftes aus der konkreten Marktentwicklung unter besonderer Beachtung des Osteuropa-Marktes;
> - Errichtung einer Dünnbrammengießwalzanlage zur Schließung der technologischen Lücke am Standort Eisenhüttenstadt;
> - Angleichung der Produktions- und Herstellungskosten an den Branchendurchschnitt, mit dem Ziel der Entwicklung der Kostenführerschaft bei Einzelpositionen;
> - Sozialverträglicher Personalabbau bei gleichzeitiger Sicherung von 3.000 Arbeitsplätzen im Kernbereich und von 2.000 Arbeitsplätzen im EKO-Umfeld;
> - Modernisierung des Kaltwalzwerkes durch ein umfassendes Investitionsprogramm mit dem Ziel marktwirksamer Produktverbesserungen;
> - Betriebswirtschaftliche und organisatorische Umgestaltung des Unternehmens, u.a. durch Einführung und Anwendung der SAP-Software für alle Buchhaltungskomplexe.

1,3 Mio. t/a Warmband. Bei einer Produktion von 0,8 Mio. t/a Warmband wäre die Auslastung der Anlagen zu gering, um kostengünstig zu produzieren. Im Hinblick auf die Rohstoffpreise war diese Variante allerdings erheblich weniger empfindlich, da sie in der Nutzung des jeweils billigsten Rohstoffes variabel war. Außerdem bot sie schon bei der beeinflussbaren Auswahl im Rohstoffeinsatz die Gewähr für höchste Qualitätssicherheit der Endprodukte. Diese Variante wurde im Ergebnis aller durchgeführten Untersuchungen von Roland Berger & Partner zuerst empfohlen.

In der Folge fanden weitere Untersuchungen, Berechnungen und Prüfungen statt. Kernstück des Zukunftskonzeptes der EKO Stahl AG wurde am Ende überraschend jedoch die zunächst weniger bevorzugte Variante. Am 17. Juni 1991 statteten Vertreter des Unternehmensbereiches U 5 der Treuhandanstalt, unter ihnen das Mitglied des Vorstandes, Hans Krämer, und der für den Bereich Eisen- und Stahlerzeugung zuständige Direktor, Wolfgang Tantow, der EKO Stahl AG einen Arbeitsbesuch ab. Während einer Betriebsbesichtigung und in Gesprächen mit dem Vorstand und dem Betriebsrat informierten sie sich über den Stand der Arbeit am Zukunftskonzept. Am 30. Juni 1991 wurde dieses dann vollständig ausgearbeitet der Treuhandanstalt in Berlin übergeben. Es ging von der Erhaltung des Stahlstandortes Eisenhüttenstadt mit einem integrierten Hüttenwerk und mit weit über 5.000 Beschäftigten im EKO und in dessen Umfeld aus. Folgende Zielkriterien waren formuliert:
- die Jahreskapazität des Kaltwalzwerkes beträgt künftig 1,2 Mio. t, wobei in diesem Rahmen die Produktion von verzinkten und beschichteten Blechen und Bändern erhöht wird;
- das vorhandene Konverterstahlwerk wird durch ein Mini-Flachstahlwerk, bestehend aus Elektroöfen und Dünnbrammengießwalzanlage, ersetzt;
- mehr als 20 Geschäftsfelder der Hilfs-, Neben- und Dienstleistungsgewerke werden mit weit über 1.000 Arbeitsplätzen aus dem EKO ausgegliedert;
- durch Neuansiedlungen von metallverarbeitendem Gewerbe auf dem EKO-Gelände sind zielstrebig mindestens 1.000 neue Arbeitsplätze zu schaffen;
- der Handel mit osteuropäischen Ländern wird, z.B. über Warenaustauschgeschäfte, aufrechterhalten und ausgebaut.

Anfang August 1991 fand unter der Leitung von Hans Krämer in der Berliner Treuhandzentrale eine ausführliche Beratung zum Zukunftskonzept der EKO Stahl AG statt. Der EKO-Vorstand wurde beauftragt, kurzfristig weitere Berechnungen durchzuführen. Die Treuhandanstalt ging – nach anfänglichen Zweifeln – für die Zukunft von einem integrierten Hüttenwerk am Standort Eisenhüttenstadt aus. Krämer kündigte die EKO-Privatisierung bis zum Jahresende an. Bis November 1991 wurde das Konzept durch weitere Berechnungen präzisiert. Am Ende trug es den schlichteren Titel Unternehmenskonzept und wurde Arbeitsgrundlage für die Privatisierung der EKO Stahl AG.

Ende August 1991 wurden das Sanierungs- und das Zukunftskonzept im Stadtparlament in Eisenhüttenstadt vorgestellt. Vorstandsmitglied Hans Conrad und der Leiter der Zentralen Unternehmensplanung, Jürgen Nathow, erläuterten den Abgeordneten die Bemühungen der EKO Stahl AG um die Zukunft des Stahlstandortes. Günter Reski begründete die Zustimmung des Betriebsrates zu beiden Konzepten. Die Abgeordneten forderten die Treuhandanstalt in einem Beschluss auf, bei der Privatisierung der EKO Stahl AG zugunsten des Standortes Eisenhüttenstadt und seiner Bürger zu entscheiden. Sie appellierten auch an die Bundes- und an die Landesregierung, dieses Anliegen zu verfolgen.

Am 28. August 1991 fand im Landtag Brandenburg in Potsdam auf Antrag der CDU-Fraktion eine aktuelle Stunde zur Stahlindustrie statt. Der CDU-Landtagsabgeordnete Detleff Kirchhoff forderte von der Landesregierung den Erhalt der Brandenburger Stahlstandorte. Diese Forderung wurde von allen Fraktionen und von der Landesregierung unterstützt. In der Folge informierte sich am 4. September 1991 der Vorsitzende der CDU-Landtagsfraktion, Peter-Michael Diestel, in Eisenhüttenstadt über die Situation der EKO Stahl AG und über die Sorgen der Mitarbeiterinnen und Mitarbeiter des Unternehmens. Nach einem Rundgang durch das Konverterstahlwerk bekräftigte er sein Votum für den Erhalt des Stahlstandortes Eisenhüttenstadt. Am 13. September 1991 weilte der SPD-Landesvorsitzende, Steffen Reiche, in Begleitung des Eisenhüttenstädter Bürgermeisters Rainer Werner im EKO. Nach einem Rundgang durch das Werk fanden Gespräche mit dem Betriebsrat und mit dem Arbeitsdirektor statt. Auch Steffen Reiche plädierte für den Stahlstandort.

Trotz der Ankündigung, die EKO-Privatisierung bis zum Ende des Jahres durchzuführen, kam aus der Berliner Treuhandzentrale zunächst kein Zeichen. Hieraus entstanden in

Hans Krämer (2. von rechts) mit dem Mitglied des EKO-Vorstandes Manfred Schlesier (3. von rechts) und dem Leiter der Roheisen- und Stahlerzeugung Hans-Ulrich Schmidt (1. von rechts) am 17. Juni 1991 im EKO.

## Vom Sanierungskonzept zum Unternehmenskonzept (1990 bis 1993)

|  | Sanierungskonzept | Zukunftskonzept | Unternehmenskonzept |
|---|---|---|---|
| 1. 8. 1990 | Erstes Sanierungskonzept | | |
| 21. 1. 1991 | Übergabe der detaillierten Sanierungskonzeption an die Treuhandanstalt | | |
| 24. 4. 1991 | | Beratung von Grundzügen des Zukunftskonzeptes | |
| 30. 6. 1991 | | Übergabe des Zukunftskonzeptes an die Treuhandanstalt | |
| 1. 11. 1991 | | | Erste Erörterung des Unternehmenskonzeptes |
| 15. 11. 1992 | | | Zwischenfassung des Unternehmenskonzeptes |
| 1. 3. 1993 | | | Endfassung des Unternehmenskonzeptes |
| 1. 4. 1993 | | | Einreichung des Unternehmenskonzeptes bei der EG-Kommission |

Jürgen Nathow war von 1990 bis 1994 Leiter der Zentralen Unternehmensplanung und in dieser Funktion maßgeblich an der strategischen Entwicklung der EKO Stahl AG beteiligt. Ende 1994 wurde er Leiter des Kaltwalzwerkes.

Bild links: Der Vorsitzende der CDU-Landtagsfraktion Peter-Michael Diestel (Bildmitte) am 4. September 1991 in der EKO Stahl AG.
Bild rechts: Der SPD-Landesvorsitzende Steffen Reiche (rechts) während seines EKO-Besuchs am 13. September 1991.

Eisenhüttenstadt Unsicherheiten, die am 8. November 1991 zu einer Demonstration von Kolleginnen und Kollegen der EKO Stahl AG vor der Treuhandanstalt in Berlin für den Erhalt ihres Stahlstandortes und ihrer Arbeitsplätze führten. Treuhandvertreter, allen voran Branchendirektor Wolfgang Tantow, versicherten einer Abordnung der Demonstranten daraufhin in einem etwa einstündigen Gespräch, dass gegenwärtig noch keine Entscheidungen zur Privatisierung anstünden und die Belegschaft weiterhin fortlaufend über den Stand der Verhandlungen informiert würde.

# Eisenhüttenstadt muss leben – darum Stahl

Gründungsveranstaltung der Aktion »Eisenhüttenstadt muss leben – darum Stahl« am 17. September 1991 im Friedrich-Wolf-Theater in Eisenhüttenstadt.

Am 17. September 1991 wurde auf einer Vollversammlung der Vertrauensleute der EKO Stahl AG die Aktion »Eisenhüttenstadt muss leben – darum Stahl« ins Leben gerufen. Zum Aktionskomitee gehörten: Günter Reski, Vorsitzender des Betriebsrates der EKO Stahl AG; Bernd Pagel, Vorsitzender der EKO-Vertrauenskörperleitung der IG-Metall; Günter Kohlbacher, 1. Bevollmächtigter der IG Metall Verwaltungsstelle Frankfurt/Oder; Hans-Peter Neumann, Arbeitsdirektor der EKO Stahl AG; Wolfgang Müller, Oberbürgermeister von Eisenhüttenstadt. Hans-Peter Neumann startete eine Spendenaktion zur Finanzierung der Gemeinschaftsaktion. Ein weiterer Schritt war eine groß angelegte Unterschriftenaktion für den Erhalt des Stahlstandortes.

## Hans-Peter Neumann am 17. September 1991:

»Von der Unternehmensleitung den Tag X zu fordern, an dem in der EKO Stahl AG die Lichter ausgehen, ist eine Forderung, die der Vorstand nicht erfüllen kann und auch nicht erfüllen will.

Ich komme aus einer Krisenregion im Ruhrgebiet. In Eisenhüttenstadt bin ich nicht angetreten, um hier die Lichter auszuschalten, sondern ich sehe meine Aufgabe darin, dieses Unternehmen neu zu strukturieren und neue Beschäftigungsfelder zu schaffen, mit dem Ziel, den Standort Eisenhüttenstadt zu erhalten.

In Vorbereitung auf die Betriebsversammlung, in Gesprächen mit den gewählten Vertretern, habe ich mich entschieden, mich in die erste Reihe zu stellen, denn was hier zu leisten ist, sehe ich als politische Aufgabe.«[14]

Ein erster Erfolg der Aktion war der EKO-Besuch des Brandenburger Ministers für Wirtschaft, Mittelstand und Technologie, Walter Hirche, am 2. Oktober 1991 im EKO. Der Minister wurde bereits vor dem Werktor mit Plakaten und Trans- parenten empfangen. Auf einem Meeting (Foto oben Mitte) erklärte er vor Tausenden von Kolleginnen und Kollegen: »Die Landesregierung spricht sich für ein integriertes Hüttenwerk an der Oder aus«.

Am 29. Oktober 1991 solidarisierten sich Schüler und Auszubildende durch eine Demonstration mit anschließender Kundgebung mit den Aktionen ihrer Eltern und Großeltern für den Fortbestand des EKO.

Am 31. Oktober 1991 fand eine weitere Kundgebung zum Erhalt des EKO in Eisenhüttenstadt statt. Gäste waren diesmal der Bundeswirtschaftsminister Jürgen Möllemann (Foto) und der Bundestagsabgeordnete Jörg Ganschow (FDP). Ersterer sprach vor dem Werkzentrum der EKO Stahl AG zu den versammelten Betriebsangehörigen.

**Jürgen Möllemann am 31. Oktober 1991:**
»Vor etwa 14 Tagen, als ich in Frankfurt an der Oder war, war eine Gruppe von Beschäftigten dieses Werkes dort und demonstrierte für den Erhalt der Arbeitsplätze in Eisenhüttenstadt. Ich habe dem Betriebsrat spontan gesagt, wenn ihr mich einladet, komme ich sofort, so schnell es eben geht, und deswegen bin ich heute hergekommen.

Mit meinem Besuch will ich eine zentrale Botschaft hier klipp und klar überbringen. Wir wollen, dass der Standort Eisenhüttenstadt gehalten wird.

Wenn ich sage wir, dann spreche ich für die Bundesregierung, und natürlich ist die Forderung ›keine leeren Versprechungen‹ [Reaktion auf einen Zwischenruf] begründet. Ich mache keine leeren Versprechungen. Sie wissen genau, dass ich auch unpopuläre Aussagen da treffe, wo das notwendig ist. Das haben Sie bei mir noch nicht erlebt, dass ich das anders mache, aber ich will, dass dieser Standort eine Zukunftschance hat, weil ich der Meinung bin, die neuen Bundesländer können nicht bestehen, wenn sie nur die verlängerte Verkaufstheke der alten Bundesländer sind.

Wir brauchen industrielle Kernbereiche auch in den neuen Bundesländern, denn nur um diese herum können sich dann die kleinen, mittleren Betriebe entfalten, mittelständische Strukturen entwickeln, die sich darauf beziehen.«[15]

Am 20. November 1991 besuchte Ministerpräsident Manfred Stolpe im Rahmen der Aktion die Stadt und bezeichnete die Sicherung des Stahlstandortes auf einer Kundgebung vor Tausenden von Einwohnern als die im Augenblick wichtigste Aufgabe der von ihm geführten Landesregierung. Darüber hinaus sprach er sich für die Ansiedlung neuer Industrie- und Dienstleistungsbetriebe aus. Betriebsratsvorsitzender Günter Reski überreichte Manfred Stolpe an diesem Tag eine Sammlung von über 8.000 Unterschriften für den Erhalt des Stahlstandortes.

**Manfred Stolpe am 20. 11. 1991:**
*»Ich bin ja kein Wundertäter, sonst hätten wir das Problem schon gelöst hier, aber eins kann ich sagen: Ich kenne Eisenhüttenstadt schon über Jahrzehnte. Ich hab' hier Freunde. Ich hab' miterlebt, wie aus diesem Standort etwas gemacht worden ist, und wir müssen uns dessen nicht schämen, was hier gebaut worden ist.*

*Es ist nicht so, dass alles vergessen werden muss, was Frauen und Männer hier an diesem Standort vor dem 3. Oktober 1990 geschaffen haben, und sie haben gute Arbeit geleistet, und es sind hochqualifizierte Menschen, und es tut mir weh, wenn ich die Fachleute aus Eisenhüttenstadt heute in Hamburg oder in Duisburg treffe und wenn mir dort die Unternehmer sagen, das sind prächtige Leute, davon können wir noch einige gebrauchen.*

*Liebe Kolleginnen und Kollegen, wir wollen die Fachleute aus Eisenhüttenstadt in Eisenhüttenstadt einsetzen. Hier werden sie gebraucht, hier sollen sie Arbeit finden.«*[16]

# Das EKO-Lied

**von Bernd Pagel**

Nach der Gründung des Aktionskomitees »Eisenhüttenstadt muss leben – darum Stahl« galt es, viele Gedanken und Ideen in der Vertrauenskörperleitung und im Betriebsrat zu bündeln, sie in Aktionen einfließen zu lassen, um auf die Situation der Menschen hier in Eisenhüttenstadt und in der Region aufmerksam zu machen. Denn wer kannte bis dahin schon Eisenhüttenstadt? So entstand die Idee, mit einem Lied, das dann auch unter dem Namen »EKO-Hymne« bekannt wurde, eine Identifikation für die Menschen im Kampf um den Erhalt von Werk und Stadt und um die Zukunft ihrer Kinder zu schaffen. Alle wussten, dass der Kampf um »unser Werk« lange andauern würde!

In vielen Gesprächen mit Stahlarbeitern aus Rheinhausen und anderen Stahlstandorten im Ruhrgebiet wurde uns sehr schnell klar, welch gebündelte Kraft wohl erforderlich sein wird, um eine Entscheidung für das EKO-Konzept und damit für den Stahlstandort Eisenhüttenstadt von der Politik, von Land und Bund, einzufordern! In ersten Vorgesprächen mit einem Produzenten erkannten wir sehr schnell, es wird ein schwieriges Unterfangen. Allein die Kosten des angedachten Projektes dämpften die Euphorie.

Erst als VKL, Betriebsrat und IG Metall-Verwaltungsstelle Frankfurt/Oder mit den Vorbereitungen für eine große Schülerdemonstration am 29. Oktober 1991 begannen, wurde entschieden, u.a. mit einem Lied auf die anstehende »Großdemo« aufmerksam zu machen. Bevor Text und Musik bekannt waren, übernahm die IG Metall-Verwaltungsstelle Frankfurt/Oder die Kosten! Es ging nur über Vorkasse – auch das war uns neu!

Erste Kontakte mit dem Lyriker Michael Sellin folgten. In Gesprächen mit Hochöfnern, Stahl- und Kaltwalzwerkern wurden die Ängste und Nöte der Menschen deutlich! Erinnerungen an menschenleere englische Stahlarbeiterstädte wurden wach. Das sollte mit Eisenhüttenstadt nicht geschehen! In nur einer Woche war »unser Lied« fertiggestellt. Schon beim ersten »Vorspann« am Vorabend der »Großdemo« mit dem Lautsprecherwagen wurde allen deutlich, wir hatten den »Nerv« auch – und vor allem – der Jugend getroffen!

Von Stunde an begleitete uns »unser Lied« bei allen über die Jahre folgenden Aktionen, genannt seien hier nur kurz die Autobahnblockade, Großdemo der Stahlarbeiter in Bonn, Demo vor der Treuhandanstalt, dem Landtag u.v.a. mehr.

Die Wirtschaftsminister von Land und Bund bekamen die mit »unserem Lied« untersetzten Videofilme des Kampfes der Stahlarbeiter und ihrer Familien als »Erinnerungsgeschenk«, ebenso wie alle vor Ort erschienenen politischen Mandatsträger.

So war »unser Lied« von niemandem zu überhören und für alle eine Mahnung, bei ihren Entscheidungen an die Menschen hier an der Oder zu denken!

---

IG Metall-Lied für den Kampf um die Erhaltung des Stahlstandortes Eisenhüttenstadt

Produzent: Rainer Oleak
Musik: Dirk Michaelis
Text: Michael Sellin
Erstaufführung: Schülerdemo 29. Oktober 1991

## »Eisenhüttenstadt muss leben – darum Stahl«

Gute Maloche für gutes Geld
keine Geisterstadt am Arsch der Welt
Gute Maloche für gutes Geld
keine Geisterstadt am Arsch der Welt

Dann doch lieber den eigenen Kantinenfraß
als irgendwo ein Gnadenbrot
Dann doch lieber die Fäuste auf den Tisch
als die Hände in' Schoß arbeitslos

Dann doch lieber die Stechuhr im Morgengrauen
und die Hitze beim Eisenabstich
als den Frost von innen – aus der Traum
nur die Taschenuhr tickt – weiter nichts

Eisenhüttenstadt – lass dich nicht hängen mach bloß nicht schlapp
Eisenhüttenstadt – pass auf dich auf – die Zeit wird knapp
Hütte – jetzt tanzen wir um deinen Stahl
Hütte – du und deine IG Metall
Gute Maloche für gutes Geld
keine Geisterstadt am Arsch der Welt

Dann noch lieber den Zoff nach Feierabend
weil den Kids die ganze Lehre stinkt
als verlorene Kinder und Straßengang
die gar nichts mehr sehn, außer dass man sie linkt

Lieber selber mit ihnen auf die Straße
besser mit der Zeit gehn – als gehn mit der Zeit
lieber handeln bevor man behandelt wird
und den cleveren Bossen keinen Pfennig geschenkt

Eisenhüttenstadt – lass dich nicht hängen mach bloß nicht schlapp
Eisenhüttenstadt – pass auf dich auf – die Zeit wird knapp
Hütte – jetzt tanzen wir um deinen Stahl
Hütte – du und deine IG Metall
Gute Maloche für gutes Geld
keine Geisterstadt am Arsch der Welt

## Das Modernisierungskonzept

Auf der Grundlage des Sanierungskonzeptes vom 1. August 1990 hatte die EKO Stahl AG ein umfassendes Investitionsprogramm, 1990 noch mit einem Volumen von 400 Mio. DM, für die Modernisierung des Kaltwalzwerkes ausgearbeitet. Die Modernisierungsmaßnahmen waren zum Teil bereits zu DDR-Zeiten begonnen worden und sollten nun zu Ende geführt werden. Eine Reihe von Maßnahmen sollte 1991 neu beginnen. Das Projekt umfasste den Ersatz der Längsteilanlage 02, den Austausch konvektioneller Glühsockel durch Hochkonvektionsglühplätze, die Modernisierung der Beize, der Verzinkungsanlage, der Quarto-Tandem-Straße, des Dressiergerüstes und andere Anlagenbereiche. Es richtete sich vor allem auf die Verbesserung der Produktqualität und Kostenstruktur, auf eine EURO-Norm-gerechte Produktpalette von oberflächenveredelten Profilen, auf den Ersatz verschlissener Baugruppen und auf die Instandhaltung der Produktionshallen. Ein Komplexantrag auf Gewährung eines EGKS-Darlehens für die Modernisierung des Kaltwalzwerkes wurde erstmals mit Datum vom 16. August 1990 bei der Europäischen Kommission eingereicht.

Am 6./7. September 1990 fand hierzu eine Konsultation bei den zuständigen Generaldirektionen der Europäischen Kommission in Brüssel statt. Hier wurden die Vertreter der EKO Stahl AG, das Vorstandsmitglied Technik/Produktion, Manfred Schlesier, und der Leiter der Zentralen Unternehmensplanung, Jürgen Nathow, erstmals darauf hingewiesen, dass die Europäische Kommission im Bereich Eisen und Stahl keine produktionssteigernden Maßnahmen fördert, dafür aber Mittel für die Stilllegung von Produktionsanlagen bereitstellt oder Investitionen unterstützt, die die Qualität der Erzeugnisse verbessern, Arbeitsplätze außerhalb der Stahlindustrie schaffen bzw. den Abbau von Arbeitsplätzen in der Stahlindustrie sozialverträglich gestalten. In der Folge wurden in der EKO Stahl AG Möglichkeiten der Stilllegung von Produktionsanlagen mit dem Ziel der Beantragung einer maximalen EG-Zahlung hierfür geprüft.

Nach dem Beitritt der DDR zur Bundesrepublik Deutschland war der ursprüngliche Antrag aus DDR-Zeiten auf ein EGKS-Darlehen, entsprechend der neu eingetretenen Rechtssituation, überarbeitet worden. Im Rahmen der »Gemeinschaftsaufgabe zur Verbesserung der regionalen Wirtschaftsstruktur« (GA) waren zuerst Anträge auf Investitionszuschüsse des Landes Brandenburg für die Errichtung einer Warmbandanlage, die Erneuerung der Längsteilanlage 02 sowie die Rationalisierung der Profilieranlage des Kaltwalzwerkes gestellt worden. Das Ministerium für Wirtschaft, Mittelstand und Technologie wies diese Anträge im Februar 1991 zunächst mit der Begründung zurück, dass nach EGKS-Vertrag ein generelles Beihilfeverbot der Europäi-

Der Belgier Karel van Miert gehörte seit 1990 zu denjenigen Menschen, die sich für EKO Stahl »aus der Ferne« engagierten. Als Vizepräsident und Mitglied der Europäischen Kommission verfolgte er die Entwicklung in Eisenhüttenstadt mit großem Interesse. Im Fall EKO sah er bereits 1990 eine Aufgabe für die Europäische Gemeinschaft, die es erforderte, mit den zur Verfügung stehenden Instrumenten schnell zu reagieren. 1991 genehmigte er als EG-Kommissar das Investitionsprogramm zur Modernisierung des Kaltwalzwerkes.

Genehmigungsschreiben vom 2. Juli 1991 mit der Unterschrift und dem persönlichen Stempel von Karel van Miert. Darin heißt es: »Die Kommission stellt fest, dass Ihr Programm auf die technische Modernisierung Ihres Werkes, die Verbesserung der Stahlqualität, die Senkung der Herstellungskosten sowie auf die Verbesserung des Emissionsschutzes und der Wettbewerbsfähigkeit Ihres Unternehmens abzielt.«[17]

Die neue Längsteilanlage im Kaltwalzwerk, 1991.

schen Gemeinschaft für Investitionen in der Eisen- und Stahlindustrie bestünde. Dies war nicht ganz korrekt, wie die Konsultationen in Brüssel bereits ergeben hatten. In einem Schreiben des Vorstandsvorsitzenden Karl Döring vom 5. März 1991 an den zuständigen Minister Walter Hirche hieß es daher: »Der Vorstand ist schockiert über diese, den konkreten Gegebenheiten und Erfordernissen in der EKO Stahl AG und im Territorium Eisenhüttenstadts in keiner Weise gerecht werdende Entscheidung.«[18]

Die EKO Stahl AG reichte daraufhin am 2. April 1991 bei der Europäischen Kommission in Brüssel direkt einen Antrag auf Gewährung eines EGKS-Darlehens über 110 Mio. DM zur Durchführung qualitäts- und sortimentsverbessernder Investitionsmaßnahmen im Kaltwalzwerk Eisenhüttenstadt ein. Am 2. Juli 1991 stimmte die Europäische Kommission dem Investitionsprogramm der EKO Stahl AG in den Positionen Modernisierung der Quarto-Tandem-Straße, des Dressiergerüstes, der Kunststoffbeschichtungsanlage und weiterer Anlagen zu. Die Kommission stellte fest, dass dieses Programm auf die technische Modernisierung des Kaltwalzwerkes, die Verbesserung der Produktqualität, die Senkung der Herstellungskosten, die Verbesserung des Emissionsschutzes und der Wettbewerbsfähigkeit der EKO Stahl AG gerichtet ist, zu keiner Erhöhung der Produktion von kaltgewalztem Feinblech oder organisch beschichtetem Blech führt und mit den allgemeinen Zielen des EGKS-Vertrages in Einklang steht. Damit war der Weg zur Modernisierung des Kaltwalzwerkes frei.

Anfang September 1991 nahm das Kaltwalzwerk die neue Längsteilanlage der Sundwiger Eisenhütte Maschinenfabrik Grah & Co. in Betrieb. Die Anlage verfügte u.a. mit zwei speicherprogrammierbaren Steuerungen Simatic S5 150 U über eine moderne Basisautomatisierung. Es konnten Bänder in Dicken von 0,35 bis 3 mm mit Breiten zwischen 550 und 1.550 mm in Streifen geteilt werden. Das Schnittprogramm war variabel und ließ Schnittzahlen bis 26 bei einer minimalen Streifenbreite von 32 mm zu. Eine in die Anlage integrierte elektrostatische Einölmaschine gewährleistete eine ordnungsgemäße Korrosionsschutzschicht auf den produzierten Bandstreifen. Als Bundinnendurchmesser der längsgeteilten Bänder sollten neben den 600 mm in absehbarer Zeit auch 508 mm möglich sein. Die Jahreskapazität betrug 270.000 t.

Nach rund einjährigen Verhandlungen vergab am 21. Februar 1992 eine Gruppe von sechs deutschen Banken unter Federführung der Kreditanstalt für Wiederaufbau Frankfurt/Main (KfW) an die EKO Stahl AG einen Konsortialkredit in Höhe von 205 Mio. DM zur weiteren Modernisierung des Kaltwalzwerkes. Der Kredit wurde durch ein EGKS-Darlehen in Höhe von 35 Mio. DM ergänzt. Damit konnten technisch verschlissene Anlagen beseitigt, Prozessstufen modernisiert und automatisiert, Fertigungsabläufe neu organisiert und für die jeweils nachfolgende Stufe optimiert werden. Durch die Umstellung von Stadt- auf Erdgas konnten ab Oktober 1991 bei der Verzinkungs- und Kunststoffbeschichtungsanlage die Energiekosten um 70 Prozent gesenkt werden.

Mit der technischen Modernisierung und Automatisierung der Prozessstufen ging in der EKO Stahl AG die schrittweise Einführung eines effektiven Qualitätsmanagementsystems (QMS) einher. Vor allem Produkte aus dem Kaltwalzwerk erfüllten zum Jahresanfang 1991 immer weniger die Erwartungen der Kunden. Eine hohe Zahl von Reklamationen führte zu erheblichen Verlusten. Vorstand und

**Statistische Ausgangswerte der Europäischen Kommission für die höchstmögliche Erzeugung (HME) der EKO Stahl AG bis 1994** in kt[19]

|  | Erzeugung 1989 | HME 1989 | HME 1994 |
|---|---|---|---|
| Roheisen | 2.179 | 2.400 | 1.760 |
| Rohstahl | 1.851 | 2.120 | 2.120 |
| Kaltgewalzte Bleche | 1.242 | 1.670 | 1.670 |
| Feuerverzinkte Bleche | 244 | 350 | 350 |
| Kunststoffbeschichtete Bleche | 100 | 110 | 110 |

Aufsichtsrat bestätigten daher am 11. und 13. Februar 1991 ein Qualitätssicherungshandbuch, das die Firmenphilosophie auf dem Gebiet der Qualitätssicherung festlegte. Anfang März fand im Kaltwalzwerk eine erste Qualitätskonferenz mit dem Ziel statt, »Reklamationen« drastisch abzubauen.

Mit der Modernisierung ihrer Anlagen stellten sich die an ihnen Beschäftigten auch den höheren Qualitätsanforderungen. Am 21. März 1991 wurde zwischen der EKO Stahl AG und der Adam Opel AG ein Vertrag über die Probelieferung von kaltgewalzten Coils unterzeichnet. Die geforderten Qualitätsparameter konnten erfüllt werden. Die EKO Stahl AG wurde daraufhin für drei Sortimente des Autoherstellers alleiniger Lieferant. Ab November/Dezember 1991 kamen weitere Abmessungen hinzu. Im August erfolgte zwischen der EKO Stahl AG und der Mercedes Benz AG ein Vertragsabschluss über die Probelieferung von kaltgewalzten Coils. Die geforderten Qualitätsparameter wurden hier ebenfalls erfüllt. Im Ergebnis konnte die EKO Stahl AG ab Februar 1992 für ausgewählte Sortimente von Mercedes Benz alleiniger Lieferant werden.

Durch die Inbetriebnahme der neuen Längsteilanlage 02, einschließlich Inspektionsplatz, wurden außerdem die gestiegenen Toleranzanforderungen beim Spalten von kaltgewalzten und verzinkten Bändern erfüllt. Damit konnte der wichtige Markt der Automobilfertigung mit Band für Karosserieinnenteile beliefert werden. Der Einsatz von Haspeldornen mit flexiblen Bundinnendurchmessern brachte ebenfalls einen erweiterten Kundenkreis. Durch die Umrüstung der Profilierungsanlage auf Europrofile wurde eine weitere Öffnung des Marktes erreicht. Die verbesserte, rechnergestützte Logistik und die Bevorratung von Fertigware für Kunden ergab eine deutliche Verbesserung des Lieferservice und eine höhere Kundenzufriedenheit.

Auf dieser Grundlage konnten die Lieferbeziehungen nach Ost- und Westdeutschland, in die EG und nach Osteuropa 1991/92 stabilisiert und in vielen Bereichen weiter ausgebaut werden. Am 21. Januar 1991 war zwischen der EKO Stahl AG und dem Plastmaschinenwerk Schwerin GmbH ein Leasingvertrag über die Herstellung zweier neuer Spritzmaschinen geschlossen worden. Am 26. Juni 1991 wurden die Maschinen zur Lohnproduktion von Flaschenkästen und technischen Teilen für verschiedene Firmen an das EKO-Blech- und Plastverarbeitungswerk übergeben.

Foto oben rechts:
Manfred Schlesier, Vorstandsmitglied Technik/Produktion, überreichte Wilhelm Kalinowski die Anerkennung für den Verbesserungsvorschlag »manganarmes Roheisen«. Durch die Anwendung dieses Vorschlags wurde vom 1. Juli 1990 bis 30. Juni 1991 eine Kostensenkung von 2.225.000 DM erreicht. Mit 1,9 Mio. DM Gesamteinsparung wurde die Kostenreduktion durch Ergebnisse des betrieblichen Vorschlagswesens auch 1992 erfolgreich fortgesetzt.

Foto unten:
In vielen EKO-Anlagenbereichen wurde 1991 zielstrebig der Schadstoffausstoß verringert. So erfolgte im November 1991 – nach umfangreichen Reparaturen – im Beisein verantwortlicher Mitarbeiter der Firma UZIN Export Import, der ausführenden Hersteller- und Montagebetriebe Rumäniens, sowie von Vertretern der EKO Stahl AG die offizielle Übergabe der Raumentstaubung Sinteranlage zum Dauerbetrieb.

### EKO-Flachstahlabsatz in kt

|  | 1991 | 1992 |
|---|---|---|
| Ostdeutschland | 115 | 105 |
| Westdeutschland | 301 | 403 |
| Übrige EG und Westeuropa | 121 | 134 |
| Osteuropa | 356 | 388 |
| Sonstige Länder | 95 | 12 |

## EKO-Seminare für GUS-Manager der Stahlindustrie

Vierzig Jahre lang hatten die Beziehungen zur UdSSR die Entwicklung des EKO entscheidend mitbestimmt. Mit sowjetischem Erz und polnischem Koks begann die Hochofenproduktion. Experten aus dem Hüttenkombinat Magnitogorsk lehrten den jungen deutschen Hüttenwerkern der ersten EKO-Generation Anfang der 50er Jahre die Beherrschung der Hochöfen. Die Ausbildung der ersten EKO-Hochöfner erfolgte bei Asow-Stahl im ukrainischen Shdanow.

Bei der Projektierung und Errichtung des Kaltwalzwerkes durch sowjetische Spezialisten und Betriebe vertieften sich diese Beziehungen in den 60er Jahren. EKO-Fachleute fuhren damals nach Tscherepowez, um an den modernen Anlagen des dortigen metallurgischen Kombinates wichtige Erfahrungen für ihre künftige Arbeit im Eisenhüttenstädter Kaltwalzwerk zu sammeln. Hierbei entstanden zahlreiche Freundschaften und Verbindungen, die häufig auch über die tägliche Arbeit hinausgingen.

Darüber hinaus waren seit den 50er Jahren EKO-Führungskräfte an sowjetischen Hochschulen und Universitäten ausgebildet worden. Hier erwarben sie nicht nur metallurgische Kenntnisse, sondern lernten insbesondere auch Sprache und Mentalität der Menschen kennen. In den schweren Jahren 1990 bis 1993 waren es vor allem die Absatzverträge für kaltgewalzte und verzinkte EKO-Bleche mit den sowjetischen bzw. russischen oder ukrainischen Partnern, die für das Überleben von EKO Stahl eine entscheidende Rolle spielten. Die Beziehungen zum metallurgischen Kombinat Tscherepowez brachen auch in dieser, von starken Veränderungen geprägten Zeit, nicht ab.

Am 21. Januar 1991 begann eine neue Tradition: Führungskräfte des metallurgischen Kombinates Tscherepowez wurden bei EKO Stahl in Eisenhüttenstadt erstmals von deutschen Kollegen auf dem Gebiet der Betriebswirtschaft und der Informationsverarbeitung geschult. Der EKO-Vorstand verfügte nach der Ausarbeitung des Sanierungs-, Modernisierungs- und Privatisierungskonzeptes zudem über Erfahrungen beim Übergang von der Plan- zur Marktwirtschaft, die für die neuen sowjetischen bzw. GUS-Manager von größter Bedeutung waren. In den folgenden Jahren fanden zahlreiche weitere der 12- bis 14-tägigen Seminare statt, z.B. mit Managern aus dem Hüttenwerk Tscheljabinsk oder mit Generaldirektoren aus russischen und ukrainischen Unternehmen.

In Verbindung mit den Aktivitäten der EKO-Geschäftsstellen in Moskau, St. Petersburg und Kiew wurden die früheren Kontakte zu den Partnern in der GUS aufrechterhalten und neu ausgestaltet.

Foto oben:
Eine russische Delegation der Severstal AG unter der Leitung des Generaldirektors Alexej A. Mordaschow (1. von rechts) besuchte im Juli 1996 EKO Stahl. Neben Karl Döring (3. von links) und Jürgen Nathow (4. von links) von EKO Stahl sind auf dem Bild die Vorstände Shwetsow (Vertrieb, 2. von rechts), Klochai (Einkauf, 3. von rechts), Tichomirow (Personal, 2. von links) und der Leiter des Bereiches Strategische Entwicklung Machow (4. von rechts) von Severstal zu sehen.

2. Foto von oben:
EKO-Geschäftsführer Karl Döring (3. von links) 1996 im Seminar mit GUS-Managern beim Vortrag von Erfahrungen aus der EKO-Privatisierung, 2. von links Hans-Joachim Krüger.

3. Foto von oben:
Seminarteilnehmer 1993: Manager aus russischen Hüttenwerken.

Foto unten:
Seminarteilnehmer 1992: Generaldirektoren der russischen und ukrainischen Stahlindustrie.

Am 15. Februar 1991 unterzeichnete die EKO Stahl AG mit der UdSSR in Moskau einen Vertrag über die Lieferung von 315.000 t Flachstahl. Das Besondere an diesem Vertrag war das fehlende Zahlungsrisiko, da die Leistungen des EKO mit strangvergossenem Warmband aus Tscherepowez bezahlt wurden. Der Vertrag kam nach beiderseitigem zähem Ringen um gute Konditionen zustande. Die Verhandlungen schwankten immer zwischen Abbruch und dem Bemühen um Erfolg. Das positive Verhandlungsergebnis war insbesondere dem Geschick des Geschäftsführers Marketing/Verkauf, Eckhardt Hoppe, zuzuschreiben.

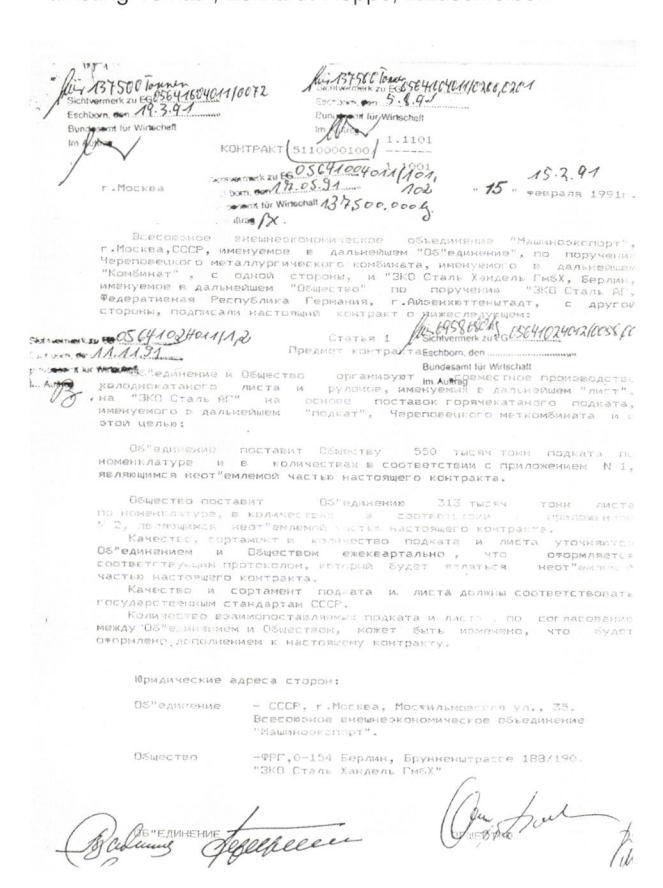

Foto oben links:
Vertragsunterzeichnung am 15. Februar 1991 in Moskau

Abbildung unten:
Vertrag über die Lieferung von Flachstahl in die UdSSR vom 15. Februar 1991.

Foto oben:
Der EKO-Pavillon auf der Hannover Messe, 1992.

Foto unten:
EKO-Stand 1992 auf der Internationalen Fachausstellung »Dach und Wand« in Hannover.

### EKO-Flachstahlabsatz 1992 nach Erzeugnissen in kt

| | |
|---|---:|
| Kaltgewalztes Feinblech und Elektroblech | 697 |
| Bandstahl und Bandblech, warmgewalzt | 58 |
| Oberflächenveredelte Feinbleche und Profile | 287 |
| Flachstahl insgesamt | 1.042 |

Im März 1991 bot die EKO Stahl AG ihre Produkte erneut auf der Leipziger Frühjahrsmesse an. Für Erzeugnisse des Kaltwalzwerkes konnten traditionelle Märkte gesichert und neue erschlossen werden. Bis zum Jahresende 1991 waren allein durch die GUS-Staaten für 1992 bereits 230.000 t Bleche gebunden. Bei EKOTAL-Erzeugnissen konnte der Kundenkreis in Deutschland und Westeuropa erweitert werden. Bei verzinkten Blechen war das EKO mit Aufträgen voll ausgelastet. Bei Halbzeugen gingen die Lieferungen nach Österreich, in die USA und nach Südostasien. Vom 3. bis 8. April 1992 war das Unternehmen erstmals auf der Hannover Messe vertreten. Über die bestehenden Lieferverträge hinaus konnten hier neue Kontakte geknüpft werden.

## Zur Einführung des Qualitätsmanagementsystems bei EKO Stahl

Lloyd's Register Quality Assurance bescheinigte 1999 erneut, dass das Qualitätsmanagementsystem der EKO Stahl GmbH höchsten Anforderungen und den Qualitätsrichtlinien des Verbandes der Automobilindustrie entspricht.

Anfang 1992 wurde bei EKO Stahl ein Qualitätsmanagementsystem (QMS) eingeführt, das seitdem für die Kunden des Unternehmens eine wesentliche Vertrauensbasis schuf. Bis Anfang 1993 konnten auf seiner Grundlage 52 interne und zwölf Audits von Kunden oder Zulassungsgesellschaften durchgeführt werden. Am 16. Dezember 1993 erfolgte erstmalig seine Auditierung durch Lloyd's Register Quality Assurance.

Seitdem fanden halbjährlich kontinuierliche Überprüfungen statt, die sich sowohl auf die Fertigung, einschließlich der Instandhaltung, in den einzelnen Produktionsbereichen, als auch auf den Einkauf der Rohstoffe, auf den Verkauf kaltgewalzter Erzeugnisse und auf das Qualitätswesen selbst bezogen. Durch Lloyd's Register Quality Assurance wurde hierbei auch überprüft, inwieweit die Forderungen der DIN EN ISO 9001 richtig und vollständig in der Dokumentation des Qualitätsmanagementsystems umgesetzt wurden und festgestellt, dass das dokumentierte EKO-QMS alle Anforderungen der DIN EN ISO 9001 enthielt.

Der zertifizierte Nachweis eines Qualitätsmanagementsystems entwickelte sich schon bald zu einem erfolgreichen Schlüssel für Absatz und Verkauf der EKO-Produkte und mit ihnen verbundener Dienstleistungen. Das System war dabei zum einen anwendbar für die Entwicklung und Herstellung von Stahlbrammen und Stahlvorblöcken, kaltgewalzten Blechen und Bändern, kaltgewalzten nicht kornorientierten Elektrobändern, feuerverzinkten Blechen und Bändern und organisch beschichteten Blechen und Bändern sowie für das Schneiden von warmgewalztem Breitband zu Blechen und Bändern nach DIN EN ISO 9001, zum anderen entsprach es den erweiterten Forderungen der Richtlinien des Verbandes der Automobilindustrie (VDA). Dies bestätigten in der Folge höchste Qualitätsauszeichnungen.

Seit 1999 bekennt sich die Geschäftsführung von EKO Stahl – wie die gesamte Usinor-Gruppe – zu den Maßstäben der European Foundation for Quality Management (EFQM). Dahinter verbirgt sich das Anerkennen von objektiven Ursachen für Erfolg, eine ständige Suche nach Erfolgskriterien und Verbesserungen. Der Mensch als Mitarbeiter und Gestalter des Unternehmens, als Kunde und Verbraucher seiner Produkte, als Bestandteil der das Unternehmen umgebenden Gesellschaft, steht im Zentrum dieser Unternehmensphilosophie, die sich im Wettbewerb um den European Quality Award (EQA) höchsten Ansprüchen unterwirft.

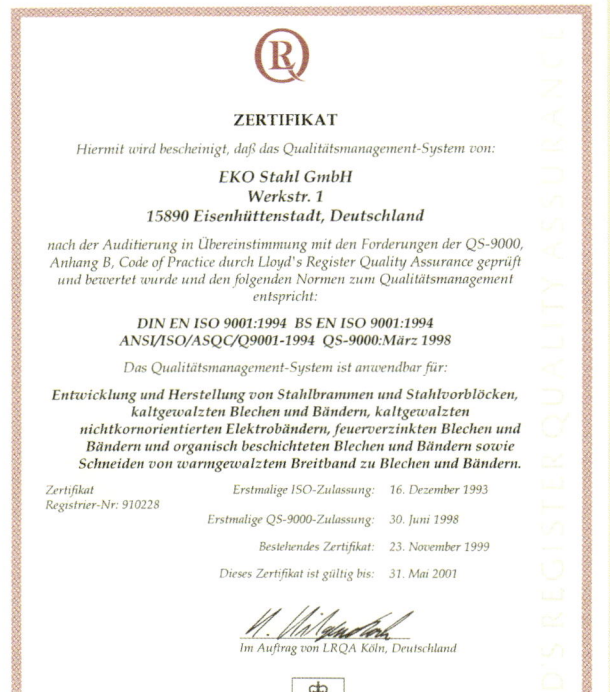

Am 6. September 1996 überreichte der Chef-Einkäufer der Ford-Werke AG, Köln, Manfred Greifenberger (rechts), dem Geschäftsführer Marketing/Verkauf der EKO Stahl GmbH, Eckhardt Hoppe, die höchste Qualitätsauszeichnung der Ford-Werke Q 1. Besonderen Anteil daran hatten die Produktionsteams im Kaltwalzwerk sowie die Mitarbeiter des Qualitätswesens und des Verkaufs.

Der Vorstandsvorsitzende der Volkswagen AG Wolfsburg, Ferdinand Piëch (rechts), überreichte am 12. September 1997 dem Geschäftsführer Marketing/Verkauf der EKO Stahl GmbH Eisenhüttenstadt, Eckhardt Hoppe, auf der Internationalen Automobilmesse in Frankfurt/ Main den Qualitätspreis »Formel Q« der Volkswagen AG.

Der Preis wurde an die 25 besten Zulieferer von VW vergeben. EKO Stahl erhielt die Auszeichnung als einziger Stahlproduzent. Kriterien waren:
• kooperative Zusammenarbeit,
• gute Kommunikation,
• Flexibilität und Qualität der Serienlieferungen,
• Termin- und Kostendisziplin,
• Liefertreue und nicht zuletzt
• Umweltverträglichkeit und Recyclingfähigkeit des Produktes.
   Als unmittelbaren Dank an die Mitarbeiter von EKO Stahl präsentierte die Volkswagen AG zwei Modelle des neuen VW Golf im Kaltwalzwerk, bevor diese in den Handel kamen.

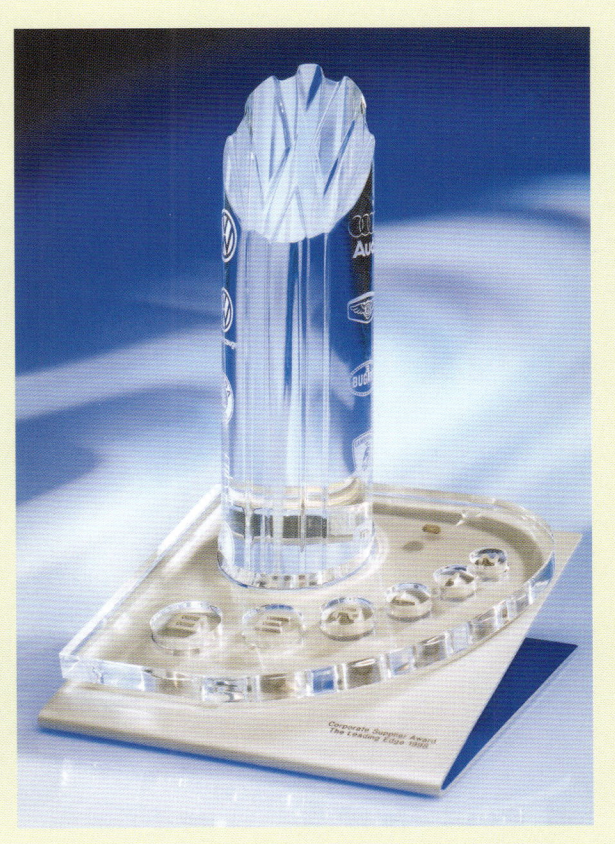

Am 18. November 1999 erhielt Eckhardt Hoppe aus den Händen des Vorstandsvorsitzenden der Volkswagen AG, Ferdinand Piëch, im Automobil Forum in Berlin, Unter den Linden, den »Corporate Supplier Award – The Leading Edge 1998« (Foto). Damit gehörte EKO Stahl zu den 63 weltbesten Lieferanten des Volkswagen-Konzerns, die aus 10.000 Unternehmen verschiedener Branchen ausgewählt wurden.

EKO-Stand auf der Internationalen
Industriemesse Poznan, 1992.

Im Essener Verkaufsbüro, 1991,
1. von rechts: EKO-Geschäftsführer Eckhardt Hoppe,
3. von rechts: Leiter Verkaufsmanagement Heinz Basan.

Am 25. April 1991 eröffnete die EKO Stahl AG eine Geschäftsstelle in Moskau. Anwesend waren Vertreter zentraler sowjetischer Institutionen und von Hauptgeschäftspartnern wie Promsyrioimport, Maschinoexport, des Metallurgischen Kombinates Tscherepowez und der Kamas-Werke. Vom 9. bis 16. Juni 1991 beteiligte sich die EKO Stahl AG mit einem eigenen Stand an der Industriemesse Poznan.

Am 28. Juni 1991 wurde zwischen der deutschen Waggonbau AG und der EKO Stahl AG ein Rahmenvertrag über Lieferungen von warmgewalzten und kaltgewalzten Blechen sowie oberflächenveredelten Produkten unterzeichnet.

Am 1. Juli 1991 begann das EKO-Verkaufsbüro in Essen offiziell seine Tätigkeit.

Am 3. Dezember 1992 eröffnete das Mitglied des Vorstandes Eckhardt Hoppe in Kiew eine weitere Geschäftsstelle der EKO Stahl AG. Anwesend waren offizielle Vertreter aus Politik und Wirtschaft der Ukraine. Die EKO Stahl AG begann von nun an, über diese Geschäftsstelle weitere Absatzmöglichkeiten für Feinbleche zu erschließen. Potenzielle Abnehmer in der Ukraine waren der Automobil- und Fahrzeugbau, der Maschinenbau sowie die Baustoffindustrie.

Die Stabilisierung von Produktion und Absatz ging 1991 und 1992 mit einer deutlichen Reduzierung der Umweltbelastungen durch die EKO Stahl AG einher. Dies wurde durch den Einsatz von schwefelärmeren Rohstoffen bei der Roheisenherstellung, die Verbesserung der Abscheidetechnik der Raumentstaubung an der Sinteranlage, vor allem aber auch durch die insgesamt rückläufige Produktion bewirkt. Die Staubemission des Unternehmens sank von 1990 bis 1992 um 84 Prozent, was zu einer spürbaren Verbesserung der Luft in Eisenhüttenstadt und Umgebung führte. Ebenso konnte die $SO_2$-Emission in diesem Zeitraum um 81 Prozent verringert werden. Deutlich reduzierten sich die metallurgischen Reststoffe und Abfälle sowie die Abwasserbelastung.

**EKO Walzstahlabsatz in kt**

|  | 1991 | 1992 | 1993 | 1994 | 1995 | 1996 | 1997 | 1998 | 1999 |
|---|---|---|---|---|---|---|---|---|---|
| Osteuropa/GUS | 355,8 | 388,3 | 231,0 | 17,1 | 30,3 | 37,3 | 90,8 | 116,9 | 129,6 |
| EU/Westeuropa | 121,1 | 134,3 | 127,6 | 283,0 | 284,7 | 245,7 | 246,9 | 319,6 | 264,7 |
| Deutschland | 416,1 | 508,3 | 576,7 | 674,8 | 702,3 | 718,3 | 804,7 | 791,3 | 845,7 |
| sonstige Länder | 94,6 | 11,6 | 26,7 | 10,7 | 11,2 | 3,1 | 5,7 | 0,8 | 10,0 |

## Das Personalkonzept

Im ersten Halbjahr 1991 sank das Bruttoinlandsprodukt in Ostdeutschland auf 55 Prozent des Vorjahresniveaus. Die offizielle Arbeitslosenquote stieg auf 11,7 Prozent. Hinzu kamen nach inoffiziellen Berechnungen ca. 13 Prozent versteckte Arbeitslosigkeit, bestehend aus Arbeitszeit Null, Teilnehmern an Arbeitsbeschaffungsmaßnahmen (ABM), an Maßnahmen der beruflichen Fortbildung und Umschulung sowie Vorruheständlern. Es war daher anzunehmen, dass sich die Quote der von Arbeitslosigkeit betroffenen auf ein Viertel der Erwerbstätigen zubewegte. Der Beschäftigungsstand in den Treuhandunternehmen sank von 4 auf 2,1 Millionen.[20]

Diese dramatische Entwicklung vollzog sich auch in Eisenhüttenstadt. Im Februar 1991 lag die Auslastung der Produktion in der EKO Stahl AG bei 60 Prozent. Über 7.000 Betriebsangehörige waren noch immer in Kurzarbeit. Die Zahl der Dauerkurzarbeiter wuchs ständig und nahm bis Ende 1992 nicht ab. Zum Stichtag 31. Dezember 1992 befanden sich 1.641 Belegschaftsmitglieder in ruhenden Arbeitsverhältnissen, unter ihnen 302 ABM-Beschäftigte, 539 Umschüler und 800 Dauerkurzarbeiter. Die Weiterbeschäftigung von EKO-Angehörigen, die von Maßnahmen des Personalabbaus betroffen waren, entwickelte sich deshalb ab 1991 zu einer zentralen Aufgabe. Der EKO-Vorstand sprach sich frühzeitig für eine umfassende Vorbereitung von Arbeitsbeschaffungsmaßnahmen auf dem EKO-Gelände aus. Auf Vorstandsebene waren nun Erfahrungen gefragt, die Maßnahmen des Personalabbaus unter Ausschluss betriebsbedingter Kündigungen wirksam mit Formen der Weiterbeschäftigung, Qualifizierung oder Altersübergangsregelung verbanden.

Zur Lösung dieser Aufgabe berief der Aufsichtsrat in seiner vierten Sitzung, am 13. Februar 1991, Hans-Peter Neumann als Arbeitsdirektor und Mitglied des Vorstandes für Personal- und Sozialwesen. Neumann, geboren 1940, hatte seine berufliche Entwicklung nach einer Ausbildung als Modelltischler bei den Eisenwerken Mülheim/Meiderich begonnen, leitete von 1970 bis 1978 den Personal- und Sozialbereich im Werk Meiderich der Thyssen Guss AG, war 1978/1979 Leiter des Personalwesens der Waggonunion GmbH Werke Berlin und Siegen und von 1980 bis 1991 Personaldirektor der Thyssen Guss AG. Mit ihm erhielt EKO Stahl einen gestandenen Organisator, der – insbesondere auch aufgrund seiner Erfahrungen aus der Gewerkschaftsarbeit – in der Lage war, die Verantwortlichen an einen Tisch zu bringen und funktionierende Institutionen zu schaffen, um die Maßnahmen des Personalabbaus mit Wegen der Weiterbeschäftigung, Qualifizierung oder Vorruhestandsregelung zu verbinden. Für die erfolgreiche Bewältigung dieser Aufgabe erhielt Hans-Peter Neumann 1999 das Bundesverdienstkreuz.

Unmittelbar nach Aufnahme seiner Tätigkeit führte er eine Arbeitsberatung zur Gründung einer Qualifizierungs- und Beschäftigungsgesellschaft durch. Teilnehmer waren, neben Mitgliedern des Vorstandes und des Betriebsrates der EKO Stahl AG, die Ministerialrätin im Bundesministerium für Arbeit und Sozialordnung, Frau Schmitt, der Verwaltungsdirektor in der Bundesanstalt für Arbeit, Herr Gutsche, das Vorstandsmitglied der IG Metall, Zweigbüro Düsseldorf, Herr Ippers, der Vizepräsident des Landesarbeits-

Einstündiger Warnstreik zur Unterstützung der Tarifverhandlungen der IG-Metall am 21. März 1991: 4.800 Arbeiter und Angestellte der EKO Stahl AG traten in den Ausstand.

ABM-Schild für die Sanierung von EKO-Industriegelände, 1991.

ABM-Kräfte im Juli 1991 bei der Besprechung von Projektunterlagen zur Demontage des Hochofens IV. Das ABM-Projekt »Altlastsanierung Roheisenwerk« umfasste 1991 bis 1993 182 Teilnehmer.

### Kurzarbeit am 30. April 1991 in Tochtergesellschaften der EKO Stahl AG [21]

|  | Mitarbeiter/innen | Kurzarbeiter/innen | davon: Dauerkurzarbeit |
|---|---|---|---|
| Walzwerk Finow | 1.614 | 1.168 | 408 |
| Magnesitwerk Aken | 937 | 533 | 142 |
| Walzwerk Burg | 604 | 429 | 162 |

### GEM 1991/1992 [22]

| Zeitpunkt | Maßnahmen | Teilnehmer |
|---|---|---|
| 1991, Juli | 26 | 660 |
| 1991, Dezember | 43 | 1.110 |
| 1992, Juni | 53 | 1.314 |

amtes Berlin, Herr Streich, die Direktorin des Arbeitsamtes Frankfurt/Oder, Frau Friedemann, der Landrat von Eisenhüttenstadt Land, Herr Ness, der Bürgermeister von Eisenhüttenstadt, Herr Werner, und die Leiterin der Nebenstelle des Arbeitsamtes Frankfurt/ Oder in Eisenhüttenstadt, Frau Farra.

In der Folge wurde am 19. April 1991 die Gemeinnützige Gesellschaft für Qualifizierung und produktive Berufs- und Arbeitsmarktförderung der Region Eisenhüttenstadt mbH (GEM) gegründet. Gesellschafter waren die EKO Stahl AG, die Kreisverwaltung Eisenhüttenstadt (Land) und die Stadtverwaltung Eisenhüttenstadt. Zum Geschäftsführer wurde Adalbert Bartak berufen. Die Aktivitäten der Gesellschaft richteten sich auf die Organisierung und Durchführung von Arbeitsbeschaffungsmaßnahmen, die Förderung von Existenz- bzw. Ausgründungen aus dem EKO, die Durchführung berufsbegleitender Qualifizierungen und die individuelle Beratung und sozialpädagogische Betreuung der ABM-Beschäftigten. Schon Ende April beriet der EKO-Aufsichtsrat auf seiner fünften Sitzung Maßnahmen der Zusammenarbeit zwischen GEM und QCW. Beide Neugründungen ergänzten bisherige Formen der Personalarbeit, wie sie durch das EKO-Bildungszentrum in der Erstausbildung und durch den Personaleinsatzbetrieb (PEB) bei der Betreuung von Dauerkurzarbeitern bereits geleistet wurden.

Das EKO-Bildungszentrum war aus der ehemaligen Betriebsschule des Bandstahlkombinates hervorgegangen und in Kooperation mit dem QCW weiterhin für die betriebliche Erstausbildung zuständig. Der Personaleinsatzbetrieb war im August 1990 als Betriebsteil der EKO Stahl AG gegründet worden. Er nahm seither Arbeitnehmerinnen und Arbeitnehmer mit dem Status Arbeitszeit Null auf. Diese wurden aus ihren bisherigen Tätigkeitsbereichen ausgegliedert. Der PEB leistete hierbei drei Aufgaben: die Erfassung und Verwaltung von Dauerkurzarbeitern, ihre Vermittlung für Qualifizierung und Beschäftigung und ihre soziale Betreuung. Am 14. Mai 1991 betrug der Personalbestand des PEB 761 Dauerkurzarbeiter, darunter 428 Frauen, Tendenz: steigend. Der Betrieb erfüllte eine wichtige Funktion für diesen Personenkreis: er organisierte Versammlungen für die Dauerkurzarbeiter, in denen über die Lage des Unternehmens berichtet wurde, sechswöchige Berufsqualifizierungs-Seminare, in denen die Teilnehmer mit den für sie neuen Bedingungen der Marktwirtschaft vertraut gemacht wurden, und individuelle Beratungen zur Hilfestellung bei privaten und sozialen Problemen, die sich aus der Dauerkurzarbeit ergaben.

Am 17. Mai 1991 informierte sich die Arbeitsministerin des Landes Brandenburg, Regine Hildebrandt (rechts), über die Zukunftschancen der EKO-Arbeitnehmer. Mit den Vorstandsmitgliedern Manfred Schlesier und Hans-Peter Neumann diskutierte sie im Beisein der Direktorin des Arbeitsamtes Frankfurt/Oder, Christa Friedemann, darüber, wie es gelingen kann, dass der Stahlproduzent EKO am Markt bleibt und der unabdingbare Personalabbau trotzdem nicht in die Arbeitslosigkeit führt.

### Ziele der EKO Stahl AG 1991 zur Sicherung von Arbeitsplätzen am Standort Eisenhüttenstadt

Erhalt von: **3.000** Arbeitsplätzen im EKO-Kernbereich,

**1.000** Arbeitsplätzen durch Ausgliederungen und Privatisierungen,

**1.000** Arbeitsplätzen durch Ansiedlungen auf dem EKO-Gelände

Insgesamt: **5.000** Arbeitsplätzen für die Region Eisenhüttenstadt

Foto links:
Mit dem Verdienstkreuz am Bande des Verdienstordens der Bundesrepublik Deutschland wurde der Geschäftsführer Personal/Soziales der EKO Stahl GmbH, Hans-Peter Neumann (links), am 12. August 1999 in Potsdam geehrt. Brandenburgs Wirtschaftsminister Burkhard Dreher begründete die hohe Auszeichnung für den Arbeitsdirektor mit seinem »stetigen Engagement und viel Einfallsreichtum für neue Arbeitsplätze«.

Am 8. März 1991 ergriff die Bundesregierung mit der Verabschiedung des »Gemeinschaftswerkes Aufschwung Ost« Maßnahmen, um der dramatisch ansteigenden Arbeitslosigkeit, der sich zuspitzenden Wirtschaftskrise und den wachsenden Zahlungsschwierigkeiten in den fünf neuen Bundesländern entgegen zu wirken. Das umfangreiche Hilfsprogramm umfasste die Förderung von Bauinvestitionen, von Arbeitsbeschaffungsmaßnahmen, des Ausbaus des Verkehrsnetzes, der Entwicklung der regionalen Wirtschaftsstruktur, Umweltschutzmaßnahmen und andere Hil-

Foto unten:
Bundesarbeitsminister Norbert Blüm (rechts) besuchte am 25. Juni 1991 die EKO Stahl AG in Eisenhüttenstadt. Nach Gesprächen mit der Unternehmensleitung und dem Betriebsrat besichtigte er das QCW.

### Personalabbaukonzept der EKO Stahl AG am Standort Eisenhüttenstadt vom Februar 1992 [23]

|  | 1991 | 1992 | (1993) |
|---|---|---|---|
| Anzahl der Arbeitsverträge insgesamt, davon: | 9.751 | 5.240 | (3.000) |
| Arbeitskräfte im Stahlbereich | 5.771 | 3.240 | (3.000) |
| Dauerkurzarbeiter | 600 | 200 | (0) |
| Teilnehmer Fortbildung und Umschulung (QCW) | 580 | 600 | (200) |
| Beschäftigte in Arbeitsbeschaffungsmaßnahmen (GEM) | 800 | 1.200 | (300) |

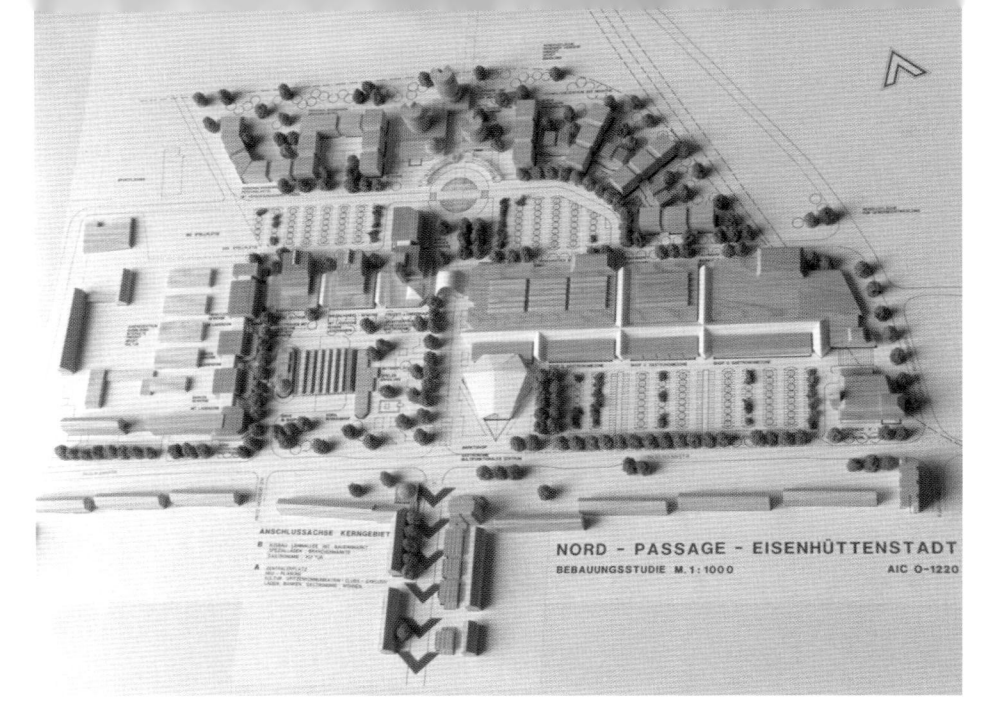

Am 12. Juli 1991 erfolgte ein erster großer Grundstücksverkauf von über 190.000 m² der EKO Stahl AG an die Deutsch-Schweizerische Beteiligungsgesellschaft GEMINI AREA GRUPPE. Der abgeschlossene Vertrag beinhaltete mindestens 500 bis 1.100 Arbeitsplätze nach Fertigstellung und umfasste den Bereich Thälmannstraße/Werkstraße. Innerhalb von zwei Jahren entstand auf dem erworbenen Gelände ein Geschäftsareal mit Einkaufscenter, Dienstleistungsbetrieben, Einzelhandelsgeschäften und gastronomischen Einrichtungen. Der Umfang der Investitionen wurde mit 150 Mio. DM angegeben.

fen. Bund, neue Bundesländer und Treuhandanstalt beschlossen in diesem Zusammenhang Grundsätze einer konstruktiven Zusammenarbeit. Ganz praktisch ging es um die Gründung von ABM-Trägergesellschaften in Verbindung mit der Umstrukturierung von Treuhandunternehmen.

Neben diesen Maßnahmen suchte auch die Treuhandanstalt intensiv nach Wegen für den Erhalt von Arbeitsplätzen, vor allem durch weitere Privatisierungen. Bis Juni 1991 waren 2.583 Treuhandunternehmen für 10,6 Mrd. DM privatisiert worden. Hierdurch konnten Investitionen von 65,3 Mrd. DM angeschoben, allerdings nur 525.984 Arbeitsplätze geschaffen werden. Auch die EKO Stahl AG bemühte sich, Ausgliederungen und Privatisierungen von nicht zum Kerngeschäft gehörenden Betriebseinheiten und die Neuansiedlung von Betrieben und Institutionen auf dem EKO-Gelände zu forcieren, um so Arbeitsplätze zu erhalten oder zu schaffen.

Da die Maßnahmen zur Beseitigung der wirtschaftlichen und sozialen Krise zunächst nicht ausreichten, schlossen Arbeitgeberverbände, Gewerkschaften, neue Bundesländer und Treuhandanstalt am 17. Juni 1991 eine Rahmenvereinbarung zur Bildung von Gesellschaften zur Arbeitsförderung, Beschäftigung und Strukturentwicklung auf Landesebene in allen neuen Bundesländern ab, an denen sich die Treuhandanstalt mit jeweils zehn Prozent beteiligte. Die übrigen Anteile hielten das jeweilige Land, Gewerkschaften, Arbeitgeber und kommunale Spitzenverbände. Auf dieser Grundlage wurde das Land Brandenburg über die Trägergesellschaft Land Brandenburg (TGLB) Mitgesellschafter der GEM.

Die Rahmenvereinbarung sah aber auch die direkte Förderung von ABM-Gesellschaften, wie der GEM in Eisenhüttenstadt, vor. Damit waren von Seiten der Bundesregierung, der Treuhandanstalt und des Landes Brandenburg auch in Eisenhüttenstadt umfassende Voraussetzungen für eine aktive Arbeitsmarkt- und Sozialpolitik geschaffen worden, um den Personalabbau sozialverträglich zu gestalten. Am 15. Mai 1991 begann die erste Arbeitsbeschaffungsmaßnahme auf dem EKO-Gelände. Es handelte sich hierbei um die Demontage von nicht mehr benötigten Baracken und baulichen Anlagen. Vierzehn Personen wurden hierfür beschäftigt, elf aus

der EKO Stahl AG und drei aus der Region. In der Perspektive sollten über die Beschäftigungsgesellschaft Projekte für rund 5.000 Personen – davon 2.600 von EKO Stahl und 1.400 aus der Region – realisiert werden. Dieses Ziel wurde bis zum Jahr 2000 erreicht.

Die Gemeinnützige Gesellschaft für Qualifizierung und produktive Berufs- und Arbeitsmarktförderung der Region Eisenhüttenstadt mbH entwickelte sich mit über 1.000 Beschäftigten in den Jahren 1991 und 1992 nach EKO Stahl zum zweitgrößten Arbeitgeber der Region. Als ein Kristallisationspunkt des Strukturwandels in der Stahlregion Eisenhüttenstadt löste sie mit ihrer sozialen Auffangfunktion auch wichtige Aufgaben der ökologischen Sanierung und Gewerbeerschließung des Betriebsgeländes, darüber hinaus der Sanierung von kommunalen Objekten und Flächen.

Mit der Zeit zeigten auch die Ausgliederungen und Neuansiedlungen Erfolge. Bis zum 31. Dezember 1992 waren 46 Organisationseinheiten mit 956 Arbeitnehmern ausgegliedert worden. Die Zahl dieser Einheiten sollte bis zum 1. April 1996 auf 51 und die Zahl der übernommenen Arbeitnehmer auf 2.167 steigen. Durch Verkauf, Vermietung bzw. Verpachtung von Gelände bzw. Gebäuden sowie durch die Ausgliederung von Betriebseinheiten wurde bis Anfang 1993 die Ansiedlung von 158 Firmen, Gewerben und Behörden mit insgesamt 3.008 Arbeitsplätzen auf dem EKO-Gelände erreicht. Daneben waren in der EKO Stahl AG zum 1. Januar 1993 selbst noch annähernd 3.500 Mitarbeiter beschäftigt.

Die Zahl der aktiven EKO-Mitarbeiter war 1992 ohne betriebsbedingte Kündigungen, allein durch Ausgliederungen von Unternehmensbereichen und durch Neuansiedlung von Unternehmen, durch Ausscheiden aus Altersgründen, durch Altersübergangsregelungen, durch natürliche Fluktuation und durch Aufhebungsverträge auf der Grundlage eines von der Treuhandanstalt finanzierten Sozialplanes[24] vom 1. Januar bis 31. Dezember 1992 von 5.726 auf 3.475 Mitarbeiter/innen gesunken.

Im gleichen Zeitraum war die Zahl der Beschäftigten in den ausgegliederten und angesiedelten Unternehmen und Institutionen von 618 auf 1.574 Arbeitnehmer gestiegen. Ausgegliedert waren bis dahin unter anderem die Bereiche Baustoffe, Elektrik, MSR-Technik, Hebezeuginstandhaltung, Technische Gase, Instandhaltung Wärmeversorgung, E-Maschinenreparatur, Verladung und Verpackung (KWW), Fernmeldebau, Feuerfest-Instandhaltung, Instandhaltung Stromversorgung, Anlagenbau und Plastverarbeitung.

## EKO Stahl: Ausgliederungen 1990 bis 1996 (Stand: 11. Juni 1996)

| Lfd.Nr. | Organisationseinheit | Anzahl AN* | Abgangsdatum | Übernahmefirma |
|---|---|---|---|---|
| 1 | Sanitär- und Rohrleitungsbau | 47 | 1. 10. 1990 | Völkl-EKO-GmbH Weiden |
| 2 | Aus- und Weiterbildung | 14 | 13. 12. 1990 | QCW GmbH Eisenhüttenstadt |
| 3 | Gebäudereinigung | 95 | 1. 2. 1991 | Piepenbrock Gebäudereinigung |
| 4 | Fahrbereitschaft LKW | 6 | 1. 3. 1991 | Spedition Lenker und Klaus Ehst. |
| 5 | Bereich Baustoffe | 227 | 21. 3. 1991 | Ehst. Schlackeaufbereitung und Umwelttechnik GmbH |
| 6 | Kfz-Fahrbereitschaft und ICH | 10 | 1. 5. 1991 | Autohaus Knoblauch / Strusen Ehst. |
| 7 | Hydraulikwerkstatt | 15 | 1. 5. 1991 | Simpex GmbH Neuss |
| 8 | Teilkapazität RZ | 2 | 18. 6. 1991 | ORDO Unternehmensberatung Zülpich |
| 9 | Bauinstandhaltung | 90 | 1. 7. 1991 | Heitkamp GmbH Herne |
| 10 | Elektrik, MSR KWW | 68 | 1. 8. 1991 | UNITECHNIK Automatisierung GmbH Ehst. |
| 11 | Gleisbau | 27 | 1. 11. 1991 | Schreck-Mieves Braunschweig |
| 12 | Vulkanisierwerkstatt | 11 | 1. 11. 1991 | Stahlgruber GmbH und Co. München |
| 13 | Schriftenmalerei | 6 | 1. 11. 1991 | Buchstaben-Behrendt Berlin |
|  | Zwischensumme 1990/1991 | 618 |  |  |
| 14 | Blechverarbeitung | 13 | 31. 1. 1992 | EKO Feinblechhandel GmbH |
| 15 | Werkverkehr-Sicherungstechnik | 15 | 31. 1. 1992 | UNITECHNIK Automatisierungs GmbH Ehst. |
| 16 | Hebezeuginstandsetzung | 52 | 1. 3. 1992 | Piepenbrock Industriewartung Ehst. |
| 17 | Montagetransport | 12 | 1. 3. 1992 | Brandt Schwertransport GmbH Ehst. |
| 18 | Klebewerkstatt | 4 | 1. 4. 1992 | UNIREP Engineering Nord GmbH |
| 19 | Elektrik Anlagenbau | 12 | 1. 4. 1992 | BEA Düsseldorf |
| 20 | Büromaterial | 2 | 1. 4. 1992 | Fa. Zimmermann Eisenhüttenstadt |
| 21 | Technische Gase | 53 | 1. 4. 1992 | Linde AG |
| 22 | Instandhaltung Wärmeversorgung | 15 | 1. 5. 1992 | Völkl-EKO-GmbH Weiden |
| 23 | Verpackung KWW | 123 | 1. 6. 1992 | CON-PRO GmbH & Co. Wuppertal |
| 24 | Verladung KWW | 84 | 1. 7. 1992 | Panopa Verkehrs GmbH Duisburg |
| 25 | Fernmeldebau | 8 | 15. 7. 1992 | F & S GmbH Eisenhüttenstadt |
| 26 | E-Maschinenreparatur | 26 | 17. 8. 1992 | Starkstrom-Gerätebau GmbH Regensburg |
| 27 | Feuerfest-Instandhaltung | 47 | 17. 8. 1992 | Burwitz Feuerungsbau Peine |
| 28 | Funkfernsteuerung | 2 | 1. 9. 1992 | ITM-Industrietechnik Eisenhüttenstadt |
| 29 | MSR-Technik, IH und Betrieb Rohrnetze, Pumpen | 45 | 1. 10. 1992 | Völkl-EKO-GmbH Weiden |
| 30 | Instandhaltung Stapler | 7 | 1. 10. 1992 | Fa. Dietze und Sohn Eberswalde-Finow |
| 31 | Reinigung Erzlager | 9 | 1. 11. 1992 | Fa. Piepenbrock |
| 32 | Anlagenbau | 323 | 1. 11. 1992 | Tochter EKO Stahl AG |
| 33 | Instandhaltung Stromversorgung | 26 | 15. 12. 1992 | BEA |
| 34 | Instandhaltung Schienenfahrzeuge | 20 | 31. 12. 1992 | Fa. Piepenbrock Industriewartung |
| 35 | Blech- und Plastverarbeitung | 36 | 31. 12. 1992 | AWU Michendorf |
| 36 | Transport Anlagenbau | 22 | 31. 12. 1992 | Lenker und Klaus GmbH |
|  | Zwischensumme 1.1.–31.12. 1992 | 956 |  |  |
| 37 | Haushandwerker | 6 | 1. 7. 1993 | Multi- und Mediendienst GmbH Ehst. |
| 38 | Hebezeuginstandhaltung | 29 | 1. 7. 1993 | Fa. Piepenbrock Industriewartung Ehst. |
| 39 | Stör- und Betriebswerkstatt | 95 | 1. 7. 1993 | EKO Anlagenbau GmbH |
| 40 | Straßenunterhaltung, Grünanlagen | 15 | 1. 7. 1993 | WGL Teltow |
| 41 | Instandhaltung Prozesstechnik KSW | 3 | 1. 7. 1993 | Eurosystem |
| 42 | Profilierung | 37 | 1. 11. 1993 | EKO Bauteile GmbH |
|  | Zwischensumme 1.1.–31.12.1993 | 185 |  |  |
| 43 | Instandhaltung KWW | 2 | 8. 8. 1994 | EKO Anlagenbau GmbH |
| 44 | Instandhaltung RSE | 3 | 1. 12. 1994 | EKO Anlagenbau GmbH |
|  | Zwischensumme 1.1.–31.12.1994 | 5 |  |  |
| 45 | Versuchsanstalt / Labore QW Finanzen / Controlling | 27 / 1 | 1. 1. 1995 / 1. 1. 1995 | FQZ GmbH / FQZ GmbH |
| 46 | Zentrale Datenverarbeitung | 52 | 1. 3. 1995 | EDS GmbH |
| 47 | Kranfahrer KWW | 22 | 1. 3. 1995 | PANOPA Logistik GmbH |
| 48 | Versorgungswirtschaft | 21 | 1. 4. 1995 | ComforTable GmbH |
| 49 | Energiewirtschaft | 216 | 1. 5. 1995 | Vulkan Energiewirtschaft GmbH |
|  | Finanzen / Controlling | 3 | 1. 5. 1995 | Vulkan Energiewirtschaft GmbH |
|  |  | 10 | 1. 11. 1995 | Vulkan Energiewirtschaft GmbH |
|  | Zwischensumme 1.1.–31.12.1995 | 352 |  |  |
| 50 | Betriebskrankenkasse | 20 | 1. 1. 1996 | BKK EKO Stahl |
| 51 | Wertstoffgewinnung | 30 | 1. 4. 1996 | EKO Recycling GmbH |
|  | Einkauf | 1 | 1. 4. 1996 | EKO Recycling GmbH |
|  | Summe 1990–Juni 1996 | 2.167 |  |  |

*AN-Arbeitnehmer

## Umstrukturierung am Standort Eisenhüttenstadt – zum Beispiel Anlagenbau

Aufbau Halle 1 – Zentralwerkstatt, 1953.

### Ausgliederungen von Betriebsbereichen der EKO Stahl AG 1992 bis 1994 in die EKO Anlagenbau GmbH

| Betriebsbereich | Zeitpunkt der Ausgliederung | Übernommene Beschäftigte |
|---|---|---|
| Anlagenbau | 1992 | 323 |
| Stör- und Betriebswerkstatt | 1993 | 95 |
| Instandhaltung KWW | 1994 | 2 |
| Instandhaltung RSE | 1994 | 3 |
| Insgesamt | 1992–1994 | 423 |

Der Umweltminister der Landes Brandenburg, Matthias Platzeck (1. von links), das Vorstandsmitglied der EKO Stahl AG, Hans Conrad (Mitte), und der Geschäftsführer der EKO Anlagenbau GmbH, Horst Maschik, nahmen am 8. Dezember 1993 in Eisenhüttenstadt in der Halle 1 des EKO Anlagenbaus eine Stahlsäge- und Bohranlage in Betrieb.

Das Konzept der EKO Stahl AG zur Umstrukturierung von einem ehemaligen DDR-Kombinat zu einem in jeder Hinsicht marktwirtschaftlich geführten Unternehmen umfasste neben der Rückbesinnung auf das Kerngeschäft Eisen und Stahl die Ausgliederung und Privatisierung von Unternehmensteilen, eingebettet in eine aktive Wirtschaftspolitik. In Zusammenarbeit mit Investoren aus der freien Wirtschaft, der Wirtschaftsförderung des Landes Brandenburg und von Eisenhüttenstadt, richteten sich die Aktivitäten des EKO-Managements dabei vor allem auf die Erhaltung und Schaffung von Arbeitsplätzen sowohl im stahlnahen als auch im stahlfernen Bereich für die aus dem EKO ausscheidenden Mitarbeiter. Auf dem Gelände der EKO Stahl AG wurde daher am Beginn der 90er Jahre – in Ergänzung zum Roheisen-, Stahl- und Kaltwalzwerk – ein Industrie-, Gewerbe- und Büropark geschaffen, in dem sich am Ende annähernd 100 Firmen ansiedelten. Im Umfeld der EKO Stahl AG wurden so über 5.000 Arbeitsplätze erhalten bzw. neu geschaffen – weit mehr, als ursprünglich für möglich gehalten wurden.

Tief verwurzelt in der EKO-Geschichte und mit EKO Stahl bis heute eng verbunden war und ist der Anlagenbau. Er entwickelte sich aus der Zentralwerkstatt, der späteren Abteilung Mechanische Werkstätten des Eisenhüttenkombinates Ost, zunächst vor allem mit dem Aufbau des Arbeitsfeldes Anlagenreparaturen. Seit 1980 erfolgte im Bandstahlkombinat »Hermann Matern« der systematische Ausbau des Produktionsfeldes Anlagenbau, u.a. durch den Aufbau des Rationalisierungsmittelwerkes (1985) und durch die Gründung der Direktion Rationalisierung und Instandhaltung (1987). 1990 wurde diese zunächst in den Direktionsbereich Anlagenbau, Anfang 1992 in das Profitcenter Anlagenbau der EKO Stahl AG umgewandelt, bevor der Anlagenbau Ende 1992 als 100-prozentige Tochter aus der EKO Stahl AG ausgegliedert wurde.

Dieser Schritt diente der Umstrukturierung der EKO Stahl AG im Zuge der Konzentration auf das Kerngeschäft bei gleichzeitigem Erhalt von Arbeitsplätzen durch Ausgliederungen und Neuansiedlungen von Unternehmen auf dem EKO-Industriegelände. Dabei wurden von 1992 bis 1994 insgesamt 423 ehemalige EKO-Angehörige – eingeschlossen die gesamte Stör- und Betriebswerkstatt sowie die Instandhaltungen des Kaltwalzwerkes und der Rohstahlerzeugung (Roheisen- und Stahlwerk) – von der EKO Anlagenbau GmbH übernommen.

Nach der Ausgliederung hat sich der Anlagenbau grundlegend neu organisiert. Ziele waren dabei, die Kosten in allen Betriebsbereichen zu senken, die Eigenständigkeit auf kaufmännischem Gebiet zu sichern und eine vom Kernbereich der EKO Stahl AG unabhängige Angebotspalette auf-

Foto oben links:
Modernisierung der Quarto-Tandem-Straße bei EKO Stahl, 1995.

Foto oben rechts:
Modernisierung des Dressiergerüstes bei EKO Stahl, 1996.

Foto Mitte links:
Stahlbau für Hochofen 5A, EKO Stahl 1996.

Foto rechts:
Hochkonvektionsglühplätze für EBNER Linz/EKO Stahl (Kühlhaube, Heizhaube), 1994.

Foto unten links:
Kiesfilter für die Wasseraufbereitungsanlage des EKO-Warmwalzwerkes, 1997.

zubauen. 1995 wurde das Unternehmen unter dem Namen DSD EKO-Anlagenbau GmbH an die DSD Dillinger Stahlbau GmbH privatisiert. Seit Ende 1998 gehört es unter der Firmenbezeichnung Ferrostaal Maintenance Eisenhüttenstadt GmbH (FS-ME) zur neugegründeten Ferrostaal Industrial Plant Service GmbH mit Unternehmenssitz in Essen. Der Ferrostaal-Teilkonzern ist das zweitgrößte Unternehmen der MAN-Gruppe, dem international führenden Hersteller von Nutzfahrzeugen, Druckmaschinen, Stahlwerken, Industrieanlagen und anderen hochwertigen Industriegütern.

Im Rahmen der Modernisierung des Kaltwalzwerkes realisierte die DSD EKO-Anlagenbau GmbH, jetzt Ferrostaal Maintenance Eisenhüttenstadt GmbH (FS-ME), gemeinsam mit namhaften Firmen, wie der ABB Industrietechnik AG und der Mannesmann Demag AG sowie den regionalen Firmen Unitechnik Automatisierungs GmbH und Simpex Hydraulik GmbH in mehreren Bauabschnitten umfangreiche Umbauten mit der Zielstellung einer Qualitätsverbesserung des Endproduktes der EKO Stahl GmbH.

Bei der Modernisierung der Quarto-Tandem-Straße leistete das Unternehmen das Engineering, die Fertigung, Montage und Inbetriebnahme der hauptsächlichen mechanischen Baugruppen. Zum Lieferumfang gehörten im Einlaufteil eine komplette neue Bundvorbereitungsstation inklusive eines Bundhubbalkens, die Bandpressen zwischen den Gerüsten, ein zentraler Steuerstand, die Stichlinieneinstellung der Gerüste, neue Spindeln für die Arbeitswalzenantriebe, angepasst an den automatischen Walzenwechsel, die komplette Erneuerung des Ölkellers, Änderungen an den Emulsionskreisläufen zur geregelten Emulsionsbeaufschlagung, die Erneuerung der Emulsionsdunstabsaugung, die Integration einer Schopfschere im Bereich des vierten Gerüstes, die komplette periphere Hydraulik sowie eine Bundumreifungs-, Bundsignier- und Bundinnenschweißanlage im Bereich des Auslauftransporteurs.

Analog zu dieser Vorgehensweise, gleichfalls in mehreren Bauabschnitten, erfolgte die Modernisierung des Dressiergerüstes mit den gleichen genannten Partnern. Auch hier wurde das Engineering, die Fertigung, Montage und Inbetriebnahme der hauptsächlichsten mechanischen Baugruppen übernommen. Dabei handelte es sich im Wesentlichen um eine Bundvorbereitungsstation, eine Zieh- und Richtmaschine, eine Schopfschere, eine Restbundentfernung, einen S-Umschlinger und eine Antikleberolle (alle zugehörig zum Einlaufbereich), weiterhin eine Anti-Crimp- und eine Cross-Bukle-Rolle, die Antriebsspindeln mit Trefferhaltevorrichtung, die hydraulische Stützwalzenverriegelung und die hy-

273

**Foto oben:**
Geschäftsführer Horst Maschik mit Innovationspreis, 1997. Der DSD EKO-Anlagenbau erhielt am 10. Juni 1997 in Düsseldorf den 1. Preis im Innovationswettbewerb »Stahl im Wohnungsbau« – eine Weltkugel aus Edelstahl. In der Jury-Begründung hieß es: »Der DSD EKO-Anlagenbau GmbH ist es gelungen, einem Wohnblock in Plattenbauweise mit einem Stahlbausystem neue gestalterische und funktionale Akzente zu geben. Vergrößerte Wohnungen, neue Balkone und lichtdurchflutete Treppenhäuser erhöhen den Wohnwert erheblich. Die Umwandlung des Plattenbau-Wohnblocks ist beispielhaft und richtungsweisend für viele Plattenbauten in den neuen Bundesländern.«

**Foto Mitte:**
Die gelungene Modernisierung der Wohnblocks basierte in der Fassadengestaltung auf Vorschlägen von Studenten unter der Leitung von Professor Lehmann, Inhaber des Lehrstuhls für Architektur der Technischen Universität Cottbus.

draulische Keilanstellung im Gerüstbereich. Im Auslaufbereich erfolgte der Einbau einer Bundwaage, die Modernisierung des Gurtwicklers und die Errichtung eines neuen Steuerstandes. Die komplette periphere Hydraulikanlage und die Errichtung einer 140-bar-Station rundeten die Modernisierung ab.

Im Verbund mit den Leistungen der anderen genannten Partner konnten die Modernisierungsmaßnahmen erfolgreich abgeschlossen werden. Sie führten zu einer wesentlichen Qualitätsverbesserung des gewalzten Kaltbandes von EKO Stahl. Darüber hinaus realisierte die FS-ME für die zweite Verzinkungsanlage ein komplettes Coilübergabesystem, das eine effektive Versorgung dieser Anlage mit Vormaterial sicherstellte. Dieses Coilübergabesystem bestand im Wesentlichen aus einem verfahrbaren, mit einem Drehkopf ausgestatteten Bundhubwagen sowie einem Hubbalkenförderer mit vier Aufnahmeplätzen, die hydraulisch versorgt und angetrieben wurden. Es übernahm die Coils von einem Hallenkran, über die Funkfernsteuerung startete das System und leitete damit einen vollautomatischen Bewegungsablauf über eine speicherprogrammierbare Steuerung ein. Die neue Station stellte ihre Leistungsfähigkeit unter Beweis, genügte modernsten Anforderungen und war eine wesentliche periphere Anlage für die neue Verzinkung.

Neben dem Bau von Walzwerksausrüstungen und dem Industrieanlagenbau bewies die Ferrostaal Maintenance Eisenhüttenstadt GmbH auch auf zahlreichen anderen Gebieten, vor allem bei der Entwicklung neuer Fertigungstechnologien, höchste Leistungsfähigkeit, Service und Qualität, z.B. beim Stahlbau am Hochhaus der Commerzbank Frankfurt am Main, bei der innovativen Wohnraumsanierung in Eisenhüttenstadt, beim Pilotprojekt 3-Wege-Weiche im Auftrag von Thyssen Transrapid Systemtechnik oder beim Bau von Fahrwegträgern der Magnetschwebebahn Braunschweig für die Firma Noell/AEG. Für das geplante High-Tech-Projekt Transrapid wurde seitens der FS-ME die erste 3-Wege-Weiche als Pilotprojekt gefertigt, montiert und im Versuchsfeld in Kassel in Betrieb genommen. So reichte das Leis-

Der Staatspräsident von Nigeria, Olusegun Obansanjo, besuchte in Begleitung von Ministern seiner Regierung am 15. Dezember 1999 die EKO Stahl GmbH. Das Warmwalzwerk war der erste Anlaufpunkt der hochrangigen Regierungsdelegation. Zweites Ziel war die Ferrostaal Maintenance (FS-ME) Eisenhüttenstadt GmbH. Während seines Besuches traf der nigerianische Präsident mit dem Brandenburger Wirtschaftsminister Wolfgang Fürniß, mit dem Vorsitzenden der EKO-Geschäftsführung Hans-Joachim Krüger und mit dem Vorstand der Ferrostaal Maintenance AG Essen Klaus von Menges zusammen. Zwei Stahlwerke russischer Bauart sollen in Nigeria modernisiert werden. Ferrostaal bewarb sich um den Auftrag.

tungsspektrum über den Bau von Kaltwalzwerksausrüstungen, den Stahlbau und den Bau von Trägerkonstruktionen, den Behälter- und Sonderstahlbau oder über den Industrieanlagenservice schon bald weit hinaus.

Zur effizienten Abwicklung von Aufträgen verfügte die Ferrostaal Maintenance Eisenhüttenstadt GmbH über eine moderne Ausrüstung und einen entsprechenden Maschinenpark für die mechanische Fertigung mit Großbohrwerken und CNC-gesteuerten Werkzeugmaschinen. Hinzu kamen modernste Anlagen zur technischen Diagnose einschließlich einer zerstörungsfreien Werkstoffprüfung. Mit einer vollautomatischen Durchlaufanlage, bestehend aus einer Freistrahlkabine und einer Farbspritzhalle, nutzte das Unternehmen eine umweltfreundliche Strahl- und Konservierungstechnologie, die alle Anforderungen an einen modernen Korrosionsschutz erfüllte. Durch ein hochmodernes Schweißportal wurde die Leistungsfähigkeit auf schweißtechnischem Gebiet erhöht. Kontinuierliche Investitionen im Stahlbau garantierten auch für die Zukunft höchste Qualität in Produktion und Service.

## Die gescheiterte Privatisierung an Krupp

Mit der Sanierungskonzeption, dem Zukunfts- und Personalkonzept, war von 1990 bis 1991 ein komplexes Unternehmenskonzept der EKO Stahl AG entstanden, das nun als strategische Grundlage für eine erfolgreiche Privatisierung dienen konnte. Die Konzepte zeigten im Einzelnen und in ihrer Gesamtheit realistische Wege, mit denen die Stahlproduktion in Eisenhüttenstadt erhalten, im Umfeld neue Arbeitsplätze geschaffen bzw. durch Ausgliederungen bisherige Beschäftigungsfelder weitergeführt werden konnten. Durch die Zusammenarbeit mit der Unternehmensberatung Roland Berger & Partner lagen umfangreiche und detaillierte Berechnungen zu den einzelnen Konzepten vor, die bestätigten, dass das strategische Unternehmenskonzept der EKO Stahl AG nach wirtschaftlichen Gesichtspunkten in jeder Hinsicht fundiert war.

Die Konzeption des Mini-Flachstahlwerkes bot die Aussicht, dass sich die Investitionen hierfür in relativ kurzer Zeit in positive Geschäftsergebnisse umwandeln ließen. Generell war hier ein besseres Verhältnis zwischen fixen und variablen Kosten zu erwarten als bei einer herkömmlichen Anlage, die nach der ersten Installation zusätzliche Aufwendungen zur Verbesserung der Betriebsergebnisse und der Produktivität erforderte. Mit Blick auf Osteuropa schien der Standort Eisenhüttenstadt für ein Mini-Flachstahlwerk zudem von Vorteil zu sein. Das hohe Qualifikationsniveau der in Eisenhüttenstadt zur Verfügung stehenden Arbeiter, Ingenieure und Produktionsleiter war außerdem ein Erfolgspotenzial für dieses Projekt.

Die Umstrukturierung des ehemaligen Bandstahlkombinates war mit tatkräftiger Unterstützung der Treuhandanstalt – z.B. durch die volle Entschuldung der Altkredite oder durch die Übernahme von Abfindungen für ausscheidende Mitarbeiter – 1992 so weit vorangeschritten, dass einer zügigen Privatisierung nichts mehr im Wege stand. Hinzu kam die fortlaufende Zusammenarbeit mit potenziellen westdeutschen Interessenten aus der Stahlindustrie.

Während eines Abendessens mit Vertretern der Wirtschaft – unter ihnen der Aufsichtsratsvorsitzende der EKO Stahl AG, Otto Gellert, und die Vorstandsvorsitzenden der EKO und der Krupp Stahl AG, Karl Döring und Jürgen Harnisch – am 12. Februar 1991 im Potsdamer Cecilienhof, zu dem Brandenburgs Ministerpräsident Manfred Stolpe eingeladen hatte, wurde zum ersten Mal die Idee einer künftig engeren Zusammenarbeit zwischen der EKO Stahl AG und der Krupp Stahl AG beraten. Im August 1991 begannen gemeinsame Beratungen beider Vorstände im Hinblick auf eine mögliche Übernahme des EKO durch Krupp. Ende August 1991 war von Seiten der Krupp Stahl AG eine erste Plausibilitätsprüfung des EKO-Zukunftskonzeptes abgeschlossen. Das Unternehmen begann nun mit der Erarbeitung eines Übernahmekonzeptes.

| Eckdaten der wirtschaftlichen Situation der EKO Stahl AG 1992 | |
|---|---|
| Bilanzsumme | 772,9 Mio. DM |
| Anteil Anlagevermögen | 43,3% |
| Gezeichnetes Kapital | 100,0 Mio. DM |
| Altkredite vor dem 1. 7. 1990 | voll entschuldet |
| Umsatzvolumen | 1.069 Mio. DM |
| Betriebsleistung | 1.133 Mio. DM |
| Materialaufwand | 76,9% |
| Personalaufwand | 14,8% |
| Abschreibungen auf Sachanlagen | 2,1% |

Inzwischen hatten sich weitere Interessenten eingefunden. Im November besuchten Stahlexperten unter der Leitung des italienischen Unternehmers Arvedi die EKO Stahl AG. Während eines Rundgangs und in Gesprächen mit dem Vorstand und dem Betriebsrat bekundeten sie ihr Interesse an der Übernahme des Kerngeschäftes einschließlich der Flüssiglinie. Kurz darauf, am 26. November 1991, erläuterten in Eisenhüttenstadt Vertreter der Krupp Stahl AG sowie der Stahlwerke Peine-Salzgitter AG dem Vorstand und den Arbeitnehmervertretern der EKO Stahl AG im Beisein des Treuhandvorstandes Hans Krämer und des Ministers für Wirtschaft, Mittelstand und Technologie des Landes Brandenburg Walter Hirche ihr Kaufangebot für das EKO. Am 3. Dezember 1991 erfolgte durch die Treuhandzentrale in Berlin eine auf die Stahlbranche beschränkte Ausschreibung zur Privatisierung der EKO Stahl AG mit dem Ziel, Eisenhüttenstadt als Standort eines integrierten Stahl- und Walzwerkes zu erhalten. Nach Protesten der italienischen privaten Stahlgruppe Arvedi und der staatlichen Stahlholding ILVA wurde der ursprüngliche Schlusstermin, 27. Dezember 1991, für die Abgabe von Angeboten zur Übernahme der EKO Stahl AG auf den 15. Januar 1992 verlegt.

Die enge Zusammenarbeit zwischen EKO und Krupp lief in dieser Zeit weiter. Am 14. und 15. Januar 1992 fand zwischen beiden Partnern in Eisenhüttenstadt ein erster Informationsaustausch über Ansätze für die Schaffung von Arbeitsplätzen statt. Für die Bereiche Bauelementefertigung, Fertigung von Elektroblechen, Rohrfertigung, Stahl-Service-Center, Recyclingzentrum, Maschinen- und Anlagenbau, Güterverkehrszentrum, Technologietransfer und Verfahrensentwicklung wurden Projektgruppen gebildet, mit dem Ziel, bei einer Privatisierung des EKO an die Krupp Stahl AG mindestens 1.000 Arbeitsplätze außerhalb des EKO-Kernbereiches zu schaffen.

Bereits am 26. Februar 1992 hatten 2.000 EKO-Beschäftigte und Bewohner Eisenhüttenstadts gegen das ungesicherte Finanzierungskonzept der Treuhandanstalt zur Privatisierung der EKO Stahl AG demonstriert. Vertreter der IG Metall und Betriebsratsvorsitzender Günter Reski warnten vor drohenden Gefahren aus der ungesicherten Finanzierung des Krupp-Konzeptes. Am 27. Februar 1992 fuhren dann ca. 1.000 Belegschaftsmitglieder mit 17 Bussen und 150 PKW in Richtung Berlin zu einer einstündigen Blockade der Autobahn A12 Berlin–Frankfurt/Oder am Autobahndreieck Spreeau, um so noch einmal demonstrativ auf das ungesicherte Finanzierungskonzept der Treuhandanstalt zur Privatisierung der EKO Stahl AG hinzuweisen.

Nach Ablauf der Ausschreibungsfrist zur EKO-Privatisierung teilte die Treuhandanstalt am 20. Februar 1992 in einer Presseerklärung mit, dass konkrete Übernahmeangebote für die EKO Stahl AG von der Krupp Stahl AG und von einem Konsortium, bestehend aus der Thyssen Stahl AG, der niederländischen Hoogovens Group BV und der Stahlwerke Peine-Salzgitter AG, vorlagen. Beide Angebote sahen die Übernahme des Kaltwalzwerkes und seine Fortführung vor. Krupp plante eine Jahresproduktion von 1,1 Mio. t Stahl, das Konsortium von 0,9 Mio. t. Hauptbestandteile des Krupp-Konzepts waren neben der Modernisierung des Kaltwalzwerkes die Errichtung eines Elektrostahlwerkes und einer Dünnbrammengießwalzanlage, außerdem die Zusicherung des Erhaltes von 3.800 Arbeitsplätzen, davon 2.800 Arbeitsplätze im Kernbereich der Stahlerzeugung. Das Konzept enthielt eine »Finanzierungslücke« von 350 Mio. DM. Darin sahen die Beschäftigten der EKO Stahl AG die ernste Gefahr, dass Beschäftigungszusagen des Krupp-Konzerns am Ende nicht eingehalten werden könnten. Mit einer machtvollen Demonstration und einer spektakulären Autobahnblockade gingen sie dagegen sprichwörtlich »auf die Barrikade«. Organisator der Aktionen war die IG Metall Verwaltungsstelle Frankfurt/Oder.

Der Verwaltungsrat der Treuhandanstalt stimmte jedoch unabhängig davon der Übernahme von EKO durch Krupp zu. Er beschloss den Verkauf der Aktien der EKO Stahl AG an die Krupp Stahl AG nach folgendem Plan: Rückwirkend zum 1. Januar 1992 sollte am 1. November 1992 die Übernahme erfolgen. Dabei war folgende Aufteilung vorgesehen: EKO Kaltwalzwerke GmbH zu 100 Prozent Krupp Stahl AG, EKO Halbzeugwerke GmbH zu 50 Prozent Krupp Stahl AG und zu 50 Prozent Treuhandanstalt. Die 50 Prozent der EKO Halbzeugwerk GmbH sollten von Krupp bei positiver Investitionsentscheidung spätestens zum 1. Januar 1993 erworben werden.

Die Treuhandanstalt und die Krupp Stahl AG wollten in den nächsten Monaten gemeinsam nach Wegen suchen, um die Finanzierungslücke von 350 Mio. DM zu schließen. Der Vorvertrag enthielt zwei Vorbehalte der Krupp Stahl AG: die Errichtung der Dünnbrammengießwalzanlage erfolgt nur bei einem positiven Ergebnis umfangreicher Prüfungen zur technischen und wirtschaftlichen Machbarkeit und nur bei einer uneingeschränkten Zustimmung der Europäischen Gemeinschaft zur Finanzierung dieser Anlage mit einem vorgeschalteten Elektrostahlwerk. Über die Gesamtinvestition von 1,1 Mrd. DM wollte die Krupp Stahl AG erst nach Ausräumung der Vorbehalte – frühestens Ende 1992 – entscheiden.

Am 28. Februar 1992 stellte der Vorstandsvorsitzende der Krupp Stahl AG, Jürgen Harnisch, auf der Betriebsversammlung im überfüllten Friedrich-Wolf-Theater in Eisenhüttenstadt sein Konzept zur Übernahme der EKO Stahl AG vor. Er begrüßte die Anwesenden mit den Worten »Meine Damen und Herren«, erinnerte sich an den tags zuvor unterzeichneten Vertrag und fügte hinzu: »eigentlich könnte ich nach der gestrigen Entscheidung der Treuhandanstalt ja nun schon fast sagen, liebe Mitarbeiterinnen und Mitarbeiter [...].«[25] Für diese Äußerung erntete er lang anhaltenden Beifall. Er bekundete im Weiteren die Bereitschaft und den Willen der Krupp Stahl AG, in Eisenhüttenstadt den metallurgischen Zyklus zu schließen. An den Kosten für den Bau der Dünnbrammengießwalzanlage (750 Mio. DM) wollte sich die Krupp Stahl AG mit 400 Mio. DM beteiligen. In diesem Betrag war der Kaufpreis von 75 Mio. DM für das EKO enthalten.

Zwischen März und September 1992 erfolgten zwischen der Treuhandanstalt und der Krupp Stahl AG mehrere Verhandlungen zur Schließung der Finanzierungslücke sowie Beratungen über die Wirtschaftlichkeit des Halbzeugwerkes (Roheisen- und Stahlwerk). In der gleichen Zeit erarbeiteten gemeinsame Arbeitsgruppen der Krupp Stahl und der EKO Stahl AG Projekte zur Schaffung von Arbeitsplätzen in Eisenhüttenstadt. Außerdem wurde der Investitionskomplex »Kaltwalzwerk Eisenhüttenstadt« (Modernisierung) vorbereitet. Die Vorstände beider Unternehmen vereinbarten monatliche gemeinsame Vorstandssitzungen und gemeinsame Arbeitsgruppen zur Erfassung der Lage im EKO.

Am 29. April 1992 wurde zwischen der Krupp Stahl AG, der EKO Stahl AG, der IG Metall und dem DGB in Düsseldorf unter Mitwirkung des EKO-Betriebsrates eine Vereinbarung zur sozialverträglichen Privatisierung der EKO Stahl AG abgeschlossen. Vereinbart wurde u.a., dass die Belegschaft als Einheit erhalten bleibt und dass betriebsbedingte Kündigungen grundsätzlich vermieden werden. Am 13. Mai 1992 erfolgte eine Beratung der Vorstände der Krupp Stahl/EKO Stahl AG zur Modernisierung des Kaltwalzwerkes sowie eine Klausurtagung der technischen Vorstände Krupp Stahl/EKO Stahl AG zur Gestaltung der Schmelzmetallurgie in Eisenhüttenstadt. Im Juli folgte eine weitere Beratung zwischen dem Technischen Vorstand der Krupp Stahl AG und dem Vorstandsvorsitzenden der EKO Stahl AG zur Aus-

## Krupp übernimmt EKO Stahl
### Aber die Finanzierung ist noch nicht voll gesichert

Berlin/Bochum. (he). Die Entscheidung über die Privatisierung des größten Stahlproduzenten der Ex-DDR ist gefallen: Am 27. Februar 1992 hat der Verwaltungsrat der Treuhandanstalt das Angebot der Bochumer Krupp Stahl AG zur Übernahme der EKO Stahl AG, Eisenhüttenstadt, im Grundsatz gebilligt. Dieser einstimmige Beschluß wurde allerdings mit der Auflage verknüpft, Krupp Stahl möge in den nächsten zwei bis drei Monaten die noch offene Finanzierung von 350 Mill. DM Investitionen klären.

In einem Gespräch mit Journalisten hat der Vorstandsvorsitzende der Krupp Stahl AG, Dr.-Ing. Jürgen Harnisch, seine Bereitschaft dazu bekundet, denn das Schließen dieser Finanzierungslücke »liegt auch in unserem Interesse«.

### 2800 Arbeitsplätze bei EKO

Die Verwirklichung des Krupp-Konzeptes bedeutet, nach Harnischs Erläuterungen, daß in Eisenhüttenstadt 4500 bis 5000 Arbeitsplätze auf Dauer gesichert bzw. neu geschaffen werden können. Allerdings bedeutet es auch eine Reduzierung der EKO-Belegschaft, die nach 1989/90 bei rund 11000 Personen gelegen hatte, von jetzt 5750 auf nur noch 2800 Mitarbeiter. Das soll – abgemildert durch einen Sozialplan – in den nächsten zwei Jahren geschehen.

Da das Konzept aber auch die Ansiedlung neuer Industrie- und Gewerbebetriebe vorsieht, für die es bereits konkrete Pläne gibt, könnten weitere 1000 Arbeitsplätze erhalten oder geschaffen werden. Arbeitsmöglichkeiten entstünden bei Zulieferanten sowie durch ausgegliederte und künftig selbständige Betriebsteile.

Das Krupp-Konzept sieht vor, EKO Stahl auf eine Betriebsgröße zurechtzustutzen, die der Aufnahmefähigkeit des Marktes und der Kostensituation an diesem ohne leistungsfähigen Wasserstraßenanschluß »trockenen« Standort entspricht.

### Ein neues Stahlwerk...

Nach diesem Plan sollen die vorhandenen und schon etwas bejahrten Hochöfen sowie das zwar relativ moderne, mit einer Jahreskapazität von 2,2 Mill. t für das Krupp-Konzept aber viel zu große LD-Stahlwerk bis 1996 durch ein neues, aber nur noch 1 Mill. t Rohstahl jährlich ausgelegtes Elektrostahlwerk ersetzt werden, das als Rohstoff für die Stahlgewinnung bis zu 100 Prozent Schrott, der in den neuen Ländern überreichlich und preiswert vorhanden ist, einsetzen kann. Die konventionelle Stahlerzeugung auf Eisenerz- und Kohlebasis wird also abgelöst durch das bewährte Prinzip der Mini-Stahlwerke mit Schrott und Elektrizität.

Harnisch sieht keine Probleme bei der Stromversorgung des künftigen Elektrostahlwerks. Zwar seien die Strompreise für Industriekunden dort mit ca. 14 Dpf je kWh (im Westen sind 10 Dpf üblich) noch sehr hoch, aber das werde sich sicherlich ändern lassen. Außerdem habe man in Erwägung gezogen, notfalls auch Strom aus Polen oder Rußland zu beziehen.

### ...und eine Warmbandanlage

Ebenfalls neu gebaut werden soll – was in Eisenhüttenstadt bisher fehlte und für EKO Stahl deshalb ein enormer Wettbewerbsnachteil war – eine moderne Anlage zur Warmbanderzeugung, allerdings nicht etwa eine herkömmliche Warmbreitbandstraße, die heutzutage zur Nutzung des Kostenoptimums eine Jahresleistung von 3 bis 4 Mill. t haben müßte, damit aber weder zu beschäftigen noch zu finanzieren wäre, sondern eine kleine »Mini-Anlage« nach dem Prinzip der neuentwickelten Dünnbrammengießwalztechnik.

Das in dieser ebenfalls auf 1 Mill. jato ausgelegten Anlage produzierte Vormaterial soll dann in dem vorhandenen Kaltwalzwerk, das grundlegend modernisiert werden soll, zu Flachprodukten ausgewalzt werden, die auch verzinkt oder organisch beschichtet werden können. Diese Erzeugnisse sind, wie Harnisch erläuterte, in erster Linie für die Bauwirtschaft und benachbarte Branchen bestimmt; beispielsweise sind das Bauelemente für Dächer und Wände, Fassadenverkleidungen, Trapezprofile, u. ä., für die in den neuen Bundesländern großer Bedarf bestehe. Auch für die Automobilindustrie, allerdings in nur kleinem Umfange, werde man einige Erzeugnisse herstellen.

### Keine Lohnwalzungen mehr

Bei EKO Stahl entstünde damit eine geschlossene Produktionslinie, und es könnte künftig auf die wegen der doppelten Transportkosten sehr teuren Lohnwalzungen bei anderen Stahlproduzenten verzichtet werden.

Bis zur Fertigstellung des neuen Stahlwerks und der Warmbandgießanlage wird Krupp die Vormaterialversorgung aus seinen Werken Rheinhausen und Bochum sicherstellen, und auch danach sollen jährlich etwa 300000 t Warmbreitband nach Eisenhüttenstadt geliefert werden, um die Vollversorgung des Kaltwalzwerks, das über eine Kapazität von 1,2 Mill. t verfügt, sicherzustellen. Das ist auch für die Krupp Stahl AG von Vorteil, denn, so Harnisch, »wir hatten bisher zu viel Rohstahl und zu wenig Verarbeitungskapazität«. Durch den Einstieg bei EKO werde dieses Ungleichgewicht jetzt behoben, was von hohem strategischen Wert sei.

Die künftige Unternehmensgruppe Krupp Stahl, Hoesch Stahl und EKO Stahl werde mit einer gemeinsamen Rohstahlproduktion von 10 Mill. t »einen leistungsfähigen Verbund bilden, der sämtliche Qualitäten und Einsatzgebiete abdeckt und der mit seinen Aktivitäten weltweit vertreten ist«. Das Eisenhüttenstädter Unternehmen werde in diesem Verbund ein »integriertes Mini-Stahlwerk« sein.

### Öffentliche Hand soll helfen

Für die Modernisierung des Kaltwalzwerkes müssen 350 Mill. DM investiert werden, die Krupp unter Inanspruchnahme der in den neuen Ländern üblichen Investitionshilfen, die sich bei diesem Vorhaben auf etwa 100 Mill. DM belaufen dürften, selbst aufbringen will. Der vorgelagerte Betriebsteil (Stahlwerk/Warmbandanlage) wird insgesamt 750 Mill. DM an Investitionen erfordern. Davon will Krupp einschließlich »normaler« Fördermittel 400 Mill. DM übernehmen. Offen ist aber noch, wer die verbleibenden 350 Mill. DM der 1,1 Mrd. DM betragenden Gesamtinvestition trägt. Nach Harnischs Vorstellung müßten diese aus »sonstigen Fonds« bereitgestellt werden, also – obwohl das nicht so klar ausgesprochen wurde – aus Bundes- und Landesmitteln und evtl. auch aus Umstrukturierungsfonds der EG.

Jürgen Harnisch: »Krupp Stahl, Hoesch Stahl und EKO Stahl werden einen leistungsfähigen Verbund bilden, der sämtliche Qualitäten und Einsatzgebiete abdeckt.«

»stahlmarkt« 4/92.

### Geplante EKO-Investitionen der Krupp Stahl AG[26]

| | Investitionskosten | Anteile Krupp Stahl AG |
|---|---|---|
| Modernisierung Kaltwalzwerk | 350 Mio. DM | 350 Mio. DM (über Investitionsförderung) |
| Errichtung Elektrostahlwerk und Warmbanderzeugungsanlage | 750 Mio. DM | 400 Mio. DM (Investitionszusage inkl. Kaufpreis 75 Mio. DM) |
| Insgesamt | 1.100 Mio. DM | 750 Mio. DM |

Krupp-Vorstandsvorsitzender Jürgen Harnisch am 28. Februar 1992 am Rednerpult im Friedrich-Wolf-Theater in Eisenhüttenstadt: »[…] eigentlich könnte ich nach der gestrigen Entscheidung der Treuhandanstalt ja nun schon fast sagen, liebe Mitarbeiterinnen und Mitarbeiter […].«

| Bilanzverluste der EKO Stahl AG | |
| --- | --- |
| 1991 | - 439.268.195,34 DM |
| 1992 | - 195.298.223,90 DM |

wertung von Versuchswalzungen mit den bei Nucor Steel (USA) erzeugten Warmbandcoils in den Kaltwalzwerken bei EKO und Krupp.

Am 25. Mai 1992 wurde in einer Besprechung der Vorstände der EKO Stahl und der Krupp Stahl AG in Bochum u.a. ein Vorschlag der Treuhandanstalt behandelt, aus der EKO Stahl AG eine EKO Halbzeugwerk GmbH und eine EKO Gewerbepark GmbH abzuspalten, so dass am Ende zur Privatisierung nur noch das Kaltwalzwerk übrig bleiben würde. Am 2. Juni 1992 fand eine weitere Kontrollberatung der gemeinsamen Arbeitsgruppe Krupp Stahl/EKO Stahl AG für Projekte zur Schaffung von Arbeitsplätzen in Eisenhüttenstadt statt.

Doch die EKO-Privatisierung an Krupp stieß – neben der »Finanzierungslücke« – auf ein weiteres Hindernis: die Stahlkrise des Jahres 1992. Erste Anzeichen hierfür gab es im März 1992. Im Vergleich zum Vorjahresmonat war die Stahlproduktion der Industrieländer mit 32,2 Mio. t um 2,6 Prozent gesunken. In Westeuropa betrug der Rückgang 2,2 Prozent und in Japan 14 Prozent. In Osteuropa und in den GUS-Staaten war die Stahlproduktion ebenfalls rückläufig. Lediglich in den USA (+10,1 Prozent) und in den Entwicklungsländern (+6,2 Prozent) erhöhte sie sich.[27] Zur Überbrückung der angespannten Lage musste im EKO vom 27. Juni bis 20. Juli 1992 der Blockstillstand der Flüssiglinie festgelegt werden. Es wurden umfangreiche Reparatur- und Erhaltungsmaßnahmen an den Hauptanlagen durchgeführt. Zur Gewährleistung der Auftragserfüllung wurde im Roheisenwerk bis Ende September zeitweise ein 3-Ofen-Betrieb gefahren. Am 18. September 1992 wurde der Hochofen VI wegen der schlechten Auftragslage niedergeblasen.

Auch die Krupp Stahl AG geriet in Schwierigkeiten. Das Gruppenergebnis vor Ertragssteuern rutschte in den ersten sechs Monaten 1992 mit 32 Mio. DM ins Minus, nachdem im ersten Halbjahr 1991 noch ein Überschuss von 44 Mio. DM erzielt worden war. Begründet wurde die Ergebnisverschlechterung mit dem anhaltenden Preisdruck auf den Stahlmärkten.[28] Die Lage spitzte sich bis Ende 1992 in allen europäischen Ländern so zu, dass die im Dachverband »Eurofer« zusammengeschlossenen Stahlunternehmen die Europäische Kommission und die Mitgliedstaaten der EG am 13. Oktober 1992 offiziell um die Ausarbeitung eines Umstrukturierungsprogramms für die europäische Stahlindustrie baten. Anlass waren eine weiterhin deutlich sinkende Nachfrage und drastisch fallende Preise für Stahlprodukte, vor allem durch Billigimporte aus Japan, Korea und Osteuropa.[29]

Die Privatisierungsverhandlungen zwischen der Treuhandanstalt und der Krupp Stahl AG gerieten im Sommer 1992 ins Stocken. Auf der Sitzung des Verwaltungsrates der Treuhandanstalt am 24. Juni 1992 wurden zum Thema EKO-Privatisierung keine Entscheidungen getroffen. Am 1. Juli 1992 erfolgte zwischen der Treuhandanstalt, der IG Metall, dem Arbeitsdirektor und dem Betriebsrat der EKO Stahl AG in Berlin eine erste Verständigung über eine Verschiebung der EKO-Privatisierung. Wegen des sich anbahnenden Scheiterns der Privatisierung an Krupp fand am 14. Juli 1992 in Bonn ein Gespräch zwischen der Treuhandanstalt, der Krupp Stahl AG und dem Bundeswirtschaftsminister statt. Vereinbart wurde ein neues Modell für die gesellschaftsrechtliche Gestaltung und die Finanzierung des Investitionsprogramms.

Am 28. August 1992 gab der Betriebsrat der EKO Stahl AG bekannt, dass die Treuhandanstalt die Aufteilung der Belegschaft auf drei Gesellschaften – EKO Kaltwalzwerk GmbH, EKO Gewerbepark GmbH, EKO Halbzeugwerk GmbH – vorbereitet und dass die vertragliche Zusicherung zur Übernahme der Gesamtbelegschaft damit nicht mehr gültig sei. Der Wirtschaftsminister des Landes Brandenburg, Walter Hirche, widersprach dieser Darstellung und bezeichnete die neue Vereinbarung als eine »stufenweise Privatisierung« mit Modellcharakter für weitere Privatisierungen. Die Kontrollberatungen der gemeinsamen Arbeitsgruppe Krupp Stahl/EKO Stahl AG für Projekte zur Schaffung von Arbeitsplätzen in Eisenhüttenstadt wurden in dieser Zeit fortgesetzt. Gegenstand der Beratung im Juli war eine Zwischenauswertung zur bisher geleisteten Arbeit an den Projekten Bauelementefertigung, Fassproduktion, Rohrfertigung, Elektro- und Stanzbleche, Recyclingzentrum, Güterverkehrszentrum, Technologietransferzentrum, Stahl-Service-Center und Anlagenbau.

Vor 1.500 versammelten EKO-Beschäftigten gab Krupp-Vorstandsvorsitzender Jürgen Harnisch am 10. September 1992 bekannt, dass der ursprüngliche Plan der Krupp Stahl AG, das gesamte EKO zu übernehmen, aufgegeben werden musste.

Am 6. September 1992 waren 23 Betriebsräte und Vertrauensleute der Krupp Stahl AG Rheinhausen zu Gast bei EKO Stahl. Gegenstand einer gemeinsamen Beratung der Vorstände der Krupp Stahl/EKO Stahl AG am 10. September 1992 in Bochum war – unter anderem – die Privatisierung des EKO-Anlagenbaus.

Am gleichen Tag gab Krupp-Vorstandsvorsitzender Jürgen Harnisch in Eisenhüttenstadt auf einer erweiterten Betriebsratssitzung vor dem Vorstandsgebäude der EKO Stahl AG vor 1.500 versammelten Beschäftigten bekannt, dass der ursprüngliche Plan der Krupp Stahl AG, das gesamte EKO zu übernehmen, wegen »einer nicht erreichbaren EG-Zustimmung« aufgegeben werden musste. Es sollte nunmehr eine Teilung des EKO erfolgen, nach der das Halbzeugwerk in Treuhandbesitz verbleiben würde. Am 16. September 1992 informierte die Treuhandanstalt den Vorstand der Krupp Stahl AG in einem Gespräch, dass sich juristische Gutachten gegen eine stufenweise Privatisierung der EKO Stahl AG aussprachen. Die Krupp Stahl AG erklärte daraufhin, dass für sie für eine Übernahme der EKO Stahl AG kein Weg mehr erkennbar sei. In einem Schreiben des Vorstandes der Krupp Stahl AG an den Treuhandvorstand Hans Krämer vom 18. September 1992 hieß es: »Wir bedauern außerordentlich, dass sich diese Erkenntnisse erst jetzt ergeben haben, nachdem seit unserem Angebot für die Übernahme der Gesellschaft ein Jahr verstrichen ist und wir an dem Konzept bereits seit 18 Monaten gearbeitet haben.«[30] Es wurde vereinbart, die Zusammenarbeit mit der EKO Stahl AG fortzusetzen und weiter nach Wegen der Privatisierung zu suchen.

Die Treuhandanstalt präzisierte daraufhin ihr Angebot an die Krupp Stahl AG. Hauptpunkte waren: der Verkauf sämtlicher Aktien der EKO Stahl an die Krupp Stahl AG zum 1. November 1992, spätestens zum 1. Januar 1993; eine Erhöhung der Sonderrücklagen und die Übernahme aufgelaufener Verluste bis zur Privatisierung; die Schließung der Finanzierungslücke von 350 Mio. DM durch die Treuhandanstalt (300 Mio. DM) und durch das Land Brandenburg (50 Mio. DM). Ein weiteres Rechtsgutachten ergab, dass mit einer Zustimmung der EG auch zu diesem Plan nicht gerechnet werden konnte, da nach den im Stahlbereich geltenden EG-Richtlinien die öffentlichen Beihilfen in den neuen Bundesländern 35 Prozent des Nettoinvestitionsvolumens nicht überschreiten durften. Im vorliegenden Fall lag der geplante Anteil (EG, Bund, Land) bei annähernd 65 Prozent (insgesamt etwa 700 Mio. DM von 1,1 Mrd. DM) der Nettoinvestitionen. Der Ausgleich von Betriebsverlusten war nach EG-Recht ebenfalls nicht erlaubt.

Am 12. Oktober 1992 meldete der »Spiegel«, dass Krupp die EKO Stahl AG nicht mehr übernehmen wolle. Am gleichen Tage fand die 9. Aufsichtsratssitzung der EKO Stahl AG statt. Betriebsratsvorsitzender Günter Reski und Arbeitsdirektor Hans-Peter Neumann plädierten hier entschieden für den Fortbestand von EKO Stahl. Der Vorstand wurde daraufhin beauftragt, ein eigenständiges Konzept für das EKO als Unternehmen der Treuhandanstalt auszuarbeiten. Am 15. Oktober 1992 forderte der Verwaltungsrat der Treuhandanstalt den Vorstand der EKO Stahl AG ebenfalls auf, solch ein eigenständiges Unternehmenskonzept auszuarbeiten. Die Errichtung der »Neuen Metallurgie« und die Modernisierung des Kaltwalzwerkes wurden dabei als Einheit betrachtet.

Am 16. Oktober 1992 erbat die Krupp Stahl AG von der Treuhandanstalt noch einmal eine Bedenkzeit für ihr Angebot zur Übernahme der EKO Stahl AG. Am 23. Oktober 1992 gab Betriebsratsvorsitzender Günter Reski auf einer Betriebsversammlung in Eisenhüttenstadt bekannt, dass die Krupp Stahl AG ihr Angebot zur Übernahme der EKO Stahl AG nicht mehr aufrecht erhält. Die Privatisierungsverhandlungen der Treuhandanstalt mit der Krupp Stahl AG wurden dann am 26. Oktober 1992 von Seiten der Krupp Stahl AG aus wirtschaftlichen, finanziellen und technologischen Gründen abgebrochen. Als Hauptgründe wurden die fehlende EG-Zustimmung zur Finanzierung einer neuen Warmwalzanlage sowie zu hohe Investitionskosten in Anbetracht der weltweiten Stahlkrise benannt.

In einer gemeinsamen Presseerklärung der Treuhandanstalt und der Krupp Stahl AG hieß es am 27. Oktober 1992 abschließend: die Ergebnisse der bisherigen Arbeit haben »gezeigt, dass aus heutiger Sicht die Übernahme der EKO Stahl AG noch nicht erreichbar scheint«. Beide Seiten vereinbarten, im Gespräch zu bleiben. Die Krupp Stahl AG bot der EKO Stahl AG an, auf technischem und kommerziellem Gebiet weiterhin zu helfen und den bestehenden Kooperationsvertrag fortzuführen.

Am 23. November 1992 wurden auf der Sitzung des EKO-Aufsichtsrates Maßnahmen zur Sicherung des Überlebens der EKO Stahl AG nach der gescheiterten Privatisie-

Foto links:
Am 23. Oktober 1992 verkündete Betriebsratsvorsitzender Günter Reski, dass Krupp das Angebot zur Übernahme von EKO Stahl nicht aufrecht erhält.

Abbildung rechts:
Übersicht über die Einbringung nicht betriebsnotweniger Flächen in die Industriepark Oderbrücke GmbH.

Abbildung unten:
Erklärung der Treuhandanstalt über die weitere Unterstützung und fördernde Begleitung des Weges von EKO Stahl vom 23. Dezember 1992.

rung an Krupp getroffen. Zur Aufrechterhaltung der Liquidität wurden umfangreiche Grundstücksverkäufe beschlossen, u.a. die Gründung der Industriepark Oderbrücke GmbH Eisenhüttenstadt zur Einbringung der nicht betriebsnotwendigen Liegenschaften in einen Grundstückspool. Im Weiteren wurde das eigenständige Konzept des EKO als Unternehmen der Treuhandanstalt behandelt. Es enthielt folgende Punkte:

- Weiterführung der Produktion im Roheisenwerk und im Konverterstahlwerk bis zur Übergabe der neuen technologischen Linie;
- Weiterführung der Produktion im Kaltwalzwerk, Modernisierung und Anpassung an den neuen technologischen Ablauf;
- Aufbau eines neuen Elektrostahlwerkes, das die Aufgabe des Roheisenwerkes übernimmt und auf Schrottbasis unter Hinzufügung von Zusatzstoffen arbeitet;
- Aufbau einer Dünnbrammengießwalzanlage im Anschluss an das Elektrostahlwerk.

Am 27. November 1992 erfolgte im Zuge der Veräußerung nicht betriebsnotwendiger Vermögen der Rückkauf der Walzwerk Finow GmbH und der Walzwerk Burg GmbH durch die Treuhandanstalt. Am 16. Dezember 1992 gründete die EKO Stahl AG die Industriepark Oderbrücke GmbH Eisenhüttenstadt zur Übernahme der nicht betriebsnotwendigen Liegenschaften. Die neue Gesellschaft sollte 5 Mio. m² Fläche, einschließlich Immobilien, vermarkten. Die Treuhandanstalt erwarb die Geschäftsanteile der Grundstücksgesellschaft anschließend zu einem Preis, der dem Wert der Liegenschaften entsprach. Damit war das Überleben der EKO Stahl AG vorläufig gesichert.

»Licht am Ende des Tunnels« zeigte sich bald von einer weiteren Seite. Am 18. November 1992 hatte sich Bundeskanzler Helmut Kohl bei einem Besuch des Siemens-Kabelwerks in Schwerin nachdrücklich für den Erhalt der »industriellen Kerne« in den neuen Bundesländern ausgesprochen. Es sei wichtig, dass Betriebe bestehen bleiben, die derzeit zwar keine Absatzmöglichkeiten für ihre Produkte hätten, die aber in einigen Jahren wieder wettbewerbsfähig sein könnten.[31] Unter diesem positiven politischen Vorzeichen begann für EKO Stahl ein neuer Versuch der Privatisierung. Die Treuhandanstalt nahm erste Kontakte mit der italienischen Riva-Gruppe auf. Für Bundeskanzler Kohl wurde das EKO zur Chefsache.

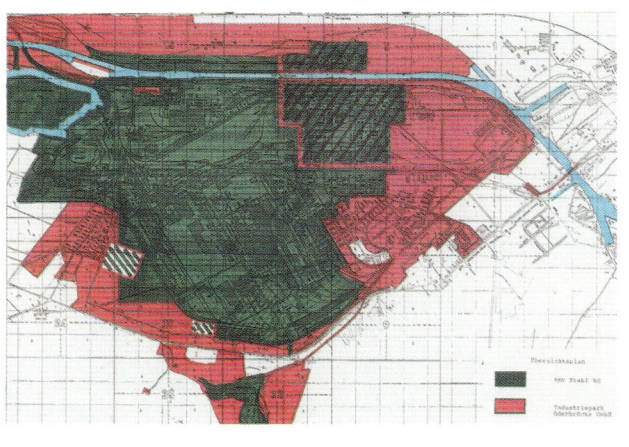

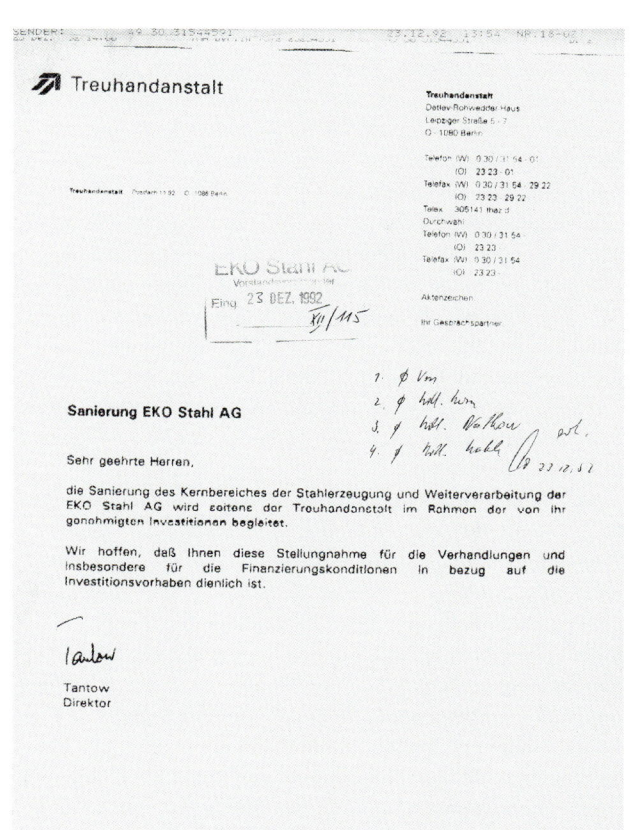

## Das EKO als EG-Beihilfefall

Durch das Scheitern der EKO-Privatisierung an Krupp und die Entscheidung, das EKO nunmehr zunächst als Aktiengesellschaft in Treuhandverwaltung weiterzuführen, entstand eine komplizierte Situation, die sowohl von der Bundesregierung als auch von der Europäischen Gemeinschaft, hier speziell der Europäischen Kommission, zu meistern war. Zum ersten musste den gemeinschaftlichen Vorschriften über Beihilfen an die Eisen- und Stahlindustrie (Beihilfekodex) der Europäischen Gemeinschaft für Kohle und Stahl entsprochen, zum zweiten der Verwandlung der Oderregion in eine soziale Krisenregion entgegengewirkt und zum dritten die europäische Stahlkrise unter Einbindung der Probleme von EKO Stahl und Eisenhüttenstadt gemeistert werden. Der Schwerpunkt der Entscheidungen zu EKO Stahl verlagerte sich 1993/94 daher von Eisenhüttenstadt, Potsdam und Berlin nach Bonn, Brüssel sowie in andere europäische Hauptstädte.

Am 29. Januar 1993 legte der EG-Sonderbeauftragte für Kohle und Stahl, Fernand Braun, der Europäischen Kommission einen Bericht über »Gegenwärtige oder geplante Umstrukturierungen in der Stahlindustrie« vor, nachdem er mit Führungskräften von etwa 70 Unternehmen Kontakt aufgenommen und mit ihnen ihre Programme und Projekte im Hinblick auf eine Anpassung ihrer Strukturen an die gegenwärtige Stahlkrise erörtert hatte. Mit dem Hinweis auf die »Schwere der Krise und ihre Folgen« wurde in dem Bericht ein überlegtes Eingreifen der Europäischen Gemeinschaft in die Entwicklung auf dem Stahlsektor gefordert. Die Kommission hatte nach Presseberichten bereits im Herbst 1992 Überkapazitäten bei Rohstahl in Höhe von 30 Mio. t, bei Warmwalzerzeugnissen in Höhe von 19 bis 26 Mio. t errechnet. Nach der Braun-Umfrage beschloss sie Stilllegungen von rund 6,6 Mio. t/a Warmwalzerzeugnisse, später von 7,25 Mio. t/a. Am Ende wurde für den Zeitraum von drei Jahren ein jährlicher Kapazitätsabbau von 4 bis 6 Mio. t in der Gemeinschaft vorgeschlagen.

Der EG-Ministerrat billigte daraufhin am 25. Februar 1993 das Gesamtkonzept der Europäischen Kommission zum Kapazitätsabbau im Stahlbereich und für die Einleitung von flankierenden Maßnahmen für das damit verbundene Stilllegungsprogramm. Im Rahmen dieses Programms sollten 1993 bis 1995 annähernd 20 Mio. t Stahlproduktionskapazität stillgelegt werden. Allein in der italienischen Region Brescia sollten mit einem flexiblen Konzept Kapazitätsstilllegungen von 5 bis 6 Mio. t erfolgen. Der erforderliche, durch begleitende Sozialmaßnahmen zu flankierende Personalabbau wurde auf 69.000 Personen geschätzt.

Doch nicht nur italienische Stahlproduzenten, sondern auch EKO Stahl und Eisenhüttenstadt waren vom Stilllegungsprogramm bedroht. Angeführt durch die Wirtschaftsvereinigung Stahl forderte die westdeutsche Stahlindustrie von der Bundesregierung ein striktes Subventionsverbot für deutsche und europäische Stahlunternehmen, um die Wettbewerbsposition der westdeutschen Werke, die nicht auf Staatshilfe rechnen konnten, in der Krise zu stärken. Diese Forderung richtete sich unmittelbar gegen EKO Stahl. Manfred Stolpe forderte die Bundesregierung und die Europäische Kommission daher Anfang Februar 1993 in Potsdam auf, ein Kartell der Stahlkonzerne gegen Eisenhüttenstadt zu verhindern. Der Betriebsrat der EKO Stahl AG erklärte Eisenhüttenstadt zur gleichen Zeit zur Stahl-Krisenregion. Am 1. März 1993 berichtete der »Spiegel«, dass die europäische Stahllobby »Eurofer« mit Hilfe deutscher Konzerne das EKO über die Entscheidungen der EG in Brüssel in Etappen stilllegen wolle.

Dieses Stilllegungskonzept schien aus wirtschaftlichen Gründen plausibel, war unter sozialen und politischen Gesichtspunkten aber undiskutabel. Dies reflektierte am 3. März 1993 die »New York Times« unter dem Titel »Ein Werk, zu groß für Deutschland, um geschlossen zu werden«. Ein Exklusiv-Beitrag von Roger Cohen zitierte Wirtschaftsminister Walter Hirche: »Wir haben an eine Schlie-

Die Präsidentin der Treuhandanstalt, Birgit Breuel (Foto), wandte sich am 12. Februar 1993 im ARD-Morgenmagazin offiziell gegen eine EKO-Stilllegung und gegen den Abbau ostdeutscher Stahlkapazitäten zugunsten besserer Auslastung der Werke im Westen.

Bild unten:
Ortsausgang von Eisenhüttenstadt, 1993. Stele mit der Aufschrift: »Sie verlassen eine Stahl Krisenregion«.

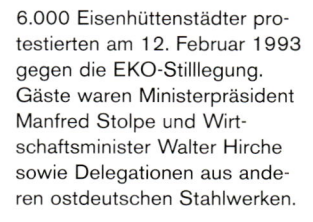

6.000 Eisenhüttenstädter protestierten am 12. Februar 1993 gegen die EKO-Stilllegung. Gäste waren Ministerpräsident Manfred Stolpe und Wirtschaftsminister Walter Hirche sowie Delegationen aus anderen ostdeutschen Stahlwerken.

Mit einer kurzen Ansprache beschrieb der Ehrenbürger von Eisenhüttenstadt, Pfarrer Bräuer (Foto oben rechts), die Situation: »Seit 40 Jahren bin ich in dieser Stadt als Pfarrer tätig. Ich habe den Aufbau des Werkes und der Stadt miterlebt. Ich durfte viele Hoffnungen der Menschen dieser Stadt und der evangelischen Kirchengemeinde begleiten. Heute schleichen Ängste und Sorgen durch die Straßen der Stadt. Vielen Bürgerinnen und Bürgern sieht man ihre Fragen an, die sie im Innersten bewegen und aufwühlen: 1. Wir haben nicht mitgeholfen, die Tore zur Einheit unseres Volkes aufzustoßen, damit sich jetzt hier die Türen vor Ort schließen. 2. Wir haben unsere Ärmel nach der Wende hochgekrempelt, um neu anzufangen, nicht aber, dass wir unsere Hände tatenlos in die Hosentaschen stecken. Die Menschen dieser Stadt wollen arbeiten. Deshalb ist es wichtig, dass das Werk erhalten bleibt.«[32]

ßung der EKO Stahl AG gedacht, da das Werk uneffektiv ist und es in Deutschland und Europa bereits zu viel Stahl gibt. Aber wir müssen auch seine Lage berücksichtigen. Es gibt in und um Eisenhüttenstadt nichts außer dem Stahlwerk.« Arbeitsdirektor Neumann widersprach der Schließung: »Die spezielle Situation hier gestattet keine Stilllegung. Mehr als 50.000 Arbeitsplätze stehen in Beziehung zu diesem Werk.«[33]

Hinter dieser Feststellung stand die Erkenntnis, dass die strukturschwache Oderregion um Eisenhüttenstadt nicht nur auf das Überleben von EKO Stahl angewiesen, sondern von diesem Überleben existentiell abhängig war. Eine Wiederbelebung dieser Region nach der Wirtschaftskrise in den neuen Bundesländern von 1991/92 war ohne EKO Stahl unmöglich. Das Überlebenskonzept des EKO-Vorstandes war daher auch ein Überlebenskonzept für Eisenhüttenstadt. Doch EKO Stahl war ohne geschlossenen metallurgischen Zyklus – d.h. ohne Warmbandproduktion – selbst nicht überlebensfähig. Kernstück des 1991/92 vom Vorstand in Zusammenarbeit mit Roland Berger & Partner entwickelten Unternehmens- und Sanierungskonzeptes war daher die »Neue Metallurgie«. Auf ihrer Grundlage sollte EKO Stahl bis 1996 in ein wettbewerbsfähiges integriertes Mini-Flachstahlwerk mit einer Kapazität von 1,32 Mio. t/a an kaltgewalzten und anderen weiterverarbeiteten Erzeugnissen umstrukturiert werden.

Am 19. März 1993 stimmte der Treuhand-Verwaltungsrat – unter dem Vorbehalt der Zustimmung des Bundesfinanzministers und der Europäischen Gemeinschaft – dem Vorschlag des EKO-Vorstandes zu, für die Modernisierung des Kaltwalzwerkes eine Kreditaufnahme über 310 Mio. DM für Investitionen in die Hauptaggregate Horizontalbeize, Tandem-Walzwerk, Haubenglühanlage, Dressiergerüst und in die Anlagen zur Weiterverarbeitung Verzinkung, Kunststoffbeschichtung und Profilierung, außerdem für ein integriertes rechnergestütztes Produktionsplanungs- und Steuerungssystem zu bewilligen. 78 Mio. DM sollten auf Erhaltungsmaßnahmen entfallen.

Nach gründlicher Auswertung der eingeholten fachlichen Stellungnahmen beschloss der Vorstand der Treuhandanstalt am 26. März 1993 außerdem, den Verwaltungsrat um Genehmigung zur Umsetzung des Projektes »Neue Metallurgie« der EKO Stahl AG zu bitten. Am 29. März 1993 beschloss er die Umsetzung dieses Projektes unter der Voraussetzung, dass die anspruchsvollen technischen Merkmale der Anlagen in der Praxis auch die erforderliche Qualität und Wirtschaftlichkeit erreichen. Er behielt sich neue Beschlüsse vor, wenn andere Wege zu gleichen Ergebnissen führen.

Die erforderlichen Investitionen und Beihilfen sollten von der Treuhandanstalt übernommen werden. Der Vertrag über die Gründung der Europäischen Gemeinschaft für Kohle und Stahl verbot jedoch solche nationalen staatlichen Beihilfen, ausgenommen, dass der Rat der Gemeinschaft im Sinne einer Ausnahme bzw. Sonderregelung einem Antrag auf Gewährung solcher Beihilfen geschlossen zustimmte. Seit dem 1. Januar 1986 galt zudem ein Beihilfenkodex, aktualisiert durch gemeinschaftliche Vorschriften über Beihilfen an die Eisen- und Stahlindustrie vom 27. November 1991, der in Grenzen nur noch Forschungs- und Entwicklungsbeihilfen, Umweltschutzbeihilfen, Schließungsbeihilfen und Regionalbeihilfen für Investitionen zuließ. Alle anderen Beihilfen blieben verboten.

Nach diesem Kodex war die deutsche Bundesregierung verpflichtet, die Europäische Kommission von jedem einzelnen Vorhaben zur Gewährung von Regionalbeihilfen an die deutsche Stahlindustrie zu unterrichten. Sie durfte diese Vorhaben nur durchführen, nachdem die Europäische Kommission zugestimmt hatte. Bislang hatte die Kommission mehrere Regionalförderprogramme für Stahlunternehmen aus der ehemaligen DDR auf der Grundlage des Rahmenprogramms »Gemeinschaftsaufgabe zur Verbesserung der regionalen Wirtschaftsstruktur« genehmigt. Der mit dem Unternehmenskonzept der EKO Stahl AG ausgearbeitete Beihilfen- und Investitionsplan sprengte aber den Rahmen der Möglichkeiten des EGKS-Vertrages. Danach waren Regionalbeihilfen bis zu 23 Prozent, mit Zusatzleistungen im Höchstfall bis zu 35 Prozent einer Gesamtinvestition zulässig.

Am 9. März 1993 forderte die Europäische Kommission mit dem Hinweis, dass dies für sie nicht hinnehmbar erscheint, von den deutschen Behörden innerhalb von 15 Tagen Auskunft über den Einsatz öffentlicher Gelder, die für den Ausgleich der Verluste und für Investitionen der EKO Stahl AG durch die Treuhandanstalt u.a. bereit gestellt wurden. In dem

### Kernpunkte der »Neuen Metallurgie« (1993)
**Betriebsstilllegungen**
- Stilllegung der Roheisenerzeugung bis 1995 (bisherige Kapazität: 2,4 Mio. t/a)
- Stilllegung der Längsteilanlage für Warmbreitband (Kapazität 0,45 Mio. t/a)

**Kapazitätsabbau/Modernisierung**
- Umrüstung auf ein Elektrostahlwerk. Die Rohstahl-Kapazität wird dabei von bisher 2,12 Mio. t/a Konverterstahl auf 0,9 Mio t/a Elektrostahl herabgesetzt.
- Das Kaltwalzwerk wird weiter modernisiert. Mit der Qualitätserhöhung der Produktion wird seine Kapazität bis 1996 von 1,67 Mio. t/a (1990) auf 1,22 Mio. t/a herabgesetzt.

**Neue Technologie**
- Kernstück der »Neuen Metallurgie« ist eine moderne Dünnbrammengießwalzanlage mit einer Jahreskapazität von 0,865 Mio. t Warmbreitband.

2.000 EKO-Angehörige aus Eisenhüttenstadt fuhren am 27. März 1993 zur Großdemonstration nach Bonn, wo 100.000 Stahlarbeiter aus dem ganzen Bundesgebiet für den Erhalt ihrer Arbeitsplätze demonstrierten.

Die EKO Stahl AG beteiligte sich vom 21. bis 28. April 1993 zum zweiten Mal mit einem eigenen Pavillon an der Hannover Industriemesse. Ein Höhepunkt war der EKO-Tag am 22. April 1993. Zu den zahlreichen Gästen gehörten Treuhandpräsidentin Birgit Breuel, der Vorsitzende des Bundesverbandes der Deutschen Industrie, Tyll Necker, und der ehemalige VW-Chef Carl Hahn. Von links nach rechts: Karl Döring, Birgit Breuel, Carl Hahn, Eckhardt Hoppe.

Abbildung rechts:
Vorlage der Europäischen Kommission an den EG-Ministerrat zur Restrukturierung von EKO Stahl vom 14. Mai 1993.

Schreiben hieß es: »In diesem Zusammenhang möchte die Kommission wissen, ob es tatsächlich die Absicht der deutschen Regierung ist, unter den gegenwärtigen Marktgegebenheiten die Schaffung einer neuen Warmbreitbandkapazität mit öffentlichen Mitteln zu unterstützen.«[34] Am 17. März 1993 fand im Bundeswirtschaftsministerium ein Gespräch zur Vorbereitung der Mitteilung der Bundesregierung an die EG-Kommission »Unterrichtung zum Unternehmenskonzept der EKO Stahl AG« statt.

Am 23. März 1993 sprach Ministerpräsident Stolpe mit EG-Kommissionspräsident Jacques Delors in Brüssel über EKO Stahl. Delors sagte eine sorgfältige Prüfung der Angelegenheit zu. Zusammen mit Wirtschaftsminister Hirche wurde Stolpe in Brüssel außerdem bei dem für Industrieangelegenheiten zuständigen EG-Kommissar, Martin Bangemann, und dem für die Stahlsubventionen zuständigen belgischen EG-Kommissar, Karel van Miert, vorstellig. Am 1. April 1993 stellte die Regierung der Bundesrepublik Deutschland bei der Europäischen Kommission einen Antrag auf Ausnahmegenehmigung für Beihilfen, die von der Treuhandanstalt zugunsten von EKO Stahl für dessen Umstrukturierung und Modernisierung gewährt werden sollten.

Am 28. April 1993 nahm die Europäische Kommission dahingehend Stellung, dass sie dem Rat und dem EGKS-Ausschuss keinen Vorschlag zur Zustimmung unterbreiten würde. Wettbewerbskommissar van Miert erklärte hierzu, dass der durch öffentliche Beihilfen in Höhe von knapp 2 Mrd. DM mitfinanzierte Umstrukturierungsplan mit Art. 95 des EGKS-Vertrages vor allem deshalb unvereinbar sei, weil mit 865.000 t/a ein beträchtlicher Kapazitätsaufbau im Warmbreitbandbereich erfolgen sollte. Dies widerspräche den Anstrengungen zur Reduzierung der Überkapazitäten in der Gemeinschaft. Ausnahmslos alle Finanzierungshilfen der Treuhandanstalt für EKO Stahl wurden als Beihilfen eingestuft. Sie könnten gegenüber anderen Ländern und Unternehmen nicht gerechtfertigt werden. Die Kommission bezeichnete den Vorschlag der Bundesregierung daher als unausgewogen, erklärte sich jedoch bereit, ein anderes, mit der Stahlpolitik der Gemeinschaft in Einklang stehendes, alternatives Konzept wohlwollend zu prüfen. In diesem Sinne beschloss sie, die Zustimmung des Rates noch nicht zu beantragen. Der Industrieministerrat sollte den Antrag in seiner Sitzung am 4. Mai 1993 jedoch zur Kenntnis nehmen, der ihm durch die Kommission zur Information übermittelt wurde.

Der EKO-Vorstandsvorsitzende Karl Döring führte daraufhin in Brüssel zahlreiche Gespräche mit Vertretern des EG-Ministerrates und der EG-Kommission zur Frage von Beihilfen für EKO Stahl. Er wurde hierbei von Claus Grossner und Otto Gellert begleitet. Alle Gesprächsteilnehmer schätzten den Ausgang des Verfahrens der EG-Kommission zum Ersuchen der Bundesregierung für EKO Stahl als enttäuschend ein. Am 3. Mai 1993 wandte sich Döring mit einem Brief an den Vizepräsidenten der Europäischen Kommission, Karel van Miert. Darin schrieb er: »Wir kommen zu der Auffassung, dass offensichtlich bei der Bewertung des

### Geplante Investitionen und erforderliche Finanzbeihilfen im eigenständigen Unternehmenskonzept der EKO Stahl AG 1993

| | |
|---|---|
| Modernisierung Kaltwalzwerk | 310 Mio. DM |
| Neue Metallurgie | |
|    Elektrostahlwerk | 200 Mio. DM |
|    Dünnbrammengießwalzanlage | 550 Mio. DM |
| Zwischensumme für Investitionen | 1,1 Mrd. DM |
| Finanzbeihilfen, insbesondere zum Verlustausgleich, für den Investitionszeitraum | 883,4 Mio. DM |
| Finanzbedarf für Investitionen und Beihilfen bis 1996 | 1,983 Mrd. DM |

## Chronologie der gescheiterten Versuche der Errichtung einer Warmbandkapazität in Eisenhüttenstadt (1985 bis 1993)

| | |
|---|---|
| Beschluss des Präsidiums des Ministerrates der DDR vom 15. September 1985 | Errichtung einer Halbkonti-Warmbandstraße in Eisenhüttenstadt<br>Kapazität: 2,5 Mio t/a<br>Inbetriebnahme: 1989 |
| Beschluss des Präsidiums des Ministerrates der DDR vom 14. November 1985 | Regierungsabkommen DDR/UdSSR zur Lieferung einer Warmbandstraße<br>Lieferbeginn: 6/1987<br>Lieferende: 6/1988 |
| 1986–1987 | Bau des Hallenkomplexes Warmwalzwerk<br>Brammenlagerhalle<br>Walzwerkshalle<br>Adjustagehalle |
| Beschluss des Präsidiums des Ministerrates der DDR vom 30. April 1987 | Einstellung des Baus der Warmbandstraße in Eisenhüttenstadt |
| 15. Juli 1988 Bildung einer gemeinsamen Planungsgruppe mit Schloemann-Siemag | Erarbeitung einer Projektstudie zur Errichtung einer Bandgießwalzanlage in Eisenhüttenstadt. |
| 1988–1993 | Angebotsarbeit und mehrere Versuchskampagnen mit<br>• Schloemann-Siemag<br>• Mannesmann-Demag<br>• VOEST-Alpine<br>zur Machbarkeitsprüfung |
| Beschluss des Aufsichtsrates der EKO Stahl AG vom 1. März 1993 | Errichtung eines Elektrostahlwerkes und einer Dünnbrammengießwalzanlage in Eisenhüttenstadt<br>Kapazität: 0,865 Mio t/a<br>Inbetriebnahme: 1995 |
| Stellungnahme der Europäischen Kommission vom 28. April 1993 | Die Kommission lehnt eine Ausnahmegenehmigung für Beihilfen an EKO Stahl zum Aufbau neuer Produktionskapazitäten ab, stellt bei Änderung der EKO-Pläne aber eine andere Entscheidung in Aussicht. |

EKO-Konzeptes eine Reihe von Fakten nicht ausreichend bekannt sind und damit keine entsprechende Würdigung erfahren konnten.«[35]

Am 4. Mai 1993 nahmen Ministerpräsident Stolpe und Wirtschaftsminister Hirche an der Tagung der EG-Industrieminister teil. EG-Kommissar van Miert erklärte hier, dass trotz des beeindruckenden Beschäftigungsabbaus von 11.000 auf letztlich 2.000 Arbeitnehmer die Kommission nicht in der Lage sei, das von Deutschland und von EKO Stahl vorgelegte Konzept zu genehmigen. Die Genehmigung scheitere an der geplanten zusätzlichen Warmbreitband-Kapazität. Die Kommission sei jedoch bereit, auf ein anderes deutsches Konzept einzugehen. Auf Wunsch der deutschen Seite wurde das Thema »Sanierungskonzept der EKO Stahl AG« daraufhin auf dem Treffen der EG-Industrieminister abgesetzt und auf Ende Juli vertagt. Bei der dem Rat folgenden Pressekonferenz hoben Bundeswirtschaftsminister Rexrodt und Ministerpräsident Stolpe hervor, dass der Stahlstandort Eisenhüttenstadt von der Kommission nicht in Frage gestellt wird.

Am 26. Mai 1993 teilte der Vizepräsident der Europäischen Kommission, Martin Bangemann, dem EKO-Betriebsratsvorsitzenden, Günter Reski, in einem Schreiben mit: »Ich kann Ihnen versichern, dass die Kommission sehr genau die politischen, wirtschaftlichen und sozialen Probleme sieht, die sich im Zusammenhang mit EKO stellen. Die Tür für die Lösung dieser Probleme ist durch die jetzige Kommissionsentscheidung nicht zugeschlagen worden. Diese ist keine Entscheidung gegen den Stahlstandort Eisenhüttenstadt und seine Arbeitsplätze, sondern eine Entscheidung gegen das vorgelegte Konzept auf dem Hintergrund der dramatischen Probleme der gesamten Stahlindustrie der Gemeinschaft.

# Eisenhüttenstadt – Modell für Europa

Foto links oben:
EKO-Präsentation im Concert Noble am 18. Juni 1993.

Fotos rechts:
Ministerpräsident Manfred Stolpe (links) im Gespräch mit dem EG-Sonderbeauftragten für Stahl, Fernand Braun (rechts).

Manfred Stolpe und Karl Döring (rechts) zur EKO-Präsentation in Brüssel.

Ministerialrätin Sigrid Selz (2. von links) von der Ständigen Vertretung der Bundesrepublik Deutschland bei der EG und Günter Reski (3. von links) während der Präsentation.

Der Vizepräsident der Europäischen Kommission und EG-Kommissar Karel van Miert (links) während einer Beratungspause.

Aufbau statt Abbau – das war die Losung, mit der 1993/94 führende Vertreter der Treuhandanstalt, Aufsichts- und Betriebsräte sowie Manager von EKO Stahl, Bundes- und Landespolitiker, allen voran Bundeskanzler Helmut Kohl und Ministerpräsident Manfred Stolpe, der Bürgermeister und die Landrätin von Eisenhüttenstadt sowie viele andere engagierte Mitstreiter nach Brüssel zogen, um für EKO Stahl und Eisenhüttenstadt zu kämpfen. Sie wurden von zahlreichen Beamten der Bundes- und der Landesregierung vor Ort unterstützt, so von der Vertretung der Bundesrepublik Deutschland und der Landesvertretung Brandenburg bei der Europäischen Gemeinschaft. Am Ende gab es auch in Brüssel eine große Anzahl von Menschen, die sich mit EKO Stahl solidarisierten und dafür einsetzten, dass der Stahlstandort Eisenhüttenstadt erhalten bleibt.

Unter dem Motto »Eisenhüttenstadt – Modell für Europa« veranstalteten die EKO Stahl AG zusammen mit der Landesregierung Brandenburg, der Treuhandanstalt, der Stadt und dem Landkreis Eisenhüttenstadt am 18. Juni 1993 in Brüssel im Concert Noble eine Präsentation des EKO-Unternehmenskonzeptes. Anwesend waren neben 40 Korrespondenten von Agenturen, Zeitungsredaktionen sowie Rundfunk- und Fernsehanstalten hochrangige Beamte der EG-Kommission, unter ihnen der für Wettbewerbsfragen zuständige Kommissar Karel van Miert. Der EKO-Vorstandsvorsitzende Karl Döring, der EG-Sonderbeauftragte für Stahl Fernand Braun, der Ministerpräsident des Landes Brandenburg Manfred Stolpe, der Direktor der Treuhandanstalt Wolfgang Tantow und andere Experten erörterten Möglichkeiten und Chancen für eine sichere Zukunft des Stahlstandortes Eisenhüttenstadt.

Die Aktivitäten in Brüssel wurden immer auch durch Aktionen in Eisenhüttenstadt unterstützt. So fand am 26. Juni 1993 unter dem Motto »Eisenhüttenstadt – Modell für Europa« vor dem Friedrich-Wolf-Theater ein Europatag der EKO Stahl AG statt. In einer zweistündigen Veranstaltung informierten der Oberbürgermeister von Eisenhüttenstadt, Rainer Werner, die Landrätin des Landkreises Eisenhüttenstadt, Ilona Weser, und das Vorstandsmitglied der EKO Stahl AG, Arbeitsdirektor Hans-Peter Neumann, über den aktuellen Stand der Beratungen zur Sanierung der EKO Stahl AG.

Am 4. Mai 1993 nahmen Ministerpräsident Stolpe und der Wirtschaftsminister Hirche in Brüssel an der Tagung der EG-Industrieminister teil. Manfred Stolpe berichtete einen Tag später in Eisenhüttenstadt:

*»Der Minister Hirche und ich haben uns kurz entschlossen, gestern zum Ministerrat der Europäischen Gemeinschaft nach Brüssel zu fahren. Das ist denen da noch nicht passiert. Die haben das so fast wie ein Sit-in empfunden und das etwas zerknirscht und gedrückt zur Kenntnis genommen, aber sie haben sich wahrscheinlich gedacht: Lieber zwei als wenn 10.000 kommen und haben uns doch akzeptiert.*

*Dabei haben wir in der Verhandlung im Ministerrat, aber auch in den vielen Gesprächen am Rande – denn wir haben die Zeit ja genutzt – einiges festgestellt, was uns wichtig ist.*

*Wir haben zuallererst festgestellt, dass sowohl Herr Delors, mit dem ich auch vorgestern ausführlich reden konnte in Erfurt, als auch einige der Kommissare, insbesondere diejenigen, die mit dem Stahl zu tun haben, inzwischen begriffen haben, welche besondere Situation hier in Eisenhüttenstadt besteht. Es hat sich gelohnt, in den letzten Monaten immer wieder die Gespräche zu suchen. Es hat sich gelohnt, immer wieder auf Eisenhüttenstadt aufmerksam zu machen. Es hat sich gelohnt, dass immer hunderte und tausende von Menschen hier den Lebenswillen, die Überlebensentschlossenheit für diesen Stahlstandort gezeigt haben. Sie haben begriffen, dass dies hier ein besonders spannender Strukturwandel im Zusammenhang mit der deutschen Einheit ist. Sie haben sogar im Ministerrat dies als ein Beispiel besonderer sozialer Belastung namentlich erwähnt, dass hier von 11.000 auf 3.500 Arbeitsplätze heruntergefahren wurde, und das musste dort auch gesagt werden, denn da feilschen andere um einen Abbau von 100 auf 60 oder 59 oder 58. Hier ist sozusagen eine Voreiterrolle schon für eine gesunde europäische Stahlpolitik geleistet worden. Das ist in Brüssel begriffen worden.*

*Sie haben zum Zweiten auch begriffen, dass man eigentlich über eine Osterweiterung der Europäischen Gemeinschaft Richtung Polen, Richtung Tschechischer Republik, Slowakei, Ungarn oder anderer Staaten im Grunde nicht mehr ernsthaft nachzudenken braucht, wenn man hier am äußersten Ostrand der Europäischen Gemeinschaft ein mieses Beispiel für Integration, für Zusammenwachsen in der Europäischen Gemeinschaft liefert. Im Gegenteil, hier muss gezeigt werden, wie die Europäische Gemeinschaft sich verhält, wie sie mithilft, dass ein Strukturwandel, ein Wechsel in den Wirtschaftssystemen bewältigt werden kann. Auch das haben der Präsident Delors und seine Kommissare und die Mitarbeiter dort verstanden. Ich glaube, das ist ein ganz wichtiger Ansatz.*

*Und sie haben darüber hinaus auch ein Drittes verstanden. Wenn die Europäische Gemeinschaft nicht nur eine westeuropäische Schutzgemeinschaft, nicht nur eine Festung Westeuropas sein will, sondern auch im Sinne einer Zukunftspolitik das östliche Europa mit einbeziehen und einplanen will, dann muss daran gedacht werden, dass Ausgangspunkte für wirtschaftliche Zusammenarbeit mit Osteuropa gebraucht werden. Und wo ist das besser bewährt, und wo ist auch besser dieses durchgehalten worden in den letzten zwei Jahren, als hier in Eisenhüttenstadt? Ich bin sicher, dass diese Aufgabe gerade auch von den politisch denkenden Köpfen dort begriffen worden ist. Wer ein friedliches vereintes Gesamteuropa haben will, der braucht Eisenhüttenstadt. Das ist verstanden worden, und das muss durchgehalten werden, und insofern geht es hier nicht nur um Arbeitsplätze, geht es gar nicht nur um Stahl, sondern hier geht es um europäische Politik. Auch das ist gestern noch einmal bekräftigt worden. Sie können davon ausgehen, und das ist uns gestern nicht nur in Einzelgesprächen, sondern auch im Ministerrat insgesamt klar gesagt geworden, niemand zweifelt dort an der Zukunft eines Stahlstandortes Eisenhüttenstadt. Da gibt es kein Wenn und Aber, und auch niemand aus der westdeutschen Stahlindustrie traut sich im Augenblick, offen gegen das Weiterbestehen von Eisenhüttenstadt anzugehen. Hier haben wir alle miteinander, glaube ich, einen ganz wichtigen Erfolg errungen, und das ist nur dadurch geschehen, dass wir zusammengestanden haben und dass wir viele Partner gewonnen haben«.*[36]

Am Europatag der EKO Stahl AG am 26. Juni 1993 in Eisenhüttenstadt zimmerten Hans-Peter Neumann und Karl Döring symbolisch eine Oderbrücke. Das Unternehmenskonzept von EKO Stahl ordnete sich in das deutsch-polnische Entwicklungsprogramm »Industriepark Oderbrücke« ein.

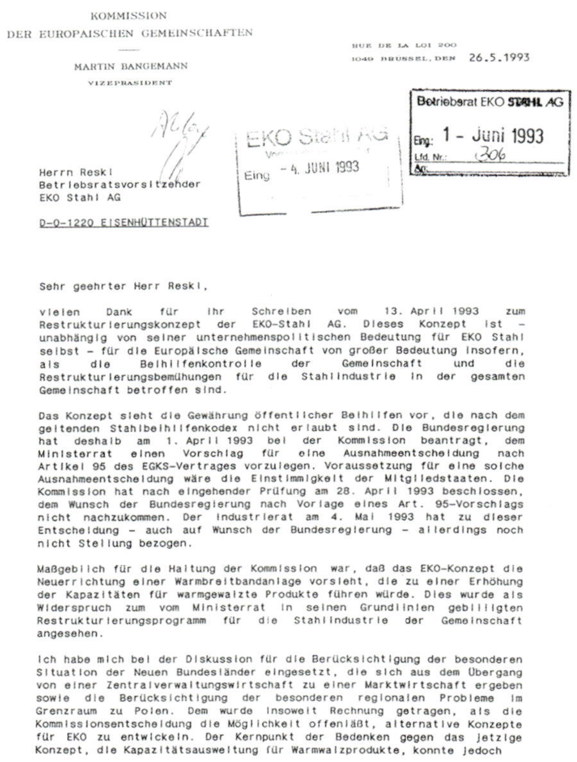

KOMMISSION
DER EUROPÄISCHEN GEMEINSCHAFTEN

MARTIN BANGEMANN
VIZEPRÄSIDENT

RUE DE LA LOI 200
1049 BRÜSSEL, DEN 26.5.1993

Herrn Reski
Betriebsratsvorsitzender
EKO Stahl AG

D-O-1220 EISENHÜTTENSTADT

Sehr geehrter Herr Reski,

vielen Dank für Ihr Schreiben vom 13. April 1993 zum Restrukturierungskonzept der EKO-Stahl AG. Dieses Konzept ist – unabhängig von seiner unternehmenspolitischen Bedeutung für EKO Stahl selbst – für die Europäische Gemeinschaft von großer Bedeutung insofern, als die Beihilfenkontrolle der Gemeinschaft und die Restrukturierungsbemühungen für die Stahlindustrie in der gesamten Gemeinschaft betroffen sind.

Das Konzept sieht die Gewährung öffentlicher Beihilfen vor, die nach dem geltenden Stahlbeihilfenkodex nicht erlaubt sind. Die Bundesregierung hat deshalb am 1. April 1993 bei der Kommission beantragt, dem Ministerrat einen Vorschlag für eine Ausnahmeentscheidung nach Artikel 95 des EGKS-Vertrages vorzulegen. Voraussetzung für eine solche Ausnahmeentscheidung wäre die Einstimmigkeit der Mitgliedstaaten. Die Kommission hat nach eingehender Prüfung am 28. April 1993 beschlossen, dem Wunsch der Bundesregierung nach Vorlage eines Art. 95-Vorschlags nicht nachzukommen. Der Industrierat am 4. Mai 1993 hat zu dieser Entscheidung – auch auf Wunsch der Bundesregierung – allerdings noch nicht Stellung bezogen.

Maßgeblich für die Haltung der Kommission war, daß das EKO-Konzept die Neuerrichtung einer Warmbreitbandanlage vorsieht, die zu einer Erhöhung der Kapazitäten für warmgewalzte Produkte führen würde. Dies wurde als Widerspruch zum vom Ministerrat in seinen Grundlinien gebilligten Restrukturierungsprogramm für die Stahlindustrie der Gemeinschaft angesehen.

Ich habe mich bei der Diskussion für die Berücksichtigung der besonderen Situation der Neuen Bundesländer eingesetzt, die sich aus dem Übergang von einer Zentralverwaltungswirtschaft zu einer Marktwirtschaft ergeben sowie die Berücksichtigung der besonderen regionalen Probleme im Grenzraum zu Polen. Dem wurde insoweit Rechnung getragen, als die Kommissionsentscheidung die Möglichkeit offenläßt, alternative Konzepte für EKO zu entwickeln. Der Kernpunkt der Bedenken gegen das jetzige Konzept, die Kapazitätsausweitung für Warmwalzprodukte, konnte jedoch

Der Abteilungsdirektor der EG-Kommission, Antoon Herpels, das Mitglied des Vorstandes der IG Bergbau/Energie, Josef Windisch, der Leiter des Verbindungsbüros Montanausschuss der Freien Berg- und Metallarbeitergewerkschaft, Paul Flum, und der stellvertretende Vorsitzende des Aufsichtsrates der EKO Stahl AG, Rainer Barcikowski, informierten sich am 22. und 23. Juli 1993 in der EKO Stahl AG bei Arbeitsdirektor Neumann und beim Betriebsrat über Beschäftigungsprobleme und über langfristige Umschulungsprojekte für Frauen.

Die EKO Stahl AG beteiligte sich vom 13. bis 20. Juni 1993 an der Internationalen Industriemesse in Poznan. Der EKO-Tag am 15. Juni 1993 war ein wichtiger Vertragstag. Mit Metaplast Oborniki, dem Küchengerätewerk Wronki und mit der Inofama AG Inowroclaw wurden vom Vorstandsmitglied Eckhardt Hoppe langfristige Liefervereinbarungen über 13 kt kaltgewalzte und beschichtete Bleche vereinbart.

Diese Probleme sollen nach dem Willen des Ministerrates durch gemeinsame Anstrengungen zur Verringerung der Stahlkapazitäten in der Gemeinschaft gelöst werden."⁶⁷

In der Folge fanden in Brüssel, Bonn, Berlin, Potsdam und Eisenhüttenstadt zahlreiche Gespräche mit dem Ziel statt, eine mit den EG-Vorschriften übereinstimmende Lösung für EKO Stahl und für die Region Eisenhüttenstadt zu finden. Gleichzeitig wurden – vor allem vor Ort in Brüssel – von Seiten der Bundes- und Landesregierung, der Treuhandanstalt und EKO Stahl alle Bemühungen verstärkt, den Informationsstand in der Europäischen Kommission zu den Fakten des EKO-Unternehmenskonzeptes zu verbessern.

Im Ergebnis wurden in Brüssel Fortschritte erreicht: Die Dienststellen der Kommission signalisierten die Bereitschaft, den Warmband-Kapazitätsaufbau in Eisenhüttenstadt zu tolerieren, wenn er durch einen Kapazitätsabbau im Bereich der neuen Bundesländer ausgeglichen würde. Das EKO-Unternehmenskonzept sollte im Hinblick auf seine Tragfähigkeit durch die britische Firma Coopers & Lybrand geprüft werden. Insgesamt wurde das EKO-Problem nicht mehr als reine Kapazitätsfrage, sondern vor allem auch als eine europäische Aufgabe betrachtet, eine schwere und anhaltende soziale Krise in der Oderregion in und um Eisenhüttenstadt zu verhindern.

Aktive Wirtschaftspolitik für neue Arbeitsplätze auf dem Gelände von EKO Stahl: Ministerpräsident Manfred Stolpe (in der Mitte rechts) und der ALBA-Geschäftsführer Franz J. Schweitzer (in der Mitte links) setzten am 16. Juni 1993 per Knopfdruck in Eisenhüttenstadt die erste Kunststoffrecyclinganlage der neuen Bundesländer in Betrieb. Die Anlage bereitete seither jährlich 21.000 t Altkunststoffe auf. Die Investition betrug 30 Mio. DM. 36 Mitarbeiter aus der EKO-Belegschaft wurden von ALBA übernommen.

Am 17. Mai 1993 hatte die Beraterfirma Coopers & Lybrand Treuarbeit der Europäischen Kommission das Angebot unterbreitet, Möglichkeiten zur Restrukturierung von EKO Stahl zu untersuchen. Vom 3. bis 11. Juni 1993 weilten Mitarbeiter der Firma bei EKO Stahl in Eisenhüttenstadt. Sie untersuchten die Strategische Planung, die Betriebswirtschaft, die Marktstrategie, die Betriebsfähigkeit und die Investitionen des Unternehmens. Am 25. Juni 1993 übersandten sie der Europäischen Kommission den Entwurf ihres Abschlussberichtes. Sie bewerteten das EKO-Sanierungskonzept nach wirtschaftlichen Grundsätzen als solide Grundlage für eine Weiterentwicklung des Unternehmens. Im Einzelnen enthielt das Gutachten folgende Feststellungen:
- das Konzept der EKO Stahl AG ist der einzig gangbare Weg für den Erhalt des Stahlstandortes Eisenhüttenstadt;
- das technische Konzept ist ausreichend risikofrei;
- der Standort Eisenhüttenstadt ist für ein Mini-Stahlwerk kein Nachteil; er könnte in der Zukunft sogar ein Wettbewerbsvorteil sein.[38]

Am 30. Juni 1993 präsentierten Coopers & Lybrand Treuarbeit in Brüssel den Entwurf ihres Abschlussberichtes. Die Vorlage der Endfassung erfolgte am 2. Juli 1993 vor der Europäischen Kommission. Am 7. Juli 1993 fand in Brüssel eine Besprechung von Vertretern der Bundesregierung mit Vertretern der EG-Kommission zum Ergebnis des Gutachtens statt. Die Europäische Kommission forderte Coopers & Lybrand anschließend auf, das vorgelegte Gutachten noch einmal in vier Punkten – Langzeitlebensfähigkeit von EKO Stahl, zusätzliche Leistungsverbesserungen, Überlebensfähigkeit als Nachwalzer, Auswirkungen einer Dünnbrammengießwalzanlage in Nowa Huta – zu präzisieren. Am 28. Juli 1993 forderte sie außerdem eine Stellungnahme zur Anfechtung des EKO-Gutachtens durch Thyssen Stahl. Am 2. August 1993 wiesen die Gutachter die Anfechtung zurück. Am Ende blieb es bei den Feststellungen, dass das EKO-Konzept der einzig gangbare Weg für den Erhalt des Industriestandortes Eisenhüttenstadt wäre, dass das technische Konzept ausreichend risikofrei und Eisenhüttenstadt – mit Blick auf Osteuropa – für ein Mini-Stahlwerk ein vorteilhafter Standort sei.

Auf der 1684. Tagung des Rates der Europäischen Gemeinschaft zu Industriefragen, u.a. mit dem Schwerpunkt »Umstrukturierung der Eisen- und Stahlindustrie, insbesondere staatliche Beihilfen«, traten am 21. September 1993 erneut unterschiedliche Positionen in der Bewertung der EKO-Umstrukturierung zu Tage. Vor allem Großbritannien, die Niederlande, Dänemark und Frankreich vertraten die Auffassung, dass Beihilfen, die mit einer Kapazitätserweiterung verbunden seien, grundsätzlich nicht genehmigt wer-

Der Botschafter der Bundesrepublik Deutschland bei der EG, Dietrich von Kyaw, informierte sich am 9. September 1993 beim Vorstand und beim Betriebsrat über das EKO-Zukunftskonzept. Von links nach rechts: Dietrich von Kyaw, Günter Reski, Karl Döring.

## Die Mahnwache

»Mahnwächter«: Jürgen Voigt, Beate Thrams, Bernd Pagel, Karl-Heinz Papert (von rechts nach links).

Spendencoupon: Viele Einwohner, Gewerbetreibende und Unternehmen von Eisenhüttenstadt unterstützten den Kampf um EKO Stahl mit Spenden, unter anderem zur finanziellen Absicherung der Aktionen rund um die Mahnwache.

Aus Protest gegen die gezielte Kampagne der Wirtschaftsvereinigung Stahl gegen die EKO Stahl AG und für den Erhalt der Stahl-Arbeitsplätze in Eisenhüttenstadt fand in der Zeit vom 1. März bis 5. Mai 1993 vor dem Friedrich-Wolf-Theater eine Mahnwache statt, deren Wächter im Drei-Stunden-Takt wechselten. In den ersten drei Stunden des ersten Tages übernahmen die PDS-Landtagsabgeordnete Beate Thrams, Bernd Pagel und Jürgen Voigt von der Vertrauenskörperleitung, Gerd Schulz von der Bezirksleitung und Günter Kohlbacher von der Ortsverwaltung Frankfurt/Oder der IG Metall die Wache.

Mit der Mahnwache begann außerdem die Coupon-Aktion »Eisenhüttenstadt muss leben – darum Stahl«.

Foto oben: Eckart Wiebke übergab am Ofen III die Fackel der Hoffnung an Hans-Joachim Opitz.

Foto unten: Andreas Meißner entzündete das Mahnfeuer im Zentrum von Eisenhüttenstadt.

**Stationen der Mahnwache:**

- Schmelzer Eckart Wiebke entfachte am 1. März die Fackel der Hoffnung am Ofen III. Andreas Meißner übernahm am Ende der Stafette die Fackel. Er entzündete im Zentrum der Stadt das Mahnfeuer. An den Werktoren der EKO Stahl AG wurden ebenfalls Mahnfeuer angezündet.

- In der Lindenallee wurde auf dem Theaterplatz als Mahnung und als Symbol des Kampfes um das EKO und um den Stahlstandort Eisenhüttenstadt eine 1,80 m breite und 6 m lange Bramme aufgestellt (Foto oben links).

- Politiker aus der Stadt und aus dem Land Brandenburg nahmen an der Mahnwache teil und spendeten für die Aktion zum Erhalt des Stahlstandortes.

- Rund um die Uhr bewachten EKO-Angehörige und Bürger der Stadt das Mahnfeuer (Foto oben rechts).

- Anlässlich des Internationalen Frauentages spendierte das Blumengeschäft »Oderflorist« den Frauen an der Mahnwache Blumen.

- Oberligafußballer des EFC übernahmen nach dem Training eine Schicht am Mahnfeuer.

- Zu den Aktionen rund um die Mahnwache gehörte am 20. März ein Frühlingsfest.

Nach 65 Tagen wurde die Mahnwache vor dem Friedrich-Wolf-Theater in Eisenhüttenstadt am 5. Mai 1993 mit einer Demonstration zum Erhalt des EKO beendet: Ministerpräsident Manfred Stolpe, Wirtschaftsminister Walter Hirche, Oberbürgermeister Rainer Werner, Betriebsratsvorsitzender Günter Reski, Vorstandsvorsitzender Karl Döring und Arbeitsdirektor Hans-Peter Neumann führten den Demonstrationszug als Fackelträger zum Mahnfeuer am Haupteingang der EKO Stahl AG an. Ministerpräsident Manfred Stolpe berichtete von seinen Gesprächen am Vortag in Brüssel und kündigte an, dass nunmehr mehrwöchige Verhandlungen mit der Europäischen Gemeinschaft zum Erhalt des Stahlstandortes Eisenhüttenstadt beginnen.

Demonstration am Ende der Mahnwache.
Von links nach rechts: Walter Hirche, Günter Reski, Manfred Stolpe, Hans-Peter Neumann.

Der Leiter der Abteilung Wirtschaft und Finanzen im Bundeskanzleramt, Johannes Ludewig (3. rechts neben Karl Döring), informierte sich am 9. und 10. September 1993 ausführlich über die Probleme und die Entwicklung der EKO Stahl AG. Er besichtigte hierbei nicht nur die EKO-Produktionsanlagen sondern auch die Anlagen ausgegliederter Unternehmen.

Foto rechts:
Betriebsratsvorsitzender Günter Reski (links) übergab dem Ministerialdirektor während seines Besuches eine Einladung der Bürger von Eisenhüttenstadt an den Bundeskanzler Helmut Kohl.

den sollten. Diese Position wurde von dem deutschen Kommissar und Vizepräsident der Kommission, Martin Bangemann, unterstützt. Demgegenüber erklärte Bundeswirtschaftsminister Günter Rexrodt, dass dies für die Bundesregierung nicht akzeptabel sei, da ein bereits ab 1990 erfolgter beträchtlicher Kapazitätsabbau in Ostdeutschland in diesem Zusammenhang keine Berücksichtigung fände.

Im weiteren Verlauf konnte erst ein Gespräch zwischen Minister Rexrodt und Kommissar van Miert die politische Bedeutung des EKO-Falles klären. Die Kommission und ein Teil der Mitgliedstaaten waren bis dahin – aufgrund der Haltung des deutschen, für Industriefragen zuständigen Kommissars[39] – davon ausgegangen, dass eine Verweigerung der EKO-Beihilfen von deutscher Seite hingenommen werde. Dem widersprach Minister Rexrodt entschieden. Er drohte mit der Verweigerung Deutschlands in anderen Fragen, wenn hier keine Lösung gefunden werde. Vizepräsident van Miert bezeichnete den Fall als »sehr schwierig«, weil die Überlebensfähigkeit von EKO Stahl ohne Investitionen unmöglich sei, die Kommission aber zusätzliche Warmbandkapazitäten nicht genehmigen dürfe. Die Verhandlungen wurden auf den 18. November 1993 vertagt.

Die Diskussion um EKO Stahl hatte sich in der Zwischenzeit aber auch in Deutschland zugespitzt. Zwei Konzepte standen sich 1993 gegenüber, erstens der Vorschlag, anstelle des bestehenden Hochofen- und Stahlwerkes in Eisenhüttenstadt ein Elektrostahlwerk neu zu errichten sowie eine Dünnbrammengießwalzanlage zur Versorgung des Kaltwalzwerkes neu zu bauen, und zweitens der Vorschlag, in Eisenhüttenstadt künftig auf eine eigene Rohstahlerzeugung zu verzichten, dafür aber das vorhandene Kaltwalzwerk und die nachgelagerten Veredelungskapazitäten zu erhalten und zu modernisieren sowie gleichzeitig rund 1.000 neue Arbeitsplätze außerhalb der Stahlproduktion zu schaffen. Für beide Konzepte gab es Fürsprecher in Politik und Wirtschaft. Die Bundesregierung, die Treuhandanstalt, das Land Brandenburg und EKO Stahl sprachen sich für den ersten, die Wirtschaftsvereinigung Stahl, Preussag und Thyssen für den zweiten Vorschlag aus.

Am 12. Februar 1993 hatte sich die Wirtschaftsvereinigung Stahl erstmals in einer Presseerklärung öffentlich gegen die Errichtung eines Elektrostahlwerkes und einer Dünnbrammengießwalzanlage in Eisenhüttenstadt gewandt: »Statt vor das modernisierte Kaltwalzwerk ein Elektrostahlwerk und eine Bandgießwalzanlage zu setzen, sollen die zur Verfügung stehenden öffentlichen Investitionsmittel auf den neben und hinter dem Walzwerk liegenden Verarbeitungsbereich konzentriert werden. Dabei kommen sowohl stahlnahe als auch andere Investitionen in Betracht.« – hieß es in der Erklärung.[40] 6.000 Eisenhüttenstädter protestierten noch am gleichen Tag gegen die Stilllegungskampagne der Wirtschaftsvereinigung Stahl.

Da die Attacken nicht aufhörten, blockierten am 10. Mai 1993 Kommunal- und Landespolitiker aus Eisenhüttenstadt in Düsseldorf mit Roheisenmasseln den Zugang zur Wirtschaftsvereinigung Stahl. Diese forderte am 28. September 1993 Bundeskanzler Kohl in einem Brief erneut auf, in Brüssel gegen die europäischen Stahlsubventionen – darunter die Beihilfen für EKO Stahl – zu stimmen.

Am 29. September 1993 fand im Deutschen Bundestag auf Antrag der SPD-Fraktion eine aktuelle Stunde zum Thema »Haltung der Bundesregierung bei den laufenden Stahlverhandlungen in Brüssel« statt. Gegenstand kontroverser Auseinandersetzungen war hier das Thema EKO. Der Präsident der Wirtschaftsvereinigung Stahl und Mitglied des Bundestages, Ruprecht Vondran (CDU), äußerte sich in der Debatte: »Ich frage mich, wie die Politik in Bremen, in Bochum, in Dortmund, in Duisburg oder in Salzgitter argumentieren will, wenn man mit öffentlichen Mitteln in Deutschland einerseits eine neue Anlage baut und ebenfalls mit Hilfe öffentlicher Mittel zur gleichen Zeit woanders eine Anlage stilllegt.«[41] Andere Abgeordnete warfen der Bundesregierung vor, dass sie in Brüssel die Interessen der deutschen Stahlindustrie nur ungenügend verträte. Bundeswirtschaftsminister Rexrodt erklärte: »Wir wollen eine Lösung für EKO, und wir wollen eine Lösung für ILVA und CSI, mit der alle leben können. Wir können es aber nicht akzeptieren, dass eine Region wie Frankfurt an der Oder von vornherein keine Chance hat.«[42]

Betriebsräte, Kommunal- und Landespolitiker aus Eisenhüttenstadt blockierten am 10. Mai 1993 in Düsseldorf – aus Protest gegen die ablehnende Haltung zur EKO-Sanierung – den Zugang zur Wirtschaftsvereinigung Stahl mit Roheisenmasseln.

Am 15. November 1993 wandte sich Präsident Vondran mit einem Appell an die Öffentlichkeit: Bundeswirtschaftsminister Rexrodt dürfe in der Sitzung des EG-Ministerrates am 18. November 1993 auf keinen Fall den anvisierten Stahlsubventionen von rund 15 Mrd. DM zustimmen. Am 9. Dezember 1993 wurde die Bundesregierung außerdem auf einer Sitzung in Düsseldorf vom Landtag Nordrhein-Westfalens aufgefordert, auf der nächsten EG-Ministerratstagung in Brüssel gegen die Subventionen, u.a. für EKO Stahl, zu stimmen. Die hartnäckigsten EKO-Gegner saßen also nicht in Brüssel, sondern in Deutschland.

Unabhängig davon hatte am 21. Oktober 1993 in Berlin in der Treuhandanstalt ein mehrstündiges Gespräch zwischen dem Treuhand-Vorstand Hans Krämer, dem Vorsitzenden des EKO-Aufsichtsrates Otto Gellert, Vertretern der EKO-Belegschaft und der IG Metall stattgefunden. Die Beteiligten einigten sich auf den gemeinsamen Standpunkt, nach den Grundsätzen der strengsten Einhaltung der Mengenziele für die Stahlproduktion das von der Treuhandanstalt und der EKO Stahl AG entsprechend den Forderungen der EG-Kommission entwickelte Konzept zur Eingliederung der ostdeutschen Stahlindustrie in die wirtschaftliche Ordnung Europas konsequent zu verwirklichen.

Am 3. November 1993 erfolgte eine neue Mitteilung der Bundesregierung an die Europäische Kommission betreffs EKO Stahl. Darin wurde festgestellt, dass es für eine erfolgreiche Privatisierung, die langfristige und subventionsunabhängige Lebensfähigkeit von EKO Stahl, Eisenhüttenstadt, nach Ansicht der Treuhandanstalt, der EG-Gutachter sowie interessierter privater Investoren keine Alternative zum Aufbau einer Warmbreitbandproduktion gab. Am 10. November 1993, unmittelbar vor der Sitzung des EG-Ministerrates lehnte die Europäische Kommission das EKO-Investitionskonzept noch einmal mit der Begründung ab, dass für die beantragten staatlichen Beihilfen in Höhe von rund 900 Mio. DM im Bereich der neuen Bundesländer nicht genügend Kapazitäten abgebaut worden waren. EG-Kommissar van Miert und Bundeswirtschaftsminister Rexrodt verständigten sich aber sofort über die Voraussetzungen für eine EG-Zustimmung.

Am 17. November 1993 empfahl die Europäische Kommission dem EG-Ministerrat – nach langem Ringen – die Zustimmung zum Sanierungskonzept der EKO Stahl AG mit der Auflage von Kapazitätsstilllegungen in Hennigsdorf. Hier sollte die Stahlproduktion um rund die Hälfte reduziert werden. Die Höhe der Subventionen für die Privatisierung, Umstrukturierung und Modernisierung der EKO Stahl AG belief sich auf 883 Mio. DM (465 Mio. ECU). Am 18. November 1993 erhoben die Regierungsvertreter aus Großbritannien, Dänemark, Frankreich und Luxemburg erneut schwere Bedenken gegen das EKO-Privatisierungskonzept. Die Befürchtung, dass es zu einer neuen »Subventionsrunde« für die europäische Stahlindustrie käme, wurde geäußert. Das Problem wurde nochmals vertagt.

Zwei Tage vor der EG-Ministerratssitzung in Brüssel folgten 7.000 Eisenhüttenstädter in einem Sternmarsch zum Inselvorplatz dem Aufruf der IG Metall und demonstrierten unter dem Motto »Wir setzen Zeichen! Ein Feuerwerk für Eisenhüttenstadt« noch einmal deutlich für ihren Stahlstandort. Sie wurden von Delegationen aus Bremen, Salzgitter,

Auf Einladung von Ministerpräsident Manfred Stolpe besuchten am 12. November 1993 Diplomaten aus acht Ländern der Europäischen Gemeinschaft die EKO Stahl AG, um sich unmittelbar vor Ort ein umfassendes Bild von der Situation in Eisenhüttenstadt zu machen.

Am 19. November 1993, einen Tag nach der EG-Ministerratssitzung, kam Bundeswirtschaftsminister Rexrodt (Bildmitte) in die EKO Stahl AG.

Hennigsdorf, Hamburg und durch einen Autokorso aus Frankfurt/Oder unterstützt. Eine große Videoleinwand erinnerte alle Anwesenden an den zurückliegenden Kampf um EKO Stahl. Den Abschluss bildete ein Höhenfeuerwerk mit einer über 30 m langen Leuchtwand mit der Aufschrift »Eisenhüttenstadt muss leben!«

Am 17. Dezember 1993 genehmigten dann die EG-Industrieminister in Brüssel – unter Auflagen – einstimmig den Beihilfeantrag für EKO Stahl. Eine wesentliche Auflage war die Kapazitätsbeschränkung auf 900.000 t/a warmgewalzter Produkte für den Zeitraum von fünf Jahren. Am 22. Dezember 1993 gaben die zuständigen Parlamentsausschüsse in Großbritannien und Dänemark »grünes Licht« für den EKO-Sanierungsplan. Die Tagung der EG-Forschungsminister verabschiedete nun ein Stahl-Subventionspaket von 13 Mrd. DM Hilfen für EKO Stahl, für das Stahlwerk Freital sowie für italienische, spanische und portugiesische Stahlbetriebe, auf die der weitaus größte Anteil der Subventionen entfiel. Die Treuhandanstalt dankte Bundeswirtschaftsminister Günter Rexrodt für den großen Einsatz der unter seiner Leitung erfolgreichen deutschen Delegation bei den Verhandlungen im EG-Ministerrat.

# Der Streik

Am 30. März 1993 kündigte der Arbeitgeberverband die Tarifverträge in der ostdeutschen Stahlindustrie. Sofort begannen überall Warnstreiks, so auch in der EKO Stahl AG. Mit Beginn der Frühschicht blockierten am 1. April 1993 EKO-Arbeiter die Werktore und machten die Zufahrt zum Betrieb dicht. Vor dem Vorstandsgebäude versammelten sich 3.000 Mitarbeiter zu einer außerordentlichen Betriebsversammlung, auf der der 1. Bevollmächtigte der Verwaltungsstelle Frankfurt/Oder der IG Metall, Günter Kohlbacher, sprach. Der Streik ordnete sich in die bisher größte Warnstreikwelle in Ostdeutschland ein, mit der insgesamt 100.000 Arbeitnehmer der Stahl- und Metallindustrie gegen den Bruch der Tarifverträge demonstrierten. Rund 15.000 Metaller gingen in Berlin und Brandenburg auf die Straße und forderten die Einhaltung der Tarifverträge.

Am 15. April 1993 fand in der EKO Stahl AG ab 12 Uhr mittags ein weiterer Warnstreik statt. Mit der zweiten Warnstreikwelle wurden 15 Betriebe in Ostbrandenburg bestreikt. 85 Busse der IG Metall fuhren von verschiedenen Orten zur Großdemonstration nach Berlin. Am 28. April 1993 befürworteten 98 Prozent der EKO-Streikberechtigten in einer Urabstimmung den Streik zur Einhaltung der Tarifverträge. Am 6. Mai 1993 wurden in der EKO Stahl AG um 0.00 Uhr die Hochöfen heruntergefahren. Ab 3.30 Uhr standen Streikposten an den Werktoren. So begann in Eisenhüttenstadt die Arbeitsniederlegung im Streik der gesamten ostdeutschen Stahlindustrie für die Einhaltung des Stufentarifvertrages von 1991. Der Arbeitskampf der mehr als 3.000 EKO-Metaller dauerte bis zum 25. Mai 1993, fast drei Wochen.

50 Autos aus dem Halbleiterwerk Frankfurt/Oder bildeten am 12. Mai 1993 einen Auto-Korso des DGB nach Eisenhüttenstadt und unterstützten mit dieser Aktion den Streik in der EKO Stahl AG. Drei Streikwachen standen rund um die Uhr vor den Werktoren. Nur die 1.600 Arbeiter der 161 Fremdfirmen und die 650 Umschüler wurden auf das EKO-Gelände gelassen. Alle Produktionsanlagen standen still; ebenso ruhte die Verwaltung. Am Busbahnhof, wo sich das Streiklokal befand, umrahmten Rock- und Jazzgruppen die Streikaktionen.

Am 22. Mai 1993 forderten hunderte Beschäftigte der EKO Stahl AG vor dem Hilton-Hotel in Berlin während der Tarifverhandlungen eine rasche Einigung der Parteien. Am 24. Mai 1993 war dann Urabstimmung über das Ende des Streiks und über einen neuen Stufenplan zur Angleichung der Löhne. Im Ergebnis wurde der neue Stufentarifvertrag am 25. Mai 1993 angenommen. Danach erfolgte ab Juni 1993 eine Erhöhung der Löhne der 20.000 Beschäftigten in der ostdeutschen Stahlindustrie auf 80 Prozent des Westniveaus. Bis April 1996 wurde die volle Lohnangleichung erreicht.

In der EKO Stahl AG wurde die Produktion am 26. Mai 1993 wieder angefahren.

Warnstreik in der EKO Stahl AG am 1. April 1993. Günter Kohlbacher (Bild links oben) spricht zu den Streikenden: »Liebe Kolleginnen und Kollegen, nachdem gestern auch die Stahlarbeitgeber unseren 1991 erkämpften Tarifvertrag gekündigt haben, rufe ich Euch auf, ab jetzt bis 9 Uhr die Arbeit niederzulegen und Euch zu einem zweistündigen Warnstreik bei der Hauptwache einzufinden. Geredet ist genug. Aktion statt Resignation!«[43]

Bernd Pagel (Bild links unten) am Beginn des Streikes: »Tarifverträge sind keine verschwitzten Unterhemden, die man einfach nach Belieben wechseln kann. Tarifvertrag ist und bleibt Tarifvertrag. Wir fordern nur das, was uns zusteht. Dass wir nun in Arbeitskampfmaßnahmen überleiten, ist unser gutes Recht, wie es im Artikel 9 des Grundgesetzes verbrieft ist. Wir müssen kämpfen, und wir werden kämpfen. Denn nur mit Druck bringen wir die Arbeitgeber zur Vernunft. Wir alle hier können wohl kaum auf Dauer von 50 Prozent Ostlöhnen 100 Prozent Westpreise bezahlen.«[44]

## Die missglückte Riva-Privatisierung

Abbildung:
Schreiben der Preussag AG/ Thyssen AG zum Thema »Erhaltung des industriellen Standortes Eisenhüttenstadt«, 1993.

Ein wesentlicher Einwand der Europäischen Kommission gegen das EKO-Unternehmenskonzept war der fehlende Investor. Erst das Vertrauen eines Investors in dieses Konzept konnte die Überlebensfähigkeit von EKO Stahl bezeugen. Dieser Einwand war nicht durch Argumente, sondern nur durch Taten zu entkräften. Zeitgleich mit den Verhandlungen in Brüssel führten die Verantwortlichen der Treuhandanstalt – allen voran die Präsidentin Birgit Breuel, der Treuhandvorstand Hans Krämer, der Branchendirektor Wolfgang Tantow, der EKO-Aufsichtsratsvorsitzende und Treuhand-Verwaltungsrat Otto Gellert – und der EKO-Vorstandsvorsitzende Karl Döring sowie viele andere intensive Verhandlungen mit potentiellen Investoren. Dabei standen sie in dem dauerhaften Widerspruch und unter dem anhaltenden Druck, dass jeder potentielle Käufer aufmerksam beobachtete, wie sich die Europäische Kommission zu EKO Stahl verhielt und bis zu welchem Punkt sie bereit war, mit dem EKO-Konzept mitzugehen, um hierfür die Zustimmung beim EG-Ministerrat einzufordern.

Im ersten Halbjahr 1993 konnten zunächst durch zahlreiche Gespräche und Kontakte das italienische Unternehmen Riva, die Hamburger Stahlwerke (HSW) und das österreichische Unternehmen VOEST Alpine für EKO Stahl interessiert werden. Weiterhin wurde eine gegenseitige Beteiligung zwischen einer Gruppe von Unternehmen unter der Federführung des Metallurgischen Kombinates Tscherepowez und der EKO Stahl AG bei der Privatisierung ihrer Unternehmen erwogen. Zwischen dem Vorsitzenden des Komitees der Russischen Föderation für Metallurgie, Serafin Afonin, Hans Krämer, Otto Gellert und Karl Döring, wurde daher am 4. Juni 1993 in Moskau eine Absichtserklärung mit folgenden Punkten unterzeichnet:
- Die EKO Stahl AG wird im Zeitraum von 1994 bis 1998 insgesamt 1.145.000 t kaltgewalzte Bleche nach Russland liefern, wobei 1994 und 1995 jeweils 310.000 t und von 1996 bis 1998 jeweils 175.000 t pro Jahr vorgesehen sind;
- die russischen Partner erhalten zum 1. Januar 1996 das Recht, von der Treuhandanstalt eine zusätzliche Beteiligung von bis zu 10 Prozent zum Verkehrswert des EKO-Aktienkapitals zu erwerben;
- die EKO Stahl AG beteiligt sich durch Einbringung ihres Konverterstahlwerks am Privatisierungsprozess des Metallurgischen Kombinates Tscherepowez; hierzu soll noch 1993 ein Übergabe-Abnahmevertrag unterzeichnet werden;
- die EKO Stahl AG und der russische Partner prüfen außerdem die Frage der Gründung einer Firma für die gemeinsame Produktion und den Vertrieb von Erzeugnissen, die auf dem Weltmarkt verkauft werden sollen;
- die Partner empfehlen ihren Regierungen, die Frage der Beteiligung eines russischen Investors an der Privatisierung der EKO Stahl AG auf die Tagesordnung der nächsten Sitzung des russisch-deutschen Koordinationsrates für wirtschaftliche Zusammenarbeit zu setzen.[45]

Vom 22. bis 25. Juni 1993 wurde zwischen Vertretern der Treuhandanstalt, der EKO Stahl AG, der russischen Regierung und des Metallurgischen Kombinates Tscherepowez ein Kaufvertrag über den Erwerb einer Beteiligung am Aktienkapital der EKO Stahl AG und ein Vertrag über die gegenseitige Lieferung metallurgischer Erzeugnisse verhandelt und von russischer Seite paraphiert. Am 23. Juni 1993 fand in Eisenhüttenstadt eine Belegschaftsversammlung zur Bekanntgabe der Kernpunkte dieses Vertrages statt, nach denen die italienische Riva-Gruppe 51 Prozent von EKO Stahl übernehmen sollte; weitere 10 Prozent sollten an eine russische Holding des Metallurgischen Kombinates Tscherepowez gehen. Die Treuhandanstalt wollte 39 Prozent der Anteile behalten, wobei Riva das Zugriffsrecht darauf bekommen sollte. Das Konzept sah den Erhalt von 2.350 der noch vorhandenen 3.400 Arbeitsplätze vor und den Bau einer Dünnbrammengießwalzanlage für 750 Mio. DM.

Kurz zuvor hatte sich das Konsortium Preussag AG/ Thyssen AG mit einem Schreiben zum Thema »Erhaltung des industriellen Standortes Eisenhüttenstadt« an Birgit Breuel, an Manfred Stolpe, an Günter Rexrodt und an Theodor Waigel gewandt. Darin hieß es: »... mit Sorge verfolgen wir die Absicht, in Eisenhüttenstadt neue Stahlkapazitäten zu schaffen. Die europäische Stahlindustrie befindet sich in der tiefsten Krise seit ihrem Bestehen. Die dringlichste Aufgabe von Wirtschaft und Politik muss darin gesehen werden, Überkapazitäten abzubauen sowie die wettbewerbsschädlichen Subventionen zu verhindern.«[46] Das Konsortium schlug die Übernahme und Weiterführung des Kaltwalzwerkes und die Schaffung von Ersatzarbeitsplätzen für alle übrigen Teile des EKO vor, unter der Voraussetzung, dass in Eisenhüttenstadt auf den Bau eines neuen Elektrostahlwerkes zusammen mit einer Stranggussanlage verzichtet wird. Für dieses Konzept sollten die gleichen Investitionshilfen wie für das EKO-Metallurgiekonzept bereitgestellt werden.

Die Treuhandanstalt erklärte daraufhin: »Die Vorschläge in der jetzigen Form lassen nicht erkennen, welches eigene unternehmerische Risiko von Thyssen und Preussag übernommen werden soll.«[47] Brandenburgs Wirtschaftsminister Hirche bezeichnete das von Thyssen und Preussag vorgelegte Konzept für den Erhalt des Stahlstandortes Eisenhüttenstadt als unzureichend. Am 24. Juni wandte er sich in Beantwortung des Briefes vom 17. Juni 1993 mit einem ausführlichen Schreiben an die Vorstandsvorsitzenden der Thyssen und der Preussag Stahl AG. Darin hieß es: »Vor dem Hintergrund der gesamtwirtschaftlichen Entwicklung in der Bundesrepublik Deutschland gibt es unseres Erachtens keine erkennbare Alternative zur Stahlproduktion in Eisenhüttenstadt.«[48]

Am Ende des ersten Halbjahres 1993 hatten dann nachstehende Investoren ihr Interesse an einer Übernahme der EKO Stahl AG bekundet: die italienische Riva-Gruppe, mit Werken in Italien, Brandenburg und Hennigsdorf; der Staatskonzern VOEST Alpine aus Österreich, der vor allem im Maschinen- und Anlagenbau tätig war; das russische Konsortium unter Führung des Staatsunternehmens Metallurgisches Kombinat Tscherepowez; die Hamburger Stahlwerke im Eigentum der Norddeutschen Protei Produktionsbeteiligungs GmbH und – unter Einschränkungen – das Konsortium Thyssen/Preussag. Die Vertragsverhandlungen mit den interessierten Investoren sollten nun zu einem positiven Ende geführt werden. Vertragsentwürfe wurden erarbeitet und ausgetauscht, die Eckdaten des jeweiligen Übernahmekonzeptes ermittelt.

Mitte September 1993 ließen die Schlussverhandlungen erkennen, dass ein Vertragsabschluss erreichbar war. Drei Anbieter waren bereit und in der Lage, die EKO Stahl AG mit den verbliebenen 3.300 Beschäftigten mehrheitlich zu erwerben: die Hamburger Stahlwerke, der italienische Riva-Konzern und das lange Zeit wenig interessierte Konsortium Thyssen/Preussag. Das Konzept der HSW setzte auf hohe Subventionen und auf eine Mehrheitsbeteiligung unter Einschluss von je 10 Prozent für den britischen Rohrhersteller Carparo und den russischen Konzern Tscherepowez. Das Riva-Konzept zielte auf ein Stahlwerk mit 2.000 bis 2.500 Beschäftigten. Für die fehlende Warmwalzstufe wurde die Verlagerung einer Anlage aus Italien nach Eisenhüttenstadt erwogen. Thyssen/Preussag stellten nun eine Kapitalbeteiligung in Aussicht; zuvor war das Konsortium nur zur Betriebsführung bereit gewesen.

Der EKO-Betriebsratsvorsitzende, Günter Reski, nahm am 11. Januar 1994 als Bürger mit besonderen Verdiensten und Vertreter der EKO-Belegschaft auf Einladung am Neujahrsempfang des Bundespräsidenten, Richard von Weizsäcker, teil.

CORRIERE della SERA, 19. Januar 1994: »Riva erobert EKO Stahl«

EKO-Arbeitsdirektor Hans-Peter Neumann mit Dr. de Biasi und Claudio Riva (von links nach rechts) am 8. März 1994 bei Mitgliedern des Betriebsrates von EKO Stahl.

Der Bau der Warmwalzstufe war im Thyssen-Preussag-Konzept nicht vorgesehen. Nur das Kaltwalzwerk sollte – mit weniger als 1.000 Beschäftigten – weitergeführt, die Vormaterialstufe ersatzlos stillgelegt werden. Dafür sollten in der Region in und um Eisenhüttenstadt zehn Unternehmen aus verschiedenen Branchen angesiedelt werden, um rund 1.000 Ersatzarbeitsplätze zu schaffen. In zahlreichen Prüfverfahren der Treuhandanstalt, des Landes Brandenburg und der EKO Stahl AG hatte sich aber gezeigt, dass es sich bei diesem Konzept um eine unrealistische Scheinalternative handelte, die allein das Ziel verfolgte, in Eisenhüttenstadt die Roheisen- und Stahlproduktion für immer stillzulegen.

Am 28. Oktober 1993 beschloss der Vorstand der Treuhandanstalt nach Prüfung aller Vorverträge und Übernahmekonzepte, dass die Privatisierung der EKO Stahl AG mit der Riva-Gruppe als Bestbieter auf Grundlage des paraphierten Vertrages vom 20. Oktober 1993 abzuschließen sei. Die EKO Stahl AG sollte nun in eine GmbH umgewandelt werden. Von deren Geschäftsanteilen wollte die Riva-Gruppe 60 Prozent übernehmen. Die übrigen 40 Prozent sollten während der Umstrukturierungsphase bei der Treuhandanstalt verbleiben. Für den Fall, dass der angestrebte Vertragsabschluss am Ende nicht zustande käme, sollten die Verhandlungen mit den beiden anderen Bietern weitergeführt werden. Am 1. November 1993 billigte das Präsidium des Verwaltungsrates der Treuhandanstalt die Entscheidung des Vorstandes mit der Auflage, dass von Riva kurzfristig der Nachweis über ein wirtschaftlich-technisch tragfähiges Konzept zur Schließung der technologischen Lücke (Warmbandstufe) vorgelegt werden sollte.

Der Vorstand der Treuhandanstalt beschloss am 18. Januar 1994, 60 Prozent der Anteile der EKO Stahl AG an den italienischen Investor Riva zu veräußern. 40 Prozent sollten zunächst bei der Treuhandanstalt verbleiben. Das Riva-Unternehmenskonzept sah bei EKO Stahl bis 1997 Investitionen in Höhe von 1,1 Mrd. DM vor. Am 19. Januar 1994 meldete der italienische »CORRIERE della SERA«, dass Emilio Riva eine mit EU-Entschädigung stillgelegte Warmbreitbandstraße aus Bagnoli nach Eisenhüttenstadt verlagern wolle. Am 20. Januar 1994 wurden zwischen der Treuhandanstalt und der IG Metall EKO »flankierende Maßnahmen« für eine soziale Lösung des mit der Riva-Privatisierung verbundenen Stellenabbaus in der EKO Stahl AG vereinbart. Am 21. Januar 1994 stimmte der Verwaltungsrat der Treuhandanstalt der Privatisierung der EKO Stahl AG an Riva zu.

Am 14. Februar 1994 forderten die IG Metall und der EKO-Betriebsrat von der Treuhandanstalt die vollständige Offenlegung der Finanzlage der Riva-Gruppe. Es gab begründete Zweifel an den finanziellen Voraussetzungen der Gruppe, ein Unternehmen wie EKO Stahl mit seinen stahltypischen Risiken übernehmen zu können. Die Präsidentin der Treuhandanstalt, Birgit Breuel, wies nach einem Spitzengespräch mit Emilio Riva in Mailand am 16. Februar 1994 alle Zweifel zurück. Emilio Riva legte gegenüber der Treuhandanstalt Unterlagen über einen gesicherten finanziellen Status vor und bestätigte außerdem, dass die für Eisenhüttenstadt vorgesehene Warmbreitbandstraße eine neue und hochmoderne Anlage sei. Birgit Breuel und Emilio Riva einigten sich abschließend – vorbehaltlich der Zustimmung ihrer Gremien – darauf, die EKO Stahl AG von Anfang an zu 100 Prozent an die Riva-Gruppe zu privatisieren. Der Verwaltungsrat der Treuhandanstalt genehmigte kurz darauf die 100-prozentige Übernahme der EKO Stahl AG durch die Riva-Gruppe.

Am 18. Februar 1994 bestätigte die Treuhandanstalt, dass die Riva-Gruppe die Anteile an der EKO Stahl AG über ein eigens dafür gegründetes Tochterunternehmen in den Niederlanden erwerben wolle. Sie versicherte, dass die Eigenkapitalausstattung dieses Unternehmens angemessen und die Verpflichtungen zum Erwerb der EKO Stahl AG durch Bankbürgschaften ausreichend abgesichert seien. Am gleichen Tag entsandte sie einen Beauftragten des Vorstandes nach Eisenhüttenstadt, der – wegen des Verkaufs des Betriebsgeländes an die Riva-Gruppe – Umgliederungen von Unternehmen organisieren sollte, die auf dem Werksgelände der EKO Stahl AG angesiedelt waren, aber künftig auf anderen Flächen arbeiten sollten.

Am 23. Februar 1994 sicherte der Minister für Wirtschaft, Mittelstand und Technologie des Landes Brandenburg der Treuhandanstalt in einem Schreiben zu, dass ein Antrag des Investors Riva auf GA-Mittel innerhalb von vier Wochen geprüft und beschieden würde. Das Land Brandenburg sollte außerdem die im Privatisierungsvertrag vorgesehene Vorfinanzierung des Erwerbs der EKO Stahl AG tragen und alle hiermit verbundenen Risiken übernehmen. Am 25. Februar 1994 wurden von den vertragschließenden

Seiten die Eckpunkte des vorgesehenen Vertrages mit der Riva-Gruppe festgelegt.

Inzwischen hatte sich ein erhebliches Misstrauen der Arbeitnehmerseite gegen die Riva-Gruppe entwickelt, das vor allem aus dem geplanten Personalabbau resultierte. Erst durch Vermittlung von Ministerpräsident Stolpe wurde zwischen der Treuhandanstalt und der Riva-Gruppe, der IG Metall und den Betriebsräten von EKO Stahl Ende Februar 1994 eine Übereinkunft grundsätzlicher Art über eine Zusammenarbeit erzielt. Riva und die Treuhandanstalt beurkundeten danach am 1. März 1994, nach langwierigen Verhandlungen von abends bis in die Morgenstunden, in Hamburg den Kaufvertrag zur Privatisierung der EKO Stahl AG. Die Gruppe sollte zum 1. Mai 1994 von der Treuhandanstalt 100 Prozent der Geschäftsanteile der EKO Stahl AG übernehmen. Zuvor würde die EKO Stahl AG durch die Treuhandanstalt entschuldet und in eine GmbH umgewandelt werden.

In einer zusätzlichen Vereinbarung mit dem DGB und der IG Metall garantierte die Riva-Gruppe bei EKO Stahl und EKO-Anlagenbau insgesamt für das Jahr 1994 2.300, für 1995 2.100, für 1996 1.900 sowie ab 1997 1.700 Vollzeitarbeitsplätze. Der Arbeitsplatzabbau 1994 sollte sozialverträglich – d.h. ohne betriebsbedingte Kündigungen – erfolgen. Die Beschäftigung von 1.700 Vollzeitarbeitnehmern bis 2004 war Vertragsgrundlage. Riva garantierte außerdem die Übernahme bestehender Ausbildungsverhältnisse. Die Gruppe verpflichtete sich, EKO Stahl zu einem modernen integrierten Hütten- und Stahlwerk mit Warmbreitbandherstellung und Kaltverarbeitung auszubauen und hierfür 150 Mio. DM zusätzlich zu den veranschlagten Investitionen in Höhe von 1,1 Mrd. DM für die Modernisierung, Umstrukturierung und Errichtung der Warmbreitbandherstellungsstufe bereitzustellen. Die Treuhandanstalt verpflichtete sich, für die Umstrukturierung von EKO Stahl eine angemessene Kapitalausstattung zu gewährleisten.

Am 3. März 1994 beantragte die Treuhandanstalt bei der Europäischen Kommission die Zustimmung für eine sofortige Übernahme aller EKO-Geschäftsanteile durch die italienische Riva-Gruppe. Am 8. März 1994 erläuterte Claudio Riva dem Vorstand und dem Betriebsrat der EKO Stahl AG das Konzept und die Übernahmevorstellungen der Riva-Gruppe. Zehn Riva-Experten begannen am gleichen Tag mit analytischen und konzeptionellen Arbeiten zur Übernahme der EKO Stahl AG. Am 18. März 1994 stimmte der Verwaltungsrat der Treuhandanstalt einmütig der vollständigen Übernahme der EKO Stahl AG durch die Riva-Gruppe zu. Diese Übernahme sollte auf der Grundlage nachstehender Verträge, Vereinbarungen und Genehmigungen erfolgen:

- Privatisierungsvertrag mit der Treuhandanstalt,
- Vereinbarung zwischen Riva und IG Metall über die Sicherung der Montanmitbestimmung und über das Zusammenwirken bei Personalmaßnahmen,
- Vereinbarung zwischen EKO und Treuhandanstalt zur finanziellen und sozialen Flankierung des Personalabbaus,
- Genehmigung öffentlicher Beihilfen durch den EG-Industrieministerrat.

Am 30. März 1994 erfolgte von der Treuhandanstalt die Aufforderung an die Riva-Gruppe, ein neues EKO-Management zu benennen. Weiterhin wurde eine Wirtschaftsprüfung des Riva-Unternehmenskonzeptes für die Jahre nach der Umstrukturierung (1997 bis 2000) vorbereitet, ferner eine Wirtschaftlichkeitsberechnung für die von Riva vorgesehenen Netto-Investitionen. Am 12. April 1994 genehmigte die Europäische Kommission – nach Zustimmung des EG-Ministerrates vom 17. Dezember 1993 – Beihilfen nach Art. 95 EGKS-Vertrag in Höhe von 813 Mio. DM an die EKO Stahl AG. Diese sollten für das Privatisierungs- und Restrukturierungsprogramm gewährt werden, das auf Vereinbarungen mit der italienischen Riva-Gruppe aufbaute.

Am 27. April 1994 spitzte sich das gegenseitige Misstrauen zwischen der Arbeitnehmerseite und der Riva-Gruppe erneut zu. Betriebsrat und Vertrauenskörperleitung der EKO Stahl AG wandten sich in einem offenen Brief an die Präsidentin der Treuhandanstalt Birgit Breuel. Darin hieß es: »Die bisher getroffenen Entscheidungen und bekannt gewordenen Aussagen zur Unternehmensführung durch die Riva-Führung lassen erhebliche Zweifel an der Einhaltung der zwischen der Treuhandanstalt, Riva, EKO Stahl AG und IG Metall vertraglich fixierten Vereinbarungen aufkommen.«[49] Die Arbeiten wurden durch die Riva-Gruppe am 28. April 1994 abgebrochen. Riva und IG-Metall konnten sich nicht auf die Besetzung des Aufsichtsrates einigen. Riva lehnte den vom Betriebsrat und von der IG Metall vorgeschlagenen früheren SPD-Verteidigungs- und Finanzminister a.D., Prof. Hans Apel, als »neutrales Mitglied« mit der Begründung ab, dieser sei zu »arbeitnehmerfreundlich«.

Vom 28. bis 30. März 1994 fanden in der EKO Stahl AG Betriebsratswahlen statt. Die Betriebsratsmitglieder wählten auf ihrer konstituierenden Sitzung am 7. April 1994 Wolfgang Ramthun zum Vorsitzenden und Bernd Pagel zum stellvertretenden Vorsitzenden des Betriebsrates. Das Bild zeigt Wolfgang Ramthun (rechts) am 11. September 1994 im Gespräch mit Manfred Stolpe.

Die Mitglieder des Vorstandes der Treuhandanstalt, Hans Krämer und Horst Föhr, wandten sich am 28. April 1994, in Beantwortung des offenen Briefes des Betriebsratsvorsitzenden und des Vorsitzenden der Vertrauenskörperleitung der EKO Stahl AG, gegen eine unangemessene Beurteilung des neuen Eigentümers Riva durch die Belegschaftsvertreter und versicherten, dass die mit Riva, der Belegschaft und der IG Metall am 1. März 1994 getroffenen Vereinbarungen über die Sicherung von Arbeitsplätzen ausnahmslos und uneingeschränkt eingehalten würden. Am 29. April 1994 erfolgte in Berlin ein Gespräch zwischen dem Treuhand-Vorstand Hans Krämer und Vertretern der Riva-Gruppe über Unstimmigkeiten zwischen Riva und der Geschäftsführung von EKO Stahl. Hintergrund waren verschiedene Probleme, unter anderem unterschiedliche Herangehensweisen im Umgang mit dem Kaltwalzwerk.[50]

In Eisenhüttenstadt fand am gleichen Tag eine außerordentliche Belegschaftsversammlung mit über 1.000 EKO-Angehörigen statt, die eine vertragsgerechte Privatisierung forderten. Der Betriebsrat verlangte auf dieser Versammlung die Offenlegung des Riva-Konzeptes für das Werk nach der Übernahme. Riva hätte bislang lediglich erklärt, die Belegschaft von 3.000 auf 2.300 Mitarbeitern verringern zu wollen. Ein Konzept für einen sozialverträglichen Stellenabbau wäre nicht vorhanden. Die künftige Produktions- und Organisationsstruktur sei unbekannt. Auch die durch die Treuhandanstalt beauflagte Vorlage der Bilanzen des Riva-Konzernes über sämtliche Konzernteile läge nicht vor. Das für Personal zuständige Vorstandsmitglied der Treuhandanstalt, Horst Föhr, versicherte den Versammelten, dass die mit Riva, mit der Belegschaft und mit der IG Metall am 1. März 1994 getroffenen Vereinbarungen über die Sicherung von Arbeitsplätzen eingehalten werden. Gleichlautend äußerte sich Treuhand-Vorstand Hans Krämer später vor der Presse in Berlin.

Den versammelten Stahlwerkern aus dem Herzen sprach an diesem Tag jedoch nur einer – Arbeitsdirektor Hans-Peter Neumann. Sie jubelten dem ehemaligen Thyssen-Manager aus Essen und Vorstandsmitglied der EKO Stahl AG begeistert zu, als er von der Plattform eines LKW-Anhängers zum Abbruch der Arbeiten der Riva-Gruppe erklärte: »Ich bin nicht vor drei Jahren hierher gekommen, um tote Erde zu machen – wir werden weiter kämpfen«.[51]

Die geplante Riva-Privatisierung kam zum 1. Mai 1994 nicht zustande. Am 4. Mai 1994 fand zwischen der Treuhandpräsidentin Breuel und Emilio Riva in Berlin ein Spitzengespräch mit dem Bemühen beider Seiten statt, die eingetretene Lage nüchtern zu analysieren und Wege aus der festgefahrenen Situation zu finden. Emilio Riva wies darauf hin, dass ihm eine EKO-Übernahme unter den gegebenen Verhältnissen nicht möglich erschien. Die Treuhandanstalt unterbreitete der Riva-Gruppe daraufhin einen neuen Privatisierungsvorschlag. Nach diesem sollte Riva nicht, wie geplant, die Eigentumsanteile an der EKO Stahl AG kaufen, sondern das Sachanlagevermögen und dazu die Belegschaft übernehmen. Die IG Metall sah hierin den Versuch, Kündigungsschutz und Mitbestimmung zu unterlaufen. In einem Brief an alle Verantwortlichen erläuterte Birgit Breuel die bisherigen Eckwerte und Grundsätze der Privatisierung und versicherte, dass von ihnen nicht abgewichen werde.

Daraufhin wandte sich der Betriebsrat der EKO Stahl AG in einem Schreiben an Emilio Riva mit der Bitte um ein Gespräch und der ausdrücklichen Erklärung, dass die Belegschaft der EKO Stahl AG gegen einen ausländischen Eigentümer grundsätzlich nicht ablehnend eingestellt wäre. Der Vorsitzende des Aufsichtsrates der EKO Stahl AG und stellvertretende Vorsitzende des Verwaltungsrates der Treuhandanstalt, Otto Gellert, begrüßte das Schreiben und erklärte sich mit der Fortführung der Gespräche mit der Riva-Gruppe einverstanden.

Am 11. Mai 1994 wurden die Gespräche mit der Riva-Gruppe zur Übernahme von EKO Stahl in der Treuhandanstalt dann noch einmal fortgesetzt. Anstelle des Erwerbs von Anteilen an der zu bildenden EKO Stahl GmbH sollte das Vertragswerk nun auf einen Kauf von Sachanlagen umgestellt werden. Das von Riva geplante Tochterunternehmen zum EKO-Erwerb sollte dabei – mit Geschäftsführung und Aufsichtsrat – als Käufer auftreten. Das von allen Treuhandgremien beschlossene Vertragswerk zur Privatisierung der EKO Stahl AG war damit nicht mehr Gegenstand der Verhandlung.

Am 13. Mai 1994 unterrichtete die italienische Riva-Gruppe die Treuhandanstalt in einer Mitteilung, dass sie auf den Erwerb der EKO Stahl AG verzichtet. In der Mitteilung hieß es: »Unser Entscheidungsgremium hat nochmals die Vorfälle in jeder Hinsicht untersucht und mit Aufmerksamkeit die von Ihnen genannten Vorschläge sowie jegliche Aspekte dieses Geschäftes abgewogen. Dieses hat zu dem definitiven Schluss geführt, auf den Erwerb von EKO Stahl zu verzichten, wie auch immer das Angebot unterbreitet werden sollte.«[52] Am 15. Mai 1994, einem Sonntag, fand daraufhin auf Einladung der Präsidentin Breuel in der Treuhandzentrale in Berlin eine Beratung statt. Teilnehmer waren der Ministerpräsident des Landes Brandenburg, Manfred Stolpe, der Staatssekretär im Bundesministerium für Wirtschaft, Dieter von Würzen, der Ministerialdirektor im Bundeskanzleramt, Johannes Ludewig, der Minister für Wirtschaft, Mittelstand und Technologie des Landes Brandenburg, Walter Hirche, der Bundesminister a.D., Prof. Hans Apel, die Präsidentin der Treuhandanstalt, Birgit Breuel, das Mitglied des Vorstandes der Treuhandanstalt für Eisen und Stahl, Hans Krämer, das Mitglied des Vorstandes der Treuhandanstalt für Personal, Horst Föhr, der stellvertretende Vorsitzende des Verwaltungsrates der Treuhandanstalt und Vorsitzende des Aufsichtsrates der EKO Stahl AG, Otto Gellert, der Vorsitzende und die Mitglieder des Vorstandes der EKO Stahl AG, Karl Döring, Hans Conrad, Eckhardt Hoppe, Hans-Peter Neumann, die EKO-Betriebsräte Wolfgang Ramthun und Günter Reski und als Vertreter der IG Metall Rainer Barcikowski (Düsseldorf) und Horst Wagner (Berlin) sowie der Bürgermeister von Eisenhüttenstadt, Rainer Werner. Es wurde Einvernehmen darüber erzielt, dass nunmehr – nach dem Scheitern der Riva-Privatisierung – von allen Seiten erneut intensive Anstrengungen unternommen werden müssen, um auf der Basis eines tragfähigen Konzeptes die Zukunft des Stahlstandortes Eisenhüttenstadt zu sichern. Die Teilnehmer veröffentlichen eine gemeinsame Erklärung zur Zukunft des Stahlstandortes Eisenhüttenstadt.

Am 18. Mai 1994 fand im Deutschen Bundestag auf Antrag der SPD-Fraktion eine aktuelle Stunde zum gescheiterten EKO-Verkauf an den italienischen Riva-Konzern statt. Vor allem FDP-Abgeordnete wiesen in der Debatte – zum Teil in scharfen Worten – der IG Metall, dem Betriebsrat und dem Vorstand der EKO Stahl AG die Schuld für das Scheitern der EKO-Privatisierung zu. Die etwa 50 Kolleginnen und Kollegen – Vertrauensleute und Mitglieder des Betriebsrates der EKO Stahl AG –, die der Debatte beiwohnten, waren über das Auftreten der Abgeordneten entsetzt.

Einen Tag später gab Ministerpräsident Stolpe im Brandenburger Landtag eine Regierungserklärung zu Fragen der EKO-Privatisierung ab. Er sagte: »In diesen Tagen besteht die Gefahr, sich mit Schuldzuweisungen über eine gescheiterte Privatisierung zu zerstreiten. Unterscheiden Sie bitte Ursache und Anlass des Riva-Rücktritts! Die Ursachen für Emilio Rivas Entscheidung liegen eindeutig in Italien. Der Anlass wurde ihm in Deutschland geboten. Die Dolchstoßlegende, wie sie gestern noch im Deutschen Bundestag zu hören war, Gewerkschaften, Belegschaft und Vorstand in Eisenhüttenstadt seien an allem schuld, ist dumm und böse. Riva weiß selbst aus Hennigsdorf, dass wir Brandenburger rau, herzlich und doch berechenbar sind. Unsere Beziehungen sind trotz der Enttäuschung über seine Absage grundsätzlich nicht gefährdet. Denn auch ohne Riva muss und wird EKO weiterleben.«[53]

Mit dem Hinweis auf die Ursachen in Italien spielte Manfred Stolpe auf die lukrative Privatisierung der italienischen staatlichen Stahlindustrie an, bei der sich die Riva-Gruppe – nach dem EKO-Rückzug – engagierte. Es gab Stimmen, die ein groß angelegtes Komplott für möglich hielten: Riva hätte nur deshalb für EKO Stahl Interesse gezeigt, um die deutsche Bundesregierung im EG-Ministerrat vor allem zur Zustimmung zu den Milliardensubventionen an italienische Stahlbetriebe zu bewegen.[54]

Arbeitsdirektor Hans-Peter Neumann erklärte am 29. April 1994 vor über 1.000 EKO-Beschäftigten: »Ich bin nicht vor drei Jahren hierher gekommen, um tote Erde zu machen – wir werden weiter kämpfen«.

Otto Gellert

## OSTDEUTSCHE STAHLNOTIZEN – EKO 1990 BIS 1994

2. Aufsichtsratssitzung der EKO Stahl AG am 30. September 1990 in Eisenhüttenstadt. Otto Gellert (rechts) im Gespräch mit dem Leiter des Roheisenwerkes, Joachim Buchwalder (links), in der Mitte Günter Reski.

*Nach dem Fall der Berliner Mauer im November 1989 entwickelte sich zwischen beiden Teilen Deutschlands ein reger gedanklicher Austausch, namentlich auch im Bereich der wirtschaftlichen Beziehungen. Im Rahmen dieser sowohl von Ost- als auch von Westdeutschland initiierten Aktivitäten kam es am 27. Januar 1990 im Ostberliner Palasthotel, gegenüber der Volkskammer, zu einem so genannten Wirtschaftsforum, das von dem Düsseldorfer »Handelsblatt« veranstaltet wurde. Die Podiumsdiskussion führte Vertreter der Wirtschaft und Politik aus Ost und West zusammen. Von westlicher Seite war die Hoesch AG, Dortmund, vertreten, so deren Vorstandsvorsitzender Detlev Rohwedder, der Aufsichtsratsvorsitzende Herbert Zapp (Vorstandsmitglied der Deutschen Bank) sowie ich, einerseits als Mitglied des Aufsichtsrats der Hoesch AG (seit 1980), aber auch als seit 30 Jahren in Westdeutschland tätiger selbstständiger Wirtschaftsprüfer, Steuer- und Unternehmensberater. Bei dieser Gelegenheit galt es, die Beziehungen zwischen der Hoesch AG und dem Eisenhüttenkombinat Ost (EKO) zu vertiefen, da von ostdeutscher Seite dessen Generaldirektor Karl Döring (vormals stellvertretender Minister für Metallurgie) an diesem Forum teilnahm. Zwischen der Hoesch AG, Dortmund, sowie dem EKO bestanden seit Jahren Lieferbeziehungen, die zweimal jährlich auf der Leipziger Messe immer erneuert wurden.*

*Nach der Diskussion saßen wir in einem kleinen Kreise zusammen, Rohwedder, den ich seit 1966 beruflich kannte und mit dem ich inzwischen freundschaftlich verbunden war, bat mich, etwas für »EKO und die Ossis« zu tun. Daraufhin bot ich Döring an, ihm fünf Werktage kostenfrei für Beratungen zur Verfügung zu stehen. Nach etwa 14 Tagen – ich hatte die Begegnung fast vergessen – meldete sich über »Feld«-Telefon Karl Döring und bat mich um die Realisierung meines Angebotes. Wie er mir sagte, hatte er sich zwischenzeitlich schlau gemacht, welch großzügiges Angebot er am 27. Januar 1990 in Berlin von mir erhalten hatte. Er kam auch gleich zur Sache und wir verabredeten ein Treffen in Eisenhüttenstadt. Ende Februar 1990 holte mich Dörings Fahrer Siegfried Bayer am Flughafen Schönefeld ab, um die Beratungen vor Ort zu beginnen, nebenbei aber auch bei Nordhäuser Korn abends die gemeinsame deutsch-deutsche Vergangenheit aufzuarbeiten.*

*Am 1. März 1990 beschloss der Ministerrat der DDR die Gründung einer Anstalt zur treuhändischen Verwaltung des Volkseigentums, kurz Treuhandanstalt (THA), und erließ eine Verordnung zur Umwandlung von volkseigenen Kombinaten und VEB in die Rechtsform von Aktiengesellschaften und GmbH. Bis Juni 1990 bestand meine Beratungstätigkeit darin, das Eisenhüttenkombinat Ost entsprechend der genannten Verordnung in eine Aktiengesellschaft umzuwandeln, um so von der Rechtsform her die besten Voraussetzungen für das EKO in dem sich abzeichnenden Wettbewerb zu schaffen. Lösungsansätze, Vorschläge und Anregungen wurden unter meiner Leitung federführend mit Döring, dem Finanzchef Hans Conrad sowie weiteren westlichen Beratern diskutiert. Anfang Juni schienen die Vorarbeiten zur Umwandlung der Kombinatsrechtsform in eine Aktiengesellschaft abgeschlossen.*

*Zwischenzeitlich war jedoch die deutsch-deutsche Währungsunion zum 1. Juli 1990 eingeleitet worden, die nicht nur die gemeinsame Währung schaffen sollte, sondern auch die Treuhandanstalt gesetzlich neu konzipierte. Für EKO Stahl bedeutete dies, dass für die Gründung der Aktiengesellschaft, ausgehend von einem Grundkapital von 11 Mrd. Ostmark, das Grundkapital in neuer Währung nun mit 100 Mio. DM festgesetzt werden musste. Damit wurde die Vollendung der Umwandlung des EKO in eine Aktiengesellschaft unterbrochen, da das neue Treuhandgesetz die zwangsweise Umwandlung der Kombinate und VEB in die Rechtsform der Aktiengesellschaft bzw. der Gesellschaften mit beschränkter Haftung vorsah. Detlev Rohwedder, der auf Bitten des Bundeskanzlers Kohl die entsprechenden Gespräche führte, bat mich um Unterstützung bei den Arbeiten zur Vorbereitung der neuen Treuhandanstalt. So half ich besonders bei der Gewinnung von Führungspersönlichkeiten aus der Wirtschaft für die Besetzung von Spitzenmanagerpositionen sowie des vorgesehenen neuen Verwaltungsrates.*

Am 15. Juli 1990 kam es zur ersten konstituierenden Sitzung des Verwaltungsrates der neuen Treuhandanstalt, welche die 500 Beschäftigten der am 1. März 1990 gegründeten alten DDR-Treuhandanstalt übernahm. Zum neuen Präsidenten wurde Rainer Maria Gohlke ernannt, als dessen Stellvertreter der frühere Leiter der ostdeutschen Planungskommission, Wolfram Krause. Vorsitzender des Verwaltungsrates wurde Detlev Rohwedder, in den 60er Jahren als Rechtsanwalt und Wirtschaftsprüfer tätig, danach 10 Jahre Staatssekretär im Bonner Wirtschaftsministerium und seit 1978 Chef der Hoesch AG. Zu seinen Stellvertretern wurden aus dem 24-köpfigen Verwaltungsrat gewählt: als Vertreter der ostdeutschen Mitglieder Karl Döring, als Vertreter der westdeutschen Mitglieder Otto Gellert.

Für mich brachte dies in der Folge eine aufregende und spannende Tätigkeit mit sich, die ich mit großem persönlichen Einsatz ehrenamtlich durchführte. Ich bin auch heute noch stellvertretender Verwaltungsratsvorsitzender in der Nachfolgeorganisation Bundesanstalt für vereinigungsbedingte Sonderaufgaben (BvS), seit Anfang 2000 das einzige Mitglied im Verwaltungsrat, das hier seit Anfang 1990 ununterbrochen tätig ist.

In der neuen Treuhandanstalt wurden im Juli und August 1990 die Grundsätze der gemeinsamen Arbeit festgelegt. Unter anderem wurde bestimmt, dass kein Verwaltungsratsmitglied in den Aufsichtsräten der Kombinate bzw. der Nachfolgeaktiengesellschaften als so genannter »Doppelbänder« tätig sein sollte. Auf Intervention von Döring, der mit allen anderen sieben Vertretern der ostdeutschen Wirtschaft im Herbst 1990 aus dem Verwaltungsrat der Treuhandanstalt ausschied, machte Rohwedder eine Ausnahme. Ich konnte nicht nur das Stellvertreteramt im Verwaltungsrat der Treuhandanstalt weiter bekleiden, sondern auch das vorgesehene Amt als Aufsichtsratsvorsitzender bei der umgewandelten EKO Stahl AG annehmen. Zu meinen ersten Aufgaben gehörte hier die Besetzung der Anteilseignerbank in dem nach der Montanmitbestimmung geregelten Aufsichtsrat.

Zum 1. September 1990 konnte sich der Aufsichtsrat der EKO Stahl AG mit folgenden Mitgliedern, die ich aus meinem Freundes- und Bekanntenkreis zu begeistern wusste, konstituieren: Günter Flohr, Vertriebsvorstand der Hoesch AG, Jürgen Harnisch, Chef der Krupp Stahl AG, Bochum, sowie Kurt Stähler, Vorstandsvorsitzender der Salzgitter AG. Als Banker konnte ich gewinnen: Hans Rosentalski, Generalbevollmächtigter der Deutschen Bank AG in Düsseldorf, Axel von Ruedorffer, Vorstandsmitglied der Commerzbank AG, Alfons Titzrath, Vorstandsmitglied der Dresdner Bank AG und späterer Aufsichtsratschef der Dresdner Bank sowie Christian Olearius, Hauptpartner des bedeutsamen Hamburger Privatbankhauses M. M. Warburg & Co. Als meinen Stellvertreter im Aufsichtsrat bestimmte die Arbeitnehmerbank Rainer Barcikowski, Leiter des Zweigbüros Düsseldorf der IG Metall, mit dem ich bis zum 13. Juni 1994, dem Tag meines Ausscheidens, bestens und vertrauensvoll zusammengearbei-

tet habe. Das Präsidium gewährte dem Vorstand kurzfristige und materiell moderate Verträge (im Gegensatz zu vielen anderen Nachfolgekombinaten, die allerdings auch nicht überlebten). Erst vier Jahre später – mit sich abzeichnender Privatisierung – kam es zum Abschluss von längerfristigen und materiell angemessen ausgestatteten Vorstandsverträgen. Diese Gehaltspolitik wurde im übrigen vom Vorstand voll akzeptiert.

Der neu gebildete Aufsichtsrat sowie der Vorstand der EKO Stahl AG hatten sich ab Herbst 1990 das Ziel gesetzt, das Unternehmen in dem sich entwickelnden rauen Wettbewerbsklima der Stahlwirtschaft zu stärken, zu entwickeln, wettbewerbsfähig zu machen und durch die notwendigen Investitionen zu unterstützen. Dies galt vor allem der Warmwalzstufe, die in den 80er Jahren in der DDR aus Devisenmangel nicht mehr errichtet werden konnte. Alle westdeutschen Aufsichtsratsmitglieder stellten ihr Wissen und ihre Kraft ehrenamtlich zur Verfügung. Die drei Stahlvorstände waren nicht nur persönlich, sondern auch mit qualifizierten Mitarbeitern ihrer Unternehmen – besonders auf der technischen Seite – bemüht, EKO Stahl Unterstützung zu gewähren. Die Bankenvertreter stellten – ebenfalls unter Hinzuziehung von Mitarbeitern ihrer Häuser – dem EKO modernes Finanzierungs-Know How zur Verfügung.

Ich selbst hatte nicht nur federführend die Koordination dieser Aktivitäten vorgenommen, sondern konnte vor allen Dingen aus meiner Funktion als stellvertretender Vorsitzender den Verwaltungsrat, aber auch den Vorstand der Treuhandanstalt motivieren, dem EKO volle Unterstützung zu gewähren. Bekanntlich ging es im Jahre 1991, im Zuge der strategischen Ausrichtung der Treuhandanstalt, um die Frage, ob diese nicht nur die Privatisierung der ostdeutschen Unternehmen, sondern auch deren operative Sanierung betreiben sollte. Rohwedder hatte zwar vor seiner Ermordung im April 1991 konstatiert, dass die Privatisierung die idealste Form der Sanierung darstellt, auch wurde deutlich, dass die Anstalt von der Leipziger Straße in Berlin unmöglich die Sanierung der Betriebe vor Ort durchführen konnte. Unter Birgit Breuel wurde dann ab April 1991 der Grundsatz der Privatisierung tatkräftig betrieben. Sanierungsbemühungen der Treuhandanstalt konnten nur bedingt von der Zentrale in Berlin her begleitet werden. So konzentrierte sich die Tätigkeit schwerpunktmäßig auf die Bereitstellung der finanziellen Mittel für die zu sanierenden ostdeutschen Unternehmen.

Im Verlaufe des Jahres 1991 wurde jedoch deutlich, dass der Bundeshaushalt, bedingt durch die Lasten der Wiedervereinigung, bei der finanziellen Unterstützung der Sanierung ostdeutscher Unternehmen zunehmend an seine Grenzen stieß. Ab 1991 bis zum Ende der Treuhandanstalt 1994 kam dann mit der Stilllegung vieler ostdeutscher Betriebe, die nicht wettbewerbsfähig waren, die Vorstellung auf, doch gewisse »Leuchttürme« der ehemaligen DDR-Wirtschaft – gewissermaßen als symbolisches Fanal – zu stützen. Die Treuhandanstalt konnte sich nur ausnahmsweise diesen Wünschen der ostdeutschen Bevölkerung stellen. So ist der Aufbau des Chemiedreiecks ein Beispiel dafür. Eine der ganz wenigen weiteren Ausnahmen konnte mit der Erhaltung der EKO Stahl AG in Eisenhüttenstadt realisiert werden. Immerhin sollte nicht übersehen werden, dass die Erhaltung des Eisenhüttenstädter »Leuchtturms EKO« der Bundesrepublik, vertreten durch die Treuhandanstalt und deren Nachfolgeorganisation, die BvS, rund 3,5 Mrd. DM kostete.

Der Aufsichtsrat der EKO Stahl AG hatte ab September 1990 mit Vehemenz die Erhaltung der EKO Stahl AG verfolgt. Er unterstützte nicht nur mit Rat und Tat diese Entwicklung im wirtschaftlichen und technischen Bereich, sondern brachte die Landespolitik, die Bundespolitik sowie die Treuhandanstalt selbst auf diese Idee. Damit gelang es, in Form der EKO Stahl AG – eines der wenigen früheren Kombinate – nicht nur zu erhalten, sondern auch in eine wettbewerbsfähige Zukunft zu führen.

So konnte Mitte 1991 der Aufsichtsrat bereits das Zukunftskonzept der EKO Stahl AG beschließen und an die Treuhandanstalt zur Realisierung weiterleiten. Diese begleitete anschließend das Sanierungskonzept mit umfangreichen finanziellen Unterstützungen; allerdings auch mit dem Hinweis, die Privatisierung des Unternehmens bis Ende 1991 abschließen zu wollen. Damit gewann zunehmend an Bedeutung, dass sich der Vorstand, aber auch der Aufsichtsrat – vor allem in bezug auf meine Person als »Doppelbänder« – in den Privatisierungsvorgang einschalteten. Zum Jahresende 1991 kamen die Privatisierungsbemühungen zu einem vorläufigen Abschluss. Die Krupp Stahl AG unterbreitete der Treuhandanstalt ein Kaufangebot zur Übernahme der EKO Stahl AG. An dem Zustandekommen dieses Angebots hatten zwischenzeitlich Vorstand und Aufsichtsrat tatkräftig unterstützend mitgewirkt.

Die Treuhandanstalt begleitete den Vorgang in der Weise, dass sie im Dezember 1991 die Privatisierung von EKO Stahl offiziell in den Markt hineintrug. Ende Februar 1992 schälten sich aus dem Bieterkreis die Krupp Stahl AG und ein Konsortium, bestehend aus der Thyssen Stahl AG, der Holländischen Hoogovens Groep sowie der Stahlwerke Peine Salzgitter AG, heraus. Alle Bieter verbanden die Übernahme mit einer finanziellen und operativen, zukunftsorientierten Ausrichtung der EKO Stahl AG.

In den folgenden Monaten qualifizierte sich aus dem Bieterprozess, nach intensiven Verhandlungen, die von mir mit dem zuständigen Vorstandsmitglied der Treuhandanstalt federführend durchgeführt wurden, die Krupp Stahl AG als »preferred bidder«. Die hierfür notwendigen Verhandlungen zogen sich dann noch einmal bis zum Herbst 1992 hin. In Anbetracht der sich entwickelnden weltweiten Stahlflaute trat die Krupp Stahl AG Ende Oktober 1992 jedoch aus wirtschaftlichen, finanziellen und technologischen Gründen von ihrem Angebot zurück. Als Begründung wurden außerdem die fehlende EU-Zustimmung zur Finanzierung einer neuen Warmwalzanlage sowie zu hohe Investitionskosten für die hart im Wettbewerb kämpfende Krupp Stahl AG genannt. In dieser Situation war der Aufsichtsrat verstärkt aufgerufen, sich nachhaltig hinter das Sanierungskonzept des Vorstandes zu stellen und unverändert ein eigenständiges Unternehmenskonzept der EKO Stahl AG zu verfolgen.

Im weiteren Verlauf führte die Diskussion um die Zukunft von EKO Stahl in der deutschen Politik und Wirtschaft zu kontroversen Auseinandersetzungen. Dem Vorschlag, anstelle des bestehenden Hochofen- und Stahlwerkes ein Elektrostahlwerk neu zu errichten sowie eine Dünnbrammengießwalzanlage zur Versorgung des Kaltwalzwerkes neu zu bauen, wurde entgegen gehalten, dass es viel besser sei, in Eisenhüttenstadt künftig auf eine eigene Rohstahlerzeugung zu verzichten. Nur das vorhandene Kaltwalzwerk und die nachgelagerten Veredelungskapazitäten sollten erhalten bleiben. Dafür könnten aber etwa tausend Arbeitsplätze außerhalb der Stahlproduktion neu geschaffen werden.

Diesem Vorschlag folgte der Aufsichtsrat nicht. Gemeinsam mit dem Vorstand der Treuhandanstalt gelang es ihm, in der Landes- und Bundespolitik, aber auch in der Wirtschaft Fürsprecher für das erste Konzept zu finden, das in dem veränderten Umfeld die optimale Erhaltung des Stahlstandortes Eisenhüttenstadt als Ziel verfolgte. Durch Einschaltung des Staatssekretärs im Bundeskanzleramt, Johannes Ludewig, war es mir außerdem gelungen, nicht nur den Bundeskanzler, sondern auch die Treuhandanstalt auf dieses Konzept auszurichten und es für die unverändert anstehende Privatisierung in das Konzept eines zukünftigen Unternehmers einzubinden.

Die Privatisierungsbemühungen der Treuhandanstalt – und namentlich meine Einschaltung in der Doppelfunktion bei den Privatisierungsvorgängen – bestimmten wesentlich die Arbeit des Aufsichtsrates im Jahre 1993. So fanden Gespräche mit den Hamburger Stahlwerken, VOEST Alpine AG, Salzgitter/Thyssen und dem italienischen Stahlunternehmer Riva statt, der sich bereits in Hennigsdorf engagiert hatte. Als besondere Variante dieser Privatisierungsgespräche waren diejenigen mit dem Metallurgischen Kombinat Tscherepowez der Russischen Föderation zu nennen, die Anfang Juni 1993 in Moskau eine Überkreuzbeteiligung vorsahen. Bei dieser Gelegenheit gelang es im übrigen Oleg Soskowicz – den zweiten Mann hinter Ministerpräsident Tschernomyrdin und früheren Stahlkollegen von Döring – als neues Mitglied des Aufsichtsrates der EKO Stahl AG zu gewinnen.

Parallel zu den zum Teil sehr hartnäckig geführten Privatisierungsgesprächen stellte sich heraus, dass die bei der endgültigen Privatisierung vorgesehenen finanziellen Unterstützungen der Treuhandanstalt für den zukünftigen Käufer zu erheblichen Schwierigkeiten mit der EU führen könnten. Es fanden daher 1993 in zunehmendem Maße, auch unter Einschaltung des Aufsichtsrates, intensive Verhandlungen nicht nur mit dem in dieser Sache federführenden Bundeswirtschaftsministerium, sondern auch mit der EU-Kommission in Brüssel statt.

*Im November 1993 mündeten die Privatisierungsgespräche in den Beschluss des Präsidiums des Verwaltungsrates der Treuhandanstalt ein, dem ich ebenfalls angehörte, Riva als Investor auszuwählen, soweit von diesem kurzfristig der Nachweis über ein wirtschaftlich und technisch tragfähiges Konzept zur Schließung der technologischen Lücke (Warmbandstufe) erbracht würde. Ende 1993 gab auch die EU grünes Licht für die Unterstützungen der Treuhandanstalt im Rahmen der vorgesehenen Riva-Privatisierung. Danach stimmte der Verwaltungsrat der Treuhandanstalt im Grundsatz der Privatisierung der EKO Stahl AG an den italienischen Investor Riva zu.*

*In den folgenden Wochen war ich mit dem zuständigen Vorstandsmitglied der Treuhandanstalt – teilweise in sehr kontrovers geführten Verhandlungen – bemüht, die Verträge mit Riva auszuarbeiten. In der zweiten Februarhälfte 1994 kam es dann zum Abschluss des Vertragswerkes, so dass die Privatisierung an diesen Investor abgeschlossen zu sein schien. Der Riva-Gruppe wurde noch auferlegt, nicht nur ihr abschließendes Konzept vorzulegen, sondern auch eine ausreichende Eigenkapitalausstattung nachzuweisen. Generell behielt sich Riva ein Rücktrittsrecht bis zum 1. Mai 1994 vor. Der Hintergrund war, dass sich Riva scheute, eine EKO Stahl AG zu übernehmen, deren Aufsichtsratsbesetzung nach dem Montanmitbestimmungsgesetz geregelt war.*

*Gleichwohl wurde in der zweiten Märzhälfte 1994 durch den Verwaltungsrat der Treuhandanstalt erneut der vollständigen Übernahme der EKO Stahl AG durch die Riva-Gruppe zugestimmt. Im April 1994 traten meine bei Abschluss des Riva-Vertrages geäußerten Befürchtungen ein, dass dieser von dem ihm zustehenden Rücktrittsrecht Gebrauch machen werde. Zwischen Riva und mir kam es in zunehmendem Maße zu Unstimmigkeiten, da Riva weder ein tragfähiges Übernahmekonzept anbot, noch eine Konzernbilanz vorlegte, die eine ausreichende finanzielle Absicherung der Übernahme nachweisen konnte.*

*Obwohl Riva Schritt für Schritt vom Privatisierungsvertrag abrückte, versuchten der EKO-Aufsichtsrat und der Verwaltungsrat der Treuhandanstalt mit den Vorständen in der ersten Maihälfte 1994 – gleichwohl mit gewissen Abänderungen –, die Privatisierung an Riva zu retten. Trotzdem nahm Riva Mitte Mai 1994 von der EKO-Übernahme Abstand. Damit bestand die große Gefahr, dass mit dem Fehlschlagen der Privatisierung alle weiteren Bemühungen zum Erhalt des Stahlstandortes scheitern. Auf meine Initiative kam es daher Mitte Mai 1994 in der Treuhandanstalt mit allen Beteiligten zum Einvernehmen, dass weiterhin alle Anstrengungen unternommen werden, um auf der Basis des tragfähigen Sanierungskonzeptes die Zukunft von EKO Stahl zu sichern. Damit war es nach der missglückten zweiten Privatisierung erneut gelungen, zwischen allen Beteiligten einen Konsens für den Erhalt des Stahlstandortes Eisenhüttenstadt zu erreichen.*

*Mit dieser Beschlussfassung am Sonntag, den 15. Mai 1994, der die zukünftige Sicherung des Stahlstandortes auf meine Initiative hin bekräftigte, war für mich gleichzeitig die Notwendigkeit gegeben, mich als Aufsichtsratsvorsitzender aus der 4½-jährigen Tätigkeit für EKO Stahl zurückzuziehen, denn in den ersten Monaten des Jahres 1994 war es in zunehmendem Maße zwischen mir und dem Vorstand der Treuhandanstalt zu erheblichen Auseinandersetzungen über die Zielsetzung der EKO-Privatisierung und die Einschätzung der Investoren gekommen. In zum Teil erbitterten Auseinandersetzungen hatte ich Positionen vertreten, die ich als Vertreter der EKO Stahl AG formulierte. Dabei zeigte sich, dass Treuhandanstalt und EKO-Aufsichtsrat erhebliche Meinungsverschiedenheiten hatten. Hinzu kam, dass das ehemalige Vorstandsmitglied der Treuhandanstalt, der spätere Bundeswirtschaftsminister Rexrodt, flankiert von seinem Pressesprecher – einem früheren Mitarbeiter der THA – offenbar meinte, in mir den Verhinderer der von ihm gewünschten Riva-Privatisierung ausgemacht zu haben. So gipfelte Mitte Mai 1994 – nach Scheitern der Privatisierung an Riva – die persönliche Verunglimpfung in dem Ausspruch, Gellert sei »ein Knecht der westdeutschen Stahlindustrie« (die das Überleben des Stahlstandortes Eisenhüttenstadt nicht wünschte). Rexrodt machte diese Feststellung daran fest, dass ich seit 1991 auch Aufsichtsratsmitglied der fusionierten Krupp Hoesch AG war. Unterschwellig schloss sich ein Teil des Vorstands der Treuhandanstalt dieser Argumentation an. In dieser Situation blieb mir nichts anderes übrig, als Ende Mai 1994 mein Mandat als Aufsichtsratsvorsitzender der EKO Stahl AG zur Verfügung zu stellen.*

*Alle Beteiligten, besonders die bei EKO Stahl, wussten, dass mir diese Entscheidung nicht leicht gefallen war. Ich hatte sie jedoch in dem Verständnis getroffen, dass ich in 4½ Jahren nach dem Fall der Berliner Mauer an entscheidender Stelle sowohl als Aufsichtsratsvorsitzender der EKO Stahl AG als auch als stellvertretender Verwaltungsratsvorsitzender der Treuhandanstalt konstruktiv daran habe mitwirken können, dass EKO Stahl als industrieller Kern der ehemaligen DDR und als zukünftiger Stahlstandort zum Wohle der EKO-Beschäftigten und ihrer Familien in Eisenhüttenstadt erhalten werden konnte. Mit dieser Gewissheit bin ich nicht nur aus dem Amte geschieden, sondern habe – aus alter Verbundenheit – auch aus der Position des stellvertretenden Verwaltungsratsvorsitzenden von Treuhandanstalt und Bundesanstalt für vereinigungsbedingte Sonderaufgaben bis Ende 1998, d.h. bis zur Übertragung der verbliebenen 40 Prozent Beteiligung der BvS an EKO Stahl, gewissermaßen eine schützende Hand über das EKO gehalten. Meine Kontakte blieben mit denjenigen erhalten, mit denen ich seit Januar 1990 das gemeinsame Anliegen verfolgte, den Stahlstandort Eisenhüttenstadt zu retten. Immerhin konnte mit dem Zwischenerwerb durch Cockerill Sambre eine für mich zwar nicht voll befriedigende Privatisierung, aber wirtschaftlich und technisch bedeutende Fortschritte für EKO Stahl erreicht werden.*

## Die Privatisierung an Cockerill Sambre

Hans-Joachim Krüger, 1938 in Berlin geboren, erwarb nach dem Abitur 1963 an der Universität Aachen das Diplom für Eisenhüttenkunde. Die Promotion zum Dr.-Ing. erfolgte 1966 an der Universität Clausthal-Zellerfeld. Neben der theoretischen Ausbildung sammelte er von 1963 bis 1966 erste praktische Erfahrungen als Mitarbeiter im Forschungsinstitut der Mannesmann AG in Duisburg-Huckingen. Von 1966 bis 1969 arbeitete er als Gruppenleiter für das amerikanische Stahlunternehmen Jones & Laughlin Steel Corporation in Pittsburgh/Pennsylvania (USA). Während des dreijährigen USA-Aufenthaltes studierte er an der Universität Pittsburgh und schloss dort 1969 mit dem Master of Business Administration (MBA) ab. Nach seiner Tätigkeit für die amerikanische Unternehmensberatung Booz, Allen & Hamilton wurde er 1975 Geschäftsführer der Siebau Siegener Stahlbauten GmbH. Von 1980 bis 1990 war er Vorsitzender des Vorstandes der Vereinigten Deutschen Nickelwerke AG, ab 1. Juli 1990 Mitglied des Vorstandes der Krupp Stahl AG und ab 1. Juli 1993 Mitglied des Vorstandes der Krupp-Hoesch Stahl AG.

Nach dem Scheitern der Riva-Privatisierung standen alle Beteiligten wieder am Anfang. Die Europäische Kommission forderte die deutsche Regierung schon am 18. Mai 1994 auf, innerhalb von 15 Werktagen mitzuteilen, wie nach der nicht vollzogenen Privatisierung der EKO Stahl AG weiter verfahren werden sollte. Ministerpräsident Stolpe telefonierte mit Kommissar van Miert und bat um Verständnis für die eingetretene schwierige Situation. Er strebte eine EKO-Lösung auf EU-Ebene bis Mitte September 1994 an.

Am 13. Juni 1994 konstituierte sich im Rahmen der Umwandlung der EKO Stahl AG in eine Gesellschaft mit beschränkter Haftung der neue Aufsichtsrat. Er bestand nur noch aus 15 Mitgliedern (bislang 21). Ihm gehörten je sieben Vertreter der Arbeitnehmer- und sieben Vertreter der Anteilseignerseite sowie ein neutrales Mitglied an. Zum Vorsitzenden wurde Treuhandvorstand Hans Krämer, zu seinem Stellvertreter der Vorstandssekretär der IG Metall, Zweigbüro Düsseldorf, Rainer Barcikowski gewählt; zum neutralen Mitglied wurde erneut Prof. Hans Apel bestellt.

Weitere Mitglieder des Aufsichtsrates waren für die Anteilseignerseite Horst Föhr, Wolfgang Tantow, Volker Färber, Robert Udo Dreher, Gerhard Ollig, Peter Breitenstein und für die Arbeitnehmerseite Elisabeth Franke, Bernd Koop, Wolfgang Ramthun, Horst Wagner, Rainer Werner, Henner Wolter. Zu Geschäftsführern der EKO Stahl GmbH wurden Karl Döring (Produktion/Technik), Hans-Peter Neumann (Arbeitsdirektor, Personal/Sozialwesen) und Eckhardt Hoppe (Marketing/Verkauf) bestellt.

Am 17. Juni 1994 erfolgte die Umwandlung der EKO Stahl AG in eine GmbH. In der zweiten Sitzung des Aufsichtsrates, am 21. Juni 1994, wurde Hans-Joachim Krüger zum Vorsitzenden der Geschäftsführung bestellt. Er begann seine Tätigkeit am 1. August 1994.

Am 13. Juni 1994 hatte die deutsche Bundesregierung die Europäische Kommission nach Abstimmung mit der Treuhandanstalt über die Situation bei EKO Stahl nach dem Rückzug der Riva-Gruppe unterrichtet. Sie beantragte die Zustimmung zur Gewährung finanzieller Hilfen für die EKO Stahl GmbH – nunmehr wieder als Unternehmen der Treuhandanstalt – entsprechend der Genehmigung vom 12. April 1994. Am 29. Juni 1994 teilte sie der Europäischen Kommission die Absicht mit, der EKO Stahl GmbH eine Investitionshilfe über 385 Mio. DM, nach allgemeinen regionalen Investitionsbeihilfeprogrammen, zu gewähren. Am 6. Juli 1994 beschloss die Europäische Kommission, ein Verfahren zur Prüfung dieses Anliegens einzuleiten. Sie bezweifelte, dass die Beihilfen der Treuhandanstalt an die EKO Stahl AG bzw. GmbH nach dem Ausstieg der Riva-Gruppe noch zulässig waren. Am 27. Juli 1994 eröffnete sie ein Verfahren

Hans-Joachim Krüger

gegen die Absicht der Regierung der Bundesrepublik Deutschland, der EKO Stahl GmbH Beihilfen in Höhe von 385 Mio. DM im Rahmen allgemeiner Regionalinvestitionsbeihilfeprogramme zu gewähren. Damit schien das Ende für EKO Stahl gekommen.

Zur gleichen Zeit dachte ein Mann unter ganz anderen Gesichtspunkten, als es bisher geschehen war, über EKO Stahl nach. Er war Präsident des belgischen Unternehmens Cockerill Sambre. Sein Name: Jean Gandois. Er suchte nach Möglichkeiten, um die Präsenz des von ihm geführten Unternehmens auf dem deutschen Markt auszubauen, und nach Wegen für künftige Aktivitäten in Osteuropa. Mit einer Produktionskapazität von 1,8 Mio. t Stahl – also rund 30 Prozent der Gesamtkapazität von Cockerill Sambre – konnte EKO Stahl der von ihm geführten Gruppe bei der Herstellung dünner Flachstahlprodukte eine neue Größenordnung auf europäischer Ebene verleihen. Das war ein interessanter Gedanke.

Am 18. Juli 1994 führte er ein erstes Gespräch in der Berliner Treuhandanstalt mit Präsidentin Birgit Breuel. Anschließend unterrichteten beide, gemeinsam mit dem Treuhand-Vorstand und EKO-Aufsichtsratsvorsitzenden Hans Krämer, alle Beteiligten, Verantwortlichen und die Öffent-

Für Jean Gandois verband sich mit EKO Stahl 1994 die Idee einer neuen Größenordnung von Cockerill Sambre in Europa.

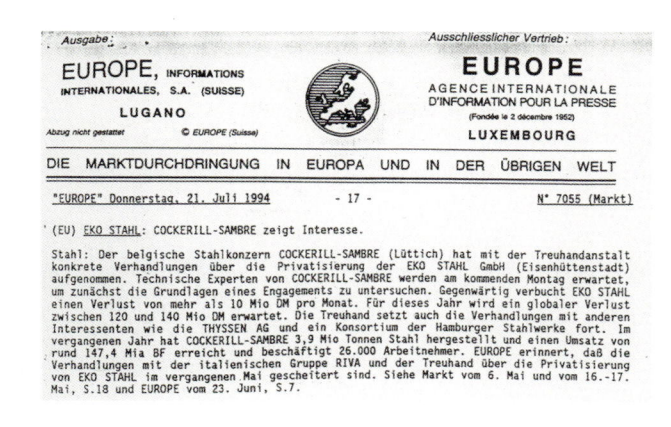

```
Ausgabe:                                    Ausschliesslicher Vertrieb:
EUROPE, INFORMATIONS                        EUROPE
INTERNATIONALES, S.A. (SUISSE)              AGENCE INTERNATIONALE
         LUGANO                             D'INFORMATION POUR LA PRESSE
                                            (Fondée le 2 décembre 1952)
Abzug nicht gestattet  © EUROPE (Suisse)    LUXEMBOURG

DIE  MARKTDURCHDRINGUNG  IN  EUROPA  UND  IN  DER  ÜBRIGEN  WELT

"EUROPE" Donnerstag, 21. Juli 1994    - 17 -         N° 7055 (Markt)

(EU) EKO STAHL: COCKERILL-SAMBRE zeigt Interesse.

Stahl: Der belgische Stahlkonzern COCKERILL-SAMBRE (Lüttich) hat mit der Treuhandanstalt
konkrete Verhandlungen über die Privatisierung der EKO STAHL GmbH (Eisenhüttenstadt)
aufgenommen. Technische Experten von COCKERILL-SAMBRE werden am kommenden Montag erwartet,
um zunächst die Grundlagen eines Engagements zu untersuchen. Gegenwärtig verbucht EKO STAHL
einen Verlust von mehr als 10 Mio DM pro Monat. Für dieses Jahr wird ein globaler Verlust
zwischen 120 und 140 Mio DM erwartet. Die Treuhand setzt auch die Verhandlungen mit anderen
Interessenten wie die THYSSEN AG und ein Konsortium der Hamburger Stahlwerke fort. Im
vergangenen Jahr hat COCKERILL-SAMBRE 3,9 Mio Tonnen Stahl hergestellt und einen Umsatz von
rund 147,4 Mia BF erreicht und beschäftigt 26.000 Arbeitnehmer. EUROPE erinnert, daß die
Verhandlungen mit der italienischen Gruppe RIVA und der Treuhand über die Privatisierung
von EKO STAHL im vergangenen Mai gescheitert sind. Siehe Markt vom 6. Mai und vom 16.-17.
Mai, S.18 und EUROPE vom 23. Juni, S.7.
```

lichkeit über die Aufnahme von Gesprächen über EKO Stahl. Im Ergebnis wurde vereinbart, dass Cockerill Sambre schon in der folgenden Woche in Eisenhüttenstadt mit einer Gruppe eigener Experten konkrete Sachfragen und die Grundlagen eines möglichen EKO-Engagements prüft. In diesem Rahmen sollte auch mit der Geschäftsführung und mit dem Betriebsrat gesprochen werden.

Damit stand die Frage der EKO-Privatisierung wieder auf der Tagesordnung. Am 21. Juli 1994 fand hierzu in den Hallen des Warmwalzwerkes eine Belegschaftsversammlung statt. Der neue EKO-Aufsichtsratsvorsitzende Hans Krämer informierte darüber, dass es erneut eine Reihe von Interessenten für EKO Stahl gab: die Bremer Hegemann-Gruppe, das belgische Unternehmen Cockerill Sambre, das Konsortium der Hamburger Stahlwerke, einen russischen und einen kasachischen Interessenten sowie den US-Konzern Nucor Steel. Redner der Betriebsversammlung waren außerdem die Ministerin für Arbeit, Soziales, Frauen und Gesundheit des Landes Brandenburg Regine Hildebrandt, der Staatssekretär im Ministerium für Wirtschaft, Mittelstand und Technologie des Landes Brandenburg Wolf-Ekkehard Hesse, der Leiter des Zweigbüros der IG Metall in Düsseldorf Rainer Barcikowski und der Bürgermeister von Eisenhüttenstadt Rainer Werner. Zum ersten Mal trat an diesem Tag der neue Vorsitzende der Geschäftsführung Hans-Joachim Krüger vor der EKO-Belegschaft auf. Im Anschluss fand in Eisenhüttenstadt ein Solidaritätskonzert der IG Metall für den Erhalt des Stahlstandortes statt. Vor fünftausend Menschen sorgten die Puhdys, Tino Eisbrenner und Angelika Weiz für neuen Mut im Kampf um EKO Stahl.

Im September 1994 reichte die belgische Gruppe Cockerill Sambre bei der Treuhandanstalt in Berlin ihr konkretes Angebot zur Übernahme von EKO Stahl ein. Weitere Angebote unterbreiteten das italienische Stahlunternehmen Arvedi aus Cremona, das zur Übernahme von EKO Stahl ein Konsortium mit Mannesmann-Demag bilden wollte, die Bremer Hegemann-Gruppe und die Hamburger Stahlwerke, die zur Übernahme von EKO Stahl ein Konsortium mit der US-Firma Nucor Steel anstrebten. Wenig Chancen wurden der mittelständischen Raß-Stahl Gruppe aus Trier sowie dem metallurgischen Kombinat aus Russland und der kasachischen Regierung eingeräumt. Am 20. September 1994 war Ende der Abgabefrist für verbindliche EKO-Übernahmeangebote. Am 21. September 1994 begann die Prüfung der eingereichten Unterlagen durch ein von der Treuhandanstalt eingesetztes Team. Am 4. Oktober 1994 beschloss der Vorstand der Treuhandanstalt die Privatisierung der EKO Stahl GmbH an Cockerill Sambre. Im Vergleich mit allen anderen Übernahmeangeboten war der belgische Stahlhersteller der beste Bieter.

Am 6. Oktober 1994 traf Bundeswirtschaftsminister Rexrodt in Eisenhüttenstadt mit Vertretern der Belegschaft und mit der EKO-Geschäftsführung zu Gesprächen über das belgische Übernahmeangebot zusammen. Am 7. Oktober 1994 stimmte der Präsidialausschuss des Verwal-

Fotos oben:
Betriebsversammlung der EKO-Belegschaft am 21. Juli 1994 in der Halle des künftigen Warmwalzwerkes. Karl Döring (Bild links am Mikrophon) erhielt für sein Resümee der Jahre des Kampfes um EKO Stahl und sein damit verbundenes Wirken an der Spitze des Unternehmens viel Beifall.

Foto Mitte und unten:
Solidaritätskonzert der IG Metall und Unterschriftenaktion am 21. Juli 1994 für den Erhalt des Stahlstandortes im Zentrum von Eisenhüttenstadt.

tungsrates der Treuhandanstalt in Brüssel der Privatisierung der EKO Stahl GmbH an Cockerill Sambre zu. Damit folgte der Ausschuss dem vorangegangenen Beschluss des Vorstandes der Treuhandanstalt. Cockerill Sambre sollte danach zum 1. Januar 1995 zunächst 60 Prozent der Geschäftsanteile der EKO Stahl GmbH übernehmen; 40 Prozent sollten während der Umstrukturierung bei der Treuhandanstalt verbleiben und spätestens zum 31. Dezember 1999 zum Verkehrswert an Cockerill Sambre abgegeben werden. Voraussetzung für die Privatisierung war ein Investitionsbeitrag des Landes Brandenburg von mindestens 300 Mio. DM.

Am 10. Oktober 1994 erörterte die Treuhandanstalt im Zuge der Privatisierung der EKO Stahl GmbH im Rahmen ihres Vertragsmanagements Umstrukturierungsmaßnahmen im Stahlwerk Hennigsdorf (HES Hennigsdorfer Elektrostahlwerke GmbH) mit dem dortigen Investor Riva. In diesem Zusammenhang wurde eine Vereinbarung zwischen EKO und HES über die Stilllegung der Stabstahlstraße in Hennigsdorf erarbeitet. Danach sollte die HES diese Straße stilllegen, sobald EKO dies für erforderlich erklärte. EKO zahlte hierfür einen Ausgleichsbetrag an die HES.

Am 17. Oktober 1994 begrüßte der EKO-Aufsichtsrat in einer öffentlichen Erklärung, »dass die Verhandlungen mit dem belgischen Stahlunternehmen Cockerill Sambre weit gediehen sind und einen positiven Abschluss möglich machen.«⁵⁵ Am 21. Oktober 1994 nahm der Verwaltungsrat der Treuhandanstalt die Entscheidung von Vorstand und Präsidialausschuss des Verwaltungsrates zur Privatisierung der EKO Stahl GmbH an den belgischen Investor Cockerill Sambre S.A. einmütig zustimmend zur Kenntnis. Im gleichen Monat wurden zwischen der IG Metall und Cockerill Sambre Gespräche über die Ausgestaltung der Mitbestimmung in der EKO Stahl GmbH nach Übernahme durch Cockerill Sambre geführt. Die Gespräche wurden von beiden Seiten als sehr positiv angesehen.

Am 21. Oktober 1994 versicherte der Chef des Bundeskanzleramtes, Bundesminister Friedrich Bohl, dem EKO-Betriebsratsvorsitzenden Wolfgang Ramthun in einem Schreiben, »dass die Bundesregierung weiterhin mit größtem Nachdruck darauf hinarbeiten wird, im Rat der Industrieminister am 8. November 1994 die notwendige einstimmige Zustimmung unserer Partner zum Beihilfeantrag zu erreichen«.⁵⁶ Am 25. Oktober 1994 schlug die Europäische Kommission dem EU-Ministerrat vor, nach Art. 95 EGKS-Vertrag dem Antrag der Bundesrepublik Deutschland auf Gewährung von Beihilfen in Höhe von 900 Mio. DM im Rahmen der Privatisierung und Umstrukturierung der EKO Stahl GmbH unter Beteiligung der belgischen Cockerill Sambre S.A. zuzustimmen. Die Kommissare van Miert und Bangemann wiesen die Bundesregierung in diesem Zusammenhang auf offene Punkte hin, die eine Genehmigung der Beihilfen für EKO Stahl erschwerten und die zuvor noch zu klären waren.

Am 8. November 1994 kündigte der französische Industrieminister auf der Sitzung der europäischen Wirtschaftsminister an, der EKO-Privatisierung nur dann zuzustimmen, wenn sein Land die Erlaubnis erhält, die Werftenindustrie auch nach 1998 noch mit staatlichen Beihilfen zu unterstützen. Großbritannien äußerte grundsätzliche Einwände gegen die staatlichen Hilfen für EKO Stahl. Die Entscheidung des EU-Ministerrats zum Beihilfeantrag der Regierung der Bundesrepublik Deutschland zugunsten der EKO Stahl GmbH musste daraufhin noch einmal vertagt werden.

Am 17. November 1994 erfolgte eine weitere Mitteilung der Regierung der Bundesrepublik Deutschland an die Europäische Kommission zu dem vorangegangenen Schreiben bezüglich regionaler Investitionsbeihilfen nach Art. 5 des Stahlbeihilfekodexes EGKS-Vertrag. Die Mitteilung basierte auf dem neuen Privatisierungs- und Umstrukturierungsplan für die EKO Stahl GmbH unter Beteiligung von Cockerill Sambre. Die Kommission beschloss infolge dieser Mitteilung, das nun nicht mehr erhebliche Verfahren nach Art. 6 Abs. 4 des Stahlbeihilfekodexes einzustellen.

Am 18. November 1994 überreichten EKO-Stahlwerker dem Bundeswirtschaftsminister Günter Rexrodt auf einer Belegschaftsversammlung in Eisenhüttenstadt mit dem Thema »Wie geht es nach der EU-Ministerratstagung vom 8. November 1994 weiter« symbolisch ein Paar Boxhandschuhe mit der Aufforderung, in Brüssel für EKO Stahl noch einmal in den Ring zu steigen. Anwesend waren Günter Kohlbacher und Horst Wagner von der IG Metall, der Minister für Wirtschaft, Mittelstand und Technologie des Landes Brandenburg Burkhard Dreher, als Vertreter von Cockerill Sambre Hellmut K. Albrecht sowie der Bürgermeister von Eisenhüttenstadt Rainer Werner.

Am 8. Dezember 1994 stimmte der EU-Ministerrat den Beihilfen für die Sanierung und Privatisierung der EKO Stahl GmbH einstimmig zu. Die Geschäftsführung und der Betriebsrat der EKO Stahl GmbH begrüßten das positive Votum in einer gemeinsamen Presseerklärung. Darin hieß es: »Mit der Entscheidung in Brüssel findet der lange Privatisierungsweg von EKO einen positiven Abschluss. Wesentlichen Anteil am Erhalt des Stahlstandortes hatte das Engagement der Belegschaft von EKO Stahl und der Bürger Eisenhüttenstadts. Gleichermaßen war die Treuhandanstalt ein verlässlicher Partner zur Sicherstellung der wirtschaftlichen Tätigkeit von EKO. Mit dem Erhalt des industriellen Kerns in Eisenhüttenstadt haben die politischen Verantwortungsträger bei Bund und Land ihr Wort eingelöst.«⁵⁷

Der zukünftige Anteilseigner Cockerill Sambre wollte rund 2.300 Arbeitsplätze langfristig erhalten. Die Beihilfen betrugen 900 Mio. DM. Über die Regionalhilfe sollten 385 Mio. DM, je zur Hälfte aus Bonn und aus der Landeshauptstadt Potsdam, an das EKO fließen. An den Stahlstandorten Hennigsdorf und Burg sollten laut EU-Regeln insgesamt 370.000 t Stahlproduktion stillgelegt werden.

In Eisenhüttenstadt wurde das erfolgreiche Ende des vierjährigen Kampfes der Eisenhüttenstädter und ihrer Ver-

Bundeswirtschaftsminister Rexrodt (2. von rechts) traf am 6. Oktober 1994 in Eisenhüttenstadt mit Vertretern der Belegschaft und der Geschäftsführung von EKO Stahl zu Gesprächen über das belgische Übernahmeangebot von Cockerill Sambre zusammen.

**Foto links:**
Vertragsunterzeichnung am 10. Dezember 1994 im Beisein von Bundeswirtschaftsminister Günter Rexrodt, von Ministerpräsident Manfred Stolpe und von Treuhandvorstand Hans Krämer zu Investitionen und Modernisierungsmaßnahmen für EKO Stahl.

**Foto rechts:**
Der Wirtschaftsminister des Landes Brandenburg Burkhard Dreher (links) übergab dem Vorsitzenden der EKO-Geschäftsführung Hans-Joachim Krüger am 19. Dezember 1994 einen Bewilligungsbescheid über 380 Mio. DM für einen Zuschuss des Landes Brandenburg zur Modernisierung von EKO Stahl.

**Schreiben vom 14. Dezember 1994 von Sir Nigel Broomfield.**

bündeten um die EKO Stahl GmbH mit einem großen Fest gefeiert. Die IG Metall bedankte sich für die zahlreichen Aktionen der EKO-Mitarbeiter und der Bürger der Region für den Erhalt des Stahlstandortes am 10. Dezember 1994 mit einem Kinder- und Kulturprogramm. Bundeswirtschaftsminister Günter Rexrodt, Ministerpräsident Manfred Stolpe, die Geschäftsführer von Cockerill Sambre u.v.a., die sich im Kampf um den Erhalt von EKO Stahl verdient gemacht hatten, feierten mit den Einwohnern der Stadt. Manfred Stolpe löste vor dem Rathaus sein Versprechen ein und spendierte zwei Fässer Freibier.

Als Signal für die Zukunft wurden an diesem Tag Verträge zu Investitionen und Modernisierungsmaßnahmen unterzeichnet, so ein Vertrag in Höhe von 13 Mio. DM zur Lieferung des Pfannenofens für das Konverterstahlwerk mit der Firma Mannesmann-Demag Hüttentechnik. Ein weiterer Vertrag zur Sanierung von Hallendächern im Kaltwalzwerk wurde mit regionalen Auftragnehmern abgeschlossen.

Am 14. Dezember 1994 teilte der Britische Botschafter in Bonn, Sir Nigel Broomfield, dem Vorsitzenden des Betriebsrates der EKO Stahl GmbH Wolfgang Ramthun in einem Schreiben mit, »dass der Ministerrat am 8. Dezember 1994 dem von der Kommission der Europäischen Gemeinschaft vorgeschlagenen Paket zugestimmt hat.« Der Botschafter verwies in diesem Zusammenhang auf einen bemerkenswerten Sachverhalt: »Die Einigung kam zustande nach einer Reihe von Kontakten auf hoher Ebene zwischen Vertretern der Bundesregierung und anderer Mitgliedsstaaten, u.a. des Vereinigten Königreichs.«[58] Er spielte damit auf Direktkontakte zwischen Bundeskanzler Helmut Kohl und Premierminister John Major an.

Am 15. Dezember 1994 unterrichtete der Vizepräsident der Europäischen Kommission Martin Bangemann den Vorsitzenden des Betriebsrates der EKO Stahl GmbH Wolfgang Ramthun ebenfalls in einem Brief über den Erfolg der Bemühungen um EKO Stahl: »Mein Kollege Karel van Miert und ich konnten die Kommission schon frühzeitig davon überzeugen, das Rettungskonzept für Eisenhüttenstadt zu unterstützen. Sie billigte den letzten Antrag der Bundesregierung innerhalb äußerst kürzester Zeit und legte diese Entscheidung unverzüglich dem Ministerrat vor. Die zögerliche Haltung einiger Mitgliedsstaaten bei einer ersten Beratung des Industrieministerrates am 8. November 1994 wurde erfreulicherweise in den letzten Tagen aufgegeben, so dass das Sanierungskonzept nun steht. Unsere Bemühungen sind damit erfolgreich gewesen.«[59]

Am 19. Dezember 1994 übergab der Wirtschaftsminister des Landes Brandenburg Burkhard Dreher dem Vorsitzenden der EKO-Geschäftsführung Hans-Joachim Krüger einen Bewilligungsbescheid über 380 Mio. DM für einen Zuschuss des Landes Brandenburg zur Modernisierung von EKO Stahl. Damit leistete das Land Brandenburg seinen Beitrag zur Sicherung der Arbeitsplätze in Eisenhüttenstadt. Am 21. Dezember 1994 folgte die Entscheidung der Europäischen Kommission zugunsten von EKO Stahl. Hauptpunkte waren die Genehmigung der Beihilfe in Höhe von 900 Mio. DM mit den folgenden Auflagen: Cockerill Sambre übernimmt sofort 60 Prozent der Anteile, den Restanteil von 40 Prozent vor Ende 1999 sowie einer Kapazitätsbeschränkung für Warmband auf max. 0,9 Mio t/a bis Anfang 2000 und auf max. 1,5 Mio t/a für weitere 5 Jahre sowie die Stilllegung von 361.000 t Kapazität Warmwalzanlagen in den neuen Bundesländern.

Am 22. Dezember 1994 wurde zwischen dem belgischen Investor Cockerill Sambre und der Treuhandanstalt in Berlin der Vertrag zur Privatisierung der EKO Stahl GmbH unterzeichnet. Das Investitionsprogramm von 1,1 Mrd. DM sollte mit 60 Prozent über Beihilfen der deutschen Behörden (BvS und Land Brandenburg) und mit 40 Prozent von EKO Stahl finanziert werden. Cockerill Sambre verpflichtete sich, hierfür die nötigen Mittel zur Durchführung des Programms bereitzustellen. Der Mindestpersonalbestand von 2.200 Mitarbeitern wurde garantiert; für 1995 betrug die geplante Belegschaft 2.742 Beschäftigte. Am 23. Dezember 1994 wurde die EKO-Übernahme vom Verwaltungsrat der Cockerill Sambre S.A. durch ein Schreiben des Präsidenten des Verwaltungsrates Jean Gandois an die Präsidentin der Treuhandanstalt Birgit Breuel bestätigt. Für die EKO Stahl GmbH begann damit ein neues Kapitel in ihrer Geschichte.

15 Monate später, am 5. März 1996, besuchte EU-Kommissar Karel van Miert die EKO Stahl GmbH. Er wurde

vom Minister für Wirtschaft, Mittelstand und Technologie des Landes Brandenburg Burkhard Dreher begleitet und vom Vorsitzenden der Geschäftsführung Hans-Joachim Krüger sowie von weiteren Mitgliedern der EKO-Geschäftsführung empfangen. Auf die Jahre 1993 und 1994 zurückblickend erklärte er: »Ich war damals in einer Lage, wo ich mithelfen konnte. Es war schwierig, aber wir haben es geschafft, darum bin ich Eisenhüttenstadt sehr verbunden«.[60] Nach der Besichtigung der inzwischen modernisierten Produktionsanlagen trug er sich in das Goldene Buch der Stadt ein und erhielt vom Bürgermeister Rainer Werner ein Stadtwappen und ein gerahmtes Foto von ihrem ersten Zusammentreffen in Brüssel. Mit Eisenhüttenstadt verbänden ihn große Hoffnungen für eine wirtschaftliche Wiederbelebung der Oderregion, erklärte van Miert am Ende seines Besuches.

Drei Jahre später, am 24. Oktober 1997, wies das Gericht erster Instanz der Europäischen Gemeinschaften die Klage durch die Association des aciéries européennes indépendantes (EISA), die British Steel plc. unterstützt durch SSAB Svenskt Stal AB und Det Danske Stalvalsevaerk A/S, die Wirtschaftsvereinigung Stahl, Thyssen Stahl AG, Preussag Stahl AG und Hoogovens Groep BV gegen die Kommission der Europäischen Gemeinschaften wegen der nach sechs Einzelfallentscheidungen genehmigten Beihilfen vom 12. April 1994 an EKO Stahl und an die Sächsischen Edelstahlwerke (Deutschland), an Siderurgia Nacional (Portugal), an die Corporatión de la Siderurgia Integral und Sidenor (beide Spanien) und an die Unternehmen des Stahlkonzerns ILVA (Italien) ab. In der Begründung wurde hervorgehoben, dass die angefochtenen Entscheidungen verschiedene Ziele des EGKS-Vertrages vorbildlich in Einklang gebracht hätten und daher erforderlich waren. Sie hätten zum einen bewirkt, die europäische Stahlindustrie zu rationalisieren, zum anderen dafür gesorgt, dass in Regionen, die durch Unterbeschäftigung gekennzeichnet waren, keine Unterbrechung der Beschäftigung eingetreten wäre. Ihr Hauptanliegen sei es gewesen, eine schwere, anhaltende wirtschaftliche und soziale Krise zu verhindern.

Vier Jahre später, am 21. Dezember 1998, stimmte das Präsidium des Verwaltungsrates der Bundesanstalt für vereinigungsbedingte Sonderaufgaben (BvS) in Anwesenheit von Ministerpräsident Manfred Stolpe der Übertragung der noch von der BvS an EKO Stahl gehaltenen Anteile (40 Prozent) auf die Cockerill Sambre Stahl GmbH in Eisenhüttenstadt zu. Damit war die Privatisierung von EKO Stahl abgeschlossen. Der Hauptgesellschafter beschloss gleichzeitig eine Erhöhung des Stammkapitals um 150 Mio. DM auf 250 Mio. DM sowie die Gewährung eines Gesellschafterdarlehens für Investitionen in Höhe von 78 Mio. DM. Der BvS-Verwaltungsrat erteilte seine Zustimmung, nachdem die französische USINOR S.A. und die belgische Cockerill Sambre S.A. dem Vorstand der BvS in einer besonderen Absichtserklärung Zusagen zur Weiterentwicklung der Gesellschaft und zur Absicherung von deren Wettbewerbsfähigkeit erteilt hatten. Cockerill Sambre garantierte bis 2004 die Zahl von 2.200 Vollzeitarbeitsplätzen.

Foto oben:
Karel van Miert (2. von rechts) im Gespräch mit Hans-Joachim Krüger (1. von rechts) bei seinem Besuch am 5. März 1996 bei EKO Stahl.

Abbildung unten:
Pressemitteilung der BvS vom 21. Dezember 1998. Danach ist garantiert, dass bei EKO Stahl bis 2004 die Zahl von 2.200 Vollzeitarbeitsplätzen nicht unterschritten wird.

# Jean Gandois

## MEINE VISION

*1994 hatten wir bei Cockerill Sambre die Restrukturierung unserer Stahlindustrie und die Ausweitung des Vertriebs der Erzeugnisse für den Bausektor erfolgreich abgeschlossen. Jedoch blieben wir im Vergleich mit den wichtigsten europäischen Konkurrenten eine kleine Gruppe. Unsere Marktpositionen waren in Frankreich und in den Benelux-Ländern stark entwickelt, aber auf dem deutschen Markt unzureichend ausgebildet, vor allem, seitdem dort die politische Wende die wirtschaftliche Kraft der Bundesrepublik verstärkt hatte.*

*War es für uns unter diesen Voraussetzungen ein Traum, Stahlproduzent in Deutschland zu werden? Diese Frage musste ich mir damals stellen. Die für eine Übernahme in Frage kommenden Unternehmen waren das Klöckner Werk Bremen und EKO Stahl in Eisenhüttenstadt. Die wichtigsten europäischen Stahlhersteller forderten jedoch eine Stilllegung dieser Werke, um die als überhöht angesehenen Produktionskapazitäten abzubauen. Die Stilllegungspläne des Klöckner Werkes scheiterten aufgrund der sozialen und politischen Reaktionen. Am Ende übernahm der Luxemburger Stahlkonzern ARBED die Kontrolle.*

*Anfang Juli 1994 erfuhr ich, dass die Verhandlungen zwischen der Treuhandanstalt und der italienischen Riva-Gruppe zur Übernahme von EKO Stahl gescheitert waren. Für mich ergab sich hieraus die Frage, ob dies nicht die einmalige Gelegenheit für Cockerill Sambre war, in der Bundesrepublik nationaler Stahlproduzent zu werden und auf diesem Wege eine viel größere Position auf dem deutschen und europäischen Markt zu erreichen, als uns dies bis dahin möglich war. Das politische Umfeld schien günstig: Die Bundestagswahlen in der BRD sollten im Oktober stattfinden. Ich war mir sicher, die politischen Behörden in Deutschland würden der Schließung eines Symbols der Schwerindustrie, wie es EKO in Eisenhüttenstadt war, in den fünf neuen Ländern nicht zustimmen.*

*Von diesen Überlegungen getragen, vereinbarte ich für den 18. Juli 1994 eine Zusammenkunft mit Frau Birgit Breuel, Präsidentin der Treuhandanstalt, in Berlin, um mit ihr und ihren Managern gemeinsam zu prüfen, unter welchen Bedingungen Cockerill Sambre Kandidat für die Privatisierung von EKO Stahl werden könnte. Wir wurden offen aufgenommen und begannen sofort mit ernsthaften Gesprächen. Manche Hindernisse waren zu überwinden, aber das Ziel lohnte den Einsatz und war der Mühe wert.*

*Seinerzeit bestimmte auch folgende Überlegung mein Handeln: Im Falle des Erfolges wird die Privatisierung und der Wiederaufbau von EKO Stahl eine herausragende Tat sein, die das gesamte Personal von Cockerill Sambre begeistern wird. Sie könnte unserem Unternehmen ein neues Ziel setzen und allen Mitarbeitern im Hinblick auf die Sicherung von Arbeitsplätzen für sie selbst und für ihre Kinder neue Horizonte für die Zukunft eröffnen.*

*Nach langen Jahren schwieriger Umstrukturierungen ergab sich für uns so eine größere Perspektive. EKO Stahl war, darin eingeschlossen, kein Konkurrent für unsere belgischen und französischen Werke. Im Gegenteil, an der Grenze der Europäischen Union, in unmittelbarer Nähe der neuen Märkte in Mittel- und Osteuropa, die sich in den kommenden zehn Jahren sicher öffnen würden, könnte es eine bedeutende Ergänzung nach Osten hin sein. Mit diesen Gedanken ging ich in die Verhandlungen nach Berlin …*

*Kurz darauf prüften unsere Experten konkrete Sachfragen und die Grundlagen eines Engagements in Eisenhüttenstadt. Dabei fanden Gespräche mit der Geschäftsführung und mit dem Betriebsrat von EKO Stahl statt, die für beide Seiten sehr fruchtbar waren. Im September 1994 reichten wir bei der Treuhandanstalt in Berlin dann unser konkretes Übernahmeangebot ein. Im Vergleich mit anderen Angeboten wurden wir als der beste Bieter ermittelt. Die Treuhandanstalt beschloss die EKO-Privatisierung an unsere Gruppe.*

*Nun beschäftigten uns viele Details, konkrete und praktische Fragen des Privatisierungsvertrages. Entscheidende Elemente waren zum einen der Gesamtbetrag der durchzuführenden Investitionen und zum anderen die Anzahl der Arbeitsplätze, die langfristig in Eisenhüttenstadt erhalten werden sollten. Zur Beantwortung dieser Fragen musste die zukünftige industrielle Struktur von EKO Stahl bestimmt werden.*

*Zwei Wege boten sich hierfür an:*

*Erstens, die Roheisenproduktion wird aufgegeben und ein Elektrostahlwerk mit anschließender Dünnbrammengießwalzanlage stellt künftig das Vormaterial zur Versorgung des Kaltwaltwalzwerkes her.*

*Zweitens, es wird – dem Plan eines klassischen integrierten Werkes folgend – das vorhandene moderne Stahlwerk erhalten, aber mindestens ein Hochofen neu errichtet. Außerdem wird die Erzsinteranlage erneuert und eine moderne Warmbreitbandstraße gebaut.*

Der Präsident von Cockerill Sambre Jean Gandois 1995 bei EKO Stahl. Von links nach rechts: der Wirtschaftsminister des Landes Brandenburg Burkhard Dreher, der Treuhandvorstand Hans Krämer, der Vorsitzende der EKO-Geschäftsführung Hans-Joachim Krüger, der Vorsitzende des EKO-Aufsichtsrates Hellmut K. Albrecht, der Präsident von Cockerill Sambre Jean Gandois und das Mitglied des EKO-Aufsichtsrates Jean Lecomte.

Die erste Lösung hatte den Reiz einer technologischen Neuheit, aber nach kurzer Betrachtung war ich fest davon überzeugt, dass man sich für die zweite Lösung entscheiden muss. Dafür gab es nach meiner Auffassung sowohl psychologische als auch strategische Gründe.

Das gesamte Personal von EKO Stahl hatte eine lange Zeit der Ungewissheit sowie die Folgen einer schwerwiegenden Umstrukturierung erlebt und musste nun zu vollem Vertrauen in die Zukunft zurückfinden. Der Plan der Dünnbrammengießwalzanlage war vielleicht eine stärkere Innovation, beinhaltete aber neue Unsicherheiten. Die Erstellung einer solchen Anlage dauerte länger, war schwieriger, zudem mit Zweifeln für den Enderfolg behaftet, die notwendige Erprobungszeiten immer mit sich bringen.

1994 konnten wir uns außerdem nicht sicher sein, dass das Konzept Elektrostahlwerk mit Dünnbrammengießwalzanlage EKO für die Zukunft als überlebensfähige Unternehmenseinheit tatsächlich ausreichend absichert.

Zum einen musste die neue industrielle Struktur EKO Stahl in die Lage versetzen, solche Hochqualitätsstähle herzustellen, wie sie zur Versorgung der Automobilkundschaft mit kaltgewalzten Blechen und beschichteten Produkten absolut notwendig waren.

Zum anderen befürchteten wir, dass die Entwicklung von EKO – bei Problemen mit der neuen Technologie – von einem für das Eisenhüttenstädter Unternehmen unvorteilhaften Produkt- und Kundenaustausch mit Cockerill Sambre abhängig werden könnte. Das hätte nicht nur eine komplizierte Organisation zwischen Werken erfordert, die mehr als 1.000 km voneinander entfernt lagen, sondern auch die Überlebensfähigkeit von EKO Stahl als selbstständige Unternehmenseinheit von vornherein gefährdet. Eine solche Gefahr musste in jeder Hinsicht ausgeschlossen werden.

Hinzu kam eine weitere Überlegung. Niemand kann bei dem heutigen Tempo globaler wirtschaftlicher Entwicklungen sehr langfristige Voraussagen für die zukünftige Strategie eines Unternehmens treffen. Die Zukunft kann für uns alle neue Möglichkeiten der Zusammenarbeit mit Werken östlich der Oder beinhalten. In einem denkbaren, noch umfassenderen Unternehmensverbund kann das Geschick die belgischen Werke aber auch in eine andere Richtung führen als zum Beispiel die französischen Werke oder eben das Werk von Eisenhüttenstadt. Es war daher wichtig, dass jede Unternehmenseinheit mit vollem Einsatz in der Interessengemeinschaft von Cockerill Sambre arbeitete, jedoch in größerem Maße ihre Geschicke auch selbst in die Hand nahm.

Nach diesen Überlegungen bestand ich seinerzeit sehr darauf, sich für das zweite Konzept – das des klassischen integrierten Werkes mit neuem Hochofen und neuer Warmwalzstraße – zu entscheiden, weil es nach meiner Auffassung die Persönlichkeit von EKO Stahl stärken und EKO für die Zukunft den vollen Handlungsspielraum sichern würde, den es für sein weiteres erfolgreiches Bestehen brauchte.

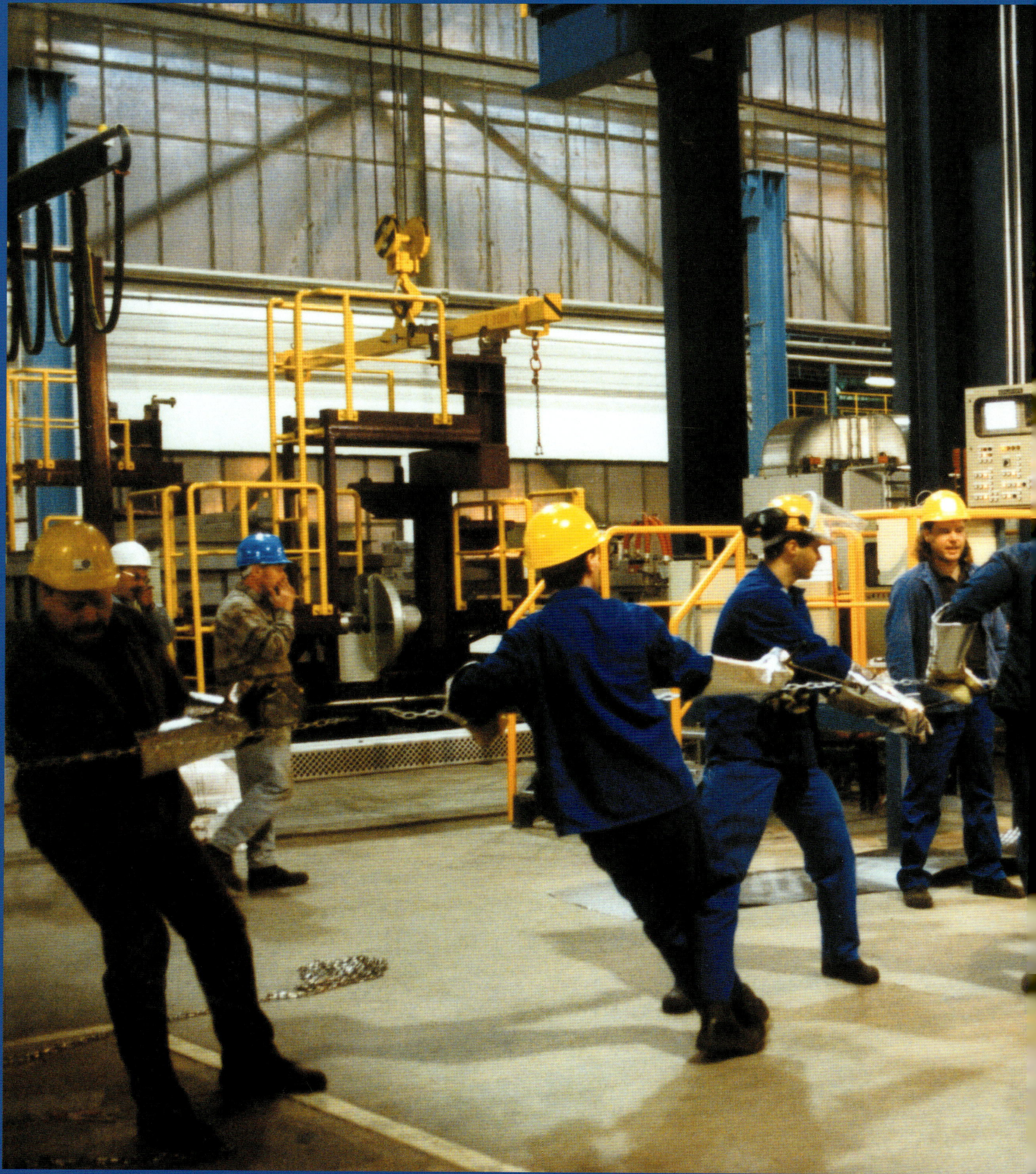

**Aufbruch in das nächste Jahrtausend**

Aus der Geschichte

**7. 2. 1995**
Nach der Übernahme durch Cockerill Sambre wird der EKO-Aufsichtsrat umgebildet. Zum neuen Vorsitzenden wird Hellmut K. Albrecht berufen.

**4. 4. 1995**
Hans-Joachim Krüger verkündet auf der Hannover Messe einen neuen EKO-Start.

**26. 5. 1995**
Der SPD-Bundesvorsitzende Rudolf Scharping besucht EKO Stahl.

**12. 7. 1995**
Der belgische König Albert II. besucht EKO Stahl.

**24. 8. 1995**
Der US-Software-Gigant Microsoft bringt das Betriebssystem Windows 95 auf den Markt.

**1. 11. 1995**
Die IG Metall bietet Arbeitgebern und Bundesregierung ein »Bündnis für Arbeit« an.

**4. 11. 1995**
Der israelische Regierungschef Yitzhak Rabin wird in Tel Aviv erschossen.

**18. 11. 1995**
Alexander Kwasniewski löst in Polen Lech Walesa als Staatspräsident ab.

**18. 1. 1996**
Bei einem Brandanschlag auf ein Heim für Asylbewerber sterben in Lübeck zehn Menschen.

**20. 1. 1996**
PLO-Chef Jasir Arafat wird nach den ersten demokratischen Wahlen im palästinensischen Autonomiegebiet Vorsitzender des Autonomierates.

**23. 1. 1996**
Mitglieder des beratenden Ausschusses der Europäischen Gemeinschaft für Kohle und Stahl (EGKS) besuchen EKO Stahl.

**4. 8. 1996**
Mit 28 Jahren wird Holger Wachsmann der bis dahin jüngste Betriebsratsvorsitzende in der EKO-Geschichte.

**6. 9. 1996**
Die EKO Stahl GmbH erhält die höchste Qualitätsauszeichnung der Ford-Werke, Q1.

**19. 9. 1996**
Cockerill Sambre bildet einen europäischen Betriebsrat, dem EKO-Vertreter angehören.

**1. 10. 1996**
Einführung der 38-Stunden-Arbeitswoche bei EKO Stahl.

**5. 10. 1996**
Mit einem Abstich am Hochofen I wird bei EKO die 65-millionste Tonne Roheisen erzeugt.

*Die Welt verändert sich sehr schnell und unser Überleben – das Überleben unseres Unternehmens, aber auch das Überleben unserer Arbeitsplätze und der unserer Kinder von morgen – hängen von der Art und Weise ab, wie wir die sich verändernde Welt wahrnehmen und wie wir uns daran anpassen können.*

Jean Gandois[1]

# Von nun an ging's bergauf

## Produktion und Umweltschutz

Der Präsident von Cockerill Sambre, Jean Gandois, besuchte am 31. Januar 1995 die EKO Stahl GmbH und startete im Kaltwalzwerk die neue Bundinspektionslinie (BIL). Diese Anlage diente zum Umwickeln, Inspizieren der Oberflächen, Besäumen, Mittigteilen und Schopfen von Breitband. Sie war sowohl für die Zulieferung kaltgewalzter Bleche für den Automobilbau als auch für die Fertigung so genannter »weißer Ware«, d.h. für die Haushaltsgeräteindustrie, von großer Bedeutung. Von sieben Bewerbern erhielt 1993 die Firma Heinrich Georg GmbH, Maschinenfabrik Kreuztal-Buschhütten, den Auftrag zur kompletten Lieferung, Montage und Inbetriebnahme dieser Linie. Damit wurde die Modernisierung des Kaltwalzwerkes fortgesetzt.

Doch die schwierigste Aufgabe stand noch bevor: die Realisierung des von der Europäischen Kommission genehmigten Investitionsprogramms zur weiteren Modernisierung und zum Ausbau von EKO Stahl. Dieses Programm umfasste, nun nach den Plänen von Cockerill Sambre, Instandsetzungsarbeiten, vor allem an den Sinter- und Rohstahlanlagen, die Modernisierung der Sinter- und Kaltwalzanlagen sowie des Kraftwerkes, die Modernisierung des Hochofenkomplexes, hier insbesondere die Errichtung eines neuen hochmodernen Hochofens, ähnlich den Hochöfen in Lüttich und Charleroi, und die Errichtung einer modernen Warmbreitbandanlage. Bei der Realisierung dieses Programms stand für Cockerill Sambre der Umweltschutz an vorderster Stelle. Die Umwelteffekte durch Investitionen in modernste Technologien sollten eine deutliche Reduzierung der Emissionswerte bei Staub, der Stickstoffoxide und der Schwefeldioxide bewirken. Der Gichtschlammanfall, die Wasserentnahme und der Abwasseranfall sollten hierdurch verringert werden.

Die Gründe für die Modernisierung waren vielfältig. Die EKO-Sinteranlage war seit 1975 in Betrieb und hatte, trotz früherer komplexer Reparaturen und Umbaumaßnahmen, 1995 einen Verschleißzustand erreicht, der umfassende Rekonstruktionsmaßnahmen erforderte. Die Unklarheit über die EKO-Zukunft hatte hier in den zurückliegenden Jahren notwendige Modernisierungen verzögert, die nun dringend realisiert werden mussten. Die Umweltschutzmaßnahmen umfassten dabei eine leistungsstarke Abgasreinigungsanlage, einen Schalldämpfer zwischen Gebläse und Kamin zur Verminderung der Lärmbelästigung, die »Einhausung« des Kühlbandes mit der größten Staubentwicklung und eine leistungsfähige Absauganlage für diesen Staub, weiterhin eine Entstaubungsanlage für die Abluft. Im Ergebnis sollten die Umweltbelastungen durch Staub um ca. 90 Prozent und durch Schwefeldioxid um ca. 55 Prozent verringert und die vorgeschriebenen Emissionswerte eingehalten werden.

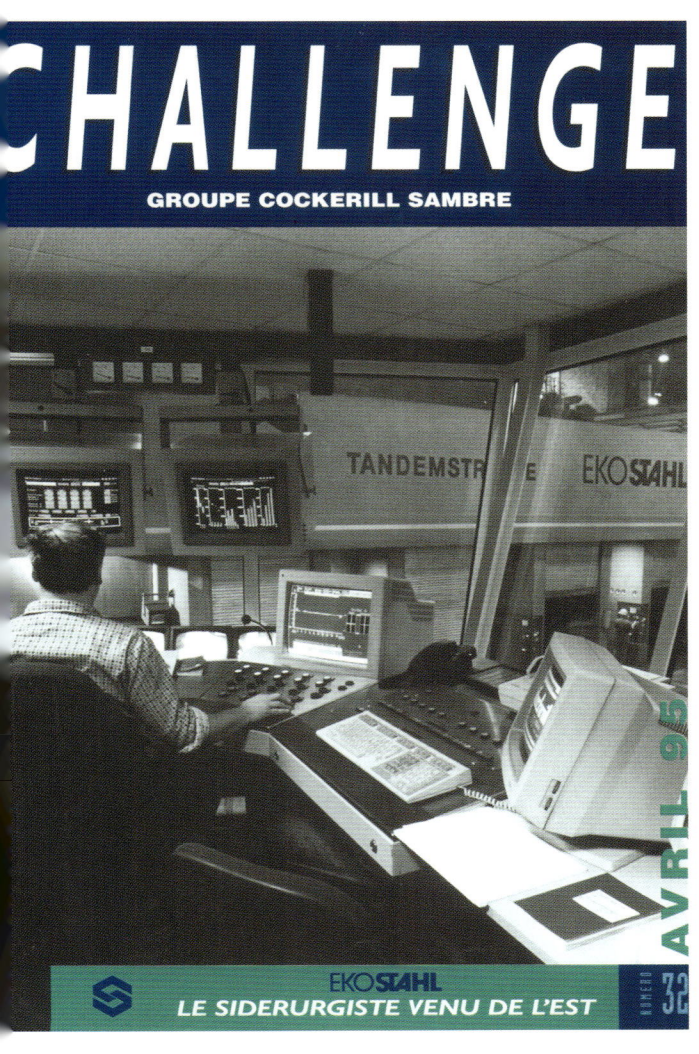

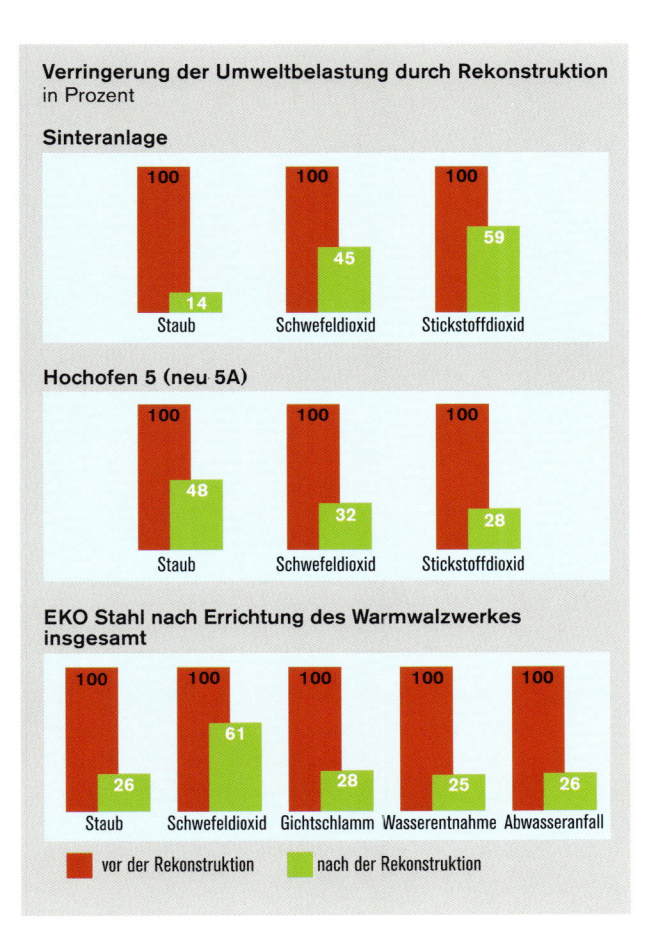

Gleichzeitig war vorgesehen, die technologischen Abläufe im Interesse einer optimal gestalteten Sinterproduktion neu zu gestalten. Neben der Installation moderner Reinigungsanlagen sollte der erhöhte Einsatz von schwefelarmen Erzen sowohl zur Reduzierung der Schwefeldioxidbelastung als auch zur Qualitätssteigerung des Sintergutes führen.

Zielstellung der Modernisierung der Hochofenanlage war, die veralteten EKO-Hochöfen, bis auf einen, außer Betrieb zu nehmen und teilweise zu demontieren. Diese Öfen belasteten die Umwelt erheblich. Der geplante neue Hochofen sollte die Kapazität von drei der bisherigen Öfen erreichen, den Schadstoffausstoß im Vergleich zur alten Anlagentechnik aber wesentlich vermindern. Hierfür waren eine Vielzahl von Einzelmaßnahmen vorgesehen. Die Elektro-Entstaubungsanlage der Bandmöllerung sollte an die Anlagentechnik angepasst werden. Zusätzlich war geplant, eine neu zu installierende Entstaubungsanlage in die Sinterabsiebung einzubinden. Zur Verbesserung der Arbeitsbedingungen auf der Ofenbühne und zur Verminderung des Schadstoffausstoßes in die Atmosphäre sollte eine Gießbühnenentstaubung mit integrierter Rinnenabdeckung installiert werden. Der Einsatz des glockenlosen Gichtgasverschlusses zur Verringerung der Gichtgasverluste während der Beschickung würde eine entscheidende Verringerung diffuser Emissionen bewirken. Durch eine stabile Fahrweise des Ofens würden die Schadstoffemissionen infolge von Ofenstörungen beseitigt werden. Das entstehende Gichtgas sollte durch Staubsack, Zyklon und Radialstromwäsche gereinigt und als Brenngas in den Cowpern des Hochofens und im Kraftwerk eingesetzt werden. Die bei der Roheisenproduktion anfallende Hochofenschlacke würde in flüssigem Zustand über eine Rinne zur Schlackengranulieranlage geleitet und dort zu einem Baustoff für den Straßenbau bzw. Zuschlagstoff für die Zementindustrie aufbereitet werden. Hierdurch würden Belastungen des Bodens und des Grundwassers entfallen. Der in der Gasreinigung anfallende Gichtgasstaub sollte der Sinteranlage als Kreislaufmaterial wieder zugeführt werden. Die nasse Gaswäsche des Hochofens erfolgte dann in einem zweistufigen Ringspaltwäscher, der Gichtgasschlamm würde in einem neuen Rundklärbecken abgeschieden werden. Die bisherige Fahrweise über die Wasserentnahme aus dem Pohlitzer See–Ofenkühlung–Oder-Spree-Kanal–Pohlitzer See sollte für den neuen Hochofen durch ein neues Kühlwassersystem entfallen.

**Verringerung der Umweltbelastung durch Rekonstruktion** in Prozent

**Sinteranlage**

| | Staub | Schwefeldioxid | Stickstoffdioxid |
|---|---|---|---|
| vor | 100 | 100 | 100 |
| nach | 14 | 45 | 59 |

**Hochofen 5 (neu 5A)**

| | Staub | Schwefeldioxid | Stickstoffdioxid |
|---|---|---|---|
| vor | 100 | 100 | 100 |
| nach | 48 | 32 | 28 |

**EKO Stahl nach Errichtung des Warmwalzwerkes insgesamt**

| | Staub | Schwefeldioxid | Gichtschlamm | Wasserentnahme | Abwasseranfall |
|---|---|---|---|---|---|
| vor | 100 | 100 | 100 | 100 | 100 |
| nach | 26 | 61 | 28 | 25 | 26 |

■ vor der Rekonstruktion  ■ nach der Rekonstruktion

---

**30. 10. 1996**
Bundespräsident Roman Herzog besucht EKO Stahl.

**23. 11. 1996**
Henry Maske bestreitet seinen letzten Kampf.

**21. 1. 1997**
Bundeskanzler Kohl und Regierungschef Havel unterzeichnen in Prag die Erklärung zur deutsch-tschechischen Versöhnung.

**28. 2. 1997**
In Deutschland steigt die Zahl der Arbeitslosen auf 4,67 Millionen.

**2. 4. 1997**
Technologischer Start des Hochofens 5A.

**1. 5. 1997**
Die von Tony Blair geführte Labour-Partei gewinnt in Großbritannien die Wahlen zum Unterhaus.

**22. 5. 1997**
CDU-Generalsekretär Peter Hinze besucht EKO Stahl.

**31. 5. 1997**
Mit 3.013 Chargen erringen EKO-Stahlwerker einen deutschen Konverterhaltbarkeitsrekord.

**1. 6. 1997**
Der Sozialist Lionel Jospin wird in Frankreich Regierungschef.

**21. 6. 1997**
Bei der Erprobung des neuen EKO-Warmwalzwerkes wird das erste Warmbandcoil gewalzt.

**1. 7. 1997**
Nach 154 Jahren britischer Herrschaft wird die Kronkolonie Hongkong an China übergeben.

**22. 7. 1997**
Im Beisein des Bundeskanzlers Helmut Kohl wird das EKO-Warmwalzwerk feierlich in Betrieb genommen.

**23. 7. 1997**
Unter dem Druck des Wasserpegels der Oder brechen südlich von Frankfurt/Oder die Dämme. Rund 50.000 Helfer sind zur Abwehr des Oderhochwassers im Einsatz.

**27. 7. 1997**
Der Radprofi Jan Ullrich gewinnt als erster Deutscher die Tour de France.

**31. 8. 1997**
Die britische Prinzessin Diana stirbt an den Folgen eines Autounfalls.

**12. 9. 1997**
EKO Stahl erhält den Qualitätspreis »Formel Q« der Volkswagen AG.

**17. 11. 1997**
Im ägyptischen Luxor richten islamische Fundamentalisten ein Blutbad unter Touristen an. Dabei sterben 58 Urlauber.

**16. 1. 1998**
Der Bundestag ändert das Grundgesetz über die Unverletzlichkeit der Wohnung und billigt mit dem so genannten »großen Lauschangriff« das Abhören von »subversiven« Wohnungen.

**30. 1. 1998**
Abstich der Millionsten Tonne Roheisen am EKO-Hochofen 5A.

**24. bis 26. 3. 1998**
Betriebsratswahlen bei EKO Stahl. Holger Wachsmann und Frank Balzer werden als Vorsitzender und Stellvertreter wiedergewählt.

**28. 6. 1998**
Mit einem Festmeeting feiert EKO Stahl das 30-jährige Bestehen des Kaltwalzwerkes.

**27. 9. 1998**
Bei den Wahlen zum 14. Deutschen Bundestag siegt die »rot-grüne« Koalition.

**14. 10. 1998**
USINOR unterzeichnet einen Vertrag mit der Wallonischen Regierung zur Übernahme der Mehrheit der Aktien an Cockerill Sambre einschließlich EKO Stahl.

**27. 10. 1998**
Gerhard Schröder wird deutscher Bundeskanzler.

**31. 12. 1998**
Mit einem Nettoergebnis von 55 Mio. DM schreibt EKO zum ersten Mal in seiner Geschichte »schwarze Zahlen«.

**1. 1. 1999**
Einführung des Euro als Transaktionswährung in elf Staaten der Europäischen Union.

**4. 2. 1999**
Die EU-Kommission genehmigt die Übernahme von Cockerill Sambre durch USINOR.

**5. 2. 1999**
Im EKO-Konverterstahlwerk wird die 100.000ste Charge Rohstahl erzeugt.

**18. 2. 1999**
Ministerpräsident Stolpe, USINOR-Präsident Mer und die Geschäftsführer von EKO Stahl starten die Initiative »Tolerantes Brandenburg«.

**12. 3. 1999**
Ungarn, Polen und Tschechien werden Mitglieder der NATO.

**16. 3. 1999**
Die Europäische Kommission tritt nach Vorwürfen der Vetternwirtschaft zurück. Romano Prodi wird kurz darauf neuer Präsident der EU-Kommission.

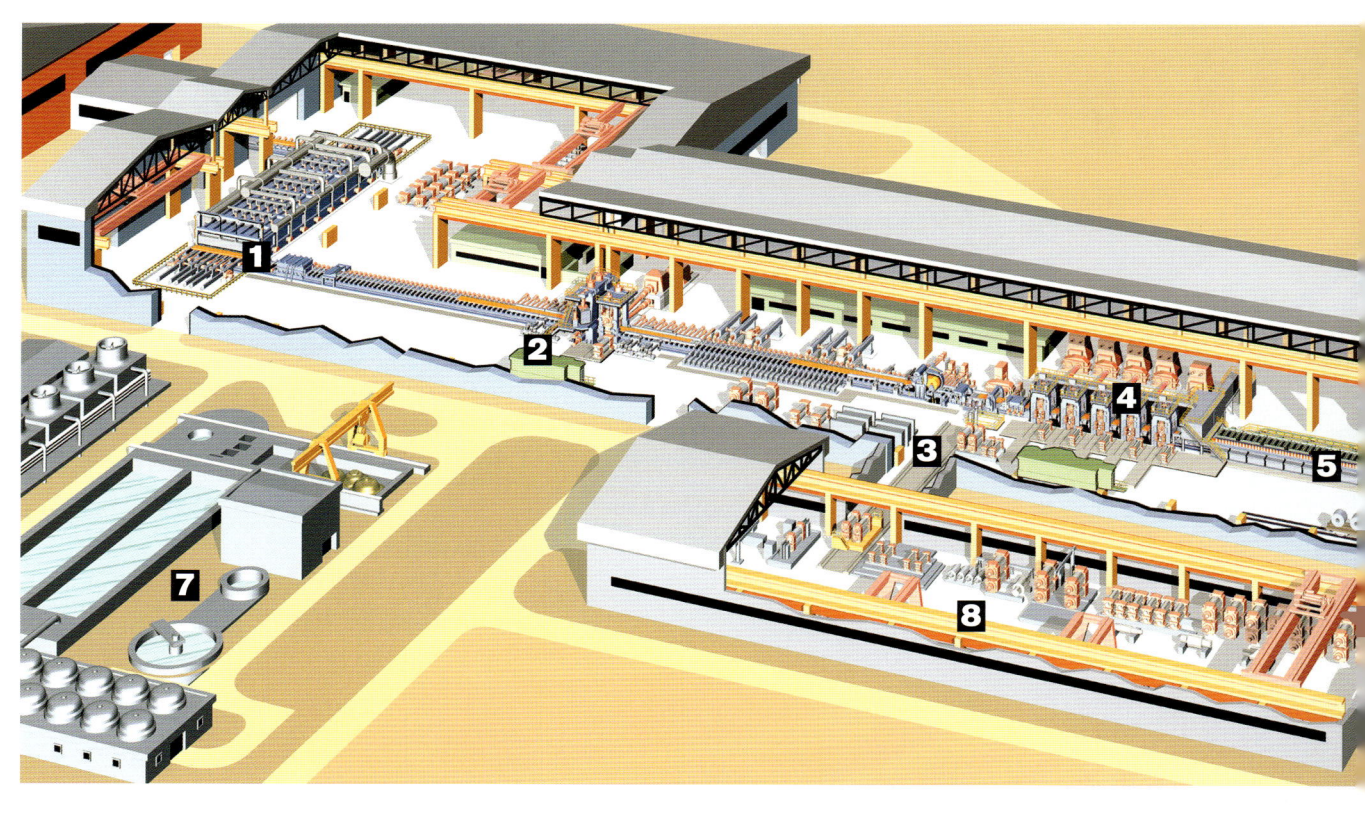

Es war vorgesehen, dass die neue Warmwalzstraße unter Nutzung des 1986/1987 errichteten Hallenkomplexes erbaut und technologisch direkt an die Brammengießanlage des Konverterstahlwerkes angebunden wird. Der 1995 noch immer notwendige »Stahltourismus« – der Transport erkalteter Brammen quer durch Europa und die Rückführung der Warmbandcoils nach Eisenhüttenstadt – würde am Ende entfallen und mit dem Wegfall der hieraus resultierenden notwendigen Abkühlung und Erwärmung der Brammen zu einer wesentlichen Einsparung an Energie führen. Insgesamt sollte die Produktion am Ende kostengünstiger und schonender für die Umwelt sein. Zur Erreichung dieses Zieles war für das Warmwalzwerk unter anderem eine komplett neue Wasserwirtschaft vorgesehen, in der das zur Kühlung des Bandes und der technologischen Anlagen benötigte Wasser von mitgeführtem Zunder gereinigt, abgekühlt, wieder aufbereitet, gefiltert und dem Prozess des Warmwalzwerkes erneut zugeführt werden sollte. Der anfallende Walzzunder würde getrocknet und dem Sinterprozess wieder zugegeben werden. Es war vorgesehen, dass die Zuluftöffnungen des Warmwalzwerkes mit einer Schallschutzwand versehen werden, um Lärmbelästigungen der Umwelt auszuschließen.

All diese Umweltziele wurden am Ende realisiert. Ebenso sollten die Rekonstruktionsmaßnahmen im Konverterstahlwerk und die Fortsetzung der Modernisierung im Kaltwalzwerk die bisherigen Umweltbelastungen durch EKO Stahl erheblich verringern. Im September 1998 unterzeichneten die Stadtverwaltung Eisenhüttenstadt, die EKO Stahl GmbH, die Vulkan Energiewirtschaft Oderbrücke GmbH (VEO), das Landesumweltamt und das Amt für Immissionsschutz Frankfurt/Oder zudem einen bisher einmaligen Vertrag über Lärmgrenzen am Rande der Gewerbegebiete.

Bei der Entscheidung über die Errichtung der neuen Warmbanderzeugungsanlage fiel die technische Wahl der belgischen Muttergesellschaft auf eine Walzstraße des kompakten Typs mit Coilbox. Damit zielte Cockerill Sambre – entgegen der von der EKO-Geschäftsführung ursprünglich anvisierten Dünnbrammengießwalzanlage – auf die nach eigenen Erfahrungen vermutete bessere Qualität des Bands hinsichtlich seiner Oberflächenbeschaffenheit. Diese Entscheidung zielte auf eine Stärkung der Position von EKO Stahl als bevorzugter Partner der Automobilindustrie. Vor allem für diesen Markt musste die neue Walzstraße ein Produkt ermöglichen, das höchsten Kundenansprüchen Rechnung trug, zuverlässig und termingerecht geliefert werden konnte, effizient und umweltschonend hergestellt wurde. Diesen Überlegungen schloss sich die EKO-Geschäftsführung an.

Für die Errichtung der neuen Anlagen waren die Fähigkeiten der Führungskräfte von Cockerill Sambre und EKO gefragt. Alle drei Monate tagte der Lenkungsausschuss aus Mitgliedern der Geschäftsführung beider Unternehmen. Unter dem Vorsitz von Karl Döring, Geschäftsführer für Technik/Produktion der EKO Stahl GmbH, und Charles Romsée, Technischer Direktor im Geschäftsfeld Eisen und Stahl bei Cockerill Sambre, nahm am 1. Februar 1995 der technische Leitungsausschuss Cockerill Sambre/EKO Stahl seine Arbeit zur Realisierung der Großinvestitionen auf. Der Leitungsausschuss koordinierte die Arbeit der Projektteams Hochofen/Sinteranlage, Warmwalzwerk und Energie. Das Projektteam Hochofen/Sinteranlage stand 1995 unter der Leitung von David Drimmer (Cockerill Sambre), das Projektteam Warmwalzwerk unter der Leitung von Klaus-Peter Kahle (EKO Stahl GmbH) und das Projektteam Energie unter der Leitung von Peter Thau (EKO Stahl GmbH). Stell-

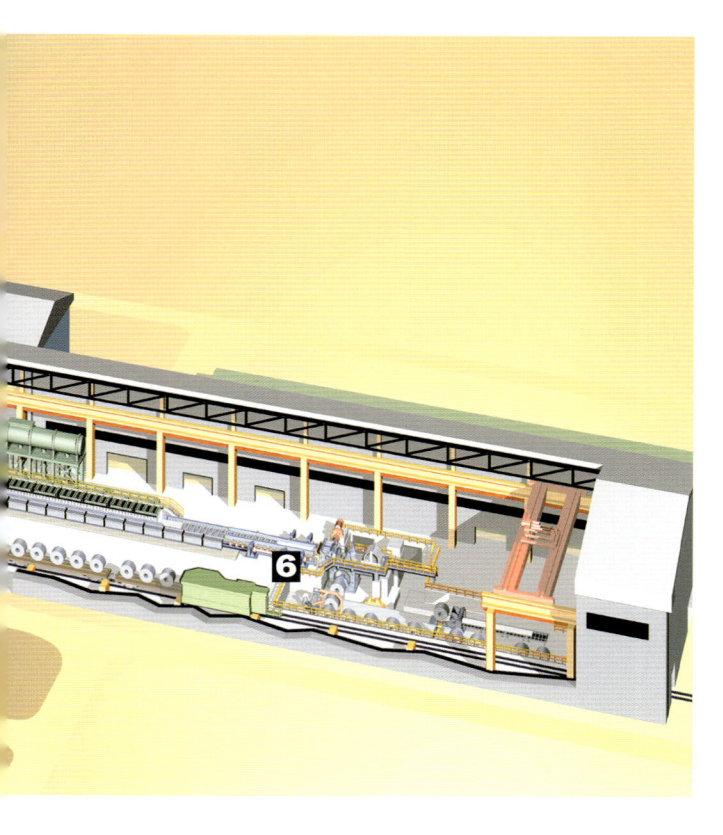

## Die Anlagen des EKO Stahl Warmwalzwerkes

**1 Hubbalkenofen** Brammen werden von der Stranggießanlage des Konverterstahlwerks zum Hubbalkenofen transportiert. Hier werden sie auf eine Temperatur von ca. 1250°C erwärmt. Direkt-Heißeinsatz ist möglich.

**2 Vorgerüst** Brammen durchlaufen eine Entzunderungsanlage. Das Vorgerüst walzt die Brammen reversierend auf die erforderliche Zwischendicke. Die Staucheinheit bewirkt eine entsprechende Breitenreduzierung.

**3 Coilbox** Hier wird das Vorband dornlos aufgewickelt und danach der Fertigstraße zugeführt.

**4 Fertigstraße** Vorbandkopf und -fuß werden an der Schere geschopft, Vorband unter Wasser entzundert. Danach fertigwalzen in der fünfgerüstigen Walzstraße. Präzise Dicken-, Profil-, Planheits- und Temperaturregelung.

**5 Bandkühlung** Laminarkühlung, um eine optimale Haspeltemperatur zu sichern.

**6 Haspelanlage** Eine Drei-Rollen-Unterflur-Haspel mit Step-Control wickelt das Band auf. Vom Bundfördersystem werden die Bunde per Kran abgenommen und gleisgebunden zum Kaltwalzwerk transportiert.

**7 Wasserwirtschaft**

**8 Walzenwirtschaft**

vertreter waren Manfred Raschack für das Hochofenteam, Udo Schirrmeister für die Sinteranlage und Jean Lacroix für das Projektteam Warmwalzwerk. Der Leitungsausschuss tagte monatlich und führte die Termin- und Budgetkontrolle durch. Durch ihn erfolgte außerdem die Abstimmung von Auftragsvergaben im Rahmen von 4 bis 20 Mio. DM.

844 Ein- und Zwei-Tonnen-Gewichte von EKO Stahl (Foto rechts) befestigten vom 23. Juni bis 6. Juli 1995 die etwa 100.000 Quadratmeter Stoff des nach Entwürfen von Christo und Jean-Claude verhüllten Reichstages in Berlin (Foto links). Zum EKO-Kundenservice gehörten der Rücktransport und die Entsorgung der Gewichte.

### Investitionsprogramm zur Modernisierung von EKO Stahl

| | |
|---|---|
| Rekonstruktion Sinteranlage | 99 Mio. DM |
| Bau Hochofen 5A | 295 Mio. DM |
| Errichtung Warmwalzwerk | 631 Mio. DM |
| Fortführung Modernisierung Kaltwalzwerk | 108 Mio. DM |
| Insgesamt | 1,133 Mrd. DM |

---

**24. 3. bis 10. 6. 1999**
NATO-Militärschlag unter deutscher Beteiligung gegen die Bundesrepublik Jugoslawien.

**11. 4. 1999**
Gerhard Schröder wird als SPD-Vorsitzender Nachfolger von Oskar Lafontaine.

**23. 5. 1999**
Johannes Rau wird deutscher Bundespräsident.

**13. 6. 1999**
Bei den Wahlen zum Europaparlament behaupten sich konservative Parteien.

**12. 7. 1999**
Der Berliner Reichstag wird Sitz des Deutschen Bundestages.

**23. 8. 1999**
Bundeskanzler Schröder beginnt seine Arbeit im Berliner Regierungssitz und besucht kurz darauf EKO Stahl.

**3./4. 9. 1999**
Im EKO-Warmwalzwerk wird die zweimillionste Tonne Warmband gewalzt.

**30. 9. 1999**
Russische Truppen überschreiten die Grenze nach Tschetschenien.

**12. 10. 1999**
Die Menschheit wächst auf sechs Milliarden Erdenbürger an.

**13. 10. 1999**
Der 12. Europäische Stahl-Kontrollbericht bescheinigt EKO die strikte Einhaltung der EU-Auflagen.

**5. bis 7. 11. 1999**
Der kirgisische Schriftsteller Tschingis Aitmatow besucht EKO und Eisenhüttenstadt.

**18. 11. 1999**
EKO Stahl gehört nach der Auszeichnung mit dem »Corporate Supplier Award – The Leading Edge 1998« zu den weltbesten Lieferanten des Volkswagen-Konzerns.

**10. 12. 1999**
Günter Grass erhält in Stockholm den Literaturnobelpreis.

**15. 12. 1999**
Der nigerianische Staatspräsident Olusegun Obansanjo besucht EKO Stahl.

**17. 12. 1999**
Vertreter Deutschlands, der USA und der Opferverbände einigen sich in Berlin auf eine Entschädigung ehemaliger NS-Zwangsarbeiter.

**31. 12. 1999**
Russlands Präsident Boris Jelzin verkündet die Übergabe seiner Amtsgeschäfte an Ministerpräsident Wladimir Putin.

## Die Errichtung des Hochofens 5A

Foto links:
Das Projektteam des Hochofens 5A, 1997.

Foto rechts:
Präsident Jean Gandois (rechts) und Geschäftsführer Karl Döring (links) am 12. Juli 1995 bei der Grundsteinlegung für das Fundament des Hochofens 5A.

Die Arbeiten zur Errichtung des Hochofens 5A begannen im April 1995 mit der Demontage des alten Ofens. Anfang Juni 1995 erteilte das Landesumweltamt seine Zustimmung zum Bau des neuen Ofens. Am 12. Juli 1995 legte der Präsident von Cockerill Sambre, Jean Gandois, den Grundstein für das Fundament des neuen Hochofens. In diesen wurde eine Edelstahlkassette mit einer Festschrift, der neuesten Ausgabe der Mitarbeiterzeitung »EKO aktuell«, der Tagesausgabe der »Märkischen Oderzeitung«, einer Fotografie von der Grundsteinlegung des ersten Hochofens 1951 sowie einem Satz deutscher Münzen eingelassen. »Der Ofen ist die Basis«, erklärte Gandois, »für eine neue, moderne und vor allem kostengünstigere Produktion in der EKO Stahl GmbH. Er ist nach der Modernisierung des Kaltwalzwerkes der zweite große Investitionskomplex, der mithelfen wird, aus EKO eines der modernsten integrierten Stahlwerke der Welt zu machen.«[2]

Am gleichen Tag besuchte der belgische König Albert II. im Rahmen eines einwöchigen Deutschland-Aufenthaltes die EKO Stahl GmbH. Mit Ministerpräsident Manfred Stolpe, Präsident Jean Gandois sowie der Geschäftsführung von Cockerill Sambre besichtigte er hier das Berufsbildungszentrum und die Produktionsanlagen des Kaltwalzwerkes. Ministerpräsident Stolpe sagte: »Der Besuch des Königs, das ist in gewisser Weise die Krönung aller unserer Kämpfe und Bemühungen um den Stahlstandort Eisenhüttenstadt«.[3] Als Anerkennung für sein Engagement als Betriebsratsvorsitzender im Kampf um EKO Stahl und Eisenhüttenstadt im Zeitraum 1991 bis 1994 erhielt Günter Reski an diesem Tag den belgischen Leopoldsorden.

Im Dezember 1995 begann die Montage für den neuen Hochofen 5A. Im Juni 1996 wurde die Materialkammer für die Beschickung des Ofens montiert. Zu diesem Zeitpunkt waren etwa 70 Prozent der vorgesehenen Maßnahmen unter Vertrag. Auftragnehmer waren für die Gichtgaswaschwasserreinigung die Firma Lurgi Bamag, für die Komplettmontage mit Gießhallen die Firma Pirson Montage, für die Granulieranlage die Firma Paul Wurth, für die Trockengasreinigung die Firma Vitkovice, für die Möllerung die Firma Geldof, für die Instrumentierung die Firma Schneider Elektrik, für die Niederspannungsschaltanlagen ABB Cottbus und BEA Technische Dienste – Betriebsteil Eisenhüttenstadt, für die Automatisierung Level 2 die Firma VOEST Alpine Industrieanlagenbau (VAI) sowie für die Massivbauarbeiten die Firma Heitkamp.

Voraussetzung für eine stabile Produktion des Hochofens 5A war die Rekonstruktion der Sinteranlage. Von Juni 1996 bis Januar 1997 wurden die Arbeiten für eine neue Sinteranlage durchgeführt. Schwerpunkt war die Umstellung des bisherigen 2-Sinterbandbetriebes auf den 1-Sinterbandbetrieb. Ein mit modernster Prozessleittechnik ausgestatteter Steuer- und Leitstand gewährleistete die Herstellung von Sinter besserer Qualität (höhere Festigkeit) als Voraussetzung für eine stabile Hochofenproduktion. Dabei verringerten sich die Umweltbelastungen. Der Wärmeverbrauch konnte gegenüber der alten Anlage um 50 Prozent gesenkt werden. Am 28. Januar 1997 ging die neue Sinterlinie 2 mit einer Tagesproduktion von durchschnittlich 6.400 t in den Probebetrieb und nach dessen erfolgreichem Abschluss in den regulären Betrieb über.

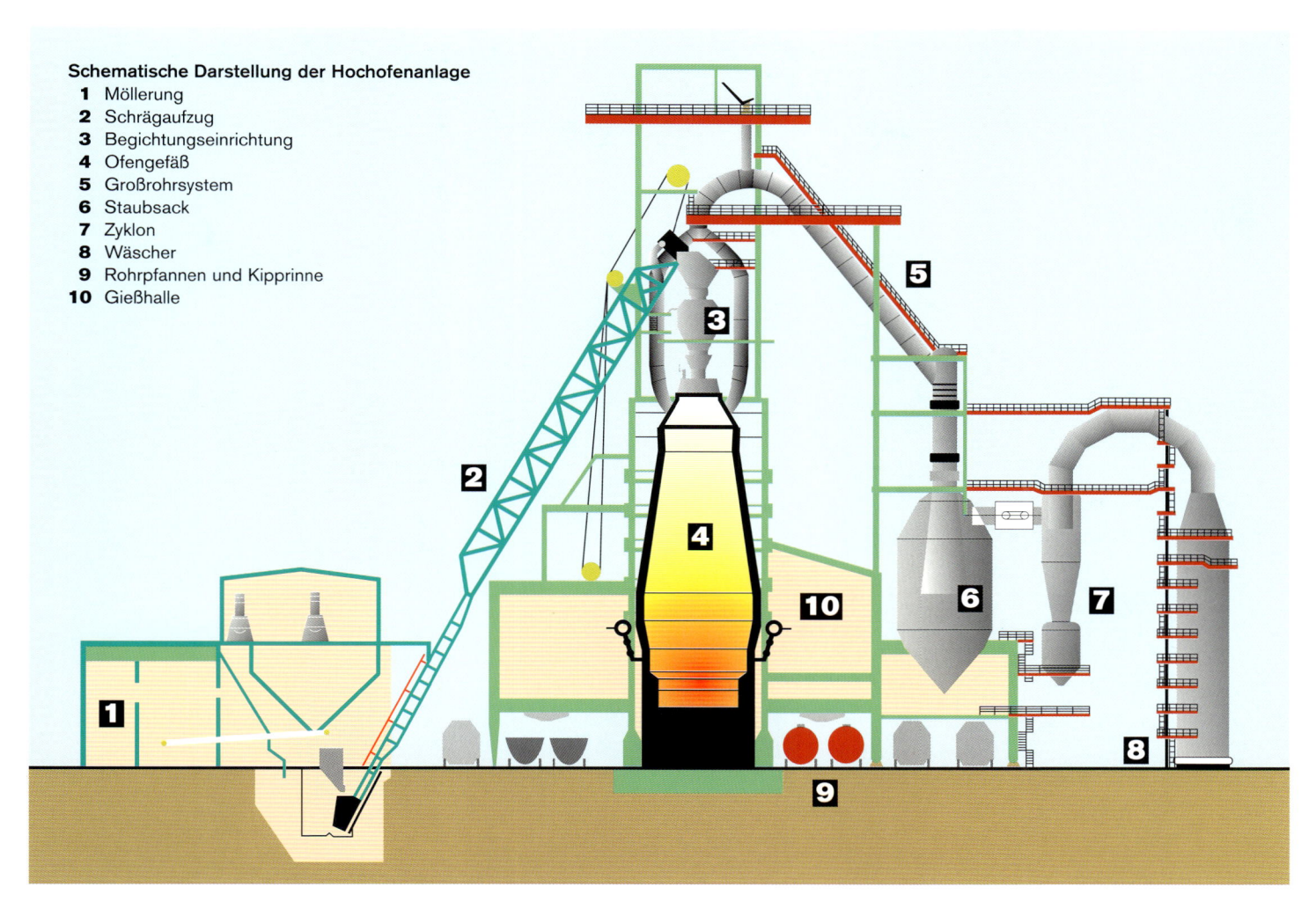

**Schematische Darstellung der Hochofenanlage**
1. Möllerung
2. Schrägaufzug
3. Begichtungseinrichtung
4. Ofengefäß
5. Großrohrsystem
6. Staubsack
7. Zyklon
8. Wäscher
9. Rohrpfannen und Kipprinne
10. Gießhalle

Nach nur 22 Monaten Bauzeit erfolgte mit dem Kommando »Wind auf« am 2. April 1997 der technologische Start am Hochofen 5A. 150 Firmen hatten gemeinsam mit dem deutsch-belgischen Projektteam, zuletzt unter der Leitung von Manfred Raschack (EKO) und Daniel Dal Zuffo (Cockerill Sambre), an dem Projekt gearbeitet. Neben dem Hauptaggregat gingen folgende Nebenanlagen in Betrieb: die Schlackengranulieranlage, die Möllerung, die Gichtgasreinigungsanlage sowie die umfangreichen Entstaubungsanlagen. Sämtliche Umweltauflagen zur Entstaubung, zu Wasserkreisläufen, zur Verminderung der CO-Emissionen und zur emissionsfreien Gestaltung des Granuliervorgangs waren realisiert worden. Bei der neuen Schlackengranulieranlage entfielen Transporte mit Schlackekübeln; die anfallende Schlacke wurde direkt am Ofen granuliert.

Der neue Hochofen 5A wurde am 28. April 1997, exakt um 11.12 Uhr, angeblasen. Der jüngste Apparatewärter Erhard Hellmich entzündete die Fackel in der Schmelze des Ofens II und trug sie gemeinsam mit dem ältesten Schichtmeister der Ofenbesetzung Heinz Ewald zum neuen »Fünfer«. Am 29. April 1997 erfolgte der erste Abstich. Damit wurde der neue Ofen in den Produktionszyklus von EKO Stahl integriert. David Drimmer, Chefberater von Cockerill Sambre, lobte den guten Start des Hochofens. Die projektierte Betriebsleistung von 4.128 t pro Tag wurde schnell erreicht und bald überboten.

**Auslegungsdaten des Hochofen 5A**

Gestelldurchmesser
9,75 m

Arbeitsvolumen
1.779 m$^3$

Schmelzleistung
4.128 t/24 h

Trockenkoksverbrauch
387 kg/RE

Sauerstoffanreicherung
3,5 %

Heißwindtemperatur
1.100 °C

Anzahl der Blasformen
26

Gichtgasdruck (abs.)
2,5 bar (a)

Anzahl der Abstiche
2 pro Tag

Start des Hochofens 5A am 2. April 1997.

»Im dritten Anlauf
endlich am Ziel«

**IMPULS**
ABB Automatisierungsanlagen Cottbus GmbH

Nr. 5/96    Mai-Ausgabe    39. Jahrgang

IMPULS 3

AAC bei "Leuna 2000"

Großer Erfolg im EKO

endlich am Ziel

Der 9. Mai 1996 verlief für unser Verhandlungsteam Joachim Schulze, Karl-Friedrich Raum und Horst-Ulrich Sack wie ein Krimi: Um 9 Uhr traten sie bei der EKO Stahl GmbH zu Vergabeverhandlungen an. Da waren noch 7 Wettbewerber im Rennen. Die ersten von ihnen reisten gegen Mittag ab, konnten mit dem Preis und den Anforderungen nicht mehr mitgehen. Dann wieder Verhandlungen - über Preise, über technische Alternativen. Der Geschäftsführer von EKO führte selbst die Verhandlungen, war hartnäckig in seinen Forderungen. Doch auch unsere Männer waren mit klaren Zielstellungen in diese Runde gegangen. Am Nachmittag waren dann nur noch drei Firmen ernsthaft im Gespräch. Wieder wurde verhandelt, dazwischen gab es Beratungen mit Techni-

*Blick auf das Betriebsgelände der EKO Stahl GmbH, von der wir am 9. Mai einen 13,2 Millionen-DM-Auftrag zur elektrotechnischen Ausrüstung des Hochofens 5A und der Sinteranlage erhielten. Der Hochofen ist nach der Modernisierung des Kaltwalzwerkes der zweite große Investitionskomplex und „wird mithelfen, aus EKO eines der modernsten integrierten Stahlwerke der Welt zu machen", so der Präsident von Cockerill Sambre, Jean Gandois, bei der Grundsteinlegung im Juli vergangenen Jahres. Der neue Hochofen wird über 80 Meter hoch sein und ein Fassungsvermögen von 1 770 m³ haben. Nach seiner Fertigstellung im April 1997 wird er eine Tagesproduktion von ca. 4 100 Tonnen Roheisen (bisher etwa 2 100 Tonnen) erreichen.    Foto: R. Illgen*

**Positiver Messeverlauf**

Wichtige Geschäfts-Impulse verzeichneten ABB Unternehmen bei der Hannover Messe 1996. Nach verhaltenem Beginn wurden die Besucherzah-

---

**Das Investitionsprogramm »EKO 2000« war in den Jahren 1995 bis 1997 für viele Auftragnehmer der Region ein Motor für Produktion und Arbeit. Wie hart dabei um Qualität, Kosten und Termine gerungen wurde, verdeutlicht der nachstehende Bericht:**

»Der 9. Mai 1996 verlief für unser Verhandlungsteam Joachim Schulze, Karl-Friedrich Raum und Horst-Ulrich Sack wie ein Krimi: Um 9 Uhr traten sie bei der EKO Stahl GmbH zu Vergabeverhandlungen an. Da waren noch 7 Wettbewerber im Rennen. Die ersten von ihnen reisten gegen Mittag ab, konnten mit dem Preis und den Anforderungen nicht mehr mitgehen. Dann wieder Verhandlungen – über Preise, über technische Alternativen. Der Geschäftsführer von EKO führte selbst die Verhandlungen, war hartnäckig in seinen Forderungen. Doch auch unsere Männer waren mit klaren Zielstellungen in diese Runde gegangen. Am Nachmittag waren dann nur noch drei Firmen ernsthaft im Gespräch. Wieder wurde verhandelt, dazwischen gab es Beratungen mit Technikern, ein ständiges Hin und Her. Wieder und wieder ging es um den Preis, um mögliche Partnerschaften, um so kostengünstig wie möglich anzubieten. Dann endlich, gegen 18.30 Uhr, sprach der EKO-Geschäftsführer Dr. Krüger das erlösende Wort: ›Herzlichen Glückwunsch, Herr Schulze, Sie haben den Auftrag.‹ Den Auftrag, den Hochofen 5A und die Sinteranlage mit Elektrotechnik auszurüsten, d.h. Lieferung, Montage und Inbetriebnahme – von den Schaltschränken über die komplette Außenverkabelung bis zur Vor-Ort-Technik der Antriebe, dazu Nebenanlagen, wie z.B. Anlagen für den Eigenbedarf, für die Beleuchtung, für Telefon und Gleissignale, für die Notstromversorgung etc. Ein großer Stein fiel in diesem Moment wohl allen vom Herzen.«[4]

## Der Bau des Warmwalzwerkes

Größtes Projekt im Investitionszeitraum 1995 bis 1997 war die Errichtung des Warmwalzwerkes. Hierfür fand in Eisenhüttenstadt am 27. Juli 1995 die feierliche Vertragsunterzeichnung über die Lieferung und Montage der mechanischen Hauptausrüstungen für das neu zu errichtende Werk statt. Es handelte sich hierbei vor allem um das Brammentransport- und -lagersystem, die Vorstraße, die Coilbox, die Fertigstraße, das Bandkühlsystem, die Haspelanlage, das Bundfördersystem und die Hallenverrohrung für Medienver- und -entsorgung. Hauptauftragnehmer war ein Konsortium der Firmen SMS Schloemann Siemag und Mannesmann Demag MDS Walzwerktechnik unter Führung von SMS. Als Nachauftragnehmer waren Firmen aus der Region Eisenhüttenstadt und aus den neuen Bundesländern einbezogen. SMS übernahm gleichzeitig die Konsortialführerschaft für die Lieferung der Elektrik- und Automatisierungssysteme.

Der Hauptvertrag für die Projekte Elektrik/Automatisierungstechnik wurde am 30. Oktober 1995 zwischen der EKO Stahl GmbH und der Siemens AG Anlagentechnik unterzeichnet. Der Auftrag für den Hubbalkenofen ging am 29. November 1995 an die belgische Firma Heurbel. Im April 1996 übernahm die Verhoeven Ingenieurberatung (VIB) als Projektsteuerer in enger Zusammenarbeit mit dem Projektteam und den Auftragnehmern wichtige Aufgaben zur Projektabwicklung.

Ab Juli 1996 erfolgten die ersten Montagen im Bereich der Anlagen für die übergeordnete Elektrik. Abschnittsweise begann das Verlegen der über 520.000 m Kabel. Im November/Dezember 1996 verzeichnete die Montage des Hubbalkenofens sichtbare Fortschritte. Die Stahlkonstruktion des Ofens war bis zum Jahresende im Wesentlichen fertiggestellt, die Ständer der Walzgerüste geliefert und montiert. Ab Januar 1997 erfolgte im 24-Stunden-Betrieb die Montage der Ausrüstungen der Walzstraße; die aufwendigen Verrohrungen für Hydraulik und Schmierung wurden ausgeführt. Parallel begann der Aufbau der Filter, Kühltürme und Pumpanlagen für die Wasserwirtschaft. Am 24. März 1997 startete die Montage der Ausrüstungen für die Walzenwirtschaft, gefolgt von der Installation der elektrischen Antriebe und Geber. Das Kabelsystem war zu diesem Zeitpunkt zu 60 Prozent realisiert. Alle Leitstände standen ab April/Mai 1997 zur Vorbereitung der Inbetriebnahme bereit. Der Umweltminister des Landes Brandenburg Matthias Platzeck überreichte dem Vorsitzenden der EKO-Geschäftsführung Hans-Joachim Krüger am 10. April 1997 den 23. und letzten Genehmigungsbescheid für die Fertigstellung des Warmwalzwerkes. »Wir haben großes Vertrauen zu EKO, weil bisher alle Absprachen eingehalten worden sind«, lobte der Minister das Umweltengagement des Unternehmens.[5]

Am 9. Juni 1997 begannen im neuen Warmwalzwerk die Warmfunktionsproben auf der Vorstraße (erster Vorstich). Dabei wurden 25 bis 32 mm dicke Vorbänder aus den 250 mm dicken Brammen des Konverterstahlwerkes gewalzt. Außerdem erfolgte in der Coilbox das Wickeln von Vorbandcoils. Beim so genannten »Geisterwalzen« am 19. Juni 1997, einer Simulation der Prozessabläufe ohne Material, unterstützten erfahrene Walzer der Cockerill-Werke Carlam und Chertal die EKO-Bedienmannschaften, die ihre Fertigkeiten für die Aufnahme der Probeproduktion trainierten. Am 21. Juni 1997 wurden die ersten drei Warmbänder gewalzt. Am 1. Juli begann der Probebetrieb und schon am 22. Juli 1997 fand in den Hallen des Bauteilewerkes nach nur 16 Monaten Bauzeit der offizielle Festakt zur Inbetrieb-

Foto links:
Das Projektteam des Warmwalzwerkes, 1997

Foto oben rechts:
Symbolische Hammerschläge zur Grundsteinlegung des Warmwalzwerkes: Präsident Jean Gandois (links, mit Hammer), Bundeswirtschaftsminister Günter Rexrodt (Bildmitte) und Hans-Joachim Krüger (rechts außen) am 26. Februar 1996.

Foto unten rechts:
Mit einem symbolischen Knopfdruck nahmen Bundeskanzler Helmut Kohl (2. von rechts) und der Auszubildende Reiko Raute (Bildmitte) am 22. Juli 1997 im Beisein von Ministerpräsident Manfred Stolpe (1. von links), von Cockerill Sambre-Präsident Jean Gandois (2. von links) und des Vorsitzenden der EKO-Geschäftsführung Hans-Joachim Krüger (1. von rechts) das Warmwalzwerk in Betrieb.

## Technische Daten zum EKO Stahl Warmwalzwerk

**Hubbalkenofen**
| | |
|---|---|
| Maximale Brammenlänge | 12 m |
| Brammendicke | 250 mm |
| (Zweireihige Ofenheizung ist möglich.) | |
| Nennleistung | 300 t/h |

**Vorgerüst**
| | |
|---|---|
| Wasserdruck an den Zunderwäscher-Düsen | 190 bar |
| Walzkraft | 40.000 kN |
| Walzgeschwindigkeit | max. 5 m/s |
| Vorbanddicke nach Vorstraße | 22–35 mm |

**Stauchgerüst**
| | |
|---|---|
| Walzkraft | 6.000 kN |
| Netto-Stauchabnahme pro Bramme | max. 100 mm |

**Coilbox**
| | |
|---|---|
| Vorbandtemperatur | 900 bis 1.100 °C |
| Coildurchmesser | max. 2.300 mm |
| Abwickelgeschwindigkeit | max. 4 m/s |

**Fertigstraße**
| | |
|---|---|
| Schnitt-Temperatur-Schopfschere | 900–1050 °C |
| Scherkraft Schopfschere | max. 8.550 kN |
| Walzkräfte F1 bis F5 | 35.000 kN |
| Walzgeschwindigkeit | max. 15 m/s |
| Warmband | |
|     Dicke | 1,5–13 mm |
|     Breite | 600–1.640 mm |

**Bandkühlung**
| | |
|---|---|
| Länge des Auslaufrollgangs | 100,4 m |
| Länge Kühlsystem | 65,3 m |
| Wasserdurchflussmenge | je 3.850 m³/h |

**Haspelanlage**
| | |
|---|---|
| Wickelgeschwindigkeit | max. 15 m/s |
| Bundgewicht | max. 34,0 t |
| Wickeltemperatur | 500–850 °C |

nahme des Warmwalzwerkes statt. Festreden hielten Bundeskanzler Helmut Kohl, der Präsident von Cockerill Sambre Jean Gandois, Ministerpräsident Manfred Stolpe, der Vorsitzende der EKO-Geschäftsführung Hans-Joachim Krüger und der EKO-Betriebsratsvorsitzende Holger Wachsmann. Mit einem symbolischen Knopfdruck nahmen Bundeskanzler Kohl und der Auszubildende Reiko Raute das neue Warmwalzwerk in Betrieb. Helmut Kohl hob in diesem Zusammenhang hervor: »EKO hat eine gute Zukunft. Heute können wir sagen, dass sich die Anstrengungen der letzten Jahre gelohnt haben.«[6] Der Festakt wurde vom ORB-Fernsehen live übertragen. Seine ansprechende Gestaltung und die Inbetriebnahme des Warmwalzwerkes fanden darüber hinaus in zahlreichen Reportagen, Berichten und Kommentaren von Agenturen, Funk- und Fernsehstationen, Zeitungen und Zeitschriften große Beachtung. 13 Monate danach, am 26. August 1998, konnte auf der vollautomatischen Anlage bereits die millionste Tonne Warmband gewalzt werden.

Im November 1998 schloss die EKO Stahl GmbH mit der Aachener Firma Parsytec einen Vertrag zur Lieferung eines automatischen Oberflächen-Inspektionssystems. Das System ermöglichte ab 1999 eine Online-Bewertung der Oberflächenqualität der gewalzten Warmbänder und sichert seither die Auslieferung fehlerfreier Bänder.

Der Leiter des Warmwalzwerkes Klaus-Peter Kahle im Gespräch mit Tschingis Aitmatow im November 1999.

## Die Fortsetzung der Modernisierung im Kaltwalzwerk

Im Kaltwalzwerk wurde das bereits 1993/94 begonnene Investitionsprogramm fortgesetzt. Nach der Modernisierung der Tandemstraße, der Umstellung der Haubenglühanlage auf 100 Prozent Hochkonvektionsglühung unter reinem Wasserstoff, der Modernisierung des Dressiergerüstes und dem Neubau der Bundinspektionslinie für die 100-prozentige Oberflächenkontrolle von Karosserie-Außenhaut-Material folgten nun die Modernisierungen der Feuerverzinkungs- und der Kunststoffbeschichtungsanlage, die Neubauten einer Querteilanlage für höchste Ansprüche an die Qualität von Blechtafeln und einer Längsteilanlage mit speziellen Voraussetzungen für das Spalten von hochempfindlichen oberflächenveredelten Bändern.

Am 19. September 1996 wurde die von der Maschinenfabrik Heinrich Georg gelieferte und montierte Längsteilanlage 1.600 für oberflächenveredelte Spaltbänder mit Verpackungsanlage nach erfolgreichem Leistungsnachweis in Betrieb genommen. Die neue Anlage zeichnete sich durch höchste Wirtschaftlichkeit, geringen Schnittgrat, hohe Flexibilität, Vermeidung von Oberflächenbeschädigungen bei kunststoffbeschichtetem, lackiertem und verzinktem Material sowie kantengerades und straffes Aufwickeln aus. Spezifische Kundenanforderungen (Bandbreiten von 400 bis 1.600 mm und Banddicken von 0,4 bis 3 mm) konnten von nun an erfüllt werden.

Im Sommer 1997 wurden die neuen Schleifmaschinen der Firma Waldrich aus Siegen, als erster Schritt zur modernen High-Tech-Walzenschleiferei, geliefert. Die Anlagen entsprachen den steigenden Qualitätsanforderungen der Kaltband-Kunden. Die mit Computern ausgerüsteten Maschinen hatten eine um 30 Prozent höhere Leistungsfähigkeit als herkömmliche Anlagen. Moderne Messtechnik kontrollierte die Form der Walzen, den Rundlauf und die Oberfläche. Im September 1997 begann die Baudurchführung zur Anwendung der EDT-Technologie (Funkenerodieren – Electric Discharge Texturierung) in der Walzenschleiferei des Kaltwalzwerkes. Rechtzeitig vor Montagebeginn konnten das Fundament und ein neuer Sozialtrakt fertiggestellt werden. Im März 1998 fand die Montage der neuen Walzentexturierung ihr Ende. Der Probebetrieb der neuen EDT-Technologie wurde mit einem erfolgreichen Leistungsnachweis abgeschlossen. Damit stand dem Kaltwalzwerk eine Anlage zur Verfügung, mit der mittlere Rauigkeitswerte von 0,50 bis 10 Mikrometer kombiniert mit Spitzenzahlen in engen Toleranzen aufgebracht werden konnten.

In den folgenden Monaten steigerte sich im Kaltwalzwerk die EDT-Texturierung der Arbeitswalzen erheblich. Waren es im Monat März 1998 für das Dressiergerüst 42 Arbeitswalzen, für das Quarto-Tandem 18 Arbeitswalzen und

Foto oben:
Die Längsteilanlage LTA 1.600, 1996.

Foto unten:
Die neue Walzentexturieranlage im EKO-Kaltwalzwerk, März 1998.

325

für das Reversiergerüst zwei Arbeitswalzen, so konnten im Mai 1998 bereits 322 Arbeitswalzen am Dressiergerüst, 261 am Quarto-Tandem und 207 am Reversiergerüst EDT-texturiert werden.

Am 29. Dezember 1997 begann der Probebetrieb für eine neue Querteilanlage. Sie wurde von der Firma Georg (auch Auftragnehmer der LTA 1.600 und BIL) innerhalb von sechs Wochen montiert. Nach erfolgreichem Abschluss des Probebetriebes ging die neue Anlage in Halle 9 des Kaltwalzwerkes am 23. Februar 1998 in den regulären Vier-Schicht-Betrieb über. Sie gewährleistete die Grenzmaße der Blechlänge, -breite und -ebenheit nach EURO-Normen. Der Automobilbau und die Haushaltsgeräteindustrie konnten von nun an mit O5-Material bedient werden. Oberflächen- und Stapelfehler wurden durch die sensible Technik weitgehend ausgeschlossen.

Im Zuge der Modernisierung der Verzinkungsanlage des Kaltwalzwerkes wurden im Dezember 1997 die Schopfschere im Einlauf durch eine Doppelschopfschere ersetzt, die Schweiß- und Einölmaschine ausgetauscht, eine Doppel-Exzenterschere mit bandlaufsynchronem Schnitt als Ersatz für die Start-Stop-Trennschere im Auslauf eingesetzt, Jet-Kühler nachgerüstet, der Durchlaufglühofen und die Ofensteuerung erweitert sowie in die Automatisierungsebenen der Gesamtanlagen eingebunden. Die Kühlwasserversorgung des Verzinkungsofens wurde durch eine Erweiterung der Druckerhöhungsstation verbessert.

Damit war das Investitionsprogramm »EKO 2000« zur Modernisierung von EKO Stahl abgeschlossen. Der EKO-Aufsichtsrat hatte jedoch auf seiner 13. Sitzung am 6. Februar 1997 den Grundsatzbeschluss zum Bau einer zweiten Verzinkungsanlage gefasst. Auf seiner 15. Sitzung am 17. November 1997 stellte die Geschäftsführung das Investitionskonzept »EKO 2002« vor. Im Ergebnis wurde der Bau der zweiten Feuerverzinkungsanlage, VZA 2, beschlossen. Die neue Anlage sollte parallel zur Halle der VZA 1 gebaut werden und im Kaltwalzwerk den Anteil oberflächenveredelter Feinbleche auf über 50 Prozent der Gesamtproduktion anheben.

Die Querteilanlage QTA 0,6 im Februar 1998.

### Anlagedaten der Querteilanlage QTA 0,6

| | |
|---|---|
| Blech-Formate | min. 500 x 600 mm |
| | max. 1.600 x 4.000 mm |
| Dicke | 0,5–0,3 mm |
| Toleranzen | Länge min. 0,5 mm |
| | Breite min. 0,5 mm |
| Saumbreite | min. 5 mm je Seite |
| Stapelung | Magnetbandstapelung |
| Stapelgenauigkeit | ± 1,0 mm |
| | bei 400 mm Stapelhöhe |
| geplante Schneidkapazität: | 150.000 t/a |

## Der Rekord im Stahlwerk

Im Konverterstahlwerk der EKO Stahl GmbH wurden ab 1995 eine Reihe von Maßnahmen zur Instandhaltung und Kostensenkung durchgeführt. Von März bis Juni 1995 wurde in der Gießhalle bei laufender Produktion durch die Firma Mannesmann-Demag, Ostrava (Tschechien), ein neuer Pfannenofen errichtet. Die Einführung dieser Technologie ermöglichte ab Juli 1995 eine erhebliche Kosteneinsparung bei der Stahlproduktion. Durch die Reduzierung der Abstichtemperatur um durchschnittlich 30 °C verringerte sich der Energieverbrauch, der Anteil an Rückführstahl wurde gesenkt ebenso wie der Roheiseneinsatz und Kühlschrottverbrauch. Die Entschwefelung und Entphosphorung verbesserte sich. Am 19. Juni 1995 erfolgte außerdem die Abnahme der Neuzustellung des zweiten Kalkbrennofens. Dieser Ofen konnte 330 t Branntkalk pro Tag erzeugen. Er diente auch zur Belieferung anderer Werke. Hersteller war die Firma Radex aus Österreich. An der Montage für die Neuzustellung war die Firma Burtherm beteiligt.

An der Brammenstranggussanlage begannen im November 1996 Sanierungs- und Instandsetzungsarbeiten. Der Stillstand der Anlage wurde außerdem zu Anpassungsarbeiten für die künftige Warmbandstraße genutzt. Die RH-Vakuumanlage im Stahlwerk wurde aufgrund höherer Qualitätsansprüche an das Halbzeug (Automobilbleche) ebenfalls im November 1996 umfangreich rekonstruiert. Wesentliche technische Veränderungen waren eine zweite Wasserringpumpe, größere Kondensatoren und neue parallel arbeitende Dampfstrahler.

Unter der Leitung von VOEST Alpine Industrieanlagenbau wurde im August 1998 eine Großreparatur an der Brammenstranggussanlage durchgeführt. Dabei erfolgte der Einbau von zwei neuen Richtzonen, die zum Stützen der Strangschale der gegossenen Halbzeugbramme bzw. zur Führung des Kaltstranges dienten. Die neuen Rollen gehörten zur modernsten Generation und besaßen eine hohe Haltbarkeit. Seit Juni 1999 beförderte ein neuer Chargierkran mit drei Hubwerken (350, 80 und 32 t Tragfähigkeit), zwei Katzen und einer Eigenmasse von 570 t die Pfannen zum Konverter. Die Ansteuerung verschiedener Aggregate und Anlagen erfolgte per Funk aus einer vollklimatisierten, drehbaren Kabine.

Bernd Walter (Mitte) vom Berliner Büro der Gesellschaft Lloyd's Register of Shipping überreichte dem EKO-Direktor für Roheisen- und Stahlerzeugung, Hans-Ulrich Schmidt (rechts), am 26. Juni 1995 das Zertifikat zur Verlängerung der Zulassung des Konverterstahlwerkes als Hersteller von hochwertigem Schiffsvormaterial. Der Technische Überwachungsverein (TÜV) Berlin-Brandenburg verlängerte am 25. Juni 1996 außerdem die Zulassung des Stahlwerkes als Hersteller von Vormaterial für Druckbehälter.

Im Ergebnis einer jahrelangen, kontinuierlichen und zielstrebigen Zusammenarbeit zwischen EKO Stahl, dem Magnesitwerk Aken, der Burtherm Feuerungsbau GmbH und dem Spritzmassenlieferanten Firma Sievering wurde am 31. Mai 1997 bei EKO der Rekord einer Konverterhaltbarkeit von über 3.000 Chargen erreicht. Das Ergebnis war bis dahin noch keinem deutschen Stahlwerk gelungen. Zugleich wurde die Kostenrate für Feuerfest-Material pro Tonne Rohstahl auf weniger als 2 DM gesenkt. Damit nahm EKO Stahl im Vergleich deutscher Stahlwerke einen vorderen Platz ein.

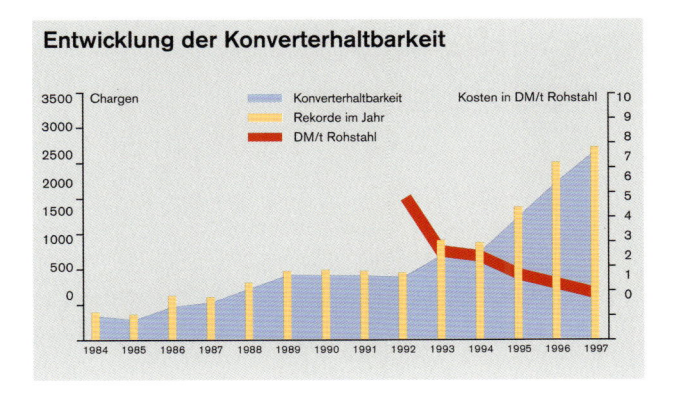

Hans-Ulrich Schmidt (Foto), Jahrgang 1952, begann seinen Entwicklungsweg im EKO nach dem Studium der Metallurgie und Werkstofftechnik an der Bergakademie Freiberg zunächst von 1974 bis 1978 als Ingenieur und dann von 1978 bis 1982 als Abteilungsleiter in der Sinteranlage. Von 1982 bis 1986 war er Produktionsleiter im Konverterstahlwerk. 1986 wurde er der Leiter dieses Werkes und 1992 bei EKO Stahl Leiter des Bereiches Roheisen- und Stahlerzeugung.

Fast 1 Mio. t Brammen (Stahlhalbzeug) wurden 1996 von der EKO Stahl GmbH über den Rostocker Hafen in den Norden der USA geliefert. Hauptabnehmer war die Bethlehem Steel Corporation. Mit diesem Unternehmen und dem Handelshaus Ferrostaal bestand ein Rahmenvertrag über die Lieferung von jährlich 200.000 t. Die abgebildete Urkunde bescheinigt, dass die Halbzeuge der EKO Stahl GmbH den Qualitätskriterien des US-amerikanischen Marktes entsprechen.

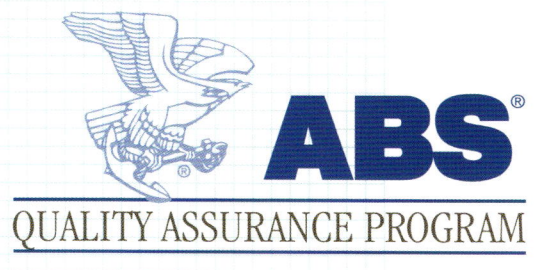

**ABS**
QUALITY ASSURANCE PROGRAM

99-QA 1316-X — CERTIFICATE NUMBER
22 July 1999 — DATE

Eisenhüttenstadt, Germany — PLANT LOCATION
Hamburg, Germany — PORT OFFICE

CERTIFICATE OF

**Quality Assurance**

This is to Certify **EKO Stahl GmbH**

that a representative of this Bureau did, at the request of the Company, attend these facilities on the date and location stated, in order to carry out an audit of the quality system procedures, and that this system is considered to be in compliance with the ABS Quality Assurance Certification criteria, subject to periodic review and renewal of this Certificate after three (3) years.

EQUIPMENT DESCRIPTION: Continuous Strand Cast Slabs and Blooms as per ABS
Report # 99-HG48453, dated 22 July 1999

SIGNATURE — COORDINATOR OF ABS PROGRAMS
NAME: Robert J. Vienneau

NOTE: This certificate evidences compliance with one or more of the Rules, Guides, standards or other criteria of American Bureau of Shipping and is issued solely for the use of the Bureau, its committees, its clients or other authorized entities. This certificate is governed by the terms and conditions on the reverse side hereof, and by the Rules and standards of American Bureau of Shipping who shall remain the sole judge thereof.

## Die neue Verzinkungsanlage

Im April 1998 war im Kaltwalzwerk der EKO Stahl GmbH unter der Projektleitung von Manfred Raschack und Dietmar Löwenberg gemeinsam mit der Projektsteuerung I. M. & R. der Bau der zweiten Verzinkungsanlage begonnen worden. In der Folge entstanden der 57 m hohe Kühlturm und eine 396 m lange Halle als neue Wahrzeichen von EKO Stahl. Für die Hallenwandverkleidung wurden etwa 11.500 m² EKOTAL (als Kassette) und für die Dach-Tragschale etwa 14.000 m² EKOTAL (Trapezprofile) eingesetzt. Viele ortsansässige Firmen waren von Anfang an in den Bau und in die Montage der VZA 2 einbezogen.

Nach 18-monatiger Bauzeit wurde am 15. Oktober 1999 auf der neuen Verzinkungsanlage das erste Stahlband verzinkt. Die neue Anlage ging am 10. Dezember 1999 mit 84 neuen Arbeitsplätzen in Betrieb und lief danach bis April 2000 in Probe. Ihre Produktion orientierte sich an der wachsenden Nachfrage nach feuerverzinkten Feinblechen, insbesondere in den Beschichtungsarten Zink-bleiarm, Galvannealed (Eisen-Zink) und Galfan (Zink-Aluminium). Mit einer Jahreskapazität von 300.000 t Stahlblech war sie eines der wichtigsten neuen Projekte der Wertschöpfungs- und Veredelungsstrategie des Unternehmens. Mit ihr sollte der gestiegene Bedarf an feuerverzinkten und veredelten Blechen in der Autoindustrie, in der Bauwirtschaft, bei der Stahlverarbeitung und der Herstellung von Haushaltsgeräten bedient werden. Die Jahresleistung stieg von 420.000 t auf 720.000 t. Der Anteil der oberflächenveredelten Produkte an der Gesamtproduktion von EKO Stahl erhöhte sich damit von 45 auf über 60 Prozent.

Die Gesamtinvestition von 210 Mio. DM wurde – erstmals in der EKO-Geschichte – vollständig privat finanziert. »Wir kehren zurück zur Normalität«, kommentierte der Vorsitzende der Geschäftsführung Hans-Joachim Krüger diesen Schritt.[7]

Foto links:
Das Projektteam der Verzinkungsanlage VZA 2 1999 vor der fertiggestellten Anlage.

Foto rechts:
Projektleiter Manfred Raschack (rechts), der Vorsitzende der EKO-Geschäftsführung Hans-Joachim Krüger (Mitte) und Bundeswirtschaftsminister Günter Rexrodt (links) am 20. August 1998 vor den Gerüsten der neuen Halle für die Verzinkungsanlage VZA 2.

Foto unten:
Der Vorstandsvorsitzende von USINOR Auto Bernard Serin (2. von rechts) anlässlich der Inbetriebnahme der VZA 2 am 10. Dezember 1999: »Ich wünsche EKO Stahl mit der neuen Anlage allzeit die richtige Mischung im Zinkpott und qualitätsgerechte Coils im Auslauf zum Wohle unserer Kunden.«[8]

Die neue Verzinkungsanlage VZA 2 im Probebetrieb, 1999.

**Technische Parameter der VZA 2**

| | |
|---|---|
| Jahreskapazität | 300 kt |
| Banddickenbereich | 0,3–1,6 mm |
| Bandbreitenbereich | 800–1.600 mm |
| max. Ofenleistung | 70 t/h |
| Zinkauflagen (beidseitig) | 60–350 g/qm |
| Behandlungsgeschwindigkeit | 40–150 m/min |
| (Galvannealed | max. 130 m/min) |
| Dressiergerüst | |
| max. Walzkraft | 7.000 kN |
| Arbeitswalzenbiegung pos. | 700 kN |
| Arbeitswalzenbiegung neg. | 500 kN |

# Modernste Anlagen bei Tochterfirmen

Modernisiertes Kraftwerk, 1998.

Modernisiert und erweitert wurden ab 1995 nicht nur die Produktionsanlagen von EKO Stahl, sondern auch die Anlagen der Tochterfirmen von EKO und Cockerill Sambre am Standort Eisenhüttenstadt.

### Die Modernisierung des Kraftwerks
Am 21. Dezember 1995 war die VEO Vulkan Energiewirtschaft Oderbrücke GmbH (VEO) notariell gegründet worden. Gesellschafter waren die Vulkan Industrie, eine Tochter von Cockerill Sambre, mit 51 Prozent sowie die Stadtwerke Eisenhüttenstadt GmbH mit 49 Prozent. Die Geschäftstätigkeit begann am 1. April 1995. Am 15. Mai 1995 wurde zwischen VEO und EKO Stahl der Vertrag zur Ausgliederung des EKO-Energiebereiches unterzeichnet. Das Kraftwerk mit seinen Nebenanlagen sowie die zentrale Verdichterstation wurden an die Vulkan Energiewirtschaft Oderbrücke GmbH verkauft. Die VEO übernahm die Mitarbeiter des EKO-Energiebereiches und stellte seither alle Energie- und Wärmelieferungen für EKO Stahl und Eisenhüttenstadt bereit.

Die Modernisierung der Elektroenergieanlagen erfolgte danach in zwei Bauabschnitten und umfasste sowohl die grundlegende Sanierung bestehender Einrichtungen in Verbindung mit dem Bau gänzlich neuer Anlagen. Drei Dampfkessel wurden abgerissen und durch einen Hochdruckdampferzeuger und weitere Anlagen ersetzt. Die zweite Ausbaustufe umfasste u.a. eine neue Gas- und Dampfturbinen-Anlage mit Gasturbine, Abhitzekessel, Dampfturbine und Nebenanlagen. Die elektronische Steuerung der Betriebsabläufe wurde neu konzipiert. Alt- und Neuanlagen konnten durch eine gemeinsame Leittechnik verknüpft werden. Das gesamte Automatisierungs- und Leitsystem wurde hierfür erneuert, die alte Warte durch modernere Technik ersetzt. Von der neuen Warte aus konnte seither der gesamte Ablauf des modernisierten Kraftwerkes überwacht und gesteuert werden. Von den Nebenanlagen wurden zwei Kühltürme komplett abgerissen. Die neue Anlage unter Einbeziehung des dritten Kühlturmes ersetzte die konventionelle Kühlmethode mittels Naturzug durch ein System von drei Zellen mit Ventilatorkühlung. Die Schraubenverdichter der alten Verdichterstation wurden stillgelegt und durch zehn neue Aggregate ersetzt, die automatisch – dem jeweiligen Bedarf entsprechend – betrieben wurden.

Ziel aller Modernisierungsmaßnahmen war neben einer bedeutend höheren Wirtschaftlichkeit die Reduzierung von Schadstoffemissionen und Lärm. Hierfür baute VEO zum Beispiel eine Abwasseraufbereitungsanlage mit biologischer und mechanischer Reinigungsstufe. Das Kraftwerk gewann seine Energie ausschließlich aus der Verwendung von Gasen, zum einen durch die umweltfreundliche Nutzung des EKO-Hüttengases, zum anderen durch Erdgas. Die Modernisierungsarbeiten endeten im November 1998.

### Die Querteilanlagen des EKO-Feinblechhandels
In Ergänzung zur EKO Stahl GmbH belieferte der EKO-Feinblechhandel Kunden, größtenteils Direktverarbeiter und Händler, die Bleche in Abmessungen, Mengen und Toleranzen benötigten, die über EKO-Anlagen nicht herstellbar waren. Am 15. November 1995 nahmen der EKO-Geschäftsführer Eckhardt Hoppe und die Anlagenfahrer Jürgen Natusch und Hartmut Scheibe beim Feinblechhandel daher eine

Probetriebe an der dritten Querteilanlage der
EKO-Feinblechhandel GmbH, 1. Januar 1998.

Die 1.250-t-Hochleistungsschrottschere
der EKO Recycling GmbH, 1996.

neue Querteilanlage in Betrieb, mit der Bleche von 3,0 x 1.500 mm nach Kundenwünschen passgenau zugeschnitten werden konnten. Am 1. Januar 1998 wurde – nach erfolgreichem Probelauf – bereits an der dritten Querteilanlage der EKO-Feinblechhandel GmbH der Schichtbetrieb aufgenommen. Die neue Anlage schnitt fünf- bis sechsmal so schnell wie eine herkömmliche Tafelschere. Mit ihr konnte vorgespaltenes Material und beste Oberflächenqualität 05 für Zulieferer der Auto- und Haushaltsgeräteindustrie in den Abmessungen 200 mm bis 1.050 mm in der Breite, 200 mm bis 2.100 mm in der Länge und 0,25 bis 2,0 mm in der Dicke geschnitten werden.

**Die Anlagen der EKO Recycling GmbH**
Am 19. Januar 1996 wurde die Eisenhüttenstädter Entwicklungsgesellschaft für Wertstoffgewinnung mbH in die EKO Recycling GmbH umgewandelt. Die EKO Recycling GmbH begann ihre Tätigkeit am 1. April 1996 als Gemeinschaftsunternehmen von EKO Stahl mit 51 Prozent der Anteile und der Firma Scholz, einem mittelständischen Unternehmen aus dem Raum Stuttgart, mit 49 Prozent der Anteile als Dienstleister für EKO Stahl zur Versorgung mit Produktionsschrotten und deren Entsorgung von jeglichen Schrottanfällen, Abfällen und Reststoffen (außer hüttentypische). Am 1. September 1996 nahm hier die neue 1.250-t-Hochleistungsschrottschere den Probebetrieb auf. Sie sollte künftig EKO Stahl die Lieferung von für die Stahlproduktion notwendigem Schrott sichern und in der Region einen bedeutenden Beitrag zur Abfallentsorgung leisten. Das Investitionsvolumen betrug 5 Mio. DM.

Am 7. November 1996 wurde die neue 1.250-t-Hochleistungsschrottschere vor Vertretern von Institutionen und Unternehmen des Landkreises Eisenhüttenstadt, unter ihnen Landrat Jürgen Schröter, offiziell in Betrieb genommen. Mit ihr konnten bei entsprechendem Vormaterial bis zu 60 t je Stunde qualitativ hochwertiger Schrott chargiergerecht aufbereitet werden. Bisher war dies nur für 8 bis 10 t pro Stunde möglich. Am 19. November 1997 übergab der Kranbau Eberswalde an die EKO Recycling GmbH eine mit modernster Elektronik und Anlagentechnik ausgerüstete Verladebrücke. Die 60 m lange und 500 t schwere Anlage konnte mit dem Greifer bis zu 9 t Schrott fassen und pro Stunde bis 1.500 t Schrott einlagern.

## Die NFT- Fertigungslinien

Am 1. Januar 1998 übernahm die EKO Stahl GmbH zu 100 Prozent die Neue Fasstechnik GmbH (NFT). Das Unternehmen war 1992 als Zulieferbetrieb von Kaltband für Stanzteile und Blechtafeln für die Fassindustrie gegründet worden. 1994 hatte EKO Stahl bereits 85 Prozent der NFT übernommen. 1997 begann die Fertigung von Fassober- und -unterböden. Seit 1995 schrieb NFT schwarze Zahlen. Der Umsatz war von 1994 bis 1997 von 5,8 auf 14 Mio. DM gestiegen.

Am 15. September 1998 wurde in der NFT Neue Fasstechnik GmbH nach einjähriger Bauzeit eine Platinenschneidanlage in Betrieb genommen. Die Investition betrug 5 Mio. DM. Lieferanten waren die spanische Firma Fagor und die Firma Kaiser aus Baden-Württemberg. Herzstück der neuen Anlage bildete eine angepasste Presse mit 3.150 kN Presskraft. Damit war es möglich, präzise rechtwinklige und trapezförmige Zuschnitte herzustellen. Diese wurden aus kaltgewalzten, unbeschichteten und verzinkten Coils von maximal 30 t Masse auf eine Breite von 300 bis 1.500 mm und eine Länge von 300 bis 2.700 mm geschnitten und in Längs- bzw. Querstaplern bis zu 5 t kantengerade gestapelt. Die erzeugten Zuschnitte wurden z.T. wie bisher direkt an die Kunden von NFT geliefert. Sie bildeten zugleich Vormaterial für die Tailored Blanks-Produktion.

Am 3. Juli 1998 hatte die 17. Tagung des Aufsichtsrates der EKO Stahl GmbH das Investitionsprojekt »Tailored Blanks – Geschweißte Platinen« mit über 26 Mio. DM Investitionsvolumen beschlossen. In der NFT wurde daraufhin mit dem Aufbau einer Fertigungslinie zur Herstellung von Tailored Blanks (maßgeschneiderte Platinen) aus kaltgewalzten Blechen begonnen. Durch Zusammenfügen mittels Laserschweißen sollten hochwertige Zulieferungen – z.B. für den Autokarosseriebau – möglich werden, die in der Anwendung bei den Endprodukten erhebliche Gewichtseinsparungen und die Einsparung von Fertigungskosten erbringen würden. Der Produktionsbeginn war für Ende 1999 geplant.

Im April 1999 wurde mit der Aufnahme des Probebetriebes einer Laserschweißanlage (Prototypanlage) in der – inzwischen umbenannten – EKO-Tochter NFT Neue Fügetechnik GmbH begonnen. Lieferant der Anlage war die Firma AWS aus Kanada. Mit ihr konnten erste Tailored Blanks (Prototypen) für Autofirmen wie Audi oder VW hergestellt werden.

Die NFT Platinenschneidanlage im September 1998.

Foto Mitte:
NFT Laserschweißanlage, April 1999.

Foto unten:
Ab September 1999 wurden in der neu errichteten Produktionshalle für die Herstellung von Tailored Blanks auf dem EKO-Industriegelände die hierfür erforderlichen technologischen Ausrüstungen montiert.

# Kurzbilanz der Investitionen

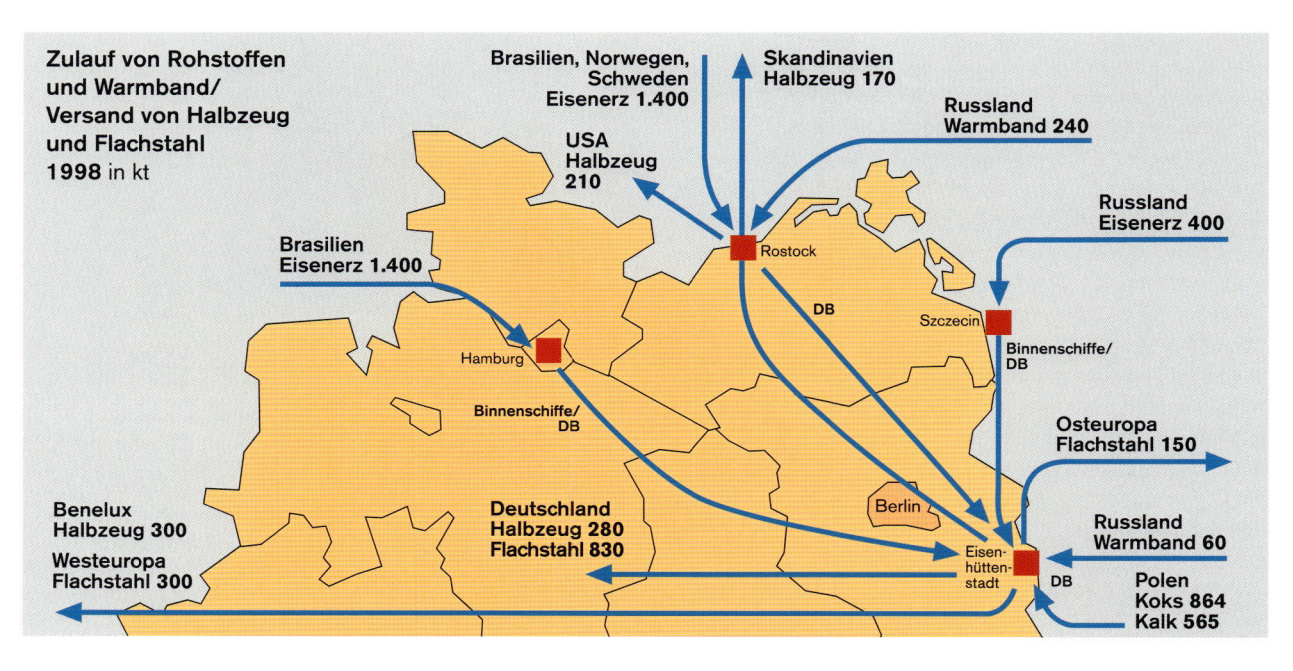

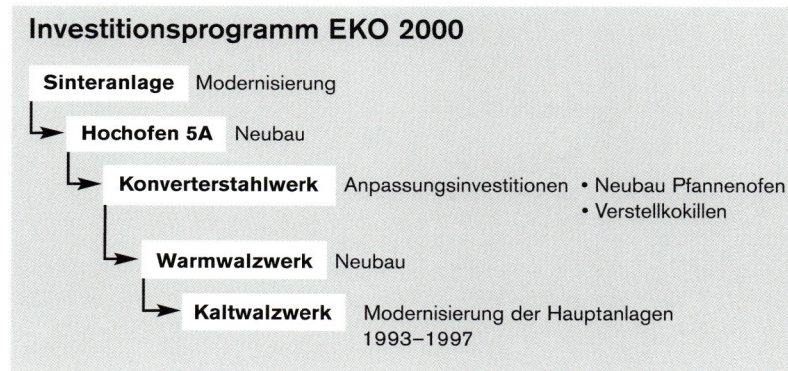

**Zulauf von Rohstoffen und Warmband/Versand von Halbzeug und Flachstahl 1998** in kt

- Brasilien, Norwegen, Schweden Eisenerz 1.400
- Skandinavien Halbzeug 170
- USA Halbzeug 210
- Russland Warmband 240
- Russland Eisenerz 400
- Brasilien Eisenerz 1.400
- Rostock
- Hamburg — Binnenschiffe/DB
- Szczecin — Binnenschiffe/DB
- Osteuropa Flachstahl 150
- Benelux Halbzeug 300
- Westeuropa Flachstahl 300
- Deutschland Halbzeug 280 Flachstahl 830
- Berlin
- Eisenhüttenstadt — DB
- Russland Warmband 60
- Polen Koks 864 Kalk 565

### Investitionsprogramm EKO 2000

- **Sinteranlage** Modernisierung
  - **Hochofen 5A** Neubau
    - **Konverterstahlwerk** Anpassungsinvestitionen • Neubau Pfannenofen • Verstellkokillen
      - **Warmwalzwerk** Neubau
        - **Kaltwalzwerk** Modernisierung der Hauptanlagen 1993–1997

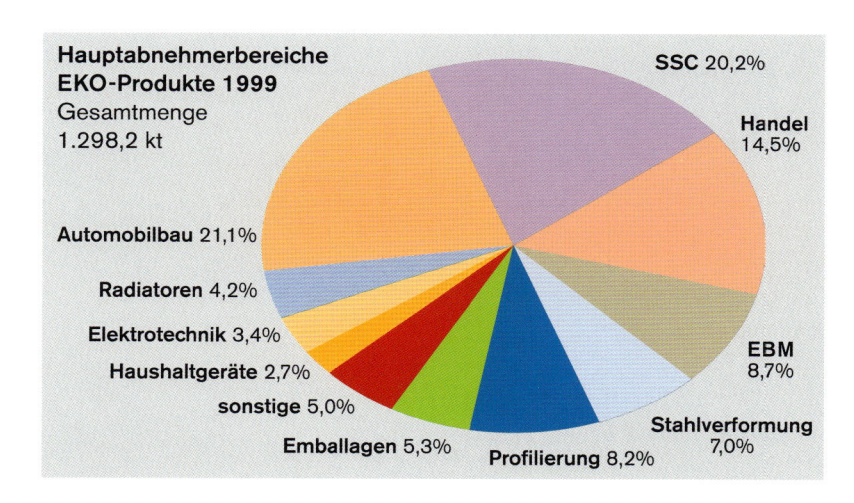

### Hauptabnehmerbereiche EKO-Produkte 1999
Gesamtmenge 1.298,2 kt

- SSC 20,2%
- Handel 14,5%
- Automobilbau 21,1%
- Radiatoren 4,2%
- Elektrotechnik 3,4%
- Haushaltgeräte 2,7%
- sonstige 5,0%
- Emballagen 5,3%
- Profilierung 8,2%
- Stahlverformung 7,0%
- EBM 8,7%

Bis Ende 1997 war unter Einhaltung der Fristen und Budgets das Investitionsprogramm »EKO 2000« realisiert worden. Im unmittelbaren Anschluss daran wurden weitere Investitionen im Programm »EKO 2002« in Angriff genommen. Durch die neu entstandenen Anlagen und Modernisierungen hatte sich EKO Stahl in weniger als fünf Jahren in ein leistungsstarkes, integriertes Stahlwerk, eines der modernsten in Europa, verwandelt. Von den Erzaufbereitungsanlagen bis zu den peripheren Industrieanlagen wie Kraftwerk oder Werk-Anschlussbahn mit Bahnhof Ziltendorf hatten sich alle Produktionsbedingungen verändert.[9]

Die neue, mit einem modernen Entstaubungssystem ausgestattete Sinteranlage wies eine Jahresleistung von 2,5 Mio. t auf. Der Hochofen 5A mit einer Kapazität von 1,4 Mio. t/a konnte durch einen kleinen Ofen mit der Leistung von 450.000 t/a ergänzt werden. Das Stahlwerk mit zwei 220-t-LD-Konvertern erreichte eine Jahreskapazität von 2,2 Mio. t, verfügte über eine RH-Vakuumentgasungsanlage, eine Tiefentschwefelungsanlage, über Pfannenspülstände und einen Pfannenofen, über eine zweisträngige Stranggussanlage für Brammen mit einer Kapazität von 1,46 Mio. t/a und eine sechssträngige Stranggussanlage für Vorblöcke mit einer Jahreskapazität von 750.000 t. Das Warmwalzwerk mit Brammen-Hubbalkenofen, einer Vorstraße, einer Coilbox, einer fünfgerüstigen Fertigwalzstrecke, einer Laminarkühlstrecke und einem 3-Rollen-Haspel erreichte eine Jahreskapazität von 1,5 Mio. t, die bis Anfang 2000 auf 900.000 t/a begrenzt war.

Das Kaltwalzwerk mit einer Salzsäure-Horizontal-Beizlinie, mit einer viergerüstigen Quarto-Tandemstraße (Ballenlänge 1.700 mm), einem 6-Rollen-Reversiergerüst (Ballenlänge 1.700 mm), einer eingerüstigen Quarto-Dressierstraße (Ballenlänge 1.700 mm), mit Hochkonvektionsglühplätzen (62 Stück) und Adjustageeinrichtungen (Schneidanlagen) erreichte nach der umfassenden Modernisierung eine Jahreskapazität von 1,25 Mio. t. Die Weiterverarbeitung der kaltgewalzten Bleche und Bänder erfolgte im Unternehmen selbst mit zwei Feuerverzinkungsanlagen und mit einer Kunststoffbeschichtungsanlage sowie außerhalb des Unternehmens in einer Reihe von Tochtergesellschaften.

Als nächste Großinvestition wurde 1999 eine zweite Beize angekündigt.

Beim Besuch von Bundeskanzler Gerhard Schröder konnte Hans-Joachim Krüger im September 1999 eine positive Bilanz der Unternehmensergebnisse nach Abschluss der Investitionen ziehen. Von links nach rechts: USINOR-Präsident Francis Mer, Hans-Joachim Krüger, Gerhard Schröder.

## EKO-Töchter und -Beteilungen (Stand 16. 2. 2000)

| 100-prozentige Töchter | Beteiligungen |
|---|---|
| EKO Feinblechhandel GmbH, Eisenhüttenstadt | S.D.E. Stanz- und Druckgusswerk Eisenhüttenstadt GmbH |
| Stahlhandel Burg GmbH, Burg | Cockerill Stahl Service (Essen) GmbH, Essen |
| EKO Handelsunion GmbH, Eisenhüttenstadt | Eisenhüttenstädter Schlackenaufbereitung und Umwelttechnik GmbH, Eisenhüttenstadt |
| EKO Stahlexport GmbH, Essen | EKO Stahl France S.A.R.L., Metz |
| BSG Bandstahl GmbH, Esslingen | EKO Nederland B.V., Bennebroek |
| EKO Transportgesellschaft mbH, Eisenhüttenstadt | EKO Skandinavien A/S, Gentofte/Dänemark |
| EKO Stahl-Handel GmbH i.L., Berlin | EKO Recycling GmbH, Eisenhüttenstadt |
| EKO Feinblechhandel GmbH Burbach, Burbach | EKO Bauteile GmbH, Eisenhüttenstadt |
| QualifizierungsCentrum der Wirtschaft GmbH, Eisenhüttenstadt | Forschungs- und Qualitätszentrum »Oderbrücke« gGmbH, Eisenhüttenstadt |
| NFT Neue Fügetechnik GmbH, Eisenhüttenstadt | Forschungs- und Qualitätszentrum Brandenburg GmbH, Eisenhüttenstadt |
| EKO Ferritgesellschaft mbH, Eisenhüttenstadt | Projektentwicklungsgesellschaft Aktivist mbH i.L., Eisenhüttenstadt |

## Die neue Feuerwache

### von Rolf Fünning

Neubau Berufsbildungszentrum und Feuerwache mit Schlauchturm, 1993.

Leitstelle (oben) und Fahrzeuge (unten) im Jahr 2000.

Im Juli/August 1989 begannen Baumaßnahmen zur Errichtung einer neuen Feuerwache für die EKO-Feuerwehr. Im November 1989 wurde der Grundstein für das Gebäude der neuen Wache gelegt. Wegen der unklaren EKO-Perspektive wurden die Baumaßnahmen 1990 unterbrochen und bis Mai 1991 nur Bausicherungsmaßnahmen durchgeführt. Im August 1992 beschloss der Aufsichtsrat der EKO Stahl AG den Investitionskomplex »Berufsbildungszentrum/Feuerwache« mit einem Umfang von 12 Mio. DM. Der vorhandene Baukörper der Feuerwache sollte in die Baumaßnahmen einbezogen werden. Hieraus ergab sich die Möglichkeit mit relativ geringem Aufwand und in kurzer Zeit eine sinnvolle Lösung für die Unterbringung der Werkfeuerwehr und von Bereichen der Berufsausbildung durch An- und Ausbaumaßnahmen zu schaffen. Zusätzlich wurde der Neubau eines viergeschossigen Gebäudes für die Berufsausbildung beschlossen. Im Januar 1993 begann der Ausbau für das Gebäude der Feuerwache und im März 1993 erfolgte die Baustelleneröffnung für das Berufsbildungszentrum. Im Dezember 1993 wurde der gesamte Komplex offiziell an die EKO Stahl AG übergeben.

In den Jahren 1995 bis 1999 wurde die materiell-technische Basis der Werkfeuerwehr komplett erneuert. Heute besteht die Hauptschlagkraft der Feuerwehrleute aus drei hochmodernen Löschfahrzeugen. Auf den beiden Universallöschfahrzeugen werden insgesamt 6.000 l Wasser, 1.800 l Schaumbildner, 150 kg $CO_2$-Löschgas und 1 t Löschpulver mitgeführt. Die Fahrzeuge verfügen über eine Pumpenleistung von insgesamt 6.000 l/min. Darüber hinaus ermöglicht eine integrierte Hochdruckpumpe die Abgabe von sehr fein versprühtem Löschwasser, um in den Bereichen, in denen flüssiges Metall vorkommt, effektive Kühlungsmaßnahmen durchführen zu können. Ergänzt wird die Technik durch ein Hubrettungsfahrzeug mit einer maximalen Arbeitshöhe von 32 m. Mit diesem Fahrzeug ist die Werkfeuerwehr in der Lage, Brandbekämpfung und Personenrettung in großen Höhen durchzuführen.

Die großzügig ausgelegte Fahrzeughalle beherbergt Einsatzfahrzeuge und technische Komponenten für die vielfältigsten Einsätze. Für die Führung der Einsatzkräfte stehen zwei Einsatzleitwagen zur Verfügung. Der Sankra ermöglicht dem Betriebssanitäter, der aus den Reihen der Leitstellenmitarbeiter gestellt wird, eine schnelle Reaktionszeit bei Unfällen oder kleineren Verletzungen. Ein Gerätewagen, in liebevoller Kleinarbeit von den Feuerwehrleuten hergerichtet, beinhaltet eine Fülle von technischen Geräten. Dazu gehört ein Satz hydraulischer Rettungsgeräte für Verkehrsunfälle, eine Pumpe mit Zubehör für das Umfüllen von Gefahrgütern, Be-

und Entlüftungsgeräte zur Beseitigung von Brandrauch sowie Materialien zur Beleuchtung von Einsatzstellen im Dunkeln. Mehrere Transportfahrzeuge für Materialtransporte verschiedenster Art, für den Transport von radioaktiven Strahlenquellen, für die Personenbeförderung sowie ein motorgetriebenes Schlauchboot zur Beseitigung von Ölverschmutzungen auf Gewässern vervollständigen den Fuhrpark.

Im Gebäude der Feuerwache befinden sich verschiedene Werkstätten, in denen die Feuerwehrleute Serviceleistungen für den Betrieb und für die Erhaltung der Einsatzbereitschaft der Werkfeuerwehr erbringen. So werden in der Feuerlöscherwerkstatt ca. 5.000 Feuerlöscher und in der Atemschutzstelle die Pressluftatmer, die CO-Filtergeräte und die elektronischen Gasmessgeräte gewartet. Die Schlauchpflegeanlage erlaubt das Waschen, Prüfen und Reparieren der Schläuche für den Feuerwehr- oder betrieblichen Einsatz. Das Trocknen der Schläuche erfolgt in dem weithin sichtbaren Schlauchturm, der eine Höhe von 28 m hat. In einem kleinen Wartungsstützpunkt werden Kleinreparaturen an Fahrzeugen und Geräten durch Feuerwehrleute durchgeführt. Ein Service, der durch viele EKO-Mitarbeiter außerdem gern in Anspruch genommen wird, ist die Reparatur von Fahrrädern. Damit beschäftigen sich Feuerwehrmänner neben ihren dienstlichen Aufgaben in der eigens dafür eingerichteten Fahrradwerkstatt in ihrer Bereitschaftszeit.

In der Feuerwache haben aber auch die Kollegen für den vorbeugenden Brandschutz ihren Platz gefunden. In den modernen Büros werden Brandschutzgutachten verfasst, Brandschutzkonzepte entwickelt sowie Planungsarbeiten für Brandschutzkontrollen, Errichtung und Wartung von Brand- und Einbruchsmeldeanlagen und Löschanlagen durchgeführt. Herz der Feuerwache ist die Leitstelle. Hier laufen alle Meldungen über Brände, Unfälle und andere Hilfeleistungsaufforderungen ein. Von dort erfolgt die Alarmierung der Feuerwehrleute, die dann über Rutschstangen von ihren Aufenthaltsräumen zu ihren Einsatzfahrzeugen gelangen.

**Dienstleistungen der EKO-Feuerwehrleute 1999**

| | |
|---|---|
| Transporte verschiedener Art | 133 |
| Erste-Hilfe-Leistungen und Patiententransporte | 187 |
| Aufgleisungen havarierter Eisenbahnwagen oder Loks | 9 |
| Beseitigungen von Ölhavarien auf der Straße und auf dem Wasser | 12 |
| Einsätze in gasgefährdeten Bereichen unter schwerem Atemschutzgerät | 33 |
| Aktivitäten auf dem Gebiet des vorbeugenden Brandschutzes (wie z.B. Brandsicherheitswachen, Projektberatungen, Kontrollen zum Brandschutz) | 1.148 |

Mittels Computertechnik werden alle Einsatzaktivitäten zeitecht registriert, Brand- und Einbruchsmeldeanlagen überwacht und wichtige Daten abgefragt. Die integrierte Gefahrstoffdatenbank ermöglicht effektives Handeln bei Havarien mit gefährlichen Stoffen. Die in der Leitstelle eingerichtete Telefonzentrale des EKO stellt die Kommunikation mit der Außenwelt sicher.

Die EKO-Feuerwehr im Jahr 2000. Die Frauen und Männer der Werkfeuerwehr haben bei einer Vielzahl von Einsätzen bewiesen, dass die Investitionen in die neue Feuerwache und in die moderne Technik bei ihnen in zuverlässigen Händen sind.

# Investiert wurde nicht nur in Anlagen

## Aus- und Weiterbildung

*Ausbildungsbeginn im EKO-Berufsbildungszentrum, 1997.*

Nach der Restrukturierung, Privatisierung und Modernisierung war EKO als Unternehmen der Gruppe Cockerill Sambre auf dem besten Weg, unter den europäischen Stahlproduzenten eine Spitzenposition zu erringen. Ein klares Konzept, Fachkompetenz und partnerschaftliche Zusammenarbeit mit der belgischen Muttergesellschaft bildeten eine solide Basis für die Zukunft. Die Modernisierung der Anlagen erforderte ein leistungsfähiges und gut ausgebildetes Personal. Aus diesem Grunde hatte EKO Stahl bereits 1992 beschlossen, in modernste Ausbildungsstätten zu investieren. Gleichzeitig wurden die Beziehungen zur polnischen Berufsschule Sulecin wieder aufgenommen, die schon einmal in den 80er Jahren bestanden hatten. Mit dem Ausbildungsjahr 1993/1994 begannen 47 Jugendliche in sieben Berufen eine Facharbeiterausbildung. Darunter waren erstmals polnische Jugendliche aus den Partnerstädten Sulecin und Glogow, die den Beruf Energieelektroniker erlernten.

Nach zehnmonatiger Bauzeit wurde am 15. Dezember 1993 durch Arbeitsdirektor Hans-Peter Neumann das fertiggestellte neue Berufsbildungszentrum der EKO Stahl AG (BBZ) an seinen Leiter Bernd Hartelt übergeben. Es erfüllte alle fachlichen, technischen und methodischen Anforderungen an eine zukunftsorientierte Berufsausbildung. Ausbildungsberufe waren z.B. Energieelektroniker/in, Verfahrensmechaniker/in, Industriemechaniker/in, Prozessleitelektroniker/in, Industriekaufmann/frau und Kauffrau für Bürokommunikation. Die Ausbildung Verfahrensmechaniker/in Stahlumformung beinhaltete eine Grundausbildung in der manuellen und maschinellen Metallbearbeitung, die Vermittlung von Grundlagen der Mess-, Steuerungs- und Regeltechnik,

Am 20. April 1995 begrüßte der Vorsitzende der EKO-Geschäftsführung, Hans-Joachim Krüger, die Ministerin für Bildung, Jugend und Sport des Landes Brandenburg, Angelika Peter, im Berufsbildungszentrum. Während eines Rundgangs überzeugte sich die Ministerin vom hohen Niveau und von den modernen technischen Möglichkeiten der Ausbildung bei EKO Stahl.

der Hydraulik, Pneumatik, Elektrohydraulik, -pneumatik und Prozesssteuerung und eine Fachausbildung an den Anlagen zur Herstellung von Walzerzeugnissen sowie in den jeweiligen Hilfsbereichen. Die Lehrzeit von drei bzw. dreieinhalb Jahren endete mit einer Abschlussprüfung vor der Industrie- und Handelskammer.

Im Verhältnis von Grund- und Fachausbildung ähnlich aufgebaut waren auch die anderen Zweige der Berufsausbildung. Daneben wurden Möglichkeiten für fachliche Zusatzqualifikationen in allen Ausbildungsberufen angeboten. Ziel der Erstausbildung war außerdem eine gesellschaftsorientierte Allgemeinbildung. So begann die Ausbildung in der Regel mit einer Eröffnungswoche, in der sich Ausbildungsgruppe und Ausbilder kennenlernten. Vierteljährlich wurden Projekttage durchgeführt, die von den Auszubildenden mitgestaltet wurden. Hier standen Gespräche mit Abgeordneten und Behördenvertretern, das Kennenlernen von Jugendeinrichtungen, Informationen zu gesellschaftlich bedeutsamen Themen, zu Fragen der Arbeitssicherheit, des Umweltschutzes oder der Toleranz gegenüber Ausländern und anderen Kulturen im Mittelpunkt. Bestandteil der Ausbildung war außerdem die Teilnahme am Berufswettbewerb, an Leistungsvergleichen und am Betrieblichen Vorschlagswesen. Zur praktischen Ausbildung gehörten der Besuch von Messen und Ausstellungen, Besichtigungen von Betrieben der gleichen Branche und von anderen Ausbildungsstätten. Im Rahmen europäischer Jugendprojekte konnten Ausbildungsabschnitte in Italien und Portugal durchgeführt werden. Es bestanden Möglichkeiten der Zusatzausbildung zum Gabelstaplerfahrer oder zum Kranführer.

Im Juli 1995 besuchte der belgische König Albert II. im Rahmen eines einwöchigen Deutschland-Aufenthaltes die EKO Stahl GmbH. Mit Ministerpräsident Manfred Stolpe, mit Präsident Jean Gandois und mit der Geschäftsführung von Cockerill Sambre besichtigte er das Berufsbildungszentrum und die Produktionsanlagen des Kaltwalzwerkes. Bei einem Rundgang durch das BBZ zeigten sich König Albert II. und Ministerpräsident Stolpe sehr beeindruckt von den modernen Bedingungen. Von Auszubildenden ließen sie sich über die Grundausbildung für Verfahrensmechaniker informieren.

Im August 1995 übergab Arbeitsdirektor Hans-Peter Neumann im Kaltwalzwerk der EKO Stahl GmbH eine neue Ausbildungsstätte für Verfahrensmechaniker an das Berufsbildungszentrum. Damit konnten die Praxisbedingungen der Berufsausbildung erheblich verbessert werden.

Im Januar 1996 erhielten alle Jugendlichen, die ihre dreieinhalbjährige EKO-Ausbildung zum Energieelektroniker und Industriemechaniker erfolgreich abgeschlossen hatten, mit ihrem Facharbeiterzeugnis einen Arbeitsvertrag. Damit

Foto oben:
Zerspanungswerkstatt im Berufsbildungszentrum von EKO Stahl, 1993.

Foto unten:
Der belgische König Albert II. und Ministerpräsident Manfred Stolpe am 12. Juni 1995 im BBZ.

Foto oben:
Diese Jugendlichen waren 1996 die ersten, die nach der Ausbildung mit ihrem Facharbeiterzeugnis einen Arbeitsvertrag bei EKO Stahl erhielten.

Foto unten:
Bundespräsident Roman Herzog (vorn links) am 30. Oktober 1996 im Gespräch mit Auszubildenden der EKO Stahl GmbH.

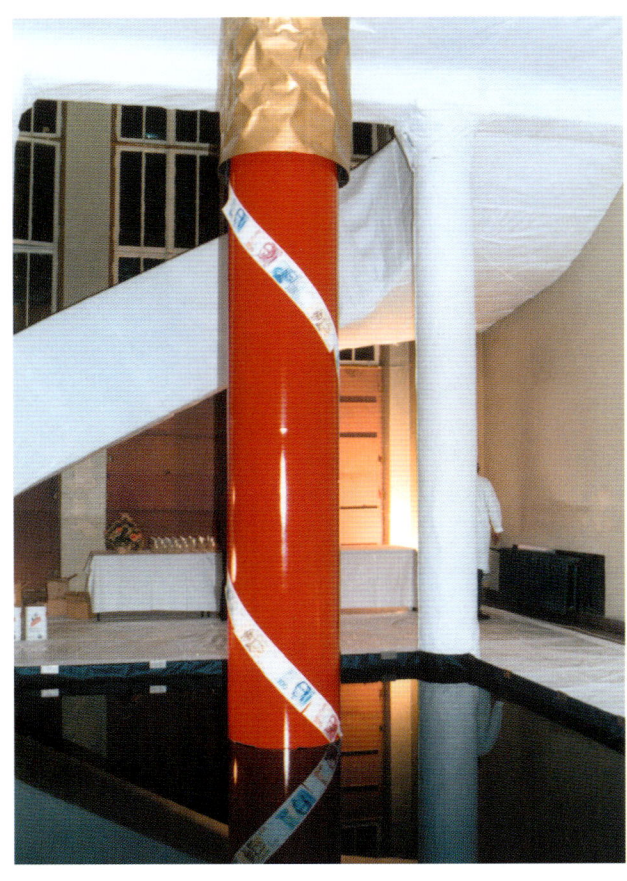

Ein Höhepunkt des Jahres 1995 war die Mitwirkung der Auszubildenden an der Gestaltung der Deutsch-Belgischen Woche vom 7. bis 15. Oktober in Eisenhüttenstadt. In einer Ausstellung im City-Center stellten sie praxisnah ihre Ausbildungsmöglichkeiten vor. Verfahrensmechaniker im zweiten Lehrjahr fertigten nach Entwürfen des belgischen Aktionskünstlers Wilfried Gentke in den belgischen und deutschen Landesfarben die Rauminstallation »Zeiträume«, die anschließend im denkmalgeschützten »Aktivist« zu sehen war (Foto). Eine rote Säule erhob sich aus einer schwarzen Altölfläche, wie aus dem Nichts kommend und wieder ins Nichts, einer schwarzen Fläche in der oberen Ebene, verschwindend. In der Mitte eine golden glänzende geknautschte Walze. Um die Säule herum vermischten sich nach oben verlaufend deutsche und belgische Banknoten.

gehörten sie zu den ersten, die nach der Ausbildung eine feste Anstellung bei EKO Stahl bekamen. Im September des gleichen Jahres begannen 51 Jugendliche, darunter sieben Mädchen, eine drei- bzw. dreieinhalbjährige EKO-Ausbildung in den Berufen Energieelektroniker, Industrie- und Verfahrensmechaniker bzw. in kaufmännischen Berufen. Mit den Ausbildungsunterlagen erhielten sie die Zusicherung auf eine unbefristete Übernahme in die EKO Stahl GmbH nach der Berufsausbildung.

Doch nicht nur im BBZ sondern auch in der EKO-Tochter QCW wurden in den 90er Jahren die Möglichkeiten der Berufsausbildung von Jugendlichen ausgebaut. So konnte im Januar 1996 im neuen Werkzentrum der EKO Stahl GmbH ein für die Öffentlichkeit zugängliches Ausbildungsrestaurant mit einer nach modernsten Kriterien ausgestatteten Lehrküche eröffnet werden. 24 Jugendliche begannen damals als erste unter praxisnahen Bedingungen einen gastronomischen Beruf zu erlernen. Die von ihnen frisch zubereiteten Speisen wurden preisgünstig angeboten und konnten von jedermann täglich von 11 bis 15 Uhr probiert werden. Darüber hinaus bestand die Möglichkeit, das Ausbildungsrestaurant für Feiern zu nutzen.

Am 30. Oktober 1996 besuchte Bundespräsident Roman Herzog die EKO Stahl GmbH. Er informierte sich bei der Geschäftsführung über das Unternehmen, besichtigte Produktionsanlagen und das Berufsbildungszentrum. Vor Pressevertretern resümierte er: »Sie wissen, dass Eisenhüttenstadt in den letzten Jahren – EKO Stahl im Besonderen – nicht immer nur positive Schlagzeilen hatte. Ich bin hierher gekommen, um einfach an Ort und Stelle zu sehen, was aus den Entscheidungen, die zunächst in Papierform recht ordentlich ausgesehen haben, wirklich geworden ist und das, was ich heute sehe, stimmt mich zufrieden.«[10]

Durch eine Initiative von EKO Stahl gemeinsam mit dem Bundesministerium für Arbeit und Soziales, der Bundesanstalt für vereinigungsbedingte Sonderaufgaben, dem Land Brandenburg und der Stadt Eisenhüttenstadt begannen im Oktober 1997 neben den zunächst vorgesehenen 48 Jugendlichen weitere 30 eine Lehre im QualifizierungsCentrum der Wirtschaft.

Ein weiterer wichtiger Schritt bei der Erweiterung der Ausbildungsmöglichkeiten konnte am 3. November 1997 vollzogen werden. Arbeitsdirektor Hans-Peter Neumann und der Lehrling Steffen Mauche setzten nach dem Abschluss der umfangreichen Instandhaltungsarbeiten das Ausbildungsprojekt Warmbandschere in Betrieb. Die Auszubildenden von EKO Stahl erhielten damit eine Produktionsanlage, an der sie eigenständig einen kompletten Produktionsablauf sowie Wartungs- und Reparaturarbeiten durchführen konnten. Die bis Anfang 1992 vom Kaltwalzwerk betriebene Anlage wurde für eine halbe Millionen DM durch das Warmwalzwerk modernisiert. Zu den Aufgaben der Ausbildung gehörte nun folgendes: nichtqualitätsgerechtes Warmband aufzubereiten, hierfür die Anlage produktiv zu fahren und simulierte Störungen zu beheben.

Für 30 Mitarbeiter begann 1997 auf der Grundlage eines Vertrages zwischen der Europa-Universität Viadrina Frankfurt (Oder) und der EKO Stahl GmbH nebenberuflich ein zweijähriges betriebswirtschaftliches Aufbaustudium, das vorhandenes technisches Wissen durch Vorlesungen und Seminare in Betriebs- und Volkswirtschaftslehre sowie im Wirtschaftsrecht ergänzte. Im Geschäftsbereich Finanzen/Controlling der EKO Stahl GmbH wurde ein Jahr später, am 1. September 1998, ein Modellprojekt mit der Steinbeis-Stiftung Stuttgart gestartet. Vier Trainees absolvierten ein Internationales Projekt-Kompetenz-Studium, dessen Ziel eine internationale, projektbegleitende, betriebswirtschaftliche und technologische Ausbildung war. Hochschulkurse, betriebliche Projektarbeit und internationale Studienreisen wurden nach zehn Monaten mit Prüfungen zum »Master of Business and Engineering« abgeschlossen. Zudem wurden in einem eineinhalbjährigen Traineeprogramm acht junge Hoch- und Fachschulabsolventen auf ihre künftige Tätigkeit bei EKO Stahl vorbereitet. Neben dem Einblick in verschiedene Struktureinheiten vermittelte ein begleitendes Bildungsprogramm konkretes Managementwissen.

Doch damit waren die Möglichkeiten der Aus- und Weiterbildung bei EKO Stahl noch nicht erschöpft. Im Rahmen des Projektes »Neue berufliche Entwicklungswege im modernen Industriebetrieb« wurden ab Januar 1999 in der EKO Stahl GmbH Qualifizierungsmodule entwickelt, die Fachfunktionen für Facharbeiter erweitern und neue betriebliche Karrierewege eröffnen sollten. Ziel war sowohl die inner- als auch die außerbetriebliche Verwertung der neuen Qualifikationen. EKO Stahl bot regionalen Firmen daher eine Mitwirkung an diesem neuen Modellprojekt an.

Am 18. Februar 1999 besuchte der Präsident der USINOR-Gruppe Francis Mer Eisenhüttenstadt. Er besichtigte die Produktionsanlagen im Warmwalzwerk und im Kaltwalzwerk sowie das Berufsbildungszentrum. Er führte Gespräche mit dem Betriebsrat und mit Führungskräften. Auf der anschließenden Pressekonferenz hob er die große Bedeutung der Elemente Qualität der Produkte und Qualifizierung des Personals hervor und lobte ihre Beachtung bei EKO Stahl.

Auf Einladung des Betriebsrates besuchten Bundeskanzler Gerhard Schröder und Brandenburgs Ministerpräsident Manfred Stolpe am 1. September 1999 die EKO Stahl GmbH. Informationen, ein Rundgang mit USINOR-Präsident Francis Mer, Begegnungen mit Auszubildenden und Mitarbeitern bestimmten den Aufenthalt. Bei der abschließenden Pressekonferenz wurde dem Bundeskanzler von der EKO-Geschäftsführung ein besonderes Geschenk überreicht: 30 zusätzliche Ausbildungsstellen zum 1. Oktober 1999 im EKO und im QCW. Hierzu erklärte Gerhard Schröder: »[…] das ist das großzügigste Geschenk, das ich je erhalten habe.«[11]

---

### Ausbildung

#### IN EIGENVERANTWORTUNG
#### Warmbandschere künftig in den Händen der Auszubildenden

Ein Knopfdruck setzte am 3. November nach umfangreichen Instandhaltungsarbeiten die Warmbandschere wieder in Betrieb. Für eine halbe Million DM wurde durch das Warmwalzwerk die bis Anfang 1992 vom Kaltwalzwerk betriebene Anlage modernisiert. In Zukunft soll hier eine berufsübergreifende Ausbildung stattfinden. Das heißt, die Azubis werden den kompletten Produktionsablauf der Warmbandschere eigenständig betreiben – von der Vorbereitung der Anlage über die Durchführung bis zur Übergabe an das weiterverarbeitende KWW. Verantwortung zu übernehmen, dazu sind auch junge Menschen in der Lage. Und sie freuen sich darauf, dies unter Beweis zu stellen. Stellvertretend für die Azubis verspricht Steffen Mauche bei der Inbetriebnahme, die Anlage verantwortungsbewußt zu nutzen. Ihre Aufgabe wird dabei sein, nichtqualitätsgerechtes Warmband aufzubereiten – zum Beispiel bei schlechter Wickelqualität zu umwickeln, wenn die Walzkanten nicht in Ordnung sind zu besäumen oder Spaltbandmaterial herzustellen. Das eigentliche Lernziel wird sein, die Anlage produktiv zu fahren, aber auch berufsspezifisches Training durch Störungssimulation.

*Das Ausbildungsprojekt nahmen Arbeitsdirektor Hans-Peter Neumann und Auszubildender Steffen Mauche in Betrieb.*

Wartungs- und Reparaturplanungen sollen möglichst eigenständig entwickelt werden. Die zeitgerechte Beschaffung von Reserveteilen gehört ebenso dazu wie Produktions- und Reparaturzeitplanungen. Unterstützt werden die Auszubildenden dabei von zwei erfahrenen Mitarbeitern des Warmwalzwerkes. Jeder Azubi des BBZ wird einmal an dieser Anlage lernen und arbeiten. Eingesetzt werden sollen die Instandhalter als Bediener der Steuerpulte und für arbeitsvorbereitende Arbeiten (Scheren- und Rollenbau). Die Energieelektroniker überwachen im Schalthaus die Elektrik. In die Planungs- und Abrechnungsvorgänge sowie für Signierarbeiten werden die Industriekaufleute einbezogen.

*Instandhaltungsmechaniker Michael Schulz (links) und Roberto Töpfer vom 2. Ausbildungsjahr sind schon geübt im Rollenwechseln.*

WARMBANDSCHERE

EKO aktuell 4/97

Das Ausbildungsprojekt Warmbandschere wurde 1997 ausführlich in der Mitarbeiterzeitung »EKO aktuell« vorgestellt.

Als Dank für das zurückliegende EKO-Engagement in der Berufsausbildung überreichte der Hauptgeschäftsführer der IHK Frankfurt/Oder, Gundolf Schülke (rechts), Anfang 1998 Arbeitsdirektor Hans-Peter Neumann eine Anerkennungsurkunde.

Am 15. Juli 1999 wurde das im Oktober 1997 gestartete zweijährige Weiterbildungsprojekt »Aufbaustudium für EKO-Mitarbeiter« zwischen der Europa-Universität Viadrina und EKO beendet. Die gute Partnerschaft wurde fortgesetzt. Das Bild zeigt die erfolgreichen Absolventen des 1. Studienganges.

Foto rechts oben:
Ministerpräsident Manfred Stolpe informierte sich am 16. September 1998 bei der EKO-Tochter QCW über die Ausbildung Jugendlicher.

Foto Mitte rechts:
USINOR-Präsident Francis Mer (4. von links) mit Manfred Stolpe und Hans-Joachim Krüger am 18. Februar 1999 zu Besuch in der Zerspanungswerkstatt des BBZ.

Foto unten:
Bundeskanzler Gerhard Schröder (Mitte) im Gespräch mit Auszubildenden am 1. September 1999 im BBZ.

## Ergebnisorientierte Teamarbeit

Im Frühjahr 1995 begann in der EKO Stahl GmbH ein Forschungsprojekt zum Thema »Ergebnisorientierte Teamarbeit«, das neue Wege für das Zusammenwirken von Mensch, Technik, Organisation und Information untersuchte. Anlass hierfür waren Veränderungen, die sich aus dem Umstrukturierungsprozess zum einen der Stahlindustrie und zum anderen von EKO Stahl in Verbindung mit der Privatisierung an Cockerill Sambre ergaben. Herausforderungen entstanden durch die weltweite Entwicklung der Stahlindustrie zu einer hochproduktiven High-Tech-Branche mit automatisierten Produktionsprozessen, durch strategische Allianzen und Unternehmenszusammenschlüsse auf europäischer Ebene und durch den sich verschärfenden Wettbewerb auf dem Sektor hochwertiger Qualitätsprodukte, vor allem auf den Märkten in Osteuropa. Hieraus ergaben sich neue Anforderungen an die Beschäftigten von EKO Stahl.

Hauptziel des Projektes, das zum Verbundprojekt »Robuste Produktionsprozesse« gehörte, war es, für die EKO Stahl GmbH ein spezifisches System von Maßnahmen zu entwickeln, um die alte, vor allem durch Hierarchiestufen geprägte EKO-Organisation und ihre Kultur in eine kundenorientierte Struktur umzuwandeln. Schwerpunkte waren dabei

- der Abbau überflüssiger und hemmender Hierarchien durch Abschaffung der bisherigen Organisationsebenen Hauptabteilungsleiter und Abteilungsleiter;
- die Bildung von eigenverantwortlichen Anlagenteams und von Beteiligungsgruppen sowie die Förderung der Kooperation dieser neuen Organisationseinheiten;
- die Entwicklung von kundenorientierten Team-Zielvereinbarungen, die die EKO-Position am Markt stärken sollten;
- die Entfaltung von Eigeninitiative und Ideenreichtum der EKO-Angehörigen (z.B. im Betrieblichen Vorschlagswesen) in den Beteiligungsgruppen und Teams.

In diesem Sinne wurde in der EKO Stahl GmbH mit Teamarbeit bezeichnet, was in anderen Unternehmen schon als Gruppenarbeit bekannt war bzw. erfolgreich praktiziert wurde. Bei EKO Stahl war der kundenorientierte Ergebnisanspruch von vornherein jedoch sehr hoch angesiedelt. Deshalb wurde hierfür der Begriff »Ergebnisorientierte Teamarbeit« gewählt. Gefördert wurde das Vorhaben vom Projektträger Arbeit und Technik des Bundesministeriums für Bildung, Wissenschaft, Forschung und Technologie. Beteiligt waren die Gesellschaft für Arbeitsschutz und Humanisierungsforschung Volker Volkholz und Partner, Dortmund sowie die Arbeitssozialwissenschaftliche Forschung und Beratung Christa und Volker Gebbert, Berlin. Hinzugezogen wurde die UPT Unternehmensberatung Personalberatung Training Hans Schuster und Partner, München.

Im Pilotprojekt »Verzinkungsanlage« wurden Teambildung, Beteiligungsgruppenarbeit und Team-Zielvereinbarungen zuerst erprobt. Dabei standen folgende Überlegungen im Mittelpunkt: Die Autoindustrie als wichtiger Kunde war als der stärkste Verbündete bzw. Förderer der »Ergebnisorientierten Teamarbeit« von EKO Stahl anzusehen, denn das Überleben von EKO und eines jeden Arbeitsplatzes war unmittelbar abhängig von ihren Aufträgen. Diese waren wiederum abhängig von der fortlaufenden Auditierung des EKO-Qualitätsmanagementsystems. Das erforderte den beständigen Nachweis von kontinuierlichen Verbesserungen an den Produkten und in der Produktion. Diese wiederum konnten nur durch die »Ergebnisorientierte Teamarbeit« in allen Bereichen – Forschung und Entwicklung, Aus- und Weiterbildung, Produktion und Absatz, Organisation und Verwaltung etc. – vorangetrieben werden. »Ergebnisorientierte Teamarbeit« wurde daher als eine der entscheidenden Zukunftschancen für EKO Stahl angesehen.

Im Kaltwalzwerk wurde im März 1996 die bisher vierstufige Leitungsstruktur durch eine zweistufige ersetzt. Meister übernahmen nun Aufgaben, die früher vom Abteilungsleiter wahrgenommen wurden. Sie erhielten damit mehr Kompetenz und Verantwortung und wurden als Produktionsleiter bzw. Instandhaltungsleiter eingesetzt. Im Warmwalzwerk wurde die »flache« Hierarchie von Anfang an eingeführt. Sie hat sich hier seither bewährt.

Etwa 1.300 Mitarbeiter besuchten am 16. März 1996 die Veranstaltung «EKO 2000 – Ich bin dabei». Neben EKO-Geschäftsführern äußerten sich die Anlagenfahrerin Christina Wenzel, der Direktor des Kaltwalzwerkes Jürgen Nathow, der Vorsitzende des Betriebsrates Wolfgang Ramthun und der Unternehmensberater Hans Schuster zur Neuausrichtung des Unternehmens unter Einbeziehung der »Ergebnisorientierten Teamarbeit«.

Begrüßt wurden zur Hannover Messe 1996 im EKO-Pavillon nicht nur prominente Gäste, sondern aus dem Kreis der EKO-Belegschaft auch die Gewinner der Veranstaltung »EKO 2000 – Ich bin dabei«.

Die Neugestaltung der Arbeitsorganisation führte zu kürzeren Informationswegen, zu größerer Prozessnähe und zu mehr Transparenz. Die Einführung der neuen Arbeitsform und Unternehmenskultur war jedoch kein widerspruchsloser Prozess. Die Auflösung der Hauptabteilungsleiter- und der Abteilungsleiterebene rüttelte an den Grundfesten historisch gewachsener Strukturen, Kompetenzen und Verhaltensmuster. Viele Führungskräfte empfanden die Einführung der »Ergebnisorientierten Teamarbeit« als gegen sie gerichtet. Es entstand der Eindruck, dass die Teamarbeit ihre Autorität schwächt. Tatsächlich konnte sich niemand mehr in oder hinter einer Hierarchie verstecken.

Führungskompetenz war nun vor allem auf fachlicher Ebene gefragt und musste täglich neu bewiesen werden. Das erforderte eine Umstellung. Auch für die Arbeiter bedeutete die neue Arbeitsform und Kultur des Umgangs miteinander im Produktionsprozess, dass der Verweis auf die großen und kleinen Chefs die gegebenenfalls vorliegende eigene Untätigkeit oder fehlende Eigeninitiative nicht mehr verdecken konnte. Weniger Hierarchiestufen führten am Ende zu mehr Selbstverantwortung, Eigeninitiative und Kooperation, zu höheren Anforderungen an die Führungskräfte.

Im Januar 1997 wurde die »Ergebnisorientierte Teamarbeit« in der EKO Stahl GmbH generell eingeführt. Sie bedeutete für die Anlagenteams mehr Möglichkeiten für Initiativen, aber auch mehr Rechte und Pflichten. Während die Arbeit in den Teams, dort wo sie gebildet wurden, für jeden Beschäftigten Pflicht war, blieb die Gründung von Beteiligungsgruppen und die Mitarbeit in diesen Gruppen von Seiten der Geschäftsführung zwar erwünscht, aber freiwillig. Auch in der Verwaltung fand die neue Arbeitsform eine schnelle Verbreitung. So war – aufgrund des vorgestellten Konzeptes »Ergebnisorientierte Teamarbeit im EKO« – von den 13 anwesenden Mitarbeitern des Berufsbildungszentrums bereits im Sommer 1996 die Gründung der Beteiligungsgruppe Berufsbildung beschlossen worden. In geheimer Wahl wurden Petra Budras und Winfried Hess zu Gruppensprechern gewählt.

1998 ging in der EKO Stahl GmbH – erstmals im Verlauf eines Jahres – die Unfallhäufigkeit deutlich zurück. Die absolute Anzahl meldepflichtiger Arbeitsunfälle lag unter 100 und damit 30 Prozent niedriger als in den vergangenen Jahren. Die relative – auf Arbeitsstunden bezogene – Anzahl der meldepflichtigen Arbeitsunfälle war um ein Drittel geringer als 1997. Zu diesem positiven Ergebnis hatten unter anderem auch die Bemühungen der Beteiligungsgruppen um Verbesserung der Arbeitssicherheit geführt. Zudem waren in dem »Projekt Arbeitsschutz« mit der Norddeutschen Metall-Berufsgenossenschaft in 14 Veranstaltungen Führungskräfte und Mitarbeiter von EKO Stahl im Erkennen und Beseitigen von Gefährdungen bei der Arbeit geschult worden.

Ein Kennzeichen der neuen Teamarbeit wurde die ergebnisorientierte Kooperation innerhalb einer Abteilung oder an einer Anlage, aber auch in der Verwaltung. Im Allgemeinen wurden den Teams Beteiligungsgruppen zugeordnet. In diesen diskutierten und suchten ihre Mitglieder Verbesserungsmöglichkeiten im Qualitätswesen, in der Prozessorganisation, der Instandhaltung, der Weiterbildung oder im Arbeitsschutz. In den Teams wurden hierfür entwickelte Lösungen realisiert. Eine wichtige Funktion erhielten in diesem Zusammenhang das Betriebliche Vorschlagswesen und die gemeinsame Suche nach Wegen zur Senkung der Anzahl von Arbeitsunfällen. Die Regelungen zur Handhabung von Verbesserungsvorschlägen und die Team-Zielvereinbarungen wurden zwischen dem Betriebsrat und der Geschäftsführung von EKO Stahl in Betriebsvereinbarungen festgeschrieben.

Übergreifend wurden aus den Teams und Beteiligungsgruppen heraus auch Problemlösungs- und Projektgruppen gebildet. Die Geschäftsführung setzte diese projektbezogen ein. Während Teams abteilungsintern oder anlagenbezogen arbeiteten, wurden in Problemlösungsgruppen Mitarbeiterinnen und Mitarbeiter aus verschiedenen Funktionsbereichen tätig. Diese Form der Kooperation gewann bei EKO Stahl zunehmend an Bedeutung. In einzelnen Fällen zog man bei übergreifenden Projekten auch externe Berater hinzu. So führte die EKO Stahl GmbH 1998 mit der Arthur Andersen Managementberatung ein Projekt zur Optimierung ausgewählter Material- und Dienstleistungsbereiche und zur effektiveren Gestaltung des Einkaufes durch. Während der ersten drei Phasen konnte bei einem Ausschreibungsvolumen von 32 Mio. DM eine Einsparung von über 3 Mio. DM erreicht werden. Das Ziel der vierten Projektphase war eine Einsparung von 10 bis 12 Mio. DM. Dieses Ziel konnte am Ende erreicht werden.

Auf einer Klausurtagung diskutierten Führungskräfte im Januar 1999 die bisherigen Ergebnisse der Teamarbeit in der EKO Stahl GmbH. Die Erfahrungen zeigten, dass das

Engagement nicht nur in den Beteiligungsgruppen, sondern auch bei den Führungskräften verstärkt werden muss. Die Geschäftsführung der EKO Stahl GmbH setzte mit einem Management-Ziel-Programm daraufhin im Jahr 1999 für alle Geschäftsbereiche konkrete Verbesserungsziele. Diese waren z.B. auf folgende Punkte gerichtet:
- Erhöhung von Produktion und Absatz im Flachstahlbereich, u.a. für walzhartes Material;
- Ausnutzung des gestiegenen Dollarkurses im Halbzeugabsatz;
- Reduzierung der Einkaufspreise bei Betriebs- und Hilfsstoffen, Ersatzteilen und Dienstleistungen;
- Senkung des Energieverbrauches im Warmwalzwerk,
- Qualitätsverbesserung, vor allem bei der Ausbringung von Erzeugnissen der 1. Wahl;
- Produktionssteigerungen an Einzelanlagen und Senkung des spezifischen Materialverbrauchs.

**Ergebnisorientierte Teamarbeit in der EKO Stahl GmbH**

Erfahrungen der »Ergebnisorientierten Teamarbeit« wurden in der abgebildeten Broschüre zusammengefasst.

# Archäologische Funde

Bereits in den 80er Jahren hatten Beobachtungen Hinweise auf eine urgeschichtliche Besiedlung im Bereich des geplanten EKO-Warmwalzwerkes ergeben. Seitdem war dieser Bereich als geschütztes Bodendenkmal ausgewiesen.

Vor Beginn der Bauarbeiten für das Warmwalzwerk wurden im Auftrag der EKO Stahl GmbH 1995/1996 archäologische Sondierungen durchgeführt. In drei Suchabschnitten westlich und östlich der in den 80er Jahren errichteten Halle konnten daraufhin vorgeschichtliche Siedlungsspuren und ein germanisches Brandgrab aus der römischen Kaiserzeit (um Christi Geburt bis ca. 400) entdeckt werden. Bei den Siedlungsspuren handelte es sich um den Teilgrundriss eines Pfostenhauses sowie um einen in Ost- und Westrichtung verlaufenden und vermutlich vorgeschichtlichen Graben.

Die Untersuchung des Brandgrabes erbrachte Grabbeigaben – zwei Spinnwirtel aus Ton und Stein, möglicherweise Überreste zweier Handspindeln, die zum Spinnen von Wolle verwendet wurden –, die auf die Bestattung einer Frau hindeuteten. Daneben konnten mehrere Metallgegenstände von Trachtenzubehör geborgen werden: zwei Fibeln (vergleichbar einer Sicherheitsnadel), mit denen Umhänge meist auf Schulterhöhe befestigt wurden, sowie eine Gürtelschnalle, eine Nadel und weitere Utensilien, die zur Tracht der damaligen Zeit gehörten.

Das Gebiet, auf dem später das Warmwalzwerk errichtet wurde, stellte für die hauptsächlich von Viehzucht und Ackerbau lebenden Menschen der »Germania Libera« einen idealen Siedlungsraum dar. Bis 1998 forschten Archäologen und Studenten aus Bonn, Berlin und Frankfurt/Oder daher insgesamt viermal auf einer Fläche hinter der Wasserwirtschaft des Werkes. Dabei legten sie etwa 240 Bestattungsstellen aus der Zeit 1200 bis 800 v. Chr. frei.

Teile dieser Funde wurden als Leihgaben im Eingangsbauwerk der Besucherführung des Warmwalzwerkes ausgestellt.

## Betriebliches Vorschlagswesen und Ideenmanagement

Foto links:
Modernste Verfahren und Technologien: Anlagenfahrer Roland Ziarno bei der Bedienung der Zinkwanne an der neuen VZA 2.

Foto rechts:
Der Anlagenfahrer Ivo Barsuhn von der LTA 1.600 reichte 1996 im Betrieblichen Vorschlagswesen den 300. Verbesserungsvorschlag ein.

Mit der neuen Unternehmensphilosophie »Made for EKOnomy« kündigte der Vorsitzende der EKO-Geschäftsführung Hans-Joachim Krüger im April 1995 auf der Hannover Messe an, dass EKO von nun an mit neuer Kraft, neuer Technologie und neuer Leistung »durchstarten« will. »Made for EKOnomy« hieß:

- Modernste Verfahren und Technologien von der Roheisenerzeugung bis zum oberflächenveredelten Blech und Band;
- Sicherung von marktkonformer Sortimentsbreite, Qualität und Kostenminimierung;
- Kontinuierliches Management eines hohen Qualitätsstandards in Produktion, Vertrieb und Verwaltung;
- Produkt- und Verfahrensinnovationen auf der Grundlage von Trends, Entwicklungen und Kundenanforderungen.

Bei der Verwirklichung dieser Ziele setzte die EKO-Geschäftsführung vor allem auf die Fähigkeiten der Mitarbeiter des Unternehmens. Als Beschäftigte, die sich durch ihre Bemühungen um beste Qualität besonders ausgezeichnet hatten, erlebten daher die Preisträger des »Ideenwettbewerbes Betriebliches Vorschlagswesen« des Jahres 1994 – Gerhard Schneider, Uwe Golla und Simone Gebauer – gemeinsam mit ihren Partnern die Hannover Messe als Gäste der Geschäftsführung. Sie wurden am EKO-Tag in den Statements der Geschäftsführung hervorgehoben und durch Arbeitsdirektor Hans-Peter Neumann zu einem Theaterbesuch und einem Essen eingeladen.

Bereits 1996 zeigte sich im Rahmen des Wettbewerbs des Deutschen Instituts für Betriebswirtschaft, dass die Mitarbeiter von EKO Stahl im europäischen Vergleich besonders eifrige Tüftler waren. So belegte EKO Stahl im Betrieblichen Vorschlagswesen von elf Unternehmen der eisenproduzierenden Industrie den zweiten Platz. Im Zeitraum 1. Januar bis 31. Mai 1996 erreichte EKO durch Verbesserungsvorschläge und ihre Umsetzung eine Kosteneinsparung von 1.772.623 DM. Unternehmen wie Krupp-Hoesch, Preussag Stahl, Thyssen und VOEST Alpine konnten sich mit diesem Ergebnis nicht messen.

Mit der Einführung der »Ergebnisorientierten Teamarbeit« wurde im Betrieblichen Vorschlagswesen das Ideenmanagement (IDEEMA) entwickelt. In der Folge wurden Ideenwettbewerbe zu spezifischen Zielen ausgeschrieben. Dabei konnten die Ergebnisse des Betrieblichen Vorschlagswesens noch gesteigert werden. 1997 wurden von Einzelpersonen und von Anlageteams 386 Verbesserungsvorschläge mit einem Nutzen von 2.615.899 DM eingereicht. 173 der Vorschläge entfielen auf das Kaltwalzwerk. Der größte Nutzen wurde mit 1.087.381 DM durch 95 Vorschläge im Konverterstahlwerk erreicht. Es folgten das Roheisenwerk mit 67 Vorschlägen und 879.301 DM an zweiter und das Kaltwalzwerk mit 599.235 DM Nutzen an dritter Stelle. Aus dem Warmwalzwerk stammten 29 und aus den Querschnittsbereichen 22 Verbesserungsvorschläge.

1998 trat zwischen der Geschäftsführung und dem Betriebsrat EKO eine Betriebsvereinbarung zum Betrieblichen Vorschlagswesen in Kraft. Die Kreativität und das Ideenpotential aller Beschäftigten sollten zur Verbesserung von Produktion, Qualität, Arbeitssicherheit und -zufriedenheit noch stärker gefördert werden. 1998 wurden im Betrieblichen Vorschlagswesen 447 Verbesserungsvorschläge eingereicht. Zu den eifrigsten »Verbesserern« gehörte das Team Stahlerzeugung. Mit einer Jahresabschlussveranstaltung bedankte sich die Geschäftsführung der EKO Stahl GmbH bei allen Mitarbeitern, die im laufenden Jahr mehr als fünf Verbesserungsvorschläge eingereicht hatten. Das waren 34 Mitarbeiterinnen und Mitarbeiter. Der Geschäftsführer Finanzen/Controlling Matthias Wellhausen dankte allen »Tüftlern« mit den Worten: »Der Ideenreichtum der Mitarbeiter ist ein wichtiger Beitrag zur Verbesserung des Unternehmensergebnisses.«[12]

Im Rahmen einer Sonderaktion des Betrieblichen Vorschlagswesens und des Qualitätswesens wurde 1999 von der Geschäftsführung der EKO Stahl GmbH erneut ein Ideenwettbewerb ausgeschrieben. Ziel waren Verbesserungsvorschläge auf dem Gebiet der Qualitätssicherung. Im Aufruf der Geschäftsführer Karl Döring und Hans-Peter Neumann hieß es: »[…] die Zukunft des Unternehmens und damit die Sicherheit der Arbeitsplätze ist in entscheidendem Maße davon abhängig, wie es uns gelingt, die Forderungen und Erwartungen der Kunden an unsere Produkte und Dienstleistungen bezüglich Qualität, Preis und Termin zu erfüllen. Jeder an seinem Arbeitsplatz kann zum Gesamterfolg des Unternehmens beitragen.«[13]

Die Sonderaktion fand unter den EKO-Angehörigen große Resonanz. 280 Mitarbeiter reichten 341 Verbesserungsvorschläge zur Qualitätssicherung ein. Andere Verbesserungsvorschläge zielten auf Kostensenkungen oder Arbeitserleichterungen. 1999 wurden insgesamt 623 Verbesserungsvorschläge eingereicht. Am aktivsten beteiligte sich das Kaltwalzwerk mit 191 Vorschlägen, gefolgt vom Warmwalzwerk mit 153 Vorschlägen. 737 Mitarbeiterinnen und Mitarbeiter waren 1999 insgesamt an der Suche nach neuen Ideen und Lösungen im Arbeitsprozess beteiligt.

Der 100. Verbesserungsvorschlag kam von Angelika Züche aus der Produktionslenkung Kaltwalzwerk, der 200. Vorschlag von Schichtführer Rainer Hofmann aus der Adjustage Kaltwalzwerk und der 300. Vorschlag von Heike Klos, Normen Henschel, Jens Polster und Rico Höpfner aus der B-Schicht Ofen Warmwalzwerk. Der 400. Verbesserungsvorschlag kam von Wolfgang Lehmann und Ricardo Groß, die gemeinsam mit Wolfgang Hertrampf in der Adjustage KSW eine kostengünstige Lösung für die Heißeinlagerung von Vorblöcken fanden, der 500. vom Auszubildenden im 2. Lehrjahr Carsten Lehmann und der 600. von Harald Birkner und Thomas Päthke. Insgesamt hat sich die Anzahl der Verbesserungsvorschläge im Verhältnis zur Anzahl der Beschäftigten bei EKO Stahl von 1990 bis 1999 deutlich erhöht.

Heike Klos, Normen Henschel, Jens Polster (von links) und Rico Höpfner aus der B-Schicht Ofen Warmwalzwerk hatten sich schon öfter Gedanken zur Verbesserung des Arbeitsprozesses gemacht. Dadurch konnten bereits wesentliche Kostensenkungen erreicht werden. Im Jahr 1999 reichten sie im Betrieblichen Vorschlagswesen den 300. Verbesserungsvorschlag ein.

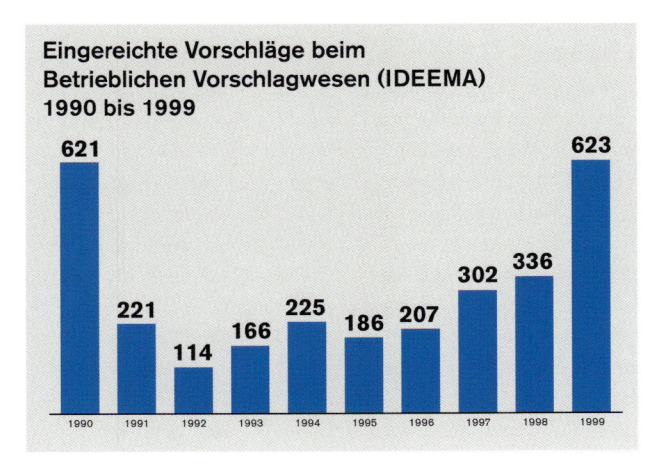

**Eingereichte Vorschläge beim Betrieblichen Vorschlagwesen (IDEEMA) 1990 bis 1999**

| Jahr | Vorschläge |
|---|---|
| 1990 | 621 |
| 1991 | 221 |
| 1992 | 114 |
| 1993 | 166 |
| 1994 | 225 |
| 1995 | 186 |
| 1996 | 207 |
| 1997 | 302 |
| 1998 | 336 |
| 1999 | 623 |

**EKO-Beschäftigte am Standort Eisenhüttenstadt**

| Jahr | Beschäftigte |
|---|---|
| 1990 | 11.510 |
| 1991 | 9.751 |
| 1992 | 5.473 |
| 1993 | 4.191 |
| 1994 | 3.027 |
| 1995 | 2.746 |
| 1996 | 2.761 |
| 1997 | 2.833 |
| 1998 | 2.846 |
| 1999 | 3.015 |

## Forschung und Entwicklung

Mit der Realisierung der Investitionen in Produktionsanlagen verstärkte EKO Stahl ab 1995 auch die Investitionen in Forschung und Entwicklung. Dabei stützte sich das Unternehmen zum einen auf die langjährigen Kontakte zur Technischen Universität Bergakademie Freiberg, zum anderen auf die Entwicklung der Zusammenarbeit mit dem Moskauer Institut für Stahl und Legierungen (MISIS) und mit der Brandenburgischen Technischen Universität Cottbus sowie der Studiengesellschaft Stahlanwendung e.V., Düsseldorf, auf dem Gebiet der Herstellung von mobilen, leichten und einfachen Stahlrohren. Hinzu kam die technische Zusammenarbeit mit Cockerill Sambre durch eine systematische Koordination der Aktivitäten in diesem Bereich sowie durch einen regelmäßigen Informations- und Ergebnisaustausch. Über die Mitwirkung in den Forschungskomitees, gemeinsamen Arbeitsgruppen und Gemeinschaftsprojekten konnte das Entwicklungstempo in vielen Bereichen erhöht werden.

Die Budgets für Forschung und Entwicklung wurden ab 1995 kontinuierlich erhöht und auf die Prozessentwicklung zur Kostenreduzierung sowie auf die Erhöhung von Qualitätsprodukten in ausgewählten Branchen gerichtet. Betrug der Aufwand für Forschung und Entwicklung 1995 noch 2,4 Mio. DM, so erhöhte er sich bis zum Jahre 2000 auf 9 Mio. DM. Schwerpunkte der Arbeit im Bereich der Erzeugnisentwicklung waren Forschungsthemen wie z.B. höherfeste kaltgewalzte und feuerverzinkte Umformstähle, Elektrobleche mit besten magnetischen Eigenschaften und Emaillierstähle mit Sonderumformeigenschaften. In der Prozessentwicklung wurden Technologieoptimierungen beim Hauben- und Durchlaufglühen, beim so genannten ferritischen Walzen sowie bei der Optimierung des Direkteinsatzes von heißen Brammen im Warmwalzwerk untersucht. Im Vordergrund stand die Suche nach Möglichkeiten für Kostensenkungen, Qualitätsverbesserungen und Leistungssteigerungen in ausgewählten Produktionsbereichen. Im Ergebnis der Produktentwicklung konnte das EKO-Sortiment, insbesondere bei höherfesten feuerverzinkten Stählen und bei Elektroblechen, wesentlich erweitert werden.

1995 schloss die EKO Stahl GmbH mit der Cone-Plast Engineering GmbH in Voerde einen Lizenzvertrag für die im Konverterstahlwerk entwickelte und seit Anfang 1993 an den Gießpfannen zur Verbesserung der Öffnungsrate erfolgreich eingesetzten Schiebersandkartusche ab. Diese Lösung wurde in Deutschland und in weiteren 14 europäischen Staaten patentrechtlich geschützt. Sie zeigte, dass die Erfinder des EKO über den Rahmen der eigenen betrieblichen Verwertung hinaus Lösungen entwickeln, die auch für andere Unternehmen von Nutzen waren. 1998 wurden jeweils drei Patentanmeldungen beim Deutschen Patent- und Markenamt sowie beim Europäischen Patentamt vorgenommen. Außerdem wurden die Markennamen EKOZINC, EKOMAIL, EKOFER, EKOVOLT und EKOTEX beim Deutschen Patent- und Markenamt angemeldet und als internationale Marken registriert.

Als ein wesentliches Instrument zur Durchführung eigener Forschungs- und Entwicklungsprojekte im Bereich der Qualitätssicherung und Produktinnovation entwickelte sich die EKO-»hauseigene« Forschungs- und Qualitätszentrum Brandenburg GmbH (FQZ). 1996 erhielten die EKO-Labore und das vom Verein Deutscher Eisenhüttenleute (VDEh) als EKO-Forschungsstelle anerkannte FQZ von der Gesellschaft für Akkreditierung und Zertifizierung die Zulassung, die Produkte des EKO zu prüfen und freizugeben und darüber hinaus auf dem Markt aktiv zu werden. 1997 war das FQZ mit einem eigenen Stand auf der Leipziger Innovationsmesse vertreten. Hier demonstrierte es seine Erfahrungen beim Laserschweißen von oberflächenveredelten Stahlblechen. Weiterhin präsentierte es mit Forschern aus dem Moskauer Institut für Stähle und Legierungen ein transportables röntgendiffraktometrisches Messgerät. Konkrete Projekte der Zusammenarbeit mit dem Moskauer Institut waren ab 1999 außerdem spezielle Untersuchungen im Hochofenprozess, im Konverterstahlwerk, im Warmwalzwerk und an der Ferritanlage, außerdem Ingenieurpraktika, Aufgaben für studentische Arbeiten und die Koordination der Zusammenarbeit mit russischen Instituten und Hochschulen.

Mit anderen Partnern ging das FQZ auf die Suche nach innovativen Lösungen. 1998 stellte der Lehrstuhl Konstruktion und Fertigung der Brandenburgischen Technischen Universität Cottbus (BTU) eine Machbarkeitsstudie »Mobile Herstellung von leichten, einfachen Stahlrohren durch Hydroformen« vor, die von der EKO Stahl GmbH und der Studiengesellschaft Stahlanwendung e.V. Düsseldorf gefördert wurde. Im gleichen Jahr beteiligte sich EKO Stahl – gemeinsam mit vier weiteren europäischen Partnern – an dem von der Europäischen Gemeinschaft für Kohle und Stahl geförderten Projekt »Entwicklung von Trockenbauverbundsystemen für den Wohnungsbau«. In diesem Projekt übernahm Stahl alle tragenden Funktionen der Wand-, Decken- und Dachkonstruktionen innerhalb des statischen Systems. Es kamen die Vorteile voll zum Tragen: filigrane Leichtigkeit, Flexibilität, hoher Vorfertigungsgrad und die Möglichkeit der Kombinierbarkeit mit anderen Werkstoffen. Das erste, nach Kundenwunsch produzierte Einfamilienhaus wurde in Perl im Saarland montiert. Basis der Konstruktion bildeten C- und U-Profile aus 1,5 mm dickem verzinkten Kaltband. Der Rohbau des Hauses stand innerhalb von vier Stunden. Die Profilproduktion und die Vorfertigung der

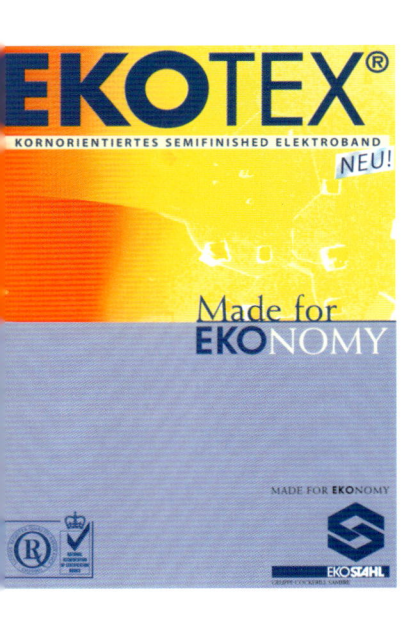

*Die EKO-Marken wurden ständig erweitert. Zu den bisherigen Marken trat 1999 »EKOTEX« hinzu, eine Neuentwicklung zur Fertigung von Magnetkernen für elektrische Maschinen und Geräte.*

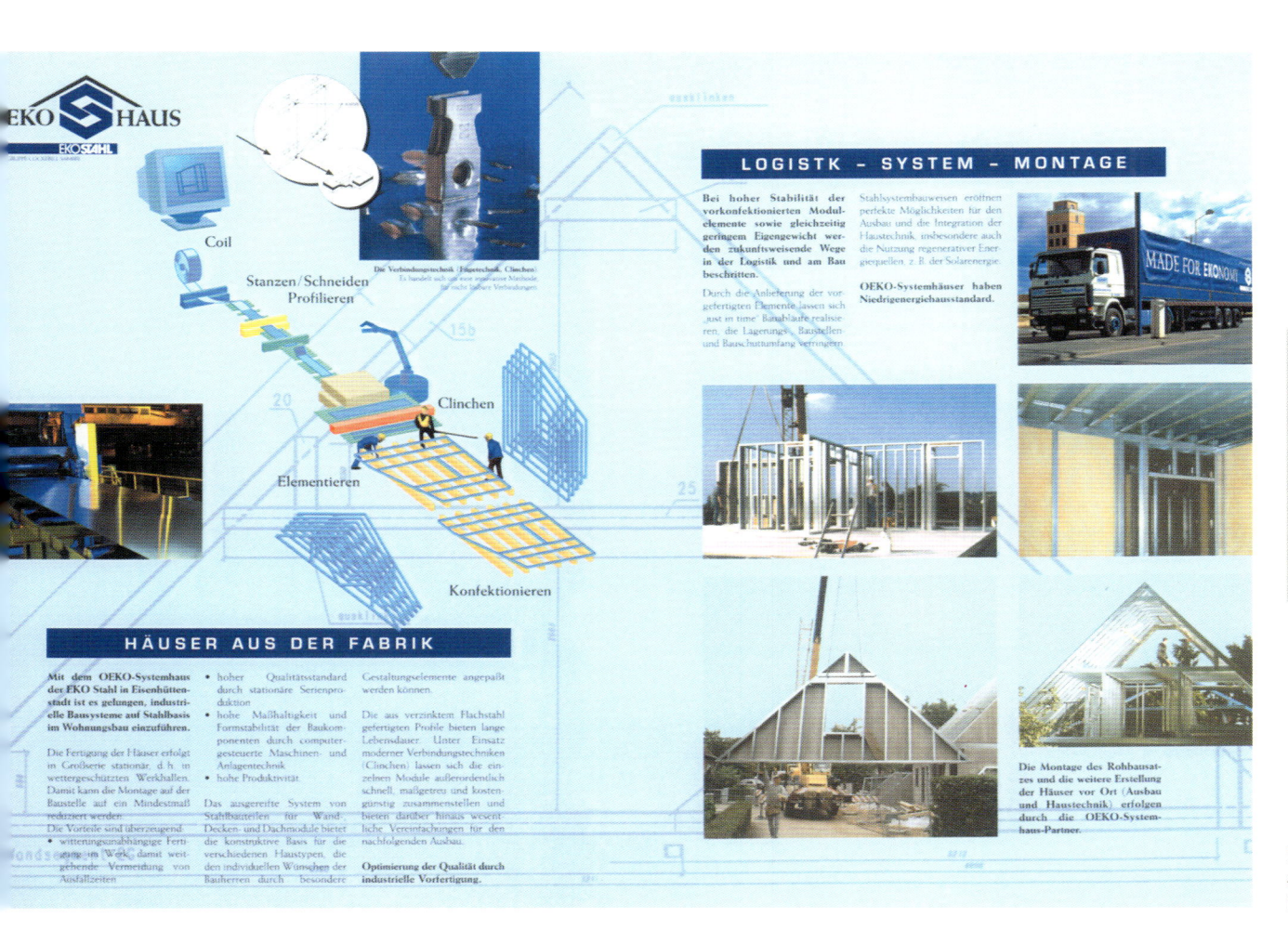

| Aufwand für Forschung und Entwicklung | |
|---|---|
| 1994 | **1,3 Mio. DM** |
| 1995 | **2,4 Mio. DM** |
| 1996 | **5,4 Mio. DM** |
| 1997 | **5,8 Mio. DM** |
| 1998 | **5,9 Mio. DM** |
| 2000 | **9,0 Mio. DM** |

Prospekt des neuen Geschäftsfeldes »OEKO-Systemhaus«, 1999.

Euro-Projekt Fallschachtofen, 1999.

Wand- und Deckenelemente sowie des Dachstuhles erfolgten in den Hallen der EKO Bauteile GmbH. Im Ergebnis dieser Entwicklungsarbeit kam es im Januar 1999 zur Gründung des Geschäftsfeldes »OEKO-Systemhaus« der EKO Stahl GmbH.

Ein weiteres Ergebnis praktischer Forschungs- und Entwicklungsarbeit konnte in der im April 1999 gegründeten 100-prozentigen Tochter EKO Ferrit GmbH, die am 1. Juni 1999 ihre wirtschaftliche Tätigkeit aufnahm, zur Anwendung gebracht werden. Die Gesellschaft betrieb die seit März 1999 in der Halle 2 des Kaltwalzwerkes im Probebetrieb befindliche Ferritanlage zur Herstellung von EKOferrit, einem Gemisch aus Eisenoxid und Strontiumcarbonat. Die Anlage war ein Prototyp und mit herkömmlichen Anlagen zur Herstellung von Ferritpulvern kaum noch vergleichbar. Kernstück des neuen Verfahrens war der in einem Pilotprojekt von der Europäischen Union geförderte Fallschachtofen, in dem das Gemisch der Ausgangsstoffe (Rösteisenoxid und Strontiumcarbonat) im freien Fall bei Temperaturen um 1.200 °C gesintert wurde (Rösteisenoxid ist ein Abfallprodukt bei der Regenerierung der Abbeize im Kaltwalzwerk). Gesamtprojektträger für die Errichtung der neuen technischen Anlagen war die FERROSTAAL Maintenance Eisenhüttenstadt GmbH. Die vom Bundesministerium für Wirtschaft geförderte wissenschaftliche und technologische Vorbereitung zur Errichtung der Anlagen erfolgte durch die Forschungs- und Qualitätszentrum »Oderbrücke« gGmbH.

# Rückkehr zur Normalität

Am 4. August 1996 wählte der EKO-Betriebsrat auf einer Sondersitzung Holger Wachsmann (links) zum neuen Vorsitzenden und Frank Balzer (rechts) zu seinem Stellvertreter.

Mit der Privatisierung an Cockerill Sambre war der Kampf um EKO Stahl abgeschlossen. Die Zeit der Großdemonstrationen und spektakulären Aktionen war vorbei. Für Belegschaft und Betriebsrat, Geschäftsführung und Aufsichtsrat begann nun eine Etappe kontinuierlicher Arbeit. Schwerpunkte waren Geschäftslage und Auftragsentwicklung, Investitionsvorhaben, Ausgliederungen und Tochtergesellschaften, die Zusammenarbeit zwischen Cockerill Sambre und EKO Stahl.

Der EKO-Aufsichtsrat wurde im Februar 1995 umgebildet. Zum neuen Vorsitzenden wurde durch Cockerill Sambre Hellmut K. Albrecht berufen. Stellvertreter blieb Rainer Barcikowski. Cockerill Sambre entsandte in den Aufsichtsrat außerdem Philippe Delaunois, Albert Henon, Jean Lecomte, Pierre Meyers. Weitere Mitglieder waren Peter Breitenstein, Hans Krämer, Wolfgang Ramthun, Jürgen Voigt, Elisabeth Franke, Rainer Werner, Horst Wagner und Ingrid Scheibe-Lange.

Schwerpunkte für den Betriebsrat bildeten die enge Zusammenarbeit mit der Geschäftsführung von EKO Stahl und mit Cockerill Sambre, vor allem im Aufsichtsrat der EKO Stahl GmbH, insbesondere aber auch die Mitwirkung im Europäischen Betriebsrat der belgischen Muttergesellschaft. Auf Einladung der IG Metall besuchte im Februar 1995 eine paritätisch besetzte Delegation der sozialistischen und der christlichen Gewerkschaften Belgiens die EKO Stahl GmbH. Ihr gehörten Vertreter der Standorte Lüttich und Charleroi von Cockerill Sambre an.

In den folgenden Monaten und Jahren mussten die letzten Ausgliederungen des Umstrukturierungsprozesses sozialverträglich gestaltet werden. Im März 1995 wechselten 52 EKO-Mitarbeiter unter Wahrung des Besitzstandes zum Dienstleister EDS. Manager vor Ort war der bisherige Leiter der Zentralen Datenverarbeitung, Eberhard Köpstein. Im Mai 1995 wurde zwischen EKO Stahl und VEO der Vertrag zur Ausgliederung des Energiebereiches unterzeichnet. Mit einem Anerkennungstarifvertrag (gleiche Bedingungen wie bei EKO Stahl) wurden 1998 die Arbeitnehmer der Regenerations-, Neutralisations- und Emulsionsspaltanlagen aus dem Kaltwalzwerk in die EKO Recycling GmbH übernommen. An das gleiche Unternehmen wurde 1999 mit 18 Beschäftigten der Schrottplatz des Konverterstahlwerkes ausgegliedert.

Seit Mai 1995 nahmen Fußballmannschaften von EKO Stahl am jährlichen Fußballturnier der Cockerill Sambre Gruppe in Charleroi teil. Bei der ersten Teilnahme errang die EKO-Mannschaft unter EFC-Kapitän Axel Ruppenthal mit Unterstützung durch den ehemaligen Oberliga-Fußballer und Direktor Verkauf Heinz Basan im Wettkampf der zwölf Mannschaften aus Belgien, Frankreich und Deutschland den dritten Platz. Sven Obstei wurde als bester Torwart ausgezeichnet. 1998 wurde Dennis Mielke als bester Spieler geehrt. Beim Wettkampf 1999 errang eine Auswahl der besten Fußballer des EKO-Turniers 1998 den fünften Platz und damit das zweitbeste Ergebnis seit der ersten Teilnahme 1995. Hierbei wurden als bester Spieler und Torschütze Daniel Leppin und als bester Torhüter Sebastian Becker ausgezeichnet.

Im März 1996 besuchten 17 Direktoren des Personal- und Sozialbereiches der Gruppe Cockerill Sambre sowie Gewerkschaftsführer aus Charleroi und Lüttich die EKO Stahl GmbH. Vom Vorsitzenden der Geschäftsführung Hans-Joachim Krüger wurden sie über die Geschichte und die gegenwärtige Situation des Stahlstandortes Eisenhüttenstadt unterrichtet. Arbeitsdirektor Hans-Peter Neumann erläuterte die Beschäftigungsentwicklung bei EKO Stahl. Der Vorsitzende des Betriebsrates Wolfgang Ramthun äußerte sich zu Fragen der Mitbestimmung und der Umsetzung von Arbeitnehmerinteressen. Zu den Teilnehmern der Delegation gehörten u.a. die Betriebsdirektoren der Warmlinie aus Lüttich und Charleroi, Pol Bruyère und Michel Aubry, sowie der Direktor des Sozialwesens Francis Degee. Die Delegation besichtigte das Berufsbildungszentrum, die Baustelle des Hochofens 5A, das Konverterstahlwerk und das Kaltwalzwerk.

Auf einer Betriebsversammlung zum Thema »Sozialabbau durch das Sparpaket der Bundesregierung« erläuterte der Betriebsratsvorsitzende Wolfgang Ramthun im Juni 1996 das neue Modell, dass Arbeitnehmer bei EKO Stahl, deren Tätigkeit im Zuge von Umstrukturierungen wegfiel, in den Bereich Technisch-Kaufmännische Dienste (TKD) aufgenommen würden und so ihren Arbeitsplatz behielten. Im Unternehmen wurde so ein Arbeitskräftepool geschaffen, der innerbetrieblich kurzfristigen Personalbedarf für EKO Stahl sowie für die Töchter und Beteiligungen deckte. Der Betriebsrat unterstützte das Vorhaben durch den Abschluss einer Betriebsvereinbarung. Bernd Hartelt wurde der Aufbau dieses Betriebsbereiches übertragen, mit dem die EKO Stahl GmbH einen neuen Weg im Personal- und Sozialwesen beschritt.

Zur Jahresmitte 1996 hatte sich die wirtschaftliche Lage auf dem Stahlmarkt vorübergehend so zugespitzt, dass im EKO-Kaltwalzwerk Kurzarbeit gefahren werden musste. Betriebsrat und Geschäftsführung suchten daher gemeinsam nach Wegen, um durch effektive Leitungsstrukturen, Teamarbeit, Modernisierung der Anlagen, Qualifizierung der Mitarbeiter, Verbesserung der Arbeitsorganisation gegen Kurzarbeit, für Ergebnisverbesserung und Kostensenkung zu kämpfen.

Für das internationale Unternehmen Cockerill Sambre war die Bildung eines europäischen Betriebsrates nach EU-Recht Vorschrift. Der Vertrag, der Aufgaben und Ziele dieses Betriebsrates festlegte, wurde am 19. September 1996 in Charleroi unterzeichnet. Dem europäischen Betriebsrat gehörten acht Vertreter aus Belgien, vier aus Frankreich, vier aus Deutschland – unter ihnen Holger Wachsmann und Frank Balzer – und je ein Vertreter aus Norwegen, Holland und England an. Die Amtszeit der europäischen Betriebsräte betrug vier Jahre, wobei sich ihr Gremium einmal im Jahr traf.

Im September 1997 wählten die 125 EKO-Vertrauensleute, die die Interessen der Gewerkschaftsmitglieder von EKO Stahl vertraten, auf einer Vertrauensleutevollversammlung eine neue Vertrauenskörperleitung. Vorsitzender wurde Jürgen Voigt, stellvertretende Vorsitzende Pia Spannuth. Bei der nächsten Wahl im September 1999 wurde Ralf Köhler zum IG-Metall-Vertrauenskörperleiter gewählt.

Die Weltrohstahlproduktion hatte 1997 mit etwa 790 Mio. t einen neuen Höchststand erreicht. Die Rohstahlproduktion stieg in Deutschland um mehr als 12 Prozent auf 44 Mio. t. Auf EKO Stahl entfielen hiervon mehr als 12 Prozent. Der Nachfragebelebung auf dem internationalen Stahlmarkt wurde im Unternehmen nun wieder durch Vollauslastung der Anlagen und hohe Leistungen in allen Produktionsbereichen entsprochen.

Beim Fußball-Freundschaftsturnier von Cockerill Sambre wurde Dennis Mielke 1998 als bester Spieler geehrt.

Beim Wettkampf von 12 Mannschaften aus Unternehmen der Cockerill Sambre Gruppe errang Ende Mai 1999 in Charleroi eine Auswahl der besten Fußballer des EKO-Turniers 1998 den 5. Platz und damit das zweitbeste Ergebnis seit der ersten Teilnahme 1995.

Der EKO-Betriebsrat 1998: (vordere Reihe von links) Elisabeth Franke, Pia Spannuth, Jutta Haberkost, Renate Marpert, Hans J. Domachowski; (mittlere Reihe von links) Klaus Keil, Jürgen Voigt, Karl-Heinz Papert, Ralf Köhler; (hintere Reihe von links) Holger Wachsmann, Peter Schmidt, Renato Thielecke, Mario Bochon, Frank Balzer, Horst-Dieter Sallani, Romy Schmiedl, Michael Sonnenburg, Bernhard Haase. Nicht auf dem Bild: Dirk Vogeler.

## Generationswechsel bei EKO Stahl

Foto oben:
Hans Conrad mit Bürgermeister Rainer Werner auf der Großdemonstration in Eisenhüttenstadt am 12. Februar 1993.

Foto rechts:
Verabschiedung von Hans Conrad am 23. Juli 1996.

Zu denen, die ihr ganzes Berufsleben im EKO verbrachten und bis zum Schluss an vorderster Stelle beim Kampf um EKO Stahl standen, gehörte Hans Conrad. Er begann 1951 als kaufmännischer Lehrling im EKO. Später wurde er Betriebsrechner und Mitarbeiter der Wirtschaftskontrolle sowie Assistent des Hauptbuchhalters. Ab 1966 arbeitete er als Abteilungs- und Bereichsleiter. 1982 wurde er Direktor für Ökonomie im Bandstahlkombinat »Hermann Matern« Eisenhüttenstadt. Ab 1990 war er Vorstandsmitglied der EKO Stahl AG und seit 1994 Generalbevollmächtigter Finanzen/Controlling der EKO Stahl GmbH.

Als Verantwortlicher für Finanzen stand Hans Conrad nicht unbedingt im Rampenlicht. Aber immer wieder löste er die schwierige Aufgabe, die Liquidität des Unternehmens zu sichern, um Löhne und Gehälter oder Rechnungen der Zulieferer zu bezahlen. Dabei zeichnete er sich sowohl durch ökonomisches und betriebswirtschaftliches Fachwissen als auch durch umfangreiche technische Kenntnisse zu Aggregaten und Prozessen der Metallurgie aus. In den besonders schweren Jahren 1990 bis 1994 leistete Hans Conrad Außergewöhnliches. Unter den Finanzvorständen der Branche erwarb er sich dafür hohe Anerkennung. Ein großer Erfolg seiner Arbeit war 1992 der Konsortialkredit deutscher Banken an EKO Stahl zur Modernisierung des Kaltwalzwerkes.

Ende Juli 1996 trat Hans Conrad in den Ruhestand. In feierlicher Umrahmung wurde sein Wirken als langjähriger Direktor für Ökonomie des Bandstahlkombinates »Hermann Matern«, als Vorstandsmitglied Finanzen/Controlling der EKO Stahl AG und als Generalbevollmächtigter für Finanzen/Controlling der EKO Stahl GmbH gewürdigt. Der Generaldirektor von Cockerill Sambre Jean Lecomte, der Landrat Jürgen Schröter, der Bürgermeister von Eisenhüttenstadt Rainer Werner sowie weitere Vertreter von Eisenhüttenstadt und des Landes Brandenburg, Persönlichkeiten aus der Bank- und Finanzwelt, der Vorsitzende der Geschäftsführung Hans-Joachim Krüger sowie weitere Mitglieder der Geschäftsführung und zahlreiche ehemalige Arbeitskollegen brachten ihre Anerkennung zum Ausdruck und verabschiedeten Hans Conrad nach 45 Jahren Wirken für EKO mit den besten Wünschen für die Zukunft.

Als Nachfolger wurde Matthias Wellhausen zum Geschäftsführer Finanzen/Controlling der EKO Stahl GmbH bestellt. Wellhausen, Jahrgang 1957, hatte nach einer Banklehre in Bremen und nach dem Studium der Volkswirtschaft in Hamburg bis 1986 im Bereich Strategische Planung bei der Landesbank Kiel und anschließend bei IBM gearbeitet. Hier hatte er von 1988 bis 1993 in Stuttgart und Paris verschiedene Finanzabteilungen geleitet. Von 1994 bis 1996 wurde ihm die Leitung des IBM-Finanzwesens für Nordeuropa übertragen. Mit Matthias Wellhausen erhielt EKO Stahl einen erstklassigen Nachfolger für Hans Conrad und einen gestandenen Experten für den Geschäftsbereich Finanzen/Controlling. Wellhausen nahm seine Tätigkeit im August 1996 auf und brachte es schnell zu ersten Erfolgen.

Matthias Wellhausen, 1999.

Foto links: Matthias Wellhausen (2. von links) bei der Kreditunterzeichnung am 3. April 1998.

Anfang April 1998 unterzeichnete die EKO Stahl GmbH bei der Dresdner Bank in Berlin mit einem Konsortium deutscher Banken einen Kreditvertrag über 300 Mio. DM. Fünfzig Unterschriften besiegelten den Konsortialkredit, der langfristig gewährt wurde und bis 2004 zurückzuzahlen ist. Der Vertrag bezeugte das Vertrauen der Banken in EKO Stahl. Das Symbol bei Großfinanzierungen – der »Tombstone« – war aus verzinktem Stahl. Zusammen mit einem Gesellschafterdarlehen über 100 Mio. DM von Cockerill Sambre war damit das Investitionsprogramm »EKO 2002« zur Erweiterung der Flachstahlveredlung abgesichert. Am Zustandekommen des Vertrages war Matthias Wellhausen maßgeblich beteiligt.

| Konsortium deutscher Banken 1998 | |
|---|---|
| Dresdner Bank (Konsortialführer) | 100 Mio. DM |
| Kreditanstalt für Wiederaufbau | 100 Mio. DM |
| Deutsche Bank | 60 Mio. DM |
| Bayerische Landesbank | 40 Mio. DM |

Der »Tombstone« aus verzinktem Stahl, 1998.

Informationskampagne und Flugblattaktion der EKO-Geschäftsführung im Tarifstreit 1997/1998.

Ein Streik in der ostdeutschen Stahlindustrie wurde Anfang 1998 abgewendet.

**Zuwachs der Produktion der EKO Stahl GmbH 1996/1997** in kt

|           | 1996  | 1997  | Zuwachs |
|-----------|-------|-------|---------|
| Roheisen  | 1.672 | 1.737 | 65      |
| Rohstahl  | 1.941 | 2.033 | 92      |
| Halbzeug  | 1.866 | 1.937 | 71      |
| Warmband  | 0     | 294   | 294     |
| Flachstahl| 1.018 | 1.148 | 130     |

Im Dezember 1997 kam es zu Tarifauseinandersetzungen zwischen IG Metall und Stahlarbeitgebern. Ein Schlichterspruch hatte für 1997 eine Lohnerhöhung von 60 DM/Monat für die Monate Januar bis August und ab September die Erhöhung von Lohn und Gehalt um 2,6 Prozent empfohlen. Eine Einigung kam zunächst jedoch nicht zustande. Vom 18. bis 20. Dezember 1997 erfolgte in der EKO Stahl GmbH eine Urabstimmung über den Schlichterspruch. In einer Flugblattaktion, in einem Brief, über Rundfunk und Fernsehen griffen die EKO-Geschäftsführer unmittelbar in diese Auseinandersetzung ein. Mit der Losung »Das NEIN in der Urabstimmung ist das JA für EKO« wandten sie sich direkt an die Mitarbeiter des Unternehmens.

Am 5. Januar 1998 rief IG-Metallchef Klaus Zwickel im Friedrich-Wolf-Theater in Eisenhüttenstadt die Stahlarbeiter von EKO sowie der Brandenburger und Hennigsdorfer Elektrostahlwerke zu Streikaktionen in der ostdeutschen Stahlindustrie auf. Ziel war die Übertragung der West-Lohnerhöhung von 2,6 Prozent auf die 8.000 ostdeutschen Stahlarbeiter. Die Geschäftsführung von EKO Stahl bot zur Abwendung des Streiks einen Haustarif an. Drei Tage später, sprichwörtlich in letzter Minute, wurde der bereits angekündigte Streik in der ostdeutschen Stahlindustrie abgewendet. Arbeitgeber und IG Metall einigten sich auf eine Lohnerhöhung von 2,6 Prozent für die ostdeutschen Stahlarbeiter ab Januar 1998. Der Kompromiss enthielt eine einmalige Zahlung von 330 DM für Oktober bis Dezember 1997.

Im März 1998 fanden in der EKO Stahl GmbH Wahlen des Betriebsrates statt. Dieser bestand jetzt aus 19 Mitgliedern, davon entfielen 14 Mandate auf Arbeiter und fünf Mandate auf Angestellte. Holger Wachsmann wurde zum Vorsitzenden und Frank Balzer zu seinem Stellvertreter wiedergewählt. Außerdem wurden die Verantwortlichen für zwei Kommissionen und zwölf Ausschüsse festgelegt.

Aufgrund kontinuierlicher Zusammenarbeit zwischen Geschäftsführung und Betriebsrat konnten 1995 bis 1999 zahlreiche Betriebsvereinbarungen zum Nutzen der Mitarbeiter von EKO Stahl abgeschlossen werden, z.B. Vereinbarungen zur Meldung und Untersuchung von Unfällen, zum Betrieblichen Vorschlagswesen, über Zulagen für aufsichtsführende Tätigkeiten, über die Anordnung, Leistung und Vergütung von Rufbereitschaft, über das Beurteilungsverfahren in der Erstausbildung, über eine Beteiligung der Belegschaft am Jahresergebnis von EKO Stahl, zur Einführung der System-Management-Software (SMS) im Interesse des Datenschutzes, zur Beantragung, Leistung, Vergütung und Abrechnung von Mehrarbeit usw. Auf der Grundlage des Altersteilzeitgesetzes, des Rentenreformgesetzes 1999 und des Rahmentarifvertrages wurde für EKO-Mitarbeiter eine spezifische Altersteilzeitlösung ermöglicht. Begrenzt wurde diese Regelung auf die Jahrgänge 1942 und älter. Ein genereller Anspruch auf Altersteilzeit bestand nicht. Mit der Vereinbarung wurde vor allem älteren Mitarbeitern die Möglichkeit geboten, gleitend in den Ruhestand zu wechseln. Damit erhöhten sich die Chancen für Auszubildende auf einen festen Arbeitsplatz bei EKO Stahl nach Abschluss der Lehre.

Ein besonderes Anliegen der EKO-Geschäftsführung war in den 90er Jahren die Entwicklung der Unternehmenskommunikation nach innen und nach außen auf der Grundlage modernster technischer Möglichkeiten. Im März 1993 war die erste Ausgabe der neuen Werkzeitung »EKO aktuell« für Mitarbeiterinnen und Mitarbeiter sowie für Pensionäre und Freunde von EKO Stahl erschienen, zunächst noch in einem Großformat. Seit März 1996 erschien »EKO aktuell« im neuen handlichen Format. Torsten Keuhne von der Fürstenberger Druck und Verlag GmbH und Ramona Illgen von der EKO Stahl GmbH hatten das neue Konzept entwickelt. Durch geringere Herstellungskosten war es nun möglich, durchgängig Farbfotos zu verwenden und die Gestaltung zu verbessern. Der Betriebsrat erweiterte seine Belegschaftsinformationen 1997 mit der monatlichen Herausgabe von »Betriebsrat aktuell«. Zu besonderen Anlässen oder Themen wurden die Sonderdrucke »Betriebsrat spezial« herausgegeben. Für die Kunden von EKO Stahl gab es jährlich zur Hannover Messe eine Ausgabe von »EKO extra«, einer Information des EKO Stahl Marketingservices.

»EKO Stahl online« wurde ab Juli 1998 die elektronische Visitenkarte von EKO Stahl im Internet. Mit den Rubriken CONTACT, PROGRAMM, NEWS INFO, PHILOSOPHY und BRAIN konnten Internet-Nutzer die EKO-Produktpalette studieren, Lieferantenfragen für Walzstahlprodukte platzieren, Besuche des Werkes anmelden oder sich über die wirtschaftliche und gesellschaftliche Tätigkeit des Unternehmens informieren. Für den Datenaustausch mit den Außenstellen von EKO Stahl und Cockerill Sambre wurde ein Intranet aufgebaut und seit Januar 2000 war »EKO aktuell« in der innerbetrieblichen Kommunikation für Mitarbeiter elektronisch auch über Microsoft Outlook verfügbar.

Ramona Illgen, Alleinredakteurin und Fotografin von »EKO aktuell« sammelte Anfang der 80er Jahre erste Berufserfahrungen im Betriebsfunk des Stahl- und Walzwerkes Riesa und arbeitete danach bis 1992 zuerst beim Betriebsfunk und dann bei der Betriebszeitung von EKO Stahl. »EKO aktuell« erschien unter ihrer Redaktion seit Januar 1993 vierteljährlich in einer Auflage von 5.000 Exemplaren. Ein Redaktionsausschuss aus Mitarbeitern aller Betriebsteile steht ihr zur Seite.

Abbildung links:
Zwei Kommunikationsmedien aus der Redaktion von Ramona Illgen: »EKO express« und »EKO aktuell«.

Abbildung unten:
»EKO extra«, 1998.

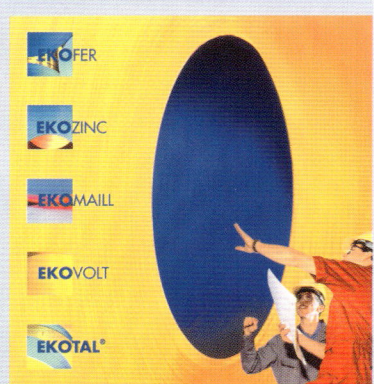

## Solidarität im Kampf gegen das Hochwasser

Auszubildende und Ausbilder des BBZ füllten 1997 zum Schutz gegen das Hochwasser Sandsäcke.

Ausgezeichnete Hans-Peter Neumann (rechts) und Leszek Piaseki (links), 1999.

Mit selbstlosem Einsatz beteiligten sich EKO-Angehörige im Juli/August 1997 am Kampf gegen das Oderhochwasser. Die EKO Stahl GmbH stellte Mitarbeiter für den Katastrophenschutz frei, bildete eine freiwillige Rufbereitschaft und stellte materielle Hilfsstoffe, Arbeitsschutzmittel und Fahrzeuge zur Verfügung. Auszubildende und Ausbilder des Berufsbildungszentrums halfen in Eisenhüttenstadt, Sandsäcke zum Schutz vor dem Hochwasser zu füllen. Kaltwalzwerker und Hochöfner unterstützten die Ratzdorfer Einwohner bei der Rettung ihres Dorfes. Die EKO-Tochter Eisenhüttenstädter Schlackeaufbereitung und Umwelttechnik GmbH spendete 200 t Schlacke für Deichreparaturen. Helikopter brachten die Schlacke von der Halde hinter dem Stahlwerk in die Ziltendorfer Niederung.

Auch nach dem Hochwasser leisteten EKO Stahl und Geschäftspartner des Unternehmens gegenüber Betroffenen vielseitige Hilfe bei der Beseitigung von Schäden. So wurde während der Festveranstaltung zur Inbetriebnahme des Warmwalzwerkes eine Luftbildaufnahme des neuen Warmwalzwerkes von Lothar Willmann versteigert. Dabei wurden von EKO-Kunden und -freunden spontan großzügige Beträge eingezahlt. Der Geschäftsführer Marketing/Verkauf Eckhardt Hoppe konnte am folgenden Tag an den Bürgermeister von Eisenhüttenstadt Rainer Werner einen Scheck über annähernd 10.000 DM für Betroffene des Oderhochwassers übergeben.

Das Mitglied des Vorstandes der Linde AG Hero Brahms überreichte am 17. September 1997 im Beisein der Geschäftsführer Hans-Joachim Krüger und Hans-Peter Neumann an EKO-Mitarbeiter, die mit Folgeschäden des Oder-Hochwassers besonders schwer zu kämpfen hatten, einen Scheck in Höhe von 100.000 DM. Hero Brahms sprach den Betroffenen, in der Hoffnung, mit der Spende wirksam helfen zu können, Mut zu. Darüber hinaus organisierte die Geschäftsführung von EKO Stahl Hilfe für die betroffenen polnischen Nachbarregionen.

Im Auftrag des Staatspräsidenten der Republik Polen Alexander Kwasniewski überreichte der Leiter der Berliner Außenstelle der Botschaft Polens, der Gesandte Jerzi Marganski, am 10. Juni 1999 dem Arbeitsdirektor der EKO Stahl GmbH Hans-Peter Neumann und dem Leiter der Geschäftsstelle Polen der EKO Stahl GmbH Leszek Piaseki das Goldene Verdienstkreuz der Republik Polen. Beide erhielten die hohe Auszeichnung unter anderem dafür, dass sie nach dem Hochwasser Spendengelder zielgerichtet in den Wiederaufbau von Schulen und Heimen bei den polnischen Nachbarn gelenkt hatten.

## Kompetenz für Osteuropa

Mit einer Produktionskapazität von 1,8 Mio. t Stahl – also rund 30 Prozent der Gesamtkapazität – verlieh EKO Stahl der Gruppe Cockerill Sambre bei der Herstellung dünner Flachstahlprodukte Anfang 1995 eine neue Größenordnung. Von besonderer Bedeutung waren in diesem Zusammenhang auch die EKO-Tochtergesellschaften, die in besonderer Weise auf Kundenwünsche reagierten. Durch das EKO-Engagement konnte Cockerill Sambre aber nicht nur seine Präsenz auf dem deutschen Markt ausbauen; auf längere Sicht sollte EKO für Cockerill Sambre als Sprungbrett für künftige Aktivitäten in Osteuropa dienen. Aus diesem Grunde wurde die EKO-Präsenz auf Industriemessen in Osteuropa verstärkt. Von Mai bis Juli 1995 präsentierte sich die EKO Stahl GmbH gemeinsam mit der Bauteile GmbH, dem DSD Anlagenbau und dem russischen Bauunternehmen A/O »Zhilsotsstroj« auf der Ausstellung »Bauen mit System und Qualität« in St. Petersburg.

»Investieren in Osteuropa« hieß im Juni 1995 das Thema eines Seminars der Internationalen Organisation der Wirtschaftsstudenten (AIESEC) der Europa-Universität Viadrina in Frankfurt/Oder, zu dem Manager und Fachleute aus fünf Ländern eingeladen waren. Zu ihnen gehörten die Direktorin für Planung und Wirtschaftsstudien der Cockerill Sambre Gruppe Beatrice Smal und der Arbeitsdirektor der EKO Stahl GmbH Hans-Peter Neumann. Im Juni 1995 kündigte Geschäftsführer Eckhardt Hoppe auf der Internationalen Messe in Poznan eine Exportsteigerung für Qualitätsprodukte der EKO Stahl GmbH an. Von 14.000 t 1994 sollte der Export nach Polen 1995 auf 22.000 bis 25.000 t steigen. Schwerpunkte waren hierbei Lieferungen von maßgerechtem Spaltband, von Zuschnitten, Fasskomponenten und Profilen für die Bauindustrie sowie von Flachprodukten, die von EKO-Tochterunternehmen ausgeführt wurden, außerdem angearbeitete Produkte für die Autoindustrie.

Im September 1995 beteiligte sich die EKO Stahl GmbH im Rahmen einer Gemeinschaftsausstellung des Landes Brandenburg an der Internationalen Maschinenbaumesse in Brno (Tschechien). Am 29. September 1995 unterzeichneten EKO und der Haushaltsgerätehersteller »Amica« aus Wronki (Polen) einen Vertrag über die Lieferung von 5.000 t kaltgewalzter Bleche. Als sportliche Ergänzung zur Vertragsunterzeichnung fand am 30. September 1995 in Wronki ein Fußballfreundschaftsspiel zwischen Mannschaften der EKO Stahl GmbH und »Amica« statt.

Die Verbindungen zwischen EKO Stahl und polnischen Partnern entwickelten sich in den folgenden Jahren auf vielen Ebenen. Im Januar 1996 informierte sich eine polnische Regierungsdelegation in der EKO Stahl GmbH über Erfahrungen der Personalreduzierung. Arbeitsdirektor Hans-Peter Neumann erklärte die einzelnen Schritte des Personalabbaus, die sich bei EKO Stahl über Ausgliederungen, Vorruhestand, Arbeitsbeschaffungsmaßnahmen und Qualifizierung vollzogen hatten. Alternativen zur Arbeitslosigkeit wurden von den Geschäftsführern der Beschäftigungsgesellschaft GEM GmbH Adalbert Bartak und des QualifizierungsCentrums der Wirtschaft Günter Rahn aufgezeigt. Auf dem 4. EKO-Kundentag zur 68. Internationalen Industriemesse in Poznan (Polen) konnte Geschäftsführer Eckhardt Hoppe im Juni 1996 nicht nur den Wirtschaftsminister des Landes Brandenburg Burkhard Dreher und Berlins Finanzsenator Elmar Pieroth, sondern auch den Vizeminister für Außenhandel der Republik Polen Jan Czaja, den Handelsrat der polnischen Botschaft und Vertreter renommierter polnischer Banken begrüßen. EKO Stahl gehörte zu diesem Zeitpunkt bereits zu den größten ausländischen Unternehmen, die in Poznan ihre Produkte und Verarbeitungsbeispiele präsentierten.

1996 beteiligte sich EKO im Rahmen der Gemeinschaftsausstellung der Bundesrepublik Deutschland wieder an der Internationalen Maschinenbaumesse in Brno. Mit 20 Firmen wurden konkrete Vertragsverhandlungen über den Verkauf von kaltgewalzten, verzinkten und beschichteten Blechen sowie von Stahltrapezprofilen geführt. Am 31. Januar 1997 wurde zwischen EKO Stahl und Polski Koks vom Vorsitzenden der Geschäftsführung Hans-Joachim Krüger, dem Direktor Einkauf/Logistik Peter Dittrich und dem Vize-Präsidenten von Polski-Koks Leszek Berezowski der bisher größte Einkaufsvertrag unterzeichnet. Damit konnte die bisherige Versorgung mit Rohstoffen zu 100 Prozent aus polnischen Kalk-

*Vertragsunterzeichnung zwischen EKO und Polski Koks am 31. Januar 1997. Von rechts nach links: Vorsitzender der EKO-Geschäftsführung Hans-Joachim Krüger, Vize-Präsident von Polski Koks Leszek Berezowski, EKO-Direktor Einkauf/Logistik Peter Dittrich.*

Am 25. September 1998 trafen sich Geschäftspartner und Fußballer der beiden Firmen »Amica« Wronki und EKO Stahl bereits zum 4. Fußball-Freundschaftsspiel in Eisenhüttenstadt. Die Mannschaft von Wronki spielte in Polen in der Oberliga. Die Spieler von EKO Stahl wurden von aktiven Fußballern der 2. Stahl-Mannschaft unterstützt.

Foto unten:
Schulklasse im EKO, 1998.

steinwerken (etwa 600 kt/a) und Kokereien (etwa 700 kt/a) fortgesetzt werden. Der Vertrag hatte eine Mindestlaufzeit von fünf Jahren und garantierte die jährliche Lieferung von etwa 75 Prozent des Gesamtbedarfes von EKO Stahl.

Einbezogen in die vielfältigen Beziehungen zur Republik Polen waren auch Aktivitäten im Jugendaustausch. In diesem Rahmen weilten vom 26. Mai bis 6. Juni 1997 41 polnische Auszubildende aus Sulecin und Lubsko im Berufsbildungszentrum der EKO Stahl GmbH. Sie lernten Werk und Stadt kennen und absolvierten eine Schweiß-, Pneumatik- bzw. Computerausbildung. Im Juni 1997 beteiligte sich die EKO Stahl GmbH unter dem Motto »Aufbruch ins nächste Jahrtausend« an der 69. Internationalen Poznaner Industriemesse. Die Präsentation dokumentierte die Leistungsfähigkeit von EKO nun in der gesamten Produktpalette sowie deren Nutzbarkeit für Endverbraucher. Auf der Messe wurde die neu gebildete Geschäftsstelle in Wroclaw in Polen vorgestellt. 130 Gäste aus 70 polnischen Firmen kamen zum EKO-Kundentag.

Im November 1997 befasste sich der EKO-Aufsichtsrat mit der Neuorganisation des Verkaufsbereiches Osteuropa. Ein Schwerpunkt waren hierbei die Handelsbeziehungen zur Republik Polen. 36.000 t kaltgewalztes, verzinktes und beschichtetes Material sowie Profile und Kassetten lieferten EKO Stahl und Tochterunternehmen wie die Bauteile GmbH und der Feinblechhandel inzwischen in das polnische Nachbarland. Die positive Geschäftsentwicklung ließ erwarten, dass sich der Absatz nach Polen bis zum Jahr 2000 fast verdreifachen wird. Die größten Abnehmer befanden sich im Raum Poznan. Zu ihnen gehörten »Amica« Wronki, »Metalplast« Oborniki, »Centrostal« Bydgoscz, »Ramm« Slupsk. Am 20. März 1998 wurde vom Geschäftsführer Eckhardt Hoppe und dem Botschaftsrat für Wirtschaftsfragen der Außenstelle Berlin der Botschaft der Republik Polen Jan Masalski in der Messestadt Poznan ein mit modernster Technik ausgestattetes Büro der EKO Stahl GmbH eingeweiht. Über Internet und ISDN waren zur Bearbeitung von Kundenwünschen schnelle Verbindungen und Konferenzschaltungen nach Eisenhüttenstadt möglich. Geschäftsstellenleiter des neuen Büros wurde Leszek Piasecki. Der Geschäfts-

führer von Metalplast, Marek Szczesny, sagte anlässlich der Eröffnung: »Unsere Firma weiß die Zusammenarbeit mit EKO Stahl zu schätzen, insbesondere wenn es um beschichtete Produkte und feste Termine geht.«[14]

Bis Anfang 1998 hatte sich EKO Stahl zu einem der modernsten Flachstahlproduzenten Europas entwickelt. Das inzwischen integrierte Stahlwerk lockte Besucher aus nah und fern, dem In- und Ausland nach Eisenhüttenstadt. Das Interesse der Öffentlichkeit, die komplette Stahlherstellung von der Roheisen- und Stahlerzeugung bis zum kaltgewalzten Feinblech auf überschaubarem Terrain kennenzulernen, wuchs ständig. Vom Team Werkschutz wurden 1996 bereits 195 Delegationen mit 3.834 Teilnehmern betreut. 1997 kamen 253 Delegationen mit 4.884 Teilnehmern. Hauptsächlich waren es Schulklassen, Jugend- und Studentengruppen, die die Stahlherstellung hautnah erleben wollten.

Im Juni 1998 präsentierte EKO Stahl auf der 70. Internationalen Poznaner Industriemesse die neuen Marken der EKO-Produkte. Die Angebotspalette umfasste die Marken

**EKOFER** – Kaltgewalzte Bleche und Bänder,
**EKOZINC** – Feuerverzinkte Feinbleche,
**EKOMAIL** – Kaltgewalzter Emaillierstahl,
**EKOVOLT** – Kaltgewalztes Dynamoband,
**EKOTAL** – Organisch beschichtetes Feinblech.

Geschäftsführer Eckhardt Hoppe betonte hier, dass EKO Stahl mit Qualität und Service die polnische Industrie stärken will. Hans-Peter Neumann hob als Geschäftsführer Per-

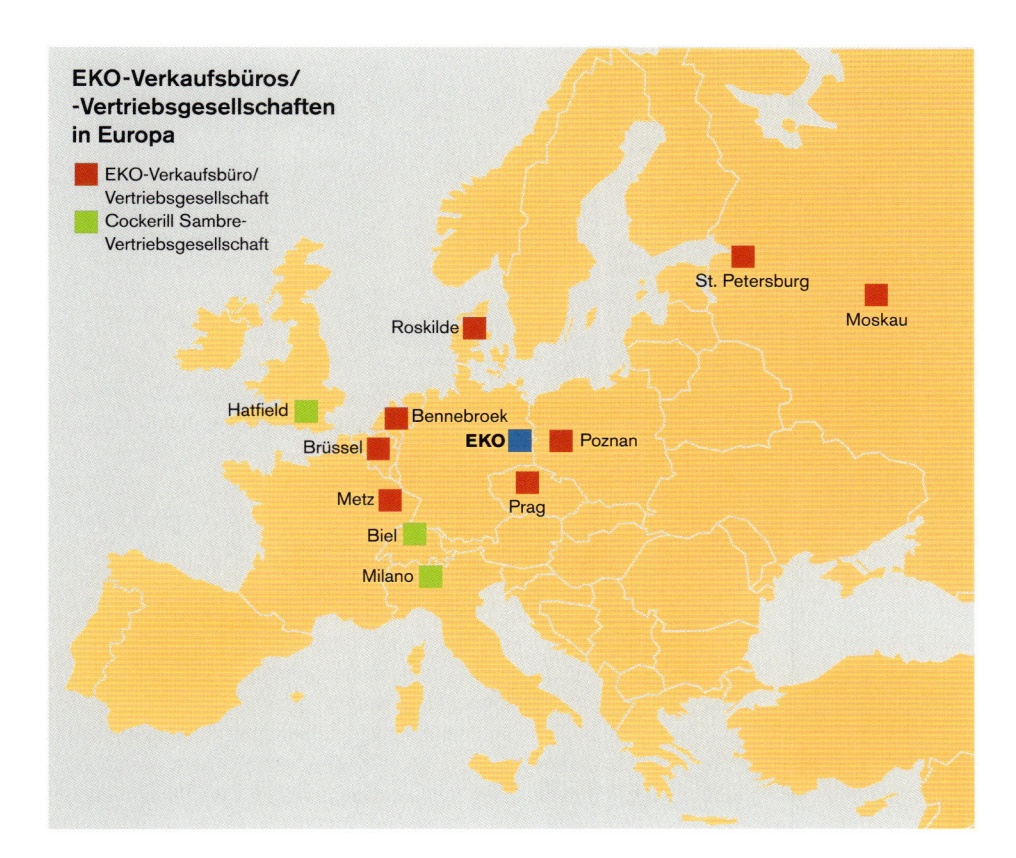

**EKO-Verkaufsbüros/ -Vertriebsgesellschaften in Europa**
- ■ EKO-Verkaufsbüro/ Vertriebsgesellschaft
- ■ Cockerill Sambre- Vertriebsgesellschaft

Städte: St. Petersburg, Moskau, Roskilde, Hatfield, Bennebroek, Brüssel, EKO, Poznan, Metz, Biel, Prag, Milano

**EKO-Verkaufsbüros/ -Vertriebsgesellschaften in Deutschland**
- ■ EKO-Verkaufsbüro/ Vertriebsgesellschaft
- ■ An- und Weiterverarbeitungsgesellschaft

Städte: Burg, EKO, Essen, Lichtenstein, Burbach, Ludwigshafen, Esslingen, Altensteig

sonal/Soziales die seit 15 Jahren gewachsenen Beziehungen bei der Ausbildung polnischer Jugendlicher hervor. In Anwesenheit zahlreicher Vertreter von Handelshäusern, Institutionen und Firmen wurde im September 1998 außerdem in Prag (Tschechien) eine Geschäftsstelle der EKO Stahl GmbH eröffnet. Sie ergänzte die Auslandsrepräsentanzen in St. Petersburg, Poznan, Metz, Bennebroek, Moskau, in Brüssel, Roskilde, Hatfield, Biel und in Milano. Im September 1998 nahm die EKO Stahl GmbH mit einem Informationsstand an der 40. Internationalen Maschinenbaumesse in Brno teil.

Zum 31. Dezember 1998 schrieb EKO Stahl zum ersten Mal »schwarze« Zahlen. Das Nettoergebnis von 55 Mio. DM konnte – trotz Begrenzung der Produktionskapazität im Warmwalzwerk und trotz Kurzarbeit im vierten Quartal – in den ersten drei Quartalen durch eine hohe Auslastung der Produktionsanlagen bei gleichzeitiger Senkung der Kosten erreicht werden. Einen großen Anteil an diesem Ergebnis hatten die Handelsbeziehungen nach Osteuropa. Erfolgreich gestaltete sich für EKO Stahl daher auch die Beteiligung an der Internationalen Industriemesse im Juni 1999 in Poznan. Etwa 30 polnische Firmen konnten am EKO-Kundentag begrüßt werden. Von 2.000 t im Jahr 1991 hatte sich der Absatz der EKO-Produkte in Polen inzwischen auf 45.000 t im Jahr 1998 erhöht.

Die Kompetenz für Osteuropa hatte sich bis Ende 1999 auf der Grundlage der Kompetenz von EKO Stahl in Deutschland entwickelt. Etwa 70 Prozent der EKO-Flachstahlprodukte wurden in Deutschland vertrieben bzw. in eigenen Tochter- oder Beteiligungsgesellschaften weiterverarbeitet. Sie bewiesen höchsten Standard auch für die osteuropäischen Märkte. Reine Vertriebsgesellschaften waren die EKO Handelsunion GmbH mit Sitz in Eisenhüttenstadt und die BSG Bandstahl GmbH in Esslingen. EKO-Produkte wurden an- bzw. weiterverarbeitet in den Tochterunternehmen Feinblechhandel GmbH Eisenhüttenstadt, Stahlhandel Burg, FBH Feinblech-Handel Burbach, NFT Neue Fügetechnik sowie in der Beteiligungsgesellschaft Cockerill Stahl Service GmbH mit den Niederlassungen Altensteig, Essen, Lichtenstein und Ludwigshafen.

Im Jahre 1999 stellte EKO Stahl 1,23 Mio. t Flachstahl (Bleche) her. Daneben lieferte das Unternehmen aus der eigenen Roheisen- und Stahlproduktion 957.000 t Vorprodukte an andere Walzwerke. Mit 27 Prozent Anteil am Kundenkreis von EKO Stahl bildete die Autoindustrie (Mercedes, BMW, Opel, VW, Skoda und deren Zulieferer) die stärkste Kundengruppe. Der Anteil der Lieferungen nach Osteuropa sollte zukünftig von 10 auf 20 Prozent erhöht werden.

Foto:
Neue EKO-Marken 1999 auf der Internationalen Industriemesse in Poznan.

**Hellmut K. Albrecht**

## DAS FÜHRUNGSKONZEPT ALS ERFOLGSFAKTOR DER PRIVATISIERUNG

*Warum wurde die EKO-Privatisierung durch Cockerill Sambre ein so großer Erfolg? Diese Frage wird mir heute oft gestellt. Ich hatte das Glück von vornherein dabei zu sein, zunächst im Cockerill Sambre Verhandlungsteam mit der Treuhandanstalt und ab der Übernahme 1994 als mit Cockerill und EKO gleichermaßen eng verbundener Aufsichtsratsvorsitzender. Die Mitwirkung in einer solchen Brückenfunktion war für mich als Deutscher, der viele Jahre in Belgien gelebt hat, ein freudiger Umstand.*

*Für die Privatisierung waren natürlich eine ganze Reihe von Faktoren verantwortlich, z.B. das klare industrielle Konzept, aus dem heraus ein komplettes, integriertes Stahl- und Hüttenwerk entstand, von der Sinteranlage bis zur Oberflächenveredlung, aus der anspruchsvollste Produkte höchster Wertschöpfung an den Markt gingen; das gewaltige Investprogramm; die solide Finanzausstattung und viele andere mehr. Aber all das gab es bei anderen Privatisierungsprojekten auch, denen dennoch kein Erfolg beschieden war. Es müssen also weitere Faktoren hinzugekommen sein, die für das positive Ergebnis mit ausschlaggebend wurden.*

*Unter den so genannten »weichen« Erfolgsfaktoren, die maßgeblich zum Gelingen des schwierigen Unterfangens beitrugen, ist das von Cockerill Sambre gewählte und zwischen den Verantwortlichen beider Seiten realisierte Führungskonzept sicherlich der wichtigste. Worin bestand dieses Konzept? Was zeichnete es als besonders und erfolgsträchtig aus? Es ging dabei um so wichtige Aspekte wie Organisationsstruktur, Kommunikation, Kontrolle, Berichtswesen, Autonomie, aber natürlich auch um die Besetzung der maßgeblichen Managementpositionen bei EKO Stahl oder die Einbindung der Führungsmannschaft vor Ort in den Konzern.*

*Uns war von vornherein klar, dass jede Art von »Eroberermentalität«, von »wir sind die Erwerber, ihr seid gekauft«, von »oben« und »unten« vermieden werden musste. Diese leider so oft angetroffene Fehleinstellung, aus der dann Antagonismen à la »Wessis versus Ossis« erwuchsen, hat es in unserem Fall nicht gegeben. Vielleicht war eine solche Ausgangshaltung Belgiern, die selbst eine mehrsprachige und multikulturelle Staats- und Wirtschaftsverfassung zu bewältigen haben, selbstverständlicher. Jedenfalls sind wir Cockeriller nicht in Eisenhüttenstadt »eingezogen« und haben das Kommando übernommen, wie es anderswo so oft geschah. Dabei hätte es in Anbetracht des vorgefundenen torsohaften, teilweise völlig veralteten und hoffnungslos unwirtschaftlichen Betriebs durchaus nahegelegen,*

*kurzerhand eine Einsatztruppe aus eigenen Fach- und Führungskräften vor Ort zu installieren. Statt dessen konstituierten sich rasch paritätisch besetzte Projektteams, die die anstehenden gigantischen Themen und Aufgabenkomplexe in allen Funktionen – von der Technik bis zum Rechnungswesen – angingen. Als Projektleiter wurden, je nach fachlicher Erfahrung und Verfügbarkeit, EKO- oder Cockerill-Leute eingesetzt; dabei stellte jeweils das andere Unternehmen den Stellvertreter.*

*Das mit dieser Handhabung vertretene Prinzip der Subsidiarität wurde dann von der Projektebene konsequent auch auf die permanente Aufgabenbewältigung im arbeitsteiligen Organisationskonzept des Konzerns übertragen. Im Ergebnis dieser Entwicklung sind EKO-Manager heute nicht nur für Aufgaben im eigenen Betriebs-, Markt- und Funktionsbereich zuständig, sondern sie nehmen inzwischen von Eisenhüttenstadt aus auch Konzernaufgaben wahr.*

*Wichtig war, dass sich die Philosophie gleichberechtigter Kooperation und weitgehender lokaler Autonomie nicht einfach als geübte Praxis herausbildete. Vielmehr wurde von Cockerill Sambre in organisierten Treffen mit der ersten und zweiten Führungsebene, den Betriebsräten sowie nicht zuletzt im paritätisch mitbestimmten Aufsichtsrat dieses Konzept als ausdrücklich gewollt angekündigt und erläutert. Es lag auf der Hand, wie sehr Selbstwertgefühl, Zufriedenheit, Stolz auf neue wie auf frühere Leistungserfüllung damit anerkannt und befördert wurden, wodurch die Motivation auf allen Ebenen wiederum starke Impulse erhielt.*

*Das Gefühl von Vertrauen und Sicherheit stieg aber nicht zuletzt auch noch dadurch, dass Cockerill Sambre der vorgefundenen Führungsmannschaft – im wesentlichen die Geschäftsführung des Jahres 1994 und deren direkte Berichtsebene – von Anfang an eine klare Bewährungschance dergestalt bot, dass kein forcierter – also durch Cockerill veranlasster – Austausch von Führungskräften stattfinden sollte, solange nicht Schwächen oder Versagen in Fachkompetenz bzw. Führungsverhalten es erforderten. Diese – ebenfalls offen angesagte – Politik wurde von manchem Außenstehenden aus der westdeutschen Wirtschaftsszene angezweifelt oder sogar belächelt, nach dem Motto: »Ihr wollt doch wohl nicht diese Ossis, die doch keine Ahnung haben, sowieso nicht richtig arbeiten können und obendrein Seilschaften von roten Socken sind, da wurschteln lassen!« Das ist zwar etwas gerafft formuliert, wurde mir gegenüber aber in manchem Gespräch so zum Ausdruck gebracht.*

Wir sind heute stolz darauf, und es gibt kein größeres Kompliment für die überraschend hohe Fach- und Führungskompetenz all derer, die in einem anderen System lernen und wirken mussten, dass die 1995 verkündete Ansage ohne Ausnahme verwirklicht und aus dem Kreis der vorgefundenen Führungskräfte niemand entlassen wurde. Politische Vorgänge der Vergangenheit und deren Aufarbeitung durch Personalentscheidungen haben bei EKO nie eine Rolle gespielt.

Eine ganz andere und hochwichtige Frage war für uns alle von Anbeginn: Wie – in welcher Sprache – kommunizieren wallonische (französischsprachige) Belgier und an der Grenze zu Polen angesiedelte Ostdeutsche? Die Sprachkenntnisse in Eisenhüttenstadt beschränkten sich weitgehend auf rudimentäres Englisch, eher schon Russisch. Französisch, die grammatikintensive Konzernsprache der Cockerill, ließ sich in angemessener Zeit nicht erlernen, ebenso wenig wie im wallonischen Wirtschaftsumfeld systematisch Deutsch einzuführen gewesen wäre. Nun – die zunächst fast unüberwindlich erscheinende Hürde schrumpfte unter dem Zwang des Faktischen und mit Hilfe von Intensivkursen in Englisch, Dolmetschern, Zeichensprache, aber vor allem enorm viel gutem Willen aller Beteiligten auf eine handhabbare Dimension.

Als ausgesprochen hilfreich im Prozess der formellen Kommunikation zwischen belgischer Mutter und ostdeutscher Tochter erwies sich außerdem, dass Cockerill den Tochtergesellschaften ein absolutes Minimum an Berichtserfordernissen an die Zentrale auferlegte. Organisationsanweisungen, Konzernrichtlinien, Monatsberichte und Performance-Analysen beschränken sich auf ein sinnvolles Maß. Im Prinzip waren solche Berichte Ausfluss des ohnehin notwendigen, EKO internen Management-Informationssystems. Diese wiederum dem Subsidiaritätsprinzip entspringende Handhabung machte die EKO-Mannschaft noch selbständiger und selbstbewusster und motivierte vor Ort.

Wie viel Frustration wird dem gegenüber oft durch überladene Anforderungen der Konzernzentrale, deren Sinn und Wichtigkeit oft nicht erkennbar sind, in anderen operativen Einheiten erzeugt! Es müssen eigens Mitarbeiter eingestellt werden, um den überzähligen Funktionsinhabern der Zentrale mit einer ausreichenden Anzahl von Kommunikationspartnern zur Verfügung zu stehen. Da fallen dann Initiativen und Appelle zu »lean management« – sparsamer Verwaltungsführung – auf unfruchtbaren Boden.

Weiteres wichtiges Element im Konzept der Einbindung und Führung von EKO durch Cockerill war eine echte, proaktive Akzeptanz der in Deutschland und speziell der Montanindustrie gesetzlich verankerten und durch langjährige Praxis eingespielten Mitbestimmung von Gewerkschaft und Belegschaft im Unternehmen. Obgleich in Belgien die Mitwirkung der Arbeitnehmervertretungen generell schwächer ausgeprägt war und sich schon gar nicht auf Management- und Aufsichtsratsebene vollzog, traf ich bei Cockerill hier keine Verständnisprobleme. Der Aufsichtsrat wurde – und wird über seine in Gesetz und Satzung begründete Mitwirkungsfunktion als Entscheidungs- und Kontrollinstanz hinaus – auch als lebendiges Forum der Kommunikation benutzt, in dem Informations- und Meinungsaustausch ebenso in Richtung Konzernspitze wie vom Konzern in die EKO-Organisation hinein frei fließen.

Last not least: Große Offenheit und gewollt enge Kommunikation mit allen öffentlichen Institutionen – vom Partner Treuhandanstalt/BvS über die Landesregierung von Brandenburg bis zur Bundesregierung und der Europäischen Union – wurden zum wichtigen Erfolgsfaktor. Hier wurde von Cockerill und den genannten Partnern mehr getan als das Übliche und Notwendige, und das hat sich zum Wohle von EKO Stahl und Eisenhüttenstadt für alle sichtbar ausgezahlt. Die Erfahrung der EKO-Privatisierung ist auch gerade in dem neuen großen Konzern der französischen USINOR-Gruppe ein Beweis für die Realität des wirtschaftlich integrierten Europas.

Hellmut K. Albrecht vertritt die Interessen von USINOR/Cockerill Sambre in ihren deutschen Tochter- bzw. Beteiligungsgesellschaften. Seit 1994 hat er an der Privatisierung und Restrukturierung von EKO Stahl maßgeblich mitgewirkt.

# Ein Betrieb gegen Rechtsextremismus und Gewalt

Am 1. September 1998 fand bei EKO Stahl unter dem Motto »EKO 2002 – Ich bin dabei« der erste Jugendtag statt. 300 Auszubildende vom Berufsbildungszentrum und vom QualifizierungsCentrum der Wirtschaft nahmen daran teil. Zur Podiumsdiskussion »Jugend und Gewalt« veröffentlichten Geschäftsführung und Betriebsrat einen Aufruf gegen Ausländerfeindlichkeit, Gewalt, Rechtsextremismus und für Toleranz.

In den folgenden Wochen wurde die Aktion fortgesetzt. So fand am 30. Oktober 1998 in der EKO Stahl GmbH ein Diskussionsabend mit dem Minister für Wirtschaft, Mittelstand und Technologie des Landes Brandenburg Burkhard Dreher und mit führenden Persönlichkeiten regionaler Firmen (etwa 100 Unternehmer) über rechtsradikale Tendenzen und die Auswirkungen auf die wirtschaftliche Entwicklung statt. EKO Stahl unterstützte hier das Konzept »Tolerantes Brandenburg« der Landesregierung nachdrücklich. Arbeitsdirektor Hans-Peter Neumann begründete dies damit, dass EKO ein internationales Unternehmen sei, zur belgischen Stahlgruppe Cockerill Sambre gehöre, einen Umsatzanteil von 30 Prozent (steigend) im Ausland habe und Millionen Tonnen Rohstoffe von dort beziehe. Ausländerfeindliche und rechtsradikale Haltungen würden bei EKO Stahl nicht geduldet. EKO Stahl setzte damit ein deutliches Zeichen in der Region. Minister Dreher unterstrich: »Brandenburg ist ein Land der Toleranz. Heute sind 250 ausländische Investoren hier ansässig. Jeder fünfte Industriearbeitsplatz befindet sich in einem Betrieb, der Ausländern gehört. Ohne sie gäbe es auch keine Brandenburger Stahlindustrie.«[15]

| Ausländische Beschaffungsmärkte | |
|---|---|
| Eisenerz/Pellets | Brasilien, Russland, Schweden, Norwegen |
| Koks/Kalkstein | Polen, Tschechien, Russland |
| Zink | Norwegen, Finnland |

Ministerpräsident Manfred Stolpe (3. von rechts), USINOR Präsident Francis Mer (4. von rechts), Betriebsratsvorsitzender Holger Wachsmann (1. von rechts) und die EKO-Geschäftsführer (links) unterzeichneten am 18. Februar 1999 im Rahmen der Aktion »Tolerantes Brandenburg« einen Brief an die Mitarbeiter von EKO Stahl.

Im Rahmen der Initiative »Tolerantes Brandenburg« erhielten alle EKO-Mitarbeiter einen von Ministerpräsident Stolpe, von Präsident Mer, von den Geschäftsführern und vom Betriebsratsvorsitzenden unterzeichneten Brief, der den Wunsch enthielt, auf einer beiliegenden Postkarte eine persönliche Botschaft zu diesem Thema zu formulieren. Insgesamt wurden von der Staatskanzlei des Landes Brandenburg 70.000 solcher Karten versandt.

Im Februar 1999 startete die EKO Stahl GmbH dann gemeinsam mit dem Ministerium für Bildung, Jugend und Sport des Landes Brandenburg ein Pilotprojekt gegen Rechtsradikalismus und Fremdenfeindlichkeit. In einem dreitägigen Seminar wurden Ausbilder des BBZ, des QCW und Lehrkräfte des Oberstufenzentrums in die Lage versetzt, fremdenfeindlichen und rechtsradikalen Tendenzen aktiv entgegenzutreten.

Die Aktionen von EKO Stahl fanden in Eisenhüttenstadt ein positives Echo. Rund 2.000 Menschen beteiligen sich am 30. Juli 1999 auf dem Inselvorplatz am Kulturfest von EKO Stahl und IG Metall gegen Rechtsextremismus, Ausländerfeindlichkeit und Gewalt. Anlass war eine angekündigte Demonstration der rechtsextremen NPD in Eisenhüttenstadt, die in letzter Minute verboten wurde. »Musik statt Gewalt, Gesang statt Fremdenhass«, verkündete Arbeitsdirektor Hans-Peter Neumann zum Auftakt des Festes. Künstlerinnen und Künstler wie Petra Zieger und Purple Schulz, prominente Politiker wie Steffen Reiche, Jörg Schönbohm, Lothar Bisky, Gewerkschafter wie Hasso Düvel und die Ausländerbeauftragte von Brandenburg Allmuth Berger, unterstützten die Aktion.

Foto Mitte:
Kulturfest am 30. Juli 1999 auf dem Inselvorplatz in Eisenhüttenstadt.

Foto unten:
Der Boxweltmeister im Halbschwergewicht Dariusz Michalczewski unterschrieb am 18. Februar 1999 als »Sportler gegen Gewalt« den Aufruf der EKO-Geschäftsführung gegen Rechtsextremismus, Gewalt und für Toleranz. Gleichzeitig forderte er Jugendliche des BBZ und des QCW in Eisenhüttenstadt auf, seinem Beispiel zu folgen.

## Neue Perspektiven

Zum dritten Mal wurde 1998 im EKO-Pavillon auf der Hannover Messe der Brandenburg-Tag durchgeführt. Dort trafen sich die Ministerpräsidenten Manfred Stolpe (3. von rechts) von Brandenburg und Gerhard Schröder (2. von rechts) von Niedersachsen mit den EKO-Geschäftsführern Hans-Joachim Krüger (1. von rechts), Hans-Peter Neumann (4. von links) und Eckhardt Hoppe (3. von links).

Im Januar 1998 hatte die belgische Cockerill Sambre Gruppe Gespräche mit europäischen Stahlunternehmen im Hinblick auf eine strategische Partnerschaft eingeleitet. In der Folge wurden Allianzgespräche mit British Steel (Großbritannien), Hoogovens (Niederlande), USINOR (Frankreich), Arbed (Luxemburg) und Riva (Italien) geführt. Auch ein japanisches Unternehmen hatte Interesse an Cockerill Sambre bekundet. Im Februar besuchte der Präsident von Cockerill Sambre Jean Gandois mit dem Aufsichtsratsvorsitzenden Hellmut K. Albrecht die EKO Stahl GmbH. Sie trafen mit der Geschäftsführung und mit dem Betriebsrat zusammen und informierten diese über die begonnenen Gespräche mit möglichen strategischen Partnern. Jean Gandois überzeugte sich vor Ort von der Leistungsfähigkeit der 1997 in Betrieb genommenen Anlagen und dankte der Belegschaft für den hohen Einsatz in den letzten drei Jahren.

Im März 1998 leitete die Wallonische Regierung ein Verfahren zu dem Zwecke ein, einen langfristigen, strategischen Partner für das zu 78,77 Prozent von ihr über die Société Wallone pour la Sidérurgie (S.W.S.) kontrollierte Unternehmen Cockerill Sambre zu finden. Auf der zweiten Sitzung des Europäischen Betriebsrates der Gruppe Cockerill Sambre am 8. April 1998 in Lüttich, an der von EKO Stahl Holger Wachsmann und Frank Balzer teilnahmen, versprach die Direktion der Gruppe, vor einer endgültigen Entscheidung zur anstehenden Privatisierung eine Sondersitzung mit dem Europäischen Betriebsrat einzuberufen.

Die Wallonische Regierung veröffentlichte am 15. Juli 1998 eine Short-list, nach der Thyssen Krupp Stahl (Deutschland) und USINOR (Frankreich) eine Übernahme von Cockerill Sambre erwogen. Thyssen Krupp Stahl zog sein Übernahmeangebot zurück. Die französische USINOR-Gruppe bestätigte am 21. September 1998 die Abgabe eines 60-seitigen verbindlichen Übernahmeangebotes. Am 14. Oktober 1998 unterzeichnete sie den Vertrag mit der Wallonischen Regierung zur Übernahme von 53,77 Prozent des Kapitals an Cockerill Sambre für umgerechnet 1,3 Mrd. DM in einer ersten Phase und über die Übernahme der noch verbleibenden 25 Prozent nach einer Frist von sieben Jahren. Voraussetzungen für das Inkrafttreten des Vertrages waren die Genehmigung durch die EU-Kommission in Brüssel und die vollständige Übernahme von EKO Stahl durch Cockerill Sambre.

Unmittelbar nach der Vertragsunterzeichnung informierte Präsident Jean Gandois alle Führungskräfte der Cockerill Sambre Gruppe, unter ihnen EKO-Vertreter, u.a. mit den Worten: »Mit USINOR gemeinsam werden wir eine der stärksten Stahlgruppen in der Welt und haben die Chance, eine gute Zukunft zu gestalten.«[16] Gemeinsam erzeugten USINOR und Cockerill über 20 Mio. t Rohstahl.

**STAHL** / Brandenburg fürchtet um Standort Eisenhüttenstadt – und bekommt Hilfe aus Niedersachsen

# Salzgitter AG will Eko Stahl kaufen

Die Salzgitter AG möchte die ostdeutsche Eko Stahl übernehmen. Dies hat Salzgitter der belgischen Stahlgruppe Cockerill Sambre mitgeteilt, die selbst heftig umworben wird. Aus Furcht, daß der Stahlstandort Eisenhüttenstadt unter einem neuen Eigner von Cockerill bedroht sein könnte, ist die brandenburgische Landesregierung an einer Übernahme von Eko durch Salzgitter stark interessiert.

**Hannover** (cb). Die brandenburgische Landesregierung macht sich offenbar große Sorgen um den Stahlstandort Eisenhüttenstadt. Die Eko Stahl GmbH ist mit Steuergeldern von 1,1 Milliarden DM saniert worden. Anschließend übernahm die belgische Cockerill Sambre 60 Prozent des Unternehmens fast zum Nulltarif. Auf die restlichen 40 Prozent, die noch bei der Treuhand-Nachfolgerin BvS liegen, hat Cockerill eine Option. Nun will das belgische Bundesland Wallonie den größten Teil seiner Mehrheitsbeteiligung von knapp 80 Prozent an Cockerill verkaufen. Damit würde auch Eko den Besitzer wechseln. Interesse an Cockerill haben Thyssen Krupp Stahl, die französische Usinor, die belgische Arbed und die niederländische Hoogovens.

Die Landesregierung in Potsdam möchte dem Vernehmen nach verhindern, daß Eko Stahl im Fall des Verkaufs von Cockerill in eine ungewisse Zukunft geht und der Stahlstandort bedroht würde. Deshalb gebe man einer Lösung mit einer Übernahme durch die Salzgitter AG den Vorzug, hieß es.

Für den Stahlkonzern Salzgitter, der gerade erst seinen erfolgreichen Börsengang absolviert hat, „ist der Eko-Kauf eine Gelegenheit, die man beim Schopf packen muß", wie Salzgitter-Vorstand Heinz Jörg Fuhrmann am Mittwoch sagte. „Aber wir sitzen nicht am roten Knopf." Erst müßten die Verkaufsverhandlungen von Cockerill abgeschlossen sein. Dann könne man mit dem neuen Besitzer über den Verkauf von Eko verhandeln. Trotzdem rechne sich Salzgitter gute Chancen bei Eko aus, sagte Fuhrmann. Und letztlich werde Cockerill wohl nicht allein über die Zukunft von Eko zu befinden haben. Interessant sei Eko für Salzgitter, weil sich die Produktpalette beider Unternehmen, die bereits traditionell gut zusammenarbeiten, gut ergänze. Damit könne die Wettbewerbsposition insgesamt verbessert werden. Außerdem habe Salzgitter eine andere Unternehmensphilosophie als andere Konzerne: Mit der Übernahme des ostdeutschen Stahlwerks Ilsenburg habe man gezeigt, wie man einen Standort in Ostdeutschland aufbauen könne.

Eko Stahl hat 1997 bei einem Umsatz von 1,6 Milliarden DM noch einmal einen Verlust von 109 Millionen DM eingefahren. Aus der letztmalig die BvS 100 Mio. DM übernahm. 1998 will Eko schwarze Zahlen schreiben. Dazu soll vor allem das neue Warmwalzwerk für 630 Mio. DM beitragen. Die Rohstahlproduktion soll auf 2,3 Mio. Tonnen steigen. Die Salzgitter AG brachte es zuletzt auf etwa 4,6 Mio. Tonnen und einen Umsatz von 5,3 Mrd. DM. Salzgitter war als Preussag Stahl AG Anfang des Jahres vom Land Niedersachsen und der Nord/LB übernommen worden. In der vergangenen Woche wurden 60 Prozent des Salzgitter-Kapitals über die Börse wieder privatisiert.

*Eko Stahl nach der Sanierung: Mit Steuergeldern von mehr als einer Milliarde DM hat Eisenhüttenstadt einen hochmodernen Stahlstandort bekommen.* dpa

**Die fünf weltgrößten Stahlkonzerne 1998** [17]
Rohstahlproduktion in Mio. t

| | |
|---|---|
| Prosco (Süd-Korea) | 25,57 |
| Nippon Steel (Japan) | 25,10 |
| British Steel/Hoogovens (GB/NL) | 22,80 |
| USINOR/Cockerill Sambre/EKO (F/B/D) | 20,80 |
| Arbed (Luxemburg) | 20,10 |

Der Wunsch war hier wohl Vater des Gedankens: Am 11. Juni 1998 bekundete die Salzgitter AG überraschend ihr Interesse an einem gesonderten EKO-Kauf. Das Angebot wurde von Cockerill Sambre und EKO Stahl zurückgewiesen.

Am 16. Oktober 1998 informierte der Betriebsrat die Beschäftigten der EKO Stahl GmbH in einer außerordentlichen Betriebsversammlung über die Privatisierung von Cockerill Sambre und über die Vertragsbestandteile zur Zukunft von EKO Stahl. Wirtschaftsminister Burkhard Dreher erläuterte das Interesse der Landesregierung am Stahlstandort Eisenhüttenstadt und welche Zusagen hierzu erreicht worden waren. Über diese Zusagen forderte der Betriebsrat eine schriftliche Erklärung. Die Betriebsversammlung wurde daraufhin vertagt. Am 21. November 1998 gaben USINOR und Cockerill Sambre gegenüber dem Betriebsrat der EKO Stahl GmbH eine gemeinsame Absichtserklärung ab. Darin hieß es: »Es ist unsere Absicht, EKO Stahl (»EKO«) weiter zu entwickeln, um seine industrielle und finanzielle Basis zu stärken, seine Markt- und Wettbewerbsposition zu verbessern und zu erweitern, und so in größtmöglichem Umfang seine Zukunft als ein gesundes Glied der USINOR/Cockerill Gruppe zu sichern.«[18]

Mit dieser Zielsetzung erklärten USINOR und Cockerill Sambre die Bereitschaft, weitere Maßnahmen zum Wohle von EKO Stahl vorzunehmen mit dem Ziel, dass EKO Stahl als deutsches Unternehmen und Profit Center mit eigener Identität eine führende Rolle in den Stahlmärkten Osteuropas erringt, um die Präsenz der Gruppe auf diesen Märkten entscheidend zu verbessern.

Am 1. Dezember 1998 unterzeichneten USINOR und die Société Wallone pour la Sidérurgie ein Abkommen zur strategischen Partnerschaft für sieben Jahre in ihrer Eigenschaft als Aktionäre sowie hinsichtlich der Zukunft von Cockerill Sambre unter Einbeziehung von EKO Stahl. Die Part-

Absichtserklärung von USINOR und Cockerill Sambre zur Zukunft von EKO Stahl, 21. November 1998.

**Kernpunkte der strategischen Allianz zwischen USINOR und Cockerill Sambre**

- Erringen einer Führungsposition bei Flachstahlprodukten/ Optimierung der Stahlstandorte Frankreich und Belgien/ Ausbau von EKO Stahl.
- Ständige Aufwendungen für Forschung und Entwicklung/ Erhöhung der Investitionen für neue Technologien.
- Totale Qualitäts- und Personalpolitik zur Erweiterung der Absatzmärkte durch kontinuierliche Leistungssteigerung und hohe Flexibilität.
- Konzentration auf Großkunden und enge Partnerschaft mit Hauptkunden.
- Ausbau der Tailored Blanks-Fertigung und konsequenter Umweltschutz

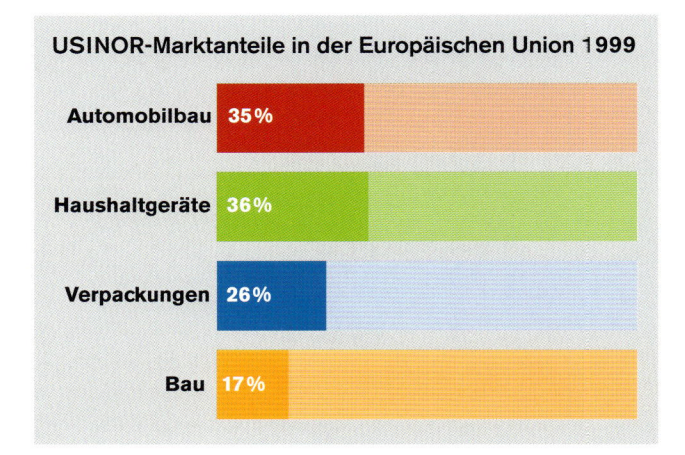

**Maßnahmen von USINOR und Cockerill Sambre zum Wohle von EKO Stahl**

- Erhöhung des Eigenkapitals von EKO Stahl 1998 um 150 Mio. DM und um weitere 100 Mio. DM vor Ende 2000.
- Auf dieser Grundlage Durchführung weiterer Investitionen in einem Gesamtvolumen von 300 Mio. DM.
- Erarbeitung eines weiteren Investitionsprogramms für den Zeitraum ab 2003 und nach dem Wegfall der Kapazitätsbegrenzungen der Europäischen Union mit dem Ziel einer erheblichen Steigerung der Produktion von Rohstahl, Warmband und veredelter Flachprodukte auf 2,5 bis 3 Mio. t Jahresproduktion.

**USINOR-Marktanteile in der Europäischen Union 1999**

- Automobilbau: 35%
- Haushaltgeräte: 36%
- Verpackungen: 26%
- Bau: 17%

nerschaft beruhte auf dem Prinzip der Wertschöpfung und hatte ihre Rentabilität zum Ziel. Sie diente der Verwirklichung von Investitionen und der Einhaltung sozialer Maßnahmen.

Aus dem Zusammenschluss von USINOR und der Cockerill Sambre Gruppe entstand in der Folge eine der weltgrößten Stahlgruppen. Unternehmenseinheiten in Südeuropa (Spanien/Italien) und Produktionsstätten in Nord- und Südamerika wurden an der geographischen Grenze zu Osteuropa durch EKO Stahl Eisenhüttenstadt ergänzt. Ziel des neuen Konzerns war die weltweite Führerschaft bei innovativen Stahllösungen. Er untergliederte sich in 23 Betriebseinheiten (Business Units), ergänzt durch unterstützende oder funktionelle Einheiten. Die Betriebseinheiten umfassten drei große Bereiche: den Kohlenstoff-Flachstahl-Bereich mit sechs Betriebseinheiten, zu denen EKO Stahl gehörte, den Edelstahlbereich und den Bereich Weiterverarbeitung, Anarbeitung/Vertrieb. Der Kohlenstoff-/Flachstahl-Bereich unter Führung der SOLLAC-Gruppe umfasste insgesamt sechs regionale eigenständige Einheiten (Atlantik, Lothringen, Mittelmeer), ergänzt durch die Stahlstandorte in Wallonien (Cockerill Sambre), in Eisenhüttenstadt (EKO Stahl) und in Brasilien (CST).

In Fortsetzung der außerordentlichen Betriebsversammlung vom 16. Oktober 1998 berichtete Betriebsratsvorsitzender Holger Wachsmann am 7. Dezember 1998 über die Erklärung von USINOR und Cockerill Sambre zur Eigenständigkeit von EKO Stahl. Die beschlossenen Maßnahmen und Investitionen seien eine Garantie für die bestehenden Arbeitsplätze.

Die Bundesanstalt für vereinigungsbedingte Sonderaufgaben stimmte am 21. Dezember 1998 der Übertragung der noch von ihr an EKO Stahl gehaltenen Anteile auf die Cockerill Sambre Stahl GmbH in Eisenhüttenstadt zu. Die Europäische Kommission genehmigte die Übernahme der Kontrolle von Cockerill Sambre S.A. durch USINOR am 4. Februar 1999 unter der Auflage des Kapazitätsabbaus im Bereich lange Spezialstähle. Die Auflage sollte eine zu hohe Konzentration beider Unternehmen auf dem französischen Markt vermeiden. Am 9. Februar 1999 überreichte der Präsident der USINOR-Gruppe Francis Mer dem wallonischen Ministerpräsidenten einen Scheck über 646.857.501,98 Euro. Damit war die EKO-Mutter Cockerill Sambre vom belgischen Bundesstaat Wallonien an den französischen Stahlhersteller verkauft.

Am 18. Februar 1999 besuchte Francis Mer Eisenhüttenstadt und verschaffte sich zunächst mit dem Hubschrauber einen Überblick über das Areal der EKO Stahl GmbH. Begleitet wurde er vom zuständigen Vorstandsmitglied von Cockerill Sambre Bernard Serin sowie vom Direktor für Kommunikation Pierre Bourrier. Er besichtigte die Produktionsanlagen im Warmwalzwerk und im Kaltwalzwerk sowie das Berufsbildungszentrum. Ministerpräsident Manfred Stolpe und der Minister für Wirtschaft, Mittelstand und Technologie des Landes Brandenburg Burkhard Dreher lobten an diesem Tag die Zuverlässigkeit des Partners USINOR, der alle Zusagen im Vorfeld der Privatisierung eingehalten hatte. »Mit EKO Stahl«, bekräftigte Manfred Stolpe, »erhält USINOR eine sturmerprobte und treue Belegschaft.«[19] Auf der Jahrespressekonferenz der USINOR-Gruppe in Paris hob Präsident Mer am 11. März 1999 hervor: »EKO Stahl ist ein wertvolles Industrieobjekt mit einer Produktion von 2,5 Millionen Tonnen veredeltem Walzstahl. Das Werk hat kompetente und anspruchsvolle Großkunden, nicht zuletzt Volkswagen.«[20]

Nach der Integration von Cockerill Sambre in die USINOR-Gruppe ergab sich ab Mai 1999 eine neue Zusammensetzung des Aufsichtsrates der EKO Stahl GmbH. Die Vertreter der Bundesanstalt für vereinigungsbedingte Son-

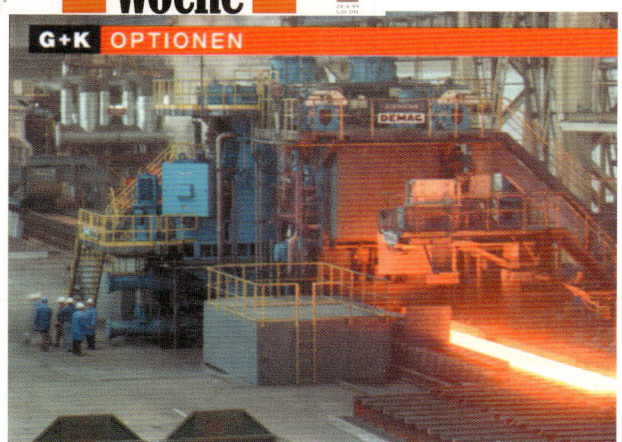

**WERK EISENHÜTTENSTADT:** Von Brandenburg bis Südamerika

## USINOR
# Neuer Glanz

Die positive Entwicklung bei den Auftragseingängen, ein nachlassender Preisdruck, reduzierte Lagerbestände sowie höhere Margen beim Edelstahl sind für die Banque Nationale de Paris die Gründe für eine Übergewichtung von Stahlaktien. Auch die Analysten der Société Générale sind positiv gestimmt und stufen die Aktien von Europas drittgrößtem Stahlhersteller Usinor als kaufenswert ein.

Usinor verfügt über moderne Produktionsanlagen und kann dadurch kostengünstig produzieren. Darüber hinaus hat der Konzern von Brandenburg (mit Eko-Stahl in Eisenhüttenstadt) bis Südamerika seine Fühler ausgestreckt. Der Gewinn je Aktie wird 1999 auf etwa 1,75 Euro und auf drei Euro je Aktie für 2000 geschätzt. Damit sind die Titel (Kurs 14,30 Euro) nicht nur ausgesprochen preiswert (Kurs/Gewinn-Verhältnis fünf), sondern werden derzeit auch deutlich unter ihrem Buchwert von etwa 20 Euro gehandelt.

Eine Renaissance der Stahlwerte würde auch die Usinor-Calls der Dresdner Bank (Laufzeit bis 6. Februar 2001) kräftig nach oben befördern. Bei einem Bezugspreis von 13 Euro (Bezugsverhältnis 10 zu 1) beträgt das jährliche Aufgeld elf Prozent bei knapp 2,5fachem Leverage. Der Einsatz für die Stahlwette liegt bei 0,38 Euro pro Schein. Kenn-Nr. 822 811.

Bundeswirtschaftsminister Werner Müller (Mitte) besuchte auf der Hannover Messe 1999 den Pavillon der EKO Stahl GmbH. Hier erläuterten der Vorsitzende der Geschäftsführung Hans-Joachim Krüger (rechts) und Geschäftsführer Eckhardt Hoppe (links) den Vertretern der Presse, Kunden und Gästen die neuen Unternehmensziele in der USINOR-Gruppe.

deraufgaben Hans Krämer und Peter Breitenstein waren bereits ausgeschieden. Ihnen folgten nun auch die Vertreter von Cockerill Sambre Philippe Delaunois und Pierre Meyers. Als neue Mitglieder von USINOR wurden am 4. Mai 1999 Bernard Serin und Giles Biau bestellt. Künftig sollten außerdem Michel Maulvault und Robert Hudry tätig werden.

Am 1. Juli 1999 beschäftigte die USINOR-Gruppe 49.000 Mitarbeiter in 25 Ländern. Zur Konzentration auf die Aktivitäten bei Flachstählen aus Kohlenstoffstahl und Edelstahl erfolgte ein Konzernumbau der Gruppe. Hauptelemente waren nun die funktionalen Leitungen, die Service- und Betriebseinheiten des Konzerns. Die 23 Betriebseinheiten führten ihre Geschäfte weiterhin wie unabhängige Unternehmen. Sie unterteilten sich in drei Gruppen. EKO Stahl gehörte zur Kohlenstoff-/Flachstahl-Gruppe. Die zweite Gruppe umfasste die Weiterverarbeitung und Stahl-Service-Center, die dritte Gruppe den Edel- und Spezialstahlbereich, u.a. Thainox in Asien. Mit Cockerill Sambre/EKO Stahl verstärkte USINOR sein Potential in den Benelux-Ländern und in Deutschland. Mit der Übernahme von J & L in Pittsburgh (USA), der Beteiligung an der brasilianischen CST sowie bei Arvedi in Italien erweiterten sich die internationalen Aktivitäten des Konzerns. Die Einheiten im Bereich lange Spezialstähle waren – entsprechend der Auflage der Europäischen Kommission – verkauft worden. Die neue Organisation verfolgte das Ziel, die Kreisläufe für industrielle und kommerzielle Entscheidungen zu verkürzen und in der aufgeführten Produktpalette Weltmarktführer zu werden.

Ausgehend von einer Segmentierung nach Branchen trug EKO Stahl in der USINOR-Gruppe nun vor allem die Verantwortung für die Fassindustrie und für Radiatoren, Führungsverantwortung für die Automobilhersteller VW, Skoda, Audi, Seat, Daewoo und für wichtige Autozulieferer,

Als Arbeitnehmervertreter wurden in den EKO-Aufsichtsrat 1999 wiedergewählt (von links nach rechts): Hasso Düvel, Rainer Barcikowski, Frank Balzer, Ingrid Scheibe-Lange, Holger Wachsmann, Elisabeth Franke und Rainer Werner.

367

**USINOR**

Foto oben:
Geschäfte mit Daewoo: Empfang von Eckhardt Hoppe und Klaus Rothe (2. von links) 1996 in Süd-Korea.

Foto links:
Am Rande der Verhandlungen in Eisenhüttenstadt zwischen EKO Stahl und General Motors zeigte Geschäftsführer Eckhardt Hoppe dem Verkaufsmanager Chester Kelley (4. von links) 1999 den Hochofen 5A, die Warmbandstraße sowie das Kaltwalzwerk.

Foto rechts:
Eckhardt Hoppe, Jahrgang 1941, seit 1990 Geschäftsführer Marketing/Verkauf bei EKO Stahl, rückte 1999 in den Vorstand von USINOR Auto auf.

für die Vertriebslinien in Deutschland, Skandinavien, für die Landesvertretungen in Frankreich und in den Beneluxstaaten sowie eine besondere Führungs- und Koordinierungsverantwortung für Osteuropa. Kurz- und mittelfristige strategische Projekte waren: die Errichtung von Anarbeitungsplätzen in Osteuropa, die Erhöhung der Produktion von Tailored Blanks, die Erweiterung der Kapazitäten für hochwertige Produkte im Kaltwalzwerk.

Im Mittelpunkt der 21. Sitzung des Aufsichtsrates der EKO Stahl GmbH stand dann am 24./25. September 1999 in Florange die Konstituierung des neuen Aufsichtsrates. Es wurden erneut Hellmut K. Albrecht zum Vorsitzenden und Rainer Barcikowski zum Stellvertreter gewählt. Die Anteilseigner- und Arbeitnehmerseite bestimmten als neutrales Mitglied Hans Apel. Neu im Aufsichtsrat waren Robert Hudry und Michel Maulvault.

Ende 1999 wurde im Bereich Kohlenstoff-Flachstahl der USINOR Gruppe eine Umstrukturierung des organisatorischen Aufbaus und der Verantwortungsbereiche vorgenommen. Zum einen wurden fünf selbständige betriebliche Einheiten – zu denen EKO Stahl gehörte – gebildet. Zum anderen wurden diese Betriebseinheiten in dem Unternehmensbereich »USINOR Auto« zusammengefasst. Beabsichtigt war hierdurch eine Steigerung der Effektivität von Produktion und Absatz des Gesamtbereiches. EKO trug hier die Verantwortung für den Absatz in einer Größenordnung von 600 kt/a.

Für die EKO Stahl GmbH ergab sich hieraus eine erhebliche Erweiterung der Arbeitsaufgaben und der Verantwortung. Der Geschäftsführer Marketing/Verkauf Eckhardt Hoppe nahm von nun an im Vorstand von USINOR Auto die gesamten Konzernaufgaben und -interessen gegenüber dem VW Konzern weltweit (Skoda, Seat, Autoeuropa usw.), gegenüber Daewoo und weiteren ausgewählten Autozulieferern wahr. Die dabei zu lösenden Aufgaben bezogen sich auf die Planung und Koordinierung von Strategien, von Produktinnovationen, von Produktion und Qualität, technischer Betreuung, der Auftrags- und Vertragsentwicklung bis hin zur Terminkontrolle. Sie erforderten eine Anpassung der Unternehmensstrukturen vor allem im Bereich Marketing/Verkauf. Mit Eckhardt Hoppe stützte sich USINOR Auto dabei auf den in diesem Geschäftsfeld erfahrensten Manager von EKO Stahl.

Anfang August 2000 übernahm Hans-Joachim Krüger im USINOR-Konzern als Direktor von USINOR Achats, dem Zentraleinkauf der Gruppe, eine neue Führungsaufgabe. Auf seine »EKO-Jahre« zurückblickend stellte er fest: »Ich habe noch nie in einem Unternehmen gearbeitet, in dem die Herzen so vieler Mitarbeiter und Führungskräfte für ›ihr‹ Unternehmen schlagen, wie hier.«[21] Dies war für ihn, in Verbindung mit den Investitionen des Restrukturierungsprogramms, die wichtigste Voraussetzung, um aus der EKO-Privatisierung des Jahres 1994 für die Menschen in Eisenhüttenstadt und in der Region einen nachhaltigen unternehmerischen Erfolg zu erzielen. Die unter seiner Führung 1998 und 1999 erwirtschafteten Gewinne bestätigten ihm, dass es in Eisenhüttenstadt besser war, die industrielle Substanz von EKO zu erhalten, als zu vernichten. Mit der Produktion von 2,1 Mio. t Halbzeug und 1,27 Mio. t Flachstahl hatte EKO 1999 neue Rekorde erreicht. Im Stahlwerk wurde erstmals seit Inbetriebnahme 1984 die projektierte Leistung von 2,2 Mio. t voll ausgeschöpft. So konnten 1999 über 1 Mio. t Halbzeug und knapp 1,3 Mio. t Flachstahl verkauft werden. Die von der EU genehmigte Erhöhung der Warmbandproduktion auf 1,5 Mio. t/a ermöglicht es, diese Ergebnisse im Jahr 2000 zu übertreffen.

Geschäftsführer der EKO Stahl GmbH, 1999. Von links nach rechts: Hans-Peter Neumann, Matthias Wellhausen, Eckhardt Hoppe, Karl Döring, Hans-Joachim Krüger.

Auf Vorschlag des Präsidiums von USINOR und Cockerill Sambre beschloss der EKO-Aufsichtsrat am 25. Februar 2000 die Bestellung von Victor Polard (Foto unten) zum neuen Vorsitzenden der EKO-Geschäftsführung ab 1. August 2000. Polard, ein ausgezeichneter Stahlfachmann, kam von Cockerill Sambre, wo er bisher Direktor für Verkauf und Marketing war.

## DIALOG 2010

Der nachfolgende Text aus dem Jahre 2000 war der Beginn eines neuen Dialogs zwischen Geschäftsführung und Belegschaft von EKO Stahl über die Zukunft des Unternehmens.

50 Jahre EKO lassen uns mit Stolz nach vorn blicken. EKO Stahl hat sich auf dem hartumkämpften internationalen Stahlmarkt behauptet. Zu verdanken ist das vor allem dem Engagement jedes einzelnen Mitarbeiters.

Noch wichtiger: 50 Jahre EKO Stahl sind ein wichtiger Anlass für Vorausschau. Eine Vision soll Gestalt gewinnen. Sie heißt EKO 2010.

Wir sind selbständiges Mitglied des Konzerns USINOR, eines weltweit führenden Flachstahlherstellers und werden eigenverantwortlich unseren Beitrag für den Ausbau dieser Spitzenposition leisten. Gestützt auf unsere eigene Unternehmenskultur, können sich alle Mitarbeiter einbringen. Der Erfolg baut immer auf die Summe der Leistungen jedes Einzelnen.

Wie sieht unser Fahrplan in die Zukunft aus? Wie soll unsere Unternehmenskultur gestaltet werden? Wo wollen wir hin? Fragen, die jeder Mitarbeiter mitbeantworten kann. Vision EKO 2010 – das ist auch ein Aufruf zum Dialog.

### EKO gestaltet seine Eigenständigkeit im USINOR-Konzern

Unsere unternehmerischen Rahmenbedingungen sind günstig. Das internationale französische Unternehmen USINOR hat sich vorgenommen, bis zum Jahr 2010 zum führenden Flachstahlhersteller in der Welt zu werden. Als eigenständig handelnde Tochter wird EKO auf den internationalen Märkten vor allem mit hochwertigem und oberflächenveredeltem Flachstahl von höchster Qualität dabei sein. Schwerpunkte bilden die Marktsegmente Automobile, Haushaltsgeräte und die Bauindustrie. Zugleich werden wir federführend für USINOR die osteuropäischen Märkte betreuen.

Die dazu notwendigen Markt- und Investitionsstrategien werden von uns entwickelt, mit den Konzernzielen abgestimmt und eigenständig umgesetzt. Dabei müssen wir unserer Ergebnisverantwortung voll gerecht werden. Um so wichtiger ist, dass jeder Mitarbeiter seine kreativen Fähigkeiten in die Herstellung der EKO-Stahlprodukte einbringt.

Zu unserer Eigenständigkeit gehört die Weiterentwicklung unserer Unternehmenskultur. Sie ist gekennzeichnet von Fairness und solidarischem Teamgeist. Hauptakteur des Fortschritts ist der Mitarbeiter. Jeder wird in seinem Rahmen das Mögliche leisten und am kontinuierlichen Verbesserungsprozess teilnehmen. Nur die ständige gemeinsame Suche nach neuen Lösungen wird EKO fit machen für anhaltenden Wettbewerbserfolg. Wir brauchen dazu ergebnisorientierte Mitarbeiter, deren Handeln von wechselseitiger Verantwortung und Respekt bestimmt wird.

Unsere Eigenständigkeit werden wir nur dann positiv gestalten können, wenn wir einen offenen und selbstbewussten Dialog im Konzern führen. Ein ausgewogenes Verhältnis von Geben und Nehmen ist unerlässlich.

EKO ist ein schlankes Unternehmen mit kurzen Entscheidungswegen. Die Effizienz wächst aus der Dezentralisierung von Verantwortung und aus steigender Entscheidungskompetenz aller Mitarbeiter. Neue Informationssysteme ermöglichen Flexibilität und ein schnelles Reagieren auf wachsende Anforderungen des Marktes.

Der EKO-Teamgeist wird gestützt durch direkte Kommunikation im Unternehmen, sowohl vertikal als auch horizontal. Der Mitarbeiter in der jeweils nächsten Produktionsstufe muss genauso ehrlich und qualitätsbewusst beliefert werden wie der externe Kunde. Jeder EKO-Mitarbeiter soll wissen: Zusammen sind wir stärker. Aber durchsetzen werden wir uns nur, wenn wir wirklich gut sind.

### EKO führt den Konzernausbau in Deutschland und Osteuropa

Im Rahmen der weltweiten Konzernstrategie von USINOR bildet EKO die geschäftliche und firmenpolitische Nahtstelle zwischen Deutschland und Osteuropa. Eisenhüttenstadt, als deutscher Standort der Firmengruppe, ermöglicht dem Konzern den Ausbau seiner Marktstellung im wirtschaftlich stärksten Land der heutigen EU. Die Grenzlage zu Polen erlaubt zugleich die Entwicklung einer chancenreichen Strategie für die Zusammenarbeit mit den osteuropäischen Ländern.

In Deutschland hat sich EKO in den letzten 10 Jahren als ein zukunftsorientiertes Unternehmen etabliert. Durch neue Investitionen am Standort Eisenhüttenstadt und an Standorten in Kundennähe werden wir quantitativ und qualitativ weiter wachsen.

In den osteuropäischen Ländern wird sich EKO ein großes Potential an wirtschaftlichen Möglichkeiten erschließen. Unsere umfassenden Beziehungen, unsere Erfahrungen mit der Kultur dieser Länder und unsere Sprachkompetenz geben dafür eine gute Grundlage. Wir sehen dort sowohl einen großen Absatzmarkt für hochqualitativen Flachstahl als auch ein Lieferantenpotential für Rohstoffe und Ausrüstungen. Dafür werden wir unser Vertriebsnetz umfassend ausbauen. Wichtig sind uns auch die Nutzung des wissenschaftlich-technischen Leistungsvermögens für gemeinsame Forschungsarbeiten und ingenieurtechnische Leistungen sowie die Errichtung von Industrieaktivitäten in diesen Ländern. In Verbindung mit dem Unternehmensbereich USINOR Auto nimmt EKO aktiv an der Weiterentwicklung der Automobilindustrie in Osteuropa teil.

Zur Entwicklung eines Unternehmensleitbildes für das 21. Jahrhundert lud die Geschäftsführung die Mitarbeiter von EKO Stahl im März 2000 zum Dialog ein. Vorgestellt wurden die im nebenstehenden Text aufgeführten vier Visionen; diskutiert wurden Wege ihrer Umsetzung.

Der Konzern hat dies als sein strategisches Ziel definiert und uns die Führungsverantwortung übertragen. Das zeigt großes Vertrauen in uns und ist zugleich eine große Herausforderung für alle Mitarbeiter und Führungskräfte. Unsere Bemühungen gehen dahin, ein mehrsprachiges Unternehmen zu gestalten, in dem neben Englisch und Französisch auch slawische Sprachen ihren Platz haben. So wird EKO gleichsam auch zu einer stählernen Brücke des west-osteuropäischen Kulturaustausches ausgebaut.

### EKO schafft dauerhafte Werte für Kunden, Mitarbeiter und Gesellschafter

Unsere Unternehmensphilosophie heißt, dauerhafte Werte für Kunden, Mitarbeiter und Gesellschafter zu schaffen. Das nimmt jeden in die Verantwortung.

Die EKO-Marktstrategie ist besonders auf Kundennähe mit verstärkter technischer Kundenberatung und Betreuung ausgerichtet. Wir liefern mit hoher Termintreue innovative Produkte, flexibel angepasst an die Wünsche unserer Kunden. Die Hauptabnehmer von Flachstahl verlangen immer häufiger angearbeitete Produkte, wie Zuschnitte, Spaltband oder Coils. EKO Stahl – einschließlich leistungsfähiger Tochterunternehmen – nimmt die Herausforderung an und tritt auch als Anbieter von Tailored Blanks auf. Im Rahmen der USINOR-Gruppe tragen wir bereits weltweite Verantwortung für die Zulieferungen an den Volkswagen-Konzern. Das betrifft nicht nur den Standort Eisenhüttenstadt, sondern alle USINOR-Stahlstandorte in Frankreich, Belgien und Deutschland.

EKO Stahl – das bedeutet moderne und sichere Arbeitsplätze mit leistungsorientierter Entlohnung. Den Mitarbeitern werden beste Qualifizierungsmöglichkeiten geboten. Das Gefühl der Zugehörigkeit zum EKO-Team wird wesentlich gefördert durch die Möglichkeit für jeden, sich in die Entscheidungsprozesse an seinem Arbeitsplatz selbst einzubringen.

Der Name EKO Stahl garantiert für hohe Umwelt- und Sicherheitsstandards. Für die Produzenten wie für die Abnehmer. Das Verbesserungsmanagement – bezogen auf Produktionsprozesse – hat für uns einen hohen Stellenwert. Wir bieten dem Kunden maximalen Gebrauchswert und lange Lebensdauer seines Endproduktes. Das trägt im Ganzen zur Schonung der natürlichen Ressourcen im Interesse der nachfolgenden Generationen bei.

### EKO gibt Impulse für eine wettbewerbsfähige Oder-Spree-Region

EKO Stahl als Industriekern der Oder-Spree-Region im Osten Brandenburgs ist Impulsgeber für eine moderne Industrie- und Dienstleistungslandschaft. Das Spektrum der geforderten Dienstleistungen reicht von Ersatzteillieferanten über Instandhaltungsdienstleister bis zu Forschungslabors und Hard- und Softwareproduzenten. Wir öffnen uns für innovative Anbieter genau so wie für innovative Nutzer unserer Produkte. Dazu kommen die vielen indirekten Impulse für Handel und Gewerbe. Auch so können in der Region neue international wettbewerbsfähige Potentiale entstehen. Zumal die Öffnung der Grenze nach Polen für den EU-Wirtschaftsraum keine Utopie mehr ist.

EKO Stahl ist der größte Arbeitgeber der Region. Um der Vision 2010 gerecht zu werden, brauchen wir ständig neue Talente mit standortgerechter Wissenskombination: von naturwissenschaftlich-technischen Stahlkenntnissen über Kultur- und Fremdsprachenkenntnis bis zu sozialer Handlungskompetenz. Das betrifft nicht nur Ingenieure und Akademiker in Forschung, Produktion, Verkauf und Verwaltung, sondern auch breitgefächerte Facharbeiter-Berufsbilder, die modernsten Anforderungen genügen. Sie erfahren bei EKO Stahl alle Förderung.

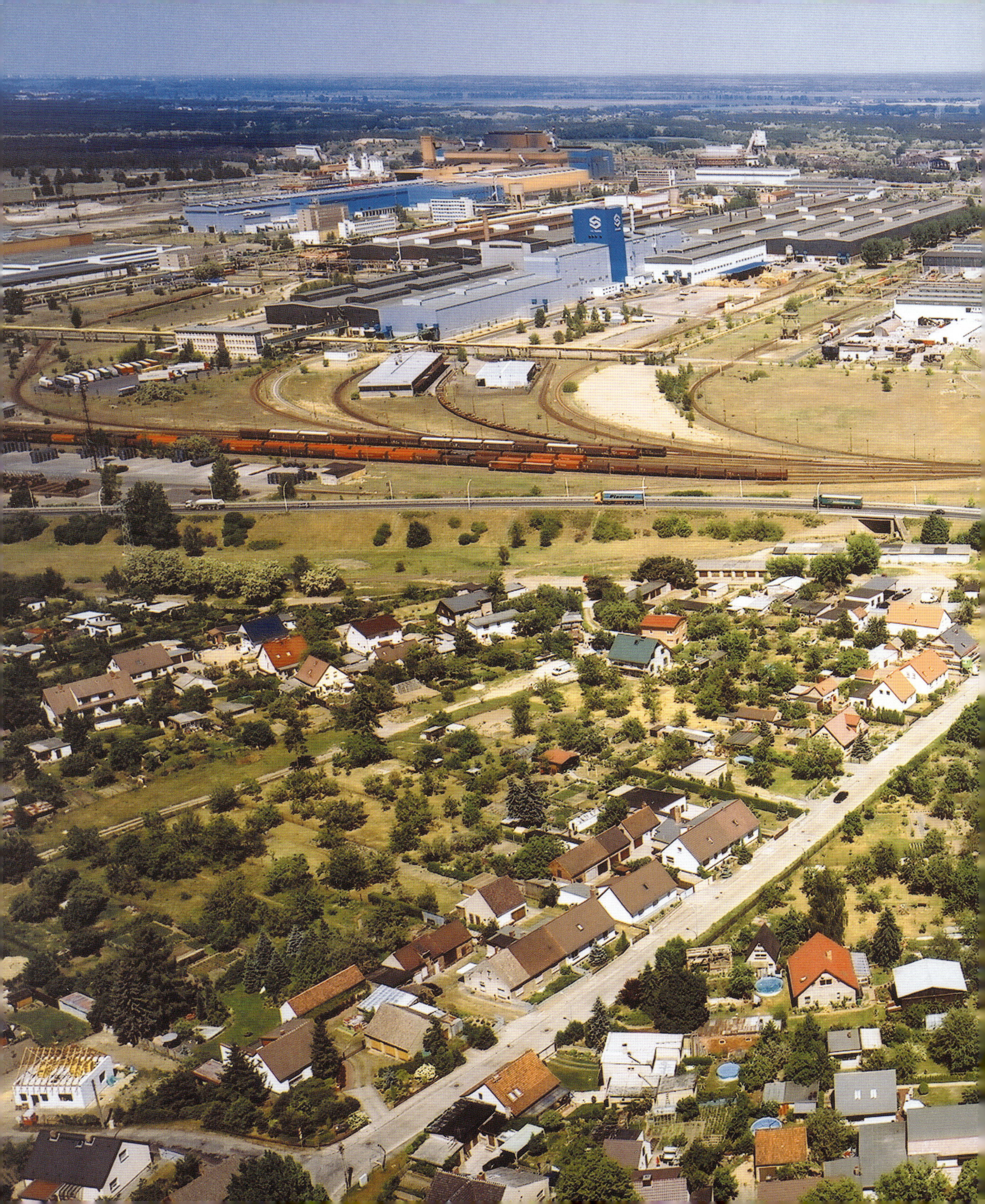

# Anhang

## Made for EKOnomy

EKOnomy ist die Zusammenfassung aller von EKO Stahl zum Nutzen der Kunden erbrachten Produkt- und Serviceleistungen.
Die EKOnomy-Philosophie basiert auf den vier Unternehmensgrundsätzen:
- Konzentration auf das Kerngeschäft Flachstahl,
- zufriedene Kunden,
- motivierte und qualifizierte Mitarbeiter,
- angemessenes Unternehmensergebnis.

### EKO-Marken

| | |
|---|---|
| **EKOFER®** | Das Programm kaltgewalzter Bleche und Bänder für alle Anwendungsgebiete. |
| **EKOZINC®** | Das feuerverzinkte Feinblech. Die Optimierung von Umform- und Verarbeitungseigenschaften, Korrosionswiderstand und Oberflächendesign. |
| **EKOMAILL®** | Die speziellen Stähle für die Emaillierung. |
| **EKOVOLT®** | Das kaltgewalzte Elektroband mit den anwendungsspezifischen elektromagnetischen Eigenschaften. |
| **EKOTEX®** | Kornorientiertes semifinished Elektroband. Eine Neuentwicklung zur Fertigung von Magnetkernen für elektrische Maschinen und Geräte. |
| **EKOTAL®** | Das dekorative, organisch beschichtete Feinblech in vielen Güten, Farben und Dessins. |

### EKO-Produkte
Die EKO Stahl GmbH liefert:
- Kaltgewalzte, verzinkte und organisch beschichtete Feinbleche und Bänder;
- Elektrobleche und -bänder;
- Zuschnitte aller Produktarten;
- Formplatinen;
- Trapezprofile, Kassetten und Kantteile;
- Halbzeug.

### EKO-Service
Organisation, personelle Kompetenz, Technologie und Technik stehen bei EKO im Dienst einer komplexen Service-Philosophie. Partnerschaftliches Denken und Handeln sind dabei Leitlinie, denn zufriedene Kunden sollen das Resultat einer Zusammenarbeit mit EKO Stahl sein.

### EKO-Qualität
Qualitätsmanagement bei EKO Stahl ist ein ständiger Verbesserungsprozess von Produkt und Service. Jeder Mitarbeiter ist hier einbezogen und bestrebt, Qualität zum Inhalt einer komplexen Leistung zu machen. Die DIN EN ISO 9001 ist die Basis des Qualitäts-Management-Systems bei EKO Stahl.

### EKO-Mitarbeiter
Die Unternehmenskultur von EKO Stahl ist gekennzeichnet von Fairness und solidarischem Teamgeist. Hauptakteure des Fortschritts im Unternehmen sind ergebnisorientierte Mitarbeiter. Sie leisten Höchstmögliches für anspruchsvolle Kunden.

## Produktionszahlen des EKO

| Jahr | Beschäftigte | Roheisen-produktion t | Flachstahl kalt- und warmgewalzt t | Rohstahl t | Halbzeug t | Warmband t |
|---|---|---|---|---|---|---|
| 1950 | 1.160 | | | | | |
| 1951 | 1.420 | 3.539 | | | | |
| 1952 | 5.628 | 264.446 | | | | |
| 1953 | 6.653 | 568.251 | | | | |
| 1954 | 6.113 | 730.182 | | | | |
| 1955 | 6.135 | 912.281 | | | | |
| 1956 | 6.039 | 925.191 | | | | |
| 1957 | 6.168 | 976.250 | | | | |
| 1958 | 6.021 | 1.076.254 | | | | |
| 1959 | 5.896 | 1.121.406 | | | | |
| 1960 | 5.749 | 1.198.760 | | | | |
| 1961 | 5.516 | 1.236.821 | | | | |
| 1962 | 5.437 | 1.266.196 | | | | |
| 1963 | 5.298 | 1.325.009 | | | | |
| 1964 | 5.247 | 1.411.702 | | | | |
| 1965 | 5.178 | 1.484.936 | | | | |
| 1966 | 5.714 | 1.557.360 | | | | |
| 1967 | 5.992 | 1.599.729[1] | | | | |
| 1968 | 7.226 | 1.448.388 | 63.328 | | | |
| 1969 | 7.565 | 1.361.056 | 407.232 | | | |
| 1970 | 7.221 | 1.408.231 | 581.229 | | | |
| 1971 | 8.085 | 1.509.206 | 718.215 | | | |
| 1972 | 8.506 | 1.619.222 | 806.196 | | | |
| 1973 | 8.586 | 1.663.084 | 886.879 | | | |
| 1974 | 8.703 | 1.755.568 | 843.379[2] | | | |
| 1975 | 8.793 | 1.810.017 | 821.455 | | | |
| 1976 | 9.089 | 1.870.027 | 871.165 | | | |
| 1977 | 9.175 | 1.965.234 | 894.315 | | | |
| 1978 | 9.238 | 1.881.360 | 1.222.191[3] | | | |
| 1979 | 9.353 | 1.720.218[4] | 1.359.125 | | | |
| 1980 | 9.362 | 1.781.350 | 1.470.438 | | | |
| 1981 | 9.477 | 1.762.483 | 1.542.189 | | | |
| 1982 | 10.001 | 1.556.590 | 1.571.203 | | | |
| 1983 | 9.482 | 1.601.020 | 1.591.805 | | | |
| 1984 | 10.764 | 1.755.002 | 1.611.255 | 528.129 | 481.005 | |
| 1985 | 11.081 | 1.977.198[5] | 1.780.372 | 1.230.793 | 1.158.582 | |
| 1986 | 11.437 | 2.125.864 | 1.795.744 | 1.496.895 | 1.416.673 | |
| 1987 | 11.754 | 2.180.030 | 1.842.497 | 1.648.599 | 1.581.043 | |
| 1988 | 11.775 | 2.203.965 | 2.115.518 | 1.744.358 | 1.682.597 | |
| 1989 | 11.934 | 2.173.922 | 2.224.870 | 1.850.912 | 1.800.988 | |
| 1990 | 11.510 | 1.714.930 | 1.706.924 | 1.670.116 | 1.624.855 | |
| 1991 | 9.751 | 882.553[6] | 1.004.836 | 995.678 | 961.317 | |
| 1992 | 5.473 | 698.638 | 1.072.475 | 774.724 | 737.398 | |
| 1993 | 4.191 | 1.043.102 | 986.480 | 1.170.662 | 1.129.704 | |
| 1994 | 3.027 | 1.071.249 | 973.048 | 1.243.778 | 1.211.745 | |
| 1995 | 2.746 | 1.485.644 | 1.036.938 | 1.719.305 | 1.659.101 | |
| 1996 | 2.761 | 1.672.146 | 1.018.000 | 1.940.733 | 1.866.294 | |
| 1997 | 2.833 | 1.736.839 | 1.147.484 | 2.032.559 | 1.937.131 | 293.000 |
| 1998 | 2.846 | 1.861.886[7] | 1.250.413 | 2.164.414 | 2.050.158 | 900.000[8] |
| 1999 | 3.015 | 1.943.567 | 1.271.823 | 2.250.525 | 2.119.277 | 900.000 |

[1] Bis 1967 kam es zu einem Anstieg der Roheisenproduktion durch Vergrößerung des Ofenvolumens von 623 auf 824 m$^3$ und Senkung des spezifischen Koksverbrauches.
[2] Seit 1974 wurden kaltgewalzte Bänder und Bleche auch verzinkt, kunststoffbeschichtet bzw. profiliert.
[3] Ab 1978 wurde durch eine Warmbandschere im Kaltwalzwerk gespaltetenes Warmband produziert.
[4] Verminderungen der Planhöhe führte zwischen 1978 bis 1984 zu Zwangsstillständen an den Hochöfen.
[5] Produktionserhöhung zur Versorgung des Stahlwerkes mit neuem Hochofen V.
[6] Beträchtlicher Produktionsrückgang von 1991 bis 1994; Stilllegung der Hochöfen IV und V.
[7] Ab 1998 Betrieb des neuen Hochofen 5A und Hochofen III ausschließlich für das eigene Stahlwerk.
[8] Aufgrund der EU-Bestimmungen konnte die Kapazität der Warmbandstraße bis Februar 2000 nicht voll ausgeschöpft werden.

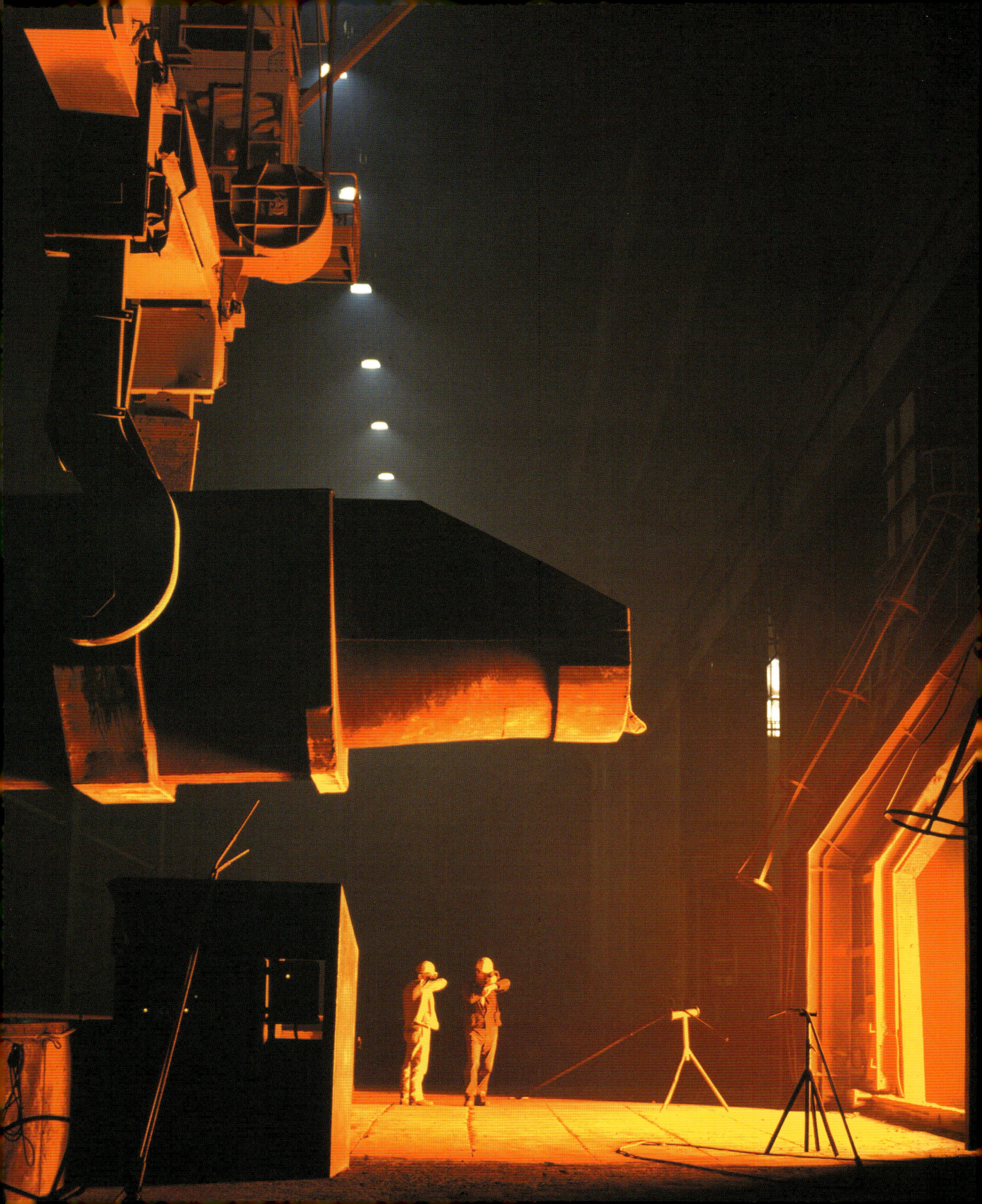

## Werkleiter, Vorstände, Geschäftsführer

### Werkleiter des EKO
(ab 1. Januar 1969 in Personalunion
Generaldirektor des VEB Bandstahlkombinat Eisenhüttenstadt)

| | |
|---|---|
| Otto Ringel | 1950 bis 1951, ab 1952 Aufbauleiter |
| Adolf Buchholz | 1951 bis 1952, kommissarisch |
| Hermann Fenske | 1952 bis 1954 |
| Erich Markowitsch | 1954 bis 1959 |
| | 1967 bis 1975 |
| Bruno Teichmann | 1959 bis 1965 |
| Wilhelm Marter | 1965 bis 1967 |
| Dr.-Ing. Manfred Drodowsky | 1975 bis 1985 |
| Dr.-Ing. Dr. oec. Karl Döring | 1985 bis 1990 |

### Mitglieder des Vorstandes der EKO Stahl AG

| | |
|---|---|
| Dr.-Ing. Dr. oec. Karl Döring | 1990 bis 1994, Vorsitzender |
| Dr. Adalbert Bartak | 1990 bis 1991 |
| Hans Conrad | 1990 bis 1994 |
| Eckhardt Hoppe | 1990 bis 1994 |
| Hans-Peter Neumann | 1991 bis 1994 |
| Manfred Schlesier | 1990 bis 1992 |

### Mitglieder der Geschäftsführung der EKO Stahl GmbH

| | |
|---|---|
| Dr.-Ing. Hans-Joachim Krüger | ab 1994 bis 2000, Vorsitzender |
| Victor Polard | ab 2000 Vorsitzender |
| Dr.-Ing. Dr. oec. Karl Döring | ab 1994 bis 2000 |
| Eckhardt Hoppe | ab 1994 |
| Hans-Peter Neumann | ab 1994 bis 2000 |
| Matthias Wellhausen | ab 1996 |

### Vorsitzende der EKO-Aufsichtsräte

| | |
|---|---|
| Prof. Otto Gellert | 1990 bis 1994 |
| Dr. Hans Krämer | 1994 bis 1995 |
| Dr. Hellmut K. Albrecht | ab 1995 |

# Abkürzungsverzeichnis

| | |
|---|---|
| ABM | Arbeitsbeschaffungsmaßnahmen |
| a. D. | außer Dienst |
| AFG | Arbeitsförderungsgesetz |
| AG | Aktiengesellschaft |
| AOK | Allgemeine Ortskrankenkasse |
| ASMW | Amt für Standardisierung, Messwesen und Warenprüfung |
| AWG | Arbeiterwohnungsbaugenossenschaft |
| BArch | Bundesarchiv |
| BBZ | Berufsbildungszentrum |
| BGL | Betriebsgewerkschaftsleitung |
| BHT-Koks | Braunkohle-Hochtemperatur-Koks |
| BKE | VEB Bandstahlkombinat »Hermann Matern« Eisenhüttenstadt |
| BKK | Betriebskrankenkasse |
| BKV | Betriebskollektivvertrag |
| BLHA | Brandenburgisches Landeshauptarchiv Potsdam |
| BMD | Betriebsmedizinischer Dienst |
| BMK | Bau- und Montagekombinat |
| BMSR | Betriebs-, Mess-, Steuer- und Regeltechnik |
| BMW | Bayerische Motoren Werke AG |
| BSG | Betriebssportgemeinschaft |
| BRD | Bundesrepublik Deutschland |
| BvS | Bundesanstalt für vereinigungsbedingte Sonderaufgaben |
| CAD/CAM | Computer-aided design/Computer-aided manufacturing |
| CDU | Christlich-Demokratische Union |
| ČSSR | Tschechoslowakische Sozialistische Republik |
| CSU | Christlich-Soziale Union |
| DAF | Deutsche Arbeitsfront |
| DDR | Deutsche Demokratische Republik |
| Degussa | Deutsche Gold- und Silber- Scheideanstalt |
| DGB | Deutscher Gewerkschaftsbund |
| DIN | Deutsche Industrie-Norm |
| DSF | Gesellschaft für Deutsch-Sowjetische Freundschaft |
| DSD | Dillinger Stahlbau GmbH Düsseldorf |
| DWK | Deutsche Wirtschaftskommission |
| ECCA | European Coil Coating Association |
| ECU | European Currency Unit |
| EDS | Elektronik Data System |
| EDT-Anlage | Funkenerodieren-Elektric-Discharge-Texturing |
| EDV | Elektronische Datenverarbeitung |
| EFC Stahl | Eisenhüttenstädter Fußballclub |
| EFQM | European Foundation for Quality Management |
| EG | Europäische Gemeinschaft |
| EGKS | Europäische Gemeinschaft für Kohle und Stahl |
| EISA | Association des aciéries européennes indépendantes |
| EKO | Eisenhüttenkombinat Ost |
| EKS | Eisenhüttenkombinat »J. W. Stalin« |
| EN | Euro-Norm |
| EQA | European Quality Award |
| ESU | Eisenhüttenstädter Schlackeaufbereitung- und Umwelttechnik GmbH |
| EU | Europäische Union |
| FDGB | Freier Deutscher Gewerkschaftsbund |
| FDJ | Freie Deutsche Jugend |

| | | | |
|---|---|---|---|
| FDP | Freie Demokratische Partei | QCW | QualifizierungsCentrum der Wirtschaft |
| FQZ | Forschungs- und Qualitätszentrum Brandenburg | QMS | Qualitätsmanagement-System |
| FS-ME | Ferrostaal Maintenance Eisenhüttenstadt GmbH | QTA | Querteilanlage |
| GA | Gemeinschaftsaufgabe | RE | Roheisen |
| GAZ | Gesellschaft für Akkreditierung und Zertifizierung | RGW | Rat für gegenseitige Wirtschaftshilfe |
| GBl. | Gesetzblatt der DDR | RH | Rheinhausen |
| GEM | Gemeinnützige Gesellschaft für Qualifizierung und produktive Berufs- und Arbeitsförderung der Region Eisenhüttenstadt mbH | RSE | Roheisen- und Stahlerzeugung |
| | | SAG | Sowjetische Aktiengesellschaft |
| | | Sankra | Sanitätskraftwagen |
| GIPROMES | Staatliches Projektierungsinstitut für Metallurgie in der UdSSR | SAPMO | Stiftung Archiv der Parteien und Massenorganisationen der DDR |
| GmbH | Gesellschaft mit beschränkter Haftung | SBZ | Sowjetische Besatzungszone |
| GST | Gesellschaft für Sport und Technik | SED | Sozialistische Einheitspartei Deutschlands |
| GUS | Gemeinschaft unabhängiger Staaten | SKET | Schwermaschinen- und Anlagenbaukombinat »Ernst Thälmann« Magdeburg |
| HES | Hennigsdorfer Elektrostahlwerke GmbH | | |
| HME | Höchstmögliche Erzeugung | SKK | Sowjetische Kontrollkommission |
| HO | Handelsorganisation | SMAD | Sowjetische Militäradministration in Deutschland |
| HSW | Hamburger Stahlwerke | SMS | System-Management-Software |
| IG Metall | Industriegewerkschaft Metall | SPD | Sozialdemokratische Partei Deutschlands |
| IHK | Industrie- und Handelskammer | SS | Sturmstaffel |
| ISDN | Integrated services digital network | StAEHS | Stadtarchiv Eisenhüttenstadt |
| ISO | International Organization for Standardization | Stalag | Stammlager (für Kriegsgefangene) |
| KDT | Kammer der Technik | S.W.S. | Sociéte Wallone pour la Sidérurgie |
| KfW | Kreditanstalt für Wiederaufbau | TAKRAF | Transportausrüstungen, Krane und Fahrzeuge Leipzig |
| Kominform | Kommunistisches Informationsbüro | TAS | Technische Abendschule |
| KPdSU | Kommunistische Partei der Sowjetunion | TGLB | Trägergesellschaft Land Brandenburg |
| KSW | Konverterstahlwerk | THA | Treuhandanstalt |
| KSZE | Konferenz über Sicherheit und Zusammenarbeit in Europa | TKD | Technisch-Kaufmännische-Dienste |
| KVDR | Koreanische Volksdemokratische Republik | TLG | Treuhandliegenschaftsgesellschaft |
| KWW | Kaltwalzwerk | TÜV | Technischer Überwachungsverein |
| KZ | Konzentrationslager | UA EKO | Unternehmensarchiv der EKO Stahl GmbH |
| LDPD | Liberal-Demokratische Partei Deutschlands | UdSSR | Union der Sozialistischen Sowjetrepubliken |
| LD-Verfahren | Linz-Donawitz-Verfahren | Ur-THA | Ur-Treuhandanstalt |
| LPG | Landwirtschaftliche Produktionsgenossenschaft | USA | Vereinigte Staaten von Amerika |
| LRQA | Lloyd's Register Quality Assurance | VAI | VOEST Alpine Industrieanlagenbau |
| LTA | Längsteilanlage | VDA | Verband der Automobilindustrie |
| MEPRO | Metallurgie-Projektierung | VdEH | Verein Deutscher Eisenhüttenleute |
| MEW | Märkische-Elektrizitäts-Werke | VEB | Volkseigener Betrieb |
| Mio. | Millionen | VEO | Vulkan Energiewirtschaft Oderbrücke GmbH |
| MISIS | Moskauer Institut für Stahl und Legierungen | VIB | Verhoeven Ingenieurberatung |
| MMM | Messe der Meister von Morgen | VKL | Vertrauenskörperleitung |
| MOZ | Märkische Oderzeitung | VM | Valutamark |
| Mrd. | Milliarden | VR | Volksrepublik |
| NATO | North Atlantic Treaty Organization (Nordatlantikpakt) | VVB | Vereinigung Volkseigener Betriebe bzw. Verwaltungen Volkseigener Betriebe |
| NAW | Nationales Aufbauwerk | VZA | Verzinkungsanlage |
| NDPD | National-Demokratische Partei Deutschlands | WWW | Warmwalzwerk |
| NFT | Neue Fasstechnik GmbH/Neue Fügetechnik GmbH | ZBGL | Zentrale Betriebsgewerkschaftsleitung |
| NÖS | Neues ökonomisches System | ZIH | Zentrale Instandhaltung |
| NSDAP | Nationalsozialistische Deutsche Arbeiterpartei | ZIM | Zentralinstitut der Metallurgie |
| NSW | Nichtsozialistisches Wirtschaftsgebiet | ZK | Zentralkomitee |
| NVA | Nationale Volksarmee | ZKB | Zentrales Konstruktionsbüro der metallurgischen Industrie Berlin |
| ORB | Ostdeutscher Rundfunk Brandenburg | | |
| PDS | Partei des demokratischen Sozialismus | | |
| PEB | Personaleinsatzbetrieb | | |

## Literaturhinweise

Akademie der Künste (Hg.): Eisenhüttenstadt. Vor-Ort-Seminar 13.–19. Oktober 1993. Berlin 1994.

Arbeitsgruppe Stadtgeschichte (Hg.): Eisenhüttenstadt. »Erste sozialistische Stadt Deutschlands«. Berlin 1999.

Aufbauzeit der 50er Jahre in Zeitzeugenaussagen – eine Gesprächsmontage 1994. Lesung der Geschichtswerkstatt Eisenhüttenstadt e.V. Abschlussveranstaltung zur Ausstellung »Wandel in Eisenhüttenstadt« am 21. 3. 1995. In: Wandel in Eisenhüttenstadt. Ergebnisse eines Projektes. Leipzig 1995.

Auf Montage. Montageleistungen 1938 bis 1997. Aufzeichnungen und Erinnerungen der Montage- und Baustellenteams. Linz 1998.

Barth, Holger (Hg.): Projekt Sozialistische Stadt. Beiträge zur Bau- und Planungsgeschichte der DDR. Berlin 1998.

Behrends, Jan C.: Die Propaganda der Gesellschaft für Deutsch-Sowjetische Freundschaft in der frühen DDR (1949 bis 1955). Wissenschaftliche Hausarbeit. Potsdam 1999.

Beier, Rosmarie (Hg.): Aufbau West – Aufbau Ost. Die Planstädte Wolfsburg und Eisenhüttenstadt in der Nachkriegszeit. Buch zur Ausstellung des Deutschen Historischen Museum Berlin. Ostfildern-Ruit 1997.

Beiträge zur Geschichte Eisenhüttenstadts. Regionalgeschichtliche Veröffentlichung des Städtischen Museums Eisenhüttenstadt. Rostock 1988.

Betriebsparteiorganisation der SED des Bandstahlkombinats »Hermann Matern« Eisenhüttenkombinat Ost (Hg.): Unser Friedenswerk, Betriebsgeschichte des VEB Bandstahlkombinat »Hermann Matern« Eisenhüttenkombinat Ost. Teil 1: Vom schweren Anfang; Teil 2: Das Kollektiv der Hüttenwerker festigt sich im Klassenkampf; Teil 3: Der Riese an der Oder reckt sich. Neubrandenburg u. Neustrelitz, o. J.

Beyme, Klaus von/Durth, Werner/Gutschow, Niels (Hg.): Neue Städte aus Ruinen. Deutscher Städtebau der Nachkriegszeit. München 1992.

Bräuer, Heinz: Die ersten drei Jahrzehnte der evangelischen Kirchengemeinde Eisenhüttenstadt – Erinnerungen. Eigenverlag der Kirche 1990.

Černy, Jochen: Das Eisenhüttenkombinat Ost und die erste sozialistische Stadt Deutschlands. Berlin 1994.

Černy, Jochen: Der Aufbau des EKO 1950/1951. Dissertation A. Universität Jena 1970.

Černy, Jochen: Die Herausbildung sozialistischer Kollektive und Arbeiterpersönlichkeiten beim Aufbau des EKO 1950–1952. In: Jahrbuch für Wirtschaftsgeschichte Bd. 17. Berlin 1977.

Černy, Jochen: EKO. Eisen für die Republik. Illustrierte historische Hefte 34, Berlin 1984.

Černy, Jochen: Stalinstadt – Erste sozialistische Stadt Deutschlands. In: Beiträge zur Geschichte der Arbeiterbewegung, H. 1, 1996.

Černy, Jochen: Stalinstadt im Juni '53. In: Beiträge zur Geschichte der Arbeiterbewegung. H. 1, 1998.

Colditz, Heinz/Lücke, Martin: Stalinstadt. Neues Leben – Neue Menschen. Berlin 1958.

Degussa AG Frankfurt am Main (Hg.): Im Zeichen von Sonne und Mond. Von der Frankfurter Münzscheiderei zum Weltunternehmen Degussa AG. Frankfurt/Main 1993.

Deutsche Metallurgen lernen von der sowjetischen Technik. Eine Aussprache mit Wissenschaftlern, Ingenieuren, Konstrukteuren und Werkleitern der metallurgischen Industrie der DDR über die Ergebnisse des XIX. Parteitages der KPdSU in ihren Beziehungen zur Entwicklung der Hüttenindustrie, 18. 11. 1952. Berlin 1952.

Die Marktversorgung der ehemaligen DDR mit Eisen und Stahl. DIW-Gutachten im Auftrag des Bundesministers für Wirtschaft. Berlin 1992.

Dokumentationszentrum Alltagskultur der DDR e.V. (Hg.): Fortschritt, Norm und Eigensinn. Erkundungen im Alltag der DDR. Berlin 1999.

DSD EKO-Anlagenbau GmbH. Gestern – Heute – Morgen, Eisenhüttenstadt 1997.

Durth, Werner/Düwel, Jörn/Gutschow, Niels: Architektur und Städtebau der DDR, Bd. 1: Ostkreuz. Personen, Pläne, Perspektiven; Bd. 2: Aufbau. Städte, Themen, Dokumente. Frankfurt/Main, New York 1998.

Durth, Werner/Gutschow, Niels: Eisenhüttenstadt. »Schöne Städte für ein schönes Leben«. In: Brandenburgische Denkmalspflege, H. 1, 1995.

Fromm, Günter: Die Planung, der Aufbau und die Entwicklung Stalinstadts in den Jahren 1950 bis 1955. Diplomarbeit Humboldt-Universität zu Berlin 1981.

Gansleweit, Klaus-Dieter (Hg.): Eisenhüttenstadt und seine Umgebung. Ergebnisse der heimatkundlichen Bestandsaufnahme im Gebiet zwischen Oder, Neiße und Schlaubetal um Eisenhüttenstadt und Neuzelle. Berlin 1986.

Gayko, Axel: Investitions- und Standortpolitik der DDR an der Oder-Neiße-Grenze. In: Schultz, Helga (Hg.): Bevölkerungstransfer und Systemwandel. Ostmitteleuropäische Grenzen nach dem 2. Weltkrieg. Berlin 1998.

Hartmann, Ullrich/Mühlfriedel, Wolfgang: Zur Entwicklung der schwarzmetallurgischen Industrie in der DDR von 1946 bis 1955. In: Roesler, Jörg (Hg.): Industriezweige in der DDR 1945 bis 1985, Sonderband 1988 des Jahrbuchs für Wirtschaftsgeschichte, Berlin 1989.

Heidenreich, M. (Hg.): Krisen, Kader, Kombinate – Kontinuität und Wandel in ostdeutschen Betrieben. Berlin 1992.

Heyl, Friedrich von: Der innerdeutsche Handel mit Eisen und Stahl 1945–1972. Deutsch-deutsche Beziehungen im Kalten Krieg. Köln 1997.

Hoffmann, Harry/Oldenburg, Ernst: Stalinstadt. Dresden 1960.

Horn, Werner: Die Schöpferkraft der Arbeiterklasse beim Aufbau des Eisenhüttenkombinats Ost. In: Unsere Zeit. Beiträge zur Geschichte nach 1945, H. 1, 1962.

Kil, Wolfgang: Der letzte Monolith. Baudenkmal Stalinstadt. In: Bauwelt, H. 10, 1992.

Kinne, Helmut: Beitrag zur Geschichte der Eisen- und Stahlindustrie der DDR. Bandstahlkombinat Eisenhüttenstadt. Im Auftrag des Verbandes Deutscher Eisenhüttenleute Düsseldorf. (unveröffentl. Manuskript). Berlin 1995.

Knappe, Joachim: Mein namenloses Land. Zwölf Kapitel einer Jugend im Dickicht der Jahrhundertmitte. Halle 1965.

Kohler, Dorothée: Eisenhüttenstadt. Eine Stahlregion zwischen Plan- und Marktwirtschaft. In: Kilper, Heiderose/Rehfeld, Dieter (Hg.): Konzern und Region. Zwischen Rückzug und neuer Integration. International vergleichende Studien über Montan- und Automobilregionen. Münster/Hamburg 1994.

Köhler, Tilo: Kohle zu Eisen – Eisen zu Brot. Die Stalinstadt. Berlin 1994.

Köhler, Tilo: Lust am Schaffen – Freude am Leben. Die Stalinwerke. Berlin 1995.

Kracheel, Fritz: Zur 700-jährigen Geschichte der Stadt Fürstenberg (Oder) und ihrer ländlichen Umgebung vom Feudalismus bis zum Aufbau des Sozialismus 1255–1955. Frankfurt/Oder 1955.

Kraemer, Maximilian Heinrich: Wiederaufbau der Eisenhüttenindustrie in der sowjetischen Besatzungszone. Vortrag auf der 1. Fachtagung Eisen und Stahl der Kammer der Technik, Fachausschuss Metallurgie, Maxhütte/Unterwellenborn am 12. 5. 1949. In: Metallurgie und Gießereitechnik, Wissenschaftliche und betriebstechnischen Beilage der Zeitschrift »Die Technik«, H. 9, 1949.

Launhardt, Werner/Meyer, Karl-Heinz: Mensch und Politik. Transformationen. Hannover 1999.

Leucht, Kurt W.: Die erste neue Stadt in der DDR. Planungsgrundlagen und -ergebnisse von Stalinstadt. Berlin 1957.

Leucht, Kurt W.: Eisenhüttenstadt – ein Beginn im sozialistischen Städtebau der DDR. In: Denkmale und Geschichtsbewusstsein. Referat der Konferenz der Gesellschaft für Denkmalpflege Eisenhüttenstadt, 14./15. 12. 1984. Berlin 1985.

Marchwitza, Hans: Roheisen. Halle 1955.

May, Ruth: Planstadt Stalinstadt. Ein Grundriss der frühen DDR – ausgesucht in Eisenhüttenstadt. Dortmunder Beiträge zur Raumplanung 92. Dortmund 1999.

Mundstock, Karl: Helle Nächte. Halle 1953.

Mundstock, Karl: Wo der Regenbogen steigt. Halle 1970.

Niethammer, Lutz/Platho, Alexander von/Wierling, Dorothee (Hg.): Die volkseigene Erfahrung. Eine Archäologie des Lebens in der Industrieprovinz der DDR. Berlin 1991.

Paluzki, Joachim: Eisenhüttenstadt als Beispiel für »Architektur der nationalen Bautradition«. Magisterarbeit, Universität Köln 1993.

Pfannstiel, Margot: Seilfahrt und Ofenreise. Geschichten aus Hütte und Schacht. Berlin 1979.

Rat der Stadt Eisenhüttenstadt, Abt. Kultur; Rat des Kreises, Abt. Jugendfragen, Körperkultur und Sport (Hg.): Heimatkalender für den Stadt- und Landkreis Eisenhüttenstadt, Jgg. I–VIII, 1983 bis 1990.

Rat der Stadt, Amt für Soziales, Gesundheit und Kultur (Hg.): Heimatkalender für den Stadt- und Landkreis Eisenhüttenstadt, Jgg. IX–XI, 1991 bis 1993.

Richter, Jenny/Förster, Heike/Lakemann, Ulrich: Stalinstadt – Eisenhüttenstadt. Von der Utopie zur Gegenwart. Wandel industrieller, regionaler und sozialer Strukturen in Eisenhüttenstadt. Marburg 1997.

Selbmann, Fritz: Acht Jahre und ein Tag. Bilder aus den Gründerjahren der DDR. Berlin 1999.

Selbmann, Fritz: Inbegriff des Stolzes unserer Nation – unser Eisenhüttenkombinat Ost. In: Werk der Jugend. Stolz der Nation. Unser Eisenhüttenkombinat Ost. Berlin 1952.

Semmelmann, Dagmar: Schauplatz Stalinstadt/EKO. Erinnerungen an den 17. Juni 1953. Heft 1 und 2, Potsdam 1993.

Sichting, Dieter: Eisenhüttenstadt – Fürstenberg, Schönfließ – wie es früher war. Wartberg-Verlag 1993.

Stabilisierung der Volkswirtschaft und nächste Schritte der Wirtschaftsreform. Arbeitsberatung der Regierung der DDR mit den Generaldirektoren der zentralgeleiteten Kombinate und Außenhandelsbetriebe sowie den Vorsitzenden der Bezirkswirtschaftsräte und den Bezirksbaudirektoren am 9. 12. 1989. Berlin 1989.

Stadtverwaltung Eisenhüttenstadt, Sachgebiet Presse- und Öffentlichkeitsarbeit (Hg.): Heimatkalender Eisenhüttenstadt und Umgebung, Jgg. XII–XVIII, 1994 bis 2000.

Steinitz, Klaus: Die Eisenmetallurgie in der Reproduktion der DDR. Berlin 1961.

Technische Informationen. Kombinatsaktiv der Kammer der Technik des VEB Bandstahlkombinat »Hermann Matern« Eisenhüttenstadt, 1981–1990

Tillmann, Michael: Das Verhältnis von Staat und Kirche am Fallbeispiel Stalinstadt in den fünfziger Jahren. Hausarbeit an der Universität Potsdam 1995.

Tillmann, Michael: Sozialistische Feiern unter besonderer Berücksichtigung der Stadt Stalinstadt. Vortrag auf dem XII. Kolloquium zur DDR-Geschichte 24.–26. 11. 1995 in der Ost-Akademie Lüneburg.

Unser Friedenswerk an der Oder. Wissenswertes über Geschichte und Produktion des VEB Bandstahlkombinat »Hermann Matern« Eisenhüttenkombinat Ost. Teil 1. Frankfurt/Oder 1979.

Unser Friedenswerk an der Oder, Wissenswertes über Geschichte und Produktion des VEB Bandstahlkombinat »Hermann Matern« Eisenhüttenkombinat Ost. Teil 2. Frankfurt/Oder 1986.

VEB Bandstahlkombinat »Hermann Matern« Eisenhüttenkombinat Ost (Hg.): Ein gutes Feuer ist entfacht. Eisenhüttenstadt 1989.

Wienert, H.: Die Stahlindustrie in der DDR. Berlin 1992.

Wiens, Paul: Das Kombinat. In: Menschen und Werke. Vom Wachsen und Werden des neuen Lebens in der DDR. 1952.

Wir von damals und heute – eng verbunden mit der Volkskunst. 1954 bis 1989. 35 Jahre Volkskunstensemble des Eisenhüttenkombinat Ost. Eisenhüttenstadt 1989.

## Anmerkungen

### Teil I: Ein Industriestandort und seine Geschichte

1 Aitmatow, Tschingis: Globale Industrialisierung – Entdeckungen und Verluste des Geistes. In: Aitmatow, Tschingis/Grass, Günter: Alptraum und Hoffnung. Zwei Reden vor dem Club of Rome. Göttingen 1989, S. 10.

2 Zitiert aus: Kennedy, Paul: Aufstieg und Fall der großen Mächte. Ökonomischer Wandel und militärischer Konflikt von 1500 bis 2000. Frankfurt/Main 1996, S. 310.

3 Ebenda, S. 15.

4 Zitiert aus: Gansleweit, Klaus-Dieter (Hg.): Eisenhüttenstadt und seine Umgebung. Ergebnisse der heimatkundlichen Bestandsaufnahme im Gebiet zwischen Oder, Neiße und Schlaubetal um Eisenhüttenstadt und Neuzelle. Berlin 1986, S. 108.

5 Umgebung oder Region Fürstenberg/Oder umfasst in etwa das Territorium des heutigen Landkreises Eisenhüttenstadt.

6 Stadtarchiv Eisenhüttenstadt (StA EHS), M 2806, Bl. 1.

7 Selbmann, Fritz: Inbegriff des Stolzes unserer Nation – unser Eisenhüttenkombinat Ost. In: Werk der Jugend. Stolz der Nation. Unser Eisenhüttenkombinat Ost. Berlin 1952, S. 14f.

8 Vgl. Kracheel, Fritz: Zur 700jährigen Geschichte der Stadt Fürstenberg (Oder) und ihrer ländlichen Umgebung vom Feudalismus bis zum Aufbau des Sozialismus 1255–1955. Frankfurt/Oder 1955, S. 68.

9 Beiträge zur Geschichte Eisenhüttenstadts. Regionalgeschichtliche Veröffentlichung des Städtischen Museums Eisenhüttenstadt, Teil 2. Rostock 1989, S. 13.

10 Zitiert aus: Ebenda.

11 Adressbuch für Fürstenberg/Oder, Ausgabe 1937. Fürstenberg/Oder 1937, S. XI.

12 StA EHS, M 1048, Bl. 15.

13 StA EHS, M 1048, Bl 15/R.

14 StA EHS, M 1048, Bl. 214/R.

15 StA EHS, M 1048, Bl. 214.

16 StA EHS, M 1048, Bl. 243.

17 StA EHS, M 2806, Bl. 1.

18 Vgl. Degussa AG Frankfurt a.M. (Hg.): Im Zeichen von Sonne und Mond. Von der Frankfurter Münzscheiderei zum Weltunternehmen Degussa AG. Frankfurt/Main 1993, S. 204.

19 Ebenda, S. 202.

20 StA EHS, M 2806, Bl. 310f.

21 Hexamethylentetramin wird durch Kondensation von Formaldehyd mit Ammoniak gewonnen und findet als Puffersubstanz, Vulkanisationsbeschleuniger sowie bei der Herstellung von Kunstharzen und Sprengstoffen Verwendung.

22 Zitiert aus: Im Zeichen von Sonne und Mond, S. 205.

23 Die in einigen Publikationen aufgestellte These (z.B. Gansleweit, S. 119), dass im Degussa-Werk Giftgas vom Typ Zyklon B hergestellt wurde, konnte nicht nachgewiesen werden.

24 Vgl. Brandenburgisches Landeshauptarchiv, Abteilungen Potsdam-Bornim (BLHA), Rep. 204 A, 2870, unpag.

25 Zitiert aus: Schütrumpf, Jörn: »Wo einst nur Sand und Kiefern waren ...« ›Vergangenheitsbewältigung‹ im Eisenhüttenkombinat Ost. In: Beier, Rosmarie (Hg.): Aufbau West – Aufbau Ost: die Planstädte Wolfsburg und Eisenhüttenstadt in der Nachkriegszeit. Buch zur Ausstellung des Deutschen Historischen Museums vom 16. Mai bis 12. August 1997. Ostfildern-Ruit 1997, S. 147.

26 Brief von A. Blindajew aus Kulikowo vom 14. 1. 1972. (Leihgabe: Helmut Kinne)

27 Vgl. BLHA, Rep. 204 A, 2871, unpag. und Schieche, Manfred: Das Kraftwerk Vogelsang. In: Stadtverwaltung Eisenhüttenstadt, Sachge-

28 Vgl. StA EHS, V 562, Bl. 23ff.
29 Vgl. Zwangsarbeit in der Provinz Brandenburg 1939–45. Spezialinventar der Quellen des Brandenburgischen Landeshauptarchivs. Frankfurt/Main 1998, Stichwort: Fürstenberg.
30 StA EHS, M 2197, Bl. 55.
31 Amt für Umsiedler der Provinzialverwaltung Mark Brandenburg, Tätigkeitsbericht für die Zeit vom 1. Oktober 1945 bis 30. September 1946. In: Plato, Alexander von/Leh, Almut: Ein unglaublicher Frühling. Erfahrene Geschichte im Nachkriegsdeutschland, 1945–1948. Bonn 1997, S. 252.
32 Vgl. BLHA Rep. 601, 220, Bl. 14.
33 Plato, Alexander von/Leh, Almut, S. 251.
34 StA EHS, M 2807, Bl. 3.
35 Vgl. BLHA, Rep. 204 A, 2870, unpag.
36 Vgl. BLHA, Rep. 204 A, 2838, Bl. 120 u. 217.
37 Aus einem Interview mit Erika Franke.
38 Aus einem Interview mit Alfred Nitschke.
39 Aus einem Bericht von Erich Merkel.
40 Aus: Heym, Stefan: Das Wunder an der Warnow. In: Heym, Stefan: »Im Kopf – sauber«. Schriften zum Tage, S. 197ff.

**Teil II: Ein Standort – zwei Werke**
1 Brecht, Bertolt: Arbeitsjournal 1938 bis 1955, 20. 3. 1945. Berlin 1977, S. 400.
2 Vgl. Heyl, Friedrich von: Der innerdeutsche Handel mit Eisen und Stahl. Deutsch-deutsche Beziehungen im Kalten Krieg. Köln 1997, S. 43.
3 Selbmann, Fritz: Werk der Jugend, Stolz der Nation, S. 9.
4 Vgl. Steinitz, Klaus: Die Eisenmetallurgie in der Reproduktion der DDR. Berlin 1961, S. 96.
5 Vgl. Heyl, Friedrich von: S. 55.
6 Im Mai 1950 wurde von vierzehn westlichen Staaten unter Führung der USA das Coordinating Comitee for East-West-Trade-Policy (COCOM) gegründet. Es stellte ein Verzeichnis über alle Erzeugnisse auf, deren Export in Ostblockstaaten verboten war. Für den innerdeutschen Handel wurde diese Embargoliste im Sommer 1955 voll wirksam.
7 Selbmann, Fritz: Acht Jahre und ein Tag. Bilder aus den Gründerjahren der DDR. Berlin 1999, S. 245.
8 Stiftung Archiv der Parteien und Massenorganisationen der DDR im Bundesarchiv (SAPMO, BArch.), NY 4113, 17, Bl. 73.
9 Selbmann, Fritz: Acht Jahre und ein Tag, S. 258.
10 Bundesarchiv Abteilungen Reich und DDR (BArch.), DG 2, 2169, unpag.
11 BArch., DG 2, 8521, unpag.
12 SAPMO, BArch., NY 4113, 17, Bl. 87.
13 SAPMO, BArch., NY 4113, 17, Bl. 86.
14 SAPMO, BArch., NY 4113, 17, Bl. 74.
15 BArch., DG 2, 1692, Bl. 514.
16 Vgl. SAPMO, BArch., NY 4113, 17, Bl. 74f.
17 Vgl. BArch., DG 2, 1692, Bl. 514 und Selbmann, Fritz: Acht Jahre und ein Tag, S. 246.
18 Vgl. BArch., DG 2, 2299, Bl. 129f.
19 BArch., DG 2, 1692, Bl. 516.
20 Unternehmensarchiv der EKO Stahl GmbH (UA EKO), A 624, Bl. 87.
21 Vgl. BArch., DG 2, 1692, Bl. 517.
22 Ulbricht, Walter: Der Fünfjahrplan und die Perspektiven der Volkswirtschaft. Referat auf dem III. Parteitag der SED in Berlin, 20. bis 24. Juli 1950. In: Ulbricht, Walter: Zur Geschichte der deutschen Arbeiterbewegung. Aus Reden und Aufsätzen. Bd. III. Berlin 1953, S. 728.
23 Der Fünfjahrplan zur Entwicklung der Volkswirtschaft der DDR (1951–1955). In: Protokoll der Verhandlungen des III. Parteitages der SED, 20.–24. Juli 1950 in Berlin. Berlin 1951, Bd. 2, S. 282.
24 Zitiert aus: Černy, Jochen: EKO. Eisen für die Republik. Illustrierte historische Hefte 34. Berlin 1984, S. 7.
25 Vgl. Schlögel, Karl: Landschaft nach der Schlacht. In: Frankfurter Allgemeine Zeitung, 21. 2. 1998.
26 BArch., DE 1, 11123, Bl. 2.
27 Der dabei geäußerte Vorschlag für ein Hüttenwerk an der Ostseeküste wurde seitens der Vertreter des Industrieministeriums und der SKK abgelehnt »mit der Begründung, dass einmal die Nähe der Küste aus besonderen Gründen unerwünscht ist und dass weiterhin die Anfuhr der Erze aus Kriwoi Rog nicht auf dem Seeweg sondern mit Umschlag über die Donau erfolgt«. (BArch., DE 1, 11123, Bl. 5.)
28 Vgl. BArch., DE 1, 11123, Bl. 5ff.
29 Vgl. BArch., DE 1, 78, Bl. 68f.
30 Mühlfriedel, Wolfgang/Wießner, Klaus: Die Geschichte der Industrie der DDR. Berlin 1989, S. 218.
31 Zusammengestellt nach: Černy, Jochen: Der Aufbau des Eisenhüttenkombinates Ost 1950/51. Dissertation A. Jena 1970, S. 54f.
32 Selbmann, Fritz: Werk der Jugend – Stolz der Nation, S. 20.
33 Pfannstiel, Margot: »Toter Mann« im Hochofen. Aufstieg und Fall der Eisenhütte an der Oder, Teil 2. In: Wochenpost, Nr. 5,1992.
34 Vgl. Bulle, Georg: Vereinheitlichung von Hochöfen. In: Stahl und Eisen. Zeitschrift des deutschen Eisenhüttenwesens, H. 18, 4. 5. 1944, S. 285ff.
35 BArch., DG 2, 1727, unpag.
36 Bulle, Georg, S. 290.
37 Ebenda.
38 Vgl. BLHA, Rep. 206, 3027, unpag.
39 Marchwitza, Hans: Roheisen. Halle 1955, S. 6.
40 Mundstock, Karl: Helle Nächte. Halle 1953, S. 32f.
41 Die »Vereinigungen Volkseigener Betriebe« (VVB) waren bereits im April 1948 auf der Grundlage eines SMAD-Befehls gebildet worden. In ihnen wurden volkseigene Betriebe gleichartiger Produktion zusammengefasst. Fünf Vereinigungen waren der Hauptverwaltung Metallurgie des Industrieministeriums zugeordnet. Darunter auch die VVB Eisen und Stahl (VESTA) Leipzig.
42 VEB Bandstahlkombinat »Hermann Matern« Eisenhüttenkombinat Ost (Hg.): Ein gutes Feuer ist entfacht. Eisenhüttenstadt 1989, S. 20f.
43 Mundstock, Karl: Helle Nächte, S. 32.
44 Neues Deutschland, 6. 10. 1950.
45 Vgl. BLHA, Rep. 202, 234, unpag.
46 Vgl. Ludwig, Andreas/Retzlaff, Siegrid: Die Stadt beginnt zu leben. In: Arbeitsgruppe Stadtgeschichte (Hg.): Eisenhüttenstadt. »Erste sozialistische Stadt Deutschlands«. Berlin 1999, S. 92ff.
47 UA EKO, A 170, Bl. 12.
48 Aufbauzeit der 50er Jahre in Zeitzeugenaussagen – eine Gesprächsmontage 1994. Lesung der Geschichtswerkstatt Eisenhüttenstadt e.V. Abschlussveranstaltung zur Ausstellung »Wandel in Eisenhüttenstadt« am 21. 3. 1995. In: Wandel in Eisenhüttenstadt. Ergebnisse eines Projektes. Leipzig 1995, S. 27.
49 Beschluss zur Sicherstellung der Durchführung des Fünfjahrplanes auf dem Gebiet des Eisenerzbergbaus sowie der Eisen- und Stahlindustrie vom 17. 8. 1950. In: Protokoll der 37. Sitzung der Provisorischen Regierung der DDR am 17. 8. 1950, Anlage 10.

50 Vgl. BLHA, Rep. 732, 387, Bl. 100f.
51 Der Zimmermannstanz stammt von dem DDR-Dichter Kuba.
52 Vgl. BLHA, Rep. 732, 394.
53 Zunächst war die Sinteranlage nicht in den Anfangsplanungen aufgetaucht, da man Ulbrichts Zusage glaubte, dass grobkörniges Erz zur Verfügung stehen würde. Als Abteilungsleiter Kraemer anlässlich einer Reise nach Nowa Huta (Polen) feststellte, dass das sowjetische Erz bis zu 70 Prozent aus Feingut bestand, wurden schnelle Korrekturen der Planungen notwendig.
54 Vgl. SAPMO, BArch., NY 4090, 351, Bl. 1.
55 BArch., DE 1, 76, Bl. 96.
56 Selbmann, Fritz: Acht Jahre und ein Tag, S. 250.
57 Hüttenfestkomitee und Betriebsparteiorganisation EKS (Hg.): Hüttenfest Stalinstadt 1956. Guben 1956, S. 6.
58 Aus einem Interview mit Hans-Joachim Feister am 18. 5. 1999.
59 UA EKO, A 263, Bl. 70.
60 BArch., DG 2, 1648, unpag.
61 Selbmann, Fritz: Acht Jahre und ein Tag, S. 252.
62 Neues Deutschland, 17.4.1966.
63 Černy, Jochen: EKO – Eisen für die Republik, S. 24.
64 BLHA, Rep. 732, 395, unpag.
65 BArch., DG 2, 1691, Bl. 324.
66 Marchwitza, Hans: Roheisen, S. 397.
67 Betriebsparteiorganisation der SED des Bandstahlkombinats »Hermann Matern« (Hg.): Unser Friedenswerk. Betriebsgeschichte des VEB Bandstahlkombinat »Hermann Matern« EKO. Teil 1: Vom schweren Anfang. Neustrelitz o.J., S. 51.
68 Zitiert aus: Handschriftliche Erinnerungen von Ernst Altmeyer vom 26. 7. 1975. In: UA, A Betriebsgeschichtskommission (Bg) 27, Bl. 218f.
69 Vgl. SAPMO, BArch., NY 4113, 20, Bl. 1.
70 BArch., DG 2, 4471, Bl. 279.
71 SAPMO, BArch. DY 30 IV 2/2/191.
72 BLHA, Rep. 732, 395, unpag.
73 BLHA, Rep 732, 387. Bl. 100.
74 SAPMO, BArch., DY 30 IV 2/2/191.
75 SAPMO, BArch., DY 30 IV 2/2/191.
76 UA EKO, A Bg 27, Bl. 21.
77 SAPMO, BArch., 4090, 351, Bl. 56.
78 UA EKO, A Bg 27, Bl. 27.
79 UA EKO, A Bg 27, Bl. 27.
80 Vgl. SAPMO, BArch., NY 4113, 20, Bl. 80. Nachdem Hermanns am 20. 12. 1950 das gewünschte Gutachten vorgelegt hatte, erhielt er Straffreiheit, 1.000 Mark Honorar und ging 1952 in die BRD.
81 SAPMO, BArch., DY 30 J IV 2/202/54.
82 Jessen, Rainer: Partei, Staat und »Bündnispartner«: Die Herrschaftsmechanismen der SED-Diktatur. In: Judt, Matthias (Hg.): DDR-Geschichte in Dokumenten. Beschlüsse, Berichte, interne Materialien und Alltagszeugnisse. Bonn 1998, S. 33.
83 SAPMO, BArch., NY 4113, 20, Bl. 85f.
84 Schütrumpf, Jörn: KZ-Häftlinge, Parteilose und NSDAP-Mitglieder. Führungskräfte im entstehenden Eisenhüttenkombinat Ost. In: Beier, Rosmarie (Hg.), S. 174.
85 1958 wurde Fritz Selbmann der Unterstützung der Fraktion um Schirdewan und Wollweber bezichtigt, später verlor er nach Auseinandersetzungen mit Ulbricht seine Funktionen und war bis zu seinem Tode im Jahre 1975 ein produktiver Schriftsteller.
86 Zitiert aus: Wochenpost, Nr. 5, 1992.
87 Unser Friedenswerk. Betriebszeitung für die Belegschaft des EKO, 14. 7. 1960.
88 Semmelmann, Dagmar: Heimat Stalinstadt/Eisenhüttenstadt. Zeitzeugen erinnern sich. In: Beier, Rosemarie (Hg.), S. 301.
89 So hatte z.B. die Bildung leistungsfähiger Brigaden den Effekt der Maximierung von Löhnen und Prämien. Demgegenüber war die Bildung von reinen »Frauenbrigaden« eher aus emanzipatorischen Gründen zu erklären.
90 Černy, Jochen: Stalinstadt – Erste sozialistische Stadt Deutschlands. Unveröff. Manuskript, 1991. S. 9. Zitiert aus: Richter, Jenny/Förster, Heike/Lakemann, Ulrich: Stalinstadt – Eisenhüttenstadt. Von der Utopie zur Gegenwart. Wandel industrieller, regionaler und sozialer Strukturen in Eisenhüttenstadt. Marburg 1997, S. 45f.
91 Aus einem Interview mit Manfred Groß am 15. 3. 1999.
92 Aus einem schriftlichen Bericht von Ursula Kaulitz über ihre Mutter.
93 Aus einem Interview mit Günther Engel am 17. 11. 1999.
94 Aus einem Interview mit Walter Schulz.
95 Aus einem Interview mit Erika Franke.
96 UA EKO, A 614, Bl. 238ff.
97 Wolf, Christa: Vorwort. In: Wander, Maxi: Guten Morgen, Du Schöne. Frauen in der DDR. Darmstadt 1978, S. 18.
98 Aus einem Interview mit Ellen Nitz am 13. 5. 1999.
99 Aufgeschrieben nach einem Rundfunkinterview aus »Vier Fackeln in der Nacht« vom Mai 1953. In: Deutsches Rundfunkarchiv, Frankfurt/Main–Berlin, DOK 115/3/1.
100 Dokumente zur Geschichte der Freien Deutschen Jugend, Bd. 1. Berlin 1960, S. 151f.
101 SAPMO, BArch., Sg Y 30, 2240.
102 Die Patenschaft der FDJ über wichtige Aufgaben beim Aufbau des Eisenhüttenkombinats Ost. In: Werk der Jugend. Stolz der Nation, S. 39.
103 UA EKO, A 409, Bl. 206.
104 Dokumente zur Geschichte der FDJ, Bd. 4, S. 6.
105 UA EKO, A Bg 5, Bl. 225.
106 UA EKO, A 92, unpag.
107 Neues Deutschland, 18. 1. 1953.
108 BArch., DG 2, 32, Bl. 171.
109 Den entscheidenden Hinweis, dass sein Leben in Gefahr war, bekam Horst König von Fritz Selbmann. Vgl. BLHA, Rep. 731, 181, unpag.
110 UA EKO, A Bg 43, Bl. 585.
111 Unser Friedenswerk, Nr. 22/23, 1970.
112 UA EKO, A Bg 27, Bl.195.
113 UA EKO, A Bg 27, Bl. 201.
114 Deutsche Metallurgen lernen von der sowjetischen Technik. Eine Aussprache mit Wissenschaftlern, Ingenieuren, Konstrukteuren und Werkleitern der metallurgischen Industrie der DDR über die Ergebnisse des XIX. Parteitages der KPdSU in ihren Beziehungen zur Entwicklung der Hüttenindustrie, 18. 11. 1952. Berlin 1952, S. 58.
115 Die wichtigste Änderung war, dass anstelle von Kohlenstoff-Stampfmasse für das Hochofengestell, »deren Ergänzung durch Schamotteausmauerung unter gleichzeitigem Einbau zusätzlicher Kühlsegmente« erfolgte.
116 Aufgeschrieben nach einem Rundfunkinterview aus »Vier Fackeln in der Nacht« vom Mai 1953. In: Deutsches Rundfunkarchiv, Frankfurt/Main–Berlin, DOK 115/3/1.
117 UA EKO, A 92, Bl. 92.
118 Vgl. Diedrich, Torsten: Aufrüstungsvorbereitung und -finanzierung in der SBZ/DDR in den Jahren 1948 bis 1953 und deren Rückwirkungen auf die Wirtschaft. In: Thoß, Bruno (Hg.): Volksarmee schaffen – ohne Geschrei. München 1994, S. 308.
119 Vgl. SAPMO, BArch., NY 4062, 98, Bl. 1f.
120 Vgl. BArch., DG 2, 130, unpag.

121 UA EKO, A 168, Bl. 182ff.
122 Jan C. Behrends verteidigte 1999 eine wissenschaftliche Hausarbeit zur ersten Staatsprüfung zum Thema »Die Propaganda der Gesellschaft für Deutsch-Sowjetische Freundschaft in der frühen DDR (1949–1956)«.
123 UA EKO, A 655, Bl. 211.
124 BLHA, EKO Rep. 732, Nr. 396 2–6/52, unpag.
125 SAPMO, Barch., DY 32, 10385, Bl. 1.
126 UA EKO, A 1687, Bl. 106.
127 SAPMO, Barch., DY 32, 10385, Bl. 1f.
128 UA EKO, A 655, Bl. 156.
129 UA EKO, A 655, Bl. 93ff.
130 StA EHS, RS 1953. Protokoll der 8. Sitzung des Rates der Stadt v. 29. 4. 1953.
131 BLHA, Rep. 731, 9, unpag.
132 SAPMO, BArch., DY 30 J IV 2/2/286.
133 Vgl. BArch., DE 1, 15762, Bl. 7.
134 BLHA, Rep. 732, 195, unpag.
135 SAPMO, BArch., NY 4062, 98, Bl. 173.
136 Aus: Heym, Stefan: Fünf Tage im Juni. Frankfurt/Main 1990, S. 259ff.
137 BLHA, Rep. 731, 29, unpag.
138 Vgl. BLHA, Rep. 731, 168, unpag.
139 UA EKO, A 1700, Bl. 63.
140 Am 25. 6. 1953 kam es vor dem Frankfurter Kreisgericht zur Verhandlung gegen die Jugendbrigade Werner Unger. Ab Oktober 1953 wurde ein Schauprozess gegen die so genannte »Padel-Bande« aufgezogen, der Sabotage gegen das EKS zur Last gelegt wurde. Außerdem liefen Prozesse gegen die EKS-Angehörigen Rämsch, Faatz und Gans. Vgl. Fromm, Günter: Nieder mit der Regierung. Der 17. Juni in Stalinstadt und Fürstenberg/Oder. In: Eisenhüttenstadt. »Erste sozialistische Stadt Deutschlands«, S. 143f.
141 Vgl. UA EKO, A 75, Bl. 59.
142 Vgl. UA EKO, A 140, Bl. 19.
143 BArch., DG 2, 66, unpag.
144 Nachdem das Kraftwerk zunächst ein selbständiger Betrieb war, wurde es ab 1. 1. 1955 eine Betriebsabteilung des EKO.
145 Vgl. UA EKO, A 716, Bl. 7.
146 Aus einem Interview mit Hans-Joachim Feister am 18. 5. 1999.
147 Ulbricht, Walter, Referat auf dem III. Parteitag, S. 722f.
148 Unser Friedenswerk, 14. 7. 1960.
149 Vgl. UA EKO, A 637, Bl. 41. Im Vergleich dazu erhielten Werk- und Aufbauleiter sowie der technische Direktor und der Hochofenchef Einzelverträge mit 2.000 Mark im Monat.
150 UA EKO, A 92, Bl. 223.
151 Vgl. UA EKO, A 716, Bl. 142.
152 Vgl. Černy, Jochen: Stalinstadt im Juni '53. In: Beiträge zur Geschichte der Arbeiterbewegung, H. 1, 1998, S. 7.
153 Vgl. Statistisches Jahrbuch der DDR 1965. Berlin 1965, S. 227.
154 UA EKO, A 263, Bl. 161.
155 SAPMO, BArch. NY 4090, 351, Bl. 34.
156 Vgl. BLHA, Rep. 202, Bl. 30f.
157 Unser Friedenswerk, 10. 7. 1953.
158 BArch., DG 2, 1442, Bl. 340.
159 SAPMO, BArch., DY 30 2/2/191.
160 Ulbricht, Walter: Der Kampf um den Frieden, für den Sieg des Sozialismus, für die nationale Wiedergeburt Deutschlands als friedliebender demokratischer Staat. In: Protokoll der Verhandlungen des V. Parteitages der SED. 10. bis 16. 7. 1958 in der Werner-Seelenbinder-Halle zu Berlin. Bd. 1, Berlin 1959, S. 182.
161 Geschichte der deutschen Arbeiterbewegung, Bd. 7. Berlin 1956, S.195.
162 Vgl. Knappe Joachim: Mein namenloses Land. Zwölf Kapitel einer Jugend im Dickicht der Jahrhundertmitte. Halle 1965.
163 Nerlinger vollendete zwar sein Gemälde, es gilt allerdings inzwischen als verschollen.
164 Zitiert aus: Anton, Wolfgang: 10 Jahre Stalinstadt. In: Eisenhüttenstadt. »Erste sozialistische Stadt Deutschlands«, S. 157.
165 Zitiert aus: Ludwig, Andreas: »Nicht jenseits meiner Anschauung«. Der Schriftsteller Karl Mundstock im EKO. In: Ebenda, S. 120.
166 SAPMO, BArch., NY 4182, 423.
167 Ulbricht, Walter: Referat auf dem III. Parteitag der SED, S. 749f.
168 BArch., DH 2, 07–8/2, unpag.
169 Franz Ehrlicher wechselte dann zum Industrieministerium und war maßgeblich an der Projektierung und Errichtung der Sozial- und Kulturbauten im Eisenhüttenkombinat beteiligt.
170 UA EKO, A 255, Bl. 150.
171 Leucht, Kurt W.: Die sozialistische Stadt des Eisenhüttenkombinates Ost. In: Deutsche Architektur, H. 3, 1952, S. 104.
172 Unser Friedenswerk, 13. 10. 1951.
173 Vgl. SAPMO, BArch., DY 30 J IV 2/3/355, Bl. 4.
174 Vgl. BArch., DG 2, 1648, unpag.
175 SAPMO, BArch., DY 30 J IV 2/3/220.
176 Vgl. SAPMO, BArch, DY 30 J IV 2/2/264, Bl. 5.
177 Den Namen Karl Marx erhielt Chemnitz am 10. 5. 1953.
178 StA EHS, SVV 1953, Bl. 8.
179 SAPMO, BArch., DY 30 IV 2/2/799.
180 Im Politbüroprotokoll wurde noch »Eisenstadt« genannt. Auf Intervention Ulbrichts erhielt die Stadt den Namen »Eisenhüttenstadt«. Vgl. SAPMO, BArch., DY 30 IV 2/2/860.
181 Protokoll der Verhandlungen der 3. Parteikonferenz der SED. 24. bis 30. 3. 1956 in der Werner-Seelenbinder-Halle zu Berlin, Bd. 2, Berlin 1956, S. 1032f.
182 Ebenda, Bd. 1, S. 82 und Bd. 2, S. 1038.
183 Protokoll der Verhandlungen des V. Parteitages der SED, Bd. 1 S. 161.
184 Von den über 5.600 Beschäftigten des Jahres 1963 waren immerhin 1.329 in den Jahren 1951/52 im EKO eingestellt worden.
185 Erst ab 1957 wurden »Republikflüchtige« im EKS exakt erfasst. Im Zeitraum zwischen Januar und Oktober 1957 registrierte man 84 Meldungen. 1960 waren es bereits 144, darunter 44 Facharbeiter. Vgl. UA EKO, A 226, Bl. 30; BLHA, Rep 731, unpag.
186 Thomas Reichel arbeitet z.Z. an einer Dissertation über die »Brigaden der sozialistischen Arbeit« in der Industrie der DDR (1959–1989).
187 Vgl. UA, EKO A 1183, Bl. 189ff.
188 Nach Auskunft eines ehemaligen Häftlings wurde bei einer Übererfüllung von 143 Prozent ein Hafttag gestrichen. Vor allem politische Strafgefangene waren daran interessiert, dieses Ziel zu erreichen.
188 UA, EKO A 1183, Bl. 181.
190 Mundstock, Karl: Wo der Regenbogen steigt, S. 142.
191 Vgl. Aus einem Interview mit Ferdinand Schreiber. In: May, Ruth: Planstadt Stalinstadt. Ein Grundriss der frühen DDR – aufgesucht in Eisenhüttenstadt. Dortmund 1999, S. 58.
192 SAPMO, BArch., NY 4090, 351, Bl. 44.
193 Dort hatte Polens »Frühling im Oktober« 1956 begonnen und der Reformkommunist Gomulka einen eigenen »polnischen Weg zum Sozialismus« ausgerufen. Verbunden damit war ein Erlass, der die Zwangsarbeit in den oberschlesischen Kohlengruben beendete, was zu einem Rückgang der Steinkohle- und Koksproduktion führte.
194 Beispiele dafür waren: »Rote Treffs«, »Rote Sparbücher«, »Sozialistischer Frühling auf dem Land« usw.

195 UA EKO, A 958, unpag.
196 UA EKO, A 646, Bl. 331.
197 Protokoll des V. Parteitages der SED, Bd. 1, S. 368ff und 570ff.
198 Vgl. SAPMO, BArch., DY 30 2/6.04/158, Bl. 131.
199 BArch., DE 1, 11943, Bl. 4.
200 UA EKO, A 715, Bl. 222.
201 Aus einem Interview mit Herbert Demmrich am 21. 12. 1999.
202 Aus einem Bericht von Helmut Kummich.
203 Aus einem Interview mit Wolfgang Klemann am 17. 11. 1999.
204 Der Siebenjahrplan des Friedens, des Wohlstands und des Glücks des Volkes. Berlin 1959, S. 78.
205 Ebenda, S. 83.
206 SAPMO, BArch., DY 30 IV 2 /2.029/55, Bl. 2.
207 UA EKO, A 98, Bl. 261.
208 Vgl. UA EKO, A 96, Bl. 206ff.
209 UA EKO, A 98, Bl. 257.
210 SAPMO, BArch., DY 30 IV 2/6.04/158, Bl. 3.
211 UA EKO, A 96, Bl. 58.
212 UA EKO, A 98, Bl. 257.
213 Die Bundesregierung kündigte das Berliner Abkommens von 1951 als Reaktion auf Regelungen der DDR, die den Reiseverkehr zwischen beiden deutschen Staaten behinderten. Zwar trat das Abkommen wieder in Kraft. Doch enthielt es nun eine Vorbehaltsklausel, um Lieferungen in die DDR zu verzögern und die Ausfuhr von für die DDR lebenswichtigen Waren zu sperren.
214 Vgl. BArch., DE 1, 3130, Bl. 1.
215 BArch., DE 1, 3134, Bl. 9.
216 BArch., DE 1, 767, Bl. 80.
217 BArch., DE 1, 1071, Bl. 1.
218 Vgl. BArch., DE 1, 1094, unpag. Die britische Regierung solidarisierte sich in dieser Zeit mit der Haltung der BRD, die gerade das Berliner Abkommen aufgekündigt hatte.
219 SAPMO, BArch., DY 30 IV 2/ 6.04 /134, Bl. 3.
220 BArch., DE 1, 7738, unpag.
221 SAPMO, BArch., DY 30 IV 2/6.04/158, Bl. 195.
222 UA EKO, A 1313, Bl. 9ff.
223 Kurt Singhuber war zu diesem Zeitpunkt Werkleiter des VEB Schwarzmetallurgie-Projektierung Berlin.
224 BArch., DE 1, 3130, Bl. 84.
225 SAPMO, BArch., DY 30 IV 2/6.04/134, Bl. 96.
226 Zitiert aus: Kleßmann, Christoph, Zwei deutsche Städte – zwei deutsche Nachkriegsgesellschaften. In: Beier, Rosmarie (Hg.), S. 30f.
227 Ulbricht, Walter: Das Programm des Sozialismus und die geschichtliche Aufgabe der SED. In: Protokoll der Verhandlungen des VI. Parteitages der SED. 15. bis 21. 1. 1963. Berlin 1963, S. 75.
228 Vgl. UA EKO, A 64, Bl. 105.
229 UA EKO, A 899, Bl. 63.
230 Vgl. Richter, Jenny, S. 243.
231 UA EKO, A 96, Bl. 50.
232 UA EKO, A 865, Bl. 197.
233 Richter, Jenny, S. 77.
234 UA EKO, A 967, Bl. 301.
235 UA EKO, A 967, Bl. 123f.
236 UA EKO, A 1784, Bl. 104.
237 BLHA, Rep. 601, 1924, unpag.
238 UA EKO, A 1216, Bl. 238.
239 UA EKO, A 1784, Bl. 79.
240 UA EKO, A 216, Bl. 86.
241 UA EKO, A 344, Bl. 186.
242 Betriebsparteiorganisation der SED des Bandstahlkombinats »Hermann Matern« Eisenhüttenkombinat Ost (Hg.): Unser Friedenswerk, Betriebsgeschichte des VEB Bandstahlkombinat »Hermann Matern« Eisenhüttenkombinat Ost. Teil 3: Der Riese an der Oder reckt sich. Neubrandenburg o.J., S. 66f.
243 Vgl. BLHA, Rep. 731, 503, unpag.
244 Unser Friedenswerk, Teil 3, S. 72.
245 Mundstock, Karl: Wo der Regenbogen steigt, S. 209.
246 Interview mit Günter Paasche, aufgeschrieben von Ramona Illgen. In: Stadtspiegel Eisenhüttenstadt, August 1998, S. 10f.
247 UA EKO, A 442, unpag.
248 UA EKO, A 899, Bl. 39.
249 UA EKO, A 715, Bl. 171.
250 BArch., SAPMO DY 30 J IV 2/202/428, Bl. 7f.

**Teil III: Das EKO im Bandstahlkombinat – Erfolge und Rückschläge**

1 Neues Deutschland, 25./26. 11. 1989.
2 Roesler, Jörg: Zwischen Plan und Markt. Die Wirtschaftsreform in der DDR zwischen 1963 und 1970. Berlin 1991, S. 13.
3 Im Bereich der Metallurgie gab es noch das Berg- und Hüttenkombinat Freiberg, das Mansfeld Kombinat Eisleben und das Kombinat Metallaufbereitung.
4 Direktive des VIII. Parteitages der SED zum Fünfjahrplan für die Entwicklung der Volkswirtschaft der DDR 1971 bis 1975. In: Protokoll der Verhandlungen des VIII. Parteitages der SED, 15. bis 19. 6. 1971 zu Berlin, Bd. 2, Berlin 1971, S. 322.
5 In direktem Zusammenhang mit diesen Maßnahmen stand auch die Liquidierung der restlichen Privatwirtschaft in der DDR, der zwischen Februar und August 1972 etwa 11.000 private und halbstaatliche Betriebe zum Opfer fielen.
6 Vgl. Baar, Lothar: Zur ökonomischen Strategie und Investitionsentwicklung in der Industrie der DDR in den 50er und 60er Jahren. In: Jahrbuch für Wirtschaftsgeschichte 1983/2. Berlin 1983, S. 20.
7 Einen Großteil der Hinweise über die Kombinatsbetriebe wie auch weitere Informationen verdanken die Autoren der engen Zusammenarbeit mit Dr. Helmut Kinne. Vgl. Kinne, Helmut: Beitrag zur Geschichte Eisen- und Stahlindustrie der DDR. Im Auftrage des Verbandes Deutscher Eisenhüttenleute Düsseldorf. (unveröffentl. Manuskript). Berlin 1995.
8 UA EKO, A 1133, unpag. Der 1.386-$m^3$-Hochofen war der damals größte sowjetische Typenhochofen.
9 UA EKO, A 638, Bl. 38.
10 UA EKO, A 1133, unpag.
11 UA EKO, Registraturbestand (Rb) 11401, unpag.
12 UA EKO, Rb 18072, unpag.
13 UA EKO, A 923, Bl. 117.
14 UA EKO, A 360, Bl. 77.
15 Direktive des VIII. Parteitages der SED, S. 350.
16 UA EKO, A 823, Bl. 135.
17 UA EKO, A 294, Bl. 79.
18 DDR-Metallurgie 25, Semifinished Dynamoband. Werbebroschüre 1974.
19 UA EKO, A Bg 32, Bl. 235.
20 Günther, Walter/Spehr, Peter/Baake, Ullrich: Einige Aspekte zur gegenwärtigen Situation und der Weiterentwicklung der Oberflächenveredlungsanlagen im EKO. In: Technische Informationen, Kombinatsaktiv der Kammer der Technik des VEB Bandstahlkombinat »Hermann Matern« Eisenhüttenstadt, H. 4/5, 1985, S. 34.

21 PVDF-Systeme sind Metallbeschichtungen, die aus Fluorpolymeren mit thermoplastischen Acrylaten modifizierten Polyvinyliden bestehen.
22 Bis Februar 2000 wurden neun EKO-bezogene Dissertationen, z.T. als Auftragsforschung angefertigt.
23 Wolle, Stefan: Die heile Welt der Diktatur. Alltag und Herrschaft in der DDR 1971–1989. Bonn 1998, S. 195.
24 Märkische Allgemeine, 29. 12. 1993.
25 Bei EKO haben wir die Wende am 5. Dezember eingeleitet. Gespräch mit Günter Reski. In: Eisenhüttenstadt. »Erste sozialistische Stadt Deutschlands«, S. 232.
26 Der Ekoianer Horst-Dieter Sallani erzählt. In: May, Ruth: Planstadt Stalinstadt, S. 326.
27 Richter, Jenny, S. 82.
28 Kusch, Günter/Montag, Rolf/Specht, Günter/Wetzker, Konrad: Schlussbilanz – DDR. Fazit einer verfehlten Wirtschafts- und Sozialpolitik. Berlin 1991, S. 110.
29 Henrich, Rolf: Der vormundschaftliche Staat. Vom Versagen des real existierenden Sozialismus. Hamburg 1989, S. 139.
30 Neuer Tag, 7. 7. 1975.
31 UA EKO, A Bg 33, Bl. 154.
32 Unser Friedenswerk, Nr. 46, 1989.
33 Anton, Wolfgang: Schichtarbeit. Arbeit und Familienleben. In: Eisenhüttenstadt. »Erste sozialistische Stadt Deutschlands«, S. 162f.
34 Zu den besonderen Betreuungseinrichtungen für die Kinder der Schichtarbeiter gehörte das Schülerwochenheim in der Karl-Liebknecht-Straße. In neun Wohnungen wurden zwischen 60 und 70 Kinder betreut. Als Ende der 70er Jahre diese Einrichtungen in die Kritik gerieten, wurde das Wochenheim 1980 geschlossen.
35 Richter, Jenny, S. 204.
36 Siehe dazu auch: Reichel, Thomas: Die sozialistische Menschengemeinschaft wird auch hier Schritt für Schritt Wirklichkeit. In: Heimatkalender 2000. Eisenhüttenstadt und Umgebung. Eisenhüttenstadt 1999, S.52ff.
37 Richtlinie über die Einflussnahme der Arbeiter, Genossenschaftsbauern und der Angehörigen der Intelligenz auf die sozialistische Bildung und Erziehung der Kinder und Jugendlichen der polytechnischen Oberschule durch die sozialistischen Patenschaftsbeziehungen vom 19. November 1965. In: Loseblattsammlung Bildung und Erziehung, C/Ic/24, Blatt 1.
38 UA EKO, A 2044, Bl. 10.
39 Niethammer, Lutz: Die volkseigene Erfahrung. Eine Archäologie des Lebens in der Industrieprovinz der DDR. Berlin 1990, S. 48.
40 Zitiert aus: Wochenpost, Nr. 16, 1974.
41 Niethammer, Lutz, S. 48f.
42 Wochenpost, Nr. 24, 1971.
43 Niethammer, Lutz, S. 49.
44 Aus einem Interview mit Jürgen Nathow am 7. 4. 2000.
45 Wochenpost, Nr. 42, 1976.
46 Werkzeuge des SED-Regimes. Der Bereich Kommerzielle Koordinierung und Alexander Schalck-Golodkowski. Bericht des 1. Untersuchungsausschusses des 12. Deutschen Bundestages. In: Zur Sache, H. 2, 1994, Anlageband 3, Dokument 749, S. 3225.
47 Hertle, Hans-Hermann: Der Weg in den Bankrott der DDR-Wirtschaft. In: Deutschland Archiv, H. 2, 1992, S. 138.
48 Da die Nachrüstung auch eine Verminderung der Nutzhöhe des Ofens mit sich brachte und damit die Auswirkung auf die Senkung des Koksverbrauches gemindert wurde, begann Mitte der 80er Jahre eine Forschungsgruppe des EKO gemeinsam mit sowjetischen Konstrukteuren des Projektierungsinstitutes GIRPOMES, ein neues Prinzip des verstellbaren Schlagpanzers zu entwickeln.
49 Schlussbilanz – DDR, S. 34.
50 Vgl. Jurk, Joachim: Erste Erfahrungen beim Einblasen von Erdgas in die Hochöfen des Eisenhüttenkombinates Ost. In: Technische Informationen, H. 3, 1981, S. 20.
51 Vgl. UA EKO, A 8960, unpag.
52 UA EKO, Rb 18080, unpag.
53 Zinkblumenfreier Bandstahl ist dadurch gekennzeichnet, dass die Kristallisationsstruktur des Zinks, die so genannte Zinkblume, nicht mehr erkennbar ist.
54 Vgl. Rathmann, Dieter: Die galvanische Veredlung von Bandstahl im Betriebsteil Porschdorf. In: Technische Informationen, H. 1, 1982, S. 3.
55 Schlussbilanz – DDR, S. 47.
56 Verordnung über die volkseigenen Kombinate, Kombinatsbetriebe und VEB vom 8. 11. 1979. In: Gesetzblatt der DDR, Teil I, 1979, S. 365.
57 Döring, Karl: Besinnen wir uns auf den Warencharakter unserer Produkte. In: Stabilisierung der Volkswirtschaft und nächste Schritte der Wirtschaftsreform. Arbeitsberatung der Regierung der DDR mit den Generaldirektoren der zentralgeleiteten Kombinate und Außenhandelsbetriebe sowie den Vorsitzenden der Bezirkswirtschaftsräte und den Bezirksbaudirektoren am 9. 12. 1989. Berlin 1989, S. 35.
58 UA EKO, Rb 14101, unpag.
59 UA EKO, Rb 14101, unpag.
60 UA EKO, A Bg 49, Bl. 102.
61 UA EKO, A Bg 49, Bl. 102.
62 SAPMO, BArch., DY 30 IV 2/2.101, Bl. 70.
63 UA EKO, A Bg 49, Bl. 100.
64 Die Marktversorgung der ehemaligen DDR mit Eisen und Stahl. DIW-Gutachten im Auftrag des Bundesministers für Wirtschaft. Berlin 1992, S. 44f.
65 Janson, Carl-Heinz: Totengräber der DDR. Wie Günter Mittag den SED-Staat ruinierte. Düsseldorf 1991, S. 153f.
66 Handschriftliche Aufzeichnung von Werner Krolikowski vom 16. Januar 1990. In: Przybylski, Peter: Tatort Politbüro. Die Akte Honecker. Berlin 1991, S. 332.
67 blick. Mitarbeiterzeitschrift der VOEST Alpine, H. 11–12, 1980, S. 27.
68 Aus einem Interview mit Horst Wimmer am 17. 9. 1999.
69 Bauten für die Welt. Eine Dokumentation der Ingenieurleistungen der VOEST. Linz o.J., S. 141.
70 Aus einem Interview mit Robert F. Melaun am 16. 9. 1999.
71 Vgl. UA EKO, A Bg 44, Bl. 240.
72 Aus einem Interview mit Horst Stifter am 17. 9. 1999.
73 Auf Montage. Montageleistungen 1938 bis 1997. Aufzeichnungen und Erinnerungen der Montage- und Baustellenteams. Linz 1998, S. 269.
74 Aus einem Interview mit Horst Wimmer am 17. 9. 1999.
75 Aus einem Interview mit Horst Stifter am 17. 9. 1999.
76 UA EKO, A 1981, Bl. 151.
77 Unser Friedenswerk, Nr. 6, 1983.
78 EKO aktuell. Information für die Mitarbeiter und Freunde der EKO Stahl GmbH Gruppe Cockerill Sambre, Nr. 1, 1999, S. 5.
79 Die beiden Aussagen sind zitiert aus: Unsere Zeit, 30. 11. 1984.
80 Aus einem Interview mit Gerhard Krempl am 17. 9. 1999.
81 UA EKO, Rb 14576, unpag.
82 »Teleperm« war ein digital arbeitendes speicherprogrammierbares Prozessleitsystem mit dezentral organisierter Struktur.
83 Döring, Karl: Ergebnisse und Strategie der weiteren Entwicklung der Veredlungsmetallurgie im Bandstahlkombinat »Hermann Matern« Eisenhüttenstadt. Plenarvortrag zur Kaltwalztagung am 6. 6. 1989. In: Technische Informationen, H. 1/2, 1990, S. 1.

84 Aus einem Interview mit Karl Döring am 30. 7. 1999.
85 UA EKO, Rb 11400, unpag.
86 Protokoll der Verhandlungen des XI. Parteitages der SED im Palast der Republik in Berlin, 17. bis 21. 4. 1986. Berlin 1986, S. 58.
87 UA EKO, A Bg 44, Bl. 376.
88 UA EKO, A Bg 44, Bl. 377.
89 UA EKO, A Bg 44, Bl. 375.
90 Aus einem Bericht von Peter Kahle.
91 Aus einem Interview mit Kurt Schalm am 29. 2. 2000.
92 Aus einem Interview mit Heiko Rüdinger am 13. 3. 2000.
93 Aus einem Interview mit Karl Döring am 30. 7. 1999.
94 Döring, Karl: Ergebnisse und Strategie, S. 1.
95 Aus einem Interview mit Viola Müller am 28. 2. 2000.
96 UA EKO, A Bg 47, Bl. 37.
97 Döring, Karl: Ergebnisse und Strategie, S. 2.
98 Ab Mai 1975 leitete Hermann Dereszynski diese Abteilung und Manfred Gerstenberger übernahm den Rationalisierungsmitteleigenbau im EKO.
99 Die Herstellung von EKOTAL-Stahldrehtüren wurde 1987 eingestellt.
100 UA EKO, Rb 2239, unpag.
101 UA EKO, Rb 9339, unpag.
102 Die Marktversorgung der ehemaligen DDR, S. 33.
103 Vgl. UA EKO, Rb 12724, unpag.
104 UA EKO, Rb 28828, unpag.
105 UA EKO, Rb 14087, unpag.
106 Michaelis, Andreas: Das Bandgießen von Stahl – wissenschaftlich-technischer Fortschritt in der Warmbanderzeugung. In: Technische Informationen, H. 6, 1988, S. 2.
107 Vgl. UA EKO, Rb 28828, unpag.
108 Aus einem Bericht von Karl Döring.
109 UA EKO, A Bg 43, Bl. 61.
110 Hübner, Joachim: Fußball in Hütte. In: Eisenhüttenstadt. »Erste sozialistische Stadt Deutschlands«, S. 213f.
111 UA EKO, A Bg 43, Bl. 68.
112 Niethammer, Lutz, S. 41ff.
113 Analyse von Gerhard Schürer, Gerhard Beil, Alexander Schalck-Golodkowski, Ernst Höfner und Arno Donda der ökonomischen Lage der DDR mit Schlussfolgerungen vom 27. 10. 1989. In: Das Parlament, H. 38, 1994, S. 13f.
114 Die in diesem Abschnitt verwendeten Zahlen stammen aus einem Informationsmaterial des EKO aus dem Jahr 1990. In: UA EKO, A 113, Bl. 259ff und UA EKO, Rb 11420, unpag.
115 Mit dem Rückgang der Produktion am Anfang der 90er Jahre wurde der Hochofen V mit stark wechselnder Intensität gefahren. Da eine stabile Produktion auf dem erforderlichen Niveau nicht aufrecht erhalten werden konnte, wurde Ende 1991 entschieden, den Ofen stillzulegen und für spätere Produktionszeiträume zu erhalten.
116 Dies betraf das Einblasen von Sauerstoff mittels Lanze von oben und einer Teilmenge von unten durch den Konverterboden.
117 Keller, Dietmar: Minister auf Abruf. Berlin 1990, S. 15 und 21.
118 Zitiert aus: Janson, Carl-Heinz, 256ff.
119 Märkische Oderzeitung, 9. 11. 1990.
120 Bei EKO haben wir die Wende am 5. Dezember eingeleitet. Gespräch mit Günter Reski. In: Eisenhüttenstadt. »Erste sozialistische Stadt Deutschlands«, S. 233.
121 Unser Friedenswerk, Nr. 44, 1989.
122 UA EKO, Rb 9334, unpag.
123 Karl Döring stand dem Initiativkreis Unternehmensforum DDR vor. Einer Vereinigung von Betrieben und Kombinaten mit mehr als 100 Beschäftigten.
124 Unser Friedenswerk, Nr. 50, 1989.
125 Aus einem Interview mit Karl Döring am 30. 7. 1999.
126 Luft, Christa: Zwischen Wende und Ende, Berlin 1992, S. 95.
127 Unser Friedenswerk, Nr. 9, 1990.
128 Aus einem Interview mit Günter Reski am 9. 6. 1999.

**Teil IV: Vom Kombinatsbetrieb zum Konzernunternehmen**

1 Nach einer Presseerklärung der Treuhandanstalt vom 23. 9. 1993.
2 Auszug aus einer Rede im Reichstag am 2. 10. 1990 vor den Fraktionen der Grünen und Bündnis 90. In: Grass, Günter: Ein Schnäppchen namens DDR. Letzte Reden vorm Glockengeläut. München 1999, S. 39ff.
3 Zitiert aus: Fischer, Wolfram/Max, Herbert/Schneider, Karl (Hg.): Treuhandanstalt: Das Unmögliche wagen. Forschungsberichte. Berlin 1993, S. 551.
4 Vgl. Unser Friedenswerk, Nr. 28, 1990.
5 Vgl. EKO Stahl Report, Nr. 1, 1991, S. 3.
6 Vgl. Ebenda.
7 Vgl. Ebenda, S. 4.
8 Vgl. Angaben zum Land Brandenburg aus einem Vortrag von Karl Döring auf der »Brandenburger Stahlkonferenz« am 27. 5. 1991 in Potsdam. Angaben zur DDR aus: Wetzker, Konrad (Hg.): Wirtschaftsreport. Daten und Fakten zur wirtschaftlichen Lage Ostdeutschlands. Berlin 1990, S. 105ff.
9 Unser Friedenswerk, Nr. 34, 1990.
10 Vgl. Unser Friedenswerk, Nr. 43, 1990.
11 Auszug aus der Rede »Standort Deutschland im künftigen Europa« des Bundesministers für Wirtschaft Helmut Haussmann auf der Mitgliederversammlung der Wirtschaftsvereinigung Stahl am 13. 6. 1990 in Neuss. In: Wirtschaftsvereinigung Stahl (Hg.): Die deutsche Stahlindustrie und das neue Europa. Düsseldorf 1990, S. 9.
12 Vgl. Kühnert, Uwe: Die Gemeinnützige Gesellschaft für Qualifizierung und produktive Berufs- und Arbeitsförderung der Region Eisenhüttenstadt mbH (GEM). In: Landesagentur für Struktur und Arbeit (Hg.): Lasa-Studie Nr. 2, Juli 1992, S. 10. Außerdem: UA EKO, A 789, Bl. 106 und A 272, Bl. 262.
13 Seibel, Wolfgang: Die organisatorische Entwicklung der Treuhandanstalt. In: Fischer, Wolfram, S. 121f.
14 EKO Stahl Report, Nr. 26, 1991, S. 4 f.
15 UA EKO, A 367, Bl. 8.
16 UA EKO, A 367, Bl. 1f.
17 UA EKO, A 833, Bl. 174.
18 UA EKO, A 272, Bl. 220ff.
19 Vgl. UA EKO, A 833, Bl. 162f.
20 Vgl. Seibel, Wolfgang, S. 131.
21 Vgl. UA EKO, A 263, Bl. 9.
22 Vgl. Gemeinnützige Gesellschaft für Qualifizierung und produktive Berufs- und Arbeitsförderung der Region Eisenhüttenstadt (GEM), ABM-Dokumentation, Stand Juni 1992, S. 3.
23 Vgl. Kühnert, Uwe, S. 14.
24 Zwischen dem Betriebsrat und dem Vorstand der EKO Stahl AG wurde am 27. 6. 1991 eine Vereinbarung abgeschlossen, die u.a. für die 55- bis 56-jährigen beim Ausscheiden aus dem Unternehmen eine Abfindung von 5.000 DM sowie eine monatliche Zuwendung bis zur Rente von 320 DM vorsah. Für Schwerbehinderte wurde monatlich eine weitere Zulage von 20 DM gezahlt. Die Finanzierung der Vereinbarung erfolgte durch die Treuhandanstalt. Ab Oktober 1992 zahlte diese gemäß Sozialplan 6.200 DM für jeden ausscheidenden Beschäftigten.

25 UA EKO, A 389, Bl. 83.
26 Vgl. Krupp übernimmt EKO Stahl. In: Stahlmarkt, H. 4, 1992, S. 14.
27 Aus einer Meldung der Agentur Reuter vom 22. 4. 1992.
28 Vgl. Süddeutsche Zeitung vom 5./6. 9. 1992.
29 Vgl. Frankfurter Allgemeine Zeitung, 14. 10. 1992.
30 Vgl. UA EKO, A 806, Bl. 18 ff.
31 Zitiert aus: Frankfurter Allgemeine Zeitung, 19. 11. 1992.
32 Bräuer, Heinz: Rede auf der Demonstration der EKO Stahl AG am 12. 2. 1993 vor dem Friedrich-Wolf-Theater Eisenhüttenstadt. In: Bräuer, Heinz (Hg.): Haltestellen. Predigten und Reden zu besonderen Anlässen. Eisenhüttenstadt 1996, S. 25 f.
33 New York Times, 3. 3. 1993. Übersetzung aus dem Englischen. In: UA EKO, A 902, Bl. 36.
34 Schreiben der Generaldirektion für Wettbewerb der Kommission der Europäischen Gemeinschaft vom 9. 3. 1993, S. 2.
35 UA EKO, A 833, Bl. 116.
36 UA EKO, A 750, Bl. 161f.
37 UA EKO, A 880, Bl. 222.
38 Vgl. UA EKO, Rb 17434, unpag.
39 Vgl. Bericht Nr. 50/93 vom 22. 9. 1993 der Beobachter der Länder bei den Europäischen Gemeinschaften über die 1684. Tagung des Rates der EG am 21. 9. 1993 in Brüssel – Industriefragen –, S. 6.
40 UA EKO, Rb 30969, unpag.
41 Deutscher Bundestag, 12. Wahlperiode, 178. Sitzung, Bonn, den 29. 9. 1993, Sitzungsprotokoll, S. 15375. In: UA EKO, Rb 30969, unpag.
42 UA EKO, Rb 30969, unpag.
43 UA EKO, A 750, Bl. 174.
44 UA EKO, A 750, Bl. 170.
45 UA EKO, A 14, Bl. 20 f.
46 UA EKO, A 14, Bl. 68.
47 Pressemitteilung der Treuhandanstalt vom 21. 6. 1993.
48 UA EKO, A 14, Bl. 79.
49 UA EKO, A 599, Bl. 54.
50 Eckhardt Hoppe berichtete in einem Interview am 20. 7. 1999 über Emilio Riva: »Wenn er nach Eisenhüttenstadt kam, ging er an die Hochöfen, in das Stahlwerk, aber nicht ins Kaltwalzwerk.« Der Aufsichtsrat der EKO Stahl AG musste 1994 in die Riva-Geschäftsführung eingreifen, damit das Kaltwalzwerk nicht zum Stillstand kam.
51 Zitiert aus: Der Spiegel, Nr. 18, 1994, S. 110.
52 Pressemitteilung der Treuhandanstalt vom 13. 5. 1993.
53 Landtag Brandenburg, 1. Wahlperiode, 95. Sitzung, Potsdam den 19. 5. 1994, Plenarprotokoll, S. 7705 f.
54 Vgl. Radzio, Heiner: EKO Stahl AG/Thyssen gibt sich eher reserviert: Kaum noch Chancen für ein integriertes Stahlwerk. In: Handelsblatt, 17. 5. 1994.
55 Pressemitteilung der Treuhandanstalt vom 17. 10. 1994.
56 Brief des Bundesministers Friedrich Bohl an den Vorsitzenden des Betriebsrates der EKO Stahl GmbH Wolfgang Ramthun vom 21. 10. 1994, S. 2.
57 Gemeinsame Erklärung der Geschäftsführung und des Betriebsrates der EKO Stahl GmbH vom 8. 12. 1994.
58 Brief von Sir Nigel Broomfield an den Vorsitzenden des Betriebsrates der EKO Stahl GmbH Wolfgang Ramthun vom 14. 12. 1994.
59 Brief des Vizepräsidenten der Europäischen Kommission Martin Bangemann an den Vorsitzenden des Betriebsrates der EKO Stahl GmbH Wolfgang Ramthun vom 15. 12. 1994.
60 EKO aktuell, Nr. 1, 1996, S. 2.

**Teil V: Aufbruch ins nächste Jahrtausend**
1 EKO aktuell, Nr. 4, 1998, S. 3.
2 EKO aktuell, Nr. 3, 1995, S. 1.
3 EKO aktuell, Nr. 3, 1995, S. 2.
4 ABB Automatisierungsanlagen Cottbus (Hg.), Impuls, Nr. 5, 1996, S. 3.
5 EKO aktuell, Nr. 2, 1997, S. 3.
6 Tonbandprotokoll der Rede von Bundeskanzler Helmut Kohl am 22. Juli 1997, auszugsweise veröffentlicht in: EKO aktuell, Nr. 3, 1997, S. 6.
7 Hans-Joachim Krüger auf der Pressekonferenz von EKO Stahl am 20. April 1999 anlässlich der Hannover Messe 1999. In: Handelsblatt vom 21. 4. 1999.
8 EKO aktuell, Nr. 4, 1999, S. 9.
9 Anfang 1997 war durch die EKO Stahl GmbH das Eisenbahntransportunternehmen EKO-TRANS gegründet worden. Neben dem EKO-Güterverkehr auf Strecken der Deutschen Bahn AG übernahm die Gesellschaft auch Transporte für Dritte. Der Werkbahnhof Ziltendorf gehörte zum neuen Unternehmen. Alle Züge, die Frachten wie Öl, Koks, Erz oder Teile für Investitionsobjekte brachten, wurden hier erfasst. Zwischen EKO Stahl und dem PCK Schwedt begann auf dem Streckennetz der Deutschen Bahn AG der fahrplanmäßige Verkehr. 160.000 t schweres Heizöl mussten 1997 zur Versorgung der Hochöfen von Schwedt zum Werkbahnhof Ziltendorf transportiert werden.
10 EKO aktuell, Nr. 4, 1996, S. 2.
11 EKO aktuell, Nr. 3, 1999, S. 2.
12 EKO aktuell, Nr. 4, 1999, S. 14.
13 EKO aktuell, Nr. 3, 1999, S. 10.
14 EKO aktuell, Nr. 1, 1998, S. 12.
15 EKO aktuell, Nr. 4, 1998, S. 10.
16 EKO aktuell, Nr. 4, 1998, S. 3.
17 USINOR-Kennzahlen 1998 für die Konfiguration nach Verkauf der Sparte Langprodukte. Umsatz: 14,8 Mrd. Euro. Mitarbeiter: 63.000.
18 USINOR S.A. und Cockerill Sambre S.A.: Absichtserklärung vom 21. November 1998 gegenüber dem Betriebsrat der EKO Stahl GmbH, S. 1.
19 EKO aktuell, Nr. 1, 1999, S. 3.
20 Ralf Klingsieck: USINOR sieht gute Zukunft für EKO Stahl Eisenhüttenstadt. In: Märkische Oderzeitung vom 12. 3. 1999.
21 Hans-Joachim Krüger am 17. 12. 1999 auf einer Veranstaltung der Führungskräfte von EKO Stahl. (Redemanuskript)

## Bildnachweis

Der Reihe nach sind, soweit bekannt, aufgeführt an erster Stelle der Leihgeber oder Rechtsinhaber und an zweiter Stelle der Fotograf. Die Bildrechte seitens der Archive wurden unbeschadet der Rechte Dritter gewährt. Trotz sorgfältigster Nachforschungen konnten nicht alle Rechtsinhaber ermittelt werden. Diese haben die Möglichkeit, sich an den Herausgeber zu wenden.

artecom Veranstaltungs GmbH & Co. KG, Berlin – Rainer Weisflog, Cottbus 235 r., 324

Hellmut K. Albrecht, München – Foto Kellner, München 361

Klaus Beschoner, Eisenhüttenstadt 175

Brandenburgisches Landeshauptarchiv Potsdam 102 (Rep. 731, Nr. 178)

Horst Breuer, Eisenhüttenstadt 113 u., 208 r.

Bundesanstalt für vereinigungsbedingte Sonderaufgaben, Berlin – Andreas Schoelzel, Berlin 251 l., 284 l.

Bundesanstalt für vereinigungsbedingte Sonderaufgaben, Berlin 311 u.

Bundesanstalt für vereinigungsbedingte Sonderaufgaben, Berlin – J. H. Darchinger 281 r. o.

Bundesanstalt für vereinigungsbedingte Sonderaufgaben, Berlin – Paul Glaser, Berlin 251 r.

Cockerill Sambre, Belgien – IRIS 307

Herbert Demmrich, Eisenhüttenstadt 130

Karl Döring, Eisenhüttenstadt 7, 262 o., 262 2. v. o., 286 M., 286 u.

Günter Engel, Eisenhüttenstadt 77 l.

EKO Stahl GmbH (EKO aktuell) 351 o., 351 M.

EKO Stahl GmbH (Pressestelle), Eisenhüttenstadt 369 u.

EKO Stahl GmbH – Stephan Tüngler, Hamburg 336 M., 336 u.

EKO Stahl GmbH (EKO aktuell) – artecom Veranstaltungs GmbH & Co. KG, Berlin 269 M., 371

EKO Stahl GmbH (EKO aktuell) – Ramona Illgen 138, 201 o., 207, 214, 232, 234, 234/235, 235 l., 265 o., 272 u., 293 u., 294, 301, 308 l. o., 308 l. M., 309 o., 311 o., 315, 320 l., 321 u., 323, 325, 326, 327, 328 o., 329, 332, 333, 337, 338, 339 l. o., 339 u., 340, 341, 342 l. o., 342 r. o., 342 l. u., 343, 344, 345 r., 346 r., 347, 349 u., 350, 351 u., 352 r., 353 l. o., 353 u., 354 r. o., 355 r., 356, 357, 358 u., 359, 362 M., 363 M., 363 u., 367 u., 368 l. u.

EKO Stahl GmbH (EKO aktuell) – Simone Thomas 310 r. o.,

EKO Stahl GmbH (EKO aktuell) – Frieser Net 330

EKO Stahl GmbH (EKO aktuell) – werba 254 u., 273 r. u., 319 l. u., 319 r. u., 368 r.

EKO Stahl GmbH (Eckhardt Hoppe) 263, 266 o., 355 u., 358 o., 364, 367 r. o. 368 o.

EKO Stahl GmbH (Qualitätswesen) 264, 328 u.

EKO Stahl GmbH (Betriebsrat) 354 u., 365 u.

EKO Stahl GmbH – Volkswagen AG 265 l. u., 265 r. u.

EKO Stahl GmbH (Wolfgang Ramthun) 310 l. o., 310 u.

EKO Stahl GmbH (Hans-Peter Neumann) – artecom Veranstaltungs GmbH & Co KG/Tessmann 306, 369 o.

EKO Stahl GmbH (Hans-Peter Neumann) – Leon Schmidtke, Berlin 342 M. r., 363 o.

EKO Stahl GmbH – werba 2, 3, 372/373, 376

EKO Stahl GmbH – Foto Leeder 335, 342 r. u., 353 r. o.

EKO Stahl GmbH (Unternehmensarchiv) 40/41, 50, 53, 54, 55, 56, 57, 59, 60/61, 61, 62 u., 63, 64 o., 65, 66, 67, 68, 70, 72, 73, 74, 75 u., 79, 80, 84, 85, 86, 87, 89, 91, 92, 93 (A 445), 95, 97, 101, 103, 104, 105 (A 453), 107, 108, 109, 110, 111, 112, 113 (A 77), 114, 115 u., 118, 119, 120, 121, 122, 123, 124, 125, 126/127, 128, 129, 132, 133, 134, 135, 142, 143, 146 (A 967), 147, 148 (A 216), 149, 150, 151, 153, 154 (A 442), 160, 165, 169, 172, 174, 176, 177, 179, 181, 183, 184 l., 187, 190, 193, 200, 204 l., 205, 206, 208, 210, 211, 213, 215, 216, 217, 219, 220, 221 u., 222 u., 223, 224, 228, 230 o., 231 r., 239, 240 u., 240/241 o., 241 u., 246 l., 246 r. u., 247, 248, 249 r. o., 249 M., 249 u., 250, 255 l., 257, 258, 259 M., u., 260, 261 l. o., 261 r. o., 262 u., 263 l. u., 266 u., 269 o., 270, 277, 280 r. o., 280 r. u., 284 r., 286 l. u., 287, 288 l. o., 296, 297 u., 302, 307, 309 u., 317, 318, 319 o., 321 o., 322, 336 o., 339 r. o., 345 l., 348, 349 o., 354 l. o., 354 u. 355 l., 362 o., 362 u., 365 o.

EKO Stahl GmbH (Unternehmensarchiv) – Hannelore Ceynowa 156, 178, 180

EKO Stahl GmbH (Unternehmensarchiv) – Gerd Teppich 170 u.

EKO Stahl GmbH (Unternehmensarchiv) – Wolfgang Timme 144

EKO Stahl GmbH (Unternehmensarchiv) – Friedrich Peukert 62 o., 157, 159, 166, 167, 168, 170 o., 188, 201 u., 209, 212, 222 o.

EKO Stahl GmbH (Unternehmensarchiv) – Bernd Geller 221 o.

EKO Stahl GmbH (Unternehmensarchiv) – Werner Hahn 155

EKO Stahl GmbH (Unternehmensarchiv) – Ute Kunzke 288 r. o.

EKO Stahl GmbH (Unternehmensarchiv) – Alois Reis 225

EKO Stahl GmbH (Unternehmensarchiv) – Hellmut Opitz 3

EKO Stahl GmbH (Unternehmensarchiv) – Tilo Schönherr 164, 182, 184 r., 186, 261 r. o., 288 l. u., 288 r. u., 289 o., 320 r.

EKO Stahl GmbH (Unternehmensarchiv) – Marianne Suckert 195, 226, 231 l., 243, 246 o., 253, 254 l. o., 254 r. o., 255 r., 256, 261 u., 262 2. v. u., 267 l., 269 u., 278, 279, 280 l., 281 l. o., 281 u., 289 u., 292

EKO Stahl GmbH (Unternehmensarchiv) – Werner Unfug 189, 204 r., 248 r. o.

EKO Stahl GmbH (Unternehmensarchiv) – Klaus Walaschek 190 r.

EKO Stahl GmbH (Unternehmensarchiv) – Christel Walter 244

Europäische Kommission, Brüssel 259

Hans-Joachim Feister, Eisenhüttenstadt 100

Alfons Feldner, Berlin 79 l., 103 o.

Ferrostaal Maintenance Eisenhüttenstadt GmbH 272 o., 273 M. l., 273 l. u., 274 M., 274 r.

Ferrostaal Maintenance Eisenhüttenstadt GmbH – Werba 273 l. o., 273 r. o., 273 l. u.

Ferrostaal Maintenance Eisenhüttenstadt GmbH – Ramona Illgen 274 l.

Erika Franke, Eisenhüttenstadt 36

Michael Gärtner, Eisenhüttenstadt 78

Bernd Geller, Eisenhüttenstadt 1, 3, 229, 236/237, 282 u., 283 l., 291 r. o., 295 r. o., 295 l. o., 295 r. u., 346 l., 352 l., 374, 393, 400

GEM mbH, Eisenhüttenstadt 267 r., 268

Geschichte-Club-VOEST Linz 194, 197, 198, 199, 202, 203

Manfred Groß, Eisenhüttenstadt 75 o.

Walter Hronik, Eisenhüttenstadt 106

Mario Hundt, Eisenhüttenstadt 16, 17 o. r., 20 u., 21 o., 32 o.

IG Metall Verwaltungsstelle, Frankfurt/Oder 276, 283 r., 290 r. o., 290 l. u., 295 l. o., 295 r. M., 308 r. o.

IG Metall Verwaltungsstelle, Frankfurt/Oder – Leeder 308 l. u.

Institut für Eisen- und Stahltechnologie TU Bergakademie Freiberg 173

Klaus-Peter Kahle, Eisenhüttenstadt 286 l. o., 286 r. o.

Ursula Kaulitz, Dresden 76

Helmut Kinne, Berlin 28

Werner Kraaß, Berlin 109 o.

Hans Kulms, Moers 95 o.

Helmut Kummich, Eisenhüttenstadt 131

Otto Leimer, Cottbus 64 u.

Rosemarie Linke, Eisenhüttenstadt 139

Günter Mattner, Eisenhüttenstadt 55 u., 58

Erich Merkel, Eisenhüttenstadt 34, 38

Ronald Minack, Eisenhüttenstadt 22

Alfred Nitschke, Eisenhüttenstadt 37

Ellen Nitz, Berlin 8, 81

Bernd Pagel, Eisenhüttenstadt 246 M., 249 l. o., 290 l. o., 290 r. u., 291 l., 291 u.

Hanna Peter, Eisenhüttenstadt 49

Friedrich Peukert, Eisenhüttenstadt 150 r.

Wolfgang Ramthun, Eisenhüttenstadt – transit/Nicolas Schmidt 298

Wolfgang Ramthun, Eisenhüttenstadt – Andreas Schoelzel 299

Günter Reski, Eisenhüttenstadt – Bernd Geller 282 l. o., 282 r. o.

Günter Reski, Eisenhüttenstadt 293 l. o., 293 r. o.

Günter Reski, Eisenhüttenstadt – Michael von Lingen 297 o.

Rudolf Rüdinger, Eisenhüttenstadt 23 l.

Ella Schopplich, Eisenhüttenstadt 105 u.

Walter Schulz, Eisenhüttenstadt 77 r.

Werner Schulz, Eisenhüttenstadt 18 u., 21 (Briefbögen)

Lutz Schmidt, Berlin 227, 367 l.

Staatskanzlei, Ministerpräsident Manfred Stolpe, Berlin 9

Städtisches Museum Eisenhüttenstadt 15, 17, 18 o., 19, 21 u., 24, 33, 35

Stadtarchiv Eisenhüttenstadt 25 (M 1048), 26 (M 1048), 27 (M 2806)

Vulkan Energiewirtschaft Oderbrücke GmbH, Eisenhüttenstadt – Tilo Schönherr, Eisenhüttenstadt 331

Wolfgang Tantow, Berlin 252

Werner Wittig, Eisenhüttenstadt 23 r.

Waltraut Zillmann, Eisenhüttenstadt 10/11, 29, 30, 31

**Abbildungen aus Publikationen:**

Weltgeschichte in zehn Bänden, Bd. 7. Berlin 1965, S. 695, S. 80/81: S. 13, 14

Aus Stahl wird Brot. Der VVB VESTA angeschlossene Betriebe, Leipzig o.J. (Leihgabe: Bernd Werner, Eisenhüttenstadt): S. 44/45

Sichting, Dieter: Eisenhüttenstadt – Fürstenberg – Schönfließ wie es früher war, Gudensberg-Gleichen 1993, S. 29, 31: S. 20 o., 32

Deutsche Architektur, H. 3, 1952, S. 101: S. 115 o.

Stahl und Eisen. Zeitschrift für das deutsche Hüttenwesen, H. 18, 1944: S. 52

Die Frau von heute, H. 47, 1952: S. 82, 83

Neue Berliner Illustrierte, H. 29, 1955: S. 98

Tägliche Rundschau, 2. 11. 1950: S. 48

Unser Friedenswerk: S. 61, 69, 230 u., 239

Cockerill Sambre (Hg.): Challenge, H. 32, 1995: S. 313, 317

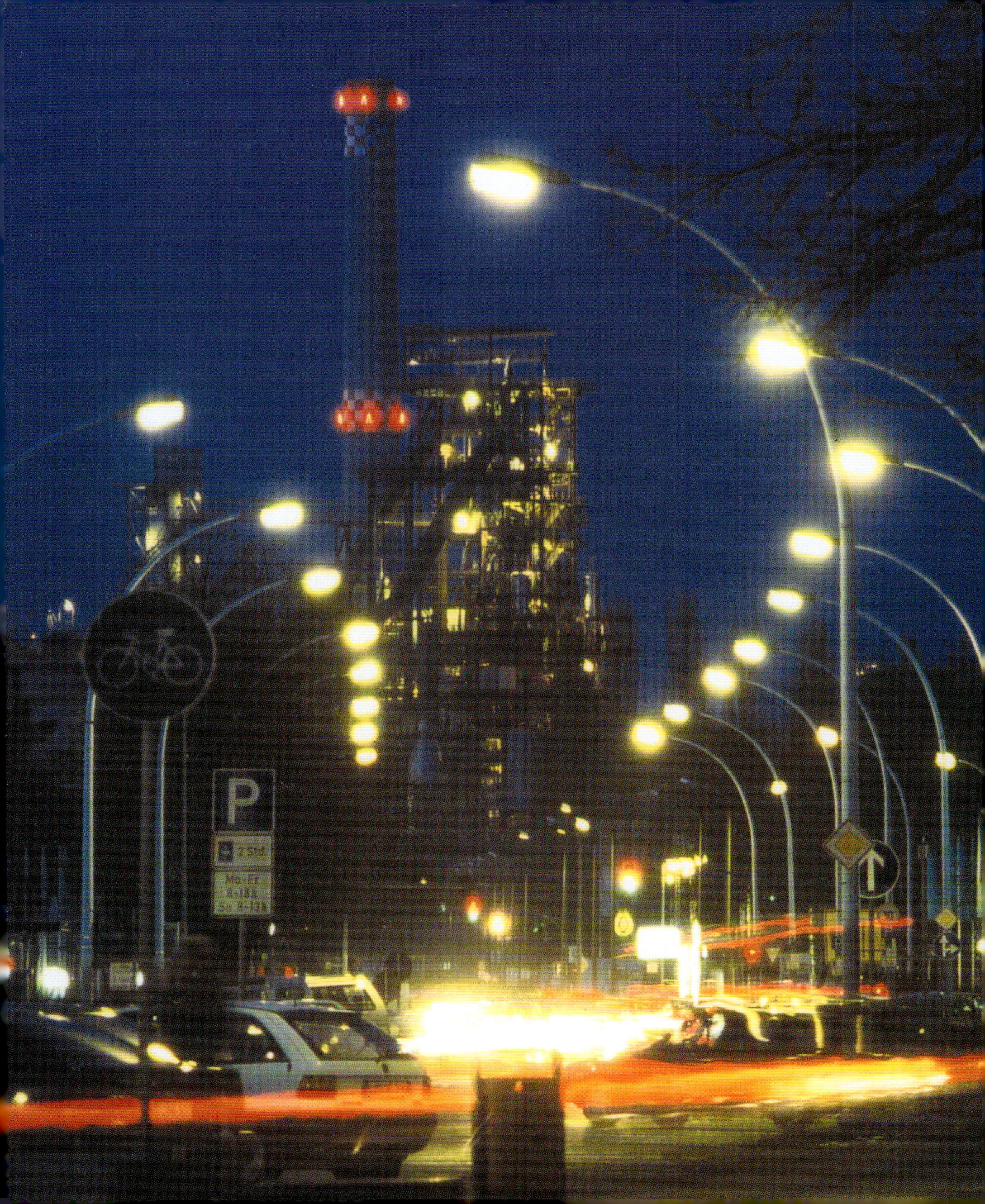
P
2 Std.
Mo-Fr
8-18h
Sa 8-13h

# Personenregister

Achterberg, Jürgen 215
Afonin, Serafin 296
Aitmatow, Tschingis 12, 232, 319, 324
Albert II., König von Belgien 316, 320, 339
Albrecht, Dieter 228
Albrecht, Hans 67
Albrecht, Hellmut K. 309, 313, 316, 350, 360, 361, 364, 368, 369
Allende, Salvador 158
Altmeyer, Ernst 66, 87
Ambros, Otto 26
Anderssohn, Horst 60
Anspach, Peter 189
Apel, Hans 299, 301, 306, 368
Apfalter, Heribert 195, 203
Arafat, Jasir 316
Ardenne, Manfred von 163, 171, 188
Arenbeck, Karlrolf 75, 87
Armstrong, Neil 158
Asriel, André 113
Aubry, Michel 350
Baake, Reinhold 70
Bach, Carl Phillipp Emanuel 221
Bachert, Karl-Heinz 228, 249
Backasch, Olaf 220
Baerwind, Ernst 27
Bahla, Inge 78, 82
Bahro, Rudolf 159, 228
Balic, Franjo 38
Balzer, Frank 318, 350, 351, 354, 364, 367
Bangemann, Martin 284, 285, 289, 309, 310
Baranowski 150
Barcikowski, Rainer 231, 246, 252, 288, 301, 303, 306, 307, 350, 367, 368
Bardin, I. P. 89
Barfuß, Walter 202
Barsuhn, Ivo 346
Bartak, Adalbert 241, 246, 268, 357
Bartz, Frank 220, 221
Basan, Heinz 266, 350
Bauer, Werner 113
Baumgart, Helga 80
Bayer, Siegfried 302
Becker, Gerhard 179
Becker, Sebastian 350
Behrends, Jan C. 91
Beschoner, Klaus 183
Berezowski, Leszek 357
Berger, Allmuth 363
Bessemer, Henry 13
Bewersdorf, Arno 169
Beyer, Hans-Georg 220
Beyer, Udo 220
Biau, Giles 367
Biermann, Wolf 159
Billich, Iris 249
Billig, Uwe 238
Bilkenroth, Georg 45
Birkner, Harald 347
Bisky, Lothar 363
Bismarck, Otto von 14
Blair, Tony 317
Blüm, Norbert 269
Bochon, Mario 351
Bock, Fritz 149
Bodendorf, Erwin 59
Boger, Wolf-Dieter 143
Bohl, Friedrich 309
Borchert, Rudi 57
Borchert, Werner 179
Bourrier, Pierre 366
Brahms, Hero 356
Brandt, Willy 158, 240
Brauer, Michael 200
Bräuer, Heinz 282
Braun, Fernand 281, 286
Braun, Günter 143, 190
Braun, Volker 158
Brearly, Henry 14
Brecht, Bertolt 42
Bredow, Eberhard 107
Breitenstein, Peter 306, 350, 367
Breschnew, Leonid I. 44, 45, 128, 146, 154, 160
Breuel, Birgit 239, 281, 284, 296, 298, 299, 300, 301, 303, 306, 310, 312
Breuer, Horst 208, 226
Brězan, Juri 55
Broomfield, Nigel Sir 310
Bruyére, Pol 350
Buchholz, Adolf 65, 69, 86, 184
Buchwalder, Joachim 184, 187, 226, 244, 302
Budras, Petra 344
Bugiel, Hartmut 246
Bulle, Georg 51
Bundesmann, Günter 174
Bunke, Tamara 43
Che Guevara, Ernesto 43
Christo 319
Chromzow 150

Chruschtschow, Nikita S. 44, 45, 135, 139, 146, 154
Churchill, Winston 42
Clauß, Walter 149
Clinton, Bill 240
Cohen, Roger 282
Conrad, Hans 230, 240, 241, 246, 250, 253, 272, 301, 302, 352
Conrad, Kurt 73
Cort, Henry 13
Cowper, E. 13
Czaja, Jan 357
Czempirek, Klaus 195
Dachs, Helmut 73
Dahinten, Helmut 118
Dahlenburg, Martin 54
Dahlisch, Horst 100
Dal Zuffo, Daniel 321
Dammann, Klaus 246
Dannebaum, Wolfgang 207
Darby, Abraham 12
Dauer, Jörg 201
Daum, Erhard 87, 188
David, Sonja 228
de Biasi 298
Decker, Willi 110
Degee, Francis 350
Delaunois, Phillippe 350, 367
Delors, Jacques 284, 287
Demmrich, Herbert 130
Diana, Prinzess of Wales 317
Diepschlag, Ernst 46, 64, 67, 70
Diestel, Peter-Michael 253, 254
Dittrich, Peter 207, 357
Domachowski, Hans J. 351
Dönau, Wilhelm 75, 87, 137, 138
Döring, Karl 9, 160, 184, 191, 204, 205, 206, 207, 211, 219, 229, 230, 238, 240, 243, 244, 246, 249, 250, 251, 252, 260, 262, 275, 284, 286, 287, 289, 291, 292, 296, 301, 302, 303, 304, 306, 308, 318, 320, 347, 352, 369
Draljuk 150
Dreher, Burkhard 269, 309, 310, 311, 313, 357, 362, 365, 366
Dreher, Robert Udo 306
Drimmer, David 318, 321
Drodowsky, Manfred 131, 159, 171, 184, 185, 203
Düvel, Hasso 363, 367
Eckstein, Hans-Joachim 172

Egger, Max Graf 13
Ehrlich, Franz 114, 115
Eisbrenner, Tino 307
Eisenhuth, Ernst 61
Engel, Günther 77
Ewald, Heinz 321
Fabig, Rudolf 87, 100, 174
Färber, Volker 306
Farra, Petra 268
Fedin, Jörg 187
Feister, Hans-Joachim 57, 63, 100
Fenske, Hermann 69, 97
Fenzke, Hans-Werner 172
Fichtner, Kurt 134, 167
Flohr, Günter 246, 303
Flum, Paul 288
Föhr, Horst 300, 301, 306
Forest, Jean Kurt 111
Franke, Elisabeth 306, 350, 351, 367
Franke, Erika 36, 78
Franke, Karl 63, 100, 107
Franzke, Birgit 239, 249
Friedemann, Christa 268, 269
Friedrich, Klaus 165
Friedrich, Reiner 179
Fünning, Rolf 336
Fürniß, Wolfgang 274
Gagarin, Juri 44
Gandois, Jean 306, 307, 310, 312, 313, 316, 320, 323, 324, 339, 364
Ganschow, Jörg 256
Garkisch, Werner 65
Gärtner, Jürgen 171, 172
Gärtner, Wilhelm 107
Gassmann, Heinrich 59
Gaßmann, Peter 246
Gebauer, Simone 346
Geiler, Otto 115, 116
Gellert, Otto 238, 246, 252, 275, 284, 293, 296, 300, 301, 302, 303, 305
Gentke, Wilfried 340
Gerstenberger, Manfred 216
Gerstner, Ottmar 63, 110
Giese, Helmut 107
Gilchrist, Percy 14
Glaser, Ernst 196
Glowner, Hans 60
Gogolin, Helmut 108
Gohlke, Rainer Maria 243, 303
Goldschmidt, Theodor 182
Golla, Uwe 346

Golzer, René 229
Gorbatschow, Michail S. 160, 238, 240
Göring, Hermann 26
Görk, Michael 179
Grahl, Brigitte 179
Grass, Günter 242, 319
Greifenberger, Manfred 265
Grohmann, Erhard 143, 149
Groß, Manfred 75
Groß, Ricardo 347
Grossner, Claus 284
Großpietsch, Walter 107
Grotewohl, Otto 63, 64, 65, 92, 97
Gründemann, Siegfried 143
Gulde, Reinhold 179
Gunkel, Hans 182
Gutermuth, Rosemarie 78
Gutsche 267
Haase, Bernhard 351
Habedank, Heinz 61
Haberkost, Jutta 351
Hahn, Carl 284
Hahn, Jochen 246, 249
Hahn, Ottokar 7
Hähnel, Alfred 60, 66
Hain, Gerhard 171
Händler, Rolf 108
Harnisch, Jürgen 246, 275, 277, 278, 279, 303
Hartelt, Bernd 246, 338, 351
Hartmann, Willi 63, 65, 87, 100
Haussmann, Helmut 247
Havel, Waclav 317
Havenstein 107
Hedewig, Rudolf 57
Heimann, Manfred 229
Heine, Hans-Heinrich 240
Heinze, Erika 80
Heinze, Herbert 108
Hellmich, Erhard 321
Henkel, Siegfried 172
Henning, Paul 123
Hennlein, Hildegard 118
Henon, Albert 350
Henrich, Rolf 161, 228
Henschel, Normen 347
Hensel, Arno 171, 172
Heppert, Roland 222
Hermanns, Hubert 70
Herold, Johannes 56
Héroult, Paul Louis 14

Herpels, Antoon 288
Herrmann, Rudolf 149
Hertrampf, Wolfgang 347
Herzog, Roman 241, 317, 340
Hess, Winfried 344
Hesse, Wolf-Ekkehard 307
Heym, Stefan 39, 94
Hildebrandt, Regine 269, 307
Hinze, Peter 317
Hirche, Walter 256, 260, 275, 278, 281, 282, 284, 285, 287, 291, 297, 301
Hirsch, Manfred 108
Hitler, Adolf 24
Hitzer, Friedrich 232
Ho Chi Minh 44
Hobritz, Kurt 228
Hoffmann, Hans-Joachim 227
Hoffmann, Herta 79
Hoffmann, Martin 246
Hoffmann, Otto 56
Hofmann, Karl 87, 128, 129, 132
Hofmann, Rainer 347
Hogge, Willi 123
Holzäpfel, Walter 57, 63
Holzhey, Joachim 130, 171, 172, 184
Holzhey, Werner 173
Honecker, Erich 84, 158, 159, 160, 161, 194, 198, 203, 204, 227, 240, 241
Höpfner, Rico 347
Hoppe, Eckhardt 241, 246, 263, 265, 266, 284, 286, 288, 301, 306, 331, 356, 357, 358, 364, 368, 369
Hronik, Walter 106, 107
Huntsman, Benjamin 13
Hudry, Robert 367, 368
Illgen, Ramona 355
Ippers 267
Irmler, Willi 107
Irmler, Wolfgang 229
Jahn, Herbert 179
Jahn, Rudi 54
Jähn, Sigmund 159
Janatsch, Helmut 57
Janecki, Edmund 179, 180
Jean-Claude 319
Jelzin, Boris 240, 319
Jokisch, Klaus 148
Jospin, Lionel 317
Juderjahn, Helmfried 189
Jung, Alfred 30
Junghans, Ulrich 251

Juretzek, Georg 172
Jürgens, Franziska 229
Jurk, Joachim 172
Just, Eckehard 170
Kaczmarek, Josef 60
Kahle, Klaus-Peter 184, 207, 219, 318, 324
Kahlisch, Bernd 220
Kaiser, Manfred 143
Kalinowski, Wilhelm 261
Kalisch, Heinz 116
Kalisch, Jürgen 229
Karge, August 19
Karge, Lisa 80
Karras, Reinhold 149
Kaulitz, Charlotte 76
Keil, Klaus 351
Keller, Dietmar 227
Kelley, Chester 368
Kellner, Hans 124
Kemnitz, Eckhard 143
Keuhne, Torsten 355
Kiank, Manfred 179
Kim Il Sung 160
Kimfel 149
Kinne, Helmut 149, 184
Kirchoff, Detleff 253
Kirchschläger, Rudolf 160
Kittel, Horst 108
Kittner, Karl-Heinz 143
Klaer, Dietrich 87, 171, 187
Klemann, Wolfgang 128, 132
Klingbiel, Winfried 108
Klochai 262
Klos, Heike 347
Knappe, Joachim 111
Knauschner, Alfred 172
Knöbel, Günter 171
Kochan, Günter 113
Kockzius, Jörg 202
Kohl, Helmut 160, 238, 239, 241, 280, 286, 292, 302, 310, 317, 323, 324
Kohlbacher, Günter 255, 290, 294, 295, 309
Köhler, Dietmar 179
Köhler, Ralf 351
König, Horst 65, 70, 86, 87, 89, 118
Koop, Bernd 306
Köpcke, Hartwig 108
Köpstein, Eberhard 350
Körber, Stefan 246

Körner, Norbert 171, 184, 226
Korn, Peter 89
Koroljow, Wassilij 89
Koval, Konstantin I. 46
Kraemer, Maximilian Heinrich 46, 47, 59, 70, 75, 136
Krämer, Hans 241, 251, 253, 275, 279, 293, 296, 300, 301, 306, 307, 310, 313, 350, 367
Krauch, Carl 24
Krause, Horst 182, 196
Krause, Wolfram 303
Krauß, Sieghard 172, 173
Krautz, Günter 182
Kreis, Harry 220
Krempl, Gerhard 203
Krenz, Egon 161
Kroll, Helmut 125
Krüger, Hans-Joachim 9, 241, 262, 274, 306, 307, 310, 311, 313, 322, 323, 324, 329, 335, 339, 346, 350, 352, 356, 357, 364, 367, 369
Krüger, Helga 78
Krüger, Roland 170
Krüger, Walter 170, 171, 172, 184, 187
Krupp, Alfred 13
Kuchling, Kurt 149
Keuhne, Torsten 355
Kühn, Wolfram 220
Kummich, Helmut 131, 171, 172, 184
Küntscher, Wolfgang 172
Künzel, Helmut 63, 65, 96
Kutschan, Erwin 57, 100, 118
Kwasniewski, Alexander 316, 356
Kyaw, Dietrich von 289
Lacroix, Jean 319
Lafontaine, Oskar 319
Lange, Fritz 47
Lange, Fritz 179
Langhut, Wilhelm 87
Lässig, Werner 63
Laube, Walter 170
Lauke, Gerhard 202
Lauke, Gerhard (Radsportler) 220
Lecomte, Jean 313, 350, 352
Lehmann, Carsten 347
Lehmann, Gerhard 274
Lehmann, Wolfgang 347
Leimer, Otto 60
Leppin, Daniel 350
Leppin, Harald 220

Lessing, Gotthold, Ephraim 89
Leucht, Kurt W. 114, 115, 116, 118
Leuschner, Gerhard 73
Lichtenberger, Otto 216
Lienhardt, Hans 163
London, Jack 57
Loos, Rudolf 110
Löwenberg, Dietmar 329
Lüdemann, Karl-Friedrich 171, 172
Ludewig, Johannes 292, 300, 304
Mackat, Gerhard 47
Machow, 262
Maizière, Lothar de 238, 243, 244
Mandela, Nelson 238
Mangelsdorf, Jürgen 131, 171, 207
Mannesmann, Max 14
Mannesmann, Reinhard 14
Marchwitza, Hans 63, 67, 110, 113
Marganski, Jerzi 356
Markow, Jozef 60
Markowitsch, Erich 43, 45, 97, 108, 125, 134, 136, 148, 150, 159, 160, 169, 172, 184, 239
Marpert, Renate 351
Marter, Wilhelm 134
Martin, Peter 170, 179
Martin, Pierre 13
Marx, Karl 118
Masalski, Jan 358
Maschik, Horst 272, 274
Maske, Henry 317
Matern, Hermann 166
Matthus, Siegfried 113
Mattner, Günter 107
Mauche, Steffen 341
Maulvault, Michel 367, 368
Maurer, Eduard 51
Major, John 310
Mazur, Erich 73
Meinhard, Frido 63, 100
Meißner, Andreas 291
Melaun, Robert F. 196, 198
Menges, Klaus von 274
Menzel, Adolph 14
Menzel, Hermann 174
Mer, Francis 318, 335, 341, 342, 363, 366
Merkel, Erich 38
Mertke, Andreas 249
Mertsch, Georg 24
Meyer, Wolfgang 143

Meyers, Pierre 350, 367
Michaelis, Dirk 258
Michailczewski, Dariusz 363
Michailewitsch, Georgi F. 71, 88, 89
Mielke, Dennis 350, 351
Miert, Karel van 243, 259, 284, 285, 286, 292, 293, 306, 309, 310 311
Minack, Hermann 22
Mittag, Günter 191, 193, 194
Modrow, Hans 227, 229, 239, 243
Möllemann, Jürgen 256
Möller, Horst 179
Molotow, Wjatscheslaw W. 43, 97
Mordaschow, Alexej. A. 262
Moreth, Peter 243
Mückenberger, Erich 147, 149
Müller, Ernst 51, 56, 70
Müller, Joachim 73
Müller, Karl-Heinz 87
Müller, Viola und Ronald 214
Müller, Werner 367
Müller, Wolfgang 255
Mundstock, Karl 110, 111, 113
Nähring, Klaus 182
Nathow, Jürgen 184, 185, 203, 226, 250, 253, 259, 343
Natusch, Jürgen 331
Naumann, Günter 170
Necker, Tyll 284
Neilson, James Beaumont 13
Neißer, Gunter 174
Nerlinger, Oskar 8, 110, 111
Nern, Willi 107
Ness, Hans 268
Neuhof, Gerd 171, 172, 173
Neumann, Hans-Peter 239, 255, 267, 269, 279, 282, 287, 288, 291, 298, 300, 301, 306, 338, 339, 341, 342, 346, 347, 350, 356, 357, 358, 362, 363, 364, 369
Newcomen, Thomas 12
Nickel, Willi 174
Nicolaus, Siegrid 78, 82
Niemeyer, Dieter 57
Niethammer, Lutz 223
Nitschke, Alfred 37
Nitschke, Georg 107
Nitschke, Hartmut 179
Nitz, Ellen geb. Kraft 78, 80, 81
Nitzel, Erika 78
Nixon, Richard 158

Nobke, Lutz 123
Nosal, Harry 108
Noske, Erich 87
Obansanjo, Olusegun 274, 319
Obstei, Sven 350
Odenwald, Jens 243
Oleak, Rainer 258
Olearius, Christian 246, 303
Ollig, Gerhard 306
Opitz, Joachim 290
Ott, Antonius 16
Paasche, Günter 152
Padel, Wilhelm 148
Pagel, Bernd 249, 255, 258, 290, 295, 299
Papert, Karl-Heinz 290, 351
Paradeiser, Tilo 202
Parwjenow, M. P. 89
Päthke, Thomas 347
Paulick, Richard 107
Paulick, Richard (Architekt) 115, 116
Pawlow, M. A. 88
Pehlke, Waldemar 187
Peter, Angelika 339
Peter, Walter 60
Pethke, Waldemar 149
Petzold, Klaus 108
Piaseki, Leszek 356, 358
Piëch, Ferdinand 265
Pieck, Wilhelm 44, 97
Piehl, Ursula 143
Pieper, Ernst 204, 205
Pieroth, Elmar 357
Pietschmann, Heinz 143
Platzeck, Matthias 272, 323
Plettig, Peter 184, 185
Pochwisnew, A. N. 89
Pohl, Wolfgang 243
Pohlmann, Dietmar 228
Polard, Victor 369
Polozek, Bernd 179
Polster, Jens 347
Polsunow, Iwan I. 13
Preißler, Hans 63, 65
Preißler, Helmut 110, 113
Prodi, Romano 318
Proske, Günter 124
Putin, Wladimir 319
Quilitzsch, Erich 128
Rabin, Yitzhak 316
Rahn, Günter 357

Rammler, Erich 45
Ramthun, Wolfgang 299, 301, 306, 309, 310, 343, 350, 351
Raschak, Manfred 319, 321, 329
Räther, Karl-Heinz 143
Rathmann, Dieter 171
Rau, Emil 60
Rau, Heinrich 47, 54, 89, 136
Rau, Johannes 319
Raum, Karl-Friedrich 322
Raute, Reiko 323, 324
Reagan, Ronald 160
Redde, Heinz 131
Reiche, Steffen 253, 254, 363
Reichel, Thomas 121, 183
Reichelt, Else 107
Reidock, Lothar 108, 220
Reiher, Hendrik 220
Remisow 150
Remy, Christian F. 13
Resch, Magda 143
Reski, Günter 228, 229, 231, 238, 239, 246, 249, 252, 253, 255, 257, 276, 279, 280, 285, 286, 289, 291, 292, 297, 301, 302, 320
Reulke, Ursel 87
Rexrodt, Günter 285, 292, 293, 294, 296, 305, 307, 309, 310, 323, 329
Richter, Uwe 246
Riedel, Herbert 73
Ringel, Otto 43, 56, 61, 63, 64, 65, 69, 70, 92, 118
Ringert, Hartmut 244
Risse, Irene 143
Riva, Claudio 298, 299
Riva, Emilio 298, 300, 301
Rohloff, Herbert 195, 198
Rohwedder, Detlev Karsten 239, 243, 302, 303
Romsée, Charles 318
Rosentalski, Hans 246, 303
Rosentreter, Erhard 179
Rösner, Heinz 171
Ross, Brunhilde 179
Roßmeisl, Rudolf 69
Rothe, Klaus 171, 368
Rotter, Gunther 196
Rubarth, Heiner 196, 198, 246
Rücker, Chris 229
Rüdiger, Erwin 56
Rüdinger, Ewald und Wilhelm 22, 23

Rüdinger, Heiko 209
Ruedorffer, Axel von 246, 303
Ruppenthal, Axel 350
Ruske, Alfred 129
Rutz, Uwe 229
Sack, Horst-Ulrich 322
Saefkow, Anton 30
Sallani, Horst-Dieter 175, 351
Säuberlich, Kurt 45, 136
Schaffer, Frank 220
Schalm, Kurt 209
Schalwat, Adele 124
Scharping, Rudolf 316
Scheibe, Hartmut 331
Scheibe-Lange, Ingrid 246, 350, 367
Scheidewig, Helmut 149
Scherbarth, Eitel 129
Scherzer, Albrecht 196, 198
Schieche, Manfred 176
Schirrmeister, Udo 319
Schlesier, Manfred 171, 241, 246, 259, 261, 269
Schliebe, Gerhard 73
Schlieter, Emil 107
Schmautz, Josef 90
Schmidt, Hans-Ulrich 171, 172, 184, 226, 253, 327, 328
Schmidt, Heinz 229
Schmidt, Karl-Ludwig 87
Schmidt, Peter 351
Schmitt 267
Schmiedl, Romy 351
Schmiele, Gerhard 118
Schmilinski, Uwe 171
Schneider, Gerhard 346
Schneider, Siegfried 184, 207
Schönbohm, Jörg 363
Schönwälder, Karl-Heinz 228
Schoop, Inge 78
Schostakowitsch, Dmitri 109
Schreiber, Ferdinand 63, 87, 100, 118
Schrempf, Kurt 131
Schröder, Gerhard 318, 319, 335, 341, 342, 364
Schröder, Kurt 87, 149
Schröter, Jürgen 332
Schubring, Peter 222
Schülke, Gundolf 342
Schulte, Dieter 231
Schulz, Christa 80
Schulz, Dieter 179

Schulz, Frank 171
Schulz, Gerd 290
Schulz, Rudi 107
Schulz, Walter 77
Schulz, Werner 100
Schulze, Hans-Jochen 143
Schulze, Joachim 322
Schürer, Gerhard 154
Schuster, Hans 343
Schuster, Wolfgang 107
Schwandt, Werner 171
Schweitzer, Franz J. 289
Schwerdtner, Wilhelm 107
Schwernik, Nikolaj M. 43, 89
Seeger, Bernhard 71
Seibt, Kurt 67
Seidel, Siegfried 87
Selbmann, Fritz 15, 42, 44, 46, 47, 50, 51, 54, 55, 59, 61, 63, 64, 67, 69, 70, 71, 86, 90, 104
Sellin, Michael 258
Selz, Sigrid 286
Semjonow, Wladimir S. 89
Sergejew, Rem A. 149, 150
Serin, Bernard 329, 366, 367
Shulgin, Alexander A. 71, 88, 89
Shwetsow 262
Siegert, Rudi 128
Siegert, Walter 246
Sielaff, Günter 201
Siemens, Friedrich und Wilhelm 13
Simoneit, Heinz 101
Singhuber, Kurt 134, 139, 184, 229
Sinowatz, Fred 203, 204
Slozarek, Johann 59
Smal, Beatrice 357
Smandzik, Werner 124
Smetana, Betrich 110
Soland, Fritz 107
Sonnenburg, Michael 351
Soskowicz, Oleg 304
Spannuth, Pia 351
Speer, Albert 28
Spehr, Peter 209
Spies, Heinz 172
Stähler, Kurt 204, 246, 303
Stalin, Josef W. 43, 44, 49, 71, 92, 118, 119, 172
Stassano, Ernesto 14
Stecker, Gerhard 143
Steinborn, Heino 108

Steinkühler, Franz 241
Steinwand, Rudolf 59, 136
Stifter, Horst 196, 199
Stolpe, Manfred 9, 239, 241, 252, 257, 275, 281, 282, 284, 285, 286, 287, 289, 291, 293, 296, 299, 300, 301, 310, 311, 318, 320, 323, 324, 339, 341, 342, 363, 364, 366
Stolzenwald, Paul 124
Stolzmann, Hubert 209
Stoof, Rudolf 50, 70, 88, 136
Stoph, Willi 158, 227
Strauß, Franz Josef 160
Streich 268
Struve, Georg von 171
Suchan, Rolf 124
Szszesny, Marek 358
Tantow, Wolfgang 251, 252, 253, 254, 286, 296, 306
Taute, Carmen 246
Taylor, Frederick Winslow 14
Teetz, Klaus 179
Teichmann, Bruno 75, 125, 132, 134, 136, 146, 149
Thau, Peter 187, 318
Thiele, Richard 188
Thielecke, Renato 351
Thomas, Sidney 14
Thrams, Beate 290
Tichomirow 262
Tisch, Harry 231
Titzrath, Alfons 246, 303
Trippensee, Manfred 124
Truman, Harry 42
Tschaikowski, Petr 89
Tschernomyrdin, Viktor 304
Ulbricht, Walter 43, 44, 47, 50, 54, 67, 70, 71, 90, 92, 101, 104, 108, 110, 114, 125, 138, 139, 155, 158, 161
Ullrich, Jan 317
Unger, Max 72, 101
Urban, Christel 78
Urbricht, Willi 149
Vaillant-Conturier, Marie-Claude 81
Valentin, Siegfried 107
Vinci, Leonardo da 12
Vogeler, Dirk 351
Voigt, Jürgen 249, 290, 350, 351
Vondran, Ruprecht 292, 293
Voss, Günter 128
Voß, Günter 179

Wachsmann, Holger 316, 318, 324, 350, 351, 354, 363, 364, 366, 367
Wachtler, Lothar 143
Wagner, Horst 301, 306, 309, 350
Wagner, Richard 89
Waidhas, Gerhard 108
Waigel, Theodor 296
Walesa, Lech 316
Walter, Bernd 327
Walter, Fritz 69
Walther, Hans 73
Weber, Karl-Heinz 172
Weihrauch, Rudolf 174, 178
Weiz, Angelika 307
Weizsäcker, Richard von 297
Wellhausen, Matthias 347, 352, 353, 369
Wendemuth, Günter 110
Wenzel, Christina 343
Wenzel, Klaus 201
Werner, Jan 57
Werner, Rainer 246, 253, 268, 287, 291, 301, 306, 307, 309, 311, 350, 352, 356, 367
Weser, Ilona 287
White, Manuel 14
Wiebke, Eckart 290, 291
Wiedner, Max 65, 73
Wiesner, Kurt 57
Wilde, Werner 143
Wilder, Rolf 202
Willmann, Lothar 356
Wimmer, Horst 196, 198
Windisch, Josef 288
Winkler, Martin 182
Wittenberg, Rudolf 110
Wittek, Herbert 231
Witter, Heidrun 87
Wittig, Arthur 22
Wittig, Werner 22, 23
Wittkop, Wilfried 231
Woesthoff, Otto 182
Woitke, Ernst 57
Wolf, Bruno 128
Wolf, Christa 79
Wolf, Friedrich 110
Wolodkiewicz, Hans 188
Woroschkow 150
Wolter, Henner 306
Würzen, Dieter von 300
Wustrow, Gerhard 128

Zaisser, Wilhelm 70
Zapp, Herbert 302
Zauleck, Dieter 69, 70, 148, 184
Zedenbal, Jumshagin 43
Ziarno, Roland 346
Zieger, Karl-Heinz 51, 65, 67, 69, 70, 74, 86, 87, 88, 100, 128, 171, 184
Zieger, Petra 363
Zimmer, Willi 63, 67, 70
Züche, Angelika 347
Zühlsdorf, Fritz 148
Zwickel, Klaus 241, 354